EVANGELIO DIARIO 2026

en la Compañía de Jesús

EVANGELIO DIARIO 2026

en la Compañía de Jesús

Ciclo A/B - Año par

• Ordinario de la Misa,
conforme a la nueva edición en español
del Misal Romano.
• Calendario litúrgico de la Iglesia
con las celebraciones de la Compañía de Jesús.
• El evangelio de la Misa de cada día.
• Todas las lecturas de domingos,
solemnidades y fiestas del Señor.
• Oraciones y devociones.

Comentarios breves de

VICENTE AZNAR MENGUAL, SJ

Para templos, iglesias
y parroquias jesuitas e ignacianas

Editado por:
Armando Jesús Lovera Vásquez

Arte gráfico:
Vicente Aznar Mengual, SJ

© Ediciones Mensajero, 2025
Grupo de Comunicación Loyola
Padre Lojendio 2
48008 Bilbao – España
Teléfono: +34 94 447 0358
Fax: +34 94 447 2630
info@gcloyola.com
www.gcloyola.com

Tamaño clásico
ISBN: 978-84-271-5002-7
Depósito legal: BI-374-2025

Tamaño grande
ISBN: 978-84-271-5003-4
Depósito legal: BI-375-2025

Impreso en EGEDSA, Sabadell, España

CONTENIDO

CELEBRACIONES MOVIBLES

(F) Bautismo del Señor .... 11 ene
Miércoles de Ceniza................................ 18 feb
Jueves Santo .... 2 abr
Viernes Santo .... 3 abr
Sábado Santo .... 4 abr
Pascua de la Resurrección del Señor .... 5 abr
(S) Ascensión del Señor........................... 17 may
(S) Pentecostés .... 24 may
(S) Santísima Trinidad .... 31 may
(S) Cuerpo y Sangre de Cristo .... 7 jun
(S) Sagrado Corazón de Jesús .... 12 jun
(S) Jesucristo, Rey del Universo................. 22 nov
Domingo 1.º de Adviento (Ciclo B) .... 29 nov
(F) Sagrada Familia................................. 27 dic

CELEBRACIONES DE PRECEPTO*

(S) Santa María, Madre de Dios.................. 1 ene
(S) Epifanía del Señor.............................. 6 ene
(S) San José .... 19 mar
(S) Santiago, apóstol................................ 25 jul
(S) Asunción de la V. María .... 15 ago
(S) Todos los Santos................................. 1 nov
(S) Inmaculada Concepción de la V. María....... 8 dic
(S) Natividad del Señor............................ 25 dic

* De ámbito nacional. Ante cualquier duda, en otros ámbitos particulares, es el Ordinario del lugar (el Obispo) quien decide sobre la dispensa o no del precepto.

AÑO LITÚRGICO 2026
CICLOS A/B - AÑO PAR

ENERO

Semana	D	L	M	X	J	V	S
Oct. Nav.					1	2	3
2.ª Nav.	4	5	6	7	8	9	10
1.ª T.O. (A)	11	12	13	14	15	16	17
2.ª T.O. (A)	18	19	20	21	22	23	24
3.ª T.O. (A)	25	26	27	28	29	30	31

FEBRERO

Semana	D	L	M	X	J	V	S
4.ª T.O. (A)	1	2	3	4	5	6	7
5.ª T.O. (A)	8	9	10	11	12	13	14
6.ª T.O. (A)	15	16	17	MC	19	20	21
1.ª Cua. (A)	22	23	24	25	26	27	28

MARZO

Semana	D	L	M	X	J	V	S
2.ª Cua. (A)	1	2	3	4	5	6	7
3.ª Cua. (A)	8	9	10	11	12	13	14
4.ª Cua. (A)	15	16	17	18	19	20	21
5.ª Cua. (A)	22	23	24	25	26	27	28
Sem. Santa	29	30	31				

ABRIL

Semana	D	L	M	X	J	V	S
»				1	JS	VS	SS
Oct. Pascua	PR	6	7	8	9	10	11
2.ª Pas. (A)	12	13	14	15	16	17	18
3.ª Pas. (A)	19	20	21	22	23	24	25
4.ª Pas. (A)	26	27	28	29	30		

MAYO

Semana	D	L	M	X	J	V	S
»						1	2
5.ª Pas. (A)	3	4	5	6	7	8	9
6.ª Pas. (A)	10	11	12	13	14	15	16
7.ª Pas. (A)	AS	18	19	20	21	22	23
8.ª T.O. (A)	PE	25	26	27	28	29	30
9.ª T.O. (A)	31						

JUNIO

Semana	D	L	M	X	J	V	S
»		1	2	3	4	5	6
10.ª T.O. (A)	CC	8	9	10	11	12	13
11.ª T.O. (A)	14	15	16	17	18	19	20
12.ª T.O. (A)	21	22	23	24	25	26	27
13.ª T.O. (A)	28	29	30				

JULIO

Semana	D	L	M	X	J	V	S
13.ª T.O. (A)				1	2	3	4
14.ª T.O. (A)	5	6	7	8	9	10	11
15.ª T.O. (A)	12	13	14	15	16	17	18
16.ª T.O. (A)	19	20	21	22	23	24	25
17.ª T.O. (A)	26	27	28	29	30	31	

AGOSTO

Semana	D	L	M	X	J	V	S
«							1
18.ª T.O. (A)	2	3	4	5	6	7	8
19.ª T.O. (A)	9	10	11	12	13	14	15
20.ª T.O. (A)	16	17	18	19	20	21	22
21.ª T.O. (A)	23	24	25	26	27	28	29
22.ª T.O. (A)	30	31					

SEPTIEMBRE

Semana	D	L	M	X	J	V	S
«			1	2	3	4	5
23.ª T.O. (A)	6	7	8	9	10	11	12
24.ª T.O. (A)	13	14	15	16	17	18	19
25.ª T.O. (A)	20	21	22	23	24	25	26
26.ª T.O. (A)	27	28	29	30			

OCTUBRE

Semana	D	L	M	X	J	V	S
«					1	2	3
27.ª T.O. (A)	4	5	6	7	8	9	10
28.ª T.O. (A)	11	12	13	14	15	16	17
29.ª T.O. (A)	18	19	20	21	22	23	24
30.ª T.O. (A)	25	26	27	28	29	30	31

NOVIEMBRE

Semana	D	L	M	X	J	V	S
31.ª T.O. (A)	1	2	3	4	5	6	7
32.ª T.O. (A)	8	9	10	11	12	13	14
33.ª T.O. (A)	15	16	17	18	19	20	21
34.ª T.O. (A)	JR	23	24	25	26	27	28
1.ª Adv. (B)	29	30					

DICIEMBRE

Semana	D	L	M	X	J	V	S
«			1	2	3	4	5
2.ª Adv. (B)	6	7	8	9	10	11	12
3.ª Adv. (B)	13	14	15	16	17	18	19
4.ª Adv. (B)	20	21	22	23	24	25	26
Oct. Nav.	27	28	29	30	31		

ABREVIATURAS

ab.(s.), absa.(s.) = abad(es), abadesa(s);
Adv. = Adviento;
ap.(s.) = apóstol(es);
AS = Ascensión del Señor;
cc. = compañeros;
CC = Corpus Christi (Cuerpo y Sangre de Cristo);
Cn = Conmemoración;
Cua. = Cuaresma;
dc.(s.) = diácono(s);
dr.(s.), dra.(s.) = doctor(es), doctora(s);
ev.(s.) = evangelista(s);
F = Fiesta;
fdr.(s.), fdra.(s.) = fundador(es), fundadora(s).
FJes = Fiesta jesuita;
JR = Jesucristo, rey del universo;
JS = Jueves Santo;
LH = Liturgia de las Horas;
MC = Miércoles de Ceniza;
mj.(s.), mja. (s.) = monje(s), monja(s);
MO = Memoria obligatoria;
MOJes = Memoria obligatoria jesuita;
mr.(s.) = mártir(es);
Nav. = Navidad;
N. S. = Nuestro Señor;
N.ª S.ª = Nuestra Señora;
ob.(s.) = obispo(s);
Oct. = octava;
p. = papa;
Pas. = Pascua;
pb.(s.) = presbítero(s);
PE = Pentecostés;
PR = Pascua de Resurrección del Señor;
rl.(s.), rla.(s.) = religioso(s), religiosa(s);
S = Solemnidad;
Sem. = Semana;
SJes = Solemnidad jesuita;
SS = Sábado Santo;
T.O. = Tiempo Ordinario;
v.(s.) = virgen(es);
VS = Viernes Santo.

PRESENTACIÓN

Como cada año, desde 2009, te presentamos, querido lector o lectora, el *Evangelio Diario en la Compañía de Jesús*. Sencilla propuesta para orar con los pasajes evangélicos que la Iglesia proclama cada día, y con los de las principales celebraciones de la Compañía de Jesús.

Este año, los pasajes evangélicos de los domingos son principalmente de Mateo (Ciclo A), el «evangelio eclesial» por excelencia. Mateo lo escribe para una comunidad predominantemente de origen judío, que confiesa a Jesús como el Mesías prometido. Y lo confiesa con valentía desde el conflicto que esto genera, la exclusión que sufre y la apertura del Evangelio a todas las naciones.

Tras la destrucción de Jerusalén por los romanos en el año 70, las instituciones religiosas judías entraron en crisis. El templo de Jerusalén, presencia del Todopoderoso, fue destruido por los romanos. Y Dios no hizo nada para evitarlo. ¿Por qué permite que su pueblo sufra de esa manera? ¿Dónde quedan sus promesas? ¿Dónde su presencia?

En este contexto, muchas instituciones y movimientos religiosos judíos desaparecieron, pero sobrevivieron dos grupos principales: los fariseos, maestros de la Ley (germen del judaísmo actual), y los cristianos, que afirmaban que las promesas de Dios se habían cumplido en Jesús.

Para la comunidad de Mateo, la Palabra de Dios se mantenía fiel y veraz. Y a pesar de la ignominia sufrida con la destrucción de Jerusalén, Dios no había abandonado a su pueblo, Dios estaba con ellos, es el Enmanuel, el «Dios con nosotros». Si el templo fue destruido, fue para dar paso a otro tipo de presencia divina: «Porque donde dos o tres están reunidos en mi nombre, allí estoy yo en medio de ellos» (Mateo 18, 20), Dios está presente en la Iglesia.

Asímismo, el evangelio de Mateo subraya la inclusión de los gentiles en el «Nuevo pueblo de Dios» instaurado por Jesús; esto se evidencia en dos episodios significativos: la adoración de los Magos, al comienzo del evangelio, y el mandato de hacer discípulos a todos los pueblos, en el capítulo final. No es la sangre ni la raza las que nos garantizan la pertenencia al Nuevo Pueblo de Dios, sino la adoración a Jesús y la realización de sus mandatos. Por último, el Sermón del Monte refleja los valores que la comunidad debe vivir: justicia, misericordia, humildad y amor.

Orar cada día con el Evangelio, teniendo en cuenta las características propias del relato de Mateo, nos ayuda a encontrarnos con Jesús, con la comunidad, con los demás y con nosotros mismos. Los comentarios del jesuita valenciano Vicente Aznar Mengual, licenciado en Ciencias de la Imagen Visual y Auditiva y en Teología Sistemática, son una sugerente guía para ello. Con estilo cercano, amable, respetuoso y totalmente sincero, Vicente nos comparte su fe y nos ayuda a contemplar a Jesús actuando, también, en nuestra propia vida. Desbordante de espiritualidad que guardan los *Ejercicios Espirituales* de san Ignacio, y con las enseñanzas compartidas por maestros jesuitas como Toni Catalá, Nacho Boné, Darío Mollá, entre otros, sus comentarios son fuente de inspiración, palabras de ánimo, manos que estrechan y se ofrecen, para responder a la llamada de Jesús que nos invita a seguirle y a ser testigos de su amor.

Que el encuentro diario con el Evangelio nos ayude a conformar nuestra vida a la voluntad de Dios. Que nos ayude, como dice Vicente «a reconocer en Él tanto bien recibido y a responder en la vida agradecidamente».

Y recojo aquí su dedicatoria: *Gracias a Mamá, Ramón y Josemi. Para Blanca, Carmen, Javier, Rocío, Ignacio y Papá.*

Gracias Vicente por compartir tu fe.

Armando Jesús Lovera Vásquez

GUÍA DE LECTURA

- En primer lugar ofrecemos el *Ordinario de la Misa*.

- Luego, la amplia sección de las *Lecturas de cada día*, dividida por meses. Cada mes tiene una página de inicio donde presentamos la intención del Papa confiada a la Red Mundial de Oración del Papa (Apostolado de la Oración).

- Cada día tiene una cabecera donde se indican principalmente la celebración litúrgica del día, y la memoria de algunos santos y beatos. Las primeras líneas en MAYÚSCULA y ROJO hacen referencia al triduo pascual o a un día de precepto. Primeras líneas en rojo, pero en minúsculas son celebraciones propias de los jesuitas (véase página 30).

- Las primeras líneas en **negrita** hacen referencia a solemnidades, fiestas, memorias obligatorias, memorias libres o conmemoraciones.

- Las líneas en *cursiva* hacen referencia a santos y beatos cuya celebración es exclusiva para una determinada iglesia particular o familia religiosa. Cuando la fecha no coincide con la señalada en el Martirologio Romano, los nombres de los santos o beatos llevan un asterisco al lado. Ejemplo: 4 de enero, *Santa Genoveva Torres**. El Martirologio indica su memoria para el 5 de enero, pero su congregación, las Angélicas, la celebra el 4. Van también en *cursiva* las referencias a celebraciones que han quedado omitidas por otra celebración mayor.

- Gracias a Dios, la Iglesia goza de una lista muy amplia de santos y beatos. Todos los nombres no caben en la cabecera que ofrecemos; solo presentamos lo que el espacio nos permite, dando prioridad a santos y beatos de la Compañía, fundadores y mártires de la Iglesia de España.

- En cuanto a las lecturas bíblicas, los domingos, solemnidades y fiestas del Señor ofrecemos todas; en los demás días solo el evangelio, aunque damos la cita de la primera lectura, así como del salmo responsorial. Los salmos casi siempre van con doble numeración, la alta y entre corchete pertenece a la Biblia hebrea; mientras que la baja, a la Biblia griega, que es la que utiliza la liturgia de la Iglesia.

• Cada evangelio va acompañado de un breve comentario, cuya intención no es otra que servir de orientación o pauta a la reflexión personal o comunitaria.

• En algunos días presentamos dos celebraciones, como el 3 de enero: una que es para la Iglesia universal (página 29), y otra propia de los jesuitas: Solemnidad del Santísimo Nombre de Jesús, titular de la Compañía de Jesús (página 30).

• Finalmente ofrecemos un devocionario (página 601), que incluye un índice de oraciones, reflexiones y poemas (página 619) que presentamos de modo disperso entre las *Lecturas de cada día.*

RITOS INICIALES

SALUDO

Sacerdote (S). —En el nombre del Padre, y del Hijo, y del Espíritu Santo.

Asamblea (T). —*Amén.*

S. —La gracia de nuestro Señor Jesucristo, el amor del Padre y la comunión del Espíritu Santo estén con todos vosotros (u otro saludo similar).

T. —*Y con tu espíritu.*

ACTO PENITENCIAL

S. —Para celebrar dignamente estos sagrados misterios, reconozcamos nuestros pecados.

T. —*Yo confieso ante Dios todopoderoso y ante vosotros, hermanos, que he pecado mucho de pensamiento, palabra, obra y omisión. Por mi culpa, por mi culpa, por mi gran culpa. Por eso ruego a santa María, siempre Virgen, a los ángeles, a los santos y a vosotros, hermanos, que intercedáis por mí ante Dios, nuestro Señor.*

O bien

S. —Al comenzar esta celebración eucarística, pidamos a Dios que conceda la conversión de nuestros corazones; así obtendremos reconciliación y se acrecentará nuestra comunión con Dios y nuestros hermanos.

S. —Señor, ten misericordia de nosotros.

T. —*Porque hemos pecado contra ti.*

S. —Muéstranos, Señor, tu misericordia.

T. —*Y danos tu salvación.*

O bien

S. —Jesucristo, el justo, intercede por nosotros y nos reconcilia con el Padre. Abramos, pues, nuestro espíritu al arrepentimiento para acercarnos a la mesa del Señor.

S. —Tú, que has sido enviado para sanar a los contritos de corazón: Señor, ten piedad (o bien: Kýrie, eléison).

T. —*Señor, ten piedad* (o bien: *Kýrie, eléison*).

S. —Tú, que has venido a llamar a los pecadores: Cristo, ten piedad (o bien: Christe, eléison).

T. —*Cristo, ten piedad* (o bien: *Christe, eléison*).

S. —Tú, que estás sentado a la derecha del Padre para interceder por nosotros. Señor, ten piedad (o bien: Kýrie, eléison).

T. —*Señor, ten piedad* (o bien: *Kýrie, eléison*).

S. —Dios todopoderoso tenga misericordia de nosotros, perdone nuestros pecados y nos lleve a la vida eterna.

T. —*Amén.*

GLORIA (se canta o se dice cuando está prescrito)

Gloria a Dios en el cielo, y en la tierra paz a los hombres que ama el Señor. Por tu inmensa gloria te alabamos, te bendecimos, te adoramos, te glorificamos, te damos gracias, Señor Dios, Rey celestial, Dios Padre todopoderoso.

Señor, Hijo único, Jesucristo, Señor Dios, Cordero de Dios, Hijo del Padre; tú que quitas el pecado del mundo, ten piedad de nosotros; tú que quitas el pecado del mundo, atiende nuestra súplica; tú que estás sentado a la derecha del Padre, ten piedad de nosotros; porque solo tú eres Santo, solo tú Señor, solo tú Altísimo, Jesucristo, con el Espíritu Santo en la gloria de Dios Padre. Amén.

ORACIÓN
Según la liturgia del día.
Se responde:
T. —*Amén.*

LITURGIA DE LA PALABRA

Según el día se leen una o dos lecturas antes del evangelio (véase el día correspondiente). A la primera siempre sigue el salmo responsorial, cuyo estribillo repite la asamblea.
Para indicar el fin de la lectura, el lector (L) dice:
L. —Palabra de Dios.
T. —*Te alabamos, Señor.*

Sigue el Aleluya o, en tiempo de Cuaresma, el versículo interleccional.

Al comenzar la lectura del Evangelio:
S. —El Señor esté con vosotros.
T. —*Y con tu espíritu.*
Se hace la señal de la cruz sobre la frente, labios y pecho.

Al terminar la lectura:
S. —Palabra del Señor.
T. —*Gloria a ti, Señor Jesús.*

CREDO
Acabada la homilía, se hace la profesión de fe si la liturgia lo prescribe. Se puede utilizar uno de los dos credos:

Nicenoconstantinopolitano

Creo en un solo Dios, Padre todopoderoso, Creador del cielo y de la tierra, de todo lo visible y lo invisible.

Creo en un solo Señor, Jesucristo, Hijo único de Dios, nacido del Padre antes de todos los siglos: Dios de Dios, Luz de Luz, Dios verdadero de Dios verdadero, engendrado, no creado, de la misma naturaleza del Padre, por quien todo fue hecho; que por nosotros, los hombres, y por nuestra salvación bajó del cielo, y por obra del Espíritu Santo se encarnó de María, la Virgen, y se hizo hombre; y por nuestra causa fue crucificado en tiempos de Poncio Pilato; padeció y fue sepultado, y resucitó al tercer día, según las Escrituras, y subió al cielo, y está sentado a la derecha del Padre; y de nuevo vendrá con gloria para juzgar a vivos y muertos, y su reino no tendrá fin.

Creo en el Espíritu Santo, Señor y dador de vida, que procede del Padre y del Hijo, que con el Padre y el Hijo recibe una misma adoración y gloria, y que habló por los profetas. Creo en la Iglesia, que es una, santa, católica y apostólica. Confieso que hay un solo bautismo para el perdón de los pecados. Espero la resurrección de los muertos y la vida del mundo futuro. Amén.

De los Apóstoles

Creo en Dios, Padre todopoderoso, creador del cielo y de la tierra.

Creo en Jesucristo, su único Hijo, nuestro Señor, que fue concebido por obra y gracia del Espíritu Santo, nació de santa María Virgen, padeció bajo el poder de Poncio Pilato, fue crucificado, muerto y sepultado, descendió a los infiernos, al tercer día resucitó de entre los muertos, subió a los cielos y está sentado a la derecha de Dios, Padre todopoderoso. Desde allí ha de venir a juzgar a vivos y muertos.

Creo en el Espíritu Santo, la santa Iglesia católica, la comunión de los santos, el perdón de los pecados, la resurrección de la carne y la vida eterna. Amén.

LITURGIA EUCARÍSTICA

PREPARACIÓN DE LOS DONES

S. —Bendito seas, Señor, Dios del universo, por este pan, fruto de la tierra y del trabajo del hombre, que recibimos de tu generosidad y ahora te presentamos; él será para nosotros pan de vida.

T. —*Bendito seas por siempre, Señor.*

S. —Bendito seas, Señor, Dios del universo, por este vino, fruto de la vid y del trabajo del hombre, que recibimos de tu generosidad y ahora te presentamos; él será para nosotros bebida de salvación.

T. —*Bendito seas por siempre, Señor.*

S. —Orad, hermanos, para que este sacrificio, mío y vuestro, sea agradable a Dios, Padre todopoderoso.

T. —*El Señor reciba de tus manos este sacrificio, para alabanza y gloria de su nombre, para nuestro bien y el de toda su santa Iglesia.*

ORACIÓN SOBRE LAS OFRENDAS

Según la liturgia del día.
Se responde:
T. —*Amén.*

PLEGARIA EUCARÍSTICA (II)

El sacerdote, según las diversas circunstancias, reza una de las varias plegarias eucarísticas. Como ejemplo, reproducimos la más usada, cuyo prefacio se puede reemplazar por otro.

S. —El Señor esté con vosotros.
T. —*Y con tu espíritu.*
S. —Levantemos el corazón.
T. —*Lo tenemos levantado hacia el Señor.*
S. —Demos gracias al Señor, nuestro Dios.
T. —*Es justo y necesario.*

PREFACIO

S. —En verdad es justo y necesario,
es nuestro deber y salvación darte gracias, Padre santo,
siempre y en todo lugar,
por Jesucristo, tu Hijo amado.
Por él, que es tu Verbo, hiciste todas las cosas;
tú nos lo enviaste para que,
hecho hombre por obra del Espíritu Santo
y nacido de María, la Virgen,
fuera nuestro Salvador y Redentor.
Él, en cumplimiento de tu voluntad,
para destruir la muerte y manifestar la resurrección,
extendió sus brazos en la cruz,
y así adquirió para ti un pueblo santo.
Por eso, con los ángeles y con todos los santos,
proclamamos tu gloria, diciendo a una sola voz:

T. —*Santo, Santo, Santo es el Señor, Dios del Universo.*
Llenos están el cielo y la tierra de tu gloria.
Hosanna en el cielo.
Bendito el que viene en nombre del Señor.
Hosanna en el cielo.

S. —Santo eres en verdad, Señor,
fuente de toda santidad.
Por eso te pedimos
que santifiques estos dones
con la efusión de tu Espíritu,
de manera que se conviertan para nosotros
en el Cuerpo y † la Sangre
de Jesucristo, nuestro Señor.
El cual, cuando iba a ser entregado a su Pasión,
voluntariamente aceptada, tomó pan,
dándote gracias, lo partió
y lo dio a sus discípulos, diciendo:

TOMAD Y COMED TODOS DE ÉL,
PORQUE ESTO ES MI CUERPO,
QUE SERÁ ENTREGADO POR VOSOTROS.

Del mismo modo, acabada la cena, tomó el cáliz
y, dándote gracias de nuevo,
lo pasó a sus discípulos, diciendo:

TOMAD Y BEBED TODOS DE ÉL,
PORQUE ESTE ES EL CÁLIZ DE MI SANGRE,
SANGRE DE LA ALIANZA NUEVA Y ETERNA,
QUE SERÁ DERRAMADA POR VOSOTROS Y POR MUCHOS
PARA EL PERDÓN DE LOS PECADOS.
HACED ESTO EN CONMEMORACIÓN MÍA.

Luego el sacerdote dice una de las siguientes fórmulas:
S. —Este es el Misterio de la fe.

O bien
S. —Este es el Sacramento de nuestra fe.

T. —*Anunciamos tu muerte, proclamamos tu resurrección. ¡Ven, Señor Jesús!*

O bien
S. —Aclamemos el Misterio de la fe.
T. —*Cada vez que comemos de este pan y bebemos de este cáliz, anunciamos tu muerte, Señor, hasta que vuelvas.*

O bien
S. —Proclamemos el Misterio de la fe.
T. —*Sálvanos, Salvador del mundo, que nos has liberado por tu cruz y resurrección...*

S. —Así, pues, Padre, al celebrar ahora
el memorial de la muerte y resurrección de tu Hijo,
te ofrecemos el pan de vida y el cáliz de salvación,
y te damos gracias
porque nos haces dignos de servirte en tu presencia.
Te pedimos humildemente
que el Espíritu Santo congregue en la unidad
a cuantos participamos del Cuerpo y Sangre de Cristo.
Acuérdate, Señor,
de tu Iglesia extendida por toda la tierra;
y con el papa N, con nuestro obispo N,
y todos los pastores que cuidan de tu pueblo,
llévala a su perfección por la caridad.

Recuerda a tu hijo (hija) N,
a quien llamaste (hoy) de este mundo a tu presencia;
concédele que,
así como ha compartido ya la muerte de Jesucristo,
comparta también con él la gloria de la resurrección.

Acuérdate también de nuestros hermanos
que durmieron con la esperanza de la resurrección,
y de todos los que han muerto en tu misericordia;
admítelos a contemplar la luz de tu rostro.

Ten misericordia de todos nosotros,
y así, con María, la Virgen Madre de Dios,
su esposo san José,
los apóstoles y cuantos vivieron en tu amistad
a través de los tiempos,
merezcamos, por tu Hijo Jesucristo,
compartir la vida eterna y cantar tus alabanzas.

Por Cristo, con él y en él,
a ti, Dios Padre omnipotente,
en la unidad del Espíritu Santo,
todo honor y toda gloria
por los siglos de los siglos.
T. —*Amén.*

RITO DE LA COMUNIÓN

S. —Fieles a la recomendación del Salvador y siguiendo su divina enseñanza, nos atrevemos a decir:

O bien

S. —Llenos de alegría por ser hijos de Dios, digamos confiadamente la oración que Cristo nos enseñó:

O bien

S. —El amor de Dios ha sido derramado en nuestros corazones con el Espíritu Santo que se nos ha dado; digamos con fe y esperanza:

O bien

S. —Antes de participar en el banquete de la Eucaristía, signo de reconciliación y vínculo de unión fraterna, oremos juntos como el Señor nos ha enseñado:

T. —*Padre nuestro, que estás en el cielo,*
santificado sea tu Nombre;
venga a nosotros tu reino;
hágase tu voluntad
en la tierra como en el cielo.
Danos hoy nuestro pan de cada día;
perdona nuestras ofensas,
como también nosotros perdonamos
a los que nos ofenden;
no nos dejes caer en la tentación
y líbranos del mal.

S. —Líbranos de todos los males, Señor,
y concédenos la paz en nuestros días,
para que, ayudados por tu misericordia,
vivamos siempre libres de pecado
y protegidos de toda perturbación,
mientras esperamos la gloriosa venida
de nuestro Salvador Jesucristo.
T. —*Tuyo es el reino, tuyo el poder y la gloria, por siempre, Señor.*

LA PAZ

S. —Señor Jesucristo, que dijiste a tus apóstoles:
«La paz os dejo, mi paz os doy»,
no tengas en cuenta nuestros pecados,
sino la fe de tu Iglesia,
y, conforme a tu palabra,
concédele la paz y la unidad.
Tú que vives y reinas por los siglos de los siglos.
T. —*Amén.*
S. —La paz del Señor esté siempre con vosotros.
T. —*Y con tu espíritu.*
S. —Daos fraternalmente la paz.

Y todos, según la costumbre del lugar, se dan la paz

T. —*Cordero de Dios, que quitas el pecado del mundo,
ten piedad de nosotros.
Cordero de Dios, que quitas el pecado del mundo,
ten piedad de nosotros.
Cordero de Dios, que quitas el pecado del mundo,
danos la paz.*

COMUNIÓN

S. —Este es el Cordero de Dios,
que quita el pecado del mundo.
Dichosos los invitados a la cena del Señor.
T. —*Señor, no soy digno de que entres en mi casa,*
pero una palabra tuya bastará para sanarme.

Al comulgar:
S. —El Cuerpo de Cristo.
T. —*Amén.*

En su caso:
S. —La Sangre de Cristo.
T. —*Amén.*

ORACIÓN DE ACCIÓN DE GRACIAS
Según la liturgia del día.
Se responde:
T. —*Amén.*

RITO DE CONCLUSIÓN

S. —El Señor esté con vosotros.
T. —*Y con tu espíritu.*
S. —La bendición de Dios todopoderoso, Padre, Hijo † y Espíritu Santo, descienda sobre vosotros.
T. —*Amén.*
S. —Podéis ir en paz (u otra fórmula similar).
T. —*Demos gracias a Dios.*

Intención del Papa
POR LA ORACIÓN CON LA PALABRA DE DIOS

Oremos para que la oración con la Palabra de Dios sea alimento en nuestras vidas y fuente de esperanza en nuestras comunidades, ayudándonos a construir una Iglesia más fraterna y misionera.

PREFERENCIAS APOSTÓLICAS UNIVERSALES

Estas son las cuatro Preferencias Apostólicas Universales a las que la Compañía de Jesús prestará especial atención hasta el año 2029:

- Mostrar el camino hacia Dios mediante los Ejercicios Espirituales y el discernimiento.
- Caminar junto a los pobres, los descartados del mundo, los vulnerados en su dignidad, en una misión de reconciliación y justicia.
- Acompañar a los jóvenes en la creación de un futuro esperanzador.
- Colaborar en el cuidado de la Casa Común.

Oración diaria en audio: www.rezandovoy.org
Tiempo para la reflexión y contemplación.
Y porque la oración también es cosa de niños:
www.rezandovoy.org/infantil

ENERO
† (S) SANTA MARÍA, MADRE DE DIOS
Octava de la Natividad del Señor
JORNADA POR LA PAZ

✳ 1.ª lectura: NÚMEROS 6, 22-27

El Señor habló a Moisés: «Di a Aarón y a sus hijos: esta es la fórmula con la que bendeciréis a los hijos de Israel: "El Señor te bendiga y te proteja, ilumine su rostro sobre ti y te conceda su favor. El Señor te muestre su rostro y te conceda la paz". Así invocarán mi nombre sobre los hijos de Israel y yo los bendeciré».

▶ Salmo 66 [67], 2-3|5|6.8: Que Dios tenga piedad y nos bendiga.

✳ 2.ª lectura: GÁLATAS 4, 4-7

Hermanos: Cuando llegó la plenitud del tiempo, envió Dios a su Hijo, nacido de mujer, nacido bajo la ley, para rescatar a los que estaban bajo la ley, para que recibiéramos la adopción filial. Como sois hijos, Dios envió a nuestros corazones el Espíritu de su Hijo, que clama: «¡Abba, Padre!». Así que ya no eres esclavo, sino hijo; y si eres hijo, eres también heredero por voluntad de Dios.

✚ Evangelio: SAN LUCAS 2, 16-21

En aquel tiempo, los pastores fueron corriendo hacia Belén y encontraron a María y a José, y al niño acostado en el pesebre. Al verlo, contaron lo que se les había dicho de aquel niño. Todos los que lo oían se admiraban de lo que les habían dicho los pastores. María, por su parte, conservaba todas estas cosas, meditándolas en su corazón. Y se volvieron los pastores dando gloria y alabanza a Dios por todo lo que habían oído y visto, conforme a lo que se les había dicho. Cuando se cumplieron los ocho días para circuncidar al niño, le pusieron por nombre Jesús, como lo había llamado el ángel antes de su concepción.

Comenzamos un nuevo año, tiempo de hacer balance de lo vivido y de soñar otro futuro. La Iglesia nos invita a comenzar este año fijándonos en la figura de María, la madre de Dios, pero María no está sola, le acompaña José. Están en Belén, aún no han podido presentar al niño en el templo, ni cumplir con la Ley. María se está reponiendo, cansada por el viaje y el parto, José les cuida como buenamente puede. Ha irrumpido en sus vidas la realidad de ser padres, cuidar a una criatura, vivir de otra manera... y en esa tesitura aparece un grupo de pastores, despreciados de la sociedad, que son bienvenidos y acogidos por la familia. Quizás la invitación para este año sea esa misma, dejarnos acoger por ese niño que se nos regala, ser acogidos por tantas personas con las que nos cruzamos en el día a día y como María «conservar todas esas cosas meditándolas en el corazón». María mantiene, guarda, medita... El encuentro con los pastores tiene sus consecuencias, ver al otro desde lo que es y no desde los estereotipos o prejuicios, descubrir cómo la cercanía con lo pequeño genera agradecimiento, seguir esperando en las promesas de Dios, vivir desde la esperanza. Feliz año nuevo en esta Jornada por la Paz.

SOBRE EL BELÉN (Papa Francisco)

—¿Por qué el belén suscita tanto asombro y nos conmueve? —En primer lugar, porque manifiesta la ternura de Dios. Él, el Creador del universo, se abaja a nuestra pequeñez. El don de la vida, siempre misterioso para nosotros, nos cautiva aún más viendo que Aquel que nació de María es la fuente y protección de cada vida. En Jesús, el Padre nos ha dado un hermano que viene a buscarnos cuando estamos desorientados y perdemos el rumbo; un amigo fiel que siempre está cerca de nosotros; nos ha dado a su Hijo que nos perdona y nos levanta del pecado.

✳ **1 Juan 2, 22-28:** Lo que habéis oído desde el principio permanezca en vosotros. ❱ **Salmo 97 [98], 1bcde| 2-3ab|3cd-4:** Los confines de la tierra han contemplado la salvación de nuestro Dios.

✚ **Evangelio: SAN JUAN 1, 19-28**

Este es el testimonio de Juan, cuando los judíos enviaron desde Jerusalén sacerdotes y levitas a que le preguntaran: «¿Tú quién eres?». Él confesó y no negó; confesó: «Yo no soy el Mesías». Le preguntaron: «¿Entonces, qué? ¿Eres tú Elías?». Él dijo: «No lo soy». «¿Eres tú el Profeta?». Respondió: «No». Y le dijeron: «¿Quién eres, para que podamos dar una respuesta a los que nos han enviado? ¿Qué dices de ti mismo?». Él contestó: «Yo soy la voz que grita en el desierto: "Allanad el camino del Señor", como dijo el profeta Isaías». Entre los enviados había fariseos y le preguntaron: «Entonces, ¿por qué bautizas si tú no eres el Mesías, ni Elías, ni el Profeta?». Juan les respondió: «Yo bautizo con agua; en medio de vosotros hay uno que no conocéis, el que viene detrás de mí, y al que no soy digno de desatar la correa de la sandalia». Esto pasaba en Betania, en la otra orilla del Jordán, donde Juan estaba bautizando.

La prédica del Bautista nos confronta con nuestro propio ser y nos pregunta sobre nuestras relaciones, sentimientos y actuaciones... nos lanza el reto de iniciar un cambio y pulir aquellas actitudes que lo necesiten. Juan es consciente de su propio ser, los sacerdotes y levitas le preguntan quién es y Juan responde, da testimonio, «soy un facilitador», alguien pequeño en comparación con el que ha de venir. A la luz de este evangelio podríamos intentar responder a la pregunta «¿Tú quién eres?», cuya respuesta es más compleja que la enumeración de las cosas que hacemos, roles que ocupamos y relaciones que tenemos... ¿soy un facilitador? ¿hago las cosas fáciles a mi alrededor?

✳ **1 Juan 2, 29–3, 6:** Todo el que permanece en él no peca.

▶ **Salmo 97 [98], 1bcde|3cd-4|5-6:** Los confines de la tierra han contemplado la salvación de nuestro Dios.

✠ **Evangelio: SAN JUAN 1, 29-34**

Al día siguiente, al ver Juan a Jesús, que venía hacia él, exclamó: «Este es el Cordero de Dios, que quita el pecado del mundo. Este es aquel de quien yo dije: "Tras de mí viene un hombre que está por delante de mí, porque existía antes que yo". Yo no lo conocía, pero he salido a bautizar con agua, para que sea manifestado a Israel». Y Juan dio testimonio diciendo: «He contemplado al Espíritu que bajaba del cielo como una paloma, y se posó sobre él. Yo no lo conocía, pero el que me envió a bautizar con agua me dijo: "Aquel sobre quien veas bajar el Espíritu y posarse sobre él, ese es el que bautiza con Espíritu Santo". Y yo lo he visto y he dado testimonio de que este es el Hijo de Dios».

Los caminos de Jesús y Juan se cruzan, y seguramente también sus miradas. Jesús se acerca, y Juan, intuyéndolo, no puede evitar exclamar con júbilo que «es el Cordero». Comparte lo que ha descubierto, pues antes «no lo conocía», pero ahora todo es diferente. Ahora sí le conoce, ha experimentado algo extraordinario y necesita comunicarlo. Hoy, Jesús se acerca a nosotros. Desea que nuestros caminos y miradas se crucen, que nos dejemos impactar por la cercanía de su presencia. Desde esa confianza, también nosotros podemos ser testigos de lo extraordinario en lo cotidiano: de encuentros que transforman, de dar a conocer su nombre. ¡Atrevámonos a decir con contento: «Este es el Hijo de Dios»!

✳ 1.ª lectura: ECLESIÁSTICO 51, 8-14

Me acordé, Señor, de tu misericordia y de tus obras que son desde siempre, de que tú sostienes a los que esperan en ti y los salvas de la mano de los enemigos. Y desde la tierra elevé mi plegaria, supliqué ser librado de la muerte. Clamé al Señor: «Tú eres mi Padre, no me abandones el día de la tribulación, cuando acosan los orgullosos y estoy indefenso. Alabaré tu nombre sin cesar y te cantaré himnos de acción de gracias». Y mi oración fue escuchada, pues tú me salvaste de la perdición y me libraste de aquel mal momento. Por eso te daré gracias y te alabaré, bendeciré el nombre del Señor. Desde joven, antes de viajar por el mundo, busqué sinceramente la sabiduría en la oración. A la puerta del templo la pedí, y la busqué hasta el último día.

▶ Salmo 8, 4-5|6-7|8-9: Señor, Dios nuestro, ¡qué admirable es tu nombre en toda la tierra!

✳ 2.ª lectura: FILIPENSES 2, 1-11

Hermanos: Si queréis darme el consuelo de Cristo y aliviarme con vuestro amor, si nos une el mismo Espíritu y tenéis entrañas compasivas, dadme esta gran alegría: manteneos unánimes y concordes con un mismo amor y un mismo sentir. No obréis por rivalidad ni por ostentación, sino considerando por la humildad a los demás superiores a vosotros. No os encerréis en vuestros intereses, sino buscad todos el interés de los demás. Tened entre vosotros los sentimientos propios de Cristo Jesús. El cual, siendo de condición divina, no retuvo ávidamente el ser igual a Dios; al contrario, se despojó de sí mismo tomando la condición de esclavo, hecho semejante a los hombres. Y así, reconocido como hombre por su presencia, se humilló a sí mismo, hecho obediente hasta la muerte, y una muerte de cruz. Por eso Dios lo exaltó sobre todo y le concedió el Nombre-sobre-todo-nombre; de modo que al nombre de Jesús toda rodilla se doble en el cielo, en la tierra, en el abismo, y toda lengua proclame: Jesucristo es Señor, para gloria de Dios Padre.

✚ Evangelio: SAN LUCAS 2, 21-24

Cuando se cumplieron los ocho días para circuncidar al niño, le pusieron por nombre Jesús, como lo había llamado el ángel antes de su concepción. Cuando se cumplieron los días de la purificación, según la ley de Moisés, sus padres lo llevaron a Jerusalén para presentarlo al Señor, de acuerdo con lo escrito en la ley del Señor: «Todo varón primogénito será consagrado al Señor», y para entregar la oblación, como dice la ley del Señor: «un par de tórtolas o dos pichones».

Fiesta grande del nombre de Jesús, Enmanuel: Dios con nosotros. Dios que se hace unos de nosotros y permanece con nosotros. Eso celebramos hoy, que el nombre del hijo de María y José será su seña de identidad, entonces y ahora: Dios está a nuestro lado y camina con nosotros. Un bebé de ocho días, un recién nacido, haciéndose al mundo y unos padres haciéndose a él. El bebé se alimenta cada dos horas, aprendiendo a vivir fuera del seno materno, los primeros días pierde un poco de peso, eso asusta, pero poco a poco vuelve a ganarlo, el latido de su madre le calma, el regazo de su padre le consuela... Dios está aprendiendo a ser hombre, es asombroso, sus padres contemplan a ese niño boquiabiertos, también ellos están aprendiendo a sacar adelante a un recién nacido. Y en esa tesitura entran las normas de los buenos seguidores de Dios y de la Ley, porque Dios no es ajeno a ningún aprendizaje ni realidad. Los buenos padres se desplazan hacia la capital, para presentar al niño ante Dios, en el Templo. «Mira, es tuyo, deseamos que nos pertenezca, pero te pertenece». ¿Y yo a quién o quiénes pertenezco?

ENERO

Domingo 2.º de Navidad
San Manuel González, ob. y fdr.
Santa Genoveva Torres, v. y fdra.*

✳ 1.ª lectura: ECLESIÁSTICO 24, 1-2.8-12

La sabiduría hace su propia alabanza, encuentra su honor en Dios y se gloría en medio de su pueblo. En la asamblea del Altísimo abre su boca y se gloría ante el Poderoso. «El Creador del universo me dio una orden, el que me había creado estableció mi morada y me dijo: "Pon tu tienda en Jacob, y fija tu heredad en Israel". Desde el principio, antes de los siglos, me creó, y nunca jamás dejaré de existir. Ejercí mi ministerio en la Tienda santa delante de él, y así me establecí en Sion. En la ciudad amada encontré descanso, y en Jerusalén reside mi poder. Arraigué en un pueblo glorioso, en la porción del Señor, en su heredad.

▶ Salmo 147, 12-13|14-15|19-20: El Verbo se hizo carne y habitó entre nosotros. O bien: Aleluya.

✳ 2.ª lectura: EFESIOS 1, 3-6.15-18

Bendito sea Dios, Padre de Nuestro Señor Jesucristo, que nos ha bendecido en Cristo con toda clase de bendiciones espirituales en los cielos. Él nos eligió en Cristo antes de la fundación del mundo para que fuésemos santos e intachables ante él por el amor. Él nos ha destinado por medio de Jesucristo, según el beneplácito de su voluntad, a ser sus hijos, para alabanza de la gloria de su gracia, que tan generosamente nos ha concedido en el Amado. Por eso, habiendo oído hablar de vuestra fe en Cristo y de vuestro amor a todos los santos, no ceso de dar gracias por vosotros, recordándoos en mis oraciones, a fin de que el Dios de nuestro Señor Jesucristo, el Padre de la gloria, os dé espíritu de sabiduría y revelación para conocerlo, e ilumine los ojos de vuestro corazón para que comprendáis cuál es la esperanza a la que os llama, cuál la riqueza de gloria que da en herencia a los santos.

✟ Evangelio (texto breve): SAN JUAN 1, 1-5.9-14

En el principio existía el Verbo, y el Verbo estaba junto a Dios, y el Verbo era Dios. Él estaba en el principio junto a Dios. Por medio de él se hizo todo, y sin él no se hizo nada de cuanto se ha hecho. En él estaba la vida, y la vida era la luz de los hombres. Y la luz brilla en la tiniebla, y la tiniebla no lo recibió. El Verbo era la luz verdadera, que alumbra a todo hombre, viniendo al mundo. En el mundo estaba; el mundo se hizo por medio de él, y el mundo no lo conoció. Vino a su casa, y los suyos no lo recibieron. Pero a cuantos lo recibieron, les dio poder de ser hijos de Dios, a los que creen en su nombre. Estos no han nacido de sangre, ni de deseo de carne, ni de deseo de varón, sino que han nacido de Dios. Y el Verbo se hizo carne y habitó entre nosotros, y hemos contemplado su gloria: gloria como del Unigénito del Padre, lleno de gracia y de verdad.

La liturgia nos sitúa ante un texto profundo y complejo, el Prólogo de Juan, cuyas palabras necesitan ser saboreadas con hondura. El evangelista afirma la divinidad de Jesús y la vinculación de todo lo creado con Él, también con nosotros, llamados a descubrir la cercanía de nuestro Dios. «Viniendo al mundo... vino a su casa». El espacio que habitamos y compartimos con el resto de criaturas es la casa de la segunda Persona, somos el hogar de Dios. Hogar como espacio de encuentro, de diálogo, de calor y crecimiento... a nosotros viene un Dios que es Verbo, Palabra, Comunicación y Diálogo. Esas afirmaciones son tremendas, porque si las tomamos en serio, reconoceremos todo espacio como habitado por un Dios que nos busca, que sueña con hacerse cercano y morar a nuestro lado... ¿Qué hacer? Optar. Aquí vienen los contrastes, desde la libertad: ser oscuridad o hacernos luz, acogerle o rechazarle en lo que nos toca vivir y en los que tenemos cerca. Recibirle nos vincula, nos hace hijos y hermanos, y nos lanza a descubrirle y verle. Ya lo decía san Ireneo: «la gloria de Dios consiste en que el hombre viva, y la vida del hombre consiste en la visión de Dios».

ENERO

Feria de Navidad
San Juan Nepomuceno Neumann, ob.
San Carlos de San Andrés (Juan Andrés) Houben, rl.

✳ **1 Juan 3, 11-21:** Hemos pasado de la muerte a la vida porque amamos a los hermanos.

▶ **Salmo 99 [100]:** Aclama al Señor, tierra entera.

✠ **Evangelio: SAN JUAN 1, 43-51**

En aquel tiempo, determinó Jesús salir para Galilea; encuentra a Felipe y le dice: «Sígueme». Felipe era de Betsaida, ciudad de Andrés y de Pedro. Felipe encuentra a Natanael y le dice: «Aquel de quien escribieron Moisés en la ley y los profetas lo hemos encontrado: Jesús, hijo de José, de Nazaret». Natanael le replicó: «¿De Nazaret puede salir algo bueno?». Felipe le contestó: «Ven y verás». Vio Jesús que se acercaba Natanael y dijo de él: «Ahí tenéis a un israelita de verdad, en quien no hay engaño». Natanael le contesta: «¿De qué me conoces?». Jesús le responde: «Antes de que Felipe te llamara, cuando estabas debajo de la higuera, te vi». Natanael respondió: «Rabí, tú eres el Hijo de Dios, tú eres el Rey de Israel». Jesús le contestó: «¿Por haberte dicho que te vi debajo de la higuera, crees? Has de ver cosas mayores». Y le añadió: «En verdad, en verdad os digo: veréis el cielo abierto y a los ángeles de Dios subir y bajar sobre el Hijo del hombre».

Betsaida significa «lugar o casa de la pesca», y allí va Jesús, al espacio de lo conocido y cotidiano, el de la pesca de los pescadores, el del estudio de los estudiantes, el de la oficina, el del trayecto al trabajo nuestro de cada día... el de la rutina donde parece que nos acostumbramos a lo de siempre y se adormecen nuestros sentidos porque nos hemos encallecido en lo trivial, dejando de percibir cuán lleno de Dios está lo familiar. También en lo conocido se esconden voces que nos ninvitan a reconocer llamadas. Encuentros, que pueden producir sospechas por prejuicios, pero también confianza, entusiasmo... encuentros que nos valen la vida.

✳ 1.ª lectura: ISAÍAS 60, 1-6

¡Levántate y resplandece, porque llega tu luz; la gloria del Señor amanece sobre ti! Las tinieblas cubren la tierra, la oscuridad los pueblos, pero sobre ti amanecerá el Señor y su gloria se verá sobre ti. Caminarán los pueblos a tu luz, los reyes al resplandor de tu aurora. Levanta la vista en torno, mira: todos esos se han reunido, vienen hacia ti; llegan tus hijos desde lejos, a tus hijas las traen en brazos. Entonces lo verás y estarás radiante; tu corazón se asombrará, se ensanchará, porque la opulencia del mar se vuelca sobre ti, y a ti llegan las riquezas de los pueblos. Te cubrirá una multitud de camellos, dromedarios de Madián y de Efá. Todos los de Saba llegan trayendo oro e incienso, y proclaman las alabanzas del Señor.

▶ Salmo 71 [72], 1bc-2|7-8|10-11|12-13: Se postrarán ante ti, Señor, todos los pueblos de la tierra.

✳ 2.ª lectura: EFESIOS 3, 2-3a.5-6

Hermanos: Habéis oído hablar de la distribución de la gracia de Dios que se me ha dado en favor de vosotros, los gentiles. Ya que se me dio a conocer por revelación el misterio, que no había sido manifestado a los hombres en otros tiempos, como ha sido revelado ahora por el Espíritu a sus santos apóstoles y profetas: que también los gentiles son coherederos, miembros del mismo cuerpo, y partícipes de la misma promesa en Jesucristo, por el Evangelio.

✤ Evangelio: SAN MATEO 2, 1-12

Habiendo nacido Jesús en Belén de Judea en tiempos del rey Herodes, unos magos de Oriente se presentaron en Jerusalén preguntando: «¿Dónde está el Rey de los judíos que ha nacido? Porque hemos visto salir su estrella y venimos a adorarlo». Al enterarse el rey Herodes, se sobresaltó y toda Jerusalén con él; convocó a los sumos sacerdotes y a los escribas del país y les preguntó dónde tenía que nacer el Mesías. Ellos le contestaron: «En Belén de Judea, porque así lo ha escrito el profeta: "Y tú, Belén, tierra de Judá, no eres ni mucho menos la última de las poblaciones de Judá, pues de ti saldrá un jefe que pastoreará a mi pueblo Israel"». Entonces Herodes llamó en secreto a los magos para que le precisaran el tiempo en que había aparecido la estrella, y los mandó a Belén, diciéndoles: «Id y averiguad cuidadosamente qué hay del niño y, cuando lo encontréis, avisadme, para ir yo también a adorarlo». Ellos, después de oír al rey, se pusieron en camino y, de pronto, la estrella que habían visto salir comenzó a guiarlos hasta que vino a pararse encima de donde estaba el niño. Al ver la estrella, se llenaron de inmensa alegría. Entraron en la casa, vieron al niño con María, su madre, y cayendo de rodillas lo adoraron; después, abriendo sus cofres, le ofrecieron regalos: oro, incienso y mirra. Y habiendo recibido en sueños un oráculo, para que no volvieran a Herodes, se retiraron a su tierra por otro camino.

La espiritualidad ignaciana insiste en la importancia de vivir desde el agradecimiento, una actitud que se aprende y se entrena. Desarrollamos esta actitud poniendo algo de nuestra parte: buscando para descubrir eso que agradecer. Mateo llena de verbos de movimiento su narración: los sabios vienen, van, salen, entran, se detienen y se ponen en camino; Herodes pregunta, inquiere e investiga, pide que se averigüe, escrute y escudriñe. Estas actitudes pueden llevarnos a un encuentro o, si andamos ofuscados, a un desencuentro. Si se trata de buscar y encontrar, en ocasiones parece que estemos jugando al escondite con Dios. De igual modo, podemos confundirnos y andar a la caza de enemigos y contrincantes. Difícilmente nos toparemos con Dios si vamos tras un antagonista. Las cosas de Dios tienen que ver con el amor; amor, amigo y amistad comparten su raíz. El amor se traduce en una luz que guía e indica caminos y maneras, una luz que te lleva lejos, a lugares desconocidos donde se hace presente el Amor. Y ante ese niño que está con su madre, caes de rodillas y ofreces regalos. Luego vendrá volver a tu tierra por caminos nuevos porque has encontrado algo que te hace ver la realidad agradeciendo. Oteemos estrellas, encontraremos y agradeceremos.

ADORA Y CONFÍA (Teilhard de Chardin, SJ)

No te inquietes por las dificultades de la vida, por sus altibajos, por sus decepciones, por su porvenir más o menos sombrío. Quiere lo que Dios quiere.

Ofrécele en medio de inquietudes y dificultades el sacrificio de tu alma sencilla, que, pese a todo, acepta los designios de su providencia. Poco importa que te consideres un frustrado si Dios te considera plenamente realizado, a su gusto.

Piérdete confiado ciegamente en ese Dios que te quiere para sí. Y que llegará hasta ti aunque jamás lo veas. Piensa que estás en sus manos, tanto más fuertemente cogido cuanto más decaído y triste te encuentres. Vive feliz. Te lo suplico. Vive en paz. Que nada te altere.

Que nada sea capaz de quitarte tu paz. Ni la fatiga psíquica. Ni tus fallos morales. Haz que brote, y conserva siempre en tu rostro una dulce sonrisa, reflejo de la que el Señor continuamente te dirige. Y en el fondo de tu alma coloca, antes que nada, como fuente de energía y criterio de verdad, todo aquello que te llene de la paz de Dios.

Recuerda: cuanto te deprima e inquiete es falso. Te lo aseguro en el nombre de las leyes de la vida y de las promesas de Dios. Por eso, cuando te sientas apesadumbrado, triste, adora y confía.

✳ 1 Juan 3, 22–4, 6: Examinad si los espíritus vienen de Dios. ❙ Salmo 2, 7-8|10-12a: Te daré en herencia las naciones.

✠ **Evangelio: SAN MATEO 4, 12-17.23-25**

En aquel tiempo, al enterarse Jesús de que habían arrestado a Juan se retiró a Galilea. Dejando Nazaret se estableció en Cafarnaún, junto al mar, en el territorio de Zabulón y Neftalí, para que se cumpliera lo dicho por medio del profeta Isaías: «Tierra de Zabulón y tierra de Neftalí, camino del mar, al otro lado del Jordán, Galilea de los gentiles. El pueblo que habitaba en tinieblas vio una luz grande; a los que habitaban en tierra y sombras de muerte, una luz les brilló». Desde entonces comenzó Jesús a predicar diciendo: «Convertíos, porque está cerca el reino de los cielos». Jesús recorría toda Galilea enseñando en sus sinagogas, proclamando el evangelio del reino y curando toda enfermedad y toda dolencia en el pueblo. Su fama se extendió por toda Siria y le traían todos los enfermos aquejados de toda clase de enfermedades y dolores, endemoniados, lunáticos y paralíticos. Y él los curó. Y lo seguían multitudes venidas de Galilea, Decápolis, Jerusalén, Judea y Transjordania.

Juan es arrestado y Jesús no se queda quieto, alza la voz: el reino de los cielos está cerca, hemos de convertirnos, pero convertirnos ¿en qué? Toni Catalá afirmaba que convertirse consiste en «una mera opción nuestra de ser mejores», permitir que nuestro corazón sea permeable al otro y cambie nuestra mirada porque «de ningún modo se da conversión sin compasión». Jesús «se patea» toda Galilea dejándose impactar por las personas con las que se encuentra. No ve enfermos, descubre personas que sufren y eso le afecta. ¿Qué hacer? Acercarse, animar y aliviar dolencias, así se acerca el cielo.

✳ 1 Juan 4, 7-10: Dios es amor. ▶ Salmo 71 [72], 1bc-2|3-4ab|7-8: Se postrarán ante ti, Señor, todos los pueblos de la tierra.

✠ Evangelio: SAN MARCOS 6, 34-44

En aquel tiempo, Jesús vio una multitud y se compadeció de ella, porque andaban como ovejas que no tienen pastor; y se puso a enseñarles muchas cosas. Cuando se hizo tarde se acercaron sus discípulos a decirle: «Estamos en despoblado y ya es muy tarde. Despídelos, que vayan a los cortijos y aldeas de alrededor y se compren de comer». Él les replicó: «Dadles vosotros de comer». Ellos le preguntaron: «¿Vamos a ir a comprar doscientos denarios de pan para darles de comer?». Él les dijo: «¿Cuántos panes tenéis? Id a ver». Cuando lo averiguaron le dijeron: «Cinco, y dos peces». Él les mandó que la gente se recostara sobre la hierba verde en grupos. Ellos se acomodaron por grupos de cien y de cincuenta. Y tomando los cinco panes y los dos peces, alzando la mirada al cielo, pronunció la bendición, partió los panes y se los iba dando a los discípulos para que se los sirvieran. Y repartió entre todos los dos peces. Comieron todos y se saciaron, y recogieron las sobras: doce cestos de pan y de peces. Los que comieron eran cinco mil hombres.

«A veces andamos como ovejas sin pastor, o como dice Jacinta en *Tacones Lejanos*: «nos perdemos por ahí como vaca sin cencerro». Sin embargo, Jesús, proactivo, responde, enseña y se compadece. Ante el impulso de evadirnos de los problemas, nos ordena: «Dadles vosotros de comer». «Cambia la mirada, no te quedes en la mera descripción de la situación, ponte en el lugar del que sufre, implícate». Pero como la alergia a mojarnos y el deseo de mantenernos secos nos puede, damos excusas... Mas Jesús insiste y nos lía: «No te escaquees, da de lo que tienes, eres o puedes» (comunica amor, que obras son amores).

✳ **1 Juan 4, 11-18:** Si nos amamos unos a otros, Dios permanece en nosotros. ❥ Salmo 71 [72], 1bc-2|10-11|12-13: Se postrarán ante ti, Señor, todos los pueblos de la tierra.

✠ **Evangelio: SAN MARCOS 6, 45-52**

Después de haberse saciado los cinco mil hombres, Jesús enseguida apremió a los discípulos a que subieran a la barca y se le adelantaran hacia la orilla de Betsaida, mientras él despedía a la gente. Y después de despedirse de ellos, se retiró al monte a orar. Llegada la noche, la barca estaba en mitad del mar y Jesús, solo, en tierra. Viéndolos fatigados de remar, porque tenían viento contrario, a eso de la cuarta vigilia de la madrugada, fue hacia ellos andando sobre el mar, e hizo ademán de pasar de largo. Ellos, viéndolo andar sobre el mar, pensaron que era un fantasma y dieron un grito, porque todos lo vieron y se asustaron. Pero él habló enseguida con ellos y les dijo: «Ánimo, soy yo, no tengáis miedo». Entró en la barca con ellos y amainó el viento. Ellos estaban en el colmo del estupor, pues no habían comprendido lo de los panes, porque tenían la mente embotada.

Parece que la Navidad queda lejos con la vuelta a la rutina y la cuesta de enero... el refranero prolonga el tiempo de Navidad hasta San Antón, otros hasta la Candelaria, 40 días tras el nacimiento. La Iglesia nos invita a saborear la natividad de Jesús hasta el domingo posterior a la Epifanía. Así que aún estamos degustando a ese Dios cercano, Enmanuel. Nuestras torpezas nos hacen ir hacia delante y hacia atrás, si el Señor quiere bailar «con nosotros» un tango (bien cerquita y agarrados), nos decantamos por la yenka y después de arrimarnos con gozo y ánimo, retrocedemos creyendo ver fantasmas. Dios-con-nosotros, también con-nosotros ante nuestros miedos; el Señor habla: «Ánimo, soy yo, no tengáis miedo» y se queda en nuestra barca.

✳ **1 Juan 4, 19–5, 4:** Quien ama a Dios ame también a su hermano. ▶ Salmo 71 [72], 1bc-2|14.15bc|17: Se postrarán ante ti, Señor, todos los pueblos de la tierra.

✠ **Evangelio: SAN LUCAS 4, 14-22a**

En aquel tiempo, Jesús volvió a Galilea con la fuerza del Espíritu; y su fama se extendió por toda la comarca. Enseñaba en las sinagogas, y todos lo alababan. Fue a Nazaret, donde se había criado, entró en la sinagoga, como era su costumbre los sábados, y se puso en pie para hacer la lectura. Le entregaron el rollo del profeta Isaías y, desenrollándolo, encontró el pasaje donde estaba escrito: «El Espíritu del Señor esta sobre mí, porque él me ha ungido. Me ha enviado a evangelizar a los pobres, a proclamar a los cautivos la libertad, y a los ciegos, la vista; a poner en libertad a los oprimidos; a proclamar el año de gracia del Señor». Y, enrollando el rollo y devolviéndolo al que lo ayudaba, se sentó. Toda la sinagoga tenía los ojos clavados en él. Y él comenzó a decirles: «Hoy se ha cumplido esta Escritura que acabáis de oír». Y todos le expresaban su aprobación y se admiraban de las palabras de gracia que salían de su boca.

Jesús llega a más gente y se vuelve «popular» para sus paisanos, aunque en ningún momento lo haya pretendido. A Jesús le mueve el Espíritu con fuerza, y pese a los cambios en su vida, continúa haciendo algunas cosas que ha hecho toda la vida: los sábados va a la sinagoga. Sigue con las buenas costumbres: lee la Palabra de Dios, la comenta, relaciona lo de Dios con su momento y realidad, anima a otros. Una invitación para nosotros con un palabro relacionado con el origen del monacato: «pacomia», conversaciones espirituales. Hablar de Dios y sobre Dios, compartir cómo nos lleva y nos trae, espacios para la hondura, a comunicar y escuchar «palabras de gracia».

ENERO

(F) BAUTISMO DEL SEÑOR. Ciclo A

Beato Gonzalo de Amarante, pb.
Beata Ana M.ª Janer Anglarill, v. y fdra.

✱ 1.ª lectura: ISAÍAS 42, 1-4.6-7

Esto dice el Señor: «Mirad a mi Siervo, a quien sostengo; mi elegido, en quien me complazco. He puesto mi espíritu sobre él, manifestará la justicia a las naciones. No gritará, no clamará, no voceará por las calles. La caña cascada no la quebrará, la mecha vacilante no la apagará. Manifestará la justicia con verdad. No vacilará ni se quebrará hasta implantar la justicia en el país. En su ley esperan las islas. Yo, el Señor, te he llamado en mi justicia, te cogí de la mano, te formé e hice de ti alianza de un pueblo y luz de las naciones, para que abras los ojos de los ciegos, saques a los cautivos de la cárcel, de la prisión a los que habitan en tinieblas».

▶ Salmo 28 [29], 1b.2|3AC-4|3B.9C-10: El Señor bendice a su pueblo con la paz.

✱ 2.ª lectura: HECHOS 10, 34-38

En aquellos días, Pedro tomó la palabra y dijo: «Ahora comprendo con toda verdad que Dios no hace acepción de personas, sino que acepta al que lo teme y practica la justicia, sea de la nación que sea. Envió su palabra a los hijos de Israel, anunciando la Buena Nueva de la paz que traería Jesucristo, el Señor de todos. Vosotros conocéis lo que sucedió en toda Judea, comenzando por Galilea, después del bautismo que predicó Juan. Me refiero a Jesús de Nazaret, ungido por Dios con la fuerza del Espíritu Santo, que pasó haciendo el bien y curando a todos los oprimidos por el diablo, porque Dios estaba con él».

✚ Evangelio: SAN MATEO 3, 13-17

En aquel tiempo, vino Jesús desde Galilea al Jordán y se presentó a Juan para que lo bautizara. Pero Juan intentaba disuadirlo diciéndole: «Soy yo el que necesito que tú me bautices, ¿y tú acudes a mí?». Jesús le contestó: «Déjalo ahora. Conviene que así cumplamos toda justicia». Entonces Juan se lo permitió. Apenas se bautizó Jesús, salió del agua; se abrieron los cielos y vio que el Espíritu de Dios bajaba como una paloma y se posaba sobre él. Y vino una voz de los cielos que decía: «Este es mi Hijo amado, en quien me complazco».

Mi madre, que tiene esa sabiduría de quienes viven con hondura, dice que las personas inteligentes pueden cambiar de opinión, pero las necias insisten en mantenerse en su verdad de modo inquebrantable. Juan no era un necio. Jesús se le acerca con una propuesta, pero Juan no lo ve, no lo tiene claro, se le plantean dudas, es consciente de que es él quien necesita de Jesús, cree que poco puede hacer por Jesús. Entonces ofrece sus argumentos, ideas y opiniones de modo razonable, intenta disuadirle, quiere que Jesús desista en su propósito. Pero Jesús insiste, y ante su perseverancia, Juan claudica. Claudicar en según qué cosas no es necesariamente un signo de inautenticidad o infidelidad a nuestras creencias. Hay veces en las que que Jesús insiste y me dice: «Déjalo ahora». En esos momentos soy yo quien se hace un lío, ¿cómo renunciar a mis convicciones, seguridades, certezas?, quizás también renunciar a mis prejuicios, opiniones, ideas sobre otros... Dos voces pugnan: la del «soy yo» y la del «déjalo». Y la paz viene cuando me rindo ante ese Jesús que me susurra: «Voy a poner tus creencias patas arriba, sé inteligente, escúchame...» y entonces ceder no es sinónimo de perder la guerra, sino de ganar confianza abandonándome a su palabra.

Llegar a ser cristianos es, en cierto sentido, «pasivo»: yo no me hago cristiano, sino que Dios me hace un hombre suyo... Del mismo modo que yo no vivo por mí mismo, sino que la vida me es dada; he nacido no porque yo me he hecho hombre, sino que he nacido porque el ser humano me es donado. Así, también el ser cristiano me es donado, es un «pasivo» para mí, que se convierte en un «activo» en la vida. PAPA BENEDICTO XVI

✳ **1 Samuel 1, 1-8:** Su rival importunaba a Ana, pues el Señor la había hecho estéril.

▶ **Salmo 115 [116], 12-13|14.17|18-19:** Te ofreceré, Señor, un sacrificio de alabanza. O bien: Aleluya.

✠ **Evangelio: SAN MARCOS 1, 14-20**

Después de que Juan fue entregado, Jesús se marchó a Galilea a proclamar el Evangelio de Dios; decía: «Se ha cumplido el tiempo y está cerca el reino de Dios. Convertíos y creed en el Evangelio». Pasando junto al mar de Galilea, vio a Simón y a Andrés, hermano de Simón, echando las redes en el mar, pues eran pescadores. Jesús les dijo: «Venid en pos de mí y os haré pescadores de hombres». Inmediatamente dejaron las redes y lo siguieron. Un poco más adelante vio a Santiago, el de Zebedeo, y a su hermano Juan, que estaban en la barca repasando las redes. A continuación los llamó, dejaron a su padre Zebedeo en la barca con los jornaleros y se marcharon en pos de él.

Comienza el Tiempo Ordinario. Juan ha sido entregado y Jesús se lanza a la misión declarando: «Ha llegado el tiempo de la plenitud, las cosas de Dios están ahí, cambia tu mirada y confía porque hay algo bueno que vale la pena». Ante la inquietud de una realidad compleja, triste, que nos afecta... la entrega de Juan o esa que el Evangelio pone ante nosotros como espejo, hace que resuene la voz de Jesús en nuestro interior: «Conviértete y cree, reconsidera lo que sientes y cree, enfoca de nuevo tu mirada, confía, puedes vivir esa realidad de otra manera». ¿Cómo? «Viviéndola conmigo, junto a mí... (y con otros y otras)». «Venid en pos de mí». Y con entusiasmo podemos soñar todo lo que Jesús puede llegar a hacer con nosotros.

✳ **1 Samuel 1, 9-20:** El Señor se acordó de Ana, y dio a luz a Samuel.

▶ **1 Samuel 2, 1|4-5|6-7|8abcd:** Mi corazón se regocija en el Señor, mi Salvador.

✚ Evangelio: SAN MARCOS 1, 21b-28

En la ciudad de Cafarnaún, un sábado entró Jesús en la sinagoga a enseñar; estaban asombrados de su enseñanza, porque les enseñaba con autoridad y no como los escribas. Había precisamente en su sinagoga un hombre que tenía un espíritu inmundo y se puso a gritar: «¿Qué tenemos que ver nosotros contigo, Jesús Nazareno? ¿Has venido a acabar con nosotros? Sé quién eres: el Santo de Dios». Jesús lo increpó: «¡Cállate y sal de él!». El espíritu inmundo lo retorció violentamente y, dando un grito muy fuerte, salió de él. Todos se preguntaron estupefactos: «¿Qué es esto? Una enseñanza nueva expuesta con autoridad. Incluso manda a los espíritus inmundos y lo obedecen». Su fama se extendió enseguida por todas partes, alcanzando la comarca entera de Galilea.

Un sábado cualquiera el Señor insiste en su labor de enseñar al niño tozudo que escondemos; asombro e incredulidad es con lo que se topa. La respuesta del pequeño ateo que llevamos dentro. Nos creemos sabios, con los años pensamos que lo sabemos todo, blindamos oído y corazón. Pero sus palabras, llenas de autoridad, desafían nuestras certezas. A veces, sus palabras son como un estrépito y respondemos: «No quiero tener que ver contigo». Pero él insiste: «Pues te aguantas, yo sí». Jesús increpa, no siempre es dulce y suave. Enfrenta la violencia y los gritos con valentía, provocando desazón, un desconcierto que aunque incómodo, abre ojos, desblinda oídos y transforma.

1.ª semana del T.O.
Valencia: San Juan de Ribera, ob.*
Beato Pedro Donders, rl.

✳ **1 Samuel 3, 1-10.19-20:** Habla, Señor, que tu siervo te escucha. ▶ **Salmo 39 [40], 2.5|7-8a|8b-9|10:** Aquí estoy, Señor, para hacer tu voluntad.

✠ **Evangelio: SAN MARCOS 1, 29-39**

En aquel tiempo, al salir Jesús de la sinagoga, fue con Santiago y Juan a la casa de Simón y Andrés. La suegra de Simón estaba en cama con fiebre, e inmediatamente le hablaron de ella. Él se acercó, la cogió de la mano y la levantó. Se le pasó la fiebre y se puso a servirles. Al anochecer, cuando se puso el sol, le llevaron todos los enfermos y endemoniados. La población entera se agolpaba a la puerta. Curó a muchos enfermos de diversos males y expulsó muchos demonios; y como los demonios lo conocían, no les permitía hablar. Se levantó de madrugada, cuando todavía estaba muy oscuro, se marchó a un lugar solitario y allí se puso a orar. Simón y sus compañeros fueron en su busca y, al encontrarlo, le dijeron: «Todo el mundo te busca». Él les responde: «Vámonos a otra parte, a las aldeas cercanas, para predicar también allí; que para eso he salido». Así recorrió toda Galilea, predicando en sus sinagogas y expulsando los demonios.

«Todo el mundo te busca», te dice uno de los tuyos. En nuestro ajetreo diario, a veces lo olvidamos. Pero tú, incansable, deseas hacerte presente. Como con la suegra de Simón, que pasó de la fiebre al servicio. Por eso nos buscas en otras realidades: «Vamos a otra parte», dices, y en esos otros espacios esperas tropezarte con nosotros, para que descubramos tu mano extendida y te permitamos expulsar nuestros demonios. Así, en medio de nuestras tareas y prisas, buscas ese encuentro, ese toque transformador que cambia el cansancio en alegría. Y aunque la memoria sea frágil y a veces olvidemos buscarte, sabemos que tú insistes en encontrarnos.

✳ **1 Samuel 4, 1b-11:** Israel fue derrotado y el Arca de Dios fue apresada.

▶ **Salmo 43 [44], 10-11|14-15|24-25:** Redímenos, Señor, por tu misericordia.

✠ **Evangelio: SAN MARCOS 1, 40-45**

En aquel tiempo, se acercó a Jesús un leproso, suplicándole de rodillas: «Si quieres, puedes limpiarme». Compadecido, extendió la mano y lo tocó diciendo: «Quiero: queda limpio». La lepra se le quitó inmediatamente y quedó limpio. Él lo despidió, encargándole severamente: «No se lo digas a nadie; sino ve a presentarte al sacerdote y ofrece por tu purificación lo que mandó Moisés, para que les sirva de testimonio». Pero cuando se fue, empezó a pregonar bien alto y a divulgar el hecho, de modo que Jesús ya no podía entrar abiertamente en ningún pueblo; se quedaba fuera, en lugares solitarios; y aun así acudían a él de todas partes.

En ocasiones, te encuentras en espacios recónditos, Señor, para desde las afueras, toparte con nosotros. Pareces decirnos que es bueno salir de lo cotidiano para dejarnos sorprender por lo desconocido. También ahí, actúas desde un lugar de compasión, interpelado por nuestra realidad dolida. Nos restauras, no solo la piel marchita, sino todo nuestro ser. Solo necesitamos acercarnos a ti, expresar nuestros anhelos... y de nuevo extiendes tu mano, nos tocas, y eso transforma nuestra existencia. Aunque nos invites a ser sigilosos, no podemos sino pregonar bien alto el agradecimiento que sentimos. Porque en cada encuentro contigo, en cada toque transformador, nos descubres una nueva forma de estar en este mundo.

✳ **1 Samuel 8, 4-7.10-22a:** Os quejaréis a causa del rey, pero el Señor no os responderá.

▶ **Salmo 88 [89], 16-17|18-19:** Cantaré eternamente tus misericordias, Señor.

✠ **Evangelio: SAN MARCOS 2, 1-12**

Cuando a los pocos días entró Jesús en Cafarnaún se supo que estaba en casa. Acudieron tantos que no quedaba sitio ni a la puerta. Y les proponía la palabra. Y vinieron trayéndole un paralítico llevado entre cuatro y, como no podían presentárselo por el gentío, levantaron la techumbre encima de donde él estaba, abrieron un boquete y descolgaron la camilla donde yacía el paralítico. Viendo Jesús la fe que tenían, le dice al paralítico: «Hijo, tus pecados te son perdonados». Unos escribas, que estaban allí sentados, pensaban para sus adentros: «¿Por qué habla este así? Blasfema. ¿Quién puede perdonar pecados, sino solo uno, Dios?». Jesús se dio cuenta enseguida de lo que pensaban y les dijo: «¿Por qué pensáis eso? ¿Qué es más fácil, decir al paralítico: "Tus pecados te son perdonados", o decir: "Levántate, coge la camilla y echa a andar"? Pues, para que veáis que el Hijo del hombre tiene autoridad en la tierra para perdonar pecados –dice al paralítico–: "Te digo: levántate, coge tu camilla y vete a tu casa"». Se levantó, cogió inmediatamente la camilla y salió a la vista de todos. Se quedaron atónitos y daban gloria a Dios, diciendo: «Nunca hemos visto una cosa igual».

El lugar está abarrotado, todos anhelan ver a Jesús. Sus palabras despiertan pasiones, tejedoras de esperanza y forjadoras de posibilidades. La vida nos regala camilleros, que nos sostienen cuando estamos paralizados. Soportan nuestro peso, no como una carga, sino como un desafío, anhelando ver cómo nos erguimos. Levantan techumbres para ofrecernos un espacio. Ante ellos, Jesús se conmueve y nos brinda un nuevo comienzo: «Hijo, tus pecados te son perdonados». Su compasión nos eleva, caminando hacia un futuro lleno de posibilidades. También nosotros, atónitos, nos dejamos maravillar por la generosidad y el amor de quienes nos rodean.

UNO CON ÉL (Amado Nervo)

Eres uno con Dios, porque le amas.
¡Tu pequeñez qué importa y tu miseria,
eres uno con Dios, porque le amas!

Le buscaste en los libros,
le buscaste en los templos,
le buscaste en los astros,

y un día el corazón te dijo, trémulo:
«aquí está», y desde entonces ya sois uno,
ya sois uno los dos, porque le amas.

No podrían separaros
ni el placer de la vida
ni el dolor de la muerte.

En el placer has de mirar su rostro,
en el dolor has de mirar su rostro,
en vida y muerte has de mirar su rostro.

«¡Dios!» dirás en los besos,
dirás «Dios» en los cantos,
dirás «¡Dios!» en los ayes.

Y comprendiendo al fin que es ilusorio
todo pecado (como toda vida),
y que nada de Él puede separarte,
uno con Dios te sentirás por siempre:
uno solo con Dios, porque le amas.

(MO) San Antonio, ab.
San Sulpicio Pío, ob.
San Jenaro Sánchez, pb. y mr.

✳ **1 Samuel 9, 1-4.17-19; 10, 1a:** Ese es el hombre de quien habló el Señor; Saúl gobernará a su pueblo.

▶ **Salmo 20 [21], 2-3|4-5|6-7:** Señor, el rey se alegra por tu fuerza.

✚ **Evangelio: SAN MARCOS 2, 13-17**

En aquel tiempo, Jesús salió de nuevo a la orilla del mar; toda la gente acudía a él y les enseñaba. Al pasar vio a Leví, el de Alfeo, sentado al mostrador de los impuestos, y le dice: «Sígueme». Se levantó y lo siguió. Sucedió que, mientras estaba él sentado a la mesa en casa de Leví, muchos publicanos y pecadores se sentaban con Jesús y sus discípulos, pues eran ya muchos los que lo seguían. Los escribas de los fariseos, al ver que comía con pecadores y publicanos, decían a sus discípulos: «¿Por qué come con publicanos y pecadores?». Jesús lo oyó y les dijo: «No necesitan médico los sanos, sino los enfermos. No he venido a llamar a justos, sino a pecadores».

Tres miradas al mundo. La primera, la de Jesús a Leví, la de la compasión y la de las segundas, terceras y cuartas oportunidades, la del que ve posibilidades y percibe lo profundo del corazón. Mirada que provoca y cambia la vida. La segunda, la mirada que Leví acoge, diferente a cualquier otra mirada que haya experimentado antes... que le recuerda a la de su madre cuando era pequeño... se abre paso la nostalgia, pero pronto es reemplazada por el consuelo, por el ánimo, por el deseo. Y una invitación: «Sígueme». Mirado con ternura, valorado, amado como no había sentido hace mucho tiempo... y Leví, responde. La tercera mirada, la de la sospecha y el «piensa mal y acertarás». ¿Cuál de las tres miradas ofrecemos en nuestra vida diaria?

✳ 1.ª lectura: ISAÍAS 49, 3.5-6

Me dijo el Señor: «Tú eres mi siervo, Israel, por medio de ti me glorificaré». Y ahora dice el Señor, el que me formó desde el vientre como siervo suyo, para que le devolviese a Jacob, para que le reuniera a Israel; he sido glorificado a los ojos de Dios. Y mi Dios era mi fuerza: «Es poco que seas mi siervo para restablecer las tribus de Jacob y traer de vuelta a los supervivientes de Israel. Te hago luz de las naciones, para que mi salvación alcance hasta el confín de la tierra».

▶ Salmo 39 [40], 2.4ab|7-8a|8b-9|10: Aquí estoy, Señor, para hacer tu voluntad.

✳ 2.ª lectura: 1 CORINTIOS 1, 1-3

Pablo, llamado a ser Apóstol de Jesucristo por voluntad de Dios, y Sóstenes nuestro hermano, a la Iglesia de Dios que está en Corinto, a los santificados por Jesucristo, llamados santos con todos los que en cualquier lugar invocan el nombre de nuestro Señor Jesucristo, Señor de ellos y nuestro: a vosotros, gracia y paz de parte de Dios nuestro Padre y del Señor Jesucristo.

✠ Evangelio: SAN JUAN 1, 29-34

Al día siguiente, al ver Juan a Jesús que venía hacia él, exclamó: «Este es el Cordero de Dios, que quita el pecado del mundo. Este es aquel de quien yo dije: "Tras de mí viene un hombre que está por delante de mí, porque existía antes que yo". Yo no lo conocía, pero he salido a bautizar con agua, para que sea manifestado a Israel». Y Juan dio testimonio diciendo: «He contemplado al Espíritu que bajaba del cielo como una paloma, y se posó sobre él. Yo no lo conocía, pero el que me envió a bautizar con agua me dijo: "Aquel sobre quien veas bajar el Espíritu y posarse sobre él, ese es el que bautiza con Espíritu Santo". Y yo lo he visto y he dado testimonio de que este es el Hijo de Dios».

Hoy, en el arranque del octavario de oración por la unidad de los cristianos, pedimos la gracia de la unidad en la diversidad. Juan poco a poco va conociendo a Jesús, cambia su percepción sobre quién es ese hombre, paulatinamente le reconoce como el Mesías. Ha visto bajar el Espíritu sobre él, aquel que ha de manifestarse a Israel. Ese reconocimiento supera las barreras del tiempo, y llega a nuestros días como una invitación: miremos más allá de nuestras fronteras ideológicas. Nuestro conocimiento de Jesús es lento y progresivo, los ritmos no son los mismos, y las verdades que intuimos sobre Dios hacen hincapié en diferentes aspectos dependiendo de la tradición cristiana a la que pertenezcamos. Como fragmentos de un espejo que reflejan a un único Jesús, cada tradición aporta matices únicos a la imagen completa. Muchas veces esa diversidad ha sido motivo de división o distanciamiento, pero todas las iglesias cristianas afirmamos que Jesús es el Cristo y compartimos un mismo Espíritu, el que descendió sobre él. Señor, que la diversidad no sea fuente de discordia, sino el cimiento de una riqueza compartida. Nos llamas a la fraternidad, que como Juan, reconozcamos en el otro la persona donde Dios se hace presente, y su Reino, palpable.

Queridos feligreses... Me dirijo a vosotros con las palabras del Bautista que acaban de resonar en nuestra asamblea... Como el Bautista, siento el deber de señalar a todos al Cordero de Dios, Jesús, el único Salvador del mundo ayer, hoy y siempre. En el misterio de su Encarnación, se hizo Emmanuel, «Dios con nosotros», acercándose a nosotros y dando significado al tiempo y a nuestras vicisitudes diarias. Él es nuestro punto de referencia constante, la luz que ilumina nuestros pasos y la fuente de nuestra esperanza. SAN JUAN PABLO II

Santos Juan Ogilvie, Esteban Pongrácz, Melchor Grodziecki (pbs.) y Marcos Krizevci, canónigo; beatos Ignacio de Azevedo (pb.) y cc.; Santiago Salès (pb.) y Guillermo Saultemouche (rl.), mrs.

✳ **1 Samuel 15, 16-23:** La obediencia vale más que el sacrificio. El Señor te ha rechazado como rey.

▶ **Salmo 49 [50], 8-9|16bc-17|21.23:** Al que sigue buen camino le haré ver la salvación de Dios.

✠ **Evangelio: SAN MARCOS 2, 18-22**

En aquel tiempo, como los discípulos de Juan y los fariseos estaban ayunando, vinieron unos y le preguntaron a Jesús: «Los discípulos de Juan y los discípulos de los fariseos ayunan. ¿Por qué los tuyos no?». Jesús les contesta: «¿Es que pueden ayunar los amigos del esposo, mientras el esposo está con ellos? Mientras el esposo está con ellos, no pueden ayunar. Llegarán días en que les arrebatarán al esposo, y entonces ayunarán en aquel día. Nadie echa un remiendo de paño sin remojar a un manto pasado; porque la pieza tira del manto –lo nuevo de lo viejo– y deja un roto peor. Tampoco se echa vino nuevo en odres viejos; porque el vino revienta los odres, y se pierden el vino y los odres; a vino nuevo, odres nuevos».

En ocasiones comparamos, juzgamos y preguntamos con sarcasmo: ¿Por qué los tuyos no?». Pero tú, Jesús, respondes sin acritud, desde la sabiduría, esperando que cambiemos nuestra perspectiva. Nos invitas a trascender las apariencias y a dejar de lado las primeras impresiones. «¿Es que pueden ayunar los amigos del esposo, mientras el esposo está con ellos?». Nos llamas amigos y nos invitas a relacionarnos contigo desde la alegría y la celebración. «No hay nada más triste que un cristiano triste», especialmente si perdemos la paz por nimiedades, comparándonos con otros o criticando a los demás. Gracias por invitarnos a centrarnos en lo verdaderamente importante: vivir desde ti, plenamente, en amistad, donde no hay espacio para el ayuno.

2.ª semana del T.O.
o San Fabián, p. y mr. o San Sebastián, mr.
o Santos Fructuoso (ob.) y Augurio y Eulogio (dcs.), mrs.

✳ **1 Samuel 16, 1-13:** Samuel ungió a David en medio de sus hermanos, y el Espíritu del Señor vino sobre él.

▶ **Salmo 88 [89], 20|21-22|27-28:** Encontré a David, mi siervo.

✠ **Evangelio: SAN MARCOS 2, 23-28**

Sucedió que un sábado Jesús atravesaba un sembrado, y sus discípulos, mientras caminaban, iban arrancando espigas. Los fariseos le preguntan: «Mira, ¿por qué hacen en sábado lo que no está permitido?». Él les responde: «¿No habéis leído nunca lo que hizo David, cuando él y sus hombres se vieron faltos y con hambre, cómo entró en la casa de Dios, en tiempo del sumo sacerdote Abiatar, comió de los panes de la proposición, que solo está permitido comer a los sacerdotes, y se los dio también a quienes estaban con él?». Y les decía: «El sábado se hizo para el hombre y no el hombre para el sábado; así que el Hijo del hombre es señor también del sábado».

No importa que hoy sea martes y no sábado; muchas veces nos encontramos en tus caminos, Señor, con una mentalidad propia del sábado, y entonces surge el inevitable choque entre las normas, escritas o no, y la vida misma. Tus amigos, llevados por el hambre, arrancan espigas, y enseguida brota la crítica farisaica: «Mira, ¿por qué hacen en sábado lo que no está permitido?». Nos preguntamos, ¿por qué rompen la ley?, y nos reconocemos en ese instante, juzgando desde el legalismo, olvidando que Tú, Jesús, nos invitas constantemente a relacionarnos desde la compasión y la misericordia. Tus palabras resuenan en nuestro interior, como un suave tirón de orejas, recordándonos: «No olvidéis poner a la humanidad, a la persona, en el centro de todo». Porque el sábado, al fin y al cabo, se hizo para el hombre y no al revés.

✳ **1 Samuel 17, 32-33.37.40-51:** Venció David al filisteo con una honda y una piedra.

❱ **Salmo 143 [144], 1bcd|2|9-10:** ¡Bendito el Señor, mi alcázar!

✚ **Evangelio: SAN MARCOS 3, 1-6**

En aquel tiempo, Jesús entró otra vez en la sinagoga y había allí un hombre que tenía una mano paralizada. Lo estaban observando para ver si lo curaba en sábado y acusarlo. Entonces le dice al hombre que tenía la mano paralizada: «Levántate y ponte ahí en medio». Y a ellos les pregunta: «¿Qué está permitido en sábado?, ¿hacer lo bueno o lo malo?, ¿salvarle la vida a un hombre o dejarlo morir?». Ellos callaban. Echando en torno una mirada de ira y dolido por la dureza de su corazón, dice al hombre: «Extiende la mano». La extendió y su mano quedó restablecida. En cuanto salieron, los fariseos se confabularon con los herodianos para acabar con él.

Jesús, de nuevo en la sinagoga, descubres al hombre con la mano paralizada. Otros ojos te observan, con sospecha, buscando motivos para acusarte. Percepciones sesgadas, puntos de vista tendenciosos y calladas acusaciones ante preguntas sobre lo bueno y lo malo. ¿Es por vergüenza o por prepotencia? Ante la rigidez de corazón, te dueles: «echando en torno una mirada de ira y dolido por la dureza de [...] corazón». Pero eliges actuar desde la misericordia y aliviar el sufrimiento. Nos enseñas a anteponer la compasión al juicio. Tu respuesta es «extiende la mano», y restauras la dignidad de la persona. Nos sorprende ver cómo fariseos y herodianos, enemigos entre sí, se unen contra ti... como dice Ignacio: hemos de sacar provecho.

ENERO

(MO) San Vicente, dc. y mr.
San Vicente Pallotti, pb. y fdr.
Beato Guillermo José Chaminade, pb. y fdr.

✳ **1 Samuel 18, 6-9; 19, 1-7:** Mi padre busca el modo de matarte.

▶ **Salmo 55 [56], 2-3|9-10ab|10c-11|12-13:** En Dios confío y no temo.

✠ **Evangelio: SAN MARCOS 3, 7-12**

En aquel tiempo, Jesús se retiró con sus discípulos a la orilla del mar y lo siguió una gran muchedumbre de Galilea. Al enterarse de las cosas que hacía, acudía mucha gente de Judea, Jerusalén, Idumea, Transjordania y cercanías de Tiro y Sidón. Encargó a sus discípulos que le tuviesen preparada una barca, no lo fuera a estrujar el gentío. Como había curado a muchos, todos los que sufrían de algo se le echaban encima para tocarlo. Los espíritus inmundos, cuando lo veían, se postraban ante él y gritaban: «Tú eres el Hijo de Dios». Pero él les prohibía severamente que lo diesen a conocer.

Visualizo la escena: la multitud de diversas regiones, agolpándose alrededor tuyo, Jesús, en una marea de empujones y tropiezos. Eres previsor y, para evitar un daño mayor, pides una barca, manteniendo un delicado equilibrio entre curar a los demás y cuidarte a ti mismo. No así nosotros, a menudo, descuidamos a otros y a nosotros mismos, elevando a absoluto lo que no lo es, transformando en señores a realidades que no lo son. La gente se lanza sobre ti, anhelante, desesperada por tocarte, por sentirte. El mundo necesita tanto de ti. La energía y la desesperación son palpables. Y somos tan limitados que podemos olvidar que también nosotros te necesitamos desesperadamente. Los espíritus inmundos, a pesar de su naturaleza, te reconocen: eres el Hijo de Dios, con todas las letras.

✳ **1 Samuel 24, 3-21:** No alargaré la mano contra él, pues es el ungido del Señor. ❱ **Salmo 56 [57], 2|3-4|6.11:** Misericordia, Dios mío, misericordia.

✠ **Evangelio: SAN MARCOS 3, 13-19**

En aquel tiempo, Jesús subió al monte, llamó a los que quiso y se fueron con él. E instituyó doce para que estuvieran con él y para enviarlos a predicar, y que tuvieran autoridad para expulsar a los demonios: Simón, a quien puso el nombre de Pedro, Santiago el de Zebedeo, y Juan, el hermano de Santiago, a quienes puso el nombre de Boanerges, es decir, los hijos del trueno, Andrés, Felipe, Bartolomé, Mateo, Tomás, Santiago el de Alfeo, Tadeo, Simón el de Caná y Judas Iscariote, el que lo entregó.

«Jesús subió al monte, llamó a los que quiso y se fueron con él». Así, sin más literatura ni explicaciones. Escogió desde la diversidad, a personas corrientes, comunes, imperfectas... pescadores, recaudadores, zelotes, mujeres. No hay méritos especiales, simplemente una llamada y una invitación. No se trata de logros, ni currículos, solo del «estar con él». Jesús sigue contando con nosotros para formar parte de una historia trascendental. En ocasiones nos invaden las dudas: «¿Soy realmente digno?». Jesús responde: «No se trata de perfecciones. Confía. Se trata de estar conmigo». Señor, ayúdame a no abandonar el monte, el espacio del encuentro, del estar a tu lado, donde se forja la confianza y se fortalece la amistad. ¡Qué privilegio y reto, ser invitados!

¿Cómo sigo a Jesús? Jesús habla en silencio en el misterio de la Eucaristía y cada vez nos recuerda que seguirle quiere decir salir de nosotros mismos y hacer de nuestra vida no una posesión nuestra, sino un don de Él y a los otros. PAPA FRANCISCO

24 SÁBADO ENERO

(MO) San Francisco de Sales, ob. y dr.
Beata María Poussepin, v. y fdra.
Beato Paciá M.ª de Barcelona, pb. y mr.

✳ 2 Samuel 1, 1-4.11-12.19.23-27: ¡Cómo han caído los héroes en medio del combate! ❚ Salmo 79 [80], 2-3|5-7: Que brille tu rostro, Señor, y nos salve.

✚ **Evangelio: SAN MARCOS 3, 20-21**

En aquel tiempo, Jesús llegó a casa con sus discípulos y de nuevo se juntó tanta gente que no los dejaban ni comer. Al enterarse su familia, vinieron a llevárselo, porque se decía que estaba fuera de sí.

El secreto de la felicidad, cómo hacer que te pasen cosas buenas, felicidad a golpe de autoayuda, coaching, autoconciencia, desarrollo personal, autoestima, superación personal, resiliencia, inteligencia emocional, mindfulness... y la familia de Jesús daba crédito a las voces que decían que «estaba fuera de sí». En tiempos de tanto desarrollo personal y exaltación de la autenticidad, Jesús desmonta los argumentos baratos y su figura resuena con fuerza: ser genuino no es un camino de rosas, pero sí el camino de la verdad. Un Jesús rodeado de gente, pero en soledad. Piensan que ha perdido la razón. Se enfrenta al desconcierto y la incomprensión incluso de su propia familia. Pero un Jesús vulnerable, se mantiene firme, auténtico, valiente... lo diferente nos asusta y lo etiquetamos como «locura». Bendita locura.

En tu presencia está todo mi deseo. No en presencia de los hombres, que no pueden ver el corazón, sino en tu presencia está todo mi deseo. Pon tu deseo en su presencia, y el Padre, que ve en lo oculto, te recompensará. Tu deseo es tu oración, y si continuo es tu deseo, continua es tu oración... Hay otra oración interior no interrumpida, que es el deseo. Hagas lo que hagas, si estás deseando aquel sábado, no interrumpes tu oración. Si no quieres interrumpir la oración, no interrumpas tu deseo. Tu deseo continuado es tu voz continuada. SAN AGUSTÍN

✱ 1.ª lectura: ISAÍAS 8, 23b–9, 3

En otro tiempo humilló el Señor la tierra de Zabulón y la tierra de Neftalí, pero luego ha llenado de gloria el camino del mar, el otro lado del Jordán, Galilea de los gentiles. El pueblo que caminaba en tinieblas vio una luz grande; habitaba en tierra y sombras de muerte, y una luz les brilló. Acreciste la alegría, aumentaste el gozo; se gozan en tu presencia, como gozan al segar, como se alegran al repartirse el botín. Porque la vara del opresor, el yugo de su carga, el bastón de su hombro, los quebrantaste como el día de Madián.

▶ Salmo 26 [27], 1bcde|4|13-14: El Señor es mi luz y mi salvación.

✱ 2.ª lectura: 1 CORINTIOS 1, 10-13.17

Os ruego, hermanos, en nombre de nuestro Señor Jesucristo, que digáis todos lo mismo y que no haya divisiones entre vosotros. Estad bien unidos con un mismo pensar y un mismo sentir. Pues, hermanos, me he enterado por los de Cloe de que hay discordias entre vosotros. Y os digo esto porque cada cual anda diciendo: «Yo soy de Pablo, yo soy de Apolo, yo soy de Cefas, yo soy de Cristo». ¿Está dividido Cristo? ¿Fue crucificado Pablo por vosotros? ¿Fuisteis bautizados en nombre de Pablo? Pues no me envió Cristo a bautizar, sino a anunciar el Evangelio, y no con sabiduría de palabras, para no hacer ineficaz la cruz de Cristo.

✚ Evangelio: SAN MATEO 4, 12-23

En aquel tiempo, al enterarse Jesús de que habían arrestado a Juan se retiró a Galilea. Dejando Nazaret se estableció en Cafarnaún, junto al mar, en el territorio de Zabulón y Neftalí, para que se cumpliera lo dicho por medio del profeta Isaías: «Tierra de Zabulón y tierra de

Neftalí, camino del mar, al otro lado del Jordán, Galilea de los gentiles. El pueblo que habitaba en tinieblas vio una luz grande; a los que habitaban en tierra y sombras de muerte, una luz les brilló». Desde entonces comenzó Jesús a predicar diciendo: «Convertíos, porque está cerca el reino de los cielos». Paseando junto al mar de Galilea vio a dos hermanos, a Simón, llamado Pedro, y a Andrés, que estaban echando la red en el mar, pues eran pescadores. Les dijo: «Venid en pos de mí y os haré pescadores de hombres». Inmediatamente dejaron las redes y lo siguieron. Y pasando adelante vio a otros dos hermanos, a Santiago, hijo de Zebedeo, y a Juan, su hermano, que estaban en la barca repasando las redes con Zebedeo, su padre, y los llamó. Inmediatamente dejaron la barca y a su padre y lo siguieron. Jesús recorría toda Galilea enseñando en sus sinagogas, proclamando el evangelio del reino y curando toda enfermedad y toda dolencia en el pueblo.

En septiembre de 2019, el papa Francisco instituyó el tercer domingo del Tiempo Ordinario como el Domingo de la Palabra de Dios. Nos invitaba a «tener familiaridad e intimidad con la Sagrada Escritura y con el Resucitado, que no cesa de partir la Palabra y el Pan en la comunidad de los creyentes [...]. Escuchar la Sagrada Escritura para practicar la misericordia: este es un gran desafío para nuestras vidas». Y hoy, tu Palabra, Señor, nos interpela. Nos habla de cómo ante el arresto de Juan cambiaste tu manera de actuar, de cómo determinadas circunstancias nos conducen a replantearnos nuestro modo de estar en el mundo. Hoy comienzas tu misión en Galilea, entre gentiles y descartados, en los márgenes donde la práctica religiosa se difumina. Y allí llevas luz, ánimo y Buena Noticia proclamando: «Convertíos, porque está cerca el reino de los cielos». Tu Palabra inspira, pero no desde el estertor ni el bramido, sino con la gentileza de un susurro, un murmullo que ilumina las sombras con suavidad y esperanza. Que nuestra voz, Señor, se haga eco de la tuya. Que encuentre su camino a la Galilea de nuestros días. Que sea, en su modestia, reflejo de tu Palabra.

✳ **2 Timoteo 1, 1-8:** Refrescando la memoria de tu fe sincera.

▶ **Salmo 95 [96], 1-2a|2b-3|7-8a|10:** Contad las maravillas del Señor a todas las naciones.

✠ **Evangelio: SAN MARCOS 3, 22-30**

En aquel tiempo, los escribas que habían bajado de Jerusalén decían: «Tiene dentro a Belzebú y expulsa a los demonios con el poder del jefe de los demonios». Él los invitó a acercarse y les hablaba en parábolas: «¿Cómo va a echar Satanás a Satanás? Un reino dividido internamente no puede subsistir; una familia dividida no puede subsistir. Si Satanás se rebela contra sí mismo, para hacerse la guerra, no puede subsistir, está perdido. Nadie puede meterse en casa de un hombre forzudo para arramblar con su ajuar, si primero no lo ata; entonces podrá arramblar con la casa. En verdad os digo, todo se les podrá perdonar a los hombres: los pecados y cualquier blasfemia que digan; pero el que blasfeme contra el Espíritu Santo no tendrá perdón jamás, cargará con su pecado para siempre». Se refería a los que decían que tenía dentro un espíritu inmundo.

Me fascina Gloria Fuertes, ella diría: «Estoy como una cabra». Pues yo digo: Vuestras mercedes me indignan, con vuestro buenismo blandito al hablar de las cosas de Dios, la mirada de peluche sobre el Señor y los suyos, con vuestro parloteo de algodón y vuestras sonrisas de merengue. Jesús, si hace falta, se «capra», y hasta hace cabriolas, aunque nunca hable a capricho. Y si se tercia, planea atar al forzudo. Me indignan vuestras mercedes, con vuestra condescendencia y ese tono soporífero que da palmadas de sentencia. Pido desobediencia. Tito y Timoteo, esos no eran tímidos ni timoratos. ¿Y lo peor? El pecado, el rechazo. Asegurar saber de Dios y luego darle la espalda. ¡Qué desparpajo!

3.ª semana del T.O.
o Santa Ángela de Mérici, v.
San Enrique de Ossó, pb. y fdr.

✳ **2 Samuel 6, 12b-15.17-19:** David y todo Israel iban subiendo el Arca del Señor entre aclamaciones.

▶ **Salmo 23 [24], 7|8|9|10:** ¿Quién es ese Rey de la gloria? Es el Señor.

✚ **Evangelio: SAN MARCOS 3, 31-35**

En aquel tiempo, llegaron la madre de Jesús y sus hermanos y, desde fuera, lo mandaron llamar. La gente que tenía sentada alrededor le dice: «Mira, tu madre y tus hermanos y tus hermanas están fuera y te buscan». Él les pregunta: «¿Quiénes son mi madre y mis hermanos?». Y mirando a los que estaban sentados alrededor, dice: «Estos son mi madre y mis hermanos. El que haga la voluntad de Dios, ese es mi hermano y mi hermana y mi madre».

«¿Quiénes son mi madre y mis hermanos?» Podría nombrar a Marisefa, Marisol, Ana y Eduardo... y seguir con sobrinos, tíos, primos, incluso compañeros jesuitas y de misión... Sin embargo, tu pregunta, Señor, nos desarma. Redefines nuestra idea de familia, trascendiendo lazos de sangre y la mera convivencia. Nos hablas de una familia escogida bajo un criterio singular: comprometerse con la voluntad de Dios. ¡Menudo requisito!, lo admito, no siempre encajaría en ese círculo íntimo. Pero no se trata de un reproche, sino de una aspiración: desafías la estrechez de nuestras nociones para expandir el corazón. Eres un provocador. Con tu pregunta, nos incitas a examinar nuestras prioridades y lealtades. ¡Mirad más allá de lo evidente!

Solo somos cristianos si nos encontramos con Cristo... Solo en la relación personal con Cristo, solo en el encuentro con el Resucitado nos convertimos realmente en cristianos. PAPA BENEDICTO XVI

(MO) Santo Tomás de Aquino, pb. y dr.
Cuenca: San Julián, ob.
Beata M.ª Luisa Montesinos, v. y mr.

✳ **2 Samuel 7, 4-17:** Suscitaré descendencia tuya después de ti y afirmaré su reino.

▶ Salmo 88 [89], 4-5|27-28|29-30: Le mantendré eternamente mi favor.

✠ **Evangelio: SAN MARCOS 4, 1-20**

En aquel tiempo, Jesús se puso a enseñar otra vez junto al mar. Acudió un gentío tan enorme que tuvo que subirse a una barca y, ya en el mar, se sentó; y el gentío se quedó en tierra junto al mar. Les enseñaba muchas cosas con parábolas y les decía instruyéndolos: «Escuchad: Salió el sembrador a sembrar; al sembrar, algo cayó al borde del camino, vinieron los pájaros y se lo comieron. Otra parte cayó en terreno pedregoso, donde apenas tenía tierra; como la tierra no era profunda, brotó enseguida; pero en cuanto salió el sol, se abrasó y, por falta de raíz, se secó. Otra parte cayó entre abrojos; los abrojos crecieron, la ahogaron y no dio grano. El resto cayó en tierra buena; nació, creció y dio grano; y la cosecha fue del treinta o del sesenta o del ciento por uno». Y añadió: «El que tenga oídos para oír, que oiga». Cuando se quedó a solas, los que lo rodeaban y los Doce le preguntaban el sentido de las parábolas. Él les dijo: «A vosotros se os ha dado el misterio del reino de Dios; en cambio a los de fuera todo se les presenta en parábolas, para que "por más que miren, no vean; por más que oigan, no entiendan, no sea que se conviertan y sean perdonados"». Y añadió: «¿No entendéis esta parábola? ¿Pues cómo vais a conocer todas las demás? El sembrador siembra la palabra. Hay unos que están al borde del camino donde se siembra la palabra; pero en cuanto la escuchan, viene Satanás y se lleva la palabra sembrada en ellos. Hay otros que reciben la semilla como terreno pedregoso; son los que, al escuchar la palabra, enseguida la acogen con alegría, pero no tienen raíces, son inconstantes, y cuando viene una dificultad o persecución por la palabra, enseguida sucumben. Hay otros que reciben la semilla entre abrojos; estos son los que escuchan la palabra, pero los afanes de la vida, la seducción de las riquezas y el deseo de todo lo demás los invaden, ahogan la palabra y se queda estéril. Los otros son los que reciben la semilla en tierra buena; escuchan la palabra, la aceptan y dan una cosecha del treinta o del sesenta o del ciento por uno».

Menudo cuentista eres, Jesús, en el mejor sentido de la palabra: maestro de parábolas, con la capacidad de contar algo de tal manera que atrapas nuestros corazones y lanzas preguntas que tocan lo más profundo de nuestras almas. Con tus palabras alcanzas el misterio de la vida y nos desafías. ¿Qué preocupaciones mundanas me quitan la paz? ¿Qué situaciones complejas me asfixian? ¿En qué momentos relego tus palabras a la indiferencia o superficialidad? ¿Cuándo soy tierra fecunda y espacio que acoge? Nos provocas y cuestionas: ¿Soy camino, roca, zarza o tierra fértil? Nos invitas a ser escucha y acogida, a cultivar lo oído, a recibir esa siembra y a hacer germinar tu Palabra en la vida real.

QUIERO COMPRENDERTE (Rainer Maria Rilke)

Todos cuantos te buscan te tientan.
Y quienes te encuentran te atan al gesto y a la imagen.
Yo, en cambio, quiero comprenderte
como te comprende la tierra;
con mi madurar madura tu reino.
No quiero de Ti vanidad alguna que te demuestre.
Sé que el tiempo no se llama como Tú.
No hagas por mí milagros.
Da la razón a tus leyes, que de generación en generación
se tornan más visibles.

✳ 2 Samuel 7, 18-19.24-29: ¿Quién soy yo, mi Dueño y Señor, y quién la casa de mi padre? ▶ Salmo 131 [132]: El Señor Dios le dará el trono de David, su padre.

✚ **Evangelio: SAN MARCOS 4, 21-25**

En aquel tiempo, Jesús dijo al gentío: «¿Se trae la lámpara para meterla debajo del celemín o debajo de la cama?, ¿no es para ponerla en el candelero? No hay nada escondido, sino para que sea descubierto; no hay nada oculto, sino para que salga a la luz. El que tenga oídos para oír, que oiga». Les dijo también: «Atención a lo que estáis oyendo: la medida que uséis la usarán con vosotros, y con creces. Porque al que tiene se le dará, y al que no tiene se le quitará hasta lo que tiene».

Si la luz se tapa, no se ve. Parece una obviedad, pero en tantas ocasiones escondemos la luz de tu Palabra. Nos preguntas, Señor, por nuestro ser lámpara: ¿Ilumino o encubro tu verdad con mis acciones cotidianas? Menuda pregunta, pero insistes y eres diáfano en tu mensaje: ¡Vivid la transparencia! ¡Sed faros que guíen, no sombras que oculten! Nos adviertes también sobre nuestras relaciones, juicios y medidas: en la palabra, en el dar, en la generosidad o la mezquindad... Porque hay actitudes que nos hacen perder la vida buena que sueñas para nosotros y para el mundo, que nos alejan de la plenitud a la que nos invitas. Cuando abrazamos tu luz, nos inunda; cuando la ocultamos, todo se sume en penumbra.

La santidad no consiste en tal o cual ejercicio virtuoso, sino en una disposición del corazón que nos hace humildes y niños en brazos de Dios, conscientes de nuestra flaqueza y confiados hasta la audacia en su bondad de Padre. SANTA TERESA DE LISIEUX

3.ª semana del T.O.
San Lesmes, ab.
Beata Carmela García, mr.

✳ **2 Samuel 11, 1-4a.4c-10a.13-17:** Me despreciaste y tomaste como esposa a la mujer de Urías.

▶ **Salmo 50 [51]:** Misericordia, Señor, hemos pecado.

✠ **Evangelio: SAN MARCOS 4, 26-34**

En aquel tiempo, Jesús dijo al gentío: «El reino de Dios se parece a un hombre que echa semilla en la tierra. Él duerme de noche y se levanta de mañana; la semilla germina y va creciendo, sin que él sepa cómo. La tierra va produciendo fruto sola: primero los tallos, luego la espiga, después el grano. Cuando el grano está a punto, se mete la hoz, porque ha llegado la siega». Dijo también: «¿Con qué podemos comparar el reino de Dios? ¿Con qué parábola lo explicaremos? Con un grano de mostaza: al sembrarlo en la tierra es la semilla más pequeña, pero después de sembrada crece, se hace más alta que las demás hortalizas y echa ramas tan grandes que los pájaros del cielo pueden anidar a su sombra». Con muchas parábolas parecidas les exponía la palabra, acomodándose a su entender. Todo se lo exponía con parábolas, pero a sus discípulos se lo explicaba todo en privado.

Por un lado el gentío, por otro tus discípulos, Señor. Explicando más si fuera necesario, adaptándote a nuestras entendederas, tendiendo puentes para el diálogo y la comprensión. Y a eso nos llamas, a hacernos entender, desde palabras que abren horizontes, como ese Reino que germina misteriosamente desplegando sus raíces en lo que no se ve. Mira alrededor, descubre la grandeza del Reino en las sutilezas, la fidelidad, lo pequeño y diminuto. Como al círculo íntimo de tus amigos nos sigues animando: Aprende a escuchar, cultiva los encuentros, invierte en cercanía, relaciónate desde la confianza, sé tierra fértil, pero también jardinero que cuida y mima la realidad... aunque en el quehacer diario no se adivinen las futuras cosechas.

✴ **2 Samuel 12, 1-7a.10-17:** He pecado contra el Señor.

▶ **Salmo 50 [51], 12-13|14-15|16-17:** Oh, Dios, crea en mí un corazón puro.

✚ **Evangelio: SAN MARCOS 4, 35-41**

Aquel día, al atardecer, dijo Jesús a sus discípulos: «Vamos a la otra orilla». Dejando a la gente, se lo llevaron en barca, como estaba; otras barcas lo acompañaban. Se levantó una fuerte tempestad y las olas rompían contra la barca hasta casi llenarla de agua. Él estaba en la popa, dormido sobre un cabezal. Lo despertaron, diciéndole: «Maestro, ¿no te importa que perezcamos?». Se puso en pie, increpó al viento y dijo al mar: «¡Silencio, enmudece!». El viento cesó y vino una gran calma. Él les dijo: «¿Por qué tenéis miedo? ¿Aún no tenéis fe?». Se llenaron de miedo y se decían unos a otros: «Pero ¿quién es este? ¡Hasta el viento y el mar lo obedecen!».

Dices, Señor: «Vamos a la otra orilla», y nos ponemos en marcha, junto con otras barcas... como si fuéramos disponibles nos lanzamos a cruzar mares... Pero se oscurece el cielo, se agitan las aguas, de arriba y de abajo. Tú duermes tranquilo mientras nos puede el miedo y todo parece zozobrar. Le gritamos al viento, a las olas gigantes, al mar y al destino que parecen sordos ante nuestros anhelos. Finalmente a ti, despertándote: «Maestro, ¿no te importa que perezcamos?». Con tus palabras el caos se pausa: «No temas, estoy contigo». Y se produce el milagro, que nada tiene que ver con un mar apaciguado, sino con la certeza de tu presencia. Y el miedo se transforma en asombro.

Danos, Señor, la gracia de confiar en Ti en los momentos de zozobra. Danos la gracia de acoger tu Palabra y calmar, con tu presencia, las tempestades que surgen.

Los rasgos principales de la espiritualidad ignaciana derivan de los *Ejercicios Espirituales* (*EE*) de san Ignacio de Loyola, y podemos resumirlo en cinco puntos:

• En primer lugar, la pasión por buscar y hallar a Dios en todas las cosas.

• En segundo lugar, la personalización de la gracia de Dios. En los *Ejercicios Espirituales* es llamativa la cantidad de veces que Ignacio le pide al ejercitante que personalice la gracia: POR MÍ, se repite una y otra vez a lo largo de los *EE*: «conocimiento interno del Señor, que por MÍ se ha hecho hombre»; «mirar y considerar [...] tantos trabajos, de hambre, de sed, de calor y de frío, de injurias y afrentas, para morir en cruz; y todo esto por MÍ»...

• En tercer lugar, el agradecimiento. Podríamos decir que san Ignacio de Loyola busca ayudarnos a convertir nuestro agradecimiento en seguimiento.

• En cuarto lugar, la pasión por el mayor servicio, por el bien más universal... La mediocridad no tenía cabida en la cosmovisión de san Ignacio.

• Finalmente, la centralidad de Cristo. Ahora bien..., el Cristo que sedujo a san Ignacio, el que le coge, el que le recibe a su servicio, el Cristo de los *EE*, es el Cristo pobre y humillado. Y este es el *Christus Receptus* para la Compañía de Jesús y la espiritualidad ignaciana.

Si tuviéramos que estilizar al máximo el esquema de los *EE* de san Ignacio, podríamos decir que comienzan con una oferta de amor por parte del Creador (Principio y Fundamento) y terminan con una respuesta libre de la creatura a Dios (Contemplación para alcanzar amor). Entre ambas, Ignacio nos propone un itinerario de identificación con Cristo.

Intención del Papa
POR LOS NIÑOS CON ENFERMEDADES INCURABLES

Oremos para que los niños que padecen enfermedades incurables y sus familias reciban la atención médica y el apoyo necesario, y no pierdan nunca la fuerza y la esperanza.

PREFERENCIA: SEGUIMOS A JESÚS...

Oración diaria en audio: www.rezandovoy.org
Tiempo para la reflexión y contemplación.
Y porque la oración también es cosa de niños:
www.rezandovoy.org/infantil

FEBRERO

4.ª semana del T.O. Ciclo A. LH: salterio sem. IV
Granada: San Cecilio, ob. y mr.*
San Raimundo de Fitero, ab.

✱ 1.ª lectura: SOFONÍAS 2, 3; 3, 12-13

Buscad al Señor los humildes de la tierra, los que practican su derecho, buscad la justicia, buscad la humildad, quizá podáis resguardaros el día de la ira del Señor. Dejaré en ti un resto, un pueblo humilde y pobre que buscará refugio en el nombre del Señor. El resto de Israel no hará más el mal, no mentirá ni habrá engaño en su boca. Pastarán y descansarán, y no habrá quien los inquiete.

▶ Salmo 145 [146], 6c-7|8-9a|9bc-10: Bienaventurados los pobres en el espíritu, porque de ellos es el reino de los cielos. O bien: Aleluya.

✱ 2.ª lectura: 1 CORINTIOS 1, 26-31

Fijaos en vuestra asamblea, hermanos: no hay en ella muchos sabios en lo humano, ni muchos poderosos, ni muchos aristócratas; sino que, lo necio del mundo lo ha escogido Dios para humillar a los sabios, y lo débil del mundo lo ha escogido Dios para humillar lo poderoso. Aún más, ha escogido la gente baja del mundo, lo despreciable, lo que no cuenta, para anular a lo que cuenta, de modo que nadie pueda gloriarse en presencia del Señor. A él se debe que vosotros estéis en Cristo Jesús, el cual se ha hecho para nosotros sabiduría de parte de Dios, justicia, santificación y redención. Y así –como está escrito–: «el que se gloríe, que se gloríe en el Señor».

✠ Evangelio: SAN MATEO 5, 1-12a

En aquel tiempo, al ver Jesús el gentío, subió al monte, se sentó y se acercaron sus discípulos; y, abriendo su boca, les enseñaba diciendo: «Bienaventurados los pobres en el espíritu, porque de ellos es el reino de los cielos. Bienaventurados los mansos, porque ellos heredarán la tierra. Bienaventurados los que lloran, porque ellos serán consolados. Bienaventurados los que tienen hambre y sed de la justicia, porque ellos quedarán saciados. Bienaventurados los misericordiosos, porque ellos alcanzarán misericordia. Bienaventurados los limpios de corazón, porque ellos verán a Dios. Bienaventurados los que trabajan por la paz, porque ellos serán llamados hijos de Dios. Bienaventurados los perseguidos por causa de la justicia, porque de ellos es el reino de los cielos. Bienaventurados vosotros cuando os insulten y os persigan y os calumnien de cualquier modo por mi causa. Alegraos y regocijaos, porque vuestra recompensa será grande en el cielo».

Te sientas, Señor, en la cima del monte, se acercan tus discípulos. Y nosotros, la multitud, aguardamos, sedientos de tus palabras. «Bienaventurados», comienzas, captando nuestra atención, suspendida entre el cielo y la tierra. El silencio es denso, pero emocionado, expectante; nos conmueven tus promesas para los pobres, los mansos, los sufrientes, los que anhelan justicia, los misericordiosos, los puros, los sencillos, los pacificadores, los perseguidos... ¡Qué diferente a la lógica del mundo! «Alegraos y regocijaos», nos invitas, no a esperar, sino a vivirlo ya aquí y ahora. Vibran los ánimos. Nos llamas al cambio para hacer presente el consuelo de tu promesa en este momento. Una felicidad que lejos de ignorar la aflicción, la trasciende, brindándonos un sentido que supera incluso las adversidades. Sin esquivarlas, nos enseñas a vivirlas desde ti. El Reino de tu Padre, que sueñas para nosotros, es aquel donde las lágrimas son enjugadas; la misericordia, señal de tu fraternidad; el diálogo omnipresente en nuestras acciones, y la paz el eco de reconocernos como hijos e hijas de un único Padre. «Alegraos», nos alientas, y en nuestro júbilo, nos revelas un anticipo de eternidad, una promesa que no está por venir, sino que empieza ya aquí, y ahora. Nos toca, pues, creer, soñar y actuar.

✳ 1.ª lectura: MALAQUÍAS 3, 1-4

Esto dice el Señor Dios: «Voy a enviar a mi mensajero para que prepare el camino ante mí. De repente llegará a su santuario el Señor a quien vosotros andáis buscando; y el mensajero de la alianza en quien os regocijáis, mirad que está llegando, dice el Señor del universo. ¿Quién resistirá el día de su llegada? ¿Quién se mantendrá en pie ante su mirada? Pues es como fuego de fundidor, como lejía de lavandero. Se sentará como fundidor que refina la plata; refinará a los levitas y los acrisolará como oro y plata, y el Señor recibirá ofrenda y oblación justas. Entonces agradará al Señor la ofrenda de Judá y de Jerusalén, como en tiempos pasados, como antaño».

✳ O bien: HEBREOS 2, 14-18

Lo mismo que los hijos participan de la carne y de la sangre, así también participó Jesús de nuestra carne y sangre, para aniquilar mediante la muerte al señor de la muerte, es decir, al diablo, y liberar a cuantos, por miedo a la muerte, pasaban la vida entera como esclavos. Notad que tiende una mano a los hijos de Abrahán, no a los ángeles. Por eso tenía que parecerse en todo a sus hermanos, para ser sumo sacerdote misericordioso y fiel en lo que a Dios se refiere, y expiar los pecados del pueblo. Pues, por el hecho de haber padecido sufriendo la tentación, puede auxiliar a los que son tentados.

▶ Salmo 23 [24], 7|8|9|10: El Señor, Dios del universo, él es el Rey de la gloria.

✚ Evangelio (texto breve): SAN LUCAS 2, 22-32

Cuando se cumplieron los días de la purificación, según la ley de Moisés, los padres de Jesús lo llevaron a Jerusalén para presentarlo al Señor, de acuerdo con lo escrito en la ley del Señor: «Todo varón primogénito será consagrado al Señor», y para entregar la oblación, como dice la ley del Señor: «un par de tórtolas o dos pichones». Había entonces en Jerusalén un hombre llamado Simeón, hombre justo y piadoso, que aguardaba el consuelo de Israel; y el Espíritu Santo estaba con él. Le había sido revelado por el Espíritu Santo que no vería la muerte antes de ver al Mesías del Señor. Impulsado por el Espíritu, fue al templo. Y cuando entraban con el niño Jesús sus padres para cumplir con él lo acostumbrado según la ley, Simeón lo tomó en brazos y bendijo a Dios diciendo: «Ahora, Señor, según tu promesa, puedes dejar a tu siervo irse en paz. Porque mis ojos "han visto a tu Salvador", a quien has presentado ante todos los pueblos: "luz para alumbrar a las naciones" y gloria de tu pueblo Israel».

Hoy, en la Fiesta de la Presentación del Señor, celebrando la Jornada de la Vida religiosa, la esperanza inquebrantable y el respeto por las tradiciones se encuentran. María y José, observando la Ley, llevan a Jesús al Templo. Allí, la paciente espera de Simeón y la promesa hecha realidad se entrelazan. Qué contraste tan profundo: la sabiduría y la vejez de Simeón frente a la nueva vida del recién nacido Jesús. En un abrazo lleno de ternura, el anciano acoge el futuro, representado en un Dios que se revela en toda su vulnerabilidad. Se unen experiencia y posibilidades, concurrencia de generaciones, la espera humana y la respuesta divina. Encuentro que invita a buscar más allá de lo obvio, a reconocer lo divino en lo sencillo. La mirada de Simeón, acostumbrada a una búsqueda constante, por fin descubre a Dios en lo que parece ordinario. Incluso en el cansancio y la monotonía, podemos hallar y acoger lo sagrado. Hoy es buen día para recordar la importancia de mantener viva la esperanza y el respeto por nuestras tradiciones, pero también, acoger el cambio y la renovación que cada nueva generación trae consigo. En cada momento, nos podemos topar con lo divino y abrazarlo.

FEBRERO

4.ª semana del T.O.
o San Blas, ob. y mr. o San Óscar, ob.
Santa Claudina Thévenet, fdra.

✳ **2 Samuel 18, 9-10.14b.24-25a.31–19, 3:** ¡Hijo mío, Absalón! ¡Quién me diera haber muerto en tu lugar!

▶ **Salmo 85 [86], 1b-2|3-4|5-6:** Inclina tu oído, Señor, escúchame.

✠ **Evangelio: SAN MARCOS 5, 21-43**

En aquel tiempo, Jesús atravesó de nuevo en barca a la otra orilla, se le reunió mucha gente a su alrededor y se quedó junto al mar. Se acercó un jefe de la sinagoga, que se llamaba Jairo, y, al verlo, se echó a sus pies, rogándole con insistencia: «Mi niña está en las últimas; ven, impón las manos sobre ella, para que se cure y viva». Se fue con él y lo seguía mucha gente que lo apretujaba. Había una mujer que padecía flujos de sangre desde hacía doce años. Había sufrido mucho a manos de los médicos y se había gastado en eso toda su fortuna; pero, en vez de mejorar, se había puesto peor. Oyó hablar de Jesús y, acercándose por detrás, entre la gente, le tocó el manto, pensando: «Con solo tocarle el manto curaré». Inmediatamente se secó la fuente de sus hemorragias y notó que su cuerpo estaba curado. Jesús, notando que había salido fuerza de él, se volvió enseguida, en medio de la gente, y preguntaba: «¿Quién me ha tocado el manto?». Los discípulos le contestaban: «Ves cómo te apretuja la gente y preguntas: "¿Quién me ha tocado?"». Él seguía mirando alrededor, para ver a la que había hecho esto. La mujer se acercó asustada y temblorosa al comprender lo que le había ocurrido, se le echó a los pies y le confesó toda la verdad. Él le dice: «Hija, tu fe te ha salvado. Vete en paz y queda curada de tu enfermedad». Todavía estaba hablando cuando llegaron de casa del jefe de la sinagoga para decirle: «Tu hija se ha muerto. ¿Para qué molestar más al maestro?». Jesús alcanzó a oír lo que hablaban y le dijo al jefe de la sinagoga: «No temas; basta que tengas fe». No permitió que lo acompañara nadie más que Pedro, Santiago y Juan, el hermano de Santiago. Llegan a casa del jefe de la sinagoga y encuentra el alboroto de los que lloraban y se lamentaban a gritos, y después de entrar les dijo: «¿Qué estrépito y qué lloros son estos? La niña no está muerta; está dormida». Se reían de él. Pero él los echó fuera a todos y, con el padre y la madre de la niña y sus acompañantes, entró donde estaba la niña, la cogió de la mano y le dijo: «Talitha qumi» (que significa: «Contigo hablo, niña: levántate»). La niña se levantó inmediatamente y echó a andar; tenía doce años. Y quedaron fuera de sí llenos de estupor. Les insistió en que nadie se enterase; y les dijo que dieran de comer a la niña.

Compartir espacio no es sinónimo de cercanía ni de encuentro. Mucha gente rodea a Jesús, una multitud que le sigue y le apretuja, pero pocos están realmente cerca. Compartimos lugares y tiempos con «allegados», que no necesariamente «próximos». Jairo y la mujer, sin nombre, nos interpelan. Él acercándose desde la desesperación, ella desde una esperanza mantenida a pesar del sufrimiento y el aislamiento. Él con respeto, ella con discreción y audacia. «¿Quién me ha tocado el manto?», preguntas Jesús. Quizás nos estés invitando a arriesgarnos y nos desafías a buscar encuentros más profundos, más allá de la mera presencia participada; los modernos hablan de conexión, de relaciones genuinas. Tú nos dices: «Talitha qumi».

Debemos seguir elevando, con humildad pero con perseverancia, ese grito a Dios: «Levántate. No te olvides de tu criatura, el ser humano». Y el grito... debe ser, a la vez, un grito que penetre nuestro mismo corazón, para que se despierte en nosotros la presencia escondida de Dios, para que el poder que Dios ha depositado en nuestro corazón no quede cubierto y ahogado en nosotros por el fango del egoísmo, del miedo a los demás, de la indiferencia y del oportunismo. PAPA BENEDICTO XVI

FEBRERO

**4.ª semana del T.O.
o San Juan de Brito (pb.);
beatos Rodolfo Acquaviva (pb.) y cc., mrs.**

✳ **2 Samuel 24, 2.9-17:** Soy yo el que ha pecado al censar al pueblo. Pero ellos, las ovejas, ¿qué han hecho estas ovejas? ▶ **Salmo 31 [32], 1b-2|5|6|7:** Perdona, Señor, mi culpa y mi pecado.

✠ **Evangelio: SAN MARCOS 6, 1-6**

En aquel tiempo, Jesús se dirigió a su ciudad y lo seguían sus discípulos. Cuando llegó el sábado, empezó a enseñar en la sinagoga; la multitud que lo oía se preguntaba asombrada: «¿De dónde saca todo eso? ¿Qué sabiduría es esa que le ha sido dada? ¿Y esos milagros que realizan sus manos? ¿No es este el carpintero, el hijo de María, hermano de Santiago y José y Judas y Simón? Y sus hermanas ¿no viven con nosotros aquí?». Y se escandalizaban a cuenta de él. Les decía: «No desprecian a un profeta más que en su tierra, entre sus parientes y en su casa». No pudo hacer allí ningún milagro; solo curó algunos enfermos imponiéndoles las manos. Y se admiraba de su falta de fe. Y recorría los pueblos de alrededor enseñando.

Me llama especialmente la atención ese Jesús que «se admiraba de su falta de fe». ¿Han cambiado realmente los tiempos, o acaso no tanto? Podríamos pensar que antiguamente se intuían motivos de asombro en la realidad, que lanzaban directamente a Dios. Sin embargo, parece que no somos tan distintos de los contemporáneos de Jesús. Como ellos, a menudo respondemos a lo divino con incredulidad. Jesús, en su propia tierra, es recibido con escepticismo por quienes deberían conocerlo mejor. Nos pasa lo mismo: lo milagroso se nos presenta disfrazado de cotidiano y nos volvemos ciegos a lo extraordinario. La familiaridad y los prejuicios nos juegan malas pasadas, impidiéndonos ver más allá de lo obvio. Por creer que ya sabemos quién está ante nosotros nos perdemos grandes cosas.

✳ **1 Reyes 2, 1-4.10-12:** Yo emprendo el camino de todos. Ten valor, Salomón, y sé hombre.

▌ **1 Crónicas 29, 10bc|11abc|11d-12a|12bcd:** Tú eres Señor del universo.

✠ **Evangelio: SAN MARCOS 6, 7-13**

En aquel tiempo, Jesús llamó a los Doce y los fue enviando de dos en dos, dándoles autoridad sobre los espíritus inmundos. Les encargó que llevaran para el camino un bastón y nada más, pero ni pan, ni alforja, ni dinero suelto en la faja; que llevasen sandalias, pero no una túnica de repuesto. Y decía: «Quedaos en la casa donde entréis, hasta que os vayáis de aquel sitio. Y si un lugar no os recibe ni os escucha, al marcharos sacudíos el polvo de los pies, en testimonio contra ellos». Ellos salieron a predicar la conversión, echaban muchos demonios, ungían con aceite a muchos enfermos y los curaban.

Nos llamas, Señor, en compañía, junto a otros y nos envías, proveyéndonos de herramientas para aliviar el sufrimiento de nuestro mundo. Trazas modos y maneras: desde la confianza, desde la simplicidad, sin alardes, apoyándonos en la hospitalidad ajena y en la Providencia. Nos invitas a responder de un modo determinado ante el rechazo: Frente a quien no te recibe, no insistas, pero actúa sin resentimiento, simplemente sigue tu camino. No siempre es fácil respetar la libertad de los otros, «se están perdiendo algo que vale la pena». Que no nos pueda el desánimo. Insistes, Señor, y nos desafías a confiar más en ti y menos en nuestras propias capacidades. Y así, en tu camino, junto a ti, nos descubrimos echando «muchos demonios».

✳ **Eclesiástico 47, 2-11:** Con todo su corazón David entonó himnos, demostrando el amor por su Creador.

▶ **Salmo 17 [18]:** Bendito sea mi Dios y Salvador.

✚ **Evangelio: SAN MARCOS 6, 14-29**

En aquel tiempo, como la fama de Jesús se había extendido, el rey Herodes oyó hablar de él. Unos decían: «Juan el Bautista ha resucitado de entre los muertos y por eso las fuerzas milagrosas actúan en él». Otros decían: «Es Elías». Otros: «Es un profeta como los antiguos». Herodes, al oírlo, decía: «Es Juan, a quien yo decapité, que ha resucitado». Es que Herodes había mandado prender a Juan y lo había metido en la cárcel encadenado. El motivo era que Herodes se había casado con Herodías, mujer de su hermano Filipo, y Juan le decía que no le era lícito tener a la mujer de su hermano. Herodías aborrecía a Juan y quería matarlo, pero no podía, porque Herodes respetaba a Juan, sabiendo que era un hombre justo y santo, y lo defendía. Al escucharlo quedaba muy perplejo, aunque lo oía con gusto. La ocasión llegó cuando Herodes, por su cumpleaños, dio un banquete a sus magnates, a sus oficiales y a la gente principal de Galilea. La hija de Herodías entró y danzó, gustando mucho a Herodes y a los convidados. El rey le dijo a la joven: «Pídeme lo que quieras, que te lo daré». Y le juró: «Te daré lo que me pidas, aunque sea la mitad de mi reino». Ella salió a preguntarle a su madre: «¿Qué le pido?». La madre le contestó: «La cabeza de Juan el Bautista». Entró ella enseguida, a toda prisa, se acercó al rey y le pidió: «Quiero que ahora mismo me des en una bandeja la cabeza de Juan el Bautista». El rey se puso muy triste; pero por el juramento y los convidados no quiso desairarla. Enseguida le mandó a uno de su guardia que trajese la cabeza de Juan.

Fue, lo decapitó en la cárcel, trajo la cabeza en una bandeja y se la entregó a la joven; la joven se la entregó a su madre. Al enterarse sus discípulos fueron a recoger el cadáver y lo pusieron en un sepulcro.

El eco de las palabras de Herodes puede resultar perturbador: «Es Juan, a quien yo decapité, que ha resucitado». Pobre espíritu atormentado por el mal realizado, la culpa que pesa, el alma inquieta, el remordimiento, y quizás el miedo a las posibles consecuencias futuras. No podemos escapar a la sombra de nuestras propias decisiones. Sin embargo, experimentar cierto desasosiego podría apuntar hacia algo positivo. El retorno a tu lado, Señor. Junto a ti, y así mirarnos y mirarte de nuevo, expresar la propia verdad, y dejarnos perdonar por tu amor, sosegarnos en tu compañía, permitirte que nos apacigües y si es posible, pedir perdón a uno mismo, pedirte perdón, pedir perdón a la víctima y reparar el daño causado.

ANGOSTA ES LA CASA (San Agustín)

Dime, por tu misericordia, Señor y Dios mío, qué eres para mí. Di a mi alma: «Yo soy tu salvación». Dilo de forma que yo lo oiga. Los oídos de mi corazón están ante Ti, Señor; ábrelos y di a mi alma: «Yo soy tu salvación». Que yo corra tras esta voz y te dé alcance. No quieras esconderme tu rostro. Muera yo para que no muera y pueda así verte.

Angosta es la casa de mi alma para que vengas a ella: sea ensanchada por Ti. Ruinosa está: repárala. Hay en ella cosas que ofenden tus ojos: lo confieso y lo sé; pero ¿quién la limpiará o a quién otro clamaré fuera de Ti? Tú lo sabes, Señor [...]. No quiero contender en juicio contigo, que eres la verdad, y no quiero engañarme a mí mismo, para que no se engañe a sí misma mi iniquidad.

❋ **1 Reyes 3, 4-13:** Concede a tu siervo un corazón atento para juzgar a tu pueblo.

▶ **Salmo 118 [119], 9|10|11|12|13|14:** Enséñame, Señor, tus decretos.

✚ **Evangelio: SAN MARCOS 6, 30-34**

En aquel tiempo, los apóstoles volvieron a reunirse con Jesús, y le contaron todo lo que habían hecho y enseñado. Él les dijo: «Venid vosotros a solas a un lugar desierto a descansar un poco». Porque eran tantos los que iban y venían, que no encontraban tiempo ni para comer. Se fueron en barca a solas a un lugar desierto. Muchos los vieron marcharse y los reconocieron; entonces de todas las aldeas fueron corriendo por tierra a aquel sitio y se les adelantaron. Al desembarcar, Jesús vio una multitud y se compadeció de ella, porque andaban como ovejas que no tienen pastor; y se puso a enseñarles muchas cosas.

Difícil equilibrio el de mantenerse entre dos tensiones: el cuidado propio y el cuidado ajeno. Solemos irnos a los extremos, exhaustos ante las necesidades ajenas, o fingiendo que no tienen nada que ver con nosotros, para poder escaquearnos y escurrir el bulto, porque también necesitamos ir «a solas a un lugar desierto a descansar un poco». Lo que olvidamos es que nunca es a solas, que es contigo y para estar junto a ti. No se trata de agotarnos en el servicio, desde luego, muchas veces habrá que poner las necesidades de los otros por delante, especialmente de los que andan perdidos. Pero eso, como el descanso y el desierto, siempre contigo y junto a ti, Señor. Si no, sí que nos vamos a mustiar.

✳ 1.ª lectura: ISAÍAS 58, 7-10

Esto dice el Señor: «Parte tu pan con el hambriento, hospeda a los pobres sin techo, cubre a quien ves desnudo y no te desentiendas de los tuyos. Entonces surgirá tu luz como la aurora, enseguida se curarán tus heridas, ante ti marchará la justicia, detrás de ti la gloria del Señor. Entonces clamarás al Señor y te responderá; pedirás ayuda y te dirá: "Aquí estoy". Cuando alejes de ti la opresión, el dedo acusador y la calumnia, cuando ofrezcas al hambriento de lo tuyo y sacies al alma afligida, brillará tu luz en las tinieblas, tu oscuridad como el mediodía».

▶ Salmo 111 [112], 4-5|6-7|8a.9: El justo brilla en las tinieblas como una luz. O bien: Aleluya.

✳ 2.ª lectura: 1 CORINTIOS 2, 1-5

Yo mismo, hermanos, cuando vine a vosotros a anunciaros el misterio de Dios, no lo hice con sublime elocuencia o sabiduría, pues nunca entre vosotros me precié de saber cosa alguna, sino a Jesucristo, y este crucificado. También yo me presenté a vosotros débil y temblando de miedo; mi palabra y mi predicación no fue con persuasiva sabiduría humana, sino en la manifestación y el poder del Espíritu, para que vuestra fe no se apoye en la sabiduría de los hombres, sino en el poder de Dios.

✠ Evangelio: SAN MATEO 5, 13-16

En aquel tiempo, dijo Jesús a sus discípulos: «Vosotros sois la sal de la tierra. Pero si la sal se vuelve sosa, ¿con qué la salarán? No sirve más que para tirarla fuera y que la pise la gente. Vosotros sois la luz del mundo. No se puede ocultar una ciudad puesta en lo alto de un monte. Tampoco se enciende una lámpara para meterla debajo del celemín, sino para ponerla en el candelero y que alumbre a todos los de casa. Brille así vuestra luz ante los hombres, para que vean vuestras buenas obras y den gloria a vuestro Padre que está en los cielos».

Siempre me ha llamado la atención la expresión en inglés *make a difference*, marcar la diferencia, sería algo así como cambiar la situación o impactar sobre la realidad. La tentación que nos puede venir es la de actuar desde lo pequeño, pasar desapercibidos, no llamar la atención y ocupar un espacio discreto. Y llega Jesús y nos dice que la sal sazona, potencia el sabor y conserva, y ese conservar hace que perdure, que se note el regusto, que seamos salerosos, que le metamos gracia a lo que hacemos y decimos... y luego la luz, que revela lo oculto, que se ve desde lejos, que brilla y calienta. Desde luego no invita a mantener un perfil bajo. Pero eso sí, no para nuestra propia gloria. Y se añaden más tensiones: no se trata de ser visible ni de destacar, sino del por quién, del por qué, del desde dónde... ¿Dónde se enraíza ese ser luz y sal? Se trata de entender los porqués y los propósitos. Luz para iluminar, no para cegar. Sal para potenciar, no para anular. Tocar las vidas de los demás y permitir que su realidad nos impacte, ser reflejo de Alguien grande. Eso es marcar la diferencia.

Para comprender mejor estas imágenes, tengamos presente que la Ley judía prescribía poner un poco de sal sobre cada ofrenda presentada a Dios, como signo de alianza. La luz, para Israel, era el símbolo de la revelación mesiánica que triunfa sobre las tinieblas del paganismo. Los cristianos, nuevo Israel, reciben, por lo tanto, una misión con respecto a todos los hombres: con la fe y la caridad pueden orientar, consagrar, hacer fecunda a la humanidad. Todos nosotros, los bautizados, somos discípulos misioneros y estamos llamados a ser en el mundo un Evangelio viviente: con una vida santa daremos «sabor» a los distintos ambientes y los defenderemos de la corrupción, como lo hace la sal; y llevaremos la luz de Cristo con el testimonio de una caridad genuina. PAPA FRANCISCO

✳ **1 Reyes 8, 1-7.9-13:** Acarrearon el Arca de la Alianza al Santo de los Santos, y la nube llenó el templo del Señor. ❯ **Salmo 131 [132], 6-7|8-10:** ¡Levántate, Señor, ven a tu mansión!

✠ **Evangelio: SAN MARCOS 6, 53-56**

En aquel tiempo, terminada la travesía, Jesús y sus discípulos llegaron a Genesaret y atracaron. Apenas desembarcados, lo reconocieron y se pusieron a recorrer toda la comarca; cuando se enteraba la gente dónde estaba Jesús, le llevaba los enfermos en camillas. En los pueblos, ciudades o aldeas donde llegaba colocaban a los enfermos en la plaza y le rogaban que les dejase tocar al menos la orla de su manto; y los que lo tocaban se curaban.

Volvemos al evangelio de Marcos, ni una sola palabra sale de tu boca, Jesús; y sin embargo con qué exquisitez descubrimos tu impacto sobre la gente, es conmovedor. De un modo u otro llegan las noticias sobre ti y sabemos qué hacer: correr a buscar a las personas a las que queremos y amamos para acercártelas. Si es necesario, cargando con ellas, hasta que estén bien cerquita de ti, Jesús... Y después no son necesarios grandes gestos, solo con tocar la orla de tu manto es suficiente. Te vales de lo pequeño y sutil, nos pides que nos mueva la urgencia y el amor a otros, desde ahí el más mínimo contacto contigo puede cambiar la realidad.

Dios nos eligió para mostrarnos unos a otros el rostro del amor de Dios. Somos el vocabulario de Dios; palabras vivas para dar voz a la bondad de Dios con nuestra propia bondad, para dar voz a la compasión, la ternura, la solicitud y la fidelidad de Dios con las nuestras propias. LEO ROCK, SJ

(MO) Santa Escolástica, v.
San José Sánchez del Río, mr.
Beata Eusebia Palomino, v.

✳ **1 Reyes 8, 22-23.27-30:** Declaraste: «Allí estará mi Nombre». Escucha la súplica de tu pueblo Israel.

▶ **Salmo 83 [84], 3|4|5.10|11:** ¡Qué deseables son tus moradas, Señor del universo!

✚ **Evangelio: SAN MARCOS 7, 1-13**

En aquel tiempo, se reunieron junto a Jesús los fariseos y algunos escribas venidos de Jerusalén; y vieron que algunos discípulos comían con manos impuras, es decir, sin lavarse las manos. (Pues los fariseos, como los demás judíos, no comen sin lavarse antes las manos, restregando bien, aferrándose a la tradición de sus mayores, y al volver de la plaza no comen sin lavarse antes, y se aferran a otras muchas tradiciones, de lavar vasos, jarras y ollas). Y los fariseos y los escribas le preguntaron: «¿Por qué no caminan tus discípulos según las tradiciones de los mayores y comen el pan con manos impuras?». Él les contestó: «Bien profetizó Isaías de vosotros, hipócritas, como está escrito: "Este pueblo me honra con los labios, pero su corazón está lejos de mí. El culto que me dan está vacío, porque la doctrina que enseñan son preceptos humanos". Dejáis a un lado el mandamiento de Dios para aferraros a la tradición de los hombres». Y añadió: «Anuláis el mandamiento de Dios por mantener vuestra tradición. Moisés dijo: "Honra a tu padre y a tu madre" y "el que maldiga a su padre o a su madre es reo de muerte". Pero vosotros decís: "Si uno le dice al padre o a la madre: los bienes con que podría ayudarte son 'corbán', es decir, ofrenda sagrada" y ya no le permitís hacer nada por su padre o por su madre, invalidando la palabra de Dios con esa tradición que os trasmitís; y hacéis otras muchas cosas semejantes».

Intento no ser provocador con mis reflexiones, pretendo sugerir y animar. No sé si lo consigo. Pero hoy no puedo mantener un tono sosegado, Jesús me provoca con sus palabras. La declaración de bienes como «corbán», como ofrenda dedicada a Dios, impide que se utilicen para otros propósitos, incluso si eran para ayudar a los propios padres. En la vida religiosa hay muchas heridas por el «corbán». Obediencia absurda que ha provocado dolores y remordimientos, dejar de atender a padres, madres y hermanos en pro de una misión que era la que se tenía que cuidar. También en el ámbito laical, el trabajo o la descendencia entronizados como «corbán» que impide honrar a padres y madres «invalidando la palabra de Dios».

EN BUSCA DE DIOS (Teilhard de Chardin, SJ)

¡Te necesito, Señor!, porque sin Ti mi vida se seca. Quiero encontrarte en la oración, en tu presencia inconfundible, durante esos momentos en los que el silencio se sitúa de frente a mí, ante Ti. ¡Quiero buscarte! Quiero encontrarte dando vida a la naturaleza que Tú has creado; en la transparencia del horizonte lejano desde un cerro, y en la profundidad de un bosque que protege con sus hojas los latidos escondidos de todos sus inquilinos. ¡Necesito sentirte alrededor!

Quiero encontrarte en tus sacramentos. En el reencuentro con tu perdón, en la escucha de tu palabra, en el misterio de tu cotidiana entrega radical. ¡Necesito sentirte dentro! Quiero encontrarte en el rostro de los hombres y mujeres, en la convivencia con mis hermanos; en la necesidad del pobre y en el amor de mis amigos; en la sonrisa de un niño y en el ruido de la muchedumbre. ¡Tengo que verte!

Quiero encontrarte en la pobreza de mi ser, en las capacidades que me has dado, en los deseos y sentimientos que fluyen en mí, en mi trabajo y mi descanso y, un día, en la debilidad de mi vida, cuando me acerque a las puertas del encuentro cara a cara contigo.

✳ **1 Reyes 10, 1-10:** La reina de Saba percibió la sabiduría de Salomón. ▶ **Salmo 36 [37], 5-6|30-31|39-40:** La boca del justo expone la sabiduría.

✚ **Evangelio: SAN MARCOS 7, 14-23**

En aquel tiempo, llamó Jesús de nuevo a la gente y les dijo: «Escuchad y entended todos: nada que entre de fuera puede hacer al hombre impuro; lo que sale de dentro es lo que hace impuro al hombre». Cuando dejó a la gente y entró en casa, le pidieron sus discípulos que les explicara la parábola. Él les dijo: «¿También vosotros seguís sin entender? ¿No comprendéis? Nada que entre de fuera puede hacer impuro al hombre, porque no entra en el corazón sino en el vientre y se echa en la letrina». (Con esto declaraba puros todos los alimentos). Y siguió: «Lo que sale de dentro del hombre, eso sí hace impuro al hombre. Porque de dentro, del corazón del hombre, salen los pensamientos perversos, las fornicaciones, robos, homicidios, adulterios, codicias, malicias, fraudes, desenfreno, envidia, difamación, orgullo, frivolidad. Todas esas maldades salen de dentro y hacen al hombre impuro».

En la jornada del enfermo pedimos ante tanta enfermedad que daña nuestro mundo. Hoy, Jesús nos llama a escuchar y entender, como Ignacio sugeriría: a reflectir y sacar provecho. Frente a las palabras de Jesús, los discípulos, confundidos, piden aclaraciones. En la actualidad, las nociones de pureza e impureza pueden sonar anticuadas, especialmente al vincularlas con la afectividad o la sexualidad, causando perplejidad en los jóvenes. Sin embargo, lo esencial no se halla en lo puro o impuro, ni en reglas externas, sino en cómo nuestras acciones afectan a los demás y a nosotros. Nuestro corazón refleja lo que verdaderamente somos: nuestras intenciones, pensamientos y actos, los nobles y los reprochables, definen nuestra relación con Dios y con los demás.

✳ **1 Reyes 11, 4-13:** Por no guardar la alianza, voy a arrancar el reino de tus manos; pero daré a tu hijo una tribu, en atención a David.

▶ **Salmo 105 [106], 3-4|35-36|37.40:** Acuérdate de mí, Señor, por amor a tu pueblo.

✠ **Evangelio: SAN MARCOS 7, 24-30**

En aquel tiempo, Jesús fue a la región de Tiro. Entró en una casa procurando pasar desapercibido, pero no logró ocultarse. Una mujer que tenía una hija poseída por un espíritu impuro se enteró enseguida, fue a buscarlo y se le echó a los pies. La mujer era pagana, una fenicia de Siria, y le rogaba que echase el demonio de su hija. Él le dijo: «Deja que se sacien primero los hijos. No está bien tomar el pan de los hijos y echárselo a los perritos». Y ella replicó: «Señor, pero también los perros, debajo de la mesa, comen las migajas que tiran los niños». Él le contestó: «Anda, vete, que por eso que has dicho, el demonio ha salido de tu hija». Al llegar a su casa, se encontró a la niña echada en la cama; el demonio se había marchado.

Jesús se encuentra en un espacio hostil, en tierra de paganos, no logra ocultar su presencia. Una extranjera se le acerca, impulsada por el sufrimiento de su hija, se muestra atrevida, arrojándose a sus pies y pidiendo desesperadamente: «Libera a mi hija, haz que desaparezca su sufrimiento, alívianos...». Con desdén, marcando distancia, le responde: «Deja que se sacien primero los hijos. No está bien tomar el pan de los hijos y echárselo a los perritos». Pero esa madre logra que Dios hecho hombre se desdiga. Con humildad y astucia, sin oponerse, afirma: «Tienes razón», «Señor; pero también los perros, debajo de la mesa, comen las migajas que tiran los niños». El corazón de Jesús se abre, y su pan será para todos.

✳ **1 Reyes 11, 29-32; 12, 19:** Israel se rebeló contra la casa de David.

◗ Salmo 80 [81], 10-11ab|12-13|14-15: Yo soy el Señor, Dios tuyo; escucha mi voz.

✠ **Evangelio: SAN MARCOS 7, 31-37**

En aquel tiempo, dejando Jesús el territorio de Tiro, pasó por Sidón, camino del mar de Galilea, atravesando la Decápolis. Y le presentaron un sordo, que, además, apenas podía hablar; y le piden que le imponga las manos. Él, apartándolo de la gente, a solas, le metió los dedos en los oídos y con la saliva le tocó la lengua. Y mirando al cielo, suspiró y le dijo: «Effetá» (esto es, «ábrete». Y al momento se le abrieron los oídos, se le soltó la traba de la lengua y hablaba sin dificultad. Él les mandó que no lo dijeran a nadie; pero, cuanto más se lo mandaba, con más insistencia lo proclamaban ellos. Y en el colmo del asombro decían: «Todo lo ha hecho bien: hace oír a los sordos y hablar a los mudos».

Un mundo de silencio, la existencia marcada por la sordera y la dificultad al hablar, una persona vista más por lo que le falta que por lo que es. La comunicación, puente vital roto, casi inexplorada, limitada por barreras invisibles. Sin embargo, está la posibilidad de conexión a través de los sentidos restantes. Jesús, no ve la limitación, sino la oportunidad. Pronuncia *Effetá* mirando al cielo, y con un contacto directo, sin vacilaciones, toca con dedos y saliva. De repente, un nuevo mundo de sonidos y voces se abre, un torrente de estímulos sonoros y comunicación fluye. Con ese encuentro, el asombro y la emoción brotan. Son los *Effetá* de nuestras vidas, cuando Jesús toca nuestras limitaciones y nos abre a nuevas realidades.

✳ **Hechos 13,46-19:** Sabed que nos dedicamos a los genti- les. ◗ **Salmo 116 [117], 1|2:** Id al mundo entero y procla- mad el Evangelio. O bien: Aleluya.

✚ **Evangelio: SAN LUCAS 10, 1-9**

En aquel tiempo, designó el Señor otros setenta y dos y los mandó delante de él, de dos en dos, a todos los pue- blos y lugares adonde pensaba ir él. Y les decía: «La mies es abundante y los obreros pocos; rogad, pues, al dueño de la mies que envíe obreros a su mies. ¡Poneos en camino! Mirad que os envío como corderos en medio de lobos. No llevéis bolsa, ni alforja, ni sandalias; y no salu- déis a nadie por el camino. Cuando entréis en una casa, decid primero: "Paz a esta casa". Y si allí hay gente de paz, descansará sobre ellos vuestra paz; si no, volverá a voso- tros. Quedaos en la misma casa, comiendo y bebiendo de lo que tengan: porque el obrero merece su salario. No andéis cambiando de casa en casa. Si entráis en una ciudad y os reciben, comed lo que os pongan, curad a los enfermos que haya en ella, y decidles: "El reino de Dios ha llegado a vosotros"».

Misión y reto, envío desafiante: «La mies es abun- dante y los obreros pocos». Con lo esencial, despo- jados, confiando en la acogida ajena pero sabiendo que nos encontramos «como corderos en medio de lobos». Ser porta- dores de paz, a la manera de Jesús. Con ánimo y buena cara, ponernos en camino, aunque seamos pocos y los medios li- mitados. Vale la pena llevar la noticia: «El reino de Dios está cerca». Y desde el apasionamiento, el Jesús de la misión; no importa si a veces la paz vuelva a nosotros o recibamos zar- pazos de algún lobo. Porque desde lo esencial: entrar en una casa y vivir la paz recíproca, nacen vínculos y comunión. Y eso, en verdad, nos vale la vida.

✳ 1.ª lectura: ECLESIÁSTICO 15, 15-20

Si quieres, guardarás los mandamientos y permanecerás fiel a su voluntad. Él te ha puesto delante fuego y agua, extiende tu mano a lo que quieras. Ante los hombres está la vida y la muerte, y a cada uno se le dará lo que prefiera. Porque grande es la sabiduría del Señor, fuerte es su poder y lo ve todo. Sus ojos miran a los que le temen, y conoce todas las obras del hombre. A nadie obligó a ser impío, y a nadie dio permiso para pecar.

▶ Salmo 118 [119], 1-2|4-5|17-18|33-34: Dichoso el que camina en la ley del Señor.

✳ 2.ª lectura: 1 CORINTIOS 2, 6-10

Hermanos: Hablamos de sabiduría entre los perfectos; pero una sabiduría que no es de este mundo ni de los príncipes de este mundo, condenados a perecer, sino que enseñamos una sabiduría divina, misteriosa, escondida, predestinada por Dios antes de los siglos para nuestra gloria. Ninguno de los príncipes de este mundo la ha conocido, pues, si la hubiesen conocido, nunca hubieran crucificado al Señor de la gloria. Sino que, como está escrito: «Ni el ojo vio, ni el oído oyó, ni el hombre puede pensar lo que Dios ha preparado para los que lo aman». Y Dios nos lo ha revelado por el Espíritu; pues el Espíritu lo sondea todo, incluso lo profundo de Dios.

✚ Evangelio (texto breve):
SAN MATEO 5, 20-22a.27-28.33-34a.37

En aquel tiempo, dijo Jesús a sus discípulos: «Os digo que si vuestra justicia no es mayor que la de los escribas y fariseos, no entraréis en el reino de los cielos. Habéis oído que se dijo a los antiguos: "No matarás", y el que mate será reo de juicio. Pero yo os digo: todo el que se deja llevar de la cólera contra su hermano será procesado.

Habéis oído que se dijo: "No cometerás adulterio". Pero yo os digo: todo el que mira a una mujer deseándola, ya ha cometido adulterio con ella en su corazón. También habéis oído que se dijo a los antiguos: "No jurarás en falso" y "Cumplirás tus juramentos al Señor". Pero yo os digo que no juréis en absoluto. Que vuestro hablar sea sí, sí, no, no. Lo que pasa de ahí viene del Maligno».

El miércoles que viene comenzará la Cuaresma con la ceniza, e interrumpimos el Tiempo Ordinario para adentrarnos en un tiempo especial, extraordinario. Y Jesús dibuja para nosotros un ámbito de relaciones también extraordinario: relaciones con Dios, con nosotros mismos y con los demás. En un horizonte donde no se menosprecia lo viejo como obsoleto, sino que se le reconoce su valor, donde se va más allá de la letra proclamada para llegar al corazón y recuperar todo lo que tiene de bueno, en plenitud. Donde se nos anima al respeto, a uno mismo y a los demás, a la integridad, no solo en actos, sino en intenciones y deseos. Un tiempo extraordinario para cultivar actitudes que nos ayuden a VIVIR con mayúsculas, haciendo realidad los sueños de Dios para nuestro mundo. No se trata de prohibiciones, sino de caminos hacia una vida plena, más buena. Desde luego es extraordinario un Dios que a pesar de nuestros fallos e incoherencias, sigue apostando por nosotros y creyendo en nuestras posibilidades, que nos sabe capaces de reconciliación, de restaurar heridas, de abatir barreras y tender puentes, de respeto, de paz, de diálogo, de compromiso, de sinceridad, de palabras claras.

Amar a alguien es tener siempre esperanza en él. Desde el momento en que comenzamos a juzgar a alguien, limitamos nuestra confianza en él; desde el momento en que lo identificamos con lo que sabemos de él y, por tanto, lo reducimos a ello, dejamos de amarlo y él deja de ser capaz para mejorar. Deberíamos esperarlo todo de todos. Debemos atrevernos a ser amor en un mundo que no sabe cómo amar. SAN CARLOS DE FOUCAULD

16 LUNES FEBRERO

6.ª semana del T.O.
Santa Juliana, v. y mr.
Beato José Allamano, pb. y fdr.

✳ **Santiago 1, 1-11:** La autenticidad de vuestra fe produce paciencia, para que seáis perfectos e íntegros.

▶ **Salmo 118 [119], 67|68|71|72|75|76:** Cuando me alcance tu compasión, Señor, viviré.

✚ **Evangelio: SAN MARCOS 8, 11-13**

En aquel tiempo, se presentaron los fariseos y se pusieron a discutir con Jesús; para ponerlo a prueba, le pidieron un signo del cielo. Jesús dio un profundo suspiro y dijo: «¿Por qué esta generación reclama un signo? En verdad os digo que no se le dará un signo a esta generación». Los dejó, se embarcó de nuevo y se fue a la otra orilla.

Reclamar signos, exigir certezas, exhortar al otro para que nos dé evidencias. Sospechar, querer cazar, buscar las cosquillas, poner a prueba, demandar desde la intención no recta. Hacer oídos sordos, ignorar, obviar, desatender, ser incapaz de escuchar... Actitudes que se nos presentan muchas veces, donde nuestros prejuicios e ideas preconcebidas nos ciegan y ensordecen. Entonces sabemos, antes de recibir la palabra, lo que nos van a decir, lo que van a hacer. Eliminamos cualquier posibilidad de encuentro y escucha, porque lo tenemos todo claro a priori. Nos cerramos a cualquier posibilidad de encuentro, sorpresa y diálogo... con los otros, con las otras, con Jesús... Y Jesús no puede más que suspirar e irse a la otra orilla. Es que se lo ponemos realmente difícil.

El acto de fe más bello es el que brota de los labios en plena oscuridad, en medio de los sacrificios, los sufrimientos, en el supremo esfuerzo de una voluntad firme de hacer el bien. Como el rayo, este acto de fe rasga las tinieblas de tu alma; en medio de los relámpagos de la tormenta te levanta y te conduce a Dios.
SAN AGUSTÍN

✳ **Santiago 1, 12-18:** Dios no tienta a nadie.

▶ **Salmo 93 [94], 12-13a|14-15|18-19:** Dichoso el hombre a quien tú educas, Señor.

✠ **Evangelio: SAN MARCOS 8, 14-21**

En aquel tiempo, a los discípulos se les olvidó tomar pan y no tenían más que un pan en la barca. Y Jesús les ordenaba diciendo: «Estad atentos, evitad la levadura de los fariseos y de Herodes». Y discutían entre ellos sobre el hecho de que no tenían panes. Dándose cuenta, les dijo Jesús: «¿Por qué andáis discutiendo que no tenéis pan? ¿Aún no entendéis ni comprendéis? ¿Tenéis el corazón embotado? ¿Tenéis ojos y no veis, tenéis oídos y no oís? ¿No recordáis cuántos cestos de sobras recogisteis cuando repartí cinco panes entre cinco mil?». Ellos contestaron: «Doce». «¿Y cuántas canastas de sobras recogisteis cuando repartí siete entre cuatro mil?». Le respondieron: «Siete». Él les dijo: «¿Y no acabáis de comprender?».

Por prisas o por despistes se nos van los santos a los cielos y perdemos el hilo de las realidades realmente importantes. «Se les olvidó llevar el pan», andamos con urgencias que no ayudan y nos apartan de lo fundamental, ansias en las que se nos cuela «la levadura de los fariseos» y crecen los olvidos, fermenta la torpeza. Y entonces no nos enteramos de la misa la mitad. Dejamos de pasar por el corazón esos encuentros que nos dan vida, y Jesús nos susurra al corazón: «céntrate, búscame, hazte consciente... mira lo que ves, escucha lo que oyes». Y si no, al menos haz como dijo el poeta, gusta y saborea: «No te escucho, solo saboreo tu resonancia»... puede ser una buena forma de adentrarse en la Cuaresma.

✳ 1.ª lectura: JOEL 2, 12-18

Ahora –oráculo del Señor–, convertíos a mí de todo corazón, con ayunos, llantos y lamentos; rasgad vuestros corazones, no vuestros vestidos, y convertíos al Señor vuestro Dios, un Dios compasivo y misericordioso, lento a la cólera y rico en amor, que se arrepiente del castigo. ¡Quién sabe si cambiará y se arrepentirá dejando tras de sí la bendición, ofrenda y libación para el Señor, vuestro Dios! Tocad la trompeta en Sion, proclamad un ayuno santo, convocad a la asamblea, reunid a la gente, santificad a la comunidad, llamad a los ancianos; congregad a los muchachos y a los niños de pecho; salga el esposo de la alcoba y la esposa del tálamo. Entre el atrio y el altar lloren los sacerdotes, servidores del Señor, y digan: «Ten compasión de tu pueblo, Señor; no entregues tu heredad al oprobio ni a las burlas de los pueblos». ¿Por qué van a decir las gentes: «¿Dónde está su Dios?»? Entonces se encendió el celo de Dios por su tierra y perdonó a su pueblo.

▶ Salmo 50 [51], 3-4|5-6ab|12-13|14.17: Misericordia, Señor, hemos pecado.

✳ 2.ª lectura: 2 CORINTIOS 5, 20–6, 2

Hermanos: Actuamos como enviados de Cristo, y es como si Dios mismo exhortara por medio de nosotros. En nombre de Cristo os pedimos que os reconciliéis con Dios. Al que no conocía el pecado, lo hizo pecado en favor nuestro, para que nosotros llegáramos a ser justicia de Dios en él. Y como cooperadores suyos, os exhortamos a no echar en saco roto la gracia de Dios. Pues dice: «En el tiempo favorable te escuché, en el día de la salvación te ayudé». Pues mirad: ahora es el tiempo favorable, ahora es el día de la salvación.

✢ Evangelio: SAN MATEO 6, 1-6.16-18

En aquel tiempo, dijo Jesús a sus discípulos: «Cuidad de no practicar vuestra justicia delante de los hombres para ser vistos por ellos; de lo contrario no tendréis recompensa de vuestro Padre celestial. Por tanto, cuando hagas limosna, no mandes tocar la trompeta ante ti, como hacen los hipócritas en las sinagogas y por las calles para ser honrados por la gente; en verdad os digo que ya han recibido su recompensa. Tú, en cambio, cuando hagas limosna, que no sepa tu mano izquierda lo que hace tu derecha; así tu limosna quedará en secreto, y tu Padre, que ve en lo secreto, te recompensará. Cuando oréis, no seáis como los hipócritas, a quienes les gusta orar de pie en las sinagogas y en las esquinas de las plazas, para que los vean los hombres. En verdad os digo que ya han recibido su recompensa. Tú, en cambio, cuando ores, entra en tu cuarto, cierra la puerta y ora a tu Padre, que está en lo secreto, y tu Padre, que ve en lo secreto, te lo recompensará. Cuando ayunéis, no pongáis cara triste, como los hipócritas que desfiguran sus rostros para hacer ver a los hombres que ayunan. En verdad os digo que ya han recibido su paga. Tú, en cambio, cuando ayunes, perfúmate la cabeza y lávate la cara, para que tu ayuno lo note, no los hombres, sino tu Padre, que está en lo escondido; y tu Padre, que ve en lo escondido, te recompensará».

Comenzamos la Cuaresma y Jesús nos habla de limosnas, rezos y ayunos. Gabino Uríbarri afirma que estas palabras de Jesús propinan un golpe bajo a nuestro narcisismo. Si nos examinamos un poco descubrimos que en infinidad de ocasiones estamos buscando la atención de otros, andamos justificándonos, reclamando reconocimientos y situándonos sobre andamios imaginarios para sentirnos por encima de los demás, cuando no deleitándonos en la admiración que podemos provocar. No creo que podamos querer a los demás sino nos queremos «un poco» a nosotros mismos, pero cuando ese «poco» se convierte en «un mucho» y en un «más que a los otros», entonces ya hemos metido la pata. Cuánto daño nos ha hecho ese «por que yo lo valgo».

YO HABÍA PEDIDO A DIOS... (Anónimo)

Yo había pedido a Dios FUERZA para triunfar. Él me ha hecho débil para que aprenda el gusto de los pequeños logros.

Yo le había pedido SALUD para hacer grandes cosas. Él me ha dado la enfermedad para que haga cosas mejores.

Yo le había pedido la RIQUEZA para gozar de muchas cosas y ser feliz. Él me ha dado la pobreza para ser sensato.

Yo le había pedido PODER para que las gentes vinieran a mí. Él me ha dado la flaqueza para que yo sienta la necesidad de apoyarme en Dios.

Yo le había pedido AMISTADES para nunca estar solo. Él me ha dado un corazón capaz de acompañar a algunos solos y querer a todos.

Yo le había pedido BELLEZA para ser envidiado y admirado. Él me ha dado un corazón bueno y alegre para embellecer la vida de muchos.

Yo le había pedido ser FAMOSO para ser reconocido por multitudes. Él me ha dado el cariño sincero de unos pocos con los que compartir lo diario.

Yo le había pedido el BIENESTAR de todos mis seres queridos. Él me va dando la fuerza necesaria para ayudarles a llevar sus dolencias y pobrezas.

Yo le había pedido la PAZ para el mundo entero. Él me ha dado gracia para no añadir un gramo de odio y división en mi mundo.

Yo le había pedido de TODO para gozar de la vida. Él me ha dado la vida para que goce de todo.

✳ **Deuteronomio 30, 15-20:** Mira: yo os propongo hoy bendición y maldición.

▶ **Salmo 1, 1-2|3|4.6:** Dichoso el hombre que ha puesto su confianza en el Señor.

✠ **Evangelio: SAN LUCAS 9, 22-25**

En aquel tiempo, dijo Jesús a sus discípulos: «El Hijo del hombre tiene que padecer mucho, ser desechado por los ancianos, sumos sacerdotes y escribas, ser ejecutado y resucitar al tercer día». Entonces decía a todos: «Si alguno quiere venir en pos de mí, que se niegue a sí mismo, tome su cruz cada día y me siga. Pues el que quiera salvar su vida la perderá; pero el que pierda su vida por mi causa la salvará. ¿De qué le sirve a uno ganar el mundo entero si se pierde o se arruina a sí mismo?».

«¿De qué le sirve a uno ganar el mundo entero si se pierde o se perjudica a sí mismo?». En nuestra cultura, a menudo se nos inculca una noción de éxito y felicidad centradas en el logro personal y profesional, la ambición y el bienestar material, sospechando de actitudes relacionadas con el sacrificio, la renuncia, el autocontrol y la sencillez. Jesús borra de un plumazo todas esas ideas y teorías. Nos sitúa en otro ámbito, el misterio de la entrega, de una cierta ascesis, de la cruz real que no nos ahorra la vida y sobre todo una paradoja: perder la vida para salvarla, renunciar para alcanzar lo verdaderamente valioso. Y ahí la clave es ese «conmigo».

No es el poder lo que salva sino el amor. Este es el distintivo de Dios: Él mismo es amor. El mundo es redimido por la paciencia de Dios; y destruido por la impaciencia del hombre.
PAPA BENEDICTO XVI

Viernes después de Ceniza
San Serapión de Alejandría, mr.
Santa Jacinta Marto

✳ Isaías 58, 1-9a: Este es el ayuno que yo quiero.

▶ Salmo 50 [51], 3-4|5-6ab|12-13|14.17: Un corazón que-
brantado y humillado, oh, Dios, tú no lo desprecias.

✟ **Evangelio: SAN MATEO 9, 14-15**

En aquel tiempo, los discípulos de Juan se acercaron a
Jesús, preguntándole: «¿Por qué nosotros y los fariseos
ayunamos a menudo y, en cambio, tus discípulos no
ayunan?». Jesús les dijo: «¿Es que pueden guardar luto
los amigos del esposo mientras el esposo está con ellos?
Llegarán días en que les arrebatarán al esposo, y entonces ayunarán».

De nuevo, la clave está en ese «conmigo», con Jesús.
La Cuaresma no es solo un tiempo de oración, ayuno,
penitencia y limosna, sino que va más allá de ritualismos vacíos y prácticas externas desprovistas de significado. No se
trata de caer en extremos corporales o legalismos, sino de
vivir la presencia del novio. El ayuno adquiere su verdadero
sentido cuando se une a la justicia, cuando nace de una relación profunda y sana con Dios y se acompaña de compasión
y compromiso con los que sufren. En esta Cuaresma, que
nuestro ayuno sea más que un acto ritual; que se convierta
en un camino hacia una comprensión más profunda de nuestro entorno, compromiso con la realidad y motivo de fiesta al
estar con el novio.

---

*Me equivoqué al comienzo de mi experiencia: creí que yo le invo-
caba, y he aquí que su invocación había precedido a la mía; pensé
que yo le solicitaba y le conocía, pero su conocimiento se había
adelantado al mío; creí que le amaba y, sin embargo, es Él quien
me había amado primero; me pareció adorarle, mientras Él ya
había puesto a mi servicio las criaturas de la Tierra. TAYFUR
ABU YAZID AL-BISTAMI*

✳ **Isaías 58, 9b-14:** Cuando ofrezcas al hambriento de lo tuyo, brillará tu luz en las tinieblas.

▶ **Salmo 85 [86], 1b-2|3-4|5-6:** Enséñame, Señor, tu camino, para que siga tu verdad.

✚ **Evangelio: SAN LUCAS 5, 27-32**

En aquel tiempo, vio Jesús a un publicano llamado Leví, sentado al mostrador de los impuestos, y le dijo: «Sígueme». Él, dejándolo todo, se levantó y lo siguió. Leví ofreció en su honor un gran banquete en su casa, y estaban a la mesa con ellos un gran número de publicanos y otros. Y murmuraban los fariseos y sus escribas diciendo a los discípulos de Jesús: «¿Cómo es que coméis y bebéis con publicanos y pecadores?». Jesús les respondió: «No necesitan médico los sanos, sino los enfermos. No he venido a llamar a los justos, sino a los pecadores a que se conviertan».

Leví sentado en el lugar de su cotidianeidad, colaborando con el opresor y sacando provecho para sí mismo, es mirado por Jesús de modo distinto a cómo le mira el resto de la gente. Algo se mueve por dentro y escucha una voz: «Sígueme». Y cambia la mesa de los impuestos por la mesa compartida de Jesús, llega la fiesta... Y claro, al Señor le llueven las críticas, porque cuando nos ponemos en plan biempensantes nos distanciamos de lo que suena a comensalidad, comunidad, diálogo, reconciliación, diversidad, comunión, justicia, apoyo mutuo, sanación, inclusión, igualdad, hospitalidad, acogida, aceptación, incluso algo de desafío y Eucaristía. ¡Será verdad que los que andamos con las críticas somos los que realmente necesitamos del médico!

FEBRERO

1.ª semana de Cuaresma. Ciclo A. LH: salterio sem. I
Cátedra de San Pedro. San Papías de Hierápolis, ob.
Beata M.ª de Jesús (Emilia) d'Outremont, fdra.

✳ 1.ª lectura: GÉNESIS 2, 7-9; 3, 1-7

El Señor Dios modeló al hombre del polvo del suelo e insufló en su nariz aliento de vida; y el hombre se convirtió en ser vivo. Luego el Señor Dios plantó un jardín en Edén, hacia Oriente, y colocó en él al hombre que había modelado. El Señor Dios hizo brotar del suelo toda clase de árboles hermosos para la vista y buenos para comer; además, el árbol de la vida en mitad del jardín, y el árbol del conocimiento del bien y el mal. La serpiente era más astuta que las demás bestias del campo que el Señor había hecho. Y dijo a la mujer: «¿Conque Dios os ha dicho que no comáis de ningún árbol del jardín?». La mujer contestó a la serpiente: «Podemos comer los frutos de los árboles del jardín; pero del fruto del árbol que está en mitad del jardín nos ha dicho Dios: "No comáis de él ni lo toquéis, de lo contrario moriréis"». La serpiente replicó a la mujer: «No, no moriréis; es que Dios sabe que el día en que comáis de él, se os abrirán los ojos, y seréis como Dios en el conocimiento del bien y el mal». Entonces la mujer se dio cuenta de que el árbol era bueno de comer, atrayente a los ojos y deseable para lograr inteligencia; así que tomó de su fruto y comió. Luego se lo dio a su marido, que también comió. Se les abrieron los ojos a los dos y descubrieron que estaban desnudos; y entrelazaron hojas de higuera y se las ciñeron.

▶ Salmo 50 [51], 3-4|5-6ab|12-13|14.17: Misericordia, Señor, hemos pecado.

✳ 2.ª lectura (texto breve): ROMANOS 5, 12.17-19

Hermanos: Lo mismo que por un hombre entró el pecado en el mundo, y por el pecado la muerte, y así la muerte se propagó a todos los hombres, porque todos pecaron... Si por el delito de uno solo la muerte inauguró su reinado a través de uno solo, con cuánta más razón los que reciben a raudales el don gratuito de la justificación reinarán en la vida gracias a uno solo, Jesucristo. En resumen, lo mismo que por un solo delito resultó condena para todos, así también por un acto de justicia resultó justificación y vida para todos. Pues, así como por la desobediencia de un solo hombre, todos fueron constituidos pecadores, así también por la obediencia de uno solo, todos serán constituidos justos.

✠ Evangelio: SAN MATEO 4, 1-11

En aquel tiempo, Jesús fue llevado al desierto por el Espíritu para ser tentado por el diablo. Y después de ayunar cuarenta días con sus cuarenta noches, al fin sintió hambre. El tentador se le acercó y le dijo: «Si eres Hijo de Dios, di que estas piedras se conviertan en panes». Pero él le contestó: «Está escrito: "No solo de pan vive el hombre, sino de toda palabra que sale de la boca de Dios"». Entonces el diablo lo llevó a la ciudad santa, lo puso en el alero del templo y le dijo: «Si eres Hijo de Dios, tírate abajo, porque está escrito: "Ha dado órdenes a sus ángeles acerca de ti y te sostendrán en sus manos, para que tu pie no tropiece con las piedras"». Jesús le dijo: «También está escrito: "No tentarás al Señor, tu Dios"». De nuevo el diablo lo llevó a un monte altísimo y le mostró los reinos del mundo y su gloria, y le dijo: «Todo esto te daré, si te postras y me adoras». Entonces le dijo Jesús: «Vete, Satanás, porque está escrito: "Al Señor, tu Dios, adorarás y a él solo darás culto"». Entonces lo dejó el diablo, y he aquí que se acercaron los ángeles y lo servían.

Comenzamos la Cuaresma con un Jesús que como nosotros, en algunos momentos, se plantea las preguntas más importantes y profundas sobre su propio ser. Pocas veces nos enfrentamos a esas cuestiones de buen gusto, a no ser que nos hayamos sentido forzados a ello, necesitamos tiempo y calma para poder afrontarlas. Jesús fue movido a ese espacio de desierto, silencio y búsqueda por el Espíritu, se fue preparando durante cuarenta días y cuarenta noches; y de repente le vino un planteamiento que ponía en tela de juicio su propia autoconciencia y ser. El tentador le ataca proponiéndole una condición: «Si eres Hijo de Dios», entonces... En el fondo el «enemigo» trata de indagar sobre la identidad de Jesús. ¿Quién eres tú realmente?, ¿Qué consecuencias tiene el ser hijo, «creatura» del amor?. Pero no se queda ahí, va aún más lejos, exige una especie de demostración, de prueba de ADN, una evidencia de filiación, un dar razón, un justificarse y dar cuenta de quién se es... Jesús no cae en esa trampa, como se autocomprende en referencia al Padre, se niega a rendir cuentas, ni ante él mismo, ni ante los demás... Quizás con esto nos diga algo... ¿No es agotador tener que estar justificándose constantemente?

SIN EL PODER DE BELCEBÚ (Benjamín González Buelta, SJ)

Para expulsar demonios pequeños / buscamos la alianza de los demonios más fuertes. / Pero Jesús no expulsó demonios / con el poder de Belcebú. / Los amos de este mundo acechan nuestros programas / y extienden sus redes en los senderos / por donde camina el compromiso / tratando de aliviar la miseria, / de vencer la muerte y la injusticia. / Entre el humo rosado de sus efectos de escenario, / nos ofrecen lo que tienen: dinero, prestigio, poder.

¡Qué difícil es para nosotros / descubrir a tiempo las redes con su malla menuda y escondida, / que luego se convierten en cadenas atadas a nuestros tobillos, / arrastradas por las calles / con su peso de hierro y su estridencia de escándalo!

Necesitamos luchar en el desierto / con las expectativas del pueblo, con los signos religiosos triunfales / y con la eficacia del poder que domina, / para encontrar la puerta pequeña / del servidor del reino. / En el encuentro libre, sin redes ni cadenas, / llega la cercanía de Dios y expulsa los demonios cotidianos / que nos encorvan y nos ciegan.

✳ **Levítico 19, 1-2.11-18:** Juzga con justicia a tu prójimo.

▶ **Salmo 18 [19], 8|9|10|15:** Tus palabras, Señor, son espíritu y vida.

✠ **Evangelio: SAN MATEO 25, 31-46**

En aquel tiempo, dijo Jesús a sus discípulos: «Cuando venga en su gloria el Hijo del hombre, y todos los ángeles con él, se sentará en el trono de su gloria y serán reunidas ante él todas las naciones. Él separará a unos de otros, como un pastor separa las ovejas de las cabras. Y pondrá las ovejas a su derecha y las cabras a su izquierda. Entonces dirá el rey a los de su derecha: "Venid vosotros, benditos de mi Padre; heredad el reino preparado para vosotros desde la creación del mundo. Porque tuve hambre y me disteis de comer, tuve sed y me disteis de beber, fui forastero y me hospedasteis, estuve desnudo y me vestisteis, enfermo y me visitasteis, en la cárcel y vinisteis a verme". Entonces los justos le contestarán: "Señor, ¿cuándo te vimos con hambre y te alimentamos, o con sed y te dimos de beber?; ¿cuándo te vimos forastero y te hospedamos, o desnudo y te vestimos?; ¿cuándo te vimos enfermo o en la cárcel y fuimos a verte?". Y el rey les dirá: "En verdad os digo que cada vez que lo hicisteis con uno de estos, mis hermanos más pequeños, conmigo lo hicisteis". Entonces dirá a los de su izquierda: "Apartaos de mí, malditos, id al fuego eterno preparado para el diablo y sus ángeles. Porque tuve hambre y no me disteis de comer, tuve sed y no me disteis de beber, fui forastero y no me hospedasteis, estuve desnudo y no me vestisteis, enfermo y en la cárcel y no me visitasteis". Entonces también estos contestarán: "Señor, ¿cuándo te vimos con hambre o con sed, o forastero o desnudo, o enfermo o en la cárcel, y no te asistimos?". Él les replicará: "En verdad os digo: lo que no hicisteis con uno de estos, los más pequeños, tampoco lo hicisteis conmigo". Y estos irán al castigo eterno y los justos a la vida eterna».

En este inicio de Cuaresma, el evangelio de Mateo nos invita a la transformación del corazón. El juicio de las naciones, con el Hijo del hombre separando a unos de otros, se convierte en un espejo que nos interpela y nos invita a reconocer a Cristo en los numerosos rostros que encontramos cada día. Nos llama a la empatía, al servicio, a la bondad... A reconocer que en los momentos en que hemos sido los hambrientos, sedientos, forasteros, desnudos, enfermos o encarcelados, alguien ha aliviado nuestro sufrimiento, y hemos experimentado la presencia sanadora del Señor. Cada vez que extendemos nuestra mano para mitigar el dolor ajeno, acogemos al Señor en nuestra vida. Porque ya lo dice el dicho: «obras son amores, y no buenas razones».

POR AMOR A CRISTO (Didier Rimaud, SJ)

Por amor a este hombre llamado Jesús,
hombre para Dios, hombre para los demás,
¡henos ante ti, Padre nuestro!
Por amor a este mundo al que Tú le has enviado
–cordero entre lobos– a construir la justicia,
¡henos ante ti, Padre nuestro, reunidos en su nombre!
Por el amor de la Iglesia, carne de su carne,
su pueblo santificado, pueblo de la Alianza,
¡henos ante ti, Padre nuestro, reunidos en su nombre,
servidores de tu gloria!
Por el amor a los más pobres,
que Él ha llamado bienaventurados,
su cuerpo doliente hasta el fin del mundo,
¡henos ante ti, Padre nuestro, reunidos en su nombre,
servidores de tu gloria, servidores, en todo lugar,
de tu gloria mayor!

✳ Isaías 55, 10-11: **Mi palabra cumplirá mi deseo.**

◗ Salmo 33 [34], 4-5|6-7|16-17|18-19: **Dios libra a los justos de sus angustias.**

✚ Evangelio: SAN MATEO 6, 7-15

En aquel tiempo, dijo Jesús a sus discípulos: «Cuando recéis, no uséis muchas palabras, como los gentiles, que se imaginan que por hablar mucho les harán caso. No seáis como ellos, pues vuestro Padre sabe lo que os hace falta antes de que lo pidáis. Vosotros orad así: "Padre nuestro que estás en el cielo, santificado sea tu nombre, venga a nosotros tu reino, hágase tu voluntad en la tierra como en el cielo, danos hoy nuestro pan de cada día, perdona nuestras ofensas, como también nosotros perdonamos a los que nos ofenden, no nos dejes caer en la tentación, y líbranos del mal". Porque si perdonáis a los hombres sus ofensas, también os perdonará vuestro Padre celestial, pero si no perdonáis a los hombres, tampoco vuestro Padre perdonará vuestras ofensas».

Jesús nos invita a un diálogo íntimo con Dios, marcado por la sencillez y profundidad. «Padre nuestro», dos palabras que abren un universo de relación, cercanía y confianza. No se trata de convencer, sino de abrir nuestro corazón desde lo esencial: reconocer a Dios como Dios, abrazar sus sueños, apasionarnos con el Reino, aceptar la realidad, la provisión diaria (de techo, Pan y Palabra, como decía Toni Catalá), vivir desde el perdón mutuo, y la liberación del mal. Desde un compromiso: en el perdón que ofrecemos se refleja el perdón que recibimos, un intercambio de gracia que cimienta nuestra relación con Dios y con los demás. En esta Cuaresma, que cada palabra de esta oración resuene en lo profundo de nuestro ser, invitándonos a una mayor sencillez, sinceridad y amor.

✳ Jonás 3, 1-10: Los ninivitas habían abandonado el mal camino.

▌ Salmo 50 [51], 3-4|12-13|18-19: Un corazón quebrantado y humillado, oh, Dios, tú no lo desprecias.

✠ **Evangelio: SAN LUCAS 11, 29-32**

En aquel tiempo, la gente se apiñaba alrededor de Jesús, y él se puso a decirles: «Esta generación es una generación perversa. Pide un signo, pero no se le dará más signo que el signo de Jonás. Pues como Jonás fue un signo para los habitantes de Nínive, lo mismo será el Hijo del hombre para esta generación. La reina del Sur se levantará en el juicio contra los hombres de esta generación y hará que los condenen, porque ella vino desde los confines de la tierra para escuchar la sabiduría de Salomón, y aquí hay uno que es más que Salomón. Los hombres de Nínive se alzarán en el juicio contra esta generación y harán que la condenen; porque ellos se convirtieron con la proclamación de Jonás, y aquí hay uno que es más que Jonás».

En medio del bullicio, Jesús desafía a sus oyentes con dureza: «Sois una generación perversa». Y sus oyentes, lo somos nosotros también hoy, ávidos de imágenes, estímulos, signos, espectáculos, focos y milagros; enraizados en la superficialidad, amnésicos de sentido, despreocupados por la esencia o la verdad. Jesús nos repite en esta Cuaresma: «Si queréis un signo, el signo lo soy yo. Miradme». Podría seguir diciéndonos: «Sed como los ninivitas, que escucharon y cambiaron sus corazones, y no como aquellos que, ciegos por sus expectativas, no reconocen la trascendencia en lo cotidiano. Abrid los ojos y el corazón. Yo estoy a tiro, ¿lo estás tú?».

✳ Ester 4, 17k.l-z: No tengo más defensor que tú.

❚ Salmo 137 [138]: Cuando te invoqué, me escuchaste, Señor.

✚ **Evangelio: SAN MATEO 7, 7-12**

En aquel tiempo, dijo Jesús a sus discípulos: «Pedid y se os dará, buscad y encontraréis, llamad y se os abrirá; porque todo el que pide recibe, quien busca encuentra y al que llama se le abre. Si a alguno de vosotros le pide su hijo pan, ¿le dará una piedra?; y si le pide pescado, ¿le dará una serpiente? Pues si vosotros, aun siendo malos, sabéis dar cosas buenas a vuestros hijos, ¡cuánto más vuestro Padre que está en los cielos dará cosas buenas a los que le piden! Así, pues, todo lo que deseáis que los demás hagan con vosotros, hacedlo vosotros con ellos; pues esta es la Ley y los Profetas».

Suena sugerente lo del tiempo de gracia, de conversión, ayuno, penitencia y oración, si nos lo explican bien. Pero, alcanzada cierta edad, lo que anhelamos es que nos dejen tranquilos, estar en paz, que a nuestros seres queridos les vaya bien y no complicarnos la vida. En este contexto, las palabras de Jesús resuenan con un desafío especial: «Tratad a los demás como queréis que ellos os traten». Porque las cosas no siempre salen bien para nosotros o para quienes amamos, a veces la paz es esquiva. En esos momentos, el bien que nos hace un trato amable es incalculable. Del mismo modo, cuando percibamos esa necesidad en otro, ya sabemos qué tenemos que hacer.

Pedimos con la fe, buscamos con la esperanza y llamamos con la caridad. Primero, pedimos para alcanzar, después buscamos para encontrar, y luego de haber hallado, guardamos lo que poseemos para poder entrar. SAN GREGORIO MAGNO

1.ª semana de Cuaresma
San Gabriel de la Dolorosa (Francisco) Possenti, rl.
Beato José Tous, pb. y fdr.

✳ Ezequiel 18, 21-28: ¿Acaso quiero yo la muerte del malvado, y no que se convierta de su conducta y que viva?

▸ Salmo 129 [130], 1b-2|3-4|5-7ab|7cd-8: Si llevas cuenta de los delitos, Señor, ¿quién podrá resistir?

✚ **Evangelio: SAN MATEO 5, 20-26**

En aquel tiempo, dijo Jesús a sus discípulos: «Si vuestra justicia no es mayor que la de los escribas y fariseos, no entraréis en el reino de los cielos. Habéis oído que se dijo a los antiguos: "No matarás", y el que mate será reo de juicio. Pero yo os digo: todo el que se deja llevar de la cólera contra su hermano será procesado. Y si uno llama a su hermano "imbécil", tendrá que comparecer ante el Sanedrín, y si lo llama "necio", merece la condena de la "gehenna" del fuego. Por tanto, si cuando vas a presentar tu ofrenda sobre el altar te acuerdas allí mismo de que tu hermano tiene quejas contra ti, deja allí tu ofrenda ante el altar y vete primero a reconciliarte con tu hermano, y entonces vuelve a presentar tu ofrenda. Con el que te pone pleito procura arreglarte enseguida, mientras vais todavía de camino, no sea que te entregue al juez y el juez al alguacil, y te metan en la cárcel. En verdad te digo que no saldrás de allí hasta que hayas pagado el último céntimo».

«Si vuestra justicia no es mayor...». Contundente modo de empezar, Señor, pero inmediatamente nos lanzas a lo cotidiano: las disputas, los enfrentamientos, los insultos y reproches. Si deseamos acercarnos a ti, nos pides que primero nos acerquemos a quienes hemos herido. Y el orgullo se alza, recordando los agravios recibidos, legitimando distancias y resquemores hacia otros. La Cuaresma es tiempo para examinar el corazón, las intenciones y nuestras relaciones. Es, también, un horizonte para la sanación y la reconciliación, porque la disposición a sanar heridas es tan importante como las ofrendas y oraciones.

✳ **Deuteronomio 26, 16-19:** Serás el pueblo santo del Señor, tu Dios.

▶ **Salmo 118 [119], 1-2|4-5|7-8:** Dichoso el que camina en la ley del Señor.

✠ **Evangelio: SAN MATEO 5, 43-48**

En aquel tiempo, dijo Jesús a sus discípulos: «Habéis oído que se dijo: "Amarás a tu prójimo y aborrecerás a tu enemigo". Pero yo os digo: amad a vuestros enemigos y rezad por los que os persiguen, para que seáis hijos de vuestro Padre celestial, que hace salir su sol sobre malos y buenos, y manda la lluvia a justos e injustos. Porque, si amáis a los que os aman, ¿qué premio tendréis? ¿No hacen lo mismo también los publicanos? Y, si saludáis solo a vuestros hermanos, ¿qué hacéis de extraordinario? ¿No hacen lo mismo también los gentiles? Por tanto, sed perfectos, como vuestro Padre celestial es perfecto».

Señor, tus palabras, «amad a vuestros enemigos y rezad por los que os persiguen», «sed perfectos»... se nos atragantan e incomodan. La idea de desear el bien a quien nos ha dañado y, encima, alcanzar la perfección, resulta abrumador. El grito que surge es el de «líbranos de don Perfecto», y la memoria se llena de las malas pasadas que juegan los perfeccionismos propios. Quizás se trate de otra cosa, de trascender los límites de lo conocido y familiar, incluso con quienes nos lo ponen difícil. Se trata de reconocer la humanidad compartida también en aquellos que nos incomodan. Señor, nos invitas a participar en la bondad radical del «Padre celestial», bondad que no discrimina entre «buenos» y «malos», sino que se extiende generosamente a todos. ¡Menudo reto!

Jesucristo se aparece en primer lugar a las mujeres, sus fieles seguidoras, y no a los discípulos, y ni siquiera a los mismos Apóstoles, a pesar de que los había elegido como portadores de su Evangelio al mundo. Es a las mujeres a quienes por primera vez confía el misterio de su resurrección, haciéndolas las primeras testigos de esta verdad. Quizá quiera premiar su delicadeza, su sensibilidad a su mensaje, su fortaleza, que las había impulsado hasta el Calvario. Quizá quiere manifestar un delicado rasgo de su humanidad, que consiste en la amabilidad y en la gentileza con que se acerca y beneficia a las personas que menos cuentan en el gran mundo de su tiempo. Es lo que parece que se puede concluir de un texto de Mateo: «En esto, Jesús les salió al encuentro (a las mujeres que corrían para comunicar el mensaje a los discípulos) y les dijo: "¡Dios os guarde!". Y ellas, acercándose, se asieron de sus pies y le adoraron. Entonces les dice Jesús: "No temáis. Id y avisad a mis hermanos que vayan a Galilea; allí me verán"» (28, 9-10).

También el episodio de la aparición a María de Magdala (Juan 20, 11-18) es de extraordinaria finura ya sea por parte de la mujer, que manifiesta toda su apasionada y comedida entrega al seguimiento de Jesús, ya sea por parte del Maestro, que la trata con exquisita delicadeza y benevolencia.

En esta prioridad de las mujeres en los acontecimientos pascuales tendrá que inspirarse la Iglesia, que a lo largo de los siglos ha podido contar enormemente con ellas para su vida de fe, de oración y de apostolado.

Intención del Papa
POR EL DESARME Y LA PAZ

Oremos para que las Naciones procedan a un desarme efectivo, particularmente al desarme nuclear, y que los líderes mundiales elijan el camino del diálogo y de la diplomacia en vez de la violencia.

PREFERENCIA: SEGUIMOS A JESÚS...

Oración diaria en audio: www.rezandovoy.org
Tiempo para la reflexión y contemplación.
Y porque la oración también es cosa de niños:
www.rezandovoy.org/infantil

MARZO

2.ª semana de Cuaresma. Ciclo A. LH: salterio sem. II
San Rosendo, ob. y ab.
Santa Inés Cao, mr.

✳ 1.ª lectura: GÉNESIS 12, 1-4a

En aquellos días, el Señor dijo a Abrán: «Sal de tu tierra, de tu patria, y de la casa de tu padre, hacia la tierra que te mostraré. Haré de ti una gran nación, te bendeciré, haré famoso tu nombre y serás una bendición. Bendeciré a los que te bendigan, maldeciré a los que te maldigan, y en ti serán benditas todas las familias de la tierra». Abrán marchó, como le había dicho el Señor.

▶ Salmo 32 [33], 4-5|18-19|20.22: Que tu misericordia, Señor, venga sobre nosotros, como lo esperamos de ti.

✳ 2.ª lectura: 2 TIMOTEO 1, 8b-10

Querido hermano: Toma parte en los padecimientos por el Evangelio, según la fuerza de Dios. Él nos salvó y nos llamó con una vocación santa, no por nuestras obras, sino según su designio y según la gracia que nos dio en Cristo Jesús desde antes de los siglos, la cual se ha manifestado ahora por la aparición de nuestro Salvador, Cristo Jesús, que destruyó la muerte e hizo brillar la vida y la inmortalidad por medio del Evangelio.

✚ Evangelio: SAN MATEO 17, 1-9

En aquel tiempo, Jesús tomó consigo a Pedro, a Santiago y a su hermano Juan, y subió con ellos aparte a un monte alto. Se transfiguró delante de ellos, y su rostro resplandecía como el sol, y sus vestidos se volvieron blancos como la luz. De repente se les aparecieron Moisés y Elías conversando con él. Pedro, entonces, tomó la palabra y dijo a Jesús: «Señor, ¡qué bueno es que estemos aquí! Si quieres, haré tres tiendas: una para ti, otra para Moisés y otra para Elías». Todavía estaba hablando cuando una nube luminosa los cubrió con su sombra y una voz desde la nube decía: «Este es mi Hijo, el amado, en quien me complazco. Escuchadlo». Al oírlo, los discípulos cayeron de bruces, llenos de espanto. Jesús se acercó y, tocándolos, les dijo: «Levantaos, no temáis». Al alzar los ojos, no vieron a nadie más que a Jesús, solo. Cuando bajaban del monte, Jesús les mandó: «No contéis a nadie la visión hasta que el Hijo del hombre resucite de entre los muertos».

El relato de la Transfiguración nos invita a elevar la mirada para ganar perspectiva y profundidad. Jesús se revela en toda su gloria ante Pedro, Santiago y Juan, un destello en el camino cuaresmal que anticipa la resurrección. Sin embargo, las epifanías nos pueden cegar y paralizar: «Como ya veo con claridad, he llegado a mi destino, quedémonos aquí». Aunque nos haga bien subir a lo alto acompañados de Jesús, la mayoría del tiempo vivimos en llanuras, y en muchas ocasiones en valles. Más allá del deseo de retener el momento por complacencia, el Señor nos invita a integrar estas experiencias en nuestra vida cotidiana. Nos puede dar miedo no tener todas las piezas del rompecabezas o movernos en los pantanosos terrenos de la duda. Pero la duda no es la enemiga de la fe, sino el miedo. Lo que corresponde es escuchar una y otra vez la voz de Dios: «Este es mi Hijo, el amado, mi predilecto. Escuchadlo». La verdadera transformación se da en el caminar diario de la fe, enfrentando miedos y avanzando desde la confianza, sabiendo que Él nos acompaña en cada paso del camino.

Necesitamos recordarnos unos a otros que la copa del dolor es también la copa del gozo, que lo que realmente nos causa tristeza puede convertirse en un campo fértil de alegría... Solamente cuando nos demos cuenta perfectamente de que la copa de la vida no es solo una copa de dolor, sino también una copa de gozo, seremos capaces de beberla. HENRI NOUWEN

2 LUNES MARZO

2.ª semana de Cuaresma
Santa Inés de Praga, v. y fdra.
Beato Carlos el Bueno, mr.

✳ Daniel 9, 4b-10: Hemos pecado, hemos cometido crímenes. ❙ Salmo 78 [79], 8|9|11|13: Señor, no nos trates como merecen nuestros pecados.

✚ Evangelio: SAN LUCAS 6, 36-38

En aquel tiempo, dijo Jesús a sus discípulos: «Sed misericordiosos como vuestro Padre es misericordioso; no juzguéis, y no seréis juzgados; no condenéis, y no seréis condenados; perdonad, y seréis perdonados; dad, y se os dará: os verterán una medida generosa, colmada, remecida, rebosante, pues con la medida con que midiereis se os medirá a vosotros».

Lunes. Un nuevo inicio, un momento para tomar aliento y mirar hacia adelante. Hoy, tus palabras, Señor, resuenan con una claridad sorprendente: «Sed misericordiosos como vuestro Padre es misericordioso». ¿Cómo serlo en un mundo donde parece que la dureza nos protege de posibles agresiones? «No juzguéis, y no seréis juzgados». Vuelves a desafiarnos para mirar más allá de las apariencias. Y sigues: «Perdonad». Desatad las cadenas del rencor. «Dad». La generosidad sin medida y una reciprocidad misteriosa, donde al ofrecer, somos colmados. «La medida con que midiereis...». Cada acción, pensamiento, juicio se refleja en el mundo que construimos a nuestro alrededor. Jesús, ayúdanos esta semana a experimentar tus palabras en lo cotidiano. Que cada encuentro, decisión, momento sea una oportunidad para vivir a tu manera.

La misericordia renueva y redime, porque es el encuentro de dos corazones: el de Dios, que sale al encuentro, y el del hombre. Mientras este se va encendiendo, aquel lo va sanando: el corazón de piedra es transformado en corazón de carne, capaz de amar a pesar de su pecado. PAPA FRANCISCO

❋ **Isaías 1, 10.16-20:** Aprended a hacer el bien, buscad la justicia.

▶ **Salmo 48 [49], 8-9|16bc-17|21.23:** Al que sigue buen camino le haré ver la salvación de Dios.

✚ **Evangelio: SAN MATEO 23, 1-12**

En aquel tiempo, habló Jesús a la gente y a sus discípulos, diciendo: «En la cátedra de Moisés se han sentado los escribas y los fariseos: haced y cumplid todo lo que os digan; pero no hagáis lo que ellos hacen, porque ellos dicen, pero no hacen. Lían fardos pesados y se los cargan a la gente en los hombros, pero ellos no están dispuestos a mover un dedo para empujar. Todo lo que hacen es para que los vea la gente: alargan las filacterias y agrandan las orlas del manto; les gustan los primeros puestos en los banquetes y los asientos de honor en las sinagogas; que les hagan reverencias en las plazas y que la gente los llame "rabbí". Vosotros, en cambio, no os dejéis llamar "rabbí", porque uno solo es vuestro maestro y todos vosotros sois hermanos. Y no llaméis padre vuestro a nadie en la tierra, porque uno solo es vuestro Padre, el del cielo. No os dejéis llamar maestros, porque uno solo es vuestro maestro, el Mesías. El primero entre vosotros será vuestro servidor. El que se enaltece será humillado, y el que se humilla será enaltecido».

No siempre es fácil encontrar el equilibrio entre la autoestima y la humildad, aún más en un contexto que nos invita a negarnos pocas cosas y a reconocer nuestros propios logros. Jesús se acerca a nosotros cuando nos domina el dolor, para restaurar nuestra dignidad y mostrarnos que nuestros errores y fracasos no nos definen. Necesitamos vernos como Él nos ve, en nuestro propio lugar, pero la trampa aparece cuando la autoestima se disfraza de egoísmo y se convierte en orgullo, cuando se alimenta del reconocimiento ajeno y nos eleva por encima de los demás. En este camino hacia la Pascua, ayúdanos, Jesús, a dejar de lado las apariencias y que podamos entablar relaciones genuinas y horizontales que nos permitan escuchar realmente al otro, como Tú.

CAMBIO DE VIDA (San Basilio)

Para llegar a una vida perfecta, es necesario imitar a Cristo, no solo en los ejemplos que nos dio durante su vida, ejemplos de mansedumbre, de humildad y de paciencia, sino también en su muerte, como dice Pablo, el imitador de Cristo: *Muriendo su misma muerte, para llegar un día a la resurrección de entre los muertos.*

Mas, ¿de qué manera podremos reproducir en nosotros su muerte? Sepultándonos con Él por el bautismo. ¿En qué consiste este modo de sepultura, y de qué nos sirve el imitarla? En primer lugar, es necesario cortar con la vida anterior. Y esto nadie puede conseguirlo sin aquel nuevo nacimiento de que nos habla el Señor, ya que la regeneración, como su mismo nombre indica, es el comienzo de una vida nueva. Por esto, antes de comenzar esta vida nueva, es necesario poner fin a la anterior. En esto sucede lo mismo que con los que corren en el estadio: estos, al llegar al fin de la primera parte de la carrera, antes de girar en redondo, necesitan hacer una pequeña parada o pausa, para reemprender luego el camino de vuelta; así también, en este cambio de vida, era necesario interponer la muerte entre la primera vida y la posterior, muerte que pone fin a los actos precedentes y da comienzo a los subsiguientes.

✳ **Jeremías 18, 18-20:** Venga, vamos a hablar mal de él.

❱ **Salmo 30 [31]:** Sálvame, Señor, por tu misericordia.

✠ **Evangelio: SAN MATEO 20, 17-28**

En aquel tiempo, subiendo Jesús a Jerusalén, tomando aparte a los Doce, les dijo por el camino: «Mirad, estamos subiendo a Jerusalén, y el Hijo del hombre va a ser entregado a los sumos sacerdotes y a los escribas, y lo condenarán a muerte y lo entregarán a los gentiles, para que se burlen de él, lo azoten y lo crucifiquen; y al tercer día resucitará». Entonces se le acercó la madre de los hijos de Zebedeo con sus hijos y se postró para hacerle una petición. Él le preguntó: «¿Qué deseas?». Ella contestó: «Ordena que estos dos hijos míos se sienten en tu reino, uno a tu derecha y el otro a tu izquierda». Pero Jesús replicó: «No sabéis lo que pedís. ¿Podéis beber el cáliz que yo he de beber?». Contestaron: «Podemos». Él les dijo: «Mi cáliz lo beberéis, pero sentarse a mi derecha o a mi izquierda no me toca a mí concederlo es para aquellos para quienes lo tiene reservado mi Padre». Los otros diez, al oír aquello, se indignaron contra los dos hermanos. Y llamándolos, Jesús les dijo: «Sabéis que los jefes de los pueblos los tiranizan y que los grandes los oprimen. No será así entre vosotros: el que quiera ser grande entre vosotros, que sea vuestro servidor, y el que quiera ser primero entre vosotros, que sea vuestro esclavo. Igual que el Hijo del hombre no ha venido a ser servido sino a servir y a dar su vida en rescate por muchos».

Señor, camino a Jerusalén, hablas de entrega y sacrificio, de burlas y resurrección. En tu voz, hay una mezcla de firmeza y ternura. Atiendes a la madre con su petición tan mundana. «¿Qué deseas?», preguntas con paciencia. ¿Qué deseo realmente? Su respuesta, tan humana, como las nuestra, llena de aspiraciones terrenales, reflejo de limitaciones, deseos y ansias de reconocimiento. Pero no reprochas, nos provocas: «¿Sois capaces de beber el cáliz que yo he de beber?». Tus palabras traslucen un desafío. Algunos muestran su indignación, y calmas los ánimos. No se trata de poder ni de opresión, sino de servicio y humildad. «El que quiera ser grande entre vosotros, que sea vuestro servidor», porque servir es amar.

GASTAR LA VIDA (Luis Espinal, SJ)

Señor Jesucristo, nos da miedo gastar la vida, pero la vida Tú nos la has dado para gastarla; no se la puede economizar en estéril egoísmo.

Gastar la vida es trabajar por los demás, aunque no paguen; hacer un favor al que no va a devolverlo; gastar la vida es lanzarse aun al fracaso, si hace falta, sin falsas prudencias; es quemar las naves en bien del prójimo...

Gastar la vida no se hace con gestos ampulosos y falsa teatralidad. La vida se da sencillamente, sin publicidad, como el agua de la vertiente, como la madre da el pecho a su wawa (bebé), como el sudor humilde del sembrador...

El futuro es un enigma, nuestro camino se interna en la niebla; pero queremos seguir dándonos, porque Tú estás esperando en la noche con mil ojos rebosando lágrimas (...).

Somos antorchas que solo tenemos sentido cuando nos quemamos; solamente entonces seremos luz.

Líbranos de la prudencia cobarde, la que nos hace evitar el sacrificio, y buscar la seguridad...

Enséñanos, Señor, a lanzarnos a lo imposible, porque detrás de lo imposible está tu gracia y tu presencia; no podemos caer en el vacío.

✳ Jeremías 17, 5-10: Maldito quien confía en el hombre; bendito quien confía en el Señor.

◗ Salmo 1, 1-2|3|4.6: Dichoso el hombre que ha puesto su confianza en el Señor.

✚ **Evangelio: SAN LUCAS 16, 19-31**

En aquel tiempo, dijo Jesús a los fariseos: «Había un hombre rico que se vestía de púrpura y de lino y banqueteaba cada día. Y un mendigo llamado Lázaro estaba echado en su portal, cubierto de llagas, y con ganas de saciarse de lo que caía de la mesa del rico. Y hasta los perros venían y le lamían las llagas. Sucedió que murió el mendigo, y fue llevado por los ángeles al seno de Abrahán. Murió también el rico y fue enterrado. Y, estando en el infierno, en medio de los tormentos, levantó los ojos y vio de lejos a Abrahán, y a Lázaro en su seno, y gritando, dijo: "Padre Abrahán, ten piedad de mí y manda a Lázaro que moje en agua la punta del dedo y me refresque la lengua, porque me torturan estas llamas". Pero Abrahán le dijo: "Hijo, recuerda que recibiste tus bienes en tu vida, y Lázaro, a su vez, males: por eso ahora él es aquí consolado, mientras que tú eres atormentado. Y, además, entre nosotros y vosotros se abre un abismo inmenso, para que los que quieran cruzar desde aquí hacia vosotros no puedan hacerlo, ni tampoco pasar de ahí hasta nosotros". Él dijo: "Te ruego, entonces, padre, que le mandes a casa de mi padre, pues tengo cinco hermanos: que les dé testimonio de estas cosas, no sea que también ellos vengan a este lugar de tormento". Abrahán le dice: "Tienen a Moisés y a los profetas: que los escuchen". Pero él le dijo: "No, padre Abrahán. Pero si un muerto va a ellos, se arrepentirán". Abrahán le dijo: "Si no escuchan a Moisés y a los profetas, no se convencerán ni aunque resucite un muerto"».

Son numerosos los ecos de la parábola del rico y Lázaro: la empatía, la solidaridad, el uso que hacemos de los recursos a nuestro alcance, la inutilidad de las advertencias si nos aferramos a nuestras propias ideas y no permitimos que la realidad nos cuestione. Ni siquiera la resurrección de un muerto convencerá a aquellos que no están dispuestos a escuchar y cambiar... El manejo de nuestras propias riquezas (un tema que desazona), la profunda brecha que existe entre ricos y pobres, no solo en términos económicos sino también en la capacidad de empatizar y actuar... la complacencia y la indiferencia. Resonancias que inquietan cuando nos detenemos a considerarlas. Señor, no permitas que me vuelva indiferente ante el sufrimiento de los demás, en especial, al de los que tengo cerca.

SOLIDARIDAD (Mons. Leónidas Proaño)

Mantener siempre atentos los oídos / al grito de dolor de los demás / y escuchar su llamada de socorro / es solidaridad.

Mantener la mirada siempre alerta / y los ojos tendidos sobre el mar, / en busca de algún naufrago en peligro, / es solidaridad.

Sentir como algo propio el sufrimiento / del hermano de aquí y del de allá, / hacer propia la angustia de los pobres / es solidaridad [...].

Llegar a ser la voz de los humildes, / descubrir la injusticia y la maldad, / denunciar al injusto y al malvado / es solidaridad.

Convertirse uno mismo en mensajero / del abrazo sincero y fraternal / que unos pueblos envían a otros pueblos / es solidaridad.

Compartir los peligros en la lucha / por vivir en justicia y libertad, / arriesgando en el amar hasta la vida, / es solidaridad.

Entregar por amor hasta la vida / es la mayor prueba de la amistad, / es vivir y morir por Jesucristo, / es solidaridad.

✳ **Génesis 37, 3-4.12-13a.17b-28:** Ahí viene el soñador; vamos a matarlo.

▶ **Salmo 104 [105], 16-17|18-19|20-21:** Recordad las maravillas que hizo el Señor.

✚ **Evangelio: SAN MATEO 21, 33-43.45-46**

En aquel tiempo, dijo Jesús a los sumos sacerdotes y a los ancianos del pueblo: «Escuchad otra parábola: "Había un propietario que plantó una viña, la rodeó con una cerca, cavó en ella un lagar, construyó una torre, la arrendó a unos labradores y se marchó lejos. Llegado el tiempo de los frutos, envió sus criados a los labradores para percibir los frutos que le correspondían. Pero los labradores, agarrando a los criados, apalearon a uno, mataron a otro y a otro lo apedrearon. Envió de nuevo otros criados, más que la primera vez, e hicieron con ellos lo mismo. Por último, les mandó a su hijo diciéndose: 'Tendrán respeto a mi hijo'. Pero los labradores, al ver al hijo, se dijeron: 'Este es el heredero: venid, lo matamos y nos quedamos con su herencia'. Y agarrándolo, lo sacaron fuera de la viña y lo mataron. Cuando vuelva el dueño de la viña, ¿qué hará con aquellos labradores?"». Le contestan: «Hará morir de mala muerte a esos malvados y arrendará la viña a otros labradores que le entreguen los frutos a su tiempo». Y Jesús les dice: «¿No habéis leído nunca en la Escritura: "La piedra que desecharon los arquitectos es ahora la piedra angular. Es el Señor quien lo ha hecho, ha sido un milagro patente"? Por eso os digo que se os quitará a vosotros el reino de Dios y se dará a un pueblo que produzca sus frutos». Los sumos sacerdotes y los fariseos, al oír sus parábolas, comprendieron que hablaba de ellos. Y, aunque intentaban echarle mano, temieron a la gente, que lo tenía por profeta.

Tus palabras, Señor, son como un espejo que refleja la imagen del corazón que te escucha. «Escuchad otra parábola», comienzas. Y mientras narras la historia del propietario y su viña, podemos sentir cómo crece la tensión. Los labradores, violentos, codiciosos, crueles y despiadados con los criados y con el hijo rechazan cada oportunidad de bienhacer que se les ofrece. Preguntas directamente a los sacerdotes y ancianos: «¿Qué hará con aquellos labradores?». No han entendido nada, porque justo no significa misericordia. Luego, nos ofreces tu interpretación. La piedra desechada es ahora la piedra angular. El miedo y el orgullo surgen cuando sentimos que se ha desvelado un gran secreto que queremos ocultar, cuando se revelan verdades profundas que nos incomodan. Y tu invitación: fructificad, sed misericordia.

ESPERARÉ (Benjamín González Buelta, SJ)

Esperaré a que crezca el árbol y me dé sombra.
Pero abonaré la espera con mis hojas secas.

Esperaré a que brote el manantial y me dé agua.
Pero despejaré mi cauce de memorias enlodadas.

Esperaré a que apunte la aurora y me ilumine.
Pero sacudiré mi noche de postraciones y sudarios.

Esperaré a que llegue lo que no sé y me sorprenda.
Pero vaciaré mi casa de todo lo enquistado.

Y al abonar el árbol,
despejar el cauce,
sacudir la noche
y vaciar la casa,
la tierra y el lamento
se abrirán a la esperanza.

✳ **Miqueas 7, 14-15.18-20:** Arrojará a lo hondo del mar todos nuestros delitos.

▶ **Salmo 102 [103], 1bc-2|3-4|9-10|11-12:** El Señor es compasivo y misericordioso.

✠ **Evangelio: SAN LUCAS 15, 1-3.11-32**

En aquel tiempo, solían acercarse a Jesús todos los publicanos y los pecadores a escucharlo. Y los fariseos y los escribas murmuraban diciendo: «Ese acoge a los pecadores y come con ellos». Jesús les dijo esta parábola: «Un hombre tenía dos hijos; el menor de ellos dijo a su padre: "Padre, dame la parte que me toca de la fortuna". El padre les repartió los bienes. No muchos días después, el hijo menor, juntando todo lo suyo, se marchó a un país lejano, y allí derrochó su fortuna viviendo perdidamente. Cuando lo había gastado todo, vino por aquella tierra un hambre terrible, y empezó él a pasar necesidad. Fue entonces y se contrató con uno de los ciudadanos de aquel país, que lo mandó a sus campos a apacentar cerdos. Deseaba saciarse de las algarrobas que comían los cerdos, pero nadie le daba nada. Recapacitando entonces, se dijo: "Cuántos jornaleros de mi padre tienen abundancia de pan, mientras yo aquí me muero de hambre. Me levantaré, me pondré en camino adonde está mi padre, y le diré: Padre, he pecado contra el cielo y contra ti; ya no merezco llamarme hijo tuyo: trátame como a uno de tus jornaleros". Se levantó y vino adonde estaba su padre; cuando todavía estaba lejos, su padre lo vio y se le conmovieron las entrañas; y, echando a correr, se le echó al cuello y lo cubrió de besos. Su hijo le dijo: "Padre, he pecado contra el cielo y contra ti; ya no merezco llamarme hijo tuyo". Pero el padre dijo a sus criados: "Sacad enseguida la mejor túnica y vestídsela; ponedle un anillo en la mano y sandalias en los pies; traed el ternero cebado y sacrificadlo; comamos y celebremos un banquete, porque este hijo mío estaba muerto y ha revivido; estaba perdido y lo hemos encontrado". Y empezaron a celebrar el banquete. Su hijo mayor estaba en el campo. Cuando al volver se acercaba a la casa, oyó la música y la danza y, llamando a uno de los criados, le preguntó qué era aquello. Este le contestó: "Ha vuelto tu hermano; y tu padre ha sacrificado el ternero cebado, porque lo ha recobrado con salud". Él se indignó y no quería entrar, pero su padre salió e intentaba persuadirlo. Entonces él respondió a su padre: "Mira: en tantos años como te sirvo, sin desobedecer nunca una orden tuya, a mí nunca me has dado un cabrito para tener un banquete con mis amigos; en cambio, cuando ha venido ese hijo tuyo que se ha comido tus bienes con malas mujeres, le matas el ternero cebado". El padre le dijo: "Hijo, tú estás siempre conmigo, y todo lo mío es tuyo; pero era preciso celebrar un banquete y alegrarse, porque este hermano tuyo estaba muerto y ha revivido; estaba perdido y lo hemos encontrado"».

Jesús nos deleita con la historia de un padre bueno y unos hijos que no heredaron su bondad... pero que, en última instancia, son sus hijos. Las palabras nos llevan a adentrarnos en las profundidades del perdón, de la impaciencia ante los propios deseos, del abandono de lo conocido en pos de aventuras soñadas, falsas libertades que esclavizan, el reconocimiento del propio fracaso, sentimientos de humillación, el errar, celos y envidias, obligaciones mal entendidas, y obligaciones reales no atendidas, comparaciones propias y ajenas, resentimientos y echar en cara, alejarse y fallar, regresos y reconciliaciones, salir al encuentro y perdonar. Es tan fácil reconocernos como hijos. Y lo que hace Dios Padre-Madre es otear el horizonte, buscar, acoger y celebrar el amor con abrazos, banquetes y palabras tiernas.

3.ª semana de Cuaresma. Ciclo A. LH: salterio sem. III
San Juan de Dios, rl.
San Faustino Míguez, pb. y fdr.

✳ 1.ª lectura: ÉXODO 17, 3-7

En aquellos días, el pueblo, sediento, murmuró contra Moisés, diciendo: «¿Por qué nos has sacado de Egipto para matarnos de sed a nosotros, a nuestros hijos y a nuestros ganados?». Clamó Moisés al Señor y dijo: «¿Qué puedo hacer con este pueblo? Por poco me apedrean». Respondió el Señor a Moisés: «Pasa al frente del pueblo y toma contigo algunos de los ancianos de Israel; empuña el bastón con el que golpeaste el Nilo y marcha. Yo estaré allí ante ti, junto a la roca de Horeb. Golpea la roca, y saldrá agua para que beba el pueblo». Moisés lo hizo así a la vista de los ancianos de Israel. Y llamó a aquel lugar Masá y Meribá, a causa de la querella de los hijos de Israel y porque habían tentado al Señor, diciendo: «¿Está el Señor entre nosotros o no?».

▶ Salmo 94 [95], 1-2|6-7c|7d-9: Ojalá escuchéis la voz del Señor: «No endurezcáis vuestro corazón».

✳ 2.ª lectura: ROMANOS 5, 1-2.5-8

Hermanos: Habiendo sido justificados en virtud de la fe, estamos en paz con Dios, por medio de nuestro Señor Jesucristo, por el cual hemos obtenido además por la fe el acceso a esta gracia, en la cual nos encontramos; y nos gloriamos en la esperanza de la gloria de Dios. Y la esperanza no defrauda, porque el amor de Dios ha sido derramado en nuestros corazones por el Espíritu Santo que se nos ha dado. En efecto, cuando nosotros estábamos aún sin fuerza, en el tiempo señalado, Cristo murió por los impíos; ciertamente, apenas habrá quien muera por un justo; por una persona buena tal vez se atrevería alguien a morir; pues bien: Dios nos demostró su amor en que, siendo nosotros todavía pecadores, Cristo murió por nosotros.

✚ Evangelio (texto breve):
SAN JUAN 4, 5-15.19b-26.39a.40-42

En aquel tiempo, llegó Jesús a una ciudad de Samaría llamada Sicar, cerca del campo que dio Jacob a su hijo José; allí estaba el pozo de Jacob. Jesús, cansado del camino, estaba allí sentado junto al pozo. Era hacia la hora sexta. Llega una mujer de Samaría a sacar agua, y Jesús le dice: «Dame de beber». Sus discípulos se habían ido al pueblo a comprar comida. La samaritana le dice: «¿Cómo tú, siendo judío, me pides de beber a mí, que soy samaritana?» (porque los judíos no se tratan con los samaritanos). Jesús le contestó: «Si conocieras el don de Dios y quién es el que te dice "dame de beber", le pedirías tú, y él te daría agua viva». La mujer le dice: «Señor, si no tienes cubo, y el pozo es hondo, ¿de dónde sacas el agua viva?; ¿eres tú más que nuestro padre Jacob, que nos dio este pozo, y de él bebieron él y sus hijos y sus ganados?». Jesús le contestó: «El que bebe de esta agua vuelve a tener sed; pero el que beba del agua que yo le daré nunca más tendrá sed: el agua que yo le daré se convertirá dentro de él en un surtidor de agua que salta hasta la vida eterna». La mujer le dice: «Señor, dame esa agua: así no tendré más sed, ni tendré que venir aquí a sacarla. Veo que tú eres un profeta. Nuestros padres dieron culto en este monte, y vosotros decís que el sitio donde se debe dar culto está en Jerusalén». Jesús le dice: «Créeme, mujer: se acerca la hora en que ni en este monte ni en Jerusalén adoraréis al Padre. Vosotros adoráis a uno que no conocéis; nosotros adoramos a uno que conocemos, porque la salvación viene de los judíos. Pero se acerca la hora, ya está aquí, en que los verdaderos adoradores adorarán al Padre en espíritu y verdad, porque el Padre desea que lo adoren así. Dios es espíritu, y los que lo adoran deben hacerlo en espíritu y verdad». La mujer le dice: «Sé que va a venir el Mesías, el Cristo; cuando venga, él nos lo dirá todo». Jesús le dice: «Soy yo, el que habla contigo». En aquel pueblo muchos creyeron en él. Así, cuando llegaron a verlo los samaritanos, le rogaban que se quedara con ellos. Y se quedó allí dos días. Todavía creyeron muchos más por su predicación, y decían a la mujer: «Ya no creemos por lo que tú dices; nosotros mismos lo hemos oído y sabemos que él es de verdad el Salvador del mundo».

Resulta fascinante contemplar cómo Jesús se esfuerza en propiciar encuentros; desde una apariencia de casualidad, nos sale al paso y nos confronta con verdades que a veces obviamos por incómodas. En la sed, todas las personas podemos identificarnos, pues es una experiencia común a toda la humanidad. La sed muestra una de las necesidades fundamentales para vivir, nos recuerda nuestra propia vulnerabilidad y penurias, no solo las físicas, sino también los anhelos humanos de aceptación, amor, comprensión y sentido. Y allí acude el Señor, al espacio donde creemos saciar la sed. Se acerca rompiendo convencionalismos sociales, culturales y religiosos: un judío habla abiertamente con una mujer samaritana, algo inusual y hasta reprobable para la época. Jesús también tiene sed y nos pide que le saciemos: «Dame de beber»... lo expresa hoy y lo volverá a repetir en la cruz. Frente a la sospecha, «¿Cómo tú, siendo judío, me pides de beber a mí, que soy samaritana?», insiste, acoge sin distinción y despierta deseos, los anhelos más profundos, los de verdad. Una invitación a reconocer quién soy, reconocer mi sed y mi deseo, mi insatisfacción radical, reconocer mis propias necesidades, reconocerte como aquel que desea saciarme y atreverme a pedir: «Señor, dame esa agua: así no tendré más sed».

Cuando el Espíritu establece su morada en el hombre, este no puede ya dejar de orar, porque el Espíritu no deja de orar en él: duerma o vele, la oración no cesa en él; coma o beba, descanse o trabaje, el perfume de la oración exhala espontáneamente de su corazón. ISAAC DE NÍNIVE

9 LUNES MARZO

3.º semana de Cuaresma
o (Cn) Santa Francisca Romana, rla.
Santo Domingo Savio

✳ **2 Reyes 5, 1-15a:** Muchos leprosos había en Israel, sin embargo, ninguno fue curado sino Naamán, el sirio.

▶ Salmo 41 [42], 2|3|42, 3|4: Mi alma tiene sed del Dios vivo; ¿cuándo veré el rostro de Dios?

✠ **Evangelio: SAN LUCAS 4, 24-30**

Habiendo llegado Jesús a Nazaret, le dijo al pueblo en la sinagoga: «En verdad os digo que ningún profeta es aceptado en su pueblo. Puedo aseguraros que en Israel había muchas viudas en los días de Elías, cuando estuvo cerrado el cielo tres años y seis meses y hubo una gran hambre en todo el país; sin embargo, a ninguna de ellas fue enviado Elías sino a una viuda de Sarepta, en el territorio de Sidón. Y muchos leprosos había en Israel en tiempos del profeta Eliseo, sin embargo, ninguno de ellos fue curado sino Naamán, el sirio». Al oír esto, todos en la sinagoga se pusieron furiosos y, levantándose, lo echaron fuera del pueblo y lo llevaron hasta un precipicio del monte sobre el que estaba edificado su pueblo, con intención de despeñarlo. Pero Jesús se abrió paso entre ellos y seguía su camino.

La tensión va en aumento. Señor, sigues incomodándonos con tus palabras, también en los espacios conocidos que deberían ser seguros. «Ningún profeta es bien mirado en su tierra». En tu voz, hay una mezcla de tristeza y firmeza. Hablas de Elías y la viuda, de Eliseo y Naamán. A menudo, los milagros ocurren donde menos se esperan. Creemos que ser quiénes somos nos asegura algo, que se recibe en función de méritos; pero las cosas de Dios trascienden límites y expectativas. Nosotros y los otros, los buenos y los malos, los de dentro y los de fuera, y nos puede la ira y nos sentimos tratados injustamente. Al borde del precipicio, te abres paso desde el coraje, imperturbable, dejando atrás la incomprensión y el rechazo.

✳ **Daniel 3, 25.34-43:** Acepta nuestro corazón contrito y nuestro espíritu humilde. ❭ **Salmo 24 [25], 4-5a|6.7cd|8-9:** Recuerda, Señor, tu ternura.

✝ **Evangelio: SAN MATEO 18, 21-35**

En aquel tiempo, acercándose Pedro a Jesús le preguntó: «Señor, si mi hermano me ofende, ¿cuántas veces tengo que perdonarlo? ¿Hasta siete veces?». Jesús le contesta: «No te digo hasta siete veces, sino hasta setenta veces siete. Por esto, se parece el reino de los cielos a un rey que quiso ajustar las cuentas con sus criados. Al empezar a ajustarlas, le presentaron uno que debía diez mil talentos. Como no tenía con qué pagar, el señor mandó que lo vendieran a él con su mujer y sus hijos y todas sus posesiones, y que pagara así. El criado, arrojándose a sus pies, le suplicaba diciendo: "Ten paciencia conmigo y te lo pagaré todo". Se compadeció el señor de aquel criado y lo dejó marchar, perdonándole la deuda. Pero al salir, el criado aquel encontró a uno de sus compañeros que le debía cien denarios y, agarrándolo, lo estrangulaba diciendo: "Págame lo que me debes". El compañero, arrojándose a sus pies, le rogaba diciendo: "Ten paciencia conmigo y te lo pagaré". Pero él se negó y fue y lo metió en la cárcel hasta que pagara lo que debía. Sus compañeros, al ver lo ocurrido, quedaron consternados y fueron a contarle a su señor todo lo sucedido. Entonces el señor lo llamó y le dijo: "¡Siervo malvado! Toda aquella deuda te la perdoné porque me lo rogaste. ¿No debías tú también tener compasión de tu compañero, como yo tuve compasión de ti?". Y el señor, indignado, lo entregó a los verdugos hasta que pagara toda la deuda. Lo mismo hará con vosotros mi Padre celestial, si cada cual no perdona de corazón a su hermano».

Resulta fascinante cómo la ficción presenta héroes movidos por el ansia de venganza. Podemos empatizar con ellos, entender sus razones y desear que alcancen sus objetivos. Nos ponemos de su parte y esperamos que los malos paguen por sus ofensas, hasta llegamos a creer que hay situaciones en las que el perdón es imposible. Nada que ver con el evangelio. Pedro se mueve por la generosidad, pero desde parámetros muy humanos, buscando límites y condiciones en nuestras relaciones. Perdonar «hasta siete veces» es mucho, sin embargo Jesús extiende esta cifra a «setenta veces siete», un perdón sin límites, constante, renovado y de corazón. Al perdonar, no solo liberamos a la otra persona, también nos liberamos a nosotros mismos del fardo del rencor.

PERDÓN (Fragmento de Miguel de Unamuno)

Si tú no te perdonas / no te perdona Dios; / ¡perdóna-te!...
¡Desecha la justicia, / que es pobre cosa, / que mata al corazón! / ¡Busca la vida, / la vida inextinguible, / búscala en el perdón! / ¡Perdóna-te! / Honda piedad inmensa / tu corazón derrita, / al tocar tu miseria, / tu miseria infinita, / que es la miseria humana, / el lastre de la vida... / ¡Perdónate! / ¡Y en ti perdona a todos... / Perdóna-te!...

Perdón es sacrificio / del que perdona; / es gracia, don divino, / del que el perdón recibe; / es gracia y sacrificio, / fruto de amor; / de amor, no de justicia, / ¡de caridad! / Es gracia y no derecho; / no deber, sacrificio... / ¡es libertad!...

Contempla tu miseria, / que es la miseria humana, / la triste pena; / ¡contémplala y aviva / tu compasión! / ¡Compasión a ti mismo, / piedad del Hombre, / pesar por el delito...

¡Desecha la justicia, / que es pobre cosa, / que mata al corazón! / ¡Si tú no te perdonas / no te perdona Dios... / perdóna-te! / ¿Si tú no te perdonas, / cómo has de perdonar? / ¡Perdóna-te! / ¡Perdón! ¡Solo perdón! / ¡Perdón tan sólo! / ¡Solo perdón!

✳ Deuteronomio 4, 1.5-9: Observad los mandatos y cumplidlos. ▶ Salmo 147 [148], 12-13|15-16|19-20: Glorifica al Señor, Jerusalén.

✚ Evangelio: SAN MATEO 5, 17-19

En aquel tiempo, dijo Jesús a sus discípulos: «No creáis que he venido a abolir la Ley y los Profetas: no he venido a abolir, sino a dar plenitud. En verdad os digo que antes pasarán el cielo y la tierra que deje de cumplirse hasta la última letra o tilde de la ley. El que se salte uno solo de los preceptos menos importantes y se lo enseñe así a los hombres será el menos importante en el reino de los cielos. Pero quien los cumpla y enseñe será grande en el reino de los cielos».

«No creáis que he venido a abolir la Ley y los profetas: no he venido a abolir, sino a dar plenitud». San Pablo distingue entre agresión y *amartía*: desobediencias, infracciones, quebrantar normas y separarnos de los sueños de Dios para nosotros. El jesuita Antonio García nos invita a bajar con Cristo a la zona de nuestras *amartías*, a contemplar con Él esas disposiciones que nos alejan de Dios. Y con Él, porque solo con Él podemos mirarlas, permitirle que nos libere del peso de esa *amartía*... para subir y acabar con Cristo en el cuarto de estar, el lugar de la conversación afable y tranquila, el de la luz cálida donde podemos presentarnos sin maquillajes ni ornamentos. Plenitud: descubrir el Espíritu que da vida a la Ley.

Tratad a todos con respeto, con prudencia, con sencillez evangélica. La sencillez está más de acuerdo con el ejemplo de Jesús, aunque puede que suscite no el desprecio, pero sí una consideración inferior... «El hombre sencillo, recto y que teme al Señor» es siempre el más digno y el más fuerte. SAN JUAN XXIII

3.ª semana de Cuaresma
San Luis Orione: pb. y fdr. Aniversario de la canonización de san Ignacio y san Francisco Javier

✳ Jeremías 7, 23-28: Esta es la gente que no escuchó la voz del Señor, su Dios.

▶ Salmo 94 [95], 1-2|6-7c|7d-9: Ojalá escuchéis la voz del Señor: «No endurezcáis vuestro corazón».

✠ Evangelio: SAN LUCAS 11, 14-23

En aquel tiempo, estaba Jesús echando un demonio que era mudo. Sucedió que, apenas salió el demonio, empezó a hablar el mudo. La multitud se quedó admirada, pero algunos de ellos dijeron: «Por arte de Belzebú, el príncipe de los demonios, echa los demonios». Otros, para ponerlo a prueba, le pedían un signo del cielo. Él, conociendo sus pensamientos, les dijo: «Todo reino dividido contra sí mismo va a la ruina y cae casa sobre casa. Si, pues, también Satanás se ha dividido contra sí mismo, ¿cómo se mantendrá su reino? Pues vosotros decís que yo echo los demonios con el poder de Belzebú. Pero, si yo echo los demonios con el poder de Belzebú, vuestros hijos, ¿por arte de quién los echan? Por eso, ellos mismos serán vuestros jueces. Pero, si yo echo los demonios con el dedo de Dios, entonces es que el reino de Dios ha llegado a vosotros. Cuando un hombre fuerte y bien armado guarda su palacio, sus bienes están seguros, pero, cuando otro más fuerte lo asalta y lo vence, le quita las armas de que se fiaba y reparte su botín. El que no está conmigo está contra mí; el que no recoge conmigo, desparrama».

Siempre me ha intrigado ese «demonio mudo». En el siglo I, los milagros y exorcismos no eran vistos con sospecha, sino como evidencia del favor de Dios. Para liberar al endemoniado era necesario conocer el nombre del demonio. Si la persona poseída era muda, se creía que era porque el demonio lo era. Esto plantea un desafío: ¿Cómo vencer a un demonio que no puede revelar su nombre? La capacidad de Jesús para devolverle el habla fue vista por muchos como un signo de gran autoridad y poder divino, otros respondieron a las mismas evidencias desde la hostilidad. Con ese «El que no está conmigo está contra mí», quizás Jesús nos esté llamando a ser claros en nuestro alineamiento con Él y a reconsiderar desde dónde interpretamos la realidad.

A LAS CINCO LLAGAS
(San Francisco Javier, SJ)

Señor mío Jesucristo,
en cuya mano están todas las cosas
y no hay nadie que pueda resistir vuestra voluntad,
que os habéis dignado nacer, morir y resucitar:
por el misterio de vuestro Santísimo Cuerpo,
y por las cinco llagas,
y el derramamiento de vuestra preciosísima sangre,
compadeceos de nosotros, como vos sabéis
lo necesitamos en nuestras almas y en nuestros cuerpos;
libradnos de las tentaciones del demonio
y de todo lo que veis que nos aflige;
y conservadnos y fortalecednos hasta el fin,
en vuestro servicio, y dadnos una verdadera enmienda,
y espacio de verdadera penitencia,
y el perdón de todos los pecados después de la muerte;
y haced que amemos a nuestros hermanos, hermanas,
amigos y enemigos; y que con todos los santos
gocemos eternamente en vuestro reino,
que con Dios Padre y el Espíritu Santo vivís y reináis,
Dios por los siglos de los siglos.

✳ **Oseas 14, 2-10:** No llamaremos ya «nuestro Dios» a la obra de nuestras manos.

▶ Salmo 80 [81], 6c-8a|8bc-9|10-11ab|14.17: Yo soy el Señor, Dios tuyo; escucha mi voz.

✚ **Evangelio: SAN MARCOS 12, 28b-34**

En aquel tiempo, un escriba se acercó a Jesús y le preguntó: «¿Qué mandamiento es el primero de todos?». Respondió Jesús: «El primero es: "Escucha, Israel, el Señor, nuestro Dios, es el único Señor: amarás al Señor, tu Dios, con todo tu corazón, con toda tu alma, con toda tu mente, con todo tu ser". El segundo es este: "Amarás a tu prójimo como a ti mismo". No hay mandamiento mayor que estos». El escriba replicó: «Muy bien, Maestro, sin duda tienes razón cuando dices que el Señor es uno solo y no hay otro fuera de él; y que amarlo con todo el corazón, con todo el entendimiento y con todo el ser, y amar al prójimo como a uno mismo vale más que todos los holocaustos y sacrificios». Jesús viendo que había respondido sensatamente, le dijo: «No estás lejos del reino de Dios». Y nadie se atrevió a hacerle más preguntas.

Un escriba se aproxima a Jesús, está en búsqueda, te busca y se busca, alguien inquieto que intuye que las preguntas trascendentales requieren de respuestas vitales: «¿Qué mandamiento es el primero de todos?». Lo primero es aquello a lo que le damos más importancia en la vida, en lo que fundamenta nuestras actitudes... el escriba también nos pregunta por lo primero. ¿A qué le dedico mis preocupaciones y ansias? ¿Hay algo que me quite el sueño? ¿Qué ocupa el mayor tiempo de mi vida? Quizás lo esencial sea otra cosa... Tú, Jesús, nos hablas de escuchar a Dios, de amar a Dios, de unir dos amores: a Dios y al prójimo, de amar a quien está cerca.

✳ Oseas 6, 1b-6: Quiero misericordia, y no sacrificio.

❘ Salmo 50 [51], 3-4|18-19|20-21ab: Quiero misericordia, y no sacrificio.

✠ **Evangelio: SAN LUCAS 18, 9-14**

En aquel tiempo, dijo Jesús esta parábola a algunos que confiaban en sí mismos por considerarse justos y despreciaban a los demás: «Dos hombres subieron al templo a orar. Uno era fariseo; el otro, publicano. El fariseo, erguido, oraba así en su interior: "¡Oh, Dios!, te doy gracias porque no soy como los demás hombres: ladrones, injustos, adúlteros; ni tampoco como ese publicano. Ayuno dos veces por semana y pago el diezmo de todo lo que tengo". El publicano, en cambio, quedándose atrás, no se atrevía ni a levantar los ojos al cielo, sino que se golpeaba el pecho diciendo: "¡Oh, Dios!, ten compasión de este pecador". Os digo que este bajó a su casa justificado, y aquel no. Porque todo el que se enaltece será humillado, y el que se humilla será enaltecido».

«La espalda del corazón bien recta, hombros hacia atrás, cuello alzado, barbilla hacia delante»... Crece mi seguridad, me siento enérgico, ocupo más espacio, piso con brío y fuerza... No hay obstáculos, puedo con todo, me sitúo por encima... y de ahí al desprecio hay un paso. Nuestro Dios es un Dios de contrastes, no nos quiere cabizbajos y derrotados, constantemente nos invita a levantarnos, pero no calzando plataformas para machacar a los demás. Como decía Florencio Segura, Dios nos sueña de puntillas, reconociendo nuestra realidad, pobre y pequeñita, menesterosa de un amor y una Presencia que nos alce y nos dignifique, que nos mira con misericordia, en la que nos reconocemos «un pobre hombre... como tú y como yo». Oseas y el salmo nos lo repiten: «Quiero misericordia».

MARZO

4.ª semana de Cuaresma. Ciclo A. LH: salterio sem. IV
DOMINGO LAETARE. *San Raimundo de Fitero*, ab.
Santa Luisa de Marillac, fdra.

✳ 1.ª lectura: 1 SAMUEL 16, 1b.6-7.10-13a

En aquellos días, el Señor dijo a Samuel: «Llena tu cuerno de aceite y ponte en camino. Te envío a casa de Jesé, el de Belén, porque he visto entre sus hijos un rey para mí». Cuando llegó, vio a Eliab y se dijo: «Seguro que está su ungido ante el Señor». Pero el Señor dijo a Samuel: «No te fijes en su apariencia ni en lo elevado de su estatura, porque lo he descartado. No se trata de lo que vea el hombre. Pues el hombre mira a los ojos, mas el Señor mira el corazón». Jesé presentó a sus siete hijos ante Samuel. Pero Samuel dijo a Jesé: «El Señor no ha elegido a estos». Entonces Samuel preguntó a Jesé: «¿No hay más muchachos?». Y le respondió: «Todavía queda el menor, que está pastoreando el rebaño». Samuel le dijo: «Manda a buscarlo, porque no nos sentaremos a la mesa, mientras no venga». Jesé mandó a por él y lo hizo venir. Era rubio, de hermosos ojos y buena presencia. El Señor dijo a Samuel: «Levántate y úngelo de parte del Señor, pues es este». Samuel cogió el cuerno de aceite y lo ungió en medio de sus hermanos. Y el espíritu del Señor vino sobre David desde aquel día en adelante.

▶ Salmo 22 [23], 1b-3a|3b-4|5|6: **El Señor es mi pastor, nada me falta.**

✳ 2.ª lectura: EFESIOS 5, 8-14

Hermanos: Antes erais tinieblas, pero ahora, sois luz por el Señor. Vivid como hijos de la luz, pues toda bondad, justicia y verdad son fruto de la luz. Buscad lo que agrada al Señor, sin tomar parte en las obras estériles de las tinieblas, sino más bien denunciándolas. Pues da vergüenza decir las cosas que ellos hacen a ocultas. Pero, al denunciarlas, la luz las pone al descubierto, y todo lo descubierto es luz. Por eso dice: «Despierta tú que duermes, levántate de entre los muertos y Cristo te iluminará».

✚ Evangelio (texto breve):
SAN JUAN 9, 1.6-9.13-17.34-38

En aquel tiempo, al pasar, vio Jesús a un hombre ciego de nacimiento. Entonces, escupió en la tierra, hizo barro con la saliva, se lo untó en los ojos al ciego, y le dijo: «Ve a lavarte a la piscina de Siloé (que significa Enviado)». Él fue, se lavó, y volvió con vista. Y los vecinos y los que antes solían verlo pedir limosna preguntaban: «¿No es ese el que se sentaba a pedir?». Unos decían: «El mismo». Otros decían: «No es él, pero se le parece». Él respondía: «Soy yo». Llevaron ante los fariseos al que había sido ciego. Era sábado el día que Jesús hizo barro y le abrió los ojos. También los fariseos le preguntaban cómo había adquirido la vista. Él les contestó: «Me puso barro en los ojos, me lavé y veo». Algunos de los fariseos comentaban: «Este hombre no viene de Dios, porque no guarda el sábado». Otros replicaban: «¿Cómo puede un pecador hacer semejantes signos?». Y estaban divididos. Y volvieron a preguntarle al ciego: «Y tú, ¿qué dices del que te ha abierto los ojos?». Él contestó: «Que es un profeta». Le replicaron: «Has nacido completamente empecatado, ¿y nos vas a dar lecciones a nosotros?». Y lo expulsaron. Oyó Jesús que lo habían expulsado, lo encontró y le dijo: «Crees tú en el Hijo del hombre?». Él contestó: «¿Y quién es, Señor, para que crea en él?». Jesús le dijo: «Lo estás viendo: el que te está hablando, ese es». Él dijo: «Creo, Señor». Y se postró ante él.

Como el jueves pasado, nos encontramos ante la ironía de cómo nuestros posicionamientos condicionan nuestras conclusiones. Lo que hace Jesús es aliviar el sufrimiento, y punto. Pero los espectadores se regodean en el conflicto, el escepticismo y el debate sobre la observancia del sábado y la legitimidad de Jesús para actuar en nombre de Dios, terminando por decantarse por la exclusión (otra forma de provocar sufrimiento). Podemos analizar el texto detenidamente, pero yo me quedo con el principio y los compañeros de Jesús preguntándose por la causa del sufrimiento, quién es el responsable del dolor, ¿es heredado o provocado por uno mismo? Jesús zanja la discusión de un plumazo: «Ni este pecó ni sus padres». ¡Dejémonos de tonterías y de buscar culpables! ¡Fuera prejuicios! Lo importante es «que se manifiesten las obras de Dios». Y la presencia de Dios implica eliminar el sufrimiento o vivirlo de modo diferente. Jesús nunca permanece indiferente ante el dolor; siempre tiende a aliviarlo, a anularlo, porque es «la luz del mundo». «Solo sé que yo era ciego y ahora veo», una respuesta incómoda. En lugar de alegrarse, siguen con sus cegueras. Hay quienes tienen ojos pero no ven y quienes ven sin ojos. ¿Qué tipo de vista deseo tener?

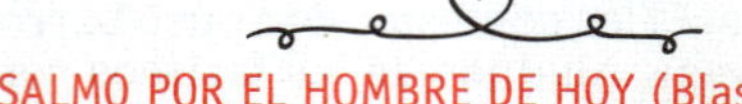

SALMO POR EL HOMBRE DE HOY (Blas de Otero)

Salva al hombre, Señor,
en esta hora horrorosa, de trágico destino;
no sabe a dónde va, de dónde vino
tanto dolor, que en sauce roto llora.

Ponlo de pie, Señor, clava tu aurora
en su costado, y sepa que es divino
despojo, polvo errante en el camino;
mas que tu luz lo inmortaliza y dora.

Mira, Señor, que tanto llanto, arriba,
en pleamar, oleando a la deriva,
amenaza cubrirnos con la nada.

Ponnos, Señor, encima de la muerte.
Agiganta, sostén nuestra mirada
para que aprenda, desde ahora, a verte.

✻ **Isaías 65, 17-21:** Ya no se oirá ni llanto ni gemido.

◗ **Salmo 29 [30], 2.4|5-6|11-12a.13b:** Te ensalzaré, Señor, porque me has librado.

✚ **Evangelio: SAN JUAN 4, 43-54**

En aquel tiempo, salió Jesús de Samaría para Galilea. Jesús mismo había atestiguado: «Un profeta no es estimado en su propia patria». Cuando llegó a Galilea, los galileos lo recibieron bien, porque habían visto todo lo que había hecho en Jerusalén durante la fiesta, pues también ellos habían ido a la fiesta. Fue Jesús otra vez a Caná de Galilea, donde había convertido el agua en vino. Había un funcionario real que tenía un hijo enfermo en Cafarnaún. Oyendo que Jesús había llegado de Judea a Galilea, fue a verlo, y le pedía que bajase a curar a su hijo que estaba muriéndose. Jesús le dijo: «Si no veis signos y prodigios, no creéis». El funcionario insiste: «Señor, baja antes de que se muera mi niño». Jesús le contesta: «Anda, tu hijo vive». El hombre creyó en la palabra de Jesús y se puso en camino. Iba ya bajando, cuando sus criados vinieron a su encuentro diciéndole que su hijo vivía. Él les preguntó a qué hora había empezado la mejoría. Y le contestaron: «Ayer a la hora séptima lo dejó la fiebre». El padre cayó en la cuenta de que esa era la hora en que Jesús le había dicho: «Tu hijo vive». Y creyó él con toda su familia. Este segundo signo lo hizo Jesús al llegar de Judea a Galilea.

Jesús regresa a Caná, los que antes le miraban con escepticismo ahora le acogen porque han visto «signos y prodigios». A menudo, exigimos una especie de validación externa antes de otorgarle crédito a alguien, valoramos y reconocemos en función del prestigio de la persona, perdiéndonos muchas palabras valiosas por no venir acompañadas de trompetas, fuegos de artificio o un argumento de autoridad. El funcionario se acerca a Jesús no solo por lo que ha escuchado, también por una necesidad profunda, una amor inmenso a su hijo y sobre todo, por que le mueve la confianza. Por eso insiste y no se rinde: «Señor, baja antes de que se muera mi niño». Y Jesús, sin gestos dramáticos, solo con su palabra, transforma la realidad. «Anda, tu hijo está curado».

EL GRANO DE ORO
(Rabindranath Tagore)

Iba yo pidiendo de puerta en puerta por los caminos de las aldeas, cuando tu carro de oro apareció a lo lejos como un sueño magnífico.

Y yo me preguntaba, maravillado, quien sería aquel Rey de reyes. Mis esperanzas volaron hasta el cielo y pensé que mis días malos se habían acabado.

Y me quedé aguardando limosnas espontáneas, tesoros derramados por el polvo.

La carroza se paró a mi lado. Me miraste y bajaste sonriendo. Sentí que la felicidad de la vida me había llegado al fin. Y de pronto tú me tendiste la mano diestra diciéndome: «¿Puedes darme alguna cosa?».

¡Ah, qué ocurrencia la de tu realeza! ¡Pedirle a un méndigo! Yo estaba confuso y no sabía qué hacer. Luego saqué despacio de mi saco un granito de trigo y te lo di.

Pero qué sorpresa la mía cuando, al vaciar por la tarde mi saco en el suelo, encontré un grano de oro en la miseria del montón.

¡Qué amargamente lloré de no haber tenido corazón para dártelo todo!

✱ **Ezequiel 47, 1-9.12:** Vi agua que manaba del templo, y habrá vida allí donde llegue el torrente.

▶ Salmo 45 [46], 2-3|5-6|8-9: El Señor del universo está con nosotros, nuestro alcázar es el Dios de Jacob.

✚ **Evangelio: SAN JUAN 5, 1-16**

Se celebraba una fiesta de los judíos, y Jesús subió a Jerusalén. Hay en Jerusalén, junto a la Puerta de las Ovejas, una piscina que llaman en hebreo Betesda. Esta tiene cinco soportales, y allí estaban echados muchos enfermos, ciegos, cojos, paralíticos. Estaba también allí un hombre que llevaba treinta y ocho años enfermo. Jesús, al verlo echado, y sabiendo que ya llevaba mucho tiempo, le dice: «¿Quieres quedar sano?». El enfermo le contestó: «Señor, no tengo a nadie que me meta en la piscina cuando se remueve el agua; para cuando llego yo, otro se me ha adelantado». Jesús le dice: «Levántate, toma tu camilla y echa a andar». Y al momento el hombre quedó sano, tomó su camilla y echó a andar. Aquel día era sábado, y los judíos dijeron al hombre que había quedado sano: «Hoy es sábado, y no se puede llevar la camilla». Él les contestó: «El que me ha curado es quien me ha dicho: "Toma tu camilla y echa a andar"». Ellos le preguntaron: «¿Quién es el que te ha dicho que tomes la camilla y eches a andar?». Pero el que había quedado sano no sabía quién era, porque Jesús, a causa del gentío que había en aquel sitio, se había alejado. Más tarde lo encuentra Jesús en el templo y le dice: «Mira, has quedado sano; no peques más, no sea que te ocurra algo peor». Se marchó aquel hombre y dijo a los judíos que era Jesús quien lo había sanado. Por esto los judíos perseguían a Jesús, porque hacía tales cosas en sábado.

Betesda, que se podría traducir como la casa de la gracia o de la misericordia, está vinculada con el culto al dios griego Asclepio, cerca de un mercado, el espacio de lo cotidiano, pero también de lo pagano, de falsos dioses... y allí es donde se dirige Jesús. Nos busca donde venteamos alivio y soluciones a los problemas que nos ahogan, para ofrecernos una verdadera sanación. Un hombre, atrapado durante treinta y ocho años, impotente, devorado por la soledad, aislado y desesperanzado. Una pregunta que intenta despertar el deseo: «¿Quieres quedar sano?», y un grupo de personas incapaces de ver el milagro de la vida restaurada debido a la estrechez de sus prejuicios. Empatía, compasión, reconocer la realidad y responsabilidad: «no sea que te ocurra algo peor».

ORACIÓN DE ABANDONO (San Carlos de Foucauld)

Padre mío, me abandono a Ti.
Haz de mí lo que quieras.
Lo que hagas de mí te lo agradezco,
estoy dispuesto a todo,
lo acepto todo,
si así se cumple tu voluntad en mí
y en todas tus criaturas.
No deseo nada más, Padre mío.
Pongo mi vida en tus manos,
te la doy, Dios mío, con todo el amor de mi corazón,
porque te amo
y porque para mí amarte es darme,
entregarme en tus manos sin medida,
con infinita confianza,
porque Tú eres mi Padre.

✳ Isaías 49, 8-15: Te he constituido alianza del pueblo para restaurar el país.

❚ Salmo 144 [145], 8-9|13cd-14|17-18: El Señor es clemente y misericordioso.

✠ **Evangelio: SAN JUAN 5, 17-30**

En aquel tiempo, Jesús dijo a los judíos: «Mi Padre sigue actuando, y yo también actúo». Por eso los judíos tenían más ganas de matarlo: porque no solo quebrantaba el sábado, sino también llamaba a Dios Padre suyo, haciéndose igual a Dios. Jesús tomó la palabra y les dijo: «En verdad, en verdad os digo: el Hijo no puede hacer nada por su cuenta sino lo que viere hacer al Padre. Lo que hace este, eso mismo hace también el Hijo, pues el Padre ama al Hijo y le muestra todo lo que él hace, y le mostrará obras mayores que esta, para vuestro asombro. Lo mismo que el Padre resucita a los muertos y les da vida, así también el Hijo da vida a los que quiere. Porque el Padre no juzga a nadie, sino que ha confiado al Hijo todo el juicio, para que todos honren al Hijo como honran al Padre. El que no honra al Hijo, no honra al Padre que lo envió. En verdad, en verdad os digo: quien escucha mi palabra y cree al que me envió posee la vida eterna y no incurre en juicio, sino que ha pasado ya de la muerte a la vida. En verdad, en verdad os digo: llega la hora, y ya está aquí, en que los muertos oirán la voz del Hijo de Dios, y los que hayan oído vivirán. Porque, igual que el Padre tiene vida en sí mismo, así ha dado también al Hijo tener vida en sí mismo. Y le ha dado potestad de juzgar, porque es el Hijo del hombre. No os sorprenda esto, porque viene la hora en que los que están en el sepulcro oirán su voz: los que hayan hecho el bien saldrán a una resurrección de vida; los que hayan hecho el mal, a una resurrección de juicio.

Yo no puedo hacer nada por mí mismo; según le oigo, juzgo, y mi juicio es justo, porque no busco mi voluntad, sino la voluntad del que me envió».

Ayer en Betesda, Jesús preguntaba por nuestros deseos y restauraba a la humanidad dolorida. Esa es la labor de Dios, incluso en sábado. «Mi Padre sigue actuando, y yo también actúo». Dios sostiene constantemente su creación, y el Hijo también lo hace, tanto entonces como ahora. Jesús es consciente de las posibles consecuencias de sus acciones y palabras. Las autoridades le censuran abiertamente, pero él no se retracta. Se identifica plenamente con el Padre, y nos descubre cómo es ese Dios providente y cuidadoso. Jesús rompe las distancias entre la humanidad y el Creador, llamándonos a «la vida eterna». Pero, cuidado, antes de alcanzar esa estación final, el Señor ya cuenta con nosotros para comenzar a saborearla aquí y ahora. ¿Cómo? Participando en la obra de Dios.

ACTO DE CONFIANZA (San Claudio de la Colombière, SJ)

Estoy tan convencido, Dios mío, de que velas sobre todos los que esperan en Ti y de que no puede faltar cosa alguna a quien de Ti las aguarda todas, que he determinado vivir en adelante sin ningún cuidado, descargándome en Ti de toda mi solicitud.

Despójenme los hombres de los bienes y de la honra, prívenme las enfermedades de las fuerzas y medios de servirte, pierda yo por mí mismo la gracia pecando; que no por eso perderé la esperanza, antes la conservaré hasta el postrer suspiro de mi vida, y vanos serán los esfuerzos de todos los demonios del infierno para arrancármela, porque con vuestros auxilios me levantaré de la culpa.

✳ 1.ª lectura: 2 SAMUEL 7, 4-5a.12-14a.16

En aquellos días, vino esta palabra del Señor a Natán: «Ve y habla a mi siervo David: "Así dice el Señor: ¿Tú me vas a construir una casa para morada mía? Yo te tomé del pastizal, de andar tras el rebaño, para que fueras jefe de mi pueblo Israel. He estado a tu lado por dondequiera que has ido, he suprimido a todos tus enemigos ante ti y te he hecho tan famoso como los grandes de la tierra. Dispondré un lugar para mi pueblo Israel, y lo plantaré para que resida en él sin que lo inquieten ni le hagan más daño los malvados, como antaño, cuando nombraba jueces sobre mi pueblo Israel. A ti te he dado reposo de todos tus enemigos. Pues bien, el Señor te anuncia que te va a edificar una casa. En efecto, cuando se cumplan tus días y reposes con tus padres, yo suscitaré descendencia tuya después de ti. Al que salga de tus entrañas le afirmaré su reino. Yo seré para él un padre y él será para mí un hijo. Tu casa y tu reino se mantendrán siempre firmes ante mí, tu trono durará para siempre"».

▶ Salmo 88 [89], 2-3|4-5|27.29: Su linaje será perpetuo.

✳ 2.ª lectura: ROMANOS 4, 13.16-18.22

Hermanos: No por la ley sino por la justicia de la fe recibieron Abrahán y su descendencia la promesa de que iba a ser heredero del mundo. Por eso depende de la fe, para que sea según gracia; de este modo, la promesa está asegurada para toda la descendencia; no solamente para la que procede de la ley, sino también para la que procede de la fe de Abrahán, que es padre de todos nosotros. Según está escrito: «Te he constituido padre de muchos pueblos»; la promesa está asegurada ante aquel en quien creyó, el Dios que da vida a los muertos y llama a la existencia lo que no existe. Apoyado en la esperanza, creyó contra toda esperanza que llegaría a ser padre de muchos pueblos, de acuerdo con lo que se le había dicho: «Así será tu descendencia». Por lo cual le fue contado como justicia.

✛ Evangelio: SAN MATEO 1, 16.18-21.24a

Jacob engendró a José, el esposo de María, de la cual nació Jesús, llamado Cristo. La generación de Jesucristo fue de esta manera: María, su madre, estaba desposada con José y, antes de vivir juntos, resultó que ella esperaba un hijo por obra del Espíritu Santo. José, su esposo, como era justo y no quería difamarla, decidió repudiarla en privado. Pero, apenas había tomado esta resolución, se le apareció en sueños un ángel del Señor que le dijo: «José, hijo de David, no temas acoger a María, tu mujer, porque la criatura que hay en ella viene del Espíritu Santo. Dará a luz un hijo y tú le pondrás por nombre Jesús, porque él salvará a su pueblo de sus pecados». Cuando José se despertó, hizo lo que le había mandado el ángel del Señor.

En mis recuerdos de infancia del colegio y las iglesias de los jesuitas, antes que un san Ignacio, siempre aparecen la imagen de la Inmaculada y de san José, patrón de la Compañía. De José, las Escrituras dicen lo mejor que se podría decir de cualquier persona: era un hombre «justo». Ojalá algún día puedan decir eso mismo de nosotros. A pesar de dudas y temores, del miedo a errar en la decisión, José confía y acepta asumir un papel crucial en la historia de la salvación, ser considerado por la humanidad como el padre de Jesús en nuestro mundo. De José, un modesto artesano, Jesús aprende el valor del trabajo, pero sobre todo qué significa ser hijo y cómo es un padre. José será el primer referente, junto a María, para que Jesús llegue a entender su relación con Dios Padre. Que José le ponga el nombre a Jesús no es baladí; en las culturas bíblicas, dar nombre es un acto de autoridad y cuidado. José se vincula con ese niño y se hace responsable de él, integrándolo en la familia y la sociedad. Al nombrar al niño, señala cuál será su destino, identidad y misión: el Salvador que liberará al «pueblo de los pecados»

4.ª semana de Cuaresma
San José Bilczewski, ob.
Beato Hipólito Galantini, fdr.

✴ Sabiduría 2, 1a.12-22: Lo condenaremos a muerte ignominiosa. ▶ Salmo 33 [34], 17-18|19-20|21.23: El Señor está cerca de los atribulados.

✠ **Evangelio: SAN JUAN 7, 1-2.10.25-30**

En aquel tiempo, recorría Jesús Galilea, pues no quería andar por Judea porque los judíos trataban de matarlo. Se acercaba la fiesta judía de las Tiendas. Una vez que sus hermanos se hubieron marchado a la fiesta, entonces subió él también, no abiertamente, sino a escondidas. Entonces algunos que eran de Jerusalén dijeron: «¿No es este el que intentan matar? Pues mirad cómo habla abiertamente, y no le dicen nada. ¿Será que los jefes se han convencido de que este es el Mesías? Pero este sabemos de dónde viene, mientras que el Mesías, cuando llegue, nadie sabrá de dónde viene». Entonces Jesús, mientras enseñaba en el templo, gritó: «A mí me conocéis, y conocéis de dónde vengo. Sin embargo, yo no vengo por mi cuenta, sino que el Verdadero es el que me envía; a ese vosotros no lo conocéis; yo lo conozco, porque procedo de él y él me ha enviado». Entonces intentaban agarrarlo; pero nadie le pudo echar mano, porque todavía no había llegado su hora.

Aunque Jerusalén se vuelve peligrosa para Jesús, va allí para celebrar la fiesta de las Tiendas. Se acerca sigilosamente, sin llamar la atención, con prudencia, sin embargo al abordar las cosas del Padre, la mesura se desvanece. Tiene que hablar abiertamente. Aunque algunos puedan interpretarlo como una provocación, no evita el conflicto. Convencido de que debe decir algo, lo expresa, y lo hace a gritos. No tiene nada que ver con un Jesús dulce o complaciente, diluido y sin fuerza. Si es necesario arrostrar el conflicto, lo afronta, porque ha sido «enviado por el que es veraz».

4.ª semana de Cuaresma
Santa Benita Cambiagio, fdra.
Beato Miguel Gómez, mr.

✳ **Jeremías 11, 18-20:** Yo, como manso cordero, era llevado al matadero.

▶ **Salmo 7, 2-3|9bc-10|11-12:** Señor, Dios mío, a ti me acojo.

✠ **Evangelio: SAN JUAN 7, 40-53**

En aquel tiempo, algunos de entre la gente, que habían oído los discursos de Jesús, decían: «Este es de verdad el profeta». Otros decían: «Este es el Mesías». Pero otros decían: «¿Es que de Galilea va a venir el Mesías? ¿No dice la Escritura que el Mesías vendrá del linaje de David, y de Belén, el pueblo de David?». Y así surgió entre la gente una discordia por su causa. Algunos querían prenderlo, pero nadie le puso la mano encima. Los guardias del templo acudieron a los sumos sacerdotes y fariseos, y estos les dijeron: «¿Por qué no lo habéis traído?». Los guardias respondieron: «Jamás ha hablado nadie como ese hombre». Los fariseos les replicaron: «¿También vosotros os habéis dejado embaucar? ¿Hay algún jefe o fariseo que haya creído en él? Esa gente que no entiende de la ley son unos malditos». Nicodemo, el que había ido en otro tiempo a visitarlo y que era fariseo, les dijo: «¿Acaso nuestra ley permite juzgar a nadie sin escucharlo primero y averiguar lo que ha hecho?». Ellos le replicaron: «¿También tú eres galileo? Estudia y verás que de Galilea no salen profetas». Y se volvieron cada uno a su casa.

Señor, que sepamos reconocerte verdaderamente como quien eres: «el Mesías», Dios con nosotros. Que al igual que los que te escuchaban, sintamos que nuestra espera ha sido colmada y seamos seducidos... y desde ahí, haremos lo que podamos. Que con tu ayuda combatamos las voces internas que dudan, las certezas preconcebidas y los prejuicios que nos asaltan... «¿Es que de Galilea va a venir el Mesías?». Si participamos en discordias, que sea desde el corazón centrado en lo bueno, en lo que verdaderamente tiene que ver contigo... y siempre, siempre escuchemos antes de juzgar, siendo como Nicodemo, protegiendo al más frágil, buscando comprender antes de condenar. Abriéndonos a la posibilidad de que, incluso en medio de la discordia, encontraremos un camino hacia la verdad que eres Tú.

DEJA YA ESA SALMODIA (Rabindranath Tagore)

Deja ya esa salmodia, ese canturreo,
ese pasar y repasar rosarios.
¿A quién adoras, di,
en ese oscuro rincón solitario del templo cerrado?
¡Abre tus ojos, y ve
tu Dios no está ante ti!
Dios está
donde el labrador cava la tierra dura,
donde el picapedrero pica la piedra;
está con ellos, en el sol y en la lluvia,
lleno de polvo el vestido.
¡Quítate ese manto sagrado
y baja con tu Dios al terruño polvoriento!
¿Libertad? ¿Donde quieres encontrar libertad?
¿No se ha atado él mismo, lleno de alegría a la Creación?
¡Sí, él está atado a nosotros todos para siempre!
¡Sal ya de tu éxtasis,
déjate ya de flores y de incienso!
¿Qué importa que tus ropas se manchen o se andrajen?
¡Ve a su encuentro, ponte a su lado,
y trabaja, y que sude tu frente!

MARZO
5.ª semana de Cuaresma. Ciclo A. LH: salterio sem. I
San José Bilczewski, ob.
Beato Hipólito Galantini, fdr.

✳ 1.ª lectura: EZEQUIEL 37, 12-14

Esto dice el Señor Dios: «Yo mismo abriré vuestros sepulcros, y os sacaré de ellos, pueblo mío, y os llevaré a la tierra de Israel. Y cuando abra vuestros sepulcros y os saque de ellos, pueblo mío, comprenderéis que soy el Señor. Pondré mi espíritu en vosotros y viviréis; os estableceré en vuestra tierra y comprenderéis que yo, el Señor, lo digo y lo hago –oráculo del Señor–».

▶ Salmo 129 [130], 1b-2|3-4|5-7ab|7cd-8: Del Señor viene la misericordia, la redención copiosa.

✳ 2.ª lectura: ROMANOS 8, 8-11

Hermanos: Los que están en la carne no pueden agradar a Dios. Pero vosotros no estáis en la carne, sino en el Espíritu, si es que el Espíritu de Dios habita en vosotros; en cambio, si alguien no posee el Espíritu de Cristo no es de Cristo. Pero si Cristo está en vosotros, el cuerpo está muerto por el pecado, pero el espíritu vive por la justicia. Y si el Espíritu del que resucitó a Jesús de entre los muertos habita en vosotros, el que resucitó de entre los muertos a Cristo Jesús también dará vida a vuestros cuerpos mortales, por el mismo Espíritu que habita en vosotros.

✠ Evangelio (texto breve):
JUAN 11, 3-7.17.20-27.33b-45

En aquel tiempo, las hermanas de Lázaro le mandaron recado a Jesús diciendo: «Señor, el que tú amas está enfermo». Jesús, al oírlo, dijo: «Esta enfermedad no es para la muerte, sino que servirá para la gloria de Dios, para que el Hijo de Dios sea glorificado por ella». Jesús amaba a Marta, a su hermana y a Lázaro. Cuando se enteró de que estaba enfermo se quedó todavía dos días donde estaba. Solo entonces dijo a sus discípulos: «Vamos otra vez a Judea». Cuando Jesús llegó, Lázaro llevaba ya cuatro días enterrado. Cuando Marta se enteró de que llegaba Jesús, salió a su encuentro, mientras María se quedó en casa. Y dijo Marta a Jesús: «Señor, si hubieras estado aquí no habría muerto mi hermano. Pero aún ahora sé que todo lo que pidas a Dios, Dios te lo concederá». Jesús le dijo: «Tu hermano resucitará». Marta respondió: «Sé que resucitará en la resurrección en el último día». Jesús le dijo: «Yo soy la resurrección y la vida: el que cree en mí, aunque haya muerto, vivirá; y el que está vivo y cree en mí, no morirá para siempre. ¿Crees esto?». Ella le contestó: «Sí, Señor: yo creo que tú eres el Cristo, el Hijo de Dios, el que tenía que venir al mundo». Jesús se conmovió en su espíritu, se estremeció y preguntó: «¿Dónde lo habéis enterrado?». Le contestaron: «Señor, ven a verlo». Jesús se echó a llorar. Los judíos comentaban: «¡Cómo lo quería!». Pero algunos dijeron: «Y uno que le ha abierto los ojos a un ciego, ¿no podía haber impedido que este muriera?». Jesús, conmovido de nuevo en su interior, llegó a la tumba. Era una cavidad cubierta con una losa. Dijo Jesús: «Quitad la losa». Marta, la hermana del muerto, le dijo: «Señor, ya huele mal porque lleva cuatro días». Jesús le replicó: «¿No te he dicho que si crees verás la gloria de Dios?». Entonces quitaron la losa. Jesús, levantando los ojos a lo alto, dijo: «Padre, te doy gracias porque me has escuchado; yo sé que tú me escuchas siempre; pero lo digo por la gente que le rodea, para que crean que tú me has enviado». Y dicho esto, gritó con voz potente: «Lázaro, sal afuera». El muerto salió, los pies y las manos atados con vendas, y la cara envuelta en un sudario. Jesús les dijo: «Desatadlo y dejadlo andar». Y muchos judíos que habían venido a casa de María, al ver lo que había hecho Jesús, creyeron en él.

En la vida, el dolor a veces nos abruma, la desdicha nos atrapa y la pena colorea cada momento. En tales instantes, anhelamos ternura y cercanía. Marta, al saber de tu llegada, Jesús, deja a un lado las palabras de consuelo, y en lugar de caer en el activismo, como otras veces, se dirige rápidamente hacia ti. Convendría «reflectir»... ¿Cuándo te busco yo? ¿En el dolor, en la alegría, o en los momentos en que toda esperanza parece perdida? Tú, Jesús, siempre estás cerca, buscándonos incluso antes de que te busquemos. Pero frente a ti, a menudo, surge en nosotros un lamento: «si hubieras estado aquí...», revelando dudas y conflictos internos. Tantas veces decimos lo que no debemos, echamos en cara, reprendemos, nos quejamos y lanzamos reproches... Pero Marta, al escuchar tus palabras, se retracta y surge una confesión: «Sé que todo lo que pidas a Dios, Dios te lo concederá». Tú la sostienes. Señor, transforma nuestros reproches en confianza, nuestras dudas en esperanza. Eres el Señor de las promesas, el compasivo. En los momentos más difíciles, ayúdanos a volvernos hacia Ti, a buscar Tu rostro, y a ser, como Tú, misericordia para los demás.

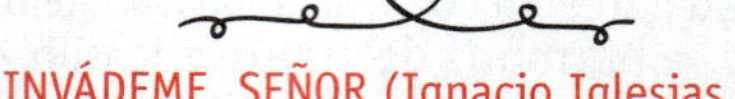

INVÁDEME, SEÑOR (Ignacio Iglesias, SJ)

Tú eres la fuente del deseo
y el agua que lo sacia;
el fuego que lo enciende
y la llama que no quema mi zarza,
la brasa de mis huesos, que no calla.
Invádeme, Señor.
Me rindo a tus deseos.
Ya son míos. Soy otro.
Tú mismo, no un extraño,
pero ardiente y feliz,
divinizado.

✳ **Daniel 13, 41c-62:** Ahora tengo que morir, siendo inocente. ◗ **Salmo 22 [23], 1b-3a|3b-4|5|6:** Aunque camine por cañadas oscuras, nada temo, porque tú vas conmigo.

✠ **Evangelio: SAN JUAN 8, 1-11**

En aquel tiempo, Jesús se retiró al monte de los Olivos. Al amanecer se presentó de nuevo en el templo, y todo el pueblo acudía a él, y, sentándose, les enseñaba. Los escribas y los fariseos le trajeron una mujer sorprendida en adulterio, y, colocándola en medio, le dijeron: «Maestro, esta mujer ha sido sorprendida en flagrante adulterio. La ley de Moisés nos manda apedrear a las adúlteras; tú ¿qué dices?». Le preguntaban esto para comprometerlo y poder acusarlo. Pero Jesús, inclinándose, escribía con el dedo en el suelo. Como insistían en preguntarle, se incorporó y les dijo: «El que esté sin pecado, que le tire la primera piedra». E inclinándose otra vez, siguió escribiendo. Ellos, al oírlo, se fueron escabullendo uno a uno, empezando por los más viejos. Y quedó solo Jesús, con la mujer en medio, que seguía allí delante. Jesús se incorporó y le preguntó: «Mujer, ¿dónde están tus acusadores?; ¿ninguno te ha condenado?». Ella contestó: «Ninguno, Señor». Jesús dijo: «Tampoco yo te condeno. Anda, y en adelante no peques más».

Tras la noche de oración vas al templo, Señor; allí te presentan a una mujer vulnerable. «El que esté sin pecado, que le tire la primera piedra». Nos confrontas con nuestra propia humanidad y miseria, y si somos honestos, tendremos que callar y marcharnos. Hombre de misericordia, el compasivo que nos enseña a mirar más allá de la condena, a ofrecer y recibir perdón, a reconocer nuestra propia fragilidad, a recorrer el camino hacia una compasión profunda, que redime y restaura, como el que hemos experimentado tantas veces. «Tampoco yo te condeno. Anda, y en adelante no peques más». El regalo de un nuevo comienzo.

5.ª semana de Cuaresma
San Óscar Romero, ob. y mr.
Beata María Karlowska, v. y fdra.

✳ **Números 21, 4-9:** Los mordidos de serpientes quedarán sanos al mirar a la serpiente de bronce.

▶ **Salmo 101 [102], 2-3|16-18|19-21:** El Señor está cerca de los atribulados.

✠ **Evangelio: SAN JUAN 8, 21-30**

En aquel tiempo, dijo Jesús a los fariseos: «Yo me voy y me buscaréis, y moriréis por vuestro pecado. Donde yo voy no podéis venir vosotros». Y los judíos comentaban: «¿Será que va a suicidarse, y por eso dice: "Donde yo voy no podéis venir vosotros"?». Y él les dijo: «Vosotros sois de aquí abajo, yo soy de allá arriba: vosotros sois de este mundo, yo no soy de este mundo. Con razón os he dicho que moriréis en vuestros pecados: pues, si no creéis que "Yo soy", moriréis en vuestros pecados». Ellos le decían: «¿Quién eres tú?». Jesús les contestó: «Lo que os estoy diciendo desde el principio. Podría decir y condenar muchas cosas en vosotros; pero el que me ha enviado es veraz, y yo comunico al mundo lo que he aprendido de él». Ellos no comprendieron que les hablaba del Padre. Y entonces dijo Jesús: «Cuando levantéis en alto al Hijo del hombre, sabréis que "Yo soy", y que no hago nada por mi cuenta, sino que hablo como el Padre me ha enseñado. El que me envió está conmigo, no me ha dejado solo; porque yo hago siempre lo que le agrada». Cuando les exponía esto, muchos creyeron en él.

De nuevo, Jesús se enfrenta a los malentendidos e interpretaciones sesgadas: «¿Va a suicidarse?». Dicotomías: lo «de aquí abajo», «este mundo»... lo «de allá arriba». Y una pregunta de fondo: «¿Quién eres tú?» que solo se puede responder desde la referencia a Dios Padre: «El que me envió está conmigo...». En la contemplación de la encarnación, Ignacio pone en boca de la Trinidad una determinación: «Hagamos redención del género humano», y así llega la plenitud de los tiempos. En Jesús convergen lo de arriba y lo de abajo, una existencia por y para el Padre, desde Dios se entiende el propio Jesús, pero también desde nosotros; una existencia por y para nosotros... Una invitación, que nosotros también vivamos y estemos, como Él, para los demás, por otros, para Dios.

HERIR AL INFINITO
(Benjamín González Buelta, SJ)

No crece la vida de Dios
desde la muerte humana,
sino la plenitud humana
desde la muerte de Dios.

No realza la fortaleza de Dios
la debilidad nuestra,
la debilidad de Dios
construye nuestra fortaleza.

Porque solo los ídolos
se alimentan de la sangre ajena,
pero Dios derrama la suya
para salvar la nuestra.

El cauce frío del hierro
que desgarra la carne
horada con el mismo golpe
el corazón encarnado de Dios.

Y donde un golpe nos hiere,
acude incesante el agua viva,
pues solo puede manar Amor
por el boquete abierto al Infinito.

(S) Anunciación del Señor
Santa M.ª Alfonsina Danil, v. y fdra.
JORNADA PRO-VIDA

✳ 1.ª lectura: ISAÍAS 7, 10-14; 8, 10b

En aquellos días, el Señor habló a Ajaz y le dijo: «Pide un signo al Señor, tu Dios: en lo hondo del abismo o en lo alto del cielo». Respondió Ajaz: «No lo pido, no quiero tentar al Señor». Entonces dijo Isaías: «Escucha, casa de David: ¿no os basta cansar a los hombres, que cansáis incluso a mi Dios? Pues el Señor, por su cuenta, os dará un signo. Mirad: la virgen está encinta y da a luz un hijo, y le pondrá por nombre Enmanuel, porque con nosotros está Dios».

▶ Salmo 39 [40], 7-8a|8b-9|10|11: Aquí estoy, Señor, para hacer tu voluntad.

✳ 2.ª lectura: HEBREOS 10, 4-10

Hermanos: Es imposible que la sangre de los toros y de los machos cabríos quite los pecados. Por eso, al entrar él en el mundo dice: «Tú no quisiste sacrificios ni ofrendas, pero me formaste un cuerpo; no aceptaste holocaustos ni víctimas expiatorias. Entonces yo dije: He aquí que vengo –pues así está escrito en el comienzo del libro acerca de mí– para hacer, ¡oh Dios!, tu voluntad». Primero dice: «Tú no quisiste sacrificios ni ofrendas, ni holocaustos, ni víctimas expiatorias», que se ofrecen según la ley. Después añade: «He aquí que vengo para hacer tu voluntad». Niega lo primero, para afirmar lo segundo. Y conforme a esa voluntad todos quedamos santificados por la oblación del cuerpo de Jesucristo, hecha una vez para siempre.

✠ Evangelio: SAN LUCAS 1, 26-38

En aquel tiempo, el ángel Gabriel fue enviado por Dios a una ciudad de Galilea llamada Nazaret, a una virgen desposada con un hombre llamado José, de la casa de David; el nombre de la virgen era María. El ángel, entrando en su presencia, dijo: «Alégrate, llena de gracia, el Señor está contigo». Ella se turbó grandemente ante estas palabras y se preguntaba qué saludo era aquel. El ángel le dijo: «No temas, María, porque has encontrado gracia ante Dios. Concebirás en tu vientre y darás a luz un hijo, y le pondrás por nombre Jesús. Será grande, se llamará Hijo del Altísimo, el Señor Dios le dará el trono de David, su padre; reinará sobre la casa de Jacob para siempre, y su reino no tendrá fin». Y María dijo al ángel: «¿Cómo será eso, pues no conozco varón?». El ángel le contestó: «El Espíritu Santo vendrá sobre ti, y la fuerza del Altísimo te cubrirá con su sombra; por eso el Santo que va a nacer será llamado Hijo de Dios. También tu pariente Isabel ha concebido un hijo en su vejez, y ya está de seis meses la que llamaban estéril, "porque para Dios nada hay imposible"». María contestó: «He aquí la esclava del Señor; hágase en mí según tu palabra». Y el ángel se retiró.

Hoy celebramos la solemnidad de la Anunciación del Señor, la Encarnación. La liturgia nos invita a contemplar a María, frente a un legado que le invita a la alegría y le hace una proposición inaudita, ¿Cuenta Dios contigo para cambiar la historia y salvar a la humanidad? Un momento trascendental que no solo nos habla de la disposición de María y su confianza, también nos habla de Dios mismo. Como nos invita Ignacio a contemplar: la Trinidad observa a nuestra humanidad, entonces y ahora, perdida y necesitada y decide, elige, opta por intervenir de manera personal y directa: «Hagamos redención del género humano. Vamos a involucrarnos íntimamente en su realidad, démosles redención y esperanza». Y así llega la plenitud de los tiempos con el sí de una niña. «Aquí está la esclava del Señor; hágase en mí según tu palabra». Para salvarnos, Dios cuenta con María, y cuenta con nosotros. Nos sigue invitando a una misión que no es la propia, pero que es apasionante, la suya; la de continuar encontrando a los perdidos, animando a los abatidos, alentando a los que se ahogan, levantando a los caídos, desde un quitar miedos y llevar alegría. Que no nos abrume el desafío, lo que se nos pide es una disposición, la del sí.

✳ **Génesis 17, 3-9:** Serás padre de muchedumbre de pueblos.

❱ **Salmo 104 [105], 4-5|6-7|8-9:** El Señor se acuerda de su alianza eternamente.

✠ **Evangelio: SAN JUAN 8, 51-59**

En aquel tiempo, dijo Jesús a los judíos: «En verdad, en verdad os digo: quien guarda mi palabra no verá la muerte para siempre». Los judíos le dijeron: «Ahora vemos claro que estás endemoniado; Abrahán murió, los profetas también, ¿y tú dices: "Quien guarde mi palabra no gustará la muerte para siempre"? ¿Eres tú más que nuestro padre Abrahán, que murió? También los profetas murieron, ¿por quién te tienes?». Jesús contestó: «Si yo me glorificara a mí mismo, mi gloria no valdría nada. El que me glorifica es mi Padre, de quien vosotros decís: "Es nuestro Dios", aunque no lo conocéis. Yo sí lo conozco, y si dijera "No lo conozco" sería, como vosotros, un embustero; pero yo lo conozco y guardo su palabra. Abrahán, vuestro padre, saltaba de gozo pensando ver mi día; lo vio, y se llenó de alegría». Los judíos le dijeron: «No tienes todavía cincuenta años, ¿y has visto a Abrahán?». Jesús les dijo: «En verdad, en verdad os digo: antes de que Abrahán existiera, yo soy». Entonces cogieron piedras para tirárselas, pero Jesús se escondió y salió del templo.

Parece que estamos ante un diálogo, pero en realidad contemplamos un conflicto en el que una parte se niega rotundamente a escuchar. Acto tan humano en el que me puedo reconocer fácilmente, porque generas incredulidad y rechazo. Puentes rotos que impiden la comunicación, también entre generaciones, conflictos, creencias encontradas, animadversión ante lo desconocido, repulsión desde los propios prejuicios, dificultad para entenderse, agresividad que surge ante la opinión contraria, ideas como absolutos que presentan al otro como un adversario y no como alguien con quien dialogar, sentirse amenazado, resistencias que crecen, miedo a lo diferente, inquietud ante lo desconocido... Tantas veces el defenderse, atacar a priori o la agresividad como respuesta y reacción frente a otra forma de entender el mundo y la realidad. Quizás la respuesta sea otra.

HAZME CAMINAR HACIA TI (P. Maior)

Dios, a veces me siento como en el desierto,
donde la vida es difícil, donde domina la duda,
donde reina la oscuridad, donde faltas tú.
El desierto es un paso para quien te ha elegido,
un paso para quien te ama,
un paso necesario en la vida,
un paso que pone a prueba.
Dios, tú me envías la prueba,
pero también la fuerza para superarla;
tú me das el desierto,
pero también la fuerza para seguir.
Tengo miedo del desierto, Señor,
tengo miedo de fallar,
tengo miedo de traicionarte.
Es fácil sentirte en la alegría,
es sencillo descubrirte en la naturaleza,
pero es difícil amarte en el desierto.
Dios, en la noche del dolor,
en la oscuridad de la duda,
en el desierto de la vida,
no me hagas dudar de ti.
No te pido que me liberes del desierto,
sino que me ayudes a caminar contigo;
no te ruego que me evites el desierto
sino que me hagas caminar hacia ti.

✳ Jeremías 20, 10-13: El Señor es mi fuerte defensor.

▶ Salmo 17 [18], 2-3a|3bc-4|5-6|7: En el peligro invoqué al Señor, y él me escuchó.

✠ **Evangelio: SAN JUAN 10, 31-42**

En aquel tiempo, los judíos agarraron piedras para apedrear a Jesús. Él les replicó: «Os he hecho ver muchas obras buenas por encargo de mi Padre: ¿por cuál de ellas me apedreáis?». Los judíos le contestaron: «No te apedreamos por una obra buena, sino por una blasfemia: porque tú, siendo un hombre, te haces Dios». Jesús les replicó: «¿No está escrito en vuestra ley: "Yo os digo: sois dioses"? Si la Escritura llama dioses a aquellos a quienes vino la palabra de Dios, y no puede fallar la Escritura, a quien el Padre consagró y envió al mundo, ¿decís vosotros: "¡Blasfemas!" Porque he dicho: "Soy Hijo de Dios"? Si no hago las obras de mi Padre, no me creáis, pero si las hago, aunque no me creáis a mí, creed a las obras, para que comprendáis y sepáis que el Padre está en mí, y yo en el Padre». Intentaron de nuevo detenerlo, pero se les escabulló de las manos. Se marchó de nuevo al otro lado del Jordán, al lugar donde antes había bautizado Juan, y se quedó allí. Muchos acudieron a él y decían: «Juan no hizo ningún signo; pero todo lo que Juan dijo de este era verdad». Y muchos creyeron en él allí.

Al aproximarnos a la Semana Santa, se intensifica la tensión. Jesús enfrenta hostilidad, confrontación y rechazo. Nos invita a mirar más allá de las meras apariencias. Resalta, especialmente en un contexto de rigidez e incredulidad, una afirmación sorprendente: «sois dioses». El Señor, citando las escrituras, nos recuerda que somos portadores de una chispa divina. Incluso cuando nuestros actos distan de Dios, Jesús reconoce nuestra dignidad como hijos de su Padre y receptores de su Palabra. Nuestra naturaleza es contradictoria: deseamos acogerte, pero te damos la espalda; te buscamos, y otras veces te evitamos. Pero Tú,incansable, persistes en atraernos hacia Ti: «creed en las obras de mi Padre, mirad alrededor, descubrid motivos para la esperanza». «Yo os digo: sois dioses».

A CRISTO CRUCIFICADO
(texto tipo según Gabriel M.ª Verd Conradi, SJ)

No me mueve, mi Dios, para quererte
el cielo que me tienes prometido,
ni me mueve el infierno tan temido
para dejar por eso de ofenderte.

Tú me mueves, Señor; muéveme el verte
clavado en una cruz y escarnecido;
muéveme el ver tu cuerpo tan herido,
muévenme tus afrentas y tu muerte.

Muéveme, en fin, tu amor, de tal manera
que, aunque no hubiera cielo, yo te amara,
y, aunque no hubiera infierno, te temiera.

No me tienes que dar porque te quiera,
pues, aunque lo que espero no esperara,
lo mismo que te quiero te quisiera.

El perdón es una decisión, no un sentimiento, porque cuando perdonamos no sentimos más la ofensa, no sentimos más rencor. Perdona, que perdonando tendrás en paz tu alma y la tendrá el que te ofendió. SANTA TERESA DE CALCUTA

5.ª semana de Cuaresma
San José Sebastián Pelczar, ob. y fdr.
Beata Renata M.ª Feillatreau, mr.

✳ Ezequiel 37, 21-28: Los haré una sola nación.

▌ Interleccional Jeremías 31, 10|11-12ab|13: El Señor nos guardará como un pastor a su rebaño.

✠ **Evangelio: SAN JUAN 11, 45-57**

En aquel tiempo, muchos judíos que habían venido a casa de María, al ver lo que había hecho Jesús, creyeron en él. Pero algunos acudieron a los fariseos y les contaron lo que había hecho Jesús. Los sumos sacerdotes y los fariseos convocaron el Sanedrín y dijeron: «¿Qué hacemos? Este hombre hace muchos signos. Si lo dejamos seguir, todos creerán en él, y vendrán los romanos y nos destruirán el lugar santo y la nación». Uno de ellos, Caifás, que era sumo sacerdote aquel año, les dijo: «Vosotros no entendéis ni palabra; no comprendéis que os conviene que uno muera por el pueblo, y que no perezca la nación entera». Esto no lo dijo por propio impulso, sino que, por ser sumo sacerdote aquel año, habló proféticamente, anunciando que Jesús iba a morir por la nación; y no solo por la nación, sino también para reunir a los hijos de Dios dispersos. Y aquel día decidieron darle muerte. Por eso Jesús ya no andaba públicamente entre los judíos, sino que se retiró a la región vecina al desierto, a una ciudad llamada Efraín, y pasaba allí el tiempo con los discípulos. Se acercaba la Pascua de los judíos, y muchos de aquella región subían a Jerusalén, antes de la Pascua, para purificarse. Buscaban a Jesús y, estando en el templo, se preguntaban: «¿Qué os parece? ¿Vendrá a la fiesta?». Los sumos sacerdotes y fariseos habían mandado que el que se enterase de dónde estaba les avisara para prenderlo.

Al concluir la Cuaresma, nos sumergimos en un mar de tensiones donde elegir implica inevitablemente renunciar. Ante Jesús, el Sanedrín opta: «Conviene que uno muera por el pueblo». Esta decisión, aparentemente pragmática, esconde un trasfondo más profundo: detrás de lo conveniente y lo menos malo, existen personas y víctimas, daños colaterales, ¿bajas necesarias? En nuestras vidas, nos enfrentamos a decisiones similares, donde ocasionalmente dejamos "cadáveres" por un bien mayor. Nos acosan las dicotomías: fe frente a miedo, acogida o rechazo, asumir las consecuencias de nuestras elecciones o mantener el status quo, vulnerabilidad o poder, resistencia o conversión. Jesús, anticipando el conflicto, se retira a Efraín. Ora, comparte y opta, alejándose con sus discípulos para ganar perspectiva y fortaleza para lo que está por venir.

SOLO TÚ, JESÚS (Pedro Arrupe, SJ)

Solo Tú, Jesús. Jesús, mi Dios, mi redentor, mi amigo, mi íntimo amigo, mi corazón, mi cariño: aquí vengo, para decirte desde lo más profundo de mi corazón y con la mayor sinceridad y afecto de que soy capaz que no hay nada en el mundo que me atraiga, sino Tú solo, Jesús mío. No quiero las cosas del mundo. No quiero consolarme con las criaturas. Solo quiero vaciarme de todo y de mí mismo, para amarte solo a Ti. Para Ti, Señor, todo mi corazón, todos sus afectos, todos sus cariños, todas sus delicadezas.

¡Oh Señor!, no me canso de repetirte: nada quiero sino tu amor y tu confianza. Te prometo, te juro, Señor, escuchar siempre tus inspiraciones, vivir tu misma vida. Háblame muy frecuentemente en el fondo del alma y exígeme mucho, que te juro por tu Corazón hacer siempre lo que tú deseas, por mínimo o costoso que sea. ¿Cómo voy a poder negarte algo si el único consuelo de mi corazón es esperar que caiga una palabra de tus labios, para satisfacer tus gustos?

MARZO

Domingo de Ramos. Ciclo A
San Ludolfo de Ratzeburg, ob. y mr.
Beato Juan Hambley, pb. y mr.

✳ 1.ª lectura: ISAÍAS 50, 4-7

El Señor Dios me ha dado una lengua de discípulo; para saber decir al abatido una palabra de aliento. Cada mañana me espabila el oído, para que escuche como los discípulos. El Señor Dios me abrió el oído; yo no resistí ni me eché atrás. Ofrecí la espalda a los que me golpeaban, las mejillas a los que mesaban mi barba; no escondí el rostro ante ultrajes y salivazos. El Señor Dios me ayuda, por eso no sentía los ultrajes; por eso endurecí el rostro como pedernal, sabiendo que no quedaría defraudado.

▶ Salmo 21 [22], 8-9|17-18a|19-20|23-24: Dios mío, Dios mío, ¿por qué me has abandonado?

✳ 2.ª lectura: FILIPENSES 2, 6-11

Cristo Jesús, siendo de condición divina, no retuvo ávidamente el ser igual a Dios; al contrario, se despojó de sí mismo tomando la condición de esclavo, hecho semejante a los hombres. Y así, reconocido como hombre por su presencia, se humilló a sí mismo, hecho obediente hasta la muerte, y una muerte de cruz. Por eso Dios lo exaltó sobre todo y le concedió el Nombre-sobre-todo-nombre; de modo que al nombre de Jesús toda rodilla se doble en el cielo, en la tierra, en el abismo, y toda lengua proclame: Jesucristo es Señor, para gloria de Dios Padre.

✚ Evangelio (texto breve): SAN MATEO 27, 11-54

Pasión de Nuestro Señor Jesucristo según san Lucas
† = Jesús; C = Cronista; S_ = Otros personajes

¿Eres tú el rey de los judíos?
[C] En aquel tiempo, Jesús fue llevado ante el gobernador, y el gobernador le preguntó: [S_] «¿Eres tú el rey de los judíos?». [C] Jesús respondió: [†] «Tú lo dices». [C] Y, mientras lo acusaban, los sumos sacerdotes y los ancianos no

contestaba nada. Entonces Pilato le preguntó: [S_] «¿No oyes cuántos cargos presentan contra ti?». [C] Como no contestaba a ninguna pregunta, el gobernador estaba muy extrañado. Por la fiesta, el gobernador solía liberar un preso, el que la gente quisiera. Tenía entonces un preso famoso, llamado Barrabás. Cuando la gente acudió, dijo Pilato: [S_] «¿A quién queréis que os suelte, a Barrabás o a Jesús, a quien llaman el Mesías?». [C] Pues sabía que se lo habían entregado por envidia. Y, mientras estaba sentado en el tribunal, su mujer le mandó a decir: [S_] «No te metas con ese justo porque esta noche he sufrido mucho soñando con él». [C] Pero los sumos sacerdotes y los ancianos convencieron a la gente para que pidieran la libertad de Barrabás y la muerte de Jesús. El gobernador preguntó: [S_] «¿A cuál de los dos queréis que os suelte?». [C] Ellos dijeron: [S_] «A Barrabás». [C] Pilato les preguntó: [S_] «¿Y qué hago con Jesús, llamado el Mesías?». [C] Contestaron todos: [S_] «Sea crucificado». [C] Pilato insistió: [S_] «Pues, ¿qué mal ha hecho?». [C] Pero ellos gritaban más fuerte: [S_] «¡Sea crucificado!». [C] Al ver Pilato que todo era inútil y que, al contrario, se estaba formando un tumulto, tomó agua y se lavó las manos ante la gente, diciendo: [S_] «Soy inocente de esta sangre. ¡Allá vosotros!». [C] Todo el pueblo contestó: [S_] «¡Caiga su sangre sobre nosotros y sobre nuestros hijos!». [C] Entonces les soltó a Barrabás; y a Jesús, después de azotarlo, lo entregó para que lo crucificaran.

¡Salve, rey de los judíos!

[C] Entonces los soldados del gobernador se llevaron a Jesús al pretorio y reunieron alrededor de él a toda la cohorte: lo desnudaron y le pusieron un manto de color púrpura y, trenzando una corona de espinas, se la ciñeron a la cabeza y le pusieron una caña en la mano derecha. Y, doblando ante él la rodilla, se burlaban de él diciendo: [S_] «¡Salve, rey de los judíos!». [C] Luego le escupían, le quitaban la caña y le golpeaban con ella la cabeza. Y, terminada la burla, le quitaron el manto, le pusieron su ropa y lo llevaron a crucificar.

Crucificaron con él a dos bandidos

[C] Al salir, encontraron a un hombre de Cirene, llamado Simón, y lo forzaron a llevar su cruz. Cuando llegaron al lugar llamado Gólgota (que quiere decir lugar de la «Calavera»), le dieron a beber vino mezclado con hiel; él lo probó, pero no quiso beberlo. Después de crucificarlo, se repartieron su ropa echándola a suertes y luego se sentaron a custodiarlo. Encima de la cabeza colocaron un letrero con la acusación: «Este es Jesús, el rey de los judíos». Crucificaron con él a dos bandidos, uno a la derecha y otro a la izquierda.

Si eres Hijo de Dios, baja de lo cruz

[C] Los que pasaban, lo injuriaban, y, meneando la cabeza, decían: [S_] «Tú que destruyes el templo y lo reconstruyes en tres días, sálvate a ti mismo; si eres Hijo de Dios, baja de la cruz». [C] Igualmente los sumos sacerdotes con los escribas y los ancianos se burlaban también diciendo: [S_] «A otros ha salvado y él no se puede salvar. ¡Es el Rey de Israel!, que baje ahora de la cruz y le creeremos. Confió en Dios, que lo libre si es que lo ama, pues dijo: "Soy Hijo de Dios"». [C] De la misma manera los bandidos que estaban crucificados con él lo insultaban.

«Elí, Elí, lemá sabaqtani?»

[C] Desde la hora sexta hasta la hora nona vinieron tinieblas sobre toda la tierra. A la hora nona, Jesús gritó con voz potente: [†] «Elí, Elí, lemá sabaqtaní?» [C] (Es decir: [†] «Dios mío, Dios mío, ¿por qué me has abandonado?»). [C] Al oírlo algunos de los que estaban allí dijeron: [S_] «Está llamando a Elías». [C] Enseguida uno de ellos fue corriendo, cogió una esponja empapada en vinagre y, sujetándola en una caña, le dio de beber. Los demás decían:

[S_] «Déjalo, a ver si viene Elías a salvarlo». [C] Jesús, gritando de nuevo con voz potente, exhaló el espíritu.
*Todos se arrodillan, y se hace una pausa.
[C] Entonces el velo del templo se rasgó en dos de arriba abajo; la tierra tembló, las rocas se resquebrajaron, las tumbas se abrieron y muchos cuerpos de santos que habían muerto resucitaron y, saliendo de las tumbas después que él resucitó, entraron en la ciudad santa y se aparecieron a muchos. El centurión y sus hombres, que custodiaban a Jesús, al ver el terremoto y lo que pasaba, dijeron aterrorizados: [S_] «Verdaderamente este era Hijo de Dios».

Comenzamos la Semana Santa con cantos y palmas de júbilo, aclamando a Jesús. Sin embargo, la lectura de la Pasión nos presenta un panorama diferente. Nos enfrentamos a la vulnerabilidad humana, a la mentira propia y ajena. Escuchamos palabras de alianza, comunión, amor y despedida. La mesa compartida, el pan y el vino consumido, la sangre derramada, la propia donación, la entrega. Aparecen el sufrimiento, la tristeza y la angustia, los párpados pesados y el no saber acompañar, el deseo de vivir una realidad diferente, de poder decidir desde lo fácil, la coherencia y sus consecuencias, la renuncia a la violencia y el sacrificio... Las traiciones y lealtades heridas se entrelazan, las negaciones se hacen presentes. Las promesas incumplidas se mezclan con la aceptación de nuestra propia mediocridad, otros no lo soportan, y optan por el suicidio. Los miedos llevan a huir, abandonando lo que verdaderamente se ama. Pero, incluso en la huida y la muerte, Jesús permanece como refugio para nuestra fragilidad y miseria. Solo es necesario acoger su mirada que conoce nuestras debilidades. El silencio de la Pasión se torna elocuente, resuenan acusaciones y ultrajes, Jesús soporta las heridas en el cuerpo y más allá. Los cireneos y otras presencias acompañan el dolor, la solidaridad y la compasión se abren paso ante la barbarie... conviven con las burlas y las dudas, la fe y el abandono... Y todo se acaba, se hace presente la muerte, toca atender con mimo un cadáver, trasladarlo al sepulcro... e intuir el preludio de una promesa.

Lunes Santo
San Luis de Casoria, pb.
Beata M.ª Restituta (Helena) Kafka, v. y mr.

✳ Isaías 42, 1-7: No gritará, no voceará por las calles.

◗ Salmo 26 [27], 1bcde|2|3|13-14: El Señor es mi luz y mi salvación.

✛ Evangelio: SAN JUAN 12, 1-11

Seis días antes de la Pascua, fue Jesús a Betania, donde vivía Lázaro, a quien había resucitado de entre los muertos. Allí le ofrecieron una cena; Marta servía, y Lázaro era uno de los que estaban con él a la mesa. María tomó una libra de perfume de nardo, auténtico y costoso, le ungió a Jesús los pies y se los enjugó con su cabellera. Y la casa se llenó de la fragancia del perfume. Judas Iscariote, uno de sus discípulos, el que lo iba a entregar, dice: «¿Por qué no se ha vendido este perfume por trescientos denarios para dárselos a los pobres?». Esto lo dijo no porque le importasen los pobres, sino porque era un ladrón; y como tenía la bolsa, se llevaba de lo que iban echando. Jesús dijo: «Déjala; lo tenía guardado para el día de mi sepultura; porque a los pobres los tenéis siempre con vosotros, pero a mí no siempre me tenéis». Una muchedumbre de judíos se enteró de que estaba allí y fueron no solo por Jesús, sino también para ver a Lázaro, al que había resucitado de entre los muertos. Los sumos sacerdotes decidieron matar también a Lázaro, porque muchos judíos, por su causa, se les iban y creían en Jesús.

Están terminando los días de Jesús, se acerca la Pascua, y el Señor, junto a sus amigos, insiste en celebrar la vida a pesar de las razones para la inquietud y el sigilo... Marta, María y Lázaro comparten mesa, pan y vino... El amigo querido ahora es motivo de conversaciones y disputas, ¿cómo es posible que haya vuelto a la vida, si hasta olía? Quizás sea porque lo que dice y hace el nazareno es verdad... Ojalá la curiosidad penetre lo superficial para llegar a lo hondo. La suerte de Lázaro está unida a la de Jesús, les han sentenciado. María desea expresar amor. Y otros se embarcan en discusiones absurdas, ¿pobres sí o pobres no? Ideologías y dobles intenciones para llevarse el gato al agua... cuando lo importante es otra cosa, estar.

TU CRUZ... MI VUELO (Ignacio Iglesias, SJ)

En tu cruz, Señor, solo hay dos palos,
el que apunta como una flecha al cielo
y el que acuesta tus brazos.

No hay cruz sin ellos y no hay vuelo.
Sin ellos no hay abrazo.
Abrazar y volar.
Ansias del hombre en celo.
Abrazar esta tierra
y llevármela dentro.
Enséñame a ser tu abrazo.
Y tu pecho.
A ser regazo tuyo
y camino hacia Ti de regreso.
Pero no camino mío,
sino con muchos dentro.
Dime cómo se ama
hasta el extremo.

Y convierte en ave
la cruz que ya llevo.
¡O que me lleva!,
porque ya estoy en vuelo.

31 MARZO

Martes Santo
Beata Natalia Tulasiewicz, mr.
Beato Cristóbal Robinson, pb. y mr.

✳ **Isaías 49, 1-6:** Te hago luz de las naciones, para que mi salvación alcance hasta el confín de la tierra.

▶ **Salmo 70 [71], 1-2|3-4a|5-6ab|15ab.17:** Mi boca contará tu salvación, Señor.

✠ **Evangelio: SAN JUAN 13, 21-33.36-38**

En aquel tiempo, estando Jesús a la mesa con sus discípulos, se turbó en su espíritu y dio testimonio diciendo: «En verdad, en verdad os digo, uno de vosotros me va a entregar». Los discípulos se miraron unos a otros perplejos, por no saber de quién lo decía. Uno de ellos, el que Jesús amaba, estaba reclinado a la mesa en el seno de Jesús. Simón Pedro le hizo señas para que averiguase por quién lo decía. Entonces él, apoyándose en el pecho de Jesús, le preguntó: «Señor, ¿quién es?». Le contestó Jesús: «Aquel a quien yo le dé este trozo de pan untado». Y, untando el pan, se lo dio a Judas, hijo de Simón el Iscariote. Detrás del pan, entró en él Satanás. Entonces Jesús le dijo: «Lo que vas a hacer, hazlo pronto». Ninguno de los comensales entendió a qué se refería. Como Judas guardaba la bolsa, algunos suponían que Jesús le encargaba comprar lo necesario para la fiesta o dar algo a los pobres. Judas, después de tomar el pan, salió inmediatamente. Era de noche. Cuando salió, dijo Jesús: «Ahora es glorificado el Hijo del hombre, y Dios es glorificado en él. Si Dios es glorificado en él, también Dios lo glorificará en sí mismo: pronto lo glorificará. Hijitos, me queda poco de estar con vosotros. Me buscaréis, pero lo que dije a los judíos os lo digo ahora a vosotros: "Donde yo voy no podéis venir vosotros"». Simón Pedro le dijo: «Señor, ¿adónde vas?». Jesús le respondió: «Adonde yo voy no me puedes seguir ahora; me seguirás más tarde». Pedro replicó: «Señor, ¿por qué no puedo seguirte ahora? Daré mi vida por ti». Jesús le contestó: «¿Conque darás tu vida por mí? En verdad, en verdad te digo: no cantará el gallo antes de que me hayas negado tres veces».

 Jesús, aunque conozcas nuestro barro, te duelen y afectan nuestras traiciones, «profundamente conmovido», anuncias: «uno de vosotros me va a entregar». Las palabras resuenan en el silencio, como un eco de nuestra fragilidad. Los discípulos, perplejos, encarnan nuestra propia incredulidad ante el amor traicionado, ese dolor punzante que sentimos cuando quien nos es cercano se convierte en el rostro de la infidelidad. La promesa de Pedro, apasionada, revela otro aspecto de nuestra naturaleza: la tendencia a sobrestimar nuestras capacidades cuando nos crecemos y creemos capaces de grandes hazañas, pero a menudo, nuestra humanidad «empequeñecida» nos muestra lo contrario... y cuesta creer que podamos ser nosotros quienes encarnemos la traición... Me cuesta creer que sea uno de nosotros... ser yo... pero si hago memoria, descubro que sí, que puedo ser yo.

DESDE QUE MI VOLUNTAD
(José Luis Blanco Vega, SJ)

Desde que mi voluntad / está a la vuestra rendida, / conozco yo la medida / de la mejor libertad.

Venid, Señor, y tomad / las riendas de mi albedrío; / de vuestra mano me fío / y a vuestra mano me entrego, / que es poco lo que me niego / si yo soy vuestro y vos mío.

A fuerza de amor humano / me abraso en amor divino. / La santidad es camino / que va de mí hacia mi hermano.

Me di sin tender la mano / para cobrar el favor; / me di en salud y en dolor / a todos, y de tal suerte / que me ha encontrado la muerte / sin nada más que el amor. Amén.

SER SEÑOR DE SÍ (Antonio T. Guillén, SJ)

«Ser señor de sí» es una máxima ignaciana que hace referencia al deseo de actuar siempre con una libertad plena, sin esclavitudes conscientes ni semiconscientes que consigan, en la práctica, maniatarla. Es la expresión y la consecuencia de no dejarse determinar en ningún momento por las afecciones desordenadas, ni dejarse arrastrar en lo cotidiano por los apetitos o atracciones instintivas. Consecuentemente, ser señor de sí significa responder plenamente de uno mismo en los momentos decisivos de la vida, y así poder encaminarse hacia donde uno quiere y desea verdaderamente ir.

San Ignacio utiliza esta expresión literal solo en las «Reglas para ordenarse en el comer» [*EE* 216], pero el concepto es recurrente a lo largo de todos sus escritos. Para ser señor de sí es por lo que hay que saber renunciar («hacernos indiferentes») a todas las cosas que no son lo fundamental.

Si queremos «hacernos indiferentes» es para que la búsqueda de la libertad no se apoye en la ascética, sino en la mística. El camino que propone san Ignacio para liberarnos de las esclavitudes inconscientes no se plantea como fruto de un esfuerzo desmesurado, sino que pasa por entusiasmarnos afectivamente con un Jesús que muestra ser señor de sí en su vida y, más todavía, en su pasión. Por eso, los *Ejercicios* ignacianos, empeñados con determinación en fomentar la identificación afectiva con Jesús, son un medio eficaz para liberarnos de nuestras ataduras indeseadas y devolvernos así el señorío real sobre nosotros mismos.

Intención del Papa
POR LOS SACERDOTES EN CRISIS

Oremos por los sacerdotes que atraviesan momentos de crisis en su vocación, para que encuentren el acompañamiento necesario y que las comunidades los apoyen con comprensión y oración.

PREFERENCIA: SEGUIMOS A JESÚS...

CAMINANDO junto a los **pobres**  EN UNA **misión** de RECONCILIACIÓN y **justicia**...

Oración diaria en audio: www.rezandovoy.org
Tiempo para la reflexión y contemplación.
Y porque la oración también es cosa de niños:
www.rezandovoy.org/infantil

ABRIL

Miércoles Santo
San Luis Pavoni, pb. y fdr.
Beata Sofía Czeska, fdra.

❋ **Isaías 50, 4-9a:** No escondí el rostro ante ultrajes.

▶ **Salmo 68 [69], 8-10|21-22|31.33-34:** Señor, que me escuche tu gran bondad en el día de tu favor.

✚ **Evangelio: SAN MATEO 26, 14-25**

En aquel tiempo, uno de los Doce, llamado Judas Iscariote, fue a los sumos sacerdotes y les propuso: «¿Qué estáis dispuestos a darme si os lo entrego?». Ellos se ajustaron con él en treinta monedas de plata. Y desde entonces andaba buscando ocasión propicia para entregarlo. El primer día de los Ácimos se acercaron los discípulos a Jesús y le preguntaron: «¿Dónde quieres que te preparemos la cena de Pascua?». Él contestó: «Id a la ciudad, a casa de quien vosotros sabéis, y decidle: "El Maestro dice: Mi hora está cerca; voy a celebrar la Pascua en tu casa con mis discípulos"». Los discípulos cumplieron las instrucciones de Jesús y prepararon la Pascua. Al atardecer se puso a la mesa con los Doce. Mientras comían dijo: «En verdad os digo que uno de vosotros me va a entregar». Ellos, muy entristecidos, se pusieron a preguntarle uno tras otro: «¿Soy yo acaso, Señor?». Él respondió: «El que ha metido conmigo la mano en la fuente, ese me va a entregar. El Hijo del hombre se va como está escrito de él; pero, ¡ay de aquel por quien el Hijo del hombre es entregado!, ¡más le valdría a ese hombre no haber nacido!». Entonces preguntó Judas, el que lo iba a entregar: «¿Soy yo acaso, Maestro?». Él respondió: «Tú lo has dicho».

Emerge una pregunta inquietante: «¿Soy yo acaso, Maestro?». ¿Es retórico, cinismo, falta de autoconciencia, ingenuidad? A Judas le cuesta asumir el giro de los acontecimientos y las maneras de Jesús, opta, creo que convencido de hacer lo mejor por la causa, bienintencionadamente, buscando forzar a Jesús para que tome un camino determinado, el que él consideraba bueno. Treinta monedas es el precio de las complejas relaciones humanas cuando tratamos de imponer nuestros ritmos, tiempos y modos de proceder, cuando no respetamos los tiempos y motivaciones ajenas, cuando no somos obedientes a la realidad que nos toca vivir. Unas veces Judas, otras Pedro... reconociendo ambos el error y doliéndose por el daño causado, uno toma el camino del perdón, el otro se sumerge en la destrucción.

SEÑOR, YO CREO, YO QUIERO CREER EN TI (San Pablo VI)

Oh Señor, haz que mi fe sea plena, sin reservas, que penetre en mi pensamiento, en mi modo de juzgar las cosas...

Oh Señor, haz que mi fe sea libre; es decir, que cuente con el concurso personal de mi adhesión, que acepte las renuncias y los deberes que ella comporta...

Oh Señor, haz que mi fe sea cierta: cierta en la razón exterior de las pruebas y en el testimonio interior del Espíritu Santo, segura de su luz confirmante, de su final pacificador, de su connaturalidad sosegadora.

Oh Señor, haz que mi fe sea fuerte, que no tema la contrariedad de los problemas...; que no tema la adversidad de quienes la discuten, la combaten, la rechazan, la niegan; sino que se fortifique en la prueba íntima de tu verdad...

Oh Señor, haz que mi fe sea gozosa, que pacifique y alegre mi espíritu y lo disponga a la oración, con Dios, y a la conversación, con los hombres...

Oh Señor, haz que mi fe sea activa, que preste a la caridad las razones de su expansión moral, de manera que sea auténtica amistad contigo y sea tuya...

Oh Señor, haz que mi fe sea humilde, que no pretenda fundarse en la experiencia de mi pensamiento y de mi sentimiento, que se rinda al testimonio del Espíritu Santo y no cuente con otra garantía mejor que la docilidad a la Tradición y la autoridad del magisterio de la santa Iglesia. Amén.

ABRIL
JUEVES SANTO EN LA CENA DEL SEÑOR
San Francisco de Paula, ermitaño y fdr.
Beata M.ª de San José Alvarado, v. y fdra.

✳ 1.ª lectura: ÉXODO 12, 1-8.11-14

En aquellos días, dijo el Señor a Moisés y a Aarón en tierra de Egipto: «Este mes será para vosotros el principal de los meses; será para vosotros el primer mes del año. Decid a toda la asamblea de los hijos de Israel: "El diez de este mes cada uno procurará un animal para su familia, uno por casa. Si la familia es demasiado pequeña para comérselo, que se junte con el vecino más próximo a su casa, hasta completar el número de personas; y cada uno comerá su parte hasta terminarlo. Será un animal sin defecto, macho, de un año; lo escogeréis entre los corderos o los cabritos. Lo guardaréis hasta el día catorce del mes y toda la asamblea de los hijos de Israel lo matará al atardecer". Tomaréis la sangre y rociaréis las dos jambas y el dintel de la casa donde lo comáis. Esa noche comeréis la carne, asada a fuego, y comeréis panes sin fermentar y hierbas amargas. Y lo comeréis así: la cintura ceñida, las sandalias en los pies, un bastón en la mano; y os lo comeréis a toda prisa, porque es la Pascua, el Paso del Señor. Yo pasaré esta noche por la tierra de Egipto y heriré a todos los primogénitos de la tierra de Egipto, desde los hombres hasta los ganados, y me tomaré justicia de todos los dioses de Egipto. Yo, el Señor. La sangre será vuestra señal en las casas donde habitáis. Cuando yo vea la sangre, pasaré de largo ante vosotros, y no habrá entre vosotros plaga exterminadora, cuando yo hiera a la tierra de Egipto. Este será un día memorable para vosotros; en él celebraréis fiesta en honor del Señor. De generación en generación, como ley perpetua lo festejaréis.

▶ Salmo 115 [116], 12-13|15-16|17-18: El cáliz de la bendición es comunión de la sangre de Cristo.

✳ 2.ª lectura: 1 CORINTIOS 11, 23-26

Hermanos: Yo he recibido una tradición, que procede del Señor y que a mi vez os he transmitido: que el Señor Jesús, en la noche en que iba a ser entregado, tomó pan y, pronunciando la Acción de Gracias, lo partió y dijo: «Esto es mi cuerpo, que se entrega por vosotros. Haced esto en memoria mía». Lo mismo hizo con el cáliz, después de cenar, diciendo: «Este cáliz es la nueva alianza en mi sangre; haced esto cada vez que lo bebáis, en memoria mía». Por eso, cada vez que coméis de este pan y bebéis del cáliz, proclamáis la muerte del Señor, hasta que vuelva.

✠ Evangelio: SAN JUAN 13, 1-15

Antes de la fiesta de la Pascua, sabiendo Jesús que había llegado su hora de pasar de este mundo al Padre, habiendo amado a los suyos que estaban en el mundo, los amó hasta el extremo. Estaban cenando; ya el diablo había suscitado en el corazón de Judas, hijo de Simón Iscariote, la intención de entregarlo; y Jesús, sabiendo que el Padre había puesto todo en sus manos, que venía de Dios y a Dios volvía, se levanta de la cena, se quita el manto y, tomando una toalla, se la ciñe; luego echa agua en la jofaina y se pone a lavarles los pies a los discípulos, secándoselos con la toalla que se había ceñido. Llegó a Simón Pedro, y este le dice: «Señor, ¿lavarme los pies tú a mí?». Jesús le replicó: «Lo que yo hago, tú no lo entiendes ahora, pero lo comprenderás más tarde». Pedro le dice: «No me lavarás los pies jamás». Jesús le contestó: «Si no te lavo, no tienes parte conmigo». Simón Pedro le dice: «Señor, no solo los pies, sino también las manos y la cabeza». Jesús le dice: «Uno que se ha bañado no necesita lavarse más que los pies, porque todo él está limpio. También vosotros estáis limpios, aunque no todos». Porque sabía quién lo iba a entregar, por eso dijo: «No todos estáis limpios». Cuando acabó de lavarles los pies, tomó el manto, se lo puso otra vez y les dijo: «¿Comprendéis lo que he hecho con vosotros? Vosotros me llamáis "el

Maestro" y "el Señor", y decís bien, porque lo soy. Pues si yo, el Maestro y el Señor, os he lavado los pies, también vosotros debéis lavaros los pies unos a otros: os he dado ejemplo para que lo que yo he hecho con vosotros, vosotros también lo hagáis».

Que nos ames hasta el extremo supone ceñirte la toalla, hincarte ante nosotros y lavar nuestros pies, preocuparte por nosotros, preguntarnos, enseñarnos diferentes maneras de amar para entregárnoslo absolutamente todo. Jueves Santo, pan partido, acción de gracias, amor fraterno, la cena del Señor. Quizás sobren las palabras y lo más adecuado sea contemplar y experimentar cómo tus manos se acercan a nuestros pies, cómo los tomas con cuidado entre tus manos y viertes un poco de agua templada, sentir el escalofrío que produce el tacto de tus dedos sobre los tobillos, el cuidado con que poco a poco me —nos lavas, es decir, me —nos amas... Nos dejas un gesto simbólico que evoca servicio, donación y entrega, comunión y comunicación, cuidado y atención... y una invitación: «¿Comprendéis lo que he hecho con vosotros? También vosotros debéis lavaros los pies unos a otros; os he dado ejemplo para que lo que yo he hecho con vosotros, vosotros también lo hagáis»... a repetir tus gestos en nuestra vida, a ir más allá y ser nosotros quienes lavemos tus pies, a ti que nos has lavado antes, porque se trata de reconocer en el rostro del otro, no solo a nuestro prójimo sino también a ti, a Jesús mismo, y actuar en consecuencia.

VIVES EN EL PAN (Fragmento de Víctor M. Arbeloa)

Vives en el pan / roto y compartido. / Vives en la copa / redonda de vino. / Banquete de pobres. / Botín de mendigos. / Compañero fiel, /amigo entre amigos. / Vestido de vientos / y sol de domingo, / moreno de viñas, / y hermoso de trigos. / Muerto por los hombres / y en los hombres vivo. / Cuando nos juntamos / te abrimos camino / y vienes y pasas / alegre y activo / por todas las cosas / por todos los sitios...

✳ 1.ª lectura: ISAÍAS 52, 13–53, 12

Mirad, mi siervo tendrá éxito, subirá y crecerá mucho. Como muchos se espantaron de él porque desfigurado no parecía hombre, ni tenía aspecto humano, así asombrará a muchos pueblos, ante él los reyes cerrarán la boca, al ver algo inenarrable y comprender algo inaudito. ¿Quién creyó nuestro anuncio?; ¿a quién se reveló el brazo del Señor? Creció en su presencia como brote, como raíz en tierra árida, sin figura, sin belleza. Lo vimos sin aspecto atrayente, despreciado y evitado de los hombres, como un hombre de dolores, acostumbrado a sufrimientos, ante el cual se ocultaban los rostros, despreciado y desestimado. Él soportó nuestros sufrimientos y aguantó nuestros dolores; nosotros lo estimamos leproso, herido de Dios y humillado; pero él fue traspasado por nuestras rebeliones, triturado por nuestros crímenes. Nuestro castigo saludable cayó sobre él, sus cicatrices nos curaron. Todos errábamos como ovejas, cada uno siguiendo su camino; y el Señor cargó sobre él todos nuestros crímenes. Maltratado, voluntariamente se humillaba y no abría la boca: como cordero llevado al matadero, como oveja ante el esquilador, enmudecía y no abría la boca. Sin defensa, sin justicia, se lo llevaron, ¿quién se preocupará de su estirpe? Lo arrancaron de la tierra de los vivos, por los pecados de mi pueblo lo hirieron. Le dieron sepultura con los malvados y una tumba con los malhechores, aunque no había cometido crímenes ni hubo engaño en su boca. El Señor quiso triturarlo con el sufrimiento, y entregar su vida como expiación: verá su descendencia, prolongará sus años, lo que el Señor quiere prosperará por su mano. Por los trabajos de su alma verá la luz, el justo se saciará de conocimiento. Mi siervo justificará a muchos, porque cargó con los crímenes de ellos. Le daré una multitud como parte, y ᵣendrá como despojo una muchedumbre. Porque expuso su vida a la muerte y fue contado entre los pecadores, él tomó el pecado de muchos e intercedió por los pecadores.

▶ Salmo 30 [31], 2.6|12-13|15-16|17.25: Padre, a tus manos encomiendo mi espíritu.

✳ 2.ª lectura: HEBREOS 4, 14-16; 5, 7-9

Hermanos: Ya que tenemos un sumo sacerdote grande que ha atravesado el cielo, Jesús, Hijo de Dios, mantengamos firme la confesión de fe. No tenemos un sumo sacerdote incapaz de compadecerse de nuestras debilidades, sino que ha sido probado en todo, como nosotros, menos en el pecado. Por eso, comparezcamos confiados ante el trono de la gracia, para alcanzar misericordia y encontrar gracia para un auxilio oportuno. Cristo, en efecto, en los días de su vida mortal, a gritos y con lágrimas, presentó oraciones y súplicas al que podía salvarlo de la muerte, siendo escuchado por su piedad filial. Y, aun siendo Hijo, aprendió, sufriendo, a obedecer. Y, llevado a la consumación, se convirtió, para todos los que lo obedecen, en autor de salvación eterna.

✚ Evangelio: SAN JUAN 18, 1–19, 42

Pasión de Nuestro Señor Jesucristo según san Juan
† = Jesús; C = Cronista; S_ = Otros personajes

¿A quién buscáis? A Jesús, el Nazareno
[C] En aquel tiempo, salió Jesús con sus discípulos al otro lado del torrente Cedrón, donde había un huerto, y entraron allí él y sus discípulos. Judas, el que lo iba a entregar, conocía también el sitio, porque Jesús se reunía a menudo allí con sus discípulos. Judas entonces, tomando una cohorte y unos guardias de los sumos sacerdotes y de los fariseos, entró allá con faroles, antorchas y armas. Jesús, sabiendo todo lo que venía sobre él, se adelantó y les dijo: [†] «¿A quién buscáis?». [C] Le contestaron: [S_] «A Jesús, el Nazareno». [C] Les dijo Jesús: [†] «Yo soy». [C] Estaba

también con ellos Judas, el que lo iba a entregar. Al decirles: «Yo soy», retrocedieron y cayeron a tierra. Les preguntó otra vez: [†] «¿A quién buscáis?». [C] Ellos dijeron: [S_] «A Jesús, el Nazareno». [C] Jesús contestó: [†] «Os he dicho que soy yo. Si me buscáis a mí, dejad marchar a estos». [C] Y así se cumplió lo que había dicho: «No he perdido a ninguno de los que me diste». Entonces Simón Pedro, que llevaba una espada, la sacó e hirió al criado del sumo sacerdote, cortándole la oreja derecha. Este criado se llamaba Malco. Dijo entonces Jesús a Pedro: [†] «Mete la espada en la vaina. El cáliz que me ha dado mi Padre ¿no lo voy a beber?».

Llevaron a Jesús primero ante Anás

[C] La cohorte, el tribuno y los guardias de los judíos prendieron a Jesús, lo ataron y lo llevaron primero a Anás, porque era suegro de Caifás, sumo sacerdote aquel año; Caifás era el que había dado a los judíos este consejo: «Conviene que muera un solo hombre por el pueblo». Simón Pedro y otro discípulo seguían a Jesús. Este discípulo era conocido del sumo sacerdote y entró con Jesús en el palacio del sumo sacerdote, mientras Pedro se quedó fuera a la puerta. Salió el otro discípulo, el conocido del sumo sacerdote, habló a la portera e hizo entrar a Pedro. La criada portera dijo entonces a Pedro: [S_] «¿No eres tú también de los discípulos de ese hombre?». [C] Él dijo: [S_] «No lo soy». [C] Los criados y los guardias habían encendido un brasero, porque hacía frío, y se calentaban. También Pedro estaba con ellos de pie, calentándose. El sumo sacerdote interrogó a Jesús acerca de sus discípulos y de su doctrina. Jesús le contestó: [†] «Yo he hablado abiertamente al mundo; yo he enseñado continuamente en la sinagoga y en el templo, donde se reúnen todos los judíos, y no he dicho nada a escondidas. ¿Por qué me preguntas a mí? Pregunta a los que me han oído de qué les he hablado. Ellos saben lo que yo he dicho». [C] Apenas dijo esto, uno de los guardias que estaba allí le dio una bofetada a Jesús, diciendo: [S_] «¿Así contestas al sumo sacerdote?». [C] Jesús respondió: [†] «Si he faltado al hablar, muestra en qué he faltado; pero si he hablado como se debe, ¿por qué me pegas?». [C] Entonces Anás lo envió atado a Caifás, sumo sacerdote.

¿No eres tú también de sus discípulos? No lo soy

[C] Simón Pedro estaba de pie, calentándose, y le dijeron: [S_] «¿No eres tú también de sus discípulos?». [C] Él lo negó, diciendo: [S_] «No lo soy». [C] Uno de los criados del sumo sacerdote, pariente de aquel a quien Pedro le cortó la oreja, le dijo: [S_] «¿No te he visto yo en el huerto con él?». [C] Pedro volvió a negar, y enseguida cantó un gallo.

Mi reino no es de este mundo

[C] Llevaron a Jesús de casa de Caifás al pretorio. Era el amanecer y ellos no entraron en el pretorio para no incurrir en impureza y poder así comer la Pascua. Salió Pilato afuera, adonde estaban ellos, y dijo: [S_] «¿Qué acusación presentáis contra este hombre?». [C] Le contestaron: [S_] «Si este no fuera un malhechor, no te lo entregaríamos». [C] Pilato les dijo: [S_] «Lleváoslo vosotros y juzgadlo según vuestra ley». [C] Los judíos le dijeron: [S_] «No estamos autorizados para dar muerte a nadie». [C] Y así se cumplió lo que había dicho Jesús, indicando de qué muerte iba a morir. Entró otra vez Pilato en el pretorio, llamó a Jesús y le dijo: [S_] «¿Eres tú el rey de los judíos?». [C] Jesús le contestó: [†] «¿Dices eso por tu cuenta o te lo han dicho otros de mí?». [C] Pilato replicó: [S_] «¿Acaso soy yo judío? Tu gente y los sumos sacerdotes te han entregado a mí; ¿qué has hecho?». [C] Jesús le contestó: [†] «Mi reino no es de este mundo. Si mi reino fuera de este mundo, mi guardia habría luchado para que no cayera en manos de los judíos. Pero mi reino no es de aquí». [C] Pilato le dijo: [S_] «Entonces, ¿tú eres rey?». [C] Jesús le contestó: [†] «Tú lo dices: soy rey. Yo para esto he nacido y para esto he venido al mundo: para dar testimonio de la verdad. Todo el que es de la verdad escucha mi voz». [C] Pilato le dijo: [S_] «Y ¿qué es la verdad?». [C] Dicho esto, salió otra vez adonde estaban los judíos y les dijo: [S_] «Yo no encuentro en él ninguna culpa. Es costumbre entre vosotros que por Pascua ponga a uno en libertad. ¿Queréis que os suelte al rey de los judíos?». [C] Volvieron a gritar: [S_] «A ese no, a Barrabás». [C] El tal Barrabás era un bandido.

¡Salve, rey de los judíos!

[C] Entonces Pilato tomó a Jesús y lo mandó azotar. Y los soldados trenzaron una corona de espinas, se la pusieron en la cabeza y le echaron por encima un manto color púrpura; y, acercándose a él, le decían: [S_] «¡Salve, rey de los judíos!». [C] Y le daban bofetadas. Pilato salió otra vez afuera y les dijo: [S_] «Mirad, os lo saco afuera para que sepáis que no encuentro en él ninguna culpa». [C] Y salió Jesús afuera, llevando la corona de espinas y el manto color púrpura. Pilato les dijo: [S_] «He aquí al hombre». [C] Cuando lo vieron los sumos sacerdotes y los guardias, gritaron: [S_] «¡Crucifícalo, crucifícalo!». [C] Pilato les dijo: [S_] «Lleváoslo vosotros y crucificadlo, porque yo no encuentro culpa en él». [C] Los judíos le contestaron: [S_] «Nosotros tenemos una ley, y según esa ley tiene que morir, porque se ha hecho Hijo de Dios». [C] Cuando Pilato oyó estas palabras, se asustó aún más. Entró otra vez en el pretorio y dijo a Jesús: [S_] «¿De dónde eres tú?». [C] Pero Jesús no le dio respuesta. Y Pilato le dijo: [S_] «¿A mí no me hablas? ¿No sabes que tengo autoridad para soltarte y autoridad para crucificarte?». [C] Jesús le contestó: [†] «No tendrías ninguna autoridad sobre mí si no te la hubieran dado de lo alto. Por eso el que me ha entregado a ti tiene un pecado mayor».

¡Fuera, fuera; crucifícalo!

[C] Desde este momento Pilato trataba de soltarlo, pero los judíos gritaban: [S_] «Si sueltas a ese, no eres amigo del César. Todo el que se hace rey está contra el César». [C] Pilato entonces, al oír estas palabras, sacó afuera a Jesús y se sentó en el tribunal, en el sitio que llaman «el Enlosado» (en hebreo «Gábbata»). Era el día de la Preparación de la Pascua, hacia el mediodía. Y dijo Pilato a los judíos: [S_] «He aquí a vuestro rey». [C] Ellos gritaron: [S_] «¡Fuera, fuera; crucifícalo!». [C] Pilato les dijo: [S_] «¿A vuestro rey voy a crucificar?». [C] Contestaron los sumos sacerdotes: [S_] «No tenemos más rey que al César». [C] Entonces se lo entregó para que lo crucificaran.

Lo crucificaron; y con él a otros dos

[C] Tomaron a Jesús, y, cargando él mismo con la cruz, salió al sitio llamado «de la Calavera» (que en hebreo se dice «Gólgota»), donde lo crucificaron; y con él a otros dos, uno a cada lado, y en medio, Jesús. Y Pilato escribió un letrero y lo puso encima de la cruz; en él estaba escrito: «Jesús, el Nazareno, el rey de los judíos». Leyeron el letrero muchos judíos, porque estaba cerca el lugar donde crucificaron a Jesús, y estaba escrito en hebreo, latín y griego. Entonces los sumos sacerdotes de los judíos dijeron a Pilato: [S_] «No escribas "El rey de los judíos", sino: "Este ha dicho: Soy el rey de los judíos"». [C] Pilato les contestó: [S_] «Lo escrito, escrito está».

Se repartieron mis ropas

[C] Los soldados, cuando crucificaron a Jesús, cogieron su ropa, haciendo cuatro partes, una para cada soldado, y apartaron la túnica. Era una túnica sin costura, tejida toda de una pieza de arriba abajo. Y se dijeron: [S_] «No la rasguemos, sino echémosla a suerte, a ver a quién le toca». [C] Así se cumplió la Escritura: «Se repartieron mis ropas y echaron a suerte mi túnica». Esto hicieron los soldados.

Ahí tienes a tu hijo. Ahí tienes a tu madre

[C] Junto a la cruz de Jesús estaban su madre, la hermana de su madre, María, la de Cleofás, y María, la Magdalena.

Jesús, al ver a su madre y junto a ella al discípulo al que amaba, dijo a su madre: [†] «Mujer, ahí tienes a tu hijo». [C] Luego, dijo al discípulo: [†] «Ahí tienes a tu madre». [C] Y desde aquella hora, el discípulo la recibió como algo propio.

Está cumplido

[C] Después de esto, sabiendo Jesús que ya todo estaba cumplido, para que se cumpliera la Escritura, dijo: [†] «Tengo sed». [C] Había allí un jarro lleno de vinagre. Y, sujetando una esponja empapada en vinagre a una caña de hisopo, se la acercaron a la boca. Jesús, cuando tomó el vinagre, dijo: [†] «Está cumplido». [C] E, inclinando la cabeza, entregó el espíritu.

* Todos se arrodillan, y se hace una pausa.

Al punto salió sangre y agua

[C] Los judíos entonces, como era el día de la Preparación, para que no se quedaran los cuerpos en la cruz el sábado, porque aquel sábado era un día grande, pidieron a Pilato que les quebraran las piernas y que los quitaran. Fueron los soldados, le quebraron las piernas al primero y luego al otro que habían crucificado con él; pero al llegar a Jesús, viendo que ya había muerto, no le quebraron las piernas, sino que uno de los soldados, con la lanza, le traspasó el costado, y al punto salió sangre y agua. El que lo vio da testimonio, y su testimonio es verdadero, y él sabe que dice verdad, para que también vosotros creáis. Esto ocurrió para que se cumpliera la Escritura: «No le quebrarán un hueso»; y en otro lugar la Escritura dice: «Mirarán al que traspasaron».

Envolvieron el cuerpo de Jesús en los lienzos con los aromas

[C] Después de esto, José de Arimatea, que era discípulo de Jesús aunque oculto por miedo a los judíos, pidió a Pilato que le dejara llevarse el cuerpo de Jesús. Y Pilato lo autorizó. Él fue entonces y se llevó el cuerpo. Llegó también Nicodemo, el que había ido a verlo de noche, y trajo unas cien libras de una mixtura de mirra y áloe. Tomaron el cuerpo de Jesús y lo envolvieron en los lienzos con los aromas, según se acostumbra a enterrar entre los judíos. Había un huerto en el sitio donde lo crucificaron, y en el huerto un sepulcro nuevo donde nadie había sido enterrado todavía. Y como para los judíos era el día de la Preparación, y el sepulcro estaba cerca, pusieron allí a Jesús.

Viernes Santo, jornada desprovista de Eucaristía y sacramentos; día para acompañar desde el silencio y contemplar con estupor cómo las garras de la muerte, los prejuicios, la intolerancia, las consecuencias de nuestras ideologías llevadas al extremo, y el mal se ciernen sobre Jesús... Día en el que se eleva la cruz en toda su expresión, un instrumento de tortura donde la humanidad coloca a Dios con Nosotros, a Dios hecho hombre. El amor hasta el extremo se manifiesta dolorosamente, sin reservas, sin excusas ni condiciones. La vida de Jesús ha sido expresión de cómo es Dios Padre y Madre, y en la Pasión, se torna pasividad, dejándose llevar, con silencios como respuestas... Jesús no reniega en el último momento, no huye, no busca atajos; sigue siendo obediente y coherente. El amor hasta el extremo es fidelidad a Dios y a la humanidad. Ante el amor del Señor, la humanidad responde desde la crueldad, el desapego y una cierta indiferencia ante el sufrimiento. Ahí, el cuerpo de Jesús, exhausto, con sus brazos extendidos, sigue abrazándonos. «Dios Padre Madre es como os he dicho y sigue apostando por vosotros», incluso desde la gloria de la cruz. «Está cumplido». «E inclinando la cabeza, entregó el espíritu».

La liturgia del Viernes Santo se compone de tres momentos: Liturgia de la Palabra, Adoración de la Cruz y Comunión. En este día y a través de esta liturgia, se invita a los fieles a fijar su mirada en Jesús, el Crucificado. Cristo murió en la Cruz para llevar a cabo la misión de salvación que el Padre le había confiado: «He aquí el Cordero de Dios que quita los pecados del mundo».

La liturgia ofrece siete lecturas del Antiguo Testamento. Por motivos de orden pastoral se pueden leer solo algunas (por lo menos tres), pero nunca se puede omitir esta.

✳ Lectura del Antiguo Testamento: ÉXODO 14, 15–15, 1a

En aquellos días, el Señor dijo a Moisés: «¿Por qué sigues clamando a mí? Di a los hijos de Israel que se pongan en marcha. Y tú, alza tu cayado, extiende tu mano sobre el mar y divídelo, para que los hijos de Israel pasen por medio del mar, por lo seco. Yo haré que los egipcios se obstinen y entren detrás de vosotros, y me cubriré de gloria a costa del faraón y de todo su ejército, de sus carros y de sus jinetes. Así sabrán los egipcios que yo soy el Señor, cuando me haya cubierto de gloria a costa del faraón, de sus carros y de sus jinetes». Se puso en marcha el ángel del Señor, que iba al frente del ejército de Israel, y pasó a retaguardia. También la columna de nube, que iba delante de ellos, se desplazó y se colocó detrás, poniéndose entre el campamento de los egipcios y el campamento de Israel. La nube era tenebrosa y transcurrió toda la noche sin que los ejércitos pudieran aproximarse el uno al otro. Moisés extendió su mano sobre el mar y el Señor hizo retirarse el mar con un fuerte viento del este que sopló toda la noche; el mar se secó y se dividieron las aguas. Los hijos de Israel entraron en medio del mar, en lo seco, y las aguas les hacían de muralla a derecha e izquierda. Los egipcios los persiguieron y entraron tras ellos, en medio del mar: todos los caballos del faraón, sus carros y sus jinetes. Era ya la vigilia matutina cuando el Señor miró desde la columna de fuego y humo hacia el ejército de los egipcios y sembró el pánico en el ejército egipcio. Trabó las ruedas de sus carros, haciéndolos avanzar pesadamente. Los egipcios dijeron: «Huyamos ante Israel, porque el Señor lucha por él contra Egipto». Luego dijo el Señor a Moisés:

«Extiende tu mano sobre el mar, y vuelvan las aguas sobre los egipcios, sus carros y sus jinetes». Moisés extendió su mano sobre el mar; y al despuntar el día, el mar recobró su estado natural, de modo que los egipcios, en su huida, toparon con las aguas. Así precipitó el Señor a los egipcios en medio del mar. Las aguas volvieron y cubrieron los carros, los jinetes y todo el ejército del faraón, que había entrado en el mar. Ni uno solo se salvó. Mas los hijos de Israel pasaron en seco por medio del mar, mientras las aguas hacían de muralla a derecha e izquierda. Aquel día salvó el Señor a Israel del poder de Egipto, e Israel vio a los egipcios muertos, en la orilla del mar. Vio, pues, Israel la mano potente que el Señor había desplegado contra los egipcios, y temió el pueblo al Señor, y creyó en el Señor y en Moisés, su siervo. Entonces Moisés y los hijos de Israel entonaron este canto al Señor:

▶ **Interleccional Éxodo 15, 1b-2|3-4|5-5|17-18:** Cantaré al Señor, gloriosa es su victoria.

✳ **Lectura del Nuevo Testamento: ROMANOS 6, 3-11**

Hermanos: Cuantos fuimos bautizados en Cristo Jesús fuimos bautizados en su muerte. Por el bautismo fuimos sepultados con él en la muerte, para que, lo mismo que Cristo resucitó de entre los muertos por la gloria del Padre, así también nosotros andemos en una vida nueva. Pues si hemos sido incorporados a él en una muerte como la suya, lo seremos también en una resurrección como la suya; sabiendo que nuestro hombre viejo fue crucificado con Cristo, para que fuera destruido el cuerpo de pecado, y, de este modo, nosotros dejáramos de servir al pecado; porque quien muere ha quedado libre del pecado. Si hemos muerto con Cristo, creemos que también viviremos con él; pues sabemos que Cristo, una vez resucitado de entre los muertos, ya no muere más; la muerte ya no tiene dominio sobre él. Porque quien ha muerto, ha muerto al pecado de una vez para siempre; y quien vive, vive para Dios. Lo mismo vosotros, consideraos muertos al pecado y vivos para Dios en Cristo Jesús.

▶ Salmo 117 [118], 1-2|16-17|22-23: Aleluya, aleluya, aleluya.

✚ **Evangelio: SAN MATEO 28, 1-10**

Pasado el sábado, al alborear el primer día de la semana, fueron María la Magdalena y la otra María a ver el sepulcro. Y de pronto tembló fuertemente la tierra, pues un ángel del Señor, bajando del cielo y acercándose, corrió la piedra y se sentó encima. Su aspecto era de relámpago y su vestido blanco como la nieve; los centinelas temblaron de miedo y quedaron como muertos. El ángel habló a las mujeres: «Vosotras no temáis, ya sé que buscáis a Jesús el crucificado. No está aquí: ¡ha resucitado!, como había dicho. Venid a ver el sitio donde yacía e id aprisa a decir a sus discípulos: "Ha resucitado de entre los muertos y va por delante de vosotros a Galilea. Allí lo veréis". Mirad, os lo he anunciado». Ellas se marcharon a toda prisa del sepulcro; llenas de miedo y de alegría corrieron a anunciarlo a los discípulos. De pronto, Jesús les salió al encuentro y les dijo: «Alegraos». Ellas se acercaron, le abrazaron los pies y se postraron ante él. Jesús les dijo: «No temáis: id a comunicar a mis hermanos que vayan a Galilea; allí me verán».

En la quietud que precede al amanecer, cuando el velo de la noche todavía susurra secretos al día que nace, María Magdalena y la otra María se dirigen hacia el sepulcro con lealtad. Su senda es la del duelo; los sentimientos que prevalecen son el dolor, la ausencia y el sinsentido... También el amor y el deseo de atender los despojos de quien ya no está, más que la desdicha y la melancolía. Van a terminar de despedirse; más adelante vendrá el recordar lo vivido y rememorar tanto amor recibido, pero ahora toca expresar respeto y querer como buenamente pueden. Sin embargo, la tierra tiembla, y lo que van a encontrar no es lo que esperan.

Se topan con un mensajero y su mensaje: «Vosotras no temáis, ya sé que buscáis a Jesús el crucificado. No está aquí: ha resucitado». No hay lugar para el lamento y las despedidas; una nueva realidad rompe las cadenas de la muerte y del miedo, cambiando la dirección de los corazones de la aflicción al estupor, y de ahí, de la sorpresa y el temor a la alegría, al contento, a la esperanza y la adoración... El crucificado es el resucitado; Jesús vive la vida del Padre y nos espera en Galilea, entre los vivos. Feliz Pascua de Resurrección.

PERMANEZCAMOS EN VELA (San Agustín)

Esta es nuestra fiesta anual y nuestra Pascua; no ya en figura, como lo fue para el pueblo antiguo, mediante el degüello de un cordero, sino realizada, como para el pueblo nuevo, mediante el sacrificio del Salvador, pues Cristo, nuestra Pascua, ha sido inmolado, y lo antiguo ha pasado, y he aquí que todo ha sido hecho nuevo.

Si lloramos es solo porque nos oprime el peso de nuestros pecados, y si nos alegramos es porque nos ha justificado su gracia, pues fue entregado por nuestros pecados y resucitó para nuestra justificación. Llorando lo primero y gozándonos de lo segundo, estamos llenos de alegría. No dejamos que pase inadvertido con olvido ingrato, sino que celebramos con agradecido recuerdo lo que por nuestra causa y en beneficio nuestro tuvo lugar: tanto el acontecimiento triste como el anticipo gozoso. Permanezcamos en vela, pues, amadísimos, ya que la sepultura de Cristo se prolongó hasta esta noche, para que en esta misma noche tuviera lugar la resurrección de la carne que entonces, cuando estaba en el madero, fue objeto de burlas y ahora es adorada en cielo y tierra.

✳ 1.ª lectura: HECHOS 10, 34a.37-43

En aquellos días, Pedro tomó la palabra y dijo: «Vosotros conocéis lo que sucedió en toda Judea, comenzando por Galilea, después del bautismo que predicó Juan. Me refiero a Jesús de Nazaret, ungido por Dios con la fuerza del Espíritu Santo, que pasó haciendo el bien y curando a todos los oprimidos por el diablo, porque Dios estaba con él. Nosotros somos testigos de todo lo que hizo en la tierra de los judíos y en Jerusalén. A este lo mataron, colgándolo de un madero. Pero Dios lo resucitó al tercer día y le concedió la gracia de manifestarse, no a todo el pueblo, sino a los testigos designados por Dios: a nosotros, que hemos comido y bebido con él después de su resurrección de entre los muertos. Nos encargó predicar al pueblo, dando solemne testimonio de que Dios lo ha constituido juez de vivos y muertos. De él dan testimonio todos los profetas: que todos los que creen en él reciben, por su nombre, el perdón de los pecados».

▶ Salmo 117 [118], 1-2|16-17|22-23: Este es el día que hizo el Señor: sea nuestra alegría y nuestro gozo. O bien: Aleluya.

✳ 2.ª lectura: COLOSENSES 3, 1-4

Hermanos: Si habéis resucitado con Cristo, buscad los bienes de allá arriba, donde Cristo está sentado a la derecha de Dios; aspirad a los bienes de arriba, no a los de la tierra. Porque habéis muerto; y vuestra vida está con Cristo escondida en Dios. Cuando aparezca Cristo, vida vuestra, entonces también vosotros apareceréis gloriosos, juntamente con él.

✚ Evangelio: SAN JUAN 20, 1-9

El primer día de la semana, María la Magdalena fue al sepulcro al amanecer, cuando aún estaba oscuro, y vio la losa quitada del sepulcro. Echó a correr y fue donde estaban Simón Pedro y el otro discípulo, a quien Jesús amaba, y les dijo: «Se han llevado del sepulcro al Señor y no sabemos dónde lo han puesto». Salieron Pedro y el otro discípulo camino del sepulcro. Los dos corrían juntos, pero el otro discípulo corría más que Pedro; se adelantó y llegó primero al sepulcro; e, inclinándose, vio los lienzos tendidos; pero no entró. Llegó también Simón Pedro detrás de él y entró en el sepulcro: vio los lienzos tendidos y el sudario con que le habían cubierto la cabeza, no con los lienzos, sino enrollado en un sitio aparte. Entonces entró también el otro discípulo, el que había llegado primero al sepulcro; vio y creyó. Pues hasta entonces no habían entendido la Escritura: que él había de resucitar de entre los muertos.

«¿Qué has visto de camino, María, en la mañana?». «A mi Señor glorioso, la tumba abandonada, los ángeles testigos, sudarios y mortaja. ¡Resucitó de veras mi amor y mi esperanza!». Así canta la secuencia pascual. ¡Felicidades! Ha resucitado. Pero necesitamos tiempo y otros testigos para llegar a realizar esta afirmación. Abrumada por el dolor, en la penumbra antes del amanecer, dispuesta a hacer lo poco que puede, atender los despojos del Maestro... pero las cosas de Dios nos rompen los esquemas. A la tristeza le siguen confusión y desazón. La losa, símbolo de la muerte, ha sido movida. María Magdalena no se atreve a cruzar el umbral de la incertidumbre, necesita de los suyos, de la comunidad, acude a Simón Pedro: «No sabemos dónde han puesto al Señor...» Duelo, vacío, búsqueda de respuestas y también de consuelo. Pedro corre, ve el sudario y las vendas a un lado... pero tampoco es capaz de traspasar el límite del desconcierto y la muerte... solo ve la ausencia de un cadáver. El otro discípulo entra, ve lo mismo que María y Pedro, y cree. La misma realidad mirada con otros ojos. Jesús es el Señor, el Cristo, vive la vida del Padre.

Octava de Pascua
Beato Ceferino Agostini, pb. y fdr.
Beato Miguel Rúa, pb.

✳ **Hechos 2, 14.22-33:** A este Jesús lo resucitó Dios, de lo cual todos nosotros somos testigos.

◗ Salmo 15 [16], 1b-2a.5|7-8|9-10|11: Protégeme, Dios mío, que me refugio en ti. O bien: Aleluya.

✚ **Evangelio: SAN MATEO 28, 8-15**

En aquel tiempo, las mujeres se marcharon a toda prisa del sepulcro; llenas de miedo y de alegría, corrieron a anunciarlo a los discípulos. De pronto, Jesús les salió al encuentro y les dijo: «Alegraos». Ellas se acercaron, le abrazaron los pies y se postraron ante él. Jesús les dijo: «No temáis: id a comunicar a mis hermanos que vayan a Galilea; allí me verán». Mientras las mujeres iban de camino, algunos de la guardia fueron a la ciudad y comunicaron a los sumos sacerdotes todo lo ocurrido. Ellos, reunidos con los ancianos, llegaron a un acuerdo y dieron a los soldados una fuerte suma, encargándoles: «Decid que sus discípulos fueron de noche y robaron el cuerpo mientras vosotros dormíais. Y si esto llega a oídos del gobernador, nosotros nos lo ganaremos y os sacaremos de apuros». Ellos tomaron el dinero y obraron conforme a las instrucciones. Y esta historia se ha ido difundiendo entre los judíos hasta hoy.

Lunes de la Octava de Pascua. Proclamamos: «Aleluya, aleluya». Grito de júbilo y contento, similar al encuentro de las mujeres con el Resucitado. Jesús nos dice: «Alegraos». Pero no solo eso; también nos exhorta: «No tengáis miedo». Lo contrario al miedo es la valentía y el coraje. Dos actitudes: alegría y coraje. Se trata de optar por mirar la realidad, intentando descubrir las huellas de su presencia. Algunos preferirán acercarse a la realidad desde perspectivas más oscuras, incluso desde la manipulación y el engaño. Sin embargo, la experiencia pascual nos invita a elegir la mirada del Resucitado.

1 MARTES · Octava de Pascua
San Juan Bautista de la Salle, pb. y fdr.
Beata M.ª Asunta Pallota, v.

✳ **Hechos 2, 36-41:** Convertíos y sea bautizado cada uno de vosotros en nombre de Jesús.

▶ **Salmo 32 [33], 4-5|18-19|20.22:** La misericordia del Señor llena la tierra. **O bien:** Aleluya.

✠ **Evangelio: SAN JUAN 20, 11-18**

En aquel tiempo, estaba María fuera, junto al sepulcro, llorando. Mientras lloraba, se asomó al sepulcro y vio dos ángeles vestidos de blanco, sentados, uno a la cabecera y otro a los pies, donde había estado el cuerpo de Jesús. Ellos le preguntan: «Mujer, ¿por qué lloras?». Ella les contesta: «Porque se han llevado a mi Señor y no sé dónde lo han puesto». Dicho esto, se vuelve y ve a Jesús, de pie, pero no sabía que era Jesús. Jesús le dice: «Mujer, ¿por qué lloras?, ¿a quién buscas?». Ella, tomándolo por el hortelano, le contesta: «Señor, si tú te lo has llevado, dime dónde lo has puesto y yo lo recogeré». Jesús le dice: «¡María!». Ella se vuelve y le dice: «¡Rabbuní!», que significa: «¡Maestro!». Jesús le dice: «No me retengas, que todavía no he subido al Padre. Pero, anda, ve a mis hermanos y diles: "Subo al Padre mío y Padre vuestro, al Dios mío y Dios vuestro"». María la Magdalena fue y anunció a los discípulos: «He visto al Señor y ha dicho esto».

María «llora junto al sepulcro» porque no encuentra el cadáver del Señor. A veces, lo que buscamos está justo delante de nuestras narices, pero estamos tan ocupados con nuestras tristezas, lágrimas y dramas que no nos damos cuenta. Sin embargo, alguien puede preguntarnos por el motivo de nuestro desconsuelo, por nuestros deseos: «¿Por qué lloras?, ¿a quién buscas?». Y lo que es más importante, llamarnos por nuestro nombre. Y en ese instante se da la luz, el reconocimiento, propio y ajeno, en nuestra verdadera esencia más allá de fachadas y ornamentos... y desde ahí sí podemos reconocer lo vivido, comunicar y compartir.

✳ **Hechos 3, 1-10:** Te doy lo que tengo en nombre de Jesús, levántate y anda.

▶ Salmo 104 [105], 1-2|3-4|6-7|8-9: Que se alegren los que buscan al Señor. O bien: Aleluya.

✟ **Evangelio: SAN LUCAS 24, 13-35**

Aquel mismo día, el primero de la semana, dos de los discípulos de Jesús iban caminando a una aldea llamada Emaús, distante de Jerusalén unos sesenta estadios; iban conversando entre ellos de todo lo que había sucedido. Mientras conversaban y discutían, Jesús en persona se acercó y se puso a caminar con ellos. Pero sus ojos no eran capaces de reconocerlo. Él les dijo: «¿Qué conversación es esa que traéis mientras vais de camino?». Ellos se detuvieron con aire entristecido. Y uno de ellos, que se llamaba Cleofás, le respondió: «¿Eres tú el único forastero en Jerusalén que no sabe lo que ha pasado allí estos días?». Él les dijo: «¿Qué?». Ellos le contestaron: «Lo de Jesús el Nazareno, que fue un profeta poderoso en obras y palabras, ante Dios y ante todo el pueblo; cómo lo entregaron los sumos sacerdotes y nuestros jefes para que lo condenaran a muerte, y lo crucificaron. Nosotros esperábamos que él iba a liberar a Israel, pero, con todo esto, ya estamos en el tercer día desde que esto sucedió. Es verdad que algunas mujeres de nuestro grupo nos han sobresaltado, pues, habiendo ido muy de mañana al sepulcro, y no habiendo encontrado su cuerpo, vinieron diciendo que incluso habían visto una aparición de ángeles, que dicen que está vivo. Algunos de los nuestros fueron también al sepulcro y lo encontraron como habían dicho las mujeres; pero a él no lo vieron». Entonces él les dijo: «¡Que necios y torpes sois para creer lo que dijeron los profetas! ¿No era necesario que el Mesías padeciera esto y entrara así en su gloria?». Y, comenzando por

Moisés y siguiendo por todos los profetas, les explicó lo que se refería a él en todas las Escrituras. Llegaron cerca de la aldea adonde iban y él simuló que iba a seguir caminando; pero ellos lo apremiaron, diciendo: «Quédate con nosotros, porque atardece y el día va de caída». Y entró para quedarse con ellos. Sentado a la mesa con ellos, tomó el pan, pronunció la bendición, lo partió y se lo iba dando. A ellos se les abrieron los ojos y lo reconocieron. Pero él desapareció de su vista. Y se dijeron el uno al otro: «¿No ardía nuestro corazón mientras nos hablaba por el camino y nos explicaba las Escrituras?». Y, levantándose en aquel momento, se volvieron a Jerusalén, donde encontraron reunidos a los Once con sus compañeros, que estaban diciendo: «Era verdad, ha resucitado el Señor y se ha aparecido a Simón». Y ellos contaron lo que les había pasado por el camino y cómo lo habían reconocido al partir el pan.

Señor, la vida es un camino, a veces corriendo, otras más despacio, con risas o con llantos, huyendo de la realidad o lanzándonos a abrazarla. Yendo hacia Emaús, sumidos en preocupaciones y duelos, tus amigos no te reconocieron. Caminando a su lado, haciéndote el encontradizo, te mostraste en lo sencillo, en el diálogo compartido. ¿Cuántas veces, Jesús, absortos en nuestras expectativas y limitaciones, no percibimos tu marchar a nuestro lado? Con paciencia y amor, explicando la realidad desde otra perspectiva, buscando señales de luz y vida, hallando sentido en el sufrimiento, nos abres los ojos. Estás en lo sutil, en lo simple: en un trozo de pan, en la acogida, en la mesa compartida y en la conversación que caldea el corazón.

¿Dónde quiso el Señor que lo reconocieran? En la fracción del pan... Pensando en nosotros, que no le íbamos a ver en la carne, pero que íbamos a comer su carne, no quiso que lo reconocieran más que allí. SAN AGUSTÍN

✳ **Hechos 3, 11-26:** Matasteis al autor de la vida, pero Dios lo resucitó de entre los muertos.

▌ **Salmo 8, 2a.5|6-7|8-9:** Señor, Dios nuestro, ¡qué admirable es tu nombre en toda la tierra! O bien: Aleluya.

✝ **Evangelio: SAN LUCAS 24, 35-48**

En aquel tiempo, los discípulos de Jesús contaron lo que les había pasado por el camino y cómo lo habían reconocido al partir el pan. Estaban hablando de estas cosas, cuando él se presentó en medio de ellos y les dice: «Paz a vosotros». Pero ellos, aterrorizados y llenos de miedo, creían ver un espíritu. Y él les dijo: «¿Por qué os alarmáis?, ¿por qué surgen dudas en vuestro corazón? Mirad mis manos y mis pies: soy yo en persona. Palpadme y daos cuenta de que un espíritu no tiene carne y huesos, como veis que yo tengo». Dicho esto, les mostró las manos y los pies. Pero como no acababan de creer por la alegría, y seguían atónitos, les dijo: «¿Tenéis ahí algo de comer?». Ellos le ofrecieron un trozo de pez asado. Él lo tomó y comió delante de ellos. Y les dijo: «Esto es lo que os dije mientras estaba con vosotros, que era necesario que se cumpliera todo lo escrito en la Ley de Moisés y en los Profetas y Salmos acerca de mí». Entonces les abrió el entendimiento para comprender las Escrituras. Y les dijo: «Así está escrito: el Mesías padecerá, resucitará de entre los muertos al tercer día y en su nombre se proclamará la conversión para el perdón de los pecados a todos los pueblos, comenzando por Jerusalén. Vosotros sois testigos de esto».

San Ignacio nos invita a descubrir los «santísimos efectos de la resurrección». Ahí están la alegría y la paz. Dolores Aleixandre lo expresa con contundencia: centrarnos en Jesús cambia nuestra sensibilidad, nos da sentido y nos hace «ser cómplices del Espíritu». Esta tarea elimina lastres, ayuda a percibir lo que nos toca vivir con otra mirada, nos conecta con lo realmente importante, alimenta deseos de vivir con Él y como Él, abre nuestros oídos para estar atentos a las palabras de los demás, clarifica caminos, modos de proceder, enraíza propósitos, e impacta en nuestras vidas y en las de nuestros prójimos. Esto es lo que le sucede a los discípulos, que pasan de la cerrazón y el miedo a ser testigos, a vivir con «ánimo», es decir, «a ser cómplices del Espíritu».

EMAÚS (Ernestina de Champourcin)

Porque es tarde, Dios mío,
porque anochece ya
y se nubla el camino;
porque temo perder
las huellas que he seguido,
no me dejes tan sola
y quédate conmigo.

Porque he sido rebelde
y he buscado el peligro,
y escudriñé curiosa
las cumbres y el abismo,
perdóname, Señor,
y quédate conmigo.

Porque ardo en sed de Ti
y en hambre de tu trigo,
ven, siéntate a mi mesa;
bendice el pan y el vino.
¡Qué aprisa cae la tarde!...
¡Quédate al fin conmigo!

Octava de Pascua
Santa Magdalena de Canossa, v. y fdra.
Beato Bonifacio Zukowski, pb. y mr.

✳ **Hechos 4, 1-12:** No hay salvación en ningún otro.

▶ **Salmo 117 [118], 1-2.4|22-24|25-27a:** La piedra que desecharon los arquitectos es ahora la piedra angular.
O bien: Aleluya.

✚ **Evangelio: SAN JUAN 21, 1-14**

En aquel tiempo, Jesús se apareció otra vez a los discípulos junto al lago de Tiberíades. Y se apareció de esta manera: Estaban juntos Simón Pedro, Tomás, apodado el Mellizo; Natanael, el de Caná de Galilea; los Zebedeos y otros dos discípulos suyos. Simón Pedro les dice: «Me voy a pescar». Ellos contestan: «Vamos también nosotros contigo». Salieron y se embarcaron; y aquella noche no cogieron nada. Estaba ya amaneciendo, cuando Jesús se presentó en la orilla; pero los discípulos no sabían que era Jesús. Jesús les dice: «Muchachos, ¿tenéis pescado?». Ellos contestaron: «No». Él les dice: «Echad la red a la derecha de la barca y encontraréis». La echaron, y no podían sacarla, por la multitud de peces. Y aquel discípulo a quien Jesús amaba le dice a Pedro: «Es el Señor». Al oír que era el Señor, Simón Pedro, que estaba desnudo, se ató la túnica y se echó al agua. Los demás discípulos se acercaron en la barca, porque no distaban de tierra más que unos doscientos codos, remolcando la red con los peces. Al saltar a tierra, ven unas brasas con un pescado puesto encima y pan. Jesús les dice: «Traed de los peces que acabáis de coger». Simón Pedro subió a la barca y arrastró hasta la orilla la red repleta de peces grandes: ciento cincuenta y tres. Y aunque eran tantos, no se rompió la red. Jesús les dice: «Vamos, almorzad». Ninguno de los discípulos se atrevía a preguntarle quién era porque sabían bien que era el Señor. Jesús se acerca, toma el pan y se lo da, y lo mismo el pescado. Esta fue la tercera vez que Jesús se apareció a los discípulos después de resucitar de entre los muertos.

Alfonso Salgado afirma que cuando Jesús nos llama, no nos envía a algo ajeno; a los que se dedican a la pesca, los hace «pescadores de hombres». La vocación se encarna en lo que somos y lo que hacemos. Schökel afirma que este encuentro con el Resucitado se da «en las faenas cotidianas, como la vida de la Iglesia». Simón Pedro hace lo que sabe hacer: «Me voy a pescar» y, de ahí, a recordar ese primer encuentro y esa primera llamada. Bregar sin conseguir nada, noche sin pesca, y eso que es el mejor momento... y un extraño que nos pregunta por el fruto de nuestro sudor: «Muchachos, ¿tenéis pescado?». Confiar, volver a intentarlo, abundancia, reconocimiento, premura por lanzarse al Señor y comida... pero esto solo es posible con Jesús y desde Jesús.

ECHA LAS REDES (José Luis Martín Descalzo)

Desde que Tú te fuiste / no hemos pescado nada. / Llevamos veinte siglos / echando inútilmente / las redes de la vida, / y entre sus mallas / solo pescamos el vacío. / Vamos quemando horas / y el alma sigue seca. / Nos hemos vuelto estériles / lo mismo que una tierra / cubierta de cemento. / ¿Estaremos ya muertos? / ¿Desde hace cuántos años no nos hemos reído? / ¿Quién recuerda la última vez que amamos?

Y una tarde Tú vuelves y nos dices: / «Echa la red a tu derecha, / atrévete de nuevo a confiar, / abre tu alma, / saca del viejo cofre / las nuevas ilusiones, / dale cuerda al corazón, / levántate y camina». / Y lo hacemos solo por darte gusto. / Y, de repente, nuestras redes rebosan alegría, / nos resucita el gozo / y es tanto el peso de amor / que recogemos / que la red se nos rompe cargada / de ciento cincuenta esperanzas.

¡Ah, Tú, fecundador de almas: / llégate a nuestra orilla, / camina sobre el agua / de nuestra indiferencia, / devuélvenos, Señor, a tu alegría

✳ **Hechos 4, 13-21:** No podemos menos de contar lo que hemos visto y oído.

▶ Salmo 117 [118], 1.14-15|16-18|19-21: Te doy gracias, Señor, porque me escuchaste. O bien: Aleluya.

✚ **Evangelio: SAN MARCOS 16, 9-15**

Jesús, resucitado al amanecer del primer día de la semana, se apareció primero a María Magdalena, de la que había echado siete demonios. Ella fue a anunciárselo a sus compañeros, que estaban de duelo y llorando. Ellos, al oírle decir que estaba vivo y que lo había visto, no la creyeron. Después se apareció en figura de otro a dos de ellos que iban caminando al campo. También ellos fueron a anunciarlo a los demás, pero no los creyeron. Por último, se apareció Jesús a los Once, cuando estaban a la mesa, y les echó en cara su incredulidad y dureza de corazón, porque no habían creído a los que lo habían visto resucitado. Y les dijo: «Id al mundo entero y proclamad el Evangelio a toda la creación».

«Estaban de duelo y llorando, y no creyeron». Necesitamos llevar a cabo nuestros propios procesos para enfrentar situaciones de pérdida. Fingir que no hemos experimentado algo doloroso no es saludable, pero tampoco lo es hundirnos en la tristeza y la desesperación. Sin embargo, es injusto reprochar a quien está sufriendo que se sienta abrumado y no abra sus horizontes. Varios mediadores intentan animar: María, tal vez los de Emaús... es inútil, no cumplimos sus expectativas, lo que puede desalentar y frustrar a quienes esperan que creamos. Claro que debemos poner de nuestra parte. Necesitaremos que los mediadores sigan anunciando la vida. Sin embargo, el propio Jesús es quien se acerca para abrirnos los ojos, y a pesar de los reproches por nuestra incredulidad, sigue confiando en nosotros y nos envía en misión.

✳ 1.ª lectura: HECHOS 2, 42-47

Los hermanos perseveraban en la enseñanza de los apóstoles, en la comunión, en la fracción del pan y en las oraciones. Todo el mundo estaba impresionado y los apóstoles hacían muchos prodigios y signos. Los creyentes vivían todos unidos y tenían todo en común; vendían posesiones y bienes y los repartían entre todos, según la necesidad de cada uno. Con perseverancia acudían a diario al templo con un mismo espíritu, partían el pan en las casas y tomaban el alimento con alegría y sencillez de corazón; alababan a Dios y eran bien vistos de todo el pueblo; y día tras día el Señor iba agregando a los que se iban salvando.

▶ Salmo 117 [118], 2-4|13-15|22-24: Dad gracias al Señor porque es bueno, porque es eterna su misericordia.
O bien: Aleluya.

✳ 2.ª lectura: 1 PEDRO 1, 3-9

Bendito sea Dios, Padre de nuestro Señor, Jesucristo, que, por su gran misericordia, mediante la resurrección de Jesucristo de entre los muertos, nos ha regenerado para una esperanza viva; para una herencia incorruptible, intachable e inmarcesible, reservada en el cielo a vosotros, que, mediante la fe, estáis protegidos con la fuerza de Dios; para una salvación dispuesta a revelarse en el momento final. Por ello os alegráis, aunque ahora sea preciso padecer un poco en pruebas diversas; así la autenticidad de vuestra fe, más preciosa que el oro, que, aunque es perecedero, se aquilata a fuego, merecerá premio, gloria y honor en la revelación de Jesucristo; sin haberlo visto lo amáis y, sin contemplarlo todavía, creéis en él y así os alegráis con un gozo inefable y radiante, alcanzando así la meta de vuestra fe: la salvación de vuestras almas.

✝ Evangelio: SAN JUAN 20, 19-31

Al anochecer de aquel día, el primero de la semana, estaban los discípulos en una casa, con las puertas cerradas por miedo a los judíos. Y en esto entró Jesús, se puso en medio y les dijo: «Paz a vosotros». Y, diciendo esto, les enseñó las manos y el costado. Y los discípulos se llenaron de alegría al ver al Señor. Jesús repitió: «Paz a vosotros. Como el Padre me ha enviado, así también os envío yo». Y, dicho esto, sopló sobre ellos y les dijo: «Recibid el Espíritu Santo; a quienes les perdonéis los pecados, les quedan perdonados; a quienes se los retengáis, les quedan retenidos». Tomás, uno de los Doce, llamado el Mellizo, no estaba con ellos cuando vino Jesús. Y los otros discípulos le decían: «Hemos visto al Señor». Pero él les contestó: «Si no veo en sus manos la señal de los clavos, si no meto el dedo en el agujero de los clavos y no meto la mano en su costado, no lo creo». A los ocho días, estaban otra vez dentro los discípulos y Tomás con ellos. Llegó Jesús, estando cerradas las puertas, se puso en medio y dijo: «Paz a vosotros». Luego dijo a Tomás: «Trae tu dedo, aquí tienes mis manos; trae tu mano y métela en mi costado; y no seas incrédulo, sino creyente». Contestó Tomás: «¡Señor mío y Dios mío!». Jesús le dijo: «¿Porque me has visto has creído? Bienaventurados los que crean sin haber visto». Muchos otros signos, que no están escritos en este libro, hizo Jesús a la vista de los discípulos. Estos han sido escritos para que creáis que Jesús es el Mesías, el Hijo de Dios, y para que creyendo, tengáis vida en su nombre.

Juan Pablo II instituyó la fiesta de la Divina Misericordia el segundo domingo de Pascua. Detrás está la intuición de un Jesús tan compasivo que insiste en apostar por nosotros y estar a nuestro lado incluso en los momentos más duros. Nos promete su misericordia, especialmente cuando caemos y andamos perdidos, a todos. Suena poético; sería como afirmar que el amor puede transformar la realidad, pero detrás hay una verdad: el amor incondicional sana. Ayer reflexionábamos sobre lo complejo que es vivir el duelo, lo injusto que es reprochar a quienes pasan por la noche oscura su falta de aliento. Pienso en las personas que sufren depresión y cómo se sienten con todas sus «puertas cerradas», incomprendidos y juzgados ante los esfuerzos bien intencionados para aliviar sus sufrimientos... El apoyo debe ser continuado en el tiempo, paciente, sin esperar resultados inmediatos. El Señor trae paz a los que siguen con miedo a pesar de los vestigios de su resurrección; anima, alienta y regala el Espíritu. Tomás no cree a pesar de los testimonios, tiene que encontrarse con el amor y la misericordia para poder avanzar y proclamar: «¡Señor mío y Dios mío!». Ojalá cuando suframos, nos topemos con palabras de aliento, ánimo y comprensión, amor incondicional. Pero, sobre todo, ojalá ese tiempo aciago posibilite el encuentro con el Señor.

AFECTOS DE AMOR (atribuido a San Francisco Javier, SJ)

Para serviros, Dios mío,
no me mueve el terror de vuestra mano arrojando rayos,
ni el horror del fuego del infierno ardiendo eternamente:
Vos me movéis, Dios mío, por vos mismo;
vos, Jesucristo, atravesado, me atraéis;
la Cruz me obliga, y me enciende, oh Jesús,
la sangre que brota de vuestras llagas.
Si no existiese el fuego del infierno
y se quitase la esperanza de la gloria,
yo, sin embargo, oh Criador mío,
prendado de vuestras bondades,
admirando vuestra sublime divinidad, santa y próvida,
proseguiré en el amor ya comenzado.
A vos, Jesús, Hijo de Dios, a vos, Hijo de la Virgen,
manso, fuerte, inocente,
que os dignasteis morir por nosotros,
que todo lo merecéis, os amaré sin recompensa.

✳ **Hechos 4, 23-31:** Al terminar la oración, los llenó a todos el Espíritu Santo, y predicaban con valentía la palabra de Dios. ◗ Salmo 2, 1-3|4-6|7-9: Dichosos los que se refugian en ti, Señor. O bien: Aleluya.

✚ **Evangelio: SAN JUAN 3, 1-8**

Había un hombre del grupo de los fariseos llamado Nicodemo, jefe judío. Este fue a ver a Jesús de noche y le dijo: «Rabí, sabemos que has venido de parte de Dios, como maestro; porque nadie puede hacer los signos que tú haces si Dios no está con él». Jesús le contestó: «En verdad, en verdad te digo: el que no nazca de nuevo no puede ver el reino de Dios». Nicodemo le pregunta: «¿Cómo puede nacer un hombre siendo viejo? ¿Acaso puede por segunda vez entrar en el vientre de su madre y nacer?». Jesús le contestó: «En verdad, en verdad te digo: el que no nazca de agua y de Espíritu no puede entrar en el reino de Dios. Lo que nace de la carne es carne, lo que nace del Espíritu es espíritu. No te extrañes de que te haya dicho: "Tenéis que nacer de nuevo"; el viento sopla donde quiere y oyes su ruido, pero no sabes de dónde viene ni adonde va. Así es todo el que ha nacido del Espíritu».

Amparados por la oscuridad, se encuentran dos visiones, la aprendida e interiorizada, y nos enraíza en lo de siempre... y la de Jesús. Nicodemo, antes de esa experiencia pascual, es capaz de intuir mucho más: «has venido de parte de Dios; porque nadie puede hacer los signos que tú haces si Dios no está con él». Jesús habla de renacer y Nicodemo intenta entender a Jesús, entenderse a sí mismo, encarar el Misterio y su lugar en el mundo, aunque no le sirvan sus conceptos e ideas... la invitación es a nacer del Espíritu. Necesitamos de esos diálogos nocturnos con Jesús, parar a escucharle, dejarnos sorprender por lo que hace y dice, permitir que nos cuestione y aprender a confiar... aunque no nos cuadre todo.

2.ª semana de Pascua
Santa Lidvina, v.
Beato Pedro González (Telmo), pb.

✳ **Hechos 4, 32-37:** Todos pensaban y sentían lo mismo.

▶ **Salmo 92 [93], 1-3|4-6|7-9:** El Señor reina, vestido de majestad.

✠ **Evangelio: SAN JUAN 3, 7b-15**

En aquel tiempo, dijo Jesús a Nicodemo: «Tenéis que nacer de nuevo; el viento sopla donde quiere y oyes su ruido, pero no sabes de dónde viene ni adonde va. Así es todo el que ha nacido del Espíritu». Nicodemo le preguntó: «¿Cómo puede suceder eso?». Le contestó Jesús: «¿Tú eres maestro en Israel, y no lo entiendes? En verdad, en verdad te digo: hablamos de lo que sabemos y damos testimonio de lo que hemos visto, pero no recibís nuestro testimonio. Si os hablo de las cosas terrenas y no me creéis, ¿cómo creeréis si os hablo de las cosas celestiales? Nadie ha subido al cielo sino el que bajó del cielo, el Hijo del hombre. Lo mismo que Moisés elevó la serpiente en el desierto, así tiene que ser elevado el Hijo del hombre, para que todo el que cree en él tenga vida eterna».

En la luz del desierto, Moisés levantó la serpiente; en la sombra de la cruz, Jesús es exaltado, revelándonos el camino hacia la vida eterna. Esta imagen, como apunta Schöckel, nos invita a trascender la muerte hacia una promesa de vida eterna. Al evocar a mi padre, fallecido hoy hace tres años, encuentro en el recuerdo más agradecimiento que duelo. Es en este mirar al Crucificado donde Nicodemo y nosotros, en busca de horizontes nuevos, somos llamados a una vida renovada por el Espíritu. Se nos invita a superar nuestras dudas, a sanar, perdonar y abrazar esa vida de Dios que, aunque intuida ahora, se despliega más allá de la muerte; mirar al crucificado para también creer en las cosas del cielo. «Nacer de nuevo... nacer del Espíritu», ahora, hoy, mañana y después.

✳ Hechos 5, 17-26: Mirad, los hombres que metisteis en la cárcel están en el templo, enseñando al pueblo.

▶ Salmo 33 [34], 2-3|4-5|6-7|8-9: El afligido invocó al Señor, y él lo escuchó. O bien: Aleluya.

✟ **Evangelio: SAN JUAN 3, 16-21**

Tanto amó Dios al mundo, que entregó a su Unigénito, para que todo el que cree en él no perezca, sino que tenga vida eterna. Porque Dios no envió a su Hijo al mundo para juzgar al mundo, sino para que el mundo se salve por él. El que cree en él no será juzgado; el que no cree ya está juzgado, porque no ha creído en el nombre del Unigénito de Dios. Este es el juicio: que la luz vino al mundo y los hombres prefirieron la tiniebla a la luz, porque sus obras eran malas. Pues todo el que obra el mal detesta la luz, y no se acerca a la luz, para no verse acusado por sus obras. En cambio, el que obra la verdad se acerca a la luz, para que se vea que sus obras están hechas según Dios.

El heliotropismo es el movimiento natural que realizan el girasol y otros seres vivos buscando la luz; sin embargo, la naturaleza humana es compleja, en ocasiones optamos por las tinieblas. Juan afirma que esto ocurre cuando nuestras obras son malas, para no vernos acusados. Ignacio nos invita a discernir los espíritus, a descubrir el sentido de la dirección de nuestras actitudes y ver si las mociones que sentimos nos llevan a Dios o nos alejan de Él. Elegir la oscuridad, el oscotropismo, supone no seguir la 13ª regla de discernimiento: mantener las cosas ocultas, no compartirlas ni comunicarlas, hacer que permanezcan en secreto, replegarse sobre sí mismo y guardar silencio para terminar en las redes de la muerte. Y sin embargo, Jesús vino para salvarnos y darnos vida... La apuesta segura, el heliocentrismo.

2.ª semana de Pascua
Santa M.ª Bernarda Soubirous, v.
San Benito José Labre

✳ **Hechos 5, 27-33:** Testigos de esto somos nosotros y el Espíritu Santo.

◗ **Salmo 33 [34], 2.9|17-18|19-20:** El afligido invocó al Señor, y él lo escuchó. **O bien:** Aleluya.

✠ **Evangelio: SAN JUAN 3, 31-36**

El que viene de lo alto está por encima de todos. El que es de la tierra es de la tierra y habla de la tierra. El que viene del cielo está por encima de todos. De lo que ha visto y ha oído da testimonio, y nadie acepta su testimonio. El que acepta su testimonio certifica que Dios es veraz. El que Dios envió habla las palabras de Dios, porque no da el Espíritu con medida. El Padre ama al Hijo y todo lo ha puesto en su mano. El que cree en el Hijo posee la vida eterna; el que no crea al Hijo no verá la vida, sino que la ira de Dios pesa sobre él.

En febrero de 2024, el Dicasterio para la Doctrina de la Fe publicó una nota sobre la validez de los sacramentos y la importancia de seguir los ritos y normas litúrgicas, advirtiendo del peligro de alterar determinados elementos de la materia y la forma. Su tesis de fondo es indiscutible, pero gracias a Dios, estos comentarios no son un sacramento. Tengo que optar y elegir qué elementos recalco en mi comentario. Eso siempre supondrá dejar determinadas ideas, intuiciones y palabras, de lado. Podría hablar de la «ira de Dios»... pero sería injusto frente a esa afirmación que solo puede producir admiración: «El que Dios envió habla las palabras de Dios, porque no da el Espíritu con medida». Dios es generosidad, exageración, plenitud, desmesura. ¡Qué alegría, Dios es desmesura! Ahí queda eso.

✴ **Hechos 5, 34-42:** Salieron contentos de haber merecido aquel ultraje por el nombre de Jesús.

▶ Salmo 26 [27], 1bcde|4|13-14: Una cosa pido al Señor: habitar en su casa. O bien: Aleluya.

✚ **Evangelio: SAN JUAN 6, 1-15**

En aquel tiempo, Jesús se marchó a la otra parte del mar de Galilea, o de Tiberíades. Lo seguía mucha gente, porque habían visto los signos que hacía con los enfermos. Subió Jesús entonces a la montaña y se sentó allí con sus discípulos. Estaba cerca la Pascua, la fiesta de los judíos. Jesús entonces levantó los ojos y, al ver que acudía mucha gente, dice a Felipe: «¿Con qué compraremos panes para que coman estos?». Lo decía para probarlo, pues bien sabía él lo que iba a hacer. Felipe le contestó: «Doscientos denarios de pan no bastan para que a cada uno le toque un pedazo». Uno de sus discípulos, Andrés, el hermano de Simón Pedro, le dice: «Aquí hay un muchacho que tiene cinco panes de cebada y dos peces; pero ¿qué es eso para tantos?». Jesús dijo: «Decid a la gente que se siente en el suelo». Había mucha hierba en aquel sitio. Se sentaron; solo los hombres eran unos cinco mil. Jesús tomó los panes, dijo la acción de gracias y los repartió a los que estaban sentados, y lo mismo todo lo que quisieron del pescado. Cuando se saciaron, dice a sus discípulos: «Recoged los pedazos que han sobrado; que nada se pierda». Los recogieron y llenaron doce canastos con los pedazos de los cinco panes de cebada que sobraron a los que habían comido. La gente entonces, al ver el signo que había hecho, decía: «Este es verdaderamente el Profeta que va a venir al mundo». Jesús, sabiendo que iban a llevárselo para proclamarlo rey, se retiró otra vez a la montaña él solo.

Hacer el menú diario es una complicación sobre todo si tienes poco tiempo, no quieres repetirte y tienes la despensa bajo mínimos... pero este comentario no va sobre la provisión de alimentos. Jesús tiene buen ojo, no se ensimisma, es consciente de lo que ocurre alrededor, de las carencias y necesidades que le rodean y sibilinamente le dirige una pregunta a Felipe: «¿Con qué compraremos panes para que coman estos?». Su desafío: «Mira a tu alrededor, ¿Qué tienes? ¿Cómo puedes contribuir?». El Señor nos invita a dejar de mirarnos el ombligo y ponernos manos a las obras. Desde la fe, el colaborar con otros y una pizca de generosidad, se vale de nuestros pequeños esfuerzos para transforma lo poco en abundancia. Lección contra los individualismos.

COMO PAN PEQUEÑO (Ain Karem)

Como pan pequeño, / como pez chiquito,
en tus manos todo / cobra sentido.
Tú, Jesús, me tomas, / con inmensa ternura,
me ofreces al Padre, / me haces bendita.
La tarea toda, / el trabajo, el envío,
dará fruto en tu nombre / si en tu nombre lo vivo.
Por tu idioma o tu origen, / ¿quién te dijo: «no cabes»,
«aquí, todos distintos», / «aquí, todos iguales»?
¿Quién no trae de la vida / alegrías, dolores?
Compartida la mesa, / los haremos manjares.
Terminó la tarea, / recogemos las sobras,
nada hay despreciable, / todo Tú lo transformas.
Que aprenda a tu lado, /a repartirme contigo,
a ser fuego y abrazo / ¡y a seguir el camino!

✳ **Hechos 6, 1-7:** Escogieron a siete hombres llenos de espíritu.

▶ **Salmo 32 [33], 1-2|4-5|18-19:** Que tu misericordia, Señor, venga sobre nosotros, como lo esperamos de ti.

✚ **Evangelio: SAN JUAN 6, 16-21**

Al oscurecer, los discípulos de Jesús bajaron al mar, embarcaron y empezaron la travesía hacia Cafarnaún. Era ya noche cerrada, y todavía Jesús no los había alcanzado; soplaba un viento fuerte, y el lago se iba encrespando. Habían remado unos veinticinco o treinta estadios, cuando vieron a Jesús que se acercaba a la barca, caminando sobre el mar, y se asustaron. Pero él les dijo: «Soy yo, no temáis». Querían recogerlo a bordo, pero la barca tocó tierra en seguida, en el sitio adonde iban.

Angustias y miedos entrelazados, peligros e incertidumbres, tempestad interna, golpes que arremeten sin tregua, tormenta constante, lucha constante, adversidades que superan, mar embravecido que parece engullirlo todo, impotencia, vulnerabilidad... Cadenas que inmovilizan y aprisionan, sombras profundas, el corazón sin aliento, desesperanza, la sensación de estar perdido, atrapado en un ciclo de sufrimiento que se repite una y otra vez. Desesperación, falta de aire, ahogo, asfixia, el pecho oprimido por las preocupaciones y la realidad. La sensación de no tener futuro, sin salida, todos los pasos se adentran en la incertidumbre y desolación. Pero la barca no zozobra, se mantiene en pie a pesar de las sacudidas, la silueta de Jesús se dibuja sobre las aguas, unas palabras: «Soy yo, no temáis», «Mantén la fe y la esperanza», «No estás solo» y el reconocer un puerto seguro al que dirigirme.

✳ 1.ª lectura: HECHOS 2, 14.22-33

Entonces Pedro, poniéndose en pie junto con los Once, levantó su voz y con toda solemnidad declaró ante ellos: «Judíos y vecinos todos de Jerusalén, enteraos bien y escuchad atentamente mis palabras. Israelitas, escuchad estas palabras: a Jesús el Nazareno, varón acreditado por Dios ante vosotros con los milagros, prodigios y signos que Dios realizó por medio de él, como vosotros mismos sabéis, a este, entregado conforme al plan que Dios tenía establecido y previsto, lo matasteis, clavándolo a una cruz por manos de hombres inicuos. Pero Dios lo resucitó, librándolo de los dolores de la muerte, por cuanto no era posible que esta lo retuviera bajo su dominio, pues David dice, refiriéndose a él: "Veía siempre al Señor delante de mí, pues está a mi derecha para que no vacile. Por eso se me alegró el corazón, exultó mi lengua, y hasta mi carne descansará esperanzada. Porque no me abandonarás en el lugar de los muertos, ni dejarás que tu Santo experimente corrupción. Me has enseñado senderos de vida, me saciarás de gozo con tu rostro". Hermanos, permitidme hablaros con franqueza: El patriarca David murió y lo enterraron, y su sepulcro está entre nosotros hasta el día de hoy. Pero como era profeta y sabía que Dios "le había jurado con juramento sentar en su trono a un descendiente suyo", previéndolo, habló de la resurrección del Mesías cuando dijo que "no lo abandonará en el lugar de los muertos" y que "su carne no experimentará corrupción". A este Jesús lo resucitó Dios, de lo cual todos nosotros somos testigos. Exaltado, pues, por la diestra de Dios y habiendo recibido del Padre la promesa del Espíritu Santo, lo ha derramado. Esto es lo que estáis viendo y oyendo».

▶ Salmo 15 [16], 1b-2a.5|7-8|9-10|11: Señor, me enseñarás el sendero de la vida. O bien: Aleluya.

✳ 2.ª lectura: 1 PEDRO 1, 17-21

Queridos hermanos: Puesto que podéis llamar Padre al que juzga imparcialmente según las obras de cada uno, comportaos con temor durante el tiempo de vuestra peregrinación, pues ya sabéis que fuisteis liberados de vuestra conducta inútil, heredada de vuestros padres, pero no con algo corruptible, con oro o plata, sino con una sangre preciosa, como la de un cordero sin defecto y sin mancha, Cristo, previsto ya antes de la creación del mundo y manifestado en los últimos tiempos por vosotros, que, por medio de él, creéis en Dios, que lo resucitó de entre los muertos y le dio gloria, de manera que vuestra fe y vuestra esperanza estén puestas en Dios.

✠ Evangelio: SAN LUCAS 24, 13-35

Aquel mismo día, el primero de la semana, dos de los discípulos de Jesús iban caminando a una aldea llamada Emaús, distante de Jerusalén unos sesenta estadios; iban conversando entre ellos de todo lo que había sucedido. Mientras conversaban y discutían, Jesús en persona se acercó y se puso a caminar con ellos. Pero sus ojos no eran capaces de reconocerlo. Él les dijo: «¿Qué conversación es esa que traéis mientras vais de camino?». Ellos se detuvieron con aire entristecido. Y uno de ellos que se llamaba Cleofás, le respondió: «¿Eres tú el único forastero en Jerusalén que no sabe lo que ha pasado allí estos días?». Él les dijo: «¿Qué?». Ellos le contestaron: «Lo de Jesús el Nazareno, que fue un profeta poderoso en obras y palabras, ante Dios y ante todo el pueblo; cómo lo entregaron los sumos sacerdotes y nuestros jefes para que lo condenaran a muerte, y lo crucificaron. Nosotros esperábamos que él iba a liberar a Israel, pero, con todo esto, ya estamos en el tercer día desde que esto sucedió. Es verdad que algunas mujeres de nuestro grupo nos han sobresaltado, pues habiendo ido muy de mañana al sepulcro, y no habiendo encontrado su cuerpo, vinieron diciendo que incluso habían visto una aparición de ángeles, que dicen que está vivo. Algunos de los nuestros fueron también al sepulcro y lo encontraron como habían dicho las mujeres; pero a él no lo vieron». Entonces él les dijo: «¡Que necios y torpes sois para creer lo que dijeron los profetas! ¿No era necesario que el Mesías padeciera esto y entrara asi en su gloria?». Y, comenzando por Moisés y siguiendo por todos los profetas, les explicó lo que se refería a él en todas las Escrituras. Llegaron cerca de la aldea adonde iban y él simuló que iba a seguir caminando; pero ellos lo apremiaron, diciendo: «Quédate con nosotros, porque atardece y el día va de caída». Y entró para quedarse con ellos. Sentado a la mesa con ellos, tomó el pan, pronunció la bendición, lo partió y se lo iba dando. A ellos se les abrieron los ojos y lo reconocieron. Pero él desapareció de su vista. Y se dijeron el uno al otro: «¿No ardía nuestro corazón mientras nos hablaba por el camino y nos explicaba las Escrituras?». Y, levantándose en aquel momento, se volvieron a Jerusalén, donde encontraron reunidos a los Once con sus compañeros, que estaban diciendo: «Era verdad, ha resucitado el Señor y se ha aparecido a Simón». Y ellos contaron lo que les había pasado por el camino y cómo lo habían reconocido al partir el pan.

Cuando estamos tristes o desanimados, la realidad nos supera, y la lectura que hacemos de ella nos deja con el amargo sabor de la decepción, corremos el riesgo de encerrarnos en nosotros mismos y dar la espalda a la posibilidad de vivir la experiencia pascual. Terminamos en un bucle que constantemente vuelve sobre nosotros mismos, invadiéndonos pensamientos intrusivos que nos desasosiegan e inquietan, actuando como verdaderos carceleros de nuestro corazón, mordiéndolo con dudas y temores. Nos sucede como a Epulón, incapaces de percatarnos de quién está a la puerta de nuestra casa. Curiosamente, el evangelio narra cómo Jesús rompe esa dinámica al apelar directamente a aquello que nos imposibilita descubrirlo, al bagaje que nos preocupa, a lo que nos pesa, al motivo de nuestras conversaciones, a las preocupaciones que nos oprimen. Y desde allí, desde la pregunta por nuestra situación, se inicia un diálogo que nos permite descubrirlo y reconocerlo incluso en medio de la desazón y las tribulaciones. Recordar lo vivido pero desde la vida de Jesús, junto a otros, compartiendo palabra y Palabra, abrirnos a los otros y a lo Otro, pero también permitirnos soñar, despertar ilusiones, y todo ello no a solas, si no en comunidad. Compartir experiencias, inquietudes y esperanzas... Al menos los de Emaús ya habían dado el primer paso, eran dos.

DÓNDE TE BUSCARÉ (San Anselmo)

Señor, si no estás aquí,
¿dónde te buscaré estando ausente?
Si estás por doquier,
¿cómo no descubro tu presencia?
Cierto es que habitas en una claridad inaccesible.
Pero ¿dónde se halla esa inaccesible claridad?
¿Quién me conducirá hasta allí para verte en ella?
Y luego, ¿con qué señales, bajo qué rasgos te buscaré?
Nunca jamás te vi, Señor, Dios mío;
no conozco tu rostro...
Enséñame a buscarte y muéstrate a quien te busca,
porque no puedo ir en tu busca
a menos que Tú me enseñes,
y no puedo encontrarte si Tú no te manifiestas.
Deseando te buscaré, te desearé buscando,
amando te hallaré y encontrándote te amaré.

3.ª semana de Pascua
Beata Clara Bosatta, v. y fdra.
Beato Anastasio Pankiewicz, pb. y mr.

✳ **Hechos 6, 8-15:** No lograban hacer frente a la sabiduría y al espíritu con que hablaba.

▶ Salmo 118 [119]: Dichoso el que camina en la ley del Señor. O bien: Aleluya.

✠ **Evangelio: SAN JUAN 6, 22-29**

Después de que Jesús hubo saciado a cinco mil hombres, sus discípulos lo vieron caminando sobre el mar. Al día siguiente, la gente que se había quedado al otro lado del mar notó que allí no había habido más que una barca y que Jesús no había embarcado con sus discípulos, sino que sus discípulos se habían marchado solos. Entretanto, unas barcas de Tiberíades llegaron cerca del sitio donde habían comido el pan después que el Señor había dado gracias. Cuando la gente vio que ni Jesús ni sus discípulos estaban allí, se embarcaron y fueron a Cafarnaún en busca de Jesús. Al encontrarlo en la otra orilla del lago, le preguntaron: «Maestro, ¿cuándo has venido aquí?». Jesús les contestó: «En verdad, en verdad os digo: me buscáis no porque habéis visto signos, sino porque comisteis pan hasta saciaros. Trabajad no por el alimento que perece, sino por el alimento que perdura para la vida eterna, el que os dará el Hijo del hombre; pues a este lo ha sellado el Padre, Dios». Ellos le preguntaron: «Y ¿qué tenemos que hacer para realizar las obras de Dios?». Respondió Jesús: «La obra de Dios es esta: que creáis en el que él ha enviado».

De repente descubrimos que Jesús no está donde confiábamos encontrarle, nos desconcierta, y los más inquietos nos embarcamos en su búsqueda... Quizás esperamos que esté en lo extraordinario, «caminando sobre el lago» y multiplicando panes... pero no vemos milagros, ni al Señor, porque supera nuestras querencias y expectativas.

Como en el evangelio de ayer, de nuevo, se nos invita a una especie de conversión de nuestra percepción y de nuestras ideas. Par dar con Él será necesario cruzar a «a la otra orilla del lago» y «trabajar en lo que Dios quiere». ¿Qué nos quieres decir con eso? ¿Poner de nuestra parte? ¿Cruzar dónde? ¿Vivirnos en referencia a ti desde la confianza? ¿Ser cauces de tu misericordia? ¿Reorientar nuestras prioridades? ¿A tu manera? ¿Como tú?

NO TENGO IDEA DE ADÓNDE VOY
(Thomas Merton)

Dios, Señor Mío, no tengo idea de adónde voy.
No veo el camino delante de mí.
No puedo saber con certeza dónde terminará.

Tampoco me conozco realmente,
y el hecho de pensar que estoy siguiendo tu voluntad
no significa que en realidad lo esté haciendo.

Pero creo que el deseo de agradarte,
de hecho te agrada.
Y espero tener ese deseo en todo lo que haga.
Espero que nunca haga algo apartado de ese deseo.

Y sé que si hago esto me llevarás por el camino correcto,
aunque yo no me dé cuenta de ello.
Por lo tanto, confiaré en ti siempre
aunque parezca estar perdido a la sombra de la muerte.

No tendré temor porque estás siempre conmigo,
y nunca dejarás que enfrente solo mis peligros.

3.ª semana de Pascua
San Anselmo, ob. y dr.
San Román Adame, pb. y mr.

✳ Hechos 7, 51–8, 1a: Señor Jesús, recibe mi espíritu.

❚ Salmo 30 [31], 3cd-4|6.7b.8a|17.21: A tus manos, Señor, encomiendo mi espíritu. O bien: Aleluya.

✠ **Evangelio: SAN JUAN 6, 30-35**

En aquel tiempo, el gentío dijo a Jesús: «¿Y qué signo haces tú, para que veamos y creamos en ti? ¿Cuál es tu obra? Nuestros padres comieron el maná en el desierto, como está escrito: "Pan del cielo les dio a comer"». Jesús les replicó: «En verdad, en verdad os digo: no fue Moisés quien os dio pan del cielo, sino que es mi Padre el que os da el verdadero pan del cielo. Porque el pan de Dios es el que baja del cielo y da vida al mundo». Entonces le dijeron: «Señor, danos siempre de este pan». Jesús les contestó: «Yo soy el pan de vida. El que viene a mí no tendrá hambre, y el que cree en mí no tendrá sed jamás».

Nos pueden las contradicciones, por un lado la tendencia a las seguridades, las certezas. Somos pasto de las paradojas propias, pedimos signos, pero cuando nos sacas de nuestros discursos repetitivos y nos lanzas a soñar, nos quedamos con el deseo que suscitas en nosotros. Hoy quiero pedirte que sigas avivando sueños y anhelos, el deseo de ese pan de la vida, saciarme con lo realmente importante... y si caigo en contradicciones, confiar en ti y oír tu voz que insiste en ofrecerme una promesa: «Yo soy el pan de la vida. El que viene a mí no pasará hambre, y el que cree en mí nunca pasará sed... Olvídate de signos y las seguridades del maná, lo que yo te ofrezco, es mucho mejor».

¡El hombre tiene necesidad de la trascendencia! ¡El hombre tiene necesidad de la presencia de Dios en su historia cotidiana! ¡Solo así puede encontrar el sentido de la vida! SAN JUAN PABLO II

✳ **Hechos 8, 1b-8:** Iban de un lugar a otro anunciando la Buena Nueva de la Palabra.

▶ Salmo 65 [66], 1b-3a|4-5|6-7a: Aclama al Señor, tierra entera. O bien: Aleluya.

✠ **Evangelio: SAN JUAN 6, 35-40**

En aquel tiempo, dijo Jesús al gentío: «Yo soy el pan de vida. El que viene a mí no tendrá hambre, y el que cree en mí no tendrá sed jamás; pero, como os he dicho, me habéis visto y no creéis. Todo lo que me da el Padre vendrá a mí, y al que venga a mí no lo echaré afuera, porque he bajado del cielo no para hacer mi voluntad, sino la voluntad del que me ha enviado. Esta es la voluntad del que me ha enviado: que no pierda nada de lo que me dio, sino que lo resucite en el último día. Esta es la voluntad de mi Padre: que todo el que ve al Hijo y cree en él tenga vida eterna, y yo lo resucitaré en el último día».

Si fuésemos conscientes de la mejor oferta, sed y hambre saciadas... nos enfrentaríamos a la realidad de otra manera, mucho más humana. Entras con nuestras pequeñeces y necesidades para terminar dibujándonos un rostro de Dios impresionante, tu Padre, el Abba, un Dios que no se conforma con retales y rebajas, que lo desea y quiere todo, porque su Voluntad, con mayúsculas, es la de la inclusión absoluta, que no se pierda nadie... Nos revelas un Dios, casi codicioso, en el buen sentido de la palabra, que con Dios, lo tiene. Ambicioso, ávido, deseoso, anhelante, angurriento hasta tal punto que termina por significar su opuesto: desinteresado, desprendido. Un Dios Padre y Madre que anhela vehementemente la plenitud para cada uno de nosotros. Una oferta... que nadie podría rechazar, la plenitud y la Vida, también con mayúsculas.

(FJes) Bienaventurada Virgen María, Madre de la Compañía de Jesús
San Sotero. Beato Francisco Venimbeni, pb.

✳ **Apocalipsis 21, 1-5a:** He aquí la morada de Dios entre los hombres.

▶ **Interleccional Judit 13, 18bcde|19:** Tú eres el honor de nuestro pueblo.

✠ **Evangelio: SAN JUAN 19, 25-27**

En aquel tiempo, junto a la cruz de Jesús estaban su madre, la hermana de su madre, María, la de Cleofás, y María, la Magdalena. Jesús, al ver a su madre y junto a ella al discípulo al que amaba, dijo a su madre: «Mujer, ahí tienes a tu hijo». Luego, dijo al discípulo: «Ahí tienes a tu madre». Y desde aquella hora, el discípulo la recibió como algo propio.

Hoy celebramos una de esas fiestas entrañables que ponen su atención en María, se trata de «Santa María Virgen: Madre de la Compañía de Jesús». Allá por 1541, poco después de ser aprobada la Compañía de Jesús por el papa Pablo III; tras resistencias y mucha oración, Ignacio aceptó ser el superior del grupo de los primeros compañeros que le habían elegido por unanimidad. El primer viernes de Pascua, visitaron las siete iglesias principales de Roma y, en San Pablo Extramuros, durante la eucaristía, ante el Cuerpo de Cristo, hicieron sus votos de pobreza, castidad y obediencia; después, comulgaron. Les miraba benignamente la imagen de María desde el altar. María, Madre de la Compañía. Curiosamente, la liturgia propia de la Compañía nos ofrece un evangelio en el que María ve cómo sus entrañas se expanden, será madre de Juan y madre nuestra, tarea que seguramente ya ejercía cuando estaba con el Hijo y con los suyos. Juan también recibe una misión, recibir a María como algo propio. ¿Nuestra misión? Acoger y recibir a la madre para, como ella, parir también nosotros misericordia en el mundo.

✳ Hechos 8, 26-40: Mira, agua. ¿Qué dificultad hay en que me bautice? ❭ Salmo 65 [66], 8-9|16-17|20: Aclama al Señor, tierra entera. O bien: Aleluya.

✠ **Evangelio: SAN JUAN 6, 44-51**

En aquel tiempo, dijo Jesús al gentío: «Nadie puede venir a mí si no lo atrae el Padre que me ha enviado. Y yo lo resucitaré en el último día. Está escrito en los profetas: "Serán todos discípulos de Dios". Todo el que escucha al Padre y aprende viene a mí. No es que alguien haya visto al Padre, a no ser el que está junto a Dios: ese ha visto al Padre. En verdad, en verdad os digo: el que cree tiene vida eterna. Yo soy el pan de la vida. Vuestros padres comieron en el desierto el maná y murieron; este es el pan que baja del cielo para que el hombre coma de él y no muera. Yo soy el pan vivo que ha bajado del cielo; el que coma de este pan vivirá para siempre. Y el pan que yo daré es mi carne por la vida del mundo».

Jesús nos revela cómo el Padre nos atrae hacia Él, suya es la iniciativa, precede a todo deseo y respuesta nuestra. Impresiona imaginar a un Dios que nos lanza cuerdas para atraernos hacia el Hijo. Nos invita a un conocimiento más íntimo del Señor, para amarlo y seguirlo, para dejarnos seducir y vencer por Él. Descubrir afinidades, sorprendernos y admirarnos, aprender a confiar, sentirnos escuchados, compartir tiempo con Jesús, pasar de las ideas a su persona, suscitando deseos y amores. En esta relación de atracción, Dios actúa primero, despertando en nosotros el deseo de acercarnos a su Hijo. Nos invita y convoca, nos llama... ¿y nuestra respuesta? siempre existe la opción de la resistencia... pero si reconocemos el hambre de Dios y el ansia de sentido quizás valga la pena permitirnos ser saciados por Él.

ABRIL

3.ª semana de Pascua
San Fidel de Sigmaringa, pb. y mr.
San Pedro de San José Betancourt, rl*

✳ **Hechos 9, 1-20:** Este hombre es un instrumento elegido por mí para llevar mi nombre a los pueblos.

▶ Salmo 116 [117], 1|2: Id al mundo entero y proclamad el Evangelio. O bien: Aleluya.

✠ **Evangelio: SAN JUAN 6, 52-59**

En aquel tiempo, disputaban los judíos entre sí: «¿Cómo puede este darnos a comer su carne?». Entonces Jesús les dijo: «En verdad, en verdad os digo: si no coméis la carne del Hijo del hombre y no bebéis su sangre, no tenéis vida en vosotros. El que come mi carne y bebe mi sangre tiene vida eterna, y yo lo resucitaré en el último día. Mi carne es verdadera comida, y mi sangre es verdadera bebida. El que come mi carne y bebe mi sangre habita en mí y yo en él. Como el Padre que vive me ha enviado, y yo vivo por el Padre, así, del mismo modo, el que me come vivirá por mí. Este es el pan que ha bajado del cielo: no como el de vuestros padres, que lo comieron y murieron; el que come este pan vivirá para siempre». Esto lo dijo Jesús en la sinagoga, cuando enseñaba en Cafarnaún.

«¿Cómo puede este darnos a comer su carne?». Señor, nos lanzas al misterio de la Eucaristía, a alimentarnos de ti para ser como tú, a tu presencia constante, lo más cercano posible... comunión, común unión, comunicación, presencia, cercanía, participación... y todo desde la entrega más grande, la donación absoluta, el «por vosotros» sin condiciones... Alimentarnos de ti, una comunión profunda, donde «comer tu carne» y «beber tu sangre» se convierte en intimidad y unión contigo para transformarnos en aquello que nos nutre, ser como tú... Las implicaciones asustan, Señor, ayúdanos a que nuestros deseos y aspiraciones se alineen con los tuyos, a entregarnos sin temores, reflejando tu amor, sumergirnos en tu vida, para que, a través de nosotros, tu presencia transforme el mundo.

✳ **1 Pedro 5, 5b-14:** Os saluda Marcos, mi hijo.

▍ Salmo 88 [89], 2-3|6-7|16-17: Cantaré eternamente tus misericordias, Señor. O bien: Aleluya.

✚ **Evangelio: SAN MARCOS 16, 15-20**

En aquel tiempo, se apareció Jesús a los Once y les dijo: «Id al mundo entero y proclamad el Evangelio a toda la creación. El que crea y sea bautizado se salvará; el que no crea será condenado. A los que crean, les acompañarán estos signos: echarán demonios en mi nombre, hablarán lenguas nuevas, cogerán serpientes en sus manos y, si beben un veneno mortal, no les hará daño. Impondrán las manos a los enfermos, y quedarán sanos». Después de hablarles, el Señor Jesús fue llevado al cielo y se sentó a la derecha de Dios. Ellos se fueron a predicar por todas partes, y el Señor cooperaba confirmando la palabra con las señales que los acompañaban.

Este evangelio se proclama en diversas fiestas: la que celebramos hoy, el evangelista Marcos, pero también en la Conversión de san Pablo y en la de san Francisco Javier. Lo que les une es la persona de Jesús y la «misión». La tradición identifica al autor de este escrito con el joven que huyó durante el arresto de Jesús en Getsemaní, colaborador de Pablo, con quien compartió viajes misioneros. Tenemos que agradecerle su testimonio sobre las enseñanzas y acciones de Jesús. Un final sublime, la Ascensión y la vida junto a Dios Padre... pero antes, una tarea, la gran comisión que le (nos) dejó Jesús, un encargo en el que gastar la vida y el corazón: «Id al mundo entero y proclamad el Evangelio a toda la creación». Ahí queda eso, la misión de transmitir vida, esperanza, futuro, horizonte... salvación. Pero no van (vamos) solos. Nos acompañan esos signos de Vida que confirman que lo que decía Jesús, era, es y será. Ya tenemos trabajo: contarle al mundo entero sobre el amor de Dios.

✴ 1.ª lectura: HECHOS 2, 14a.36-41

El día de Pentecostés, Pedro, poniéndose en pie junto con los Once, levantó su voz y declaró: «Con toda seguridad conozca toda la casa de Israel que al mismo Jesús, a quien vosotros crucificasteis, Dios lo ha constituido Señor y Mesías». Al oír esto, se les traspasó el corazón, y preguntaron a Pedro y a los demás apóstoles: «¿Qué tenemos que hacer, hermanos?». Pedro les contestó: «Convertíos y sea bautizado cada uno de vosotros en el nombre de Jesús, el Mesías, para perdón de vuestros pecados, y recibiréis el don del Espíritu Santo. Porque la promesa vale para vosotros y para vuestros hijos, y para los que están lejos, para cuantos llamare a sí el Señor Dios nuestro». Con estas y otras muchas razones dio testimonio y los exhortaba diciendo: «Salvaos de esta generación perversa». Los que aceptaron sus palabras se bautizaron, y aquel día fueron agregadas unas tres mil personas.

▶ Salmo 22 [23], 1b-3a|3b-4|5|6: El Señor es mi pastor, nada me falta. O bien: Aleluya.

✴ 2.ª lectura: 1 PEDRO 2, 20b-25

Queridos hermanos: Que aguantéis cuando sufrís por hacer el bien, eso es una gracia de parte de Dios. Pues para esto habéis sido llamados, porque también Cristo padeció por vosotros, dejándoos un ejemplo para que sigáis sus huellas. Él no cometió pecado ni encontraron engaño en su boca. Él no devolvía el insulto cuando lo insultaban; sufriendo no profería amenazas; sino que se entregaba al que juzga rectamente. Él llevó nuestros pecados en su cuerpo hasta el leño, para que, muertos a los pecados, vivamos para la justicia. Con sus heridas fuisteis curados. Pues andabais errantes como ovejas, pero ahora os habéis convertido al pastor y guardián de vuestras almas.

✚ Evangelio: SAN JUAN 10, 1-10

En aquel tiempo, dijo Jesús: «En verdad, en verdad os digo: el que no entra por la puerta en el aprisco de las ovejas, sino que salta por otra parte, ese es ladrón y bandido; pero el que entra por la puerta es pastor de las ovejas. A este le abre el guarda y las ovejas atienden a su voz, y él va llamando por el nombre a sus ovejas y las saca fuera. Cuando ha sacado todas las suyas camina delante de ellas, y las ovejas lo siguen, porque conocen su voz: a un extraño no lo seguirán, sino que huirán de él, porque no conocen la voz de los extraños». Jesús les puso esta comparación, pero ellos no entendieron de qué les hablaba. Por eso añadió Jesús: «En verdad, en verdad os digo: yo soy la puerta de las ovejas. Todos los que han venido antes de mí son ladrones y bandidos; pero las ovejas no los escucharon. Yo soy la puerta: quien entre por mí se salvará y podrá entrar y salir, y encontrará pastos. El ladrón no entra sino para robar y matar y hacer estragos; yo he venido para que tengan vida y la tengan abundante».

Quizás hoy nos quede un poco lejos eso de los pastores y las ovejas, y no se acerque a nuestra experiencia cotidiana. Pero con la imagen del pastor, de lo que nos habla Jesús es de su propio amor, cuidado y cariño hacia nosotros. Eso es Buena Noticia, y de eso sí tenemos experiencias y referentes. Este domingo, la Iglesia celebra la Jornada por las Vocaciones, nuevas y ya existentes, propias y ajenas. Convocados con otros y otras, heraldos de algo que vale la pena y la vida... pero para emprender esta misión, primero conviene aprender a escuchar y reconocer la voz de Aquel que llama y convoca, el que es la puerta. Porque nosotros somos colaboradores, pero puerta solo hay una, y esa puerta es Jesús. Aquí entra ese término que nos gusta tanto en la espiritualidad ignaciana: «el discernimiento», pues en un mundo saturado de voces y mensajes, solo la voz del Buen Pastor nos guía hacia «pastos» de verdad y «vida abundante». Pidamos por las vocaciones, las nuestras y las venideras.

(MOJes) San Pedro Canisio, pb. y dr.
N.ª S.ª de Monserrat
San Rafael Arnaiz, rl.

✳ **Hechos 11, 1-18:** Así pues, también a los gentiles les ha otorgado Dios la conversión que lleva a la vida.

▶ **Salmo 41[42], 2|3|42, 3|4:** El buen pastor da su vida por las ovejas.

✚ **Evangelio: SAN JUAN 10, 11-18**

En aquel tiempo, dijo Jesús: «Yo soy el Buen Pastor. El buen pastor da su vida por las ovejas; el asalariado, que no es pastor ni dueño de las ovejas, ve venir al lobo, abandona las ovejas y huye; y el lobo las roba y las dispersa; y es que a un asalariado no le importan las ovejas. Yo soy el Buen Pastor, que conozco a las mías, y las mías me conocen, igual que el Padre me conoce, y yo conozco al Padre; yo doy mi vida por las ovejas. Tengo, además, otras ovejas que no son de este redil; también a esas las tengo que traer, y escucharán mi voz, y habrá un solo rebaño y un solo Pastor. Por esto me ama el Padre, porque yo entrego mi vida para poder recuperarla. Nadie me la quita, sino que yo la entrego libremente. Tengo poder para entregarla y tengo poder para recuperarla: este mandato he recibido de mi Padre».

Vida entregada por y para otros, reflejo de un amor que nace del Padre y se vive en libertad, sin reservas. Nos pertenecemos a Él, a ese Buen Pastor que no nos abandona, que frente a peligros no desiste, pues somos valiosos a sus ojos. Impresiona cómo Jesús rescata a quienes la sociedad invisibiliza, mostrando que cada persona cuenta, cada uno es importante. Descubrirnos importantes para Dios puede parecer un atrevimiento, pero es una verdad proclamada por Jesús: «Yo soy el buen Pastor... conozco a las mías, y las mías me conocen». Aun cuando nos perdamos o dudemos de nuestro valor, Él insiste en llamarnos, en buscarnos, para reunirnos en un solo rebaño bajo su cuidado. Eso es amor incondicional.

✳ **Hechos 11, 19-26:** Se pusieron a hablar a los griegos, anunciándoles la Buena Nueva del Señor Jesús.

▶ Salmo 86 [87], 1b-3|4-5|6-7: Alabad al Señor todas las naciones. O bien: Aleluya.

✚ **Evangelio: SAN JUAN 10, 22-30**

Se celebraba en Jerusalén la fiesta de la Dedicación del templo. Era invierno, y Jesús se paseaba en el templo por el pórtico de Salomón. Los judíos, rodeándolo, le preguntaban: «¿Hasta cuándo nos vas a tener en suspenso? Si tú eres el Mesías, dínoslo francamente». Jesús les respondió: «Os lo he dicho, y no creéis; las obras que yo hago en nombre de mi Padre, esas dan testimonio de mí. Pero vosotros no creéis, porque no sois de mis ovejas. Mis ovejas escuchan mi voz, y yo las conozco, y ellas me siguen, y yo les doy la vida eterna; no perecerán para siempre, y nadie las arrebatará de mi mano. Lo que mi Padre me ha dado es más que todas las cosas, y nadie puede arrebatar nada de la mano de mi Padre. Yo y el Padre somos uno».

El Templo y la fiesta de la Dedicación, la presencia divina y la libertad, los deseos y anhelos de los contemporáneos de Jesús, la restauración de la realidad en Dios... todo son buenas intenciones y desde ahí, aquellos que están en búsqueda le preguntan a Jesús directamente: «¿Hasta cuándo nos vas a tener en suspenso?». Y Jesús responde con un tono quejumbroso... con lo que habéis visto y lo que habéis oído seguís buscando, pero lo que no toca... Así andamos nosotros muchas veces, anticipando respuestas que andan confundidas. Jesús es claro, nos lo jugamos todo en la relación personal, en la intimidad y cercanía con el Señor: «Mis ovejas, mi voz, las conozco, me siguen», desde ahí podremos buscar... y encontrar, al seguir a Jesús nos topamos con Dios: «Yo y el Padre somos uno».

(F) Santa Catalina de Siena, v. y dra., patrona de Europa
Canarias: San Pedro de Verona, mr.*

✳ **1 Juan 1, 5–2, 2:** La sangre de Jesús nos limpia de todo pecado.

▸ **Salmo 102 [103], 1bc-2|8-9|13-14|17-18a:** Bendice, alma mía, al Señor.

✚ **Evangelio: SAN MATEO 11, 25-30**

En aquel tiempo, tomó la palabra Jesús y dijo: «Te doy gracias, Padre, Señor del cielo y de la tierra, porque has escondido estas cosas a los sabios y entendidos, y se las has revelado a los pequeños. Sí, Padre, así te ha parecido bien. Todo me ha sido entregado por mi Padre, y nadie conoce al Hijo más que el Padre, y nadie conoce al Padre sino el Hijo y aquel a quien el Hijo se lo quiera revelar. Venid a mí todos los que estáis cansados y agobiados, y yo os aliviaré. Tomad mi yugo sobre vosotros y aprended de mí, que soy manso y humilde de corazón, y encontraréis descanso para vuestras almas. Porque mi yugo es llevadero y mi carga ligera».

En ocasiones nos complicamos la vida sin motivos, y cuando se trata de afrontar dificultades y preocupaciones, se nos descompone el cuerpo y nos liamos nosotros solos. Miremos a Jesús... Él agradece a Dios Padre la falta de doblez y la sencillez, no se deja impresionar por grandes palabras ni discursos bien estructurados, lo importante es lo que hay detrás. Parece decirnos: «No te compliques la vida, ve a lo esencial...» Y podemos volver a mirarlo, ¿Qué es lo esencial? En tiempos de prisas, de aceleres, de inquietudes... a pararse e insisto, a mirarle. Otra vez. En tiempos de yugos, respiremos ante el Sagrario, en la soledad de tu cuarto, paseando... hagamos silencio por dentro y por fuera, todo cobra otra perspectiva, relativizamos; y entonces... llega el sosiego. «Yo os aliviaré».

✳ Hechos 13, 13-25: Dios sacó de la descendencia de David un salvador: Jesús.

▶ Salmo 88 [89], 2-3|16-17|18-19: Cantaré eternamente tus misericordias, Señor. O bien: Aleluya.

✚ **Evangelio: SAN JUAN 13, 16-20**

Cuando Jesús terminó de lavar los pies a sus discípulos les dijo: «En verdad, en verdad os digo: el criado no es más que su amo, ni el enviado es más que el que lo envía. Puesto que sabéis esto, dichosos vosotros si lo ponéis en práctica. No lo digo por todos vosotros; yo sé bien a quiénes he elegido, pero tiene que cumplirse la Escritura: "El que compartía mi pan me ha traicionado". Os lo digo ahora, antes de que suceda, para que cuando suceda creáis que yo soy. En verdad, en verdad os digo: el que recibe a quien yo envíe me recibe a mí; y el que me recibe a mí recibe al que me ha enviado».

Señor, hoy nos hablas de praxis y de lo que significa recibir, lo haces con un ademán, un gesto, lavándonos los pies y llamándonos elegidos. «El amor se ha de poner más en las obras que en las palabras», decía san Ignacio. Lavar los pies era labor de esclavos, te pones en ese lugar, el del siervo, y desde allí nos rompes los esquemas. Amar no trata de retórica ni discursos, se enraíza en las acciones concretas, en los gestos pequeños. Amar es ponerse a los pies. Amar es tratar con cuidado. Amar es un verbo activo, es recibir, es servir, es acoger... es optar por ponerse a la altura del otro, literalmente a sus pies y hacer que se sienta importante.

Jesús lavó los pies a sus discípulos. El Señor se involucra e involucra a los suyos, poniéndose de rodillas ante los demás para lavarlos. Pero luego dice a los discípulos: «Seréis felices si hacéis esto». PAPA FRANCISCO

Señor, no vengo a pedirte milagros ni visiones, solo te pido la fuerza necesaria para mi vida diaria.

Enséñame el arte de los pequeños pasos.

Hazme hábil y creativo para acoger y discernir a tiempo, en la cambiante vida diaria, la sabiduría y experiencia que me ayude personalmente. Enséñame a distribuir correctamente mi tiempo. Ayúdame a organizar sabiamente el curso del día, para poder ver lo alto y lo lejano, y el saber encontrar espacios y tiempos para disfrutar del arte y la belleza.

Hazme capaz de saber distinguir lo esencial de lo secundario. Dame fuerza para la justa distancia y equilibrio para no dejarme arrastrar por las circunstancias. Ayúdame a entender que los sueños del pasado o los del presente no puedo utilizarlos como coartada, excusa o desengaño frente a la pobreza de la realidad.

Ayúdame a estar aquí y ahora, reconociendo que este es el momento más importante. Guárdame de la ingenua e infantil creencia de que en la vida todo debe salir bien. Otórgame la lucidez de reconocer que las dificultades, las derrotas, las caídas y los fracasos son oportunidades naturales de la vida que invitan a crecer y madurar. Recuérdame que es normal que el corazón, a menudo, discuta con la razón. Envíame, en el momento oportuno, alguien que tenga el valor de decirme la verdad con amor.

Enséñame a ser paciente cuando no pueda hacer otra cosa que esperar a que los problemas se lleguen a resolver sin yo poder hacer nada. Pon buenos amigos en mi camino, Tú que conoces lo mucho que necesitamos de la amistad.

Hazme digno de los más bellos y tiernos regalos que quieras enviarme. Dame una visión honda, para que, en el momento adecuado, a la hora precisa y en el lugar correcto, callando o hablando, regale a alguien el calor que necesita.

Hazme humano para sentirme unido a los que considere que estén más abajo.

POR UNA ALIMENTACIÓN PARA TODOS

Oremos para que cada uno, desde los grandes productores hasta los pequeños consumidores, nos comprometamos evitar el desperdicio de alimentos y que todos tengamos acceso a una alimentación de calidad.

PREFERENCIA: SEGUIMOS A JESÚS...

Oración diaria en audio: www.rezandovoy.org
Tiempo para la reflexión y contemplación.
Y porque la oración también es cosa de niños:
www.rezandovoy.org/infantil

✳ **Hechos 13, 26-33:** Dios ha cumplido la promesa resucitando a Jesús.

▶ **Salmo 2, 6-7|8-9|10-11:** Tú eres mi hijo: yo te he engendrado hoy. O bien: Aleluya.

✠ **Evangelio: SAN JUAN 14, 1-6**

En aquel tiempo, dijo Jesús a sus discípulos: «No se turbe vuestro corazón, creed en Dios y creed también en mí. En la casa de mi Padre hay muchas moradas; si no, os lo habría dicho, porque me voy a prepararos un lugar. Cuando vaya y os prepare un lugar, volveré y os llevaré conmigo, para que donde estoy yo estéis también vosotros. Y adonde yo voy, ya sabéis el camino». Tomás le dice: «Señor, no sabemos adonde vas, ¿cómo podemos saber el camino?». Jesús le responde: «Yo soy el camino y la verdad y la vida. Nadie va al Padre sino por mí».

En ocasiones, nos pueden asaltar las dudas, el miedo nos atenaza y los fantasmas nos acechan, provocando angustias y desazones... Y Tú nos observas, nos sueñas viviendo, viviéndonos, viviéndote de otra manera... Y como siempre, cada vez que te enfrentas al sufrimiento, te lanzas a mitigarlo. Lo haces desde la ternura, con palabras de consuelo que invitan a la confianza, con promesas como las de un enamorado. Nos hablas de un hogar, de estar cerca de ti, de una vida futura juntos, de pertenencia, de tu compañía, de tu presencia. Tomás no termina de entender y pregunta, tú respondes: a mi manera, como yo, tras mis pasos, por mí... por amor a mí, por mi amor. «Yo soy el camino, y la verdad, y la vida. Nadie va al Padre sino por mí».

¡Ah! si el mundo supiera lo que es amar un poco a Dios, también amaría al prójimo. Al amar a Jesús, al amar a Cristo, también forzosamente se ama lo que Él ama. SAN RAFAEL ARNÁIZ

✳ **Hechos 13, 44-52:** Sabed que nos dedicamos a los gentiles. ❭ **Salmo 97 [98], 1bcde|2-3ab|3cd-4:** Los confines de la tierra han contemplado la victoria de nuestro Dios.

✠ **Evangelio: SAN JUAN 14, 7-14**

En aquel tiempo, dijo Jesús a sus discípulos: «Si me conocierais a mí, conoceríais también a mi Padre. Ahora ya lo conocéis y lo habéis visto». Felipe le dice: «Señor, muéstranos al Padre y nos basta». Jesús le replica: «Hace tanto que estoy con vosotros, ¿y no me conoces, Felipe? Quien me ha visto a mí ha visto al Padre. ¿Cómo dices tú: "Muéstranos al Padre"? ¿No crees que yo estoy en el Padre, y el Padre en mí? Lo que yo os digo no lo hablo por cuenta propia. El Padre, que permanece en mí, él mismo hace las obras. Creedme: yo estoy en el Padre y el Padre en mí. Si no, creed a las obras. En verdad, en verdad os digo: el que cree en mí, también él hará las obras que yo hago, y aun mayores, porque yo me voy al Padre. Y lo que pidáis en mi nombre, yo lo haré, para que el Padre sea glorificado en el Hijo. Si me pedís algo en mi nombre, yo lo haré».

El evangelio de Juan tiene temas recurrentes, como quién es Jesús, cómo entiende su identidad vinculada al Padre, su identificación con él, la invitación a participar también nosotros de esa comunión... Y encontramos su correlato en la espiritualidad ignaciana: conocer y amar, amar y seguir. Aunque complejo, podemos llegar a entenderlo; sin embargo, la teoría está bien, pero vivir ciertas cosas nos da vértigo. Como Felipe, necesitamos pisar terreno firme, y no sentirnos ante un precipicio. «Señor, muéstranos al Padre y nos basta». Y Tú nos respondes apelando a la confianza... y eso supone caminar, en ocasiones, sin una hoja de ruta clara. Señor, ayúdame, ayúdanos a caminar tras de ti, contigo, a tu manera, como tú... aunque sea sin GPS.

✳ 1.ª lectura: HECHOS 6, 1-7

En aquellos días, al crecer el número de los discípulos, los de lengua griega se quejaron contra los de lengua hebrea, porque en el servicio diario no se atendía a sus viudas. Los Doce, convocando a la asamblea de los discípulos, dijeron: «No nos parece bien descuidar la palabra de Dios para ocuparnos del servicio de las mesas. Por tanto, hermanos, escoged a siete de vosotros, hombres de buena fama, llenos de espíritu y de sabiduría, y los encargaremos de esta tarea: nosotros nos dedicaremos a la oración y al servicio de la palabra». La propuesta les pareció bien a todos y eligieron a Esteban, hombre lleno de fe y de Espíritu Santo; a Felipe, Prócoro, Nicanor, Timón, Parmenas y Nicolás, prosélito de Antioquía. Se los presentaron a los apóstoles y ellos les impusieron las manos orando. La palabra de Dios iba creciendo y en Jerusalén se multiplicaba el número de discípulos; incluso muchos sacerdotes aceptaban la fe.

▶ Salmo 32 [33], 1-2|4-5|18-19: Que tu misericordia, Señor, venga sobre nosotros, como lo esperamos de ti.
O bien: Aleluya.

✳ 2.ª lectura: 1 PEDRO 2, 4-9

Queridos hermanos: Acercándoos a él, piedra viva rechazada por los hombres, pero elegida y preciosa para Dios, también vosotros, como piedras vivas, entráis en la construcción de una casa espiritual para un sacerdocio santo, a fin de ofrecer sacrificios espirituales agradables a Dios por medio de Jesucristo. Por eso se dice en la Escritura: «Mira, pongo en Sion una piedra angular, elegida y preciosa; quien cree en ella no queda defraudado». Para vosotros, pues, los creyentes, ella es el honor, pero para los incrédulos «la piedra que desecharon los arquitectos es ahora la piedra angular», y también «piedra de choque y roca de estrellarse»; y ellos chocan al despreciar la palabra. A eso precisamente estaban expuestos. Vosotros, en cambio, sois un linaje elegido, un sacerdocio real, una nación santa, un pueblo adquirido por Dios para que anunciéis las proezas del que os llamó de las tinieblas a su luz maravillosa.

✚ Evangelio: SAN JUAN 14, 1-12

En aquel tiempo, dijo Jesús a sus discípulos: «No se turbe vuestro corazón, creed en Dios y creed también en mí. En la casa de mi Padre hay muchas moradas; si no, os lo habría dicho, porque me voy a prepararos un lugar. Cuando vaya y os prepare un lugar, volveré y os llevaré conmigo, para que donde estoy yo estéis también vosotros. Y adonde yo voy, ya sabéis el camino». Tomás le dice: «Señor, no sabemos adonde vas, ¿cómo podemos saber el camino?». Jesús le responde: «Yo soy el camino y la verdad y la vida. Nadie va al Padre sino por mí. Si me conocierais a mí, conoceríais también a mi Padre. Ahora ya lo conocéis y lo habéis visto». Felipe le dice: «Señor, muéstranos al Padre y nos basta». Jesús le replica: «Hace tanto que estoy con vosotros, ¿y no me conoces Felipe? Quien me ha visto a mí ha visto al Padre. ¿Cómo dices tú: "Muéstranos al Padre"? ¿No crees que yo estoy en el Padre, y el Padre en mí? Lo que yo os digo no lo hablo por cuenta propia. El Padre, que permanece en mí, él mismo hace las obras. Creedme: yo estoy en el Padre y el Padre en mí. Si no, creed a las obras. En verdad, en verdad os digo: el que cree en mí, también él hará las obras que yo hago, y aun mayores, porque yo me voy al Padre».

San Ignacio nos invita en los *Ejercicios Espirituales* a hacer repeticiones de lo ya orado, a ir sobre lo anterior para destilar el poso que ha dejado en nosotros y volver a lo que se nos ha movido por dentro. El evangelio de este domingo también vuelve sobre lo proclamado en las eucaristías de los dos días anteriores. Se trata de dar una vuelta de tuerca; la tentación es pensar que ya nos lo sabemos o que nos suena a repetido... Pero intentemos hacer el esfuerzo... escuchemos sus palabras que se dirigen a mí y me percato de lo que siento: Sosiégate, cree en el Padre y en mí. Te estoy preparando un hogar a mi lado, no te voy a abandonar... Se trata de mirarme y hacer las cosas a mi manera, como yo... Te conozco, ¿me conoces? Conóceme, soy reflejo de Dios Papá y Mamá... Haz memoria, recuerda, agradece... Y mi forma de estar, de hacer, de mirar, de reír, de hablar, de relacionarme... son un espejo. Ahora, haz lo mismo, porque tú puedes. No tengas miedo, lánzate a ese mundo que tanto necesita de mí, para ser, estar y hacer como yo. Juntos.

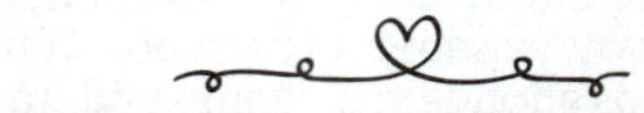

TE NECESITO A TI (Rabindranath Tagore)

¡Te necesito a Ti, solo a Ti!
Deja que lo repita sin cansarse mi corazón.
Los demás deseos que día y noche me embargan
son falsos y vanos hasta sus entrañas.
Como la noche esconde en su oscuridad
la súplica de la luz,
así en la oscuridad de mi inconsciencia
resuena este grito: ¡Te necesito a Ti, solo a Ti!
Como la tormenta está buscando la paz
cuando golpea la paz con su poderío,
así mi rebelión golpea tu amor y grita:
¡Te necesito a Ti, solo a Ti!

**5.ª semana de Pascua
o San José M.ª Rubio, pb.**
Beato Juan Martín Moÿë, pb. y fdr

✳ **Hechos 14, 5-18:** Os anunciamos esta Buena Noticia:
que dejéis los ídolos y os convirtáis al Dios vivo.

▶ **Salmo 113, 9-10|11-12|23-34 [Sal 113B, 1-2|3-4|15-16]:**
No a nosotros, Señor, sino a tu nombre da la gloria.
O bien: Aleluya.

✝ **Evangelio: SAN JUAN 14, 21-26**

En aquel tiempo, dijo Jesús a sus discípulos: «El que acepta mis mandamientos y los guarda, ese me ama; y el que me ama será amado por mi Padre, y yo también lo amaré y me manifestaré a él». Le dijo Judas, no el Iscariote: «Señor, ¿qué ha sucedido para que te reveles a nosotros y no al mundo?». Respondió Jesús y le dijo: «El que me ama guardará mi palabra, y mi Padre lo amará, y vendremos a él y haremos morada en él. El que no me ama no guarda mis palabras. Y la palabra que estáis oyendo no es mía, sino del Padre que me envió. Os he hablado de esto ahora que estoy a vuestro lado, pero el Paráclito, el Espíritu Santo, que enviará el Padre en mi nombre, será quien os lo enseñe todo y os vaya recordando todo lo que os he dicho».

Escuchar a Jesús hablar de amor, pero también de su amor hacia mí, provoca una sorpresa casi inefable: que Él, el Señor, haya elegido revelarse a mí, tan frágil y torpe. «El que me ama guardará mi palabra», nos dice Jesús, invitándonos a una intimidad donde escuchar y aceptar se entrelazan en un danzar de vida. Pero este camino no está exento de tropiezos; ensayo, error, de nuevo error y volver a intentarlo. Hay que aprender, y el Defensor, como buen maestro, no pierde la paciencia. Abrir los oídos y el corazón se convierte entonces en nuestra tarea diaria, al mundo, a sus palabras, a lo que hace... aprender a guardar ese tesoro donde, superados, descubrimos que, a pesar de ser «nada», somos el todo para Él.

5.ª semana de Pascua
Beata Catalina Cittadini, v. y fdra.
Beatos Enric Gispert y Josep Gomis, pbs. y mrs.

✳ Hechos 14, 19-28: Contaron a la Iglesia lo que Dios había hecho por medio de ellos.

▶ Salmo 144 [145], 10-11|12-13ab|21: Tus amigos, Señor, proclaman la gloria de tu reinado. O bien: Aleluya.

✠ **Evangelio: SAN JUAN 14, 27-31a**

En aquel tiempo, dijo Jesús a sus discípulos: «La paz os dejo, mi paz os doy; no os la doy yo como la da el mundo. Que no se turbe vuestro corazón ni se acobarde. Me habéis oído decir: "Me voy y vuelvo a vuestro lado". Si me amarais, os alegraríais de que vaya al Padre, porque el Padre es mayor que yo. Os lo he dicho ahora, antes de que suceda, para que cuando suceda creáis. Ya no hablaré mucho con vosotros, pues se acerca el príncipe de este mundo; no es que él tenga poder sobre mí, pero es necesario que el mundo comprenda que yo amo al Padre, y que, como el Padre me ha ordenado, así actúo».

En cada eucaristía repetimos, para no olvidar, estas palabras de Jesús: «La paz os dejo, mi paz os doy», ofreciéndonos una paz que difiere de la del mundo. Sin embargo, ¿experimento realmente esa serenidad? ¿vivo pacificado? Jesús nos exhorta a no dejarnos perturbar ante las tormentas de este mundo, ,que las hay, y son muchas. A veces, tienen que ver con «el Príncipe de este mundo»; otras, surgen de la vida misma o de nuestras propias decisiones. En medio de estas tempestades, Jesús lo tiene claro: a hacer lo que pida el Padre, por amor. ¿Y nosotros? A vivir nuestras circunstancias desde y con Dios, arraigados en esa paz de Jesús. Esto no impide las tormentas, pero sí cambia nuestra manera de afrontarlas.

✳ **Hechos 15, 1-6:** Se decidió que subieran a Jerusalén a consultar a los apóstoles y presbíteros sobre esta controversia. ❱ **Salmo 121 [122], 1bc-2|3-4ab|4cd-5:** Vamos alegres a la casa del Señor. O bien: Aleluya.

✚ **Evangelio: SAN JUAN 15, 1-8**

En aquel tiempo, dijo Jesús a sus discípulos: «Yo soy la verdadera vid, y mi Padre es el labrador. A todo sarmiento que no da fruto en mí lo arranca, y a todo el que da fruto lo poda, para que dé más fruto. Vosotros ya estáis limpios por la palabra que os he hablado; permaneced en mí, y yo en vosotros. Como el sarmiento no puede dar fruto por sí si no permanece en la vid, así tampoco vosotros si no permanecéis en mí. Yo soy la vid, vosotros los sarmientos; el que permanece en mí y yo en él, ese da fruto abundante; porque sin mí no podéis hacer nada. Al que no permanece en mí lo tiran fuera, como el sarmiento, y se seca: luego los recogen y los echan al fuego, y arden. Si permanecéis en mí y mis palabras permanecen en vosotros, pedid lo que deseáis, y se realizará. Con esto recibe gloria mi Padre, con que deis fruto abundante; así seréis discípulos míos».

La imagen de la poda puede resultar algo agresiva, pero existen momentos en la vida en los cuales es imprescindible podar. La vid y los sarmientos nos hablan de unión, permanencia, dependencia y frutos. El dilema surge cuando actuamos como si no necesitáramos de esa savia que nos nutre, o cuando nos perdemos en sueños de frutos ajenos a los de «la verdadera vid» y a los deseados por «el labrador». La poda, a pesar de ser dolorosa, constituye un acto de amor por parte del labrador, nuestro Padre, quien anhela esos buenos frutos. Somos capaces de ellos, cuesta, hace falta tiempo, es un proceso lento, hay que cortar algo propio, despojarse en pro de otros. Cada corte nos aproxima más a ser, genuinamente, para los demás, al igual que Jesús.

7 JUEVES MAYO

5.ª semana de Pascua
Santa Rosa Venerini, v. y fdra.
San Agustín Roscelli, pb. y fdr.

✳ **Hechos 15, 7-21:** A mi parecer, no hay que molestar a los gentiles que se convierten a Dios.

▸ **Salmo 95 [96], 1-2a|2b-3|10:** Contad las maravillas del Señor a todas las naciones. O bien: Aleluya.

✠ **Evangelio: SAN JUAN 15, 9-11**

En aquel tiempo, dijo Jesús a sus discípulos: «Como el Padre me ha amado, así os he amado yo; permaneced en mi amor. Si guardáis mis mandamientos, permaneceréis en mi amor; lo mismo que yo he guardado los mandamientos de mi Padre y permanezco en su amor. Os he hablado de esto para que mi alegría esté en vosotros y vuestra alegría llegue a plenitud».

Hoy Jesús nos habla de alegría, satisfacción, contento, plenitud, de ánimo (relacionado con el Espíritu), de apreciar (ser consciente, pero también amar) y ser apreciado, sentirse valioso... Sí, eso nos dice el Señor y así nos sueña. Y nos ofrece la receta, una vez más, necesitamos recordarla: Jesús nos ama, como lo hace Dios Padre; guardemos sus tesoros, sabernos en su amor... y su alegría será nuestra y será plena. Ojalá lo creyéramos, suena muy bien. Se trata de amar y ser amados, compartir vida, relacionarnos desde la gratuidad pero sin fondos reservados... porque si Jesús nos imagina de alguna manera, es ciertamente felices, invitándonos a una existencia donde el amor y la alegría se entrelazan en una danza que nos lleva a dar y recibir vida en su máxima expresión.

✵ **Hechos 15, 22-31:** Hemos decidido, el Espíritu Santo y nosotros, no imponeros más cargas que las indispensables.

▶ Salmo 56 [57], 8-9|10-12 Te daré gracias ante los pueblos, Señor. O bien: Aleluya.

✚ **Evangelio: SAN JUAN 15, 12-17**

En aquel tiempo, dijo Jesús a sus discípulos: «Este es mi mandamiento: que os améis unos a otros como yo os he amado. Nadie tiene amor más grande que el que da la vida por sus amigos. Vosotros sois mis amigos si hacéis lo que yo os mando. Ya no os llamo siervos, porque el siervo no sabe lo que hace su señor: a vosotros os llamo amigos, porque todo lo que he oído a mi Padre os lo he dado a conocer. No sois vosotros los que me habéis elegido, soy yo quien os he elegido y os he destinado para que vayáis y deis fruto, y vuestro fruto permanezca. De modo que lo que pidáis al Padre en mi nombre os lo dé. Esto os mando: que os améis unos a otros».

Amistad viene del amor. Nos llamas amigos y nos invitas a amarnos a tu manera... y el Amor con mayúsculas tiene que ver con dar y darse, con vida compartida. A veces, nos dan vértigo los absolutos: para siempre, todo, absolutamente, sin condiciones... y sin embargo, a eso es a lo que nos invitas; porque quitar las trabas de seguridades, reservas, condicionamientos nos hace ganar en libertad. Y desde la libertad, respiramos y podemos vivir sin la presión de guardarnos eso último «por si acaso». Nos has elegido para que reconozcamos y abracemos nuestra identidad como amigos tuyos, para convertirnos en seres excesivos, derrochadores, sin miedos, genuinos, intensos... Amor, amistad, compasión, vida, alegría. Para que luego digan de tu mensaje. Yo, lo compro.

✳ **Hechos 16, 1-10:** Pasa a Macedonia y ayúdanos.

◗ **Salmo 99 [100], 1b-2|3|5:** Aclama al Señor, tierra entera.
O bien: Aleluya.

✠ **Evangelio: SAN JUAN 15, 18-21**

En aquel tiempo, dijo Jesús a sus discípulos: «Si el mundo os odia, sabed que me ha odiado a mí antes que a vosotros. Si fuerais del mundo, el mundo os amaría como cosa suya, pero, como no sois del mundo, sino que yo os he escogido sacándoos del mundo, por eso el mundo os odia. Recordad lo que os dije: "No es el siervo más que su amo". Si a mí me han perseguido, también a vosotros os perseguirán; si han guardado mi palabra, también guardarán la vuestra. Y todo eso lo harán con vosotros a causa de mi nombre, porque no conocen al que me envió».

Hay dos formas de posicionarnos ante los sentimientos ajenos: «Yo más...», o «A mí antes que a vosotros...». Si ayer el evangelio hablaba de la alegría, hoy enfrentamos el desprecio y el odio. Jesús nos previene contra el idealismo ingenuo y el buenismo simplista. Nos alerta sobre las dificultades de seguirlo con su frase: «A mí antes que a vosotros...».Desvelos, preocupaciones, desafíos, rechazo, tentaciones, sufrimiento... tienen que ver con vivir; y no le son ajenos. Alegrías, dolores, victorias y derrotas, Jesús ha recorrido esos caminos antes que nosotros y nos entiende. Sin embargo, con el «Yo más...», nos ponemos por encima de otros, me convierto en el centro, compito con el otro... Jesús elige la empatía, estar a nuestro lado. Ante estos dos caminos, ¿cuál elegiré yo?

✳ 1.ª lectura: HECHOS 8, 5-8.14-17

En aquellos días, Felipe bajó a la ciudad de Samaría y les predicaba a Cristo. El gentío unánimemente escuchaba con atención lo que decía Felipe, porque habían oído hablar de los signos que hacía, y los estaban viendo: de muchos poseídos salían los espíritus inmundos lanzando gritos, y muchos paralíticos y lisiados se curaban. La ciudad se llenó de alegría. Cuando los apóstoles, que estaban en Jerusalén, se enteraron de que Samaría había recibido la palabra de Dios, enviaron a Pedro y a Juan; ellos bajaron hasta allí y oraron por ellos, para que recibieran el Espíritu Santo; pues aún no había bajado sobre ninguno; estaban solo bautizados en el nombre del Señor Jesús. Entonces les imponían las manos y recibían el Espíritu Santo.

▶ Salmo 65 [66], 1b-3a|4-5|6-7a|16.20: Aclamad al Señor, tierra entera. O bien: Aleluya.

✳ 2.ª lectura: 1 PEDRO 3, 15-18

Queridos hermanos: Glorificad a Cristo el Señor en vuestros corazones, dispuestos siempre para dar explicación a todo el que os pida una razón de vuestra esperanza, 16 pero con delicadeza y con respeto, teniendo buena conciencia, para que, cuando os calumnien, queden en ridículo los que atentan contra vuestra buena conducta en Cristo. Pues es mejor sufrir haciendo el bien, si así lo quiere Dios, que sufrir haciendo el mal. Porque también Cristo sufrió su pasión, de una vez para siempre, por los pecados, el justo por los injustos, para conduciros a Dios. Muerto en la carne pero vivificado en el Espíritu.

✚ Evangelio: SAN JUAN 14, 15-21

En aquel tiempo, dijo Jesús a sus discípulos: «Si me amáis, guardaréis mis mandamientos. Y yo le pediré al Padre que os dé otro Paráclito, que esté siempre con vosotros, el Espíritu de la verdad. El mundo no puede recibirlo, porque no lo ve ni lo conoce; vosotros, en cambio, lo conocéis, porque mora con vosotros y está en vosotros. No os dejare huérfanos, volveré a vosotros. Dentro de poco el mundo no me verá, pero vosotros me veréis y viviréis, porque yo sigo viviendo. Entonces sabréis que yo estoy en mi Padre, y vosotros en mí y yo en vosotros. El que acepta mis mandamientos y los guarda, ese me ama; y el que me ama será amado por mi Padre, y yo también lo amaré y me manifestaré a él».

A menudo nos perdemos en interpretaciones de la Palabra que son demasiado espirituales, piadosas y alejadas de la vida diaria. Por eso, a veces me pregunto cómo hablar sobre un pasaje de la liturgia a alguien que no comparte nuestras creencias. La afirmación de Jesús: «Dentro de poco el mundo no me verá, pero vosotros me veréis y viviréis, porque yo sigo viviendo», me impacta profundamente. Podemos entenderla de diversas formas, como la influencia continua de Jesús en la historia y en nuestras vidas, o cómo la memoria de personas significativas nos afecta en lo cotidiano. Sin embargo, estas reflexiones no me satisfacen, se quedan cortas. En momentos de oscuridad y desesperanza, cuando parece que Dios está ausente, surge esa afirmación de Jesús: «Vosotros me veréis y viviréis, porque yo sigo viviendo». La lectura cristiana nos desafía a interpretar la realidad desde la esperanza y la resiliencia, pero no como un simple «aguanta», sino como un estar y permanecer con la certeza de que la desolación y la desesperanza no tienen la última palabra, sino que Jesús está al acecho y quiere, desea, ser visto y encontrado. Nuestro fin no es la oscuridad, sino la vida que él nos ofrece, aquí y ahora. Busquémosle.

Ven, Espíritu divino, manda tu luz desde el cielo. Padre amoroso del pobre, don, en tus dones espléndido, luz que penetras las almas, fuente del mayor consuelo.

✳ **Hechos 16, 11-15:** El Señor le abrió el corazón para que aceptara lo que decía Pablo.

▶ **Salmo 149, 1bc-2|3-4|5-6a.9b:** El Señor ama a su pueblo.
O bien: Aleluya.

✠ **Evangelio: SAN JUAN 15, 26–16, 4a**

En aquel tiempo, dijo Jesús a sus discípulos: «Cuando venga el Paráclito, que os enviaré desde el Padre, el Espíritu de la verdad, que procede del Padre, él dará testimonio de mí; y también vosotros daréis testimonio, porque desde el principio estáis conmigo. Os he hablado de esto para que no os escandalicéis. Os excomulgarán de la sinagoga; más aún, llegará incluso una hora cuando el que os dé muerte pensará que da culto a Dios. Y esto lo harán porque no han conocido ni al Padre ni a mí. Os he hablado de esto para que, cuando llegue la hora, os acordéis de que yo os lo había dicho».

Señor Jesús, así como hablaste a tus discípulos, nos hablas a nosotros: «Cuando venga el Defensor, que os enviaré desde el Padre, el Espíritu de la verdad, que procede del Padre, él dará testimonio de mí; y también vosotros daréis testimonio». Nos invitas a escuchar las voces de tus testigos y a ser también nosotros, testimonio vivo. Nos prometes el Espíritu de la verdad, el Defensor, el que trae consuelo. En momentos de tristeza y dificultad, escuchamos voces consoladoras que animan, levantan, dan paz y consuelan. «Os he hablado de esto, para que no tambaleéis» Nos llamas a dar testimonio, aunque implique rechazo, riesgo, conflictos... a hacernos ahí presentes. Y un aliento impulsa, disipa los miedos y las dudas: «Adelante, no temas, atrévete, da testimonio».

✳ **Hechos 16, 22-34:** Cree en el Señor Jesús y te salvarás tú y tu familia.

▸ Salmo 137 [138], 1bcd-2a|2bcd-3|7c-8: Tu derecha me salva, Señor. O bien: Aleluya.

✝ **Evangelio: SAN JUAN 16, 5-11**

En aquel tiempo, dijo Jesús a sus discípulos: «Ahora me voy al que me envió, y ninguno de vosotros me pregunta: "¿Adonde vas?". Sino que, por haberos dicho esto, la tristeza os ha llenado el corazón. Sin embargo, os digo la verdad: os conviene que yo me vaya; porque si no me voy, no vendrá a vosotros el Paráclito. En cambio, si me voy, os lo enviaré. Y cuando venga, dejará convicto al mundo acerca de un pecado, de una justicia y de una condena. De un pecado, porque no creen en mí; de una justicia, porque me voy al Padre, y no me veréis; de una condena, porque el príncipe de este mundo está condenado».

Un pecado, un juicio, una condena y la tristeza emergen de la separación, marcada por ausencias y despedidas. Aunque el dolor de la falta se siente profundamente, Jesús nos interpela: «No os quedéis en la tristeza, ninguno me pregunta: ¿Adónde vas?». Su partida augura algo diferente: El pecado del rechazo y el ignorar (le). Un juicio y su sentencia: Jesús, fiel al Padre, ha sido reivindicado, vive, se confirma que Dios es como nos mostró. Una condena: el mal está destinado a la derrota final, sin tener la última palabra. Como culminación, un don: recibimos el Espíritu, que es la presencia y actuación de Dios en el mundo, en nuestra historia y en nuestras vidas, un regalo de amor incesante. Motivos de contento, no de tristeza... ¡Tantas veces erramos las preguntas!

✳ **Hechos 17, 15.22–18, 1:** Eso que veneráis sin conocerlo os lo anuncio yo.

▶ **Salmo 148, 1bc-2|11-12|13|14:** Llenos están el cielo y la tierra de tu gloria. O bien: Aleluya.

✚ **Evangelio: SAN JUAN 16, 12-15**

En aquellos días, dijo Jesús a sus discípulos: «Muchas cosas me quedan por deciros, pero no podéis cargar con ellas por ahora; cuando venga él, el Espíritu de le verdad, os guiará hasta la verdad plena. Pues no hablará por cuenta propia, sino que hablará de lo que oye y os comunicará lo que está por venir. Él me glorificará, porque recibirá de lo mío y os lo anunciará. Todo lo que tiene el Padre es mío. Por eso os he dicho que recibirá y tomará de lo mío y os lo anunciará».

Si algo me molesta, es ser tratado con condescendencia; me resulta frustrante y suelo responder de manera reactiva, por lo general, la peor de mis respuestas posibles. Sin embargo, me resulta aún más insufrible la soberbia de aquellos que se creen poseedores de una verdad absoluta. Jesús se muestra condescendiente: «Muchas cosas me quedan por deciros, pero no podéis cargar con ellas por ahora». Bendita condescendencia la de Jesús. Absolutos, pocos: Dios, el Amor, la Vida... Hay tanto de Dios que desconocemos. «Dios nos viene grande». Reconocer nuestra pequeñez ante lo divino no es hacernos de menos, sino afirmar su grandeza. En esa pequeñez, en esa humildad, encontramos que somos amados por Dios tal cual somos, con nuestras limitaciones y nuestra torpe capacidad de amar... Ojalá sepamos escuchar cómo Él nos lo sigue diciendo.

(F) San Matías, ap.
San Miguel Garikoitz, pb. y fdr.
Santa M.ª Dominica Mazzarello, fdra.

✳ **Hechos 1, 15-17.20-26:** Le tocó a Matías y lo asociaron a los once apóstoles.

▶ **Salmo 112 [113], 1b-2|3-4|5-6|7-8:** El Señor lo sentó con los príncipes de su pueblo. O bien: Aleluya.

✠ **Evangelio: SAN JUAN 15, 9-17**

En aquel tiempo, dijo Jesús a sus discípulos: «Como el Padre me ha amado, así os he amado yo; permaneced en mi amor. Si guardáis mis mandamientos, permaneceréis en mi amor; lo mismo que yo he guardado los mandamientos de mi Padre y permanezco en su amor. Os he hablado de esto para que mi alegría esté en vosotros, y vuestra alegría llegue a plenitud. Este es mi mandamiento: que os améis unos a otros como yo os he amado. Nadie tiene amor más grande que el que da la vida por sus amigos. Vosotros sois mis amigos si hacéis lo que yo os mando. Ya no os llamo siervos, porque el siervo no sabe lo que hace su señor: a vosotros os llamo amigos, porque todo lo que he oído a mi Padre os lo he dado a conocer. No sois vosotros los que me habéis elegido, soy yo quien os he elegido y os he destinado para que vayáis y deis fruto, y vuestro fruto permanezca, de modo que lo que pidáis al Padre en mi nombre os lo dé. Esto os mando: que os améis unos a otros».

Hoy celebramos la fiesta de san Matías, el último apóstol «elegido por el Espíritu Santo». Una narración edificante que en el fondo nos dice que Dios actúa de modo misterioso, pero que sigue actuando... «de modo inexcrutable», dirían los clásicos. Así que incidiendo en lo de ayer: «Dios nos viene grande». Hoy Jesús nos dice: «Como el Padre me ha amado, así os he amado yo; permaneced en mi amor. Vosotros sois mis amigos. Esto os mando: que os améis unos a otros». A Toni Catalá le gustaba relacionar este pasaje de Juan 15 con el capítulo 20 y el encuentro de la Magdalena con el Resucitado. Hoy Jesús no llama amigos, que viene de amor. El Señor le dirá a María: «ve a mis hermanos y diles...». Con el Resucitado pasamos de amigos a hermanos, nos eleva y nos hace hijos con el Padre, hermanos con el Hijo, hermanos entre nosotros. Si hay algo que le duele a una madre es ver enfrentada a su progenie. Es muy triste descubrir cómo se deterioran las relaciones entre hermanos de sangre por dimes, diretes y dineros. Ojalá vivamos ese amor, de amistad, con los hermanos, de sangre y tambіén, claro que sí, con aquellos que se nos hacen hermanos en el camino.

NO TE AVERGÜENCES NUNCA (Pedro Casaldáliga, CFM)

No te avergüences nunca
de proclamar su Nombre,
deletreado en actos.

Muestra su Rostro glorioso
en tu mirada calcinada.

Exhibe, como plena garantía, el precio de su Sangre,
en el combate y en la derrota,
en la esperanza.

Comulga su Espíritu en la hostia,
en el silencio de los pobres
y en el grito de los muertos.

Abrázalo en toda carne humana.

Y espera su Regreso, seguro, imprevisible,
con tus pies ahincados en nuestro cada día.

(MO) San Isidro, labrador
Almería: San Indalecio, ob. y mr.*
Guadix: San Torcuato, ob. y mr. Jaén: San Eufrasio*, ob. y mr.*
Santa Juana de Lestonnac, viuda y fdra.

✳ **Hechos 18, 9-18:** Tengo un pueblo numeroso en esta ciudad.

▶ **Salmo 46 [47], 2-3|4-5|6-7:** Dios es el rey del mundo.
O bien: Aleluya.

✚ **Evangelio: SAN JUAN 16, 20-23a**

En aquel tiempo, dijo Jesús a sus discípulos: «En verdad, en verdad os digo: vosotros lloraréis y os lamentaréis, mientras que el mundo estará alegre; vosotros estaréis tristes, pero vuestra tristeza se convertirá en alegría. La mujer, cuando va a dar a luz, siente tristeza, porque ha llegado su hora; pero, en cuanto da a luz al niño, ni se acuerda del apuro, por la alegría de que al mundo le ha nacido un hombre. También vosotros ahora sentís tristeza; pero volveré a veros, y se alegrará vuestro corazón, y nadie os quitará vuestra alegría. Ese día no me preguntaréis nada».

«Ese día no me preguntaréis nada»... No serán necesarias las palabras, pues la tristeza callará y los corazones se encontrarán desde el silencio, con un abrazo, sin preguntas ni reproches... solo contento y alegría. En ese instante, los pequeños gestos sencillos se convertirán en la palabra de amor no pronunciada, pero sí vivida. Los ojos devolverán miradas profundas, no lágrimas... Será la hora de la presencia indiscutible, viva, contagiosa, palpable y certera. Las palabras que se dejaron de decir ya no serán necesarias; se entenderán, encontraremos lo que creíamos perdido. Será la promesa realizada, no el tiempo de la esperanza que hemos de seguir alimentando, sino de la realización. «Volveré a veros, y se alegrará vuestro corazón, y nadie os quitará vuestra alegría».

✳ **Hechos 18, 23-28:** Apolo demostraba con la Escritura que Jesús es el Mesías.

▶ **Salmo 46 [47]:** Dios es el rey del mundo. O bien: Aleluya.

✠ **Evangelio: SAN JUAN 16, 23b-28**

En aquel tiempo, dijo Jesús a sus discípulos: «En verdad, en verdad os digo: si pedís algo al Padre en mi nombre, os lo dará. Hasta ahora no habéis pedido nada en mi nombre; pedid y recibiréis, para que vuestra alegría sea completa. Os he hablado de esto en comparaciones; viene la hora en que ya no hablaré en comparaciones, sino que os hablaré del Padre claramente. Aquel día pediréis en mi nombre, y no os digo que yo rogaré al Padre por vosotros, pues el Padre mismo os quiere, porque vosotros me queréis y creéis que yo salí de Dios. Salí del Padre y he venido al mundo, otra vez dejo el mundo y me voy al Padre».

Cuando escucho estas palabras de la boca de Jesús, siento que no solo van dirigidas a sus discípulos. «Sé que me quieres, que soy y vengo de Dios»... y llega su declaración de amor: «Te quiero» dice Jesús, «el Padre también te quiere... soñamos lo mejor para ti, que tu alegría sea completa»... Y me invaden el afecto, la sorpresa y una cierta turbación. Me reconforta imaginar ese amor del Padre hacia mí, sin reservas ni condiciones, simplemente porque a veces creo en Jesús. Y luego recuerdo los momentos en que he acudido a Dios en busca de ayuda. Y una sombra aparece, me siento un poco torpe, como si no supiera pedir bien, como si me quedase en mezquindades y cosas pequeñas, en tribulaciones y banalidades de andar por casa que me quitan la paz. Y quisiera aprender a pedir bien en «el nombre de Jesús» y responder al sentirme amado, con amor.

✳ 1.ª lectura: HECHOS 1, 1-11

En mi primer libro, Teófilo, escribí de todo lo que Jesús hizo y enseñó desde el comienzo hasta el día en que fue llevado al cielo, después de haber dado instrucciones a los apóstoles que había escogido, movido por el Espíritu Santo. Se les presentó él mismo después de su pasión, dándoles numerosas pruebas de que estaba vivo, apareciéndoseles durante cuarenta días y hablándoles del reino de Dios. Una vez que comían juntos, les ordenó que no se alejaran de Jerusalén, sino «aguardad que se cumpla la promesa del Padre, de la que me habéis oído hablar, porque Juan bautizó con agua, pero vosotros seréis bautizados con Espíritu Santo dentro de no muchos días». Los que se habían reunido, le preguntaron, diciendo: «Señor, ¿es ahora cuando vas a restaurar el reino a Israel?». Les dijo: «No os toca a vosotros conocer los tiempos o momentos que el Padre ha establecido con su propia autoridad; en cambio, recibiréis la fuerza del Espíritu Santo que va a venir sobre vosotros y seréis mis testigos en Jerusalén, en toda Judea y Samaría y hasta el confín de la tierra». Dicho esto, a la vista de ellos, fue elevado al cielo, hasta que una nube se lo quitó de la vista. Cuando miraban fijos al cielo, mientras él se iba marchando, se les presentaron dos hombres vestidos de blanco, que les dijeron: «Galileos, ¿qué hacéis ahí plantados mirando al cielo? El mismo Jesús que ha sido tomado de entre vosotros y llevado al cielo, volverá como lo habéis visto marcharse al cielo».

▶ Salmo 46 [47], 2-3|6-7|8-9: Dios asciende entre aclamaciones; el Señor, al son de trompetas. O bien: Aleluya.

✳ 2.ª lectura: EFESIOS 1, 17-23

Hermanos: El Dios de nuestro Señor Jesucristo, el Padre de la gloria, os dé espíritu de sabiduría y revelación para conocerlo, e ilumine los ojos de vuestro corazón para que comprendáis cuál es la esperanza a la que os llama, cuál la riqueza de gloria que da en herencia a los santos, y cuál la extraordinaria grandeza de su poder en favor de nosotros, los creyentes, según la eficacia de su fuerza poderosa, que desplegó en Cristo, resucitándolo de entre los muertos y sentándolo a su derecha en el cielo, por encima de todo principado, poder, fuerza y dominación, y por encima de todo nombre conocido, no solo en este mundo, sino en el futuro. Y «todo lo puso bajo sus pies», y lo dio a la Iglesia, como Cabeza, sobre todo. Ella es su cuerpo, plenitud del que llena todo en todos.

✚ Evangelio: SAN MATEO 28, 16-20

En aquel tiempo, los once discípulos se fueron a Galilea, al monte que Jesús les había indicado. Al verlo, ellos se postraron, pero algunos dudaron. Acercándose a ellos, Jesús les dijo: «Se me ha dado todo poder en el cielo y en la tierra. Id, pues, y haced discípulos a todos los pueblos, bautizándolos en el nombre del Padre y del Hijo y del Espíritu Santo; enseñándoles a guardar todo lo que os he mandado. Y sabed que yo estoy con vosotros todos los días, hasta el final de los tiempos».

Nos acercamos al final del tiempo de Pascua y, con la festividad de la Ascensión, la Iglesia nos invita a centrar nuestra atención de modo especial en el mundo de las Comunicaciones Sociales. La imprenta, los libros, la prensa escrita, la fotografía, la telegrafía, la radio, la telefonía, el cine, la propaganda, internet, los móviles, la mensajería instantánea, el mundo virtual, el imperio de las redes sociales y la inteligencia artificial... Estar conectados no siempre significa tener acceso a la información que, muchas veces, no coincide con comunicarse. Nos enfrentamos a múltiples desafíos y dilemas éticos, la privacidad, la desinformación, el exhibicionismo, la sobreexposición, la manipulación, el impacto en nuestras vidas cotidianas... El tema da para mucho... Pero, incluso ante el mismo Jesús, en el monte de Galilea, nuestro corazón vacila. Él nos invita a decidirnos y actuar con determinación, a comunicar de verdad, con el tacto, gestos, pero también con palabras... a acertar con las palabras adecuadas para propiciar un encuentro con el Resucitado, a ser portadores de Buena Noticia, pero sobre todo de esperanza y consuelo en este tiempo que tanto necesita de ánimo y de Dios para enfrentarnos a la vida de otra manera... sabiendo que «estará con nosotros todos los días, hasta el fin del mundo».

RESPIRA EN MÍ, OH, ESPÍRITU SANTO (San Agustín)

Respira en mí, oh, Espíritu Santo
para que mis pensamientos
puedan ser todos santos.
Actúa en mí, oh, Espíritu Santo
para que mi trabajo,
también pueda ser santo.
Atrae mi corazón, oh, Espíritu Santo
para que solo ame
lo que es santo.
Fortaléceme, oh, Espíritu Santo
para que defienda
todo lo que es santo.
Guárdame pues, oh, Espíritu Santo
para que yo siempre
pueda ser santo.
Amén.

7.ª semana de Pascua. LH: salterio sem. III
Santa Rafaela M.ª Porras, v. y fdra.*
Santa M.ª Josefa del Corazón de Jesús, v. y fdra.*

✳ **Hechos 19, 1-8:** ¿Recibisteis el Espíritu Santo al aceptar la fe?

▶ **Salmo 67 [68], 2-3|4-5ac|6-7ab:** Reyes de la tierra, cantad a Dios. O bien: Aleluya.

✠ **Evangelio: SAN JUAN 16, 29-33**

En aquel tiempo, los discípulos dijeron a Jesús: «Ahora sí que hablas claro y no usas comparaciones. Ahora vemos que lo sabes todo y no necesitas que te pregunten; por ello creemos que has salido de Dios». Les contestó Jesús: «¿Ahora creéis? Pues mirad: está para llegar la hora, mejor, ya ha llegado, en que os disperséis cada cual por su lado y a mí me dejéis solo. Pero no estoy solo, porque está conmigo el Padre. Os he hablado de esto para que encontréis la paz en mí. En el mundo tendréis luchas; pero tened valor: yo he vencido al mundo».

Hay muchas formas de hablar, las tuyas, Señor, son palabras claras. Palabras sabias. Palabras que no necesitan notas a pie de página. Palabras sin subterfugios, ni dobleces. Palabras que no requieren de más explicaciones. Hay muchas formas de comunicarse, la tuya es directa, transparente, sencilla, comprensible, franca... Honestidad en lo que se dice que invita al acercamiento, eliminando prejuicios y barreras innecesarias, dinamizando hacia la comprensión mutua... y con todo vendrá el abandono, quizás precisamente por esa franqueza en las palabras. Y su eco en nosotros: resignación y esperanza, realismo y horizonte. Intuimos adversidades y tensiones veladas, que acogemos a pesar de todo: Nos sentimos invitados a permanecer, a la fidelidad, al compromiso, incluso o precisamente por los desafíos de la realidad.

✳ Hechos 20, 17-27: Completo mi carrera y consumo el ministerio que recibí del Señor Jesús.

▶ Salmo 67 [68], 10-11|20-21: Reyes de la tierra, cantad a Dios. O bien: Aleluya.

✠ **Evangelio: SAN JUAN 17, 1-11a**

En aquel tiempo, Jesús, levantando los ojos al cielo, dijo: «Padre, ha llegado la hora, glorifica a tu Hijo, para que tu Hijo te glorifique a ti y, por el poder que tú le has dado sobre toda carne, dé la vida eterna a todos los que le has dado. Esta es la vida eterna: que te conozcan a ti, único Dios verdadero, y a tu enviado, Jesucristo. Yo te he glorificado sobre la tierra, he llevado a cabo la obra que me encomendaste. Y ahora, Padre, glorifícame junto a ti, con la gloria que yo tenía junto a ti antes que el mundo existiese. He manifestado tu nombre a los que me diste de en medio del mundo. Tuyos eran, y tú me los diste, y ellos han guardado tu palabra. Ahora han conocido que todo lo que me diste procede de ti, porque yo les he comunicado las palabras que tú me diste, y ellos las han recibido, y han conocido verdaderamente que yo salí de ti, y han creído que tú me has enviado. Te ruego por ellos; no ruego por el mundo, sino por estos que tú me diste, porque son tuyos. Y todo lo mío es tuyo, y lo tuyo mío; y en ellos he sido glorificado. Ya no voy a estar en el mundo, pero ellos están en el mundo, mientras yo voy a ti».

Jesús ha cumplido con lo que le tocaba, manifestar el nombre de un Dios que es Padre y Madre. Y a los de en medio del mundo, de entonces y de ahora, se nos pide que guardemos su palabra. De nuevo las palabras y la comunicación: «Les he comunicado las palabras que tú me diste, y ellos las han recibido».Y con todo, Jesús no se queda tranquilo, necesita que Alguien se ocupe de nosotros. Y ora...

ruega por nosotros. Un Jesús que se sitúa ante Dios e intercede por los que le fuimos dados, los que le pertenecemos y permanecemos en el mundo. Lo que toca ahora es intentar vivir eso que hemos recibido, abrazando ese obsequio que se nos ha dado. Nos resta una tarea: comunicar, cada día, esa palabra regalada.

¿QUÉ QUIERO, MI JESÚS? (atribuido a Calderón de la Barca)

¿Qué quiero, mi Jesús?... Quiero quererte,
quiero cuanto hay en mí, del todo darte
sin tener más placer que el agradarte,
sin tener más temor que el ofenderte.

Quiero olvidarlo todo y conocerte,
quiero dejarlo todo por buscarte,
quiero perderlo todo por hallarte,
quiero ignorarlo todo por saberte.

Quiero, amable Jesús, abismarme
en ese dulce hueco de tu herida,
y en sus divinas llamas abrasarme.

Quiero, por fin, en Ti transfigurarme,
morir a mí, para vivir tu vida,
perderme en Ti, Jesús, y no encontrarme.

La unión con Cristo es al mismo tiempo unión con todos los demás a los que Él se entrega. No puedo tener a Cristo solo para mí; únicamente puedo pertenecerle en unión con todos los que son suyos o lo serán. La comunión me hace salir de mí mismo para ir hacia Él, y por tanto, también hacia la unidad con todos los cristianos. PAPA BENEDICTO XVI

**7.ª semana de Pascua
o San Bernardino de Siena, pb.**
San Arcángel Tadini, pb. y fdr.

✳ **Hechos 20, 28-38:** Os encomiendo a Dios, que tiene poder para construiros y haceros partícipes de la herencia.

▶ **Salmo 67 [68], 29-30|33-35a|35bc.36d:** Reyes de la tierra, cantad a Dios. O bien: Aleluya.

✠ **Evangelio: SAN JUAN 17, 11b-19**

En aquel tiempo, levantando los ojos al cielo, oró Jesús diciendo: «Padre santo, guárdalos en tu nombre, a los que me has dado, para que sean uno, como nosotros. Cuando estaba con ellos, yo guardaba en tu nombre a los que me diste, y los custodiaba, y ninguno se perdió, sino el hijo de la perdición, para que se cumpliera la Escritura. Ahora voy a ti, y digo esto en el mundo para que tengan en sí mismos mi alegría cumplida. Yo les he dado tu palabra, y el mundo los ha odiado porque no son del mundo, como tampoco yo soy del mundo. No ruego que los retires del mundo, sino que los guardes del Maligno. No son del mundo, como tampoco yo soy del mundo. Santifícalos en la verdad: tu palabra es verdad. Como tú me enviaste al mundo, así yo los envío también al mundo. Y por ellos yo me santifico a mí mismo, para que también ellos sean santificados en la verdad».

El valor de la palabra dada parece algo desfasado en un contexto donde los acuerdos a menudo vienen cargados de letra pequeña y «cookies» por aceptar. Frente a la ingeniería legal y el miedo a que «nos la cuelen» que nos obliga a leer y releer, a estar siempre alerta antes de firmar, Jesús nos propone una forma distinta de compromiso: Él mismo es la palabra entregada, la Alianza y el Pacto del lavatorio y la acción de gracias. Nos invita a transformar nuestra manera de relacionarnos: menos sospecha, más compasión. «Yo les he dado tu palabra», nos dice el Señor, y nos desafía a recuperar el valor de una palabra auténtica y transformadora, que apuesta por el compromiso y la verdad.

✳ **Hechos 22, 30; 23, 6-11:** Tienes que dar testimonio en Roma. ❱ **Salmo 15 [16], 1b-2a.5|7-8|9-10|11:** Protégeme, Dios mío, que me refugio en ti. O bien: Aleluya.

✞ **Evangelio: SAN JUAN 17, 20-26**

En aquel tiempo, levantando los ojos al cielo, oró Jesús diciendo: «No solo por ellos ruego, sino también por los que crean en mí por la palabra de ellos, para que todos sean uno, como tú, Padre, en mí, y yo en ti, que ellos también sean uno en nosotros, para que el mundo crea que tú me has enviado. Yo les he dado la gloria que tú me diste, para que sean uno, como nosotros somos uno; yo en ellos, y tú en mí, para que sean completamente uno, de modo que el mundo sepa que tú me has enviado y que los has amado a ellos como me has amado a mí. Padre, este es mi deseo: que los que me has dado estén conmigo donde yo estoy y contemplen mi gloria, la que me diste, porque me amabas, antes de la fundación del mundo. Padre justo, si el mundo no te ha conocido, yo te he conocido, y estos han conocido que tú me enviaste. Les he dado a conocer y les daré a conocer tu nombre, para que el amor que me tenías esté en ellos, y yo en ellos».

Jesús ora por sus amigos, los de entonces y por los que lo somos, por la palabra de esos primeros. San Ignacio nos invita a considerar que el amor es comunicación y que ese amor ha de ponerse más en las obras que en las palabras. Las palabras de verdad van acompañadas de actitudes que las acompañan. Palabras que transparentan algo profundo, cuyos ecos encarnan lo que dicen. Los más jóvenes, los de la generación Z nos interpelan con su insistencia en apreciar el valor de la autenticidad y la coherencia... en un mundo de filtros reconocen la importancia y la fuerza de lo genuino. No están tan lejos en sus deseos de lo que nos propone Jesús... a todos.

✳ **Hechos 25, 13b-21:** De un tal Jesús, ya muerto, que Pablo sostiene que está vivo. ❧ **Salmo 102 [103], 1bc-2|11-12|19-20ab:** El Señor puso en el cielo su trono. **O bien:** Aleluya.

✚ **Evangelio: SAN JUAN 21, 15-19**

Habiéndose aparecido Jesús a sus discípulos, después de comer, le dice a Simón Pedro: «Simón, hijo de Juan, ¿me amas más que estos?». Él le contestó: «Sí, Señor, tú sabes que te quiero». Jesús le dice: «Apacienta mis corderos». Por segunda vez le pregunta: «Simón, hijo de Juan, ¿me amas?». Él le contesta: «Sí, Señor, tú sabes que te quiero». Él le dice: «Pastorea mis ovejas». Por tercera vez le pregunta: «Simón, hijo de Juan, ¿me quieres?». Se entristeció Pedro de que le preguntara por tercera vez: «¿Me quieres?» y le contestó: «Señor, tú conoces todo, tú sabes que te quiero». Jesús le dice: «Apacienta mis ovejas. En verdad, en verdad te digo: cuando eras joven, tú mismo te ceñías e ibas adonde querías; pero, cuando seas viejo, extenderás las manos, otro te ceñirá y te llevará adonde no quieras». Esto dijo aludiendo a la muerte con que iba a dar gloria a Dios. Dicho esto, añadió: «Sígueme».

Nos acercamos al final del tiempo pascual, es momento de hacer balance de lo vivido en él. También nosotros, como Pedro, hemos fallado en ocasiones y necesitamos escuchar la pregunta del Señor, la única esencial: «¿me amas?». Pedro contestó desde el fondo de su corazón y a nosotros nos toca hacer lo mismo, solo nos pide sinceridad. Lo más importante finalmente es dejar de luchar con el Señor y acceder a que sea él quien actúe en nuestra vida, permitiendo que su cariño despierte nuestras áreas heridas o muertas, y las haga revivir en comunicación, generosidad y entrega. Él nos sigue dando su misión, la nuestra particular, para nuestro propio bien y para bien de los demás.

✳ Hechos 28, 16-20.30-31: Permaneció en Roma predicando el reino de Dios. ❯ Salmo 10 [11], 4|5.7: Los buenos verán tu rostro, Señor. O bien: Aleluya.

✠ **Evangelio: SAN JUAN 21, 20-25**

En aquel tiempo, Pedro, volviéndose, vio que los seguía el discípulo a quien Jesús amaba, el mismo que en la cena se había apoyado en su pecho y le había preguntado: «Señor, ¿quién es el que te va a entregar?». Al verlo, Pedro dice a Jesús: «Señor, y este, ¿qué?». Jesús le contesta: «Si quiero que se quede hasta que yo venga, ¿a ti qué? Tú sígueme». Entonces se empezó a correr entre los hermanos el rumor de que ese discípulo no moriría. Pero no le dijo Jesús que no moriría, sino: «Si quiero que se quede hasta que yo venga, ¿a ti qué?». Este es el discípulo que da testimonio de todo esto y lo ha escrito; y nosotros sabemos que su testimonio es verdadero. Muchas otras cosas hizo Jesús. Si se escribieran una por una, pienso que ni el mundo entero podría contener los libros que habría que escribir.

Incluso tras sentirnos acogidos y aceptados, invitados a ser cuidadores, las palabras pueden jugarnos malas pasadas y asaltarnos las sospechas: «Señor, ¿y este, qué?». Somos especialistas en distraernos del propio camino, poniendo el foco en el camino ajeno, dando cabida a esas palabras y pensamientos que nos perturban, que nos comparan, que nos hacen sentir de menos —«¿por qué yo no?»—, o de más —«mira a ese pobre desgraciado»—, porque todo es posible. Jesús es tajante, pero no se trata de una reprimenda, sino de una invitación a vivir desde la confianza; a acallar los ecos de nuestras propias inseguridades para centrarnos en lo importante... Él tiene un camino para mí. «¿A ti qué? Tú sígueme».

✳ 1.ª lectura: HECHOS 2, 1-11

Al cumplirse el día de Pentecostés, estaban todos juntos en el mismo lugar. De repente, se produjo desde el cielo un estruendo, como de viento que soplaba fuertemente, y llenó toda la casa donde se encontraban sentados. Vieron aparecer unas lenguas, como llamaradas, que se dividían, posándose encima de cada uno de ellos. Se llenaron todos de Espíritu Santo y empezaron a hablar en otras lenguas, según el Espíritu les concedía manifestarse. Residían entonces en Jerusalén judíos devotos venidos de todos los pueblos que hay bajo el cielo. Al oírse este ruido, acudió la multitud y quedaron desconcertados, porque cada uno los oía hablar en su propia lengua. Estaban todos estupefactos y admirados, diciendo: «¿No son galileos todos esos que están hablando? Entonces, ¿cómo es que cada uno de nosotros los oímos hablar en nuestra lengua nativa? Entre nosotros hay partos, medos, elamitas y habitantes de Mesopotamia, de Judea y Capadocia, del Ponto y Asia, de Frigia y Panfilia, de Egipto y de la zona de Libia que limita con Cirene; hay ciudadanos romanos forasteros, tanto judíos como prosélitos; también hay cretenses y árabes; y cada uno los oímos hablar de las grandezas de Dios en nuestra propia lengua».

▸ Salmo 103 [104]: Envía tu espíritu, Señor, y repuebla la faz de la tierra. O bien: Aleluya.

✳ 2.ª lectura: 1 CORINTIOS 12, 3b-7.12-13

Hermanos: Nadie puede decir: «¡Jesús es Señor!», sino por el Espíritu Santo. Y hay diversidad de carismas, pero un mismo Espíritu; hay diversidad de ministerios, pero un mismo Señor; y hay diversidad de actuaciones, pero un mismo Dios que obra todo en todos. Pero a cada cual se le otorga la manifestación del Espíritu para el bien común.

Pues, lo mismo que el cuerpo es uno y tiene muchos miembros, y todos los miembros del cuerpo, a pesar de ser muchos, son un solo cuerpo, así es también Cristo. Pues todos nosotros, judíos y griegos, esclavos y libres, hemos sido bautizados en un mismo Espíritu, para formar un solo cuerpo. Y todos hemos bebido de un solo Espíritu.

✚ Evangelio: SAN JUAN 20, 19-23

Al anochecer de aquel día, el primero de la semana, estaban los discípulos en una casa, con las puertas cerradas por miedo a los judíos. Y en esto entró Jesús, se puso en medio y les dijo: «Paz a vosotros». Y, diciendo esto, les enseñó las manos y el costado. Y los discípulos se llenaron de alegría al ver al Señor. Jesús repitió: «Paz a vosotros. Como el Padre me ha enviado, así también os envío yo». Y, dicho esto, sopló sobre ellos y les dijo: «Recibid el Espíritu Santo; a quienes les perdonéis los pecados, les quedan perdonados; a quienes se los retengáis, les quedan retenidos».

La solemnidad de Pentecostés nos recuerda que las cosas de Dios son para todos y tienen que ver con todos. Se nos invita a no ser meros espectadores de la realidad, sino también colaboradores del Espíritu de Dios que hemos recibido. De esta manera, no solo desde lo implícito, hablemos de Dios y transformemos la creación para que se asemeje más a la soñada por Él. La noche no tiene porque ser fuente de amenazas, de vivir con las puertas cerradas. Se dan, también, encuentros que transforman, que infunden valentía, que nos abren a la vida. Contemplar unas manos queridas, observar las cicatrices de las heridas, propias y ajenas, sin resentimiento ni autocomplacencia, sino desde la acogida y la aceptación... Transmutar la desolación en esos otros sentimientos que deberían acompañarnos siempre. Y un deseo desde el que reconstruir relaciones: la paz. Y una misión, un sentido, un horizonte que adoptar... dejar como herencia otro mundo posible, urdidores de sueños aparentemente frágiles que hunden sus raíces en Dios. Ser trovadores de perdón y reconciliación, de abrazos y nuevas oportunidades.

(MO) Santa María, Madre de la Iglesia
LH: salterio sem. IV. Se reanuda el T.O. (sem. 8)
San Beda el venerable, pb. y dr.

✳ Génesis 3, 9-15.20: Madre de todos los vivientes.
O bien: Hechos 1, 12-14: Perseveraban en la oración con María, la madre de Jesús. ◗ Salmo 86 [87], 1b-2|3.5|6-7: Qué pregón tan glorioso para ti, Ciudad de Dios.

✚ **Evangelio: SAN JUAN 19, 25-34**

En aquel tiempo, junto a la cruz de Jesús estaban su madre, la hermana de su madre, María, la de Cleofás, y María, la Magdalena. Jesús, al ver a su madre y junto a ella al discípulo al que amaba, dijo a su madre: «Mujer, ahí tienes a tu hijo». Luego, dijo al discípulo: «Ahí tienes a tu madre». Y desde aquella hora, el discípulo la recibió como algo propio. Después de esto, sabiendo Jesús que ya todo estaba cumplido, para que se cumpliera la Escritura, dijo: «Tengo sed». Había allí un jarro lleno de vinagre. Y, sujetando una esponja empapada en vinagre a una caña de hisopo, se la acercaron a la boca. Jesús, cuando tomó el vinagre, dijo: «Está cumplido». E, inclinando la cabeza, entregó el espíritu. Los judíos, como era el día de la Preparación, para que no se quedaran los cuerpos en la cruz el sábado, porque aquel sábado era un día grande, pidieron a Pilato que les quebraran las piernas y que los quitaran. Fueron los soldados, le quebraron las piernas al primero y luego al otro que habían crucificado con él; pero al llegar a Jesús, viendo que ya había muerto, no le quebraron las piernas, sino que uno de los soldados, con la lanza, le traspasó el costado, y al punto salió sangre y agua.

En la memoria de Santa María, Madre de la Iglesia, se nos invita a contemplar esos últimos momentos de la vida de Jesús, al pie de la cruz, donde se transparentan gestos de amor y esperanza en medio del tormento. Presencias que no esquivan la dura realidad: las mujeres, su madre y el discípulo amado. Jesús halla la fuerza para dejarnos al cuidado de una Madre: «Mujer, ahí tienes a tu hijo... Ahí tienes a tu madre». Escuela del corazón para saber enfrentar los momentos de desolación, sostener la mirada del que sufre y aprender a estar, simplemente estar, acompañando sin necesidad de palabras. Recibir en nuestro hogar a esa figura materna, que tanto tiene que ver con nuestra vivencia de hijos y la huella que nuestra madre ha dejado en nosotros: fuente de cuidados y sabiduría, besos y abrazos de ternura, noches de vigilia y consejos... que nos ha alimentado, sostenido y enriquecido desde el amor. Ellas, la Madre y las madres, con sus enseñanzas sobre la oración y la vida, con sus intuiciones y capacidad de celebrar y acoger, son sinónimo de hogar, amor y sacrificio, de memoria y conexión con nuestras raíces, de permanencia... nos hacen sentirnos hijos y hermanos.

MADRE DE CRISTO, CANTA CON NOSOTROS (Helder Câmara)

María, Madre de Cristo y Madre de la Iglesia, al prepararnos para la misión evangelizadora que nos corresponde continuar, alargar y perfeccionar pensamos en ti.

Pero de modo especial pensamos en ti, por ese modelo perfecto de acción de gracias que es el himno que cantaste, cuanto tu prima santa Isabel, madre de Juan Bautista, te proclamó la más feliz entre las mujeres. No te fijaste en tu felicidad, sino que pensaste en la humanidad entera. Pensaste en todos. Pero tomaste una clara opción en favor de los pobres, como haría más tarde tu Hijo.

¿Qué hay en ti, en tu palabra, en tu voz, cuando anuncias en el Magníficat la humillación de los poderosos y la elevación de los humildes, la saciedad de los que tienen hambre y el desmayo de los ricos, que nadie se atreve a llamarte revolucionaria, ni mirarte con sospecha? ¡Préstanos tu voz y canta con nosotros! Pide a tu Hijo que en todos nosotros se realicen plenamente los planes del Padre.

✳ **1 Pedro 1, 10-16:** Profetizaron sobre la gracia destinada a vosotros; por eso, manteniéndoos sobrios, confiad plenamente.

▶ **Salmo 97 [98], 1bcde|2-3ab|3cd-4:** El Señor da a conocer su salvación.

✢ **Evangelio: SAN MARCOS 10, 28-31**

En aquel tiempo, Pedro se puso a decir a Jesús: «Ya ves que nosotros lo hemos dejado todo y te hemos seguido». Jesús dijo: «En verdad os digo que no hay nadie que haya dejado casa, o hermanos o hermanas, o madre o padre, o hijos o tierras, por mí y por el Evangelio, que no reciba ahora, en este tiempo, cien veces más –casas y hermanos y hermanas y madres e hijos y tierras, con persecuciones–, y en la edad futura, vida eterna. Muchos primeros serán últimos, y muchos últimos, primeros».

Después de Pentecostés, retomamos el Tiempo Ordinario y resuenan de nuevo los rugidos del león. Volvemos al evangelio de Marcos en las lecturas continuas de feria, antes de adentrarnos, el 8 de junio, en el de Mateo. Poco a poco se diluye la gratuidad y nos acecha esa necesidad tan humana de seguridades. «Ya ves que nosotros lo hemos dejado todo y te hemos seguido»... Como a Pedro, nos asustan los cambios, los retos, la inestabilidad y sentirnos vulnerables; nos aferramos a las realidades que prometen supervivencia, continuidad, refugio. Y el Señor nos hace una promesa: ahora tendremos mucho más, pero «con persecuciones». No nos ahorra los conflictos, los dolores de cabeza, las preocupaciones ni las situaciones difíciles; no quiere que seamos ingenuos, pero estará a nuestro lado, como dice Benjamín, para realizarnos «perdiéndonos en el porvenir de todos, en el corazón de Dios».

✳ **1 Pedro 1, 18-25:** Fuisteis liberados con una sangre preciosa, como la de un cordero sin mancha: Cristo.

▶ **Salmo 147, 12-13|14-15|19-20:** Glorifica al Señor, Jerusalén. **O bien:** Aleluya.

✠ **Evangelio: SAN MARCOS 10, 32-45**

En aquel tiempo, los discípulos estaban subiendo por el camino hacia Jerusalén y Jesús iba delante de ellos; ellos estaban sorprendidos y los que lo seguían tenían miedo. Él tomó aparte otra vez a los Doce y empezó a decirles lo que le iba a suceder: «Mirad, estamos subiendo a Jerusalén, y el Hijo del hombre va a ser entregado a los sumos sacerdotes y a los escribas, lo condenarán a muerte y lo entregarán a los gentiles, se burlarán de él, le escupirán, lo azotarán y lo matarán; y a los tres días resucitará». Se le acercaron los hijos de Zebedeo, Santiago y Juan dijeron: «Maestro, queremos que nos hagas lo que te vamos a pedir». Les preguntó: «¿Qué queréis que haga por vosotros?». Contestaron: «Concédenos sentarnos en tu gloria uno a tu derecha y otro a tu izquierda». Jesús replicó: «No sabéis lo que pedís, ¿podéis beber el cáliz que yo he de beber, o bautizaros con el bautismo con que yo me voy a bautizar?». Contestaron: «Podemos». Jesús les dijo: «El cáliz que yo voy a beber lo beberéis, y seréis bautizados con el bautismo con que yo me voy a bautizar, pero el sentarse a mi derecha o a mi izquierda no me toca a mí concederlo, sino que es para quienes está reservado». Los otros diez, al oír aquello, se indignaron contra Santiago y Juan. Jesús, llamándolos, les dijo: «Sabéis que los que son reconocidos como jefes de los pueblos los tiranizan, y que los grandes los oprimen. No será así entre vosotros: el que quiera ser grande entre vosotros, que sea vuestro servidor; y el que quiera ser primero, sea esclavo de todos. Porque el Hijo del hombre no ha venido a ser servido, sino a servir y dar su vida en rescate por muchos».

Cuando otro Jesús, Jesulín, vio colmados sus sueños, construyó una impresionante finca a la que bautizó como «Ambiciones»... qué metáfora tan reveladora de nuestros anhelos y de lo que nos impulsa. El Señor se adelanta y, aunque surgen la extrañeza y el miedo, tienen más fuerza las ambiciones que los temores. De nuevo, la búsqueda de certezas y suelos firmes, lugares privilegiados, reconocimiento y espacios de poder... y la respuesta de Jesús: que no, que lo suyo tiene que ver con otra cosa, con amar, con ponerse a los pies del otro como un esclavo, puesto que amar es servir... y el primero es el propio Jesús: «El Hijo del hombre no ha venido para que le sirvan, sino para servir y dar la vida en rescate por todos». La finca donde encontrarnos con el Señor no se llama «Ambiciones», se llama «Servicio».

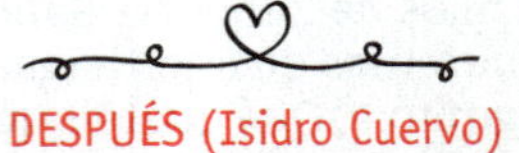

DESPUÉS (Isidro Cuervo)

Después, cuando menos lo esperas, / aparece más fresca la vida. / Y cuanto más alto miras, / cuanto más te sorprendes, / más pequeño, más de rodillas / eres ante Dios.
Después, cuando menos lo esperas, / el tiempo ha marcado su ritmo, / y un sendero por dentro, / y ha tejido otra entraña más viva, / entonces apareces más hermano, / más hijo, más... de rodillas.
Es casi sin querer, al compás del deseo, / de la ilusión, como el hombre / va haciéndose criatura, / más a la imagen del corazón del amor. / Y después, cuando menos lo esperas, / no puedes menos que querer de rodillas.

(F) Jesucristo, Sumo y Eterno Sacerdote. Ciclo A
San Pablo Hanh, mr.
Beato Ladislao Demski, mr.

✳ **Génesis 22, 9-18:** El sacrificio de Abrahán, nuestro padre en la fe. **O bien: Hebreos 10, 4-10:** Así está escrito en el comienzo del libro acerca de mí: para hacer, ¡oh, Dios!, tu voluntad. ❱ **Salmo 39 [40], 7-8a|8b-9|10-11ab|17:** Aquí estoy, Señor, para hacer tu voluntad.

✠ **Evangelio: SAN MATEO 26, 36-42**

Jesús fue con sus discípulos a un huerto, llamado Getsemaní, y les dijo: «Sentaos aquí, mientras voy allá a orar». Y llevándose a Pedro y a los dos hijos de Zebedeo, empezó a sentir tristeza y angustia. Entonces les dijo: «Mi alma está triste hasta la muerte; quedaos aquí y velad conmigo». Y adelantándose un poco cayó rostro en tierra y oraba diciendo: «Padre mío, si es posible, que pase de mí este cáliz. Pero no se haga como yo quiero, sino como quieres tu». Y volvió a los discípulos y los encontró dormidos. Dijo a Pedro: «;No habéis podido velar una hora conmigo? Velad y orad para no caer en la tentación, pues el espíritu esta pronto, pero la carne es débil». De nuevo se apartó por segunda vez y oraba diciendo: «Padre mío, si este cáliz no puede pasar sin que yo lo beba, hágase tu voluntad».

Frente a nuestra tendencia a dejarnos embaucar por nuestras ambiciones, la fiesta de Jesucristo: sumo y eterno sacerdote, nos pone en nuestro sitio y nos señala caminos y horizontes. Todos somos sacerdotes por el bautismo, todos somos llamados a ser mediadores al estilo de Jesús. Un modo de hacer, estar y relacionarse que poco tiene que ver con privilegios, distancias, lejanías, roles paternales o el liderazgo autocrático... Desde la sencillez de una comida compartida, un trozo de pan y un poco de vino, y una certeza: la vida es para darla, para romperla y compartirla y que alimente más vidas, para saciar los anhelos más verdaderos e íntimos, para los otros, para ser entregada.

8.ª semana del T.O.
San Pablo VI, p.
Santa Úrsula Ledóchowska, v. y fdra.

✳ 1 Pedro 4, 7-13: Sed buenos administradores de la multiforme gracia de Dios. ❱ Salmo 95 [96], 10|11-12|13: Llega el Señor a regir la tierra.

✚ **Evangelio: SAN MARCOS 11, 11-25**

Después que el gentío lo hubo aclamado, entró Jesús en Jerusalén, en el templo, lo estuvo observando todo y, como era ya tarde, salió hacia Betania con los Doce. Al día siguiente, cuando salían de Betania, sintió hambre. Vio de lejos una higuera con hojas, y se acercó para ver si encontraba algo; al llegar no encontró más que hojas, porque no era tiempo de higos. Entonces le dijo: «Nunca jamás coma nadie frutos de ti». Los discípulos lo oyeron. Llegaron a Jerusalén y, entrando en el templo, se puso a echar a los que vendían y compraban en el templo, volcando las mesas de los cambistas y los puestos de los que vendían palomas. Y no consentía a nadie transportar objetos por el templo. Y los instruía diciendo: «¿No está escrito: "Mi casa será casa de oración para todos los pueblos"? Vosotros en cambio la habéis convertido en cueva de bandidos». Se enteraron los sumos sacerdotes y los escribas y, como le tenían miedo, porque todo el mundo admiraba su enseñanza, buscaban una manera de acabar con él. Cuando atardeció, salieron de la ciudad. A la mañana siguiente, al pasar, vieron la higuera seca de raíz. Pedro cayó en la cuenta y dijo a Jesús: «Maestro, mira, la higuera que maldijiste se ha secado». Jesús contestó: «Tened fe en Dios. En verdad os digo que si uno dice a este monte: "Quítate y arrójate al mar", y no duda en su corazón, sino que cree en que sucederá lo que dice, lo obtendrá. Por eso os digo: todo cuanto pidáis en la oración, creed que os lo han concedido y lo obtendréis. Y cuando os pongáis a orar, perdonad lo que tengáis contra otros, para que también vuestro Padre del cielo os perdone vuestras culpas»..

¿Una maldición para ilustrar qué es la fe? Contemplamos lo que parece un berrinche infantil: tengo hambre, veo una frondosa higuera, me acerco, no tiene frutos y la maldigo: «Nunca jamás coma nadie de ti», y eso fuera de temporada de higos ni brevas. La higuera simplemente se preparaba para fructificar a futuro. ¿Entonces? Antes del hambre de Jesús y de confirmar que la maldición se ha cumplido, Jesús pasa dos veces por el Templo. Le entristece y enfurece ver cómo algunos se relacionan con Dios desde la manipulación y el provecho propio. Tradicionalmente, la higuera simboliza al pueblo de Israel... pero Jesús no puede maldecir a su pueblo; lo que critica son prácticas que nos alejan de los demás y de Dios, una fe hueca... y eso en sí, ya nos maldice.

OTRO «LOCO» COMO TÚ (Pedro Arrupe, SJ)

Señor, dame tu amor, que me haga perder mi «prudencia humana» y me impulse a arriesgarme, a dar el salto, como san Pedro, para ir a Ti: que no me hundiré mientras confíe en Ti.

No quisiera oír: «Hombre de poca fe, ¿por qué dudaste?». Cuántos motivos teológicos, ascéticos, de prudencia humana, se levantan en mi espíritu y tratan de demostrarme «bajo apariencia de bien», con muchas razones humanas, que aquello que Tú me inspiras y pides es imprudente: una locura.

¡Tú, Señor, según eso, fuiste «el más loco de los hombres», pues inventaste esa insensatez de la cruz!

¡Oh, Señor!, enséñame que esa insensatez es tu prudencia, y dame tal amor a tu persona para que sea yo también otro loco como Tú.

8.ª semana del T.O.
o San Fernando
Beata Matilde Téllez, v. y fdra.*

✳ **Judas 1, 17.20b-25:** Dios puede preservaros de tropiezos y presentaros intachables ante su gloria.

▶ **Salmo 62 [63], 2|3-4|5-6:** Mi alma está sedienta de ti, Señor, Dios mío.

✠ **Evangelio: SAN MARCOS 11, 27-33**

En aquel tiempo, Jesús y los discípulos volvieron a Jerusalén y, mientras este paseaba por el templo, se le acercaron los sumos sacerdotes, los escribas y los ancianos, y le decían: «¿Con qué autoridad haces esto? ¿Quién te ha dado semejante autoridad para hacer esto?». Jesús les replicó: «Os voy a hacer una pregunta y, si me contestáis, os diré con qué autoridad hago esto. El bautismo de Juan ¿era del cielo o de los hombres? Contestadme». Se pusieron a deliberar: «Si decimos que es del cielo, dirá: "¿Y por qué no le habéis creído?". Pero ¿cómo vamos a decir que es de los hombres?» (Temían a la gente, porque todo el mundo estaba convencido de que Juan era un profeta). Y respondieron a Jesús: «No sabemos». Jesús les replicó: «Pues tampoco yo os digo con qué autoridad hago esto».

¡Ya está bien! Intentar dar razón a quien se niega a abrir sus entendederas es una misión casi imposible. De nuevo esa retahíla insistente desde la sospecha, viendo al otro como un antagonista. Rechazo frente a acogida. La imposibilidad de poner en duda las propias certezas. Es el tema de las ideologías como absoluto, algo que invade nuestro país, nos hace mucho daño y cercena cualquier posibilidad de diálogo, acercamiento y reconciliación de partes enfrentadas. Si una de las partes no hace el esfuerzo de empatizar con la otra, siempre me presentaré como víctima y veré al otro como victimario. Batallas imposibles en las que siempre seremos perdedores. Y Jesús nos lanza una pregunta para poner de relieve las incoherencias... Para dialogar, hacen falta unos previos. ¿Estoy dispuesto a intentarlo?

✳ 1.ª lectura: ÉXODO 34, 4b-6.8-9

En aquellos días, Moisés madrugó y subió a la montaña del Sinaí, como le había mandado el Señor, llevando en la mano las dos tablas de piedra. El Señor bajó en la nube y se quedó con él allí, y Moisés pronunció su nombre. El Señor pasó ante él proclamando: «Señor, Señor, Dios compasivo y misericordioso, lento a la ira y rico en clemencia y lealtad». Moisés al momento se inclinó y se postró en tierra. Y le dijo: «Si he obtenido tu favor, que mi Señor vaya con nosotros, aunque es un pueblo de dura cerviz; perdona nuestras culpas y pecados y tómanos como heredad tuya».

▶ **Interleccional Daniel 3, 52a.c|53a|54a|55a|56a:** ¡A ti gloria y alabanza por los siglos!

✳ 2.ª lectura: 2 CORINTIOS 13, 11-13

Hermanos, alegraos, trabajad por vuestra perfección, animaos; tened un mismo sentir y vivid en paz. Y el Dios del amor y de la paz estará con vosotros. Saludaos mutuamente con el beso santo. Os saludan todos los santos. La gracia del Señor Jesucristo, el amor de Dios y la comunión del Espíritu Santo estén siempre con todos vosotros.

✟ Evangelio: SAN JUAN 3, 16-18

Tanto amó Dios al mundo, que entregó a su Unigénito, para que todo el que cree en él no perezca, sino que tenga vida eterna. Porque Dios no envió a su Hijo al mundo para juzgar al mundo, sino para que el mundo se salve por él. El que cree en él no será juzgado; el que no cree ya está juzgado, porque no ha creído en el nombre del Unigénito de Dios.

Unas líneas tan breves, solo tres versículos de Juan, para ilustrar ese Misterio de la Santísima Trinidad: amor, Dios Padre; Hijo, dar vida, salvar, creer; Espíritu que nos hace renacer... Nicodemo, un hombre sediento de verdad, se acerca a Jesús para entender los misterios de Dios. La Iglesia nos invita a adentrarnos en ese abismo del Misterio de la Trinidad. En el Ángelus del año 2020, el papa Francisco nos recordaba: «Dios nos ama a cada uno de nosotros incluso cuando cometemos errores y nos distanciamos de Él. Dios Padre ama tanto al mundo que, para salvarlo, da lo más precioso que tiene: su único Hijo, que da su vida por la humanidad, resucita, vuelve al Padre y, junto con Él, envía el Espíritu Santo. La Trinidad es por lo tanto Amor, totalmente al servicio del mundo, al que quiere salvar y recrear. Y hoy, pensando en Dios, Padre, Hijo y Espíritu Santo, ¡pensemos en el amor de Dios! Y sería bueno que nos sintiéramos amados: "¡Dios me ama!". Este es el sentimiento de hoy». Ojalá nos vivamos desde ese sabernos y sentirnos amados, desde ese «¡Dios me ama! ». Hoy tenemos presentes a tantas y tantos que hacen de su vida una mediación por las necesidades del mundo en el Día por la Vida Contemplativa.

Nadie diga: «No sé qué amar». Ame al hermano y amará al amor... He aquí cómo puedes conocer mejor a Dios que al hermano; más conocido porque está más presente; más conocido porque es algo más íntimo; más conocido porque es algo más cierto. Abraza al Dios amor y abraza a Dios por amor. Es el amor el que nos une con vínculo de santidad a todos los ángeles buenos y a todos los siervos de Dios; nos aglutina a ellos y nos somete a Él. Cuanto más inmunizados estemos contra la hinchazón del orgullo, más llenos estaremos de amor. Y el que está lleno de amor, ¿de qué está henchido sino de Dios? Pero dirás: «Veo la caridad y la contemplo, en cuanto puedo, con los ojos de mi inteligencia, y doy fe a la Escritura, que dice: "Dios es amor, y quien permanece en el amor, en Dios permanece"; mas cuando en el amor reflexiono, no descubro la Trinidad». Ves la Trinidad si ves el amor. SAN AGUSTÍN

Oremos para que el deporte sea un instrumento de paz, encuentro y diálogo entre culturas y naciones, y promueva valores como el respeto, la solidaridad y la superación personal.

PREFERENCIA: SEGUIMOS A JESÚS...

Oración diaria en audio: www.rezandovoy.org
Tiempo para la reflexión y contemplación.
Y porque la oración también es cosa de niños:
www.rezandovoy.org/infantil

JUNIO

(MO) San Justino, mr. LH: salterio sem. I
Cuenca: N.ª S.ª de la Luz
San Aníbal M.ª Di Francia, pb. y fdr.

✳ **2 Pedro 1, 2-7:** Se nos han concedido las preciosas promesas, para que, por medio de ellas, seáis partícipes de la naturaleza divina.

▌ Salmo 90 [91], 1-2|14-15ab|15c-16: Dios mío, confío en ti.

✠ **Evangelio: SAN MARCOS 12, 1-12**

En aquel tiempo, Jesús se puso a hablar en parábolas a los sumos sacerdotes, a los escribas y a los ancianos. «Un hombre plantó una viña, la rodeó con una cerca, cavó un lagar, construyó una torre, la arrendó a unos labradores y se marchó lejos. A su tiempo, envió un criado a los labradores, para percibir su tanto del fruto de la viña. Ellos lo agarraron, lo azotaron y lo despidieron con las manos vacías. Les envió de nuevo otro criado; a este lo descalabraron e insultaron. Envió a otro y lo mataron; y a otros muchos, a los que azotaron o los mataron. Le quedaba uno, su hijo amado. Y lo envió el último, pensando: "Respetarán a mi hijo". Pero los labradores se dijeron: "Este es el heredero. Venga, lo matamos y será nuestra la herencia". Y, agarrándolo, lo mataron y lo arrojaron fuera de la viña. ¿Qué hará el dueño de la viña? Vendrá, hará perecer a los labradores y arrendará la viña a otros. ¿No habéis leído aquel texto de la Escritura: "La piedra que desecharon los arquitectos es ahora la piedra angular. Es el Señor quien lo ha hecho, ha sido un milagro patente"?». Intentaron echarle mano, porque comprendieron que había dicho la parábola por ellos; pero temieron a la gente y, dejándolo allí, se marcharon.

Jesús se dirige directamente a las figuras de autoridad, interpelándolas. La respuesta no es de extrañar: intentan echarle mano. Es fascinante cómo el significado de nuestras palabras puede transformarse radicalmente con solo añadir o quitar un artículo indeterminado. Distintas actitudes emergen frente a quienes nos confrontan con nuestra propia realidad: «echarle mano», «echarle una mano» o «echar mano de». Podemos optar por atacar, por ayudar, por escuchar y dejarnos ayudar aunque nos duela esa realidad propia que no nos gusta admitir, o por utilizar los recursos disponibles para nuestro propio beneficio y seguir con más de lo mismo. Cada elección de un simple artículo o una preposición revela mucho sobre nuestra disposición frente a lo que nos interpela.

MIS ORACIONES (Gerard Manley Hopkins, SJ)

Mis oraciones parecen encontrar un cielo infranqueable
y todas fracasan o se desparraman.
Impuro yo y, al parecer, no perdonado,
apenas llamo orar a mis oraciones.
No puede sacar mi corazón a flote,
que no logra ganar su entrada arriba.
En mi pasado ha habido amor, lo pienso,
pero siento la larga victoria del pecado.

El cielo es bronce y mi tierra es acero;
y está mezclado el hierro con mi arcilla,
y tan pesado es todo en este mi desierto
que las preces fracasan al pretender salida.
Ni las lágrimas, ni las lágrimas pueden
moldear este barro tosco, si es que aún quedan lágrimas.
En verdad, una guerra en mis labios,
batallando con Dios, son ahora mis preces.

El profeta cree en la realización de lo imposible por Dios. Es un luchador y un portavoz de la meta de Dios, y el futuro de Dios es su fuerza en el presente. Habla y actúa en él y está dispuesto a dar su vida por él. EBERHARD ARNOLD

✳ **2 Pedro 3, 12-15a.17-18:** Esperamos unos cielos nuevos y una tierra nueva.

▶ Salmo 89 [90], 2|3-4|10|14.16: Señor, tú has sido nuestro refugio de generación en generación.

✠ **Evangelio: SAN MARCOS 12, 13-17**

En aquel tiempo, enviaron a Jesús algunos de los fariseos y de los herodianos, para cazarlo con una pregunta. Se acercaron y le dijeron: «Maestro, sabemos que eres veraz y no te preocupa lo que digan; porque no te fijas en apariencias, sino que enseñas el camino de Dios conforme a la verdad. ¿Es lícito pagar impuesto al César o no? ¿Pagamos o no pagamos?». Adivinando su hipocresía, les replicó: «¿Por qué me tentáis? Traedme un denario, que lo vea». Se lo trajeron. Y él les preguntó: «¿De quién es esta imagen y esta inscripción?». Le contestaron: «Del César». Jesús les replicó: «Dad al César lo que es del César y a Dios lo que es de Dios». Y se quedaron admirados.

Hay realidades que no podemos poner al mismo nivel en una ecuación; son incomparables. Eso es lo que quieren los del César: poner en compartimentos estancos las cosas de Dios y las del César. Los fariseos querían atrapar a Jesús, pero él, zorro viejo, no se deja engañar. No va a oponerse ni a los judíos piadosos ni a las autoridades romanas. Sin embargo, no podemos interpretar sus palabras como la división de la realidad en dos ámbitos diferentes y la validación de la «no injerencia» de la iglesia en lo del César. Desde luego, vivimos en un estado con leyes y obligaciones que debemos atender y pagar al César... pero siempre, las cosas de Dios tendrán la última palabra, porque nada le es ajeno a Dios y, si es necesario optar y decidir, habrá que decidir.

✳ **2 Timoteo 1, 1-3.6-12:** Reaviva el don de Dios que hay en ti por la imposición de mis manos. ❯ **Salmo 122, [123] 1b-2b|2cdefg:** A ti, Señor, levanto mis ojos.

✚ **Evangelio: SAN MARCOS 12, 18-27**

En aquel tiempo, se acercaron a Jesús unos saduceos, los cuales dicen que no hay resurrección, y le preguntaron: «Maestro, Moisés nos dejó escrito: "Si a uno se le muere su hermano, dejando mujer pero no hijos, que se case con la viuda y dé descendencia a su hermano». Pues bien, había siete hermanos: el primero se casó y murió sin hijos; el segundo se casó con la viuda y murió también sin hijos; lo mismo el tercero; y ninguno de los siete dejó hijos. Por último murió la mujer. Cuando llegue la resurrección y resuciten, ¿de cuál de ellos será mujer? Porque los siete han estado casados con ella». Jesús les respondió: «¿No estáis equivocados, por no entender la Escritura ni el poder de Dios? Pues cuando resuciten, ni los hombres se casarán ni las mujeres serán dadas en matrimonio; serán como ángeles del cielo. Y a propósito de que los muertos resucitan, ¿no habéis leído en el libro de Moisés, en el episodio de la zarza, lo que le dijo Dios: "Yo soy el Dios de Abrahán, el Dios de Isaac, el Dios de Jacob"? No es Dios de muertos, sino de vivos. Estáis muy equivocados».

En Irlanda, tuve la suerte de tener como director de tesina para la licenciatura en Teología a James Corkery. Erudito y persona de gran bondad, que poseía el don de sacar lo mejor de sus estudiantes. En las relaciones humanas actuaba de igual modo, recuperando siempre lo mejor del otro. Los saduceos con el pretexto de la resurrección plantean un argumento absurdo para tender una trampa... pero Jesús les (nos) desafía a profundizar, a no quedarnos en primeras impresiones o respuestas superficiales. A salvar obstáculos (y salvar la proposición ajena, diría Ignacio).

9.ª semana del T.O.
San Francisco Caracciolo, pb. y fdr.
San Felipe Smaldone, pb. y fdr.

✳ **2 Timoteo 2, 8-15:** La palabra de Dios no está encadenada. Si morimos con él, también viviremos con él.

▶ **Salmo 24 [25], 4-5a|8-9|10.14:** Señor, enséñame tus caminos.

✚ **Evangelio: SAN MARCOS 12, 28b-34**

En aquel tiempo, un escriba se acercó a Jesús y le preguntó: «¿Qué mandamiento es el primero de todos?». Respondió Jesús: «El primero es: "Escucha, Israel, el Señor, nuestro Dios, es el único Señor: amarás al Señor, tu Dios, con todo tu corazón, con toda tu alma, con toda tu mente, con todo tu ser". El segundo es este: "Amarás a tu prójimo como a ti mismo". No hay mandamiento mayor que estos». El escriba replicó: «Muy bien, Maestro, sin duda tienes razón cuando dices que el Señor es uno solo y no hay otro fuera de él; y que amarlo con todo el corazón, con todo el entendimiento y con todo el ser, y amar al prójimo como a uno mismo vale más que todos los holocaustos y sacrificios». Jesús viendo que había respondido sensatamente, le dijo: «No estás lejos del reino de Dios». Y nadie se atrevió a hacerle más preguntas.

La esencia de la fe: amar a Dios y al prójimo. El escriba, buscando la verdad, recibe de Jesús una respuesta que va más allá de normas y sacrificios: «Amarás al Señor, tu Dios, con todo tu corazón, con toda tu alma, con toda tu mente, con todo tu ser». Un amor con mayúsculas, y aún hay más: amar a nuestro prójimo como a nosotros mismos. Menudo desafío: el amor a uno mismo. Hay quien se excede, pero en ocasiones caemos en la trampa de creer que debemos hacerlo todo bien para ser dignos de amor. Ojalá experimentáramos que el Señor nos quiere tal como somos, con nuestras imperfecciones y errores. Si no nos queremos un poco a nosotros mismos, ¿cómo podremos querer genuinamente a los demás?

✱ **2 Timoteo 3, 10-17:** Los que quieran vivir piadosamente en Cristo serán perseguidos. ▸ Salmo 118 [119], 157|160|161|165|166|168: Mucha paz tienen los que aman tu ley, Señor.

✚ **Evangelio: SAN MARCOS 12, 35-37**

En aquel tiempo, mientras enseñaba en el templo, Jesús preguntó: «¿Cómo dicen los escribas que el Mesías es hijo de David? El mismo David, movido por el Espíritu Santo, dice: "Dijo el Señor a mi Señor: siéntate a mi derecha, y haré de tus enemigos estrado de tus pies". Si el mismo David lo llama Señor, ¿cómo puede ser hijo suyo?». Una muchedumbre numerosa le escuchaba a gusto.

No nos vamos a adentrar en terrenos pantanosos sobre qué significa ser hijo de David y cómo Jesús amplía los horizontes de sus contemporáneos más allá de un sentido estrecho de esos que tienen que ver con los nacionalismos. Quiero fijarme en algo diferente y más simple: en las cosas de Dios como algo que vivenciamos como rutina cansina, ejercicios de ascesis u obligación, cuando nuestra vivencia podría ser la de gozar y disfrutar, pero arrinconamos esas cosas de Dios, que no encuentros, ante otras realidades que nos parecen más urgentes y despachamos al pobre Jesús de un plumazo con un padrenuestro y poco más... quizás convenga revisar cuál es nuestra disposición y atrevernos a disfrutar un poco de la compañía y las palabras del Señor.

«Hemos creído en el amor de Dios»: así puede expresar el cristiano la opción fundamental de su vida. No se comienza a ser cristiano por una decisión ética o una gran idea, sino por el encuentro con un acontecimiento, con una Persona, que da un nuevo horizonte a la vida y, con ello, una orientación decisiva.
PAPA BENEDICTO XVI

✳ 2 Timoteo 4, 1-8: **Cumple tu tarea de evangelizador.**
Pues yo estoy a punto de ser derramado en libación y el Señor me dará con la corona de la justicia.

▶ Salmo 70 [71], 8-9|14-15ab|16-17|22: **Mi boca contará tu salvación, Señor.**

✠ Evangelio: SAN MARCOS 12, 38-44

En aquel tiempo, Jesús, instruyendo al gentío, les decía: «¡Cuidado con los escribas! Les encanta pasearse con amplio ropaje y que les hagan reverencias en las plazas, buscan los asientos de honor en las sinagogas y los primeros puestos en los banquetes; y devoran los bienes de las viudas y aparentan hacer largas oraciones. Esos recibirán una condenación más rigurosa». Estando Jesús sentado enfrente del tesoro del templo, observaba a la gente que iba echando dinero: muchos ricos echaban mucho; se acercó una viuda pobre y echó dos monedillas, es decir, un cuadrante. Llamando a sus discípulos, les dijo: «En verdad os digo que esta viuda pobre ha echado en el arca de las ofrendas más que nadie. Porque los demás han echado de lo que les sobra, pero esta, que pasa necesidad, ha echado todo lo que tenía para vivir».

Tomar aire, respirar, sosegarse, detenerse, pararse, sentarse, hacerse consciente de todo, de todas y de todos, escuchar, observar, ver, oír, casi sentir, mirar, darse cuenta, caer en la cuenta, fijarse bien, volver a mirar, casi contemplar... y entonces, después de todo eso, hablar y compartir. Viudas invisibles, trituradas por desalmados y adictos al reconocimiento y, sin embargo, dadivosas, generosas, espléndidas, mujeres de ánimo y liberalidad, que lo dan todo, se dan en todo. Descubrir la grandeza en lo nimio, enseñar a ver de verdad, porque «solo con el corazón se puede ver bien», para que deje de ser invisible lo esencial.

✳ 1.ª lectura: DEUTERONOMIO 8, 2-3.14B-16a

Moisés habló al pueblo, diciendo: «Recuerda todo el camino que el Señor, tu Dios, te ha hecho recorrer estos cuarenta años por el desierto, para afligirte, para probarte y conocer lo que hay en tu corazón: si observas sus preceptos o no. Él te afligió, haciéndote pasar hambre, y después te alimentó con el maná, que tú no conocías ni conocieron tus padres, para hacerte reconocer que no solo de pan vive el hombre, sino que vive de todo cuanto sale de la boca de Dios. No olvides al Señor, tu Dios, que te sacó de la tierra de Egipto, de la casa de esclavitud, que te hizo recorrer aquel desierto inmenso y terrible, con serpientes abrasadoras y alacranes, un sequedal sin una gota de agua, que sacó agua para ti de una roca de pedernal; que te alimentó en el desierto con un maná que no conocían tus padres».

▶ Salmo 147, 12-13|14-15|19-20: Glorifica al Señor, Jerusalén. O bien: Aleluya.

✳ 2.ª lectura: 1 CORINTIOS 10, 16-17

Hermanos: El cáliz de la bendición que bendecimos, ¿no es comunión de la sangre de Cristo? Y el pan que partimos, ¿no es comunión del cuerpo de Cristo? Porque el pan es uno, nosotros, siendo muchos, formamos un solo cuerpo, pues todos comemos del mismo pan..

✞ Evangelio: SAN JUAN 6, 51-58

En aquel tiempo, dijo Jesús a los judíos: «Yo soy el pan vivo que ha bajado del cielo; el que coma de este pan vivirá para siempre. Y el pan que yo daré es mi carne por la vida del mundo». Disputaban los judíos entre sí: «¿Cómo puede este darnos a comer su carne?». Entonces Jesús les dijo: «En verdad, en verdad os digo: si no coméis la carne del Hijo del hombre y no bebéis su sangre, no tenéis vida en vosotros. El que come mi carne y bebe mi sangre tiene vida eterna, y yo lo resucitaré en el último día. Mi carne es verdadera comida, y mi sangre es verdadera bebida. El que come mi carne y bebe mi sangre habita en mí y yo en él. Como el Padre que vive me ha enviado, y yo vivo por el Padre, así, del mismo modo, el que me come vivirá por mí. Este es el pan que ha bajado del cielo: no como el de vuestros padres, que lo comieron y murieron; el que come este pan vivirá para siempre».

Recientemente, están cobrando nueva fuerza expresiones clásicas de fe, una de ellas es la adoración a Cristo Eucaristía, que enfatiza la presencia real de Jesucristo en la Eucaristía. Detrás hay mucha teología, y una intuición tiernísima: el Señor desea acompañarnos y alimentarnos, buscando una unión muy estrecha con nosotros. En mi infancia, había dos días festivos que recuerdo con especial cariño. Uno era el día de la Virgen de los Desamparados y el otro, el Corpus Christi, que aún se celebraba en un jueves que brillaba más que el sol. Nos reuníamos en casa de la abuela y desde el balcón, veíamos pasar la Senyera, a San Miguel, y multitud de personajes bíblicos, desde Adán y Eva hasta el malvado Herodes y los reyes magos. Era una verdadera catequesis viviente que culminaba con la llegada de Jesús en la custodia. Nosotros, los nietos, emocionados, lanzábamos pétalos de rosa justo antes del paso del Señor en la procesión, creando una alfombra floral para Jesús. Esas tardes de Corpus han sido un gran regalo, una experiencia de cercanía antes de intentar entender la donación, la promesa de vida eterna, que compartir su carne es compartir su suerte, pero también su futuro en Dios, que hay alimentos que sacian... y esa intuición que ya entonces adivinábamos: Jesús quiere estar muy cerquita de todos nosotros, tanto que pasa debajo de casa y le puedes saludar desde el balcón.

✳ **1 Reyes 17, 1-6:** Elías sirve al Señor, Dios de Israel.

◗ **Salmo 120 [121], 1bc-2|3-4|5-6|7-8:** Nuestro auxilio es el nombre del Señor, que hizo el cielo y la tierra.

✛ **Evangelio: SAN MATEO 5, 1-12**

En aquel tiempo, al ver Jesús el gentío, subió al monte, se sentó y se acercaron sus discípulos; y, abriendo su boca, les enseñaba diciendo: «Bienaventurados los pobres en el espíritu, porque de ellos es el reino de los cielos. Bienaventurados los mansos, porque ellos heredarán la tierra. Bienaventurados los que lloran, porque ellos serán consolados. Bienaventurados los que tienen hambre y sed de la justicia, porque ellos quedarán saciados. Bienaventurados los misericordiosos, porque ellos alcanzarán misericordia. Bienaventurados los limpios de corazón, porque ellos verán a Dios. Bienaventurados los que trabajan por la paz, porque ellos serán llamados hijos de Dios. Bienaventurados los perseguidos por causa de la justicia, porque de ellos es el reino de los cielos. Bienaventurados vosotros cuando os insulten y os persigan y os calumnien de cualquier modo por mi causa. Alegraos y regocijaos, porque vuestra recompensa será grande en el cielo, que de la misma manera persiguieron a los profetas anteriores a vosotros».

Pasamos del evangelio de Marcos al evangelio de Mateo a lo grande, con el manifiesto de Jesús, un programa que se aleja de lo ideológico que constriñe y de las promesas vacías, para abrazar el sueño del Hijo de Dios para todos nosotros: ser felices. Las Bienaventuranzas enumeran esas actitudes que nos hacen bienaventurados... que nos hacen «beatos». Esto que afirmo, puede parecer extraño; tendemos a cargar negativamente palabras que no deberían serlo. Si digo que estamos llamados a ser «beatos», se podría pensar que soy un retrógrado o que celebro a los mojigatos y meapilas. Pero no lo digo yo, lo dice Jesús: nos sueña «beatos», de «beatus», es decir: felices o dichosos... Contentos, alegres, saciados, satisfechos, realizados, plenificados... ¿Por qué? Porque hay actitudes que nos acercan a Dios, ya aquí y ahora.

SÍGUEME Y SÉ FELIZ (AJLV)

Tú, sígueme –dice Jesús–,
porque aprenderás a ser feliz
de los pobres de corazón,
de los afligidos,
de los desposeídos,
de los que tienen hambre y sed de justicia,
de los misericordiosos,
de los limpios de corazón,
de los que trabajan por la paz
y de los perseguidos por causa del bien...

Ellos te mostrarán
a quienes pertenece el reino de Dios,
a los que heredarán la tierra,
a los que encuentran la paz,
a los que ofrecen misericordia,
a los que contemplan a Dios,
a los que son llamados hijos de Dios;
en definitiva,
a los que pertenecen al reino de Dios,
a los testigos del Evangelio.

✳ **1 Reyes 17, 7-16:** La orza de harina no se vació, según la palabra que había pronunciado el Señor por boca de Elías. ❯ Salmo 4, 2-3|4-5|7-8: Haz brillar, Señor, tu rostro sobre tu siervo.

✠ **Evangelio: SAN MATEO 5, 13-16**

En aquel tiempo, dijo Jesús a sus discípulos: «Vosotros sois la sal de la tierra. Pero si la sal se vuelve sosa, ¿con qué la salarán? No sirve más que para tirarla fuera y que la pise la gente. Vosotros sois la luz del mundo. No se puede ocultar una ciudad puesta en lo alto de un monte. Tampoco se enciende una lámpara para meterla debajo del celemín, sino para ponerla en el candelero y que alumbre a todos los de casa. Brille así vuestra luz ante los hombres, para que vean vuestras buenas obras y den gloria a vuestro Padre que está en los cielos».

Hoy, Señor, tus palabras resuenan como un piropo: «eres la sal de la tierra». Me maravilla que me veas capaz de dar sabor al mundo. A veces dudo de mi mismo, me avergüenza recibir elogios, pero tú afirmas mi valor. ¿Cómo logras ver lo mejor en mí, descubrir mis posibilidades ocultas? No debería contradecirte, Señor. Ayúdame a aceptar lo bueno, a dejarme llenar e impactar por tus palabras, a mirarme como Tú me miras. A recibir el afecto de los demás no con desconfianza, sino con humildad y sencillez, y así, acercarme a ellos como Tú lo harías. No siempre miro a los demás como tú. Cambia mi mirada y mi corazón, Señor, para recibir y dar desde la cercanía, a tu manera.

Quédate con nosotros y así empezaremos a resplandecer como Tú resplandeces. Resplandecer para ser luz para los demás.
SANTA TERESA DE CALCUTA

10.ª Semana del T.O.
Beato José Manuel Claramonte, pb. y mr.
Beato Eustaquio Kugler, rl.

✱ **1 Reyes 18, 20-39:** Que este pueblo sepa que tú eres Dios y que has convertido sus corazones.

▶ Salmo 15 [16], 1b-2a|4|5.8|11: Protégeme, Dios mío, que me refugio en ti.

✚ **Evangelio: SAN MATEO 5, 17-19**

En aquel tiempo, dijo Jesús a sus discípulos: «No creáis que he venido a abolir la Ley y los Profetas: no he venido a abolir, sino a dar plenitud. En verdad os digo que antes pasarán el cielo y la tierra que deje de cumplirse hasta la última letra o tilde de la ley. El que se salte uno solo de los preceptos menos importantes y se lo enseñe así a los hombres será el menos importante en el reino de los cielos. Pero quien los cumpla y enseñe será grande en el reino de los cielos».

La Ley ¿normas intrincadas y preceptos complicadas, algo antiguo u obsoleto?... Jesús valora la Ley, no la denosta, sino que la respeta... «No creáis que he venido a abolir la ley o los profetas: no he venido a abolir, sino a dar plenitud». Sus palabras son claras, pero ¿en qué consiste dar plenitud? El diccionario de la RAE lo relaciona con la totalidad, integridad, apogeo y culminación. Y esa plenitud es el mismo Jesús que nos muestra cómo el sentido pleno no tiene que ver con el seguimiento al pie de la letra, sino con entender su espíritu, desde lo que hay detrás: Dios. No se trata de vivir desde una serie de reglas, sino de poner pasión y corazón en las relaciones, desde el amor, la justicia y la misericordia. Poner alma en el juego de la vida.

Un mandato, por suave que sea, se convierte en duro cuando lo impone un corazón tirano y cruel, pero se hace fácil cuando es el amor quien lo ordena. SAN FRANCISCO DE SALES

(MO) San Bernabé, ap.
Beata Hildegarda Burjan, fdra.
Beata Iolanda, absa.

✳ Hechos 11, 21b-26; 13,1-3: Era un hombre bueno, lleno de Espíritu Santo y de fe. ▶ Salmo 97 [98], 1bcde|2-3ab|3cd-4|5-6: El Señor revela a las naciones su justicia.

✠ **Evangelio: SAN MATEO 10, 7-13**

En aquel tiempo, dijo Jesús a sus apóstoles: «Id y proclamad que ha llegado el reino de los cielos. Curad enfermos, resucitad muertos, limpiad leprosos, arrojad demonios. Gratis habéis recibido, dad gratis. No os procuréis en la faja oro, plata ni cobre; ni tampoco alforja para el camino, ni dos túnicas, ni sandalias, ni bastón; bien merece el obrero su sustento. Cuando entréis en una ciudad o aldea, averiguad quién hay allí de confianza y quedaos en su casa hasta que os vayáis. Al entrar en una casa, saludadla con la paz; si la casa se lo merece, vuestra paz vendrá a ella. Si no se lo merece, la paz volverá a vosotros».

Proyecto de vida: estar en movimiento, disponibles, sin muchas ataduras económicas, todo un lujo en estos tiempos. ¿Qué necesita de paz, curación, resurrección, limpieza y exorcismos? El estrés, la ansiedad, el trabajo vivido como carga, las expectativas ajenas, el supuesto éxito, las apariencias, las relaciones conflictivas y tóxicas, las comparaciones, la angustia por lo material, los créditos, deudas, hipotecas, la inseguridad laboral, las presiones externas y las autoimpuestas, el cuerpo descuidado o convertido en tirano, las agendas repletas, la salud mental, las depresiones, las desolaciones, el desgaste y la inflación de información y conectividad, la casa común que parece propia, los ídolos vividos como absolutos... Claramente, hay muchos ámbitos donde es necesario creer que el Reino de Dios está cerca. Desde ahí, motivemos y motivémonos, animemos al personal, fomentemos la esperanza, sugiramos futuros posibles y liberémonos de tantas cargas que poco tienen que ver con lo de Dios.

❋ **1.ª lectura: DEUTERONOMIO 7, 6-11**

Mosiés habló al pueblo, diciendo: «Tú eres un pueblo santo para el Señor, tu Dios; el Señor, tu Dios, te eligió para que seas, entre todos los pueblos de la tierra, el pueblo de su propiedad. Si el Señor se enamoró de vosotros y os eligió, no fue por ser vosotros más numerosos que los demás, pues sois el pueblo más pequeño, sino que, por puro amor a vosotros y por mantener el juramento que había hecho a vuestros padres, os sacó el Señor de Egipto con mano fuerte y os rescató de la casa de esclavitud, del poder del faraón, rey de Egipto. Reconoce, pues, que el Señor, tu Dios, es Dios; él es el Dios fiel que mantiene su alianza y su favor con los que lo aman y observan sus preceptos, por mil generaciones. Pero castiga en su propia persona a quien lo odia, acabando con él. No se hace esperar; a quien lo odia, lo castiga en su propia persona. Observa, pues, el precepto, los mandatos y decretos que te mando hoy que cumplas.

▶ Salmo 102 [103]: La misericordia del Señor dura por siempre, para aquellos que lo temen.

❋ **2.ª lectura: 1 JUAN 4, 7-16**

Queridos hermanos, amémonos unos a otros, ya que el amor es de Dios, y todo el que ama ha nacido de Dios y conoce a Dios. Quien no ama no ha conocido a Dios, porque Dios es amor. En esto se manifestó el amor que Dios nos tiene: en que Dios envió al mundo a su Unigénito, para que vivamos por medio de él. En esto consiste el amor: no en que nosotros hayamos amado a Dios, sino en que él nos amó y nos envió a su Hijo como víctima de propiciación por nuestros pecados. Queridos hermanos, si Dios nos amó de esta manera, también nosotros debemos amarnos unos a otros. A Dios nadie lo ha visto nunca. Si nos amamos unos a otros, Dios permanece en nosotros y su amor ha llegado en nosotros a su plenitud. En esto conocemos que permanecemos en él, y él en nosotros: en que nos ha dado de su Espíritu. Y nosotros hemos visto y damos testimonio de que el Padre envió a su Hijo para ser Salvador del mundo. Quien confiese que Jesús es el Hijo de Dios, Dios permanece en él, y él en Dios. Y nosotros hemos conocido el amor que Dios nos tiene y hemos creído en él. Dios es amor, y quien permanece en el amor permanece en Dios y Dios en él.

✚ Evangelio: SAN MATEO 11, 25-30

En aquel tiempo, tomó la palabra Jesús y dijo: «Te doy gracias, Padre, Señor del cielo y de la tierra, porque has escondido estas cosas a los sabios y entendidos, y se las has revelado a los pequeños. Sí, Padre, así te ha parecido bien. Todo me ha sido entregado por mi Padre, y nadie conoce al Hijo más que el Padre, y nadie conoce al Padre sino el Hijo y aquel a quien el Hijo se lo quiera revelar. Venid a mí todos los que estáis cansados y agobiados, y yo os aliviaré. Tomad mi yugo sobre vosotros y aprended de mí, que soy manso y humilde de corazón, y encontraréis descanso para vuestras almas. Porque mi yugo es llevadero y mi carga ligera».

En la solemnidad del Sagrado Corazón podría hablar de lo necesitados que estamos de empatía, recepción amistosa, comprensión profunda, tolerancia, menos fango, colaboración, «confort», comprensión, apoyo empático, inteligencia emocional, tolerancia, inclusión, equidad, autocuidado... y podría seguir con la enumeración de modernidades que necesitan de alivio... Y sin negarlo, no quiero ir por ahí ni ese es el tono. También podría hablar de lo entrañable de esta solemnidad en su sentido menos etimológico, entrañable de corazones cursis, dulces y cariñosos, desde ese falso romanticismo que tiene que ver con lo emotivo y los sentimentalismos, que se queda en la superficie, papel mojado. Nada de eso tiene que ver con el entrañable Corazón de Jesús.

Porque ese corazón es entrañable en el sentido más auténtico del término, entrañable de entrañas, de tripas, de vísceras, del útero femenino que engendra vida. Un Jesús que ante el dolor y el sufrimiento no puede permanecer impasible, que se le conmueven las entrañas ante las heridas que sufrimos y nos provocamos, que hace propio el dolor ajeno y necesita imperiosamente aliviarlo, mitigarlo, acompañarlo. Entrañas y compasión en lo que encierran esas palabras de verdad. Así es Jesús, entraña que se deja afectar por la realidad para transformarla en los sueños de Dios. Ojalá nosotros también seamos de corazón «entrañable».

IMPORTANCIA DEL CORAZÓN DE CRISTO
(Pedro Arrupe, SJ)

Tenemos este «MUNUS SUAVISSIMUM», y ese apostolado de la devoción al Sagrado Corazón de Cristo, tan fundamental en nuestra espiritualidad, y que a veces, por una serie de interpretaciones erróneas, cae en olvido y en desuso. Por eso, hoy tengo verdadera alegría en decir que la Compañía de Jesús se siente unidísima con esta devoción al Corazón de Cristo; porque ve en ella lo que nos han dicho los Sumos Pontífices tantas veces: que es el resumen de toda la doctrina cristiana.

Ciertamente la Compañía de Jesús no tiene más que un ideal, que es servir a la Iglesia, servir al pueblo de Dios, llevar a Cristo al pueblo de Dios. Y sabemos que este Cristo se conoce cuando se penetra en los tesoros de su Corazón, que por un lado es símbolo de su amor, y por otro ha sido el órgano en que ha latido el amor humano de Cristo para con los hombres.

Este conocimiento de Cristo es la base de todos los conocimientos. Y a Cristo, que es el camino, la verdad y la vida, hay que conocerlo en esa imagen tan comunicativa que aparece en cada una de las páginas del evangelio cuando se lee despacio.

✳ **2 Corintios 4, 7-15:** Quien resucitó al Señor Jesús también nos resucitará a nosotros con Jesús y nos presentará con vosotros ante él.

▶ **Salmo 115 [116], 10-11|15-16|17-18:** Te ofreceré, Señor, un sacrificio de alabanza. **O bien:** Aleluya.

✠ **Evangelio: SAN LUCAS 2, 41-51**

Los padres de Jesús solían ir cada año a Jerusalén por la fiesta de la Pascua. Cuando cumplió doce años, subieron a la fiesta según la costumbre y, cuando terminó, se volvieron; pero el niño Jesús se quedó en Jerusalén sin que lo supieran sus padres. Estos, creyendo que estaba en la caravana, anduvieron el camino de un día y se pusieron a buscarlo entre los parientes y conocidos; al no encontrarlo, se volvieron a Jerusalén buscándolo. Y sucedió que, a los tres días, lo encontraron en el templo, sentado en medio de los maestros, escuchándolos y haciéndoles preguntas. Todos los que le oían quedaban asombrados de su talento y de las respuestas que daba. Al verlo, se quedaron atónitos, y le dijo su madre: «Hijo, ¿por qué nos has tratado así? Tu padre y yo te buscábamos angustiados». Él les contestó: «¿Por qué me buscabais? ¿No sabíais que yo debía estar en las cosas de mi Padre?». Pero ellos no comprendieron lo que les dijo. Él bajó con ellos y fue a Nazaret y estaba sujeto a ellos. Su madre conservaba todo esto en su corazón.

Preciosa memoria la que hoy recordamos... La liturgia entreteje dos corazones: la misericordia del Hijo con la vida interior de la Madre, y el relato que se nos ofrece es el del preadolescente de doce años inmerso en asuntos de gran importancia. «¿Por qué me buscabais? ¿No sabíais que yo debía estar en la casa de mi Padre?», pregunta con un tono que mezcla el reproche, algo de dureza y madurez, sintiéndose incomprendido, típico de esa edad a medio camino entre niño y hombre. Finalmente, «bajó con sus padres a Nazaret», descubriendo que la casa del Padre va más allá de los muros del templo. María, por su parte, experimenta un aprendizaje en paralelo. Convive con la angustia y la inquietud, y aprende a guardar silencio, pero, sobre todo, a escuchar y contemplar a ese niño que se está haciendo un hombre.

AL CORAZÓN INMACULADO DE MARÍA (Papa Francisco)

Acoge, oh Madre, nuestra súplica.
Tú, estrella del mar,
no nos dejes naufragar en la tormenta de la guerra.
Tú, arca de la nueva alianza,
inspira proyectos y caminos de reconciliación.
Tú, «tierra del Cielo»,
vuelve a traer la armonía de Dios al mundo.
Extingue el odio, aplaca la venganza,
enséñanos a perdonar.
Líbranos de la guerra,
preserva al mundo de la amenaza nuclear.
Reina del Rosario,
despierta en nosotros la necesidad de orar y de amar.
Reina de la familia humana,
muestra a los pueblos la senda de la fraternidad.
Reina de la paz, obtén para el mundo la paz...

Que a través de ti la divina Misericordia se derrame sobre la tierra, y el dulce latido de la paz vuelva a marcar nuestras jornadas. Mujer del sí, sobre la que descendió el Espíritu Santo, vuelve a traernos la armonía de Dios.

Tú que eres «fuente viva de esperanza», disipa la sequedad de nuestros corazones. Tú que has tejido la humanidad de Jesús, haz de nosotros constructores de comunión. Tú que has recorrido nuestros caminos, guíanos por sendas de paz. Amén.

✱ 1.ª lectura: ÉXODO 19, 2-6a

En aquellos días, llegaron los hijos de Israel al desierto del Sinaí y acamparon allí, frente a la montaña. Moisés subió hacia Dios. El Señor lo llamó desde la montaña diciendo: «Así dirás a la casa de Jacob y esto anunciarás a los hijos de Israel: "Vosotros habéis visto lo que he hecho con los egipcios y cómo os he llevado sobre alas de águila y os he traído a mí. Ahora, pues, si de veras me obedecéis y guardáis mi alianza, seréis mi propiedad personal entre todos los pueblos, porque mía es toda la tierra. Seréis para mí un reino de sacerdotes y una nación santa"».

▶ Salmo 99 [100], 1b-2|3|5: Nosotros somos su pueblo y ovejas de su rebaño.

✱ 2.ª lectura: ROMANOS 5, 6-11

Hermanos: Cuando nosotros estábamos aún sin fuerza, en el tiempo señalado, Cristo murió por los impíos; ciertamente, apenas habrá quien muera por un justo; por una persona buena tal vez se atrevería alguien a morir; pues bien: Dios nos demostró su amor en que, siendo nosotros todavía pecadores, Cristo murió por nosotros. ¡Con cuánta más razón, pues, justificados ahora por su sangre, seremos por él salvados del castigo! Si, cuando éramos enemigos, fuimos reconciliados con Dios por la muerte de su Hijo, ¡con cuánta más razón, estando ya reconciliados, seremos salvados por su vida! Y no solo eso, sino que también nos gloriamos en Dios, por nuestro Señor Jesucristo, por quien hemos obtenido ahora la reconciliación.

✚ Evangelio: SAN MATEO 9, 36–10, 8

En aquel tiempo, al ver Jesús a las muchedumbres, se compadecía de ellas, porque estaban extenuadas y abandonadas, «como ovejas que no tienen pastor». Entonces dice a sus discípulos: «La mies es abundante, pero los trabajadores son pocos; rogad, pues, al Señor de la mies que mande trabajadores a su mies». Llamó a sus doce discípulos y les dio autoridad para expulsar espíritus inmundos y curar toda enfermedad y toda dolencia. Estos son los nombres de los doce apóstoles: el primero, Simón, llamado Pedro, y Andrés, su hermano; Santiago, el de Zebedeo, y Juan, su hermano; Felipe y Bartolomé, Tomás y Mateo el publicano; Santiago el de Alfeo, y Tadeo; Simón el de Caná, y Judas Iscariote, el que lo entregó. A estos doce los envió Jesús con estas instrucciones: «No vayáis a tierra de paganos ni entréis en las ciudades de Samaría, sino id a las ovejas descarriadas de Israel. Id y proclamad que ha llegado el reino de los cielos. Curad enfermos, resucitad muertos, limpiad leprosos, arrojad demonios. Gratis habéis recibido, dad gratis».

Hay momentos en la vida en los que necesitamos a alguien que nos escuche, nos consuele y nos ponga en vereda si andamos un tanto perdidos, porque es muy fácil perderse, sobre todo si nos miramos el ombligo en exceso. En otras situaciones, aunque sigamos un poco descentrados, la invitación es a ser nosotros quienes escuchen, consuelen y orienten. Esa es la tarea, pero ¿desde dónde? Desde la compasión, desde el padecer con, desde la empatía que dicen los modernos. En el mundo de las instituciones y de la empresa se habla mucho de la necesidad de un liderazgo positivo. El Señor nos invita vivirlo desde otro calificativo, un liderazgo «compasivo». La compasión como motor que olvida resultados y números, que se fija en la persona, que se deja afectar, que se mancha las manos de barro e involucra, que no es la del profesional aséptico que resuelve problemas, sino la del que se hace prójimo de otro y se acerca. Un aproximarse desde el corazón, que muchas veces solo podrá acercarse para que el otro o la otra sientan que hay alguien alátere. Y además, gratis. Esta semana toca regalar compasión... y si lo volvemos a hacer la siguiente... mejor que mejor.

✳ **1 Reyes 21, 1-16:** Nabot ha sido lapidado y está muerto.
▶ **Salmo 5, 2-3ab|5-6a|6b-7:** Atiende a mis gemidos, Señor.
✠ **Evangelio: SAN MATEO 5, 38-42**

En aquel tiempo, dijo Jesús a sus discípulos: «Habéis oído que se dijo: "Ojo por ojo, diente por diente". Pero yo os digo: no hagáis frente al que os agravia. Al contrario, si uno te abofetea en la mejilla derecha, preséntale la otra; al que quiera ponerte pleito para quitarte la túnica dale también el manto; a quien te requiera para caminar una milla, acompáñale dos; a quien te pide, dale, y al que te pide prestado, no lo rehúyas».

El comentario más obvio, aunque no siempre fácil de vivir, nos lleva al ámbito de lo que algunos llaman resistencia pacífica. En situaciones de conflicto, no ser reactivos, sino relacionarse desde la mansedumbre... No nos lo pones nada fácil, Señor... Pero aún vas más allá: nos invitas a responder ante la injusticia desde la generosidad, a dar más de lo que se podría exigir. Me puede invadir el desaliento ante semejante propuesta. Pero lo que haces es abrirme horizontes y plantearme otras opciones posibles en este baile que es la vida. Y puestos a bailar, hazme crecer en compasión, a desdeñar la competencia, a descubrirme acompañando a otros hasta dos y tres millas, a fijarme en la persona, a saber perder el tiempo con ella, a ser cuidador y, si se tercia, hasta a dar prestado... aunque parezca que no lo vaya a recobrar.

Si amas a los pobres, has de andar con frecuencia entre ellos; complácete en hablarles; no te desdeñes de que se acerquen a ti en las iglesias, en las calles y en todas partes. Seas con ellos pobre de palabra, pero rico de manos, dándoles de tus bienes, ya que eres poseedor de riquezas. SAN FRANCISCO DE SALES

16 MARTES JUNIO

11.ª semana del T.O.
Santa Lutgarda, v.
Beata M.ª Teresa Scherer, v.

✳ **1 Reyes 21, 17-29:** Has hecho pecar a Israel.

▶ **Salmo 50 [51], 3-4|5-6ab|11.16:** Misericordia, Señor, hemos pecado.

✚ **Evangelio: SAN MATEO 5, 43-48**

En aquel tiempo, dijo Jesús a sus discípulos: «Habéis oído que se dijo: "Amarás a tu prójimo y aborrecerás a tu enemigo". Pero yo os digo: amad a vuestros enemigos y rezad por los que os persiguen, para que seáis hijos de vuestro Padre celestial, que hace salir su sol sobre malos y buenos, y manda la lluvia a justos e injustos. Porque, si amáis a los que os aman, ¿qué premio tendréis? ¿No hacen lo mismo también los publicanos? Y, si saludáis solo a vuestros hermanos, ¿qué hacéis de extraordinario? ¿No hacen lo mismo también los gentiles? Por tanto, sed perfectos, como vuestro Padre celestial es perfecto».

El eco de tus palabras, Jesús, «Amad a vuestros enemigos, y rezad por los que os persiguen», provoca en mí una resistencia interna. La idea de amar a aquellos que me han causado daño parece desafiar mis propios impulsos. Y no solo eso, sino que también me llama a la perfección, ¿Cómo puedo aspirar a ella con todas mis miserias? Quizás es que me cueste entenderte, y perfección no sea perfeccionismo, sino misericordia, incluso a quienes me han herido. Un proceso lento de aprendizaje, de ensayo y error, donde cada paso hacia el perdón y la compasión me recuerda cómo es tu Padre, cómo eres tú. No es perfección, sino aprender a reflejar la generosidad y la misericordia de tu Padre Dios.

✳ **2 Reyes 2, 1.6-14:** De pronto, un carro de fuego los separó, y subió Elías al cielo. ❱ Salmo 30 [31], 20|21|24: Sed valientes de corazón los que esperáis en el Señor.

✠ **Evangelio: SAN MATEO 6, 1-6.16-18**

En aquel tiempo, dijo Jesús a sus discípulos: «Cuidad de no practicar vuestra justicia delante de los hombres para ser vistos por ellos; de lo contrario no tendréis recompensa de vuestro Padre celestial. Por tanto, cuando hagas limosna, no mandes tocar la trompeta ante ti, como hacen los hipócritas en las sinagogas y por las calles para ser honrados por la gente; en verdad os digo que ya han recibido su recompensa. Tú, en cambio, cuando hagas limosna, que no sepa tu mano izquierda lo que hace tu derecha; así tu limosna quedará en secreto y tu Padre, que ve en lo secreto, te recompensará. Cuando oréis, no seáis como los hipócritas, a quienes les gusta orar de pie en las sinagogas y en las esquinas de las plazas, para que los vean los hombres. En verdad os digo que ya han recibido su recompensa. Tú, en cambio, cuando ores, entra en tu cuarto, cierra la puerta y ora a tu Padre, que está en lo secreto, y tu Padre, que ve en lo secreto, te lo recompensará. Cuando ayunéis, no pongáis cara triste, como los hipócritas que desfiguran sus rostros para hacer ver a los hombres que ayunan. En verdad os digo que ya han recibido su paga. Tú, en cambio, cuando ayunes, perfúmate la cabeza y lávate la cara, para que tu ayuno lo note, no los hombres, sino tu Padre, que está en lo escondido; y tu Padre, que ve en lo escondido, te recompensará».

Hoy me invitas, Señor, a ser consciente de mis justificaciones y motivaciones, a reconocer que no siempre eres el motor de mis actos. A menudo, la apariencia y la imagen pesan, y me muevo por el qué dirán. Los focos, la búsqueda de reconocimiento, el deseo de aplausos... termina por enturbiar realidades que te pertenecen. Soy un cúmulo de contradicciones: la presunción toma el mando, actúo por amor genuino, provoco conflictos, mi voz consuela y alivia... Quiero desear que seas tú, Señor, mi principio y fundamento, mi motivo, mi motor... y cuando eso suponga un coste, haz que aprenda a vivirlo con «la cabeza perfumada y la cara lavada». Que ante la adversidad, mude mi rostro y ponga buena cara, que sea sonrisa y contento.

SÉ INDULGENTE CONMIGO (Rabindranath Tagore)

Sé indulgente conmigo un momento,
y déjame sentarme a tu lado,
que luego terminaré
lo que estoy haciendo.
Mi corazón, si no te ve,
no tiene sosiego,
y mi trabajo es como un afán infinito
en un fatigoso mar sin playas.
El verano ha venido hoy a mi ventana,
zumbando y suspirando,
y han venido las abejas,
trovadores en la corte del bosque florecido.
Es el tiempo de sentarse quieto
frente a ti,
el tiempo de cantarte,
en un ocio mudo y rebosante,
la ofrenda de mi vida.

✳ **Eclesiástico 48, 1-14:** Elías fue arrebatado en el torbellino, y Eliseo se llenó de su espíritu. ◗ **Salmo 96 [97], 1-2|3-4|5-6|7:** Alegraos, justos, con el Señor.

✠ **Evangelio: SAN MATEO 6, 7-15**

En aquel tiempo, dijo Jesús a sus discípulos: «Cuando recéis, no uséis muchas palabras, como los gentiles, que se imaginan que por hablar mucho les harán caso. No seáis como ellos, pues vuestro Padre sabe lo que os hace falta antes de que lo pidáis. Vosotros orad así: "Padre nuestro que estás en el cielo, santificado sea tu nombre, venga a nosotros tu reino, hágase tu voluntad en la tierra como en el cielo, danos hoy nuestro pan de cada día, perdona nuestras ofensas, como también nosotros perdonamos a los que nos ofenden, no nos dejes caer en la tentación, y líbranos del mal". Porque si perdonáis a los hombres sus ofensas, también os perdonará vuestro Padre celestial, pero si no perdonáis a los hombres, tampoco vuestro Padre perdonará vuestras ofensas».

La logorrea es un mal que provoca muchos dolores de cabeza, especialmente a quien tiene que soportarla. Menos mal que Dios no es como nosotros. El exceso de palabras nos sitúa en el centro, abruma y agota, terminando en soliloquios que monopolizan el diálogo y anulan la comunicación. Son monólogos ante Dios. Frente a esto, Jesús nos invita a descentrarnos, a poner el foco en Dios y en los demás, a dejar de lado los formalismos vacíos para relacionarnos desde la cercanía y la confianza. Nos llama a reconocer cómo somos realmente: necesitados de ayuda y protección, dubitativos en el perdón, pero conscientes de que lo necesitamos para vivir genuinamente. Menos palabras y más sencillez... tanto como poder llamar a Dios Papá o Mamá.

11.ª semana del T.O.
San Romualdo, ab.
Santa Juliana de Falconieri, v. y fdra.

✳ **2 Reyes 11, 1-4.9-18.20:** Ungieron a Joás y gritaron: «¡Viva el rey!».

▶ **Salmo 131 [132], 11|12|13-14|17-18:** El Señor ha elegido a Sion para vivir en ella.

✠ **Evangelio: SAN MATEO 6, 19-23**

En aquel tiempo, dijo Jesús a sus discípulos: «No atesoréis para vosotros tesoros en la tierra, donde la polilla y la carcoma los roen y donde los ladrones abren boquetes y los roban. Haceos tesoros en el cielo, donde no hay polilla ni carcoma que los roen, ni ladrones que abren boquetes y roban. Porque donde está tu tesoro, allí estará tu corazón. La lámpara del cuerpo es el ojo. Si tu ojo está sano, tu cuerpo entero tendrá luz; pero si tu ojo está enfermo, tu cuerpo entero estará a oscuras. Si, pues, la luz que hay en ti está oscura, ¡cuánta será la oscuridad!».

De tesoros, xilófagos, malhechores, perspectivas, ecos de sirena, caducidades y afectividades... Da mucho de sí la pregunta por qué es aquello que consume mi tiempo, enreda mis preocupaciones y devora mis ansias. Hoy, Señor, nos invitas a examinar dónde está nuestro corazón, porque la respuesta que demos condicionará nuestro modo de vivir y entender la realidad. Pero vas aún más allá, nos interpelas por el tipo de filtro con el que condicionamos lo que llega a nuestros ojos. Porque quien se tilde de objetivo es un ingenuo. También podemos optar por cómo ver la realidad y hay formas de acercarnos a la misma que son camino de felicidad para nosotros y para los demás... pero con tamices de «ojo enfermo», distorsionaremos lo que hay delante y juzgaremos con dureza todo y a todos. Pero la mirada de Jesús es otra.

✳ **2 Crónicas 24, 17-25:** Zacarías, a quien matasteis entre el santuario y el altar. ▶ Salmo 88 [89], 4-5|29-30|31-32|33-34: Le mantendré eternamente mi favor.

✙ **Evangelio: SAN MATEO 6, 24-34**

En aquel tiempo, dijo Jesús a sus discípulos: «Nadie puede servir a dos señores. Porque despreciará a uno y amará al otro; o, al contrario, se dedicará al primero y no hará caso del segundo. No podéis servir a Dios y al dinero. Por eso os digo: no estéis agobiados por vuestra vida pensando qué vais a comer, ni por vuestro cuerpo pensando con qué os vais a vestir. ¿No vale más la vida que el alimento, y el cuerpo que el vestido? Mirad los pájaros del cielo: no siembran ni siegan ni almacenan y, sin embargo, vuestro Padre celestial los alimenta. ¿No valéis vosotros más que ellos? ¿Quién de vosotros, a fuerza de agobiarse, podrá añadir una hora al tiempo de su vida? ¿Por qué os agobiáis por el vestido? Fijaos cómo crecen los lirios del campo: ni trabajan ni hilan. Y os digo que ni Salomón, en todo su fasto, estaba vestido como uno de ellos. Pues si a la hierba, que hoy está en el campo y mañana se arroja al horno, Dios la viste así, ¿no hará mucho más por vosotros, gente de poca fe? No andéis agobiados pensando qué vais a comer, o qué vais a beber, o con qué os vais a vestir. Los paganos se afanan por esas cosas. Ya sabe vuestro Padre celestial que tenéis necesidad de todo eso. Buscad sobre todo el reino de Dios y su justicia; y todo esto se os dará por añadidura. Por tanto, no os agobiéis por el mañana, porque el mañana traerá su propio agobio. A cada día le basta su desgracia».

Es fácil hablar de confianza en Dios cuando nuestras necesidades están cubiertas y no nos preocupa pagar una hipoteca o llegar a fin de mes. La situación cambia cuando la supervivencia se convierte en la prioridad. Aun así, Jesús nos invita a no «estar al servicio de dos amos», ni andar «agobiados por la vida». Con un corazón angustiado por el futuro y los «y si»: «y si no llego...», «y si no cumplo las expectativas...», «y si ocurre lo peor...». Estos pensamientos nos impiden saborear el presente. Este carpe diem del sermón del monte no consiste en vivir ingenuamente, sino en reconocer quién es el Señor de nuestra vida y anclarse en el presente, como dice Enrique Martínez Lozano. No lanzar la imaginación al futuro, sino aprender a habitar el presente, «donde la confianza y la quietud residen».

SOÑAR (León Felipe)

¡Soñar, Señor, soñar!
Hazme soñar... ¡Soñar, Señor, soñar!...
¡Hace tiempo que no sueño!

Soñé que iba una vez –cuando era niño todavía,
al comienzo del mundo–
en un caballo desbocado por el viento,
soñé que cabalgaba, desbocado, en el viento...
que era yo mismo el viento...

Señor, hazme otra vez soñar que soy el viento,
el viento bajo la Luz, el viento traspasado por la Luz,
el viento deshecho por la luz,
el viento fundido por la luz,
el viento... hecho Luz...

Señor, hazme soñar que soy la Luz...
que soy Tú mismo, parte de mí mismo...
y guárdame, guárdame dormido,
soñando, eternamente soñando
que soy un rayito de Luz de tu costado.

✱ 1.ª lectura: JEREMÍAS 20, 10-13

Oía la acusación de la gente: «"Pavor-en-torno", delatadlo, vamos a delatarlo». Mis amigos acechaban mi traspié: «A ver si, engañado, lo sometemos y podemos vengarnos de él». Pero el Señor es mi fuerte defensor: me persiguen, pero tropiezan impotentes. Acabarán avergonzados de su fracaso, con sonrojo eterno que no se olvidará. Señor del universo, que examinas al honrado y sondeas las entrañas y el corazón, ¡que yo vea tu venganza sobre ellos, pues te he encomendado mi causa! Cantad al Señor, alabad al Señor, que libera la vida del pobre de las manos de gente perversa.

▶ Salmo 68 [69], 8-10|14.17|33-35: Señor, que me escuche tu gran bondad.

✱ 2.ª lectura: ROMANOS 5, 12-15

Hermanos: Lo mismo que por un hombre entró el pecado en el mundo, y por el pecado la muerte, y así la muerte se propagó a todos los hombres, porque todos pecaron... Pues, hasta que llegó la ley había pecado en el mundo, pero el pecado no se imputaba porque no había ley. Pese a todo, la muerte reinó desde Adán hasta Moisés, incluso sobre los que no habían pecado con una transgresión como la de Adán, que era figura del que tenía que venir. Sin embargo, no hay proporción entre el delito y el don: si por el delito de uno solo murieron todos, con mayor razón la gracia de Dios y el don otorgado en virtud de un hombre, Jesucristo, se han desbordado sobre todos.

✚ Evangelio: SAN MATEO 10, 26-33

En aquel tiempo, dijo Jesús a sus apóstoles: «No tengáis miedo a los hombres, porque nada hay encubierto, que no llegue a descubrirse; ni nada hay escondido, que no llegue a saberse. Lo que os digo en la oscuridad, decidlo a la luz, y lo que os digo al oído, pregonadlo desde la azotea. No tengáis miedo a los que matan el cuerpo, pero no pueden matar el alma. No; temed al que puede llevar a la perdición alma y cuerpo en la "gehenna". ¿No se venden un par de gorriones por un céntimo? Y, sin embargo, ni uno solo cae al suelo sin que lo disponga vuestro Padre. Pues vosotros hasta los cabellos de la cabeza tenéis contados. Por eso, no tengáis miedo: valéis más vosotros que muchos gorriones. A quien se declare por mí ante los hombres, yo también me declararé por él ante mi Padre que está en los cielos. Y si uno me niega ante los hombres, yo también lo negaré ante mi Padre que está en los cielos».

Eduardo Galeano afirma que «el miedo se ha convertido en principio rector de la vida y de la convivencia». Vivir con esa mirada angustiada, huyendo hacia un futuro incierto, dibuja el mañana como un sinfín de presagios nefastos. Así no es posible vivir; la desconfianza se adueña de nuestra existencia, o nos defraudan las confianzas que habíamos depositado en realidades vanas. Como decía Toni Catalá, «la mayoría de las decepciones hondas en la vida de seguimiento del Señor, desasosiegos, sensaciones de fracaso... se dan porque no acabamos de poner la esperanza en donde hay que ponerla... Cuántas decepciones por poner la esperanza donde no hay que ponerla. Y la esperanza con mayúsculas, la esperanza cristiana, si seguimos al Resucitado que es el Crucificado y al Crucificado que es el Resucitado, es esperar que el Espíritu del Resucitado nos dé fortaleza para generar vida. Lo demás son esperanzas con minúsculas». Con esperanzas minúsculas y miedos que rondan, nos enjaulamos y se cercena la ilusión con la carga de la angustia por el futuro. Es vivir y an dar en tristeza y desolación, No sé bien cómo andar ese camino poniendo de parte del Señor ante los hombres, pero la dirección sí nos la indica: desde la confianza, sin miedo, con la esperanza puesta en el que no defrauda.

✳ **2 Reyes 17, 5-8.13-15a.18:** El Señor apartó a Israel de su presencia y sólo quedó la tribu de Judá.

▶ Salmo 59 [60], 3|4-5|12-14: Que tu mano salvadora, Señor, nos responda.

✚ **Evangelio: SAN MATEO 7, 1-5**

En aquel tiempo, dijo Jesús a sus discípulos: «No juzguéis, para que no seáis juzgados. Porque seréis juzgados como juzguéis vosotros, y la medida que uséis, la usarán con vosotros. ¿Por qué te fijas en la mota que tiene tu hermano en el ojo y no reparas en la viga que llevas en el tuyo? ¿Cómo puedes decirle a tu hermano: "Déjame que te saque la mota del ojo", teniendo una viga en el tuyo? Hipócrita: sácate primero la viga del ojo; entonces verás claro y podrás sacar la mota del ojo de tu hermano».

Antes de criticar... mírate en un espejo. Esta podría ser una frase que arrase en redes sociales. Jesús ya nos advierte sobre esa mala costumbre que puede volverse viral. Autoconocimiento, empatía, buen trato y ayudar al otro parecen ser las actitudes clave. Jesús lo dice con cierta retranca y un toque de humor: «Sácate primero la viga del ojo; entonces verás claro». No se trata de ser clarividente y realizar un listado con los errores de los demás, sino de mirar a su manera, con suavidad y ternura. Dejemos los juicios para Dios y no nos convirtamos en tertulianos. ¡Seamos amable, humildes y contemos hasta diez antes de criticar!

Jesús es nuestra paz, nuestra reconciliación. Pero esta paz no es la paz de los sepulcros, no es neutralidad... Seguir a Jesús comporta renunciar al mal, al egoísmo y elegir el bien, la verdad, la justicia, incluso cuando esto requiere sacrificio y renuncia a los propios intereses. PAPA FRANCISCO

12.ª semana del T.O.
San José Cafasso, pb.
Beata M.ª Rafaela Cimatti, v.

✳ **2 Reyes 19, 9b-11.14-21-31-35a.36:** Yo haré de escudo a esta ciudad para salvarla, por mi honor y el de David.

▶ Salmo 47 [48], 2|3-4|10-11: Dios ha fundado su ciudad para siempre.

✠ **Evangelio: SAN MATEO 7, 6.12-14**

En aquel tiempo, dijo Jesús a sus discípulos: «No deis lo santo a los perros, ni les echéis vuestras perlas a los cerdos; no sea que las pisoteen con sus patas y después se revuelvan para destrozaros. Así, pues, todo lo que deseáis que los demás hagan con vosotros, hacedlo vosotros con ellos; pues esta es la Ley y los Profetas. Entrad por la puerta estrecha. Porque ancha es la puerta y espacioso el camino que lleva a la perdición, y muchos entran por ellos. ¡Qué estrecha es la puerta y qué angosto el camino que lleva a la vida! Y pocos dan con ellos».

En el evangelio de hoy, Jesús sigue dándonos unos cuantos consejos sabios y contundentes. Nos invita a no malgastar nuestros recursos y energías en cosas o personas que no lo valorarán. No vale la pena perder el ánimo por sacar algo adelante si a priori atisbamos que no vaya a ser bien acogido. Lo que toca es pensar un poco y no lanzarnos a lo loco en plan reactivos. Es un recordatorio para cuidar lo que es importante y no tirar nuestras «perlas» a quien no las va a apreciar. Además, nos insta a seguir la regla de oro: «Tratad a los demás como queréis que ellos os traten». Supone no solo respetar a los demás, con empatía, pero también es importante tener claridad y, cuando sea necesario, llamar a las cosas por su nombre. Implica tratarse bien a uno mismo y mirarse con honestidad… Pero ahí no queda la cosa, nos anima a optar por lo mejor, aunque suponga esfuerzo y dedicación. No siempre es el camino más fácil, pero lo que vale la pena nunca lo es. ¡A por ello!

✳ 1.ª lectura: ISAÍAS 49, 1-6

Escuchadme, islas; atended, pueblos lejanos: El Señor me llamó desde el vientre materno, de las entrañas de mi madre, y pronunció mi nombre. Hizo de mi boca una espada afilada, me escondió en la sombra de su mano; me hizo flecha bruñida, me guardó en su aljaba y me dijo: «Tú eres mi siervo, Israel, por medio de ti me glorificaré». Y yo pensaba: «En vano me he cansado, en viento y en nada he gastado mis fuerzas». En realidad el Señor defendía mi causa, mi recompensa la custodiaba Dios. Y ahora dice el Señor, el que me formó desde el vientre como siervo suyo, para que le devolviese a Jacob, para que le reuniera a Israel; he sido glorificado a los ojos de Dios. Y mi Dios era mi fuerza: «Es poco que seas mi siervo para restablecer las tribus de Jacob y traer de vuelta a los supervivientes de Israel. Te hago luz de las naciones, para que mi salvación alcance hasta el confín de la tierra».

▌ Salmo 138 [139], 1b-3|13-14ab|14c-15: Te doy gracias porque me has escogido portentosamente.

✳ 2.ª lectura: HECHOS 13, 22-26

En aquellos días, dijo Pablo: «Dios suscitó como rey a David, en favor del cual dio testimonio, diciendo: Encontré a David, hijo de Jesé, hombre conforme a mi corazón, que cumplirá todos mis preceptos. Según lo prometido, Dios sacó de su descendencia un salvador para Israel: Jesús. Juan predicó a todo Israel un bautismo de conversión antes de que llegara Jesús; y, cuando Juan estaba para concluir el curso de su vida, decía: "Yo no soy quien pensáis, pero, mirad, viene uno detrás de mí a quien no merezco desatarle las sandalias de los pies"».

✚ Evangelio: SAN LUCAS 1, 57-66.80

A Isabel se le cumplió el tiempo del parto y dio a luz un hijo. Se enteraron sus vecinos y parientes de que el Señor le había hecho una gran misericordia, y se alegraban con ella. A los ocho días vinieron a circuncidar al niño, y querían llamarlo Zacarías, como su padre; pero la madre intervino diciendo: «¡No! Se va a llamar Juan». Y le dijeron: «Ninguno de tus parientes se llama así». Entonces preguntaban por señas al padre cómo quería que se llamase. Él pidió una tablilla y escribió: «Juan es su nombre». Y todos se quedaron maravillados. Inmediatamente se le soltó la boca y la lengua, y empezó a hablar bendiciendo a Dios. Los vecinos quedaron sobrecogidos, y se comentaban todos estos hechos por toda la montaña de Judea. Y todos los que los oían reflexionaban diciendo: «Pues ¿qué será este niño?». Porque la mano del Señor estaba con él. El niño crecía y se fortalecía en el espíritu, y vivía en lugares desiertos hasta los días de su manifestación a Israel.

Isabel y Zacarías tuvieron que aprender a comunicarse sin palabras y con gestos cuando él perdió el habla. También supuso una nueva lección adaptarse a los sonidos de un recién nacido, con sus lloros y a las risas de Isabel tras tantos años de silencio y tristeza en una casa sin los ecos de la descendencia. Cumplir con la tradición, presentar al primogénito y hacerse valer. Isabel, consciente de los favores recibidos, deja de lado la falsa modestia y se afirma con entereza. Es capaz de intervenir y hacerse oír tras tanto tiempo queriendo pasar desapercibida. «¡No! Se va a llamar Juan». El fiel a Dios... porque de eso trata esta historia, de personas fieles en lo cotidiano que, cuando abren la boca, es para hablar bien de la realidad y del mundo, para descubrir las señales de Dios en la vida... cantarlas y celebrarlas.

✻ **2 Reyes 24, 8-17:** Llevó deportados a Babilonia a Joaquín y a todos los hombres pudientes.

❭ **Salmo 78 [79], 1b-2|3-5|8|9:** Por el honor de tu nombre, Señor, líbranos.

✠ **Evangelio: SAN MATEO 7, 21-29**

En aquel tiempo, dijo Jesús a sus discípulos: «No todo el que me dice "Señor, Señor" entrará en el reino de los cielos, sino el que hace la voluntad de mi Padre que está en los cielos. Aquel día muchos dirán: "Señor, Señor, ¿no hemos profetizado en tu nombre y en tu nombre hemos echado demonios, y no hemos hecho en tu nombre muchos milagros?". Entonces yo les declararé: "Nunca os he conocido. Alejaos de mí, los que obráis la iniquidad". El que escucha estas palabras mías y las pone en práctica se parece a aquel hombre prudente que edificó su casa sobre roca. Cayó la lluvia, se desbordaron los ríos, soplaron los vientos y descargaron contra la casa; pero no se hundió, porque estaba cimentada sobre roca. El que escucha estas palabras mías y no las pone en práctica se parece a aquel hombre necio que edificó su casa sobre arena. Cayó la lluvia, se desbordaron los ríos, soplaron los vientos y rompieron contra la casa, y se derrumbó. Y su ruina fue grande». Al terminar Jesús este discurso, la gente estaba admirada de su enseñanza, porque les enseñaba con autoridad y no como sus escribas.

San Ignacio nos invitaba a poner el amor más en las obras que en las palabras. Claro que las palabras también son importantes; necesitamos expresar con palabras nuestros amores, decir y escuchar un «te quiero». Pero cuidado con quedarnos en un «Señor, Señor» vacío. Solidez y anclaje, principio y fundamento, cimientos sólidos, roca firme... sobre eso hay que construir y actuar, no sobre arena. Pero no sirve cualquier acción, porque muchas veces lo que vivimos poco tiene que ver con los sueños de Dios para este mundo... y entonces nos colocamos peligrosamente sobre nuestras propias «arenas movedizas». Quizás, el truco para ir en esa línea tenga que ver con el silencio, con detenerse para escuchar a Dios y descubrir qué sueña, cómo nos sueña... y desde ahí, lanzarse... Receta: Escuchar, discernir, optar y elegir para vivir y hacer realidad esos sueños. Y sobre todo ánimo y generosidad.

¡SEÑOR JESÚS! (Pedro Casaldáliga, CMF)

Mi fuerza y mi fracaso / eres Tú.
Mi herencia y mi pobreza.
Tú, mi justicia, / Jesús.

Mi guerra / y mi paz.
¡Mi libre libertad!

Mi muerte y vida,
Tú,

Palabra de mis gritos,
silencio de mi espera,
testigo de mis sueños.
¡Cruz de mi cruz!
Causa de mi amargura,
perdón de mi egoísmo,
crimen de mi proceso,
juez de mi pobre llanto,
razón de mi esperanza,
¡Tú!

Mi tierra prometida
eres Tú...

La Pascua de mi Pascua.
¡Nuestra gloria por siempre,
Señor Jesús!

✳ **2 Reyes 25, 1-12:** Fue deportado Judá lejos de su tierra.

▌ **Salmo 136 [137], 1-2|3|4-5|6:** Que se me pegue la lengua al paladar si no me acuerdo de ti.

✚ **Evangelio: SAN MATEO 8, 1-4**

Al bajar Jesús del monte, lo siguió mucha gente. En esto, se le acercó un leproso, se arrodilló y le dijo: «Señor, si quieres, puedes limpiarme». Extendió la mano y lo tocó diciendo: «Quiero, queda limpio». Y enseguida quedó limpio de la lepra. Jesús le dijo: «No se lo digas a nadie, pero ve a presentarte al sacerdote y entrega la ofrenda que mandó Moisés, para que les sirva de testimonio».

Una multitud sigue y rodea a Jesús... algunos tienen que hacer de tripas corazón para arrodillarse ante él, porque la ley les impide relacionarse desde la cercanía. La lepra excluye y envía a los márgenes, expulsa de la mesa compartida... pero ese hombre anónimo se atreve a romper las reglas y se sitúa ante el Señor. Y se apela al deseo, porque detrás está la confianza: «Señor, si quieres, puedes limpiarme». Y con sencillez, también obviando las reglas de pureza, Jesús toca y habla. Con un simple movimiento, el tacto y la palabra, Jesús rompe barreras y restaura la vida, la convivencia, la mesa: «¡Quiero, queda limpio!». Tocar con amor, el camino para superar la exclusión.

Jesús, presente en nuestro prójimo que sufre, quiere estar presente en cada uno de nuestros actos de caridad y de servicio, que se manifiesta incluso en cada vaso de agua que damos «en su nombre»... Jesús quiere que por el sufrimiento y en torno al sufrimiento crezca el amor, la solidaridad de amor, esto es, la suma de aquel bien que es posible en nuestro mundo humano. Bien que no se desvanece jamás. SAN JUAN PABLO II

12.ª semana del T.O.
o San Cirilo de Alejandría, ob. y dr.
N.ª S.ª del Perpetuo Socorro

✳ Lamentaciones 2, 2.10-14.18-19: Sus corazones claman al Señor sobre la muralla de la hija de Sion.

▶ Salmo 73[74], 1b-2|3-4|5-7|20-21: No olvides sin remedio la vida de tus pobres.

✠ **Evangelio: SAN MATEO 8, 5-17**

En aquel tiempo, al entrar Jesús en Cafarnaún, un centurión se le acercó rogándole: «Señor, tengo en casa un criado que está en cama paralítico y sufre mucho». Le contestó: «Voy yo a curarlo». Pero el centurión le replicó: «Señor, no soy digno de que entres bajo mi techo. Basta que lo digas de palabra, y mi criado quedará sano. Porque yo también vivo bajo disciplina y tengo soldados a mis órdenes; y le digo a uno: "Ve", y va; al otro: "Ven", y viene; a mi criado: "Haz esto", y lo hace». Al oírlo, Jesús quedó admirado y dijo a los que lo seguían: «En verdad os digo que en Israel no he encontrado en nadie tanta fe. Os digo que vendrán muchos de oriente y occidente y se sentarán con Abrahán, Isaac y Jacob en el reino de los cielos; en cambio, a los hijos del reino los echarán fuera, a las tinieblas. Allí será el llanto y el rechinar de dientes». Y dijo Jesús al centurión: «Vete; que te suceda según has creído». Y en aquel momento se puso bueno el criado. Al llegar Jesús a la casa de Pedro, vio a su suegra en cama con fiebre; le tocó su mano y se le pasó la fiebre; se levantó y se puso a servirle. Al anochecer, le llevaron muchos endemoniados; él, con su palabra, expulsó los espíritus y curó a todos los enfermos para que se cumpliera lo dicho por medio del profeta Isaías: «Él tomó nuestras dolencias y cargó con nuestras enfermedades».

La fe de un centurión que corta el aliento. El reconocimiento de la propia realidad. El contacto con Jesús y la sanación que impulsa al servicio. Relacionarse desde la confianza. El asentimiento, un sí que transforma la vida... Fe, curación, entrega y el peso de la palabra dada. «Basta que lo digas de palabra», declara el centurión con una convicción que desafía lo común. En ese «Haz esto, y lo hace», palpita una forma de entender el mundo y las relaciones, el poder de la coherencia, el ser una persona de palabra que actúa en consonancia con sus convicciones más profundas. En un mundo donde la palabra a menudo pierde su valor, nos topamos con personas que honran su palabra, viviendo desde la integridad.

CONTACTO (Malvi Baldellou)

Si quieres, me limpiarás:
mi búsqueda de aprobación,
mis miedos camuflados,
mis quejas sin ton ni son,
mi mezquindad a lo creado,
a los hermanos y al Creador.

Si me tocas, podré tocar:
las heridas sin asco,
la carne triturada por el dolor,
la piel radiante acariciada por el amor,
las fragilidades rotas,
los 'no' propios y ajenos,
los 'sí' generosos y envueltos en pasión,
la vida como viene,
lo que sueñes para mí, para otros, para todos.

Si lo quieres tú, también, lo quiero yo.

✳ 1.ª lectura: 2 REYES 4, 8-11.14-16a

Pasó Eliseo un día por Sunén. Vivía allí una mujer principal que le insistió en que se quedase a comer; y, desde entonces, se detenía allí a comer cada vez que pasaba. Ella dijo a su marido: «Estoy segura de que es un hombre santo de Dios el que viene siempre a vernos. Construyamos en la terraza una pequeña habitación y pongámosle arriba una cama, una mesa, una silla y una lámpara, para que cuando venga pueda retirarse». Llegó el día en que Eliseo se acercó por allí y se retiró a la habitación de arriba, donde se acostó. Entonces se preguntó Eliseo: «¿Qué podemos hacer entonces por ella?». Respondió Guejazí: «Por desgracia no tiene hijos y su marido es ya anciano». Eliseo ordenó que la llamase. La llamó y ella se detuvo a la entrada. Eliseo le dijo: «El año próximo, por esta época, tú estarás abrazando un hijo».

▶ Salmo 88 [89], 2-3|16-17|18-19: **Cantaré eternamente las misericordias del Señor.**

✳ 2.ª lectura: ROMANOS 6, 3-4.8-11

Hermanos: Cuantos fuimos bautizados en Cristo Jesús fuimos bautizados en su muerte. Por el bautismo fuimos sepultados con él en la muerte, para que, lo mismo que Cristo resucitó de entre los muertos por la gloria del Padre, así también nosotros andemos en una vida nueva. Si hemos muerto con Cristo, creemos que también viviremos con él; pues sabemos que Cristo, una vez resucitado de entre los muertos, ya no muere más; la muerte ya no tiene dominio sobre él. Porque quien ha muerto, ha muerto al pecado de una vez para siempre; y quien vive, vive para Dios. Lo mismo vosotros, consideraos muertos al pecado y vivos para Dios en Cristo Jesús.

✚ Evangelio: SAN MATEO 10, 37-42

En aquel tiempo, dijo Jesús a sus apóstoles: «El que quiere a su padre o a su madre más que a mí, no es digno de mí; el que quiere a su hijo o a su hija más que a mí, no es digno de mí; y el que no carga con su cruz y me sigue no es digno de mí. El que encuentre su vida la perderá, y el que pierda su vida por mí, la encontrará. El que os recibe a vosotros, me recibe a mí, y el que me recibe, recibe al que me ha enviado; el que recibe a un profeta porque es profeta, tendrá recompensa de profeta; y el que recibe a un justo porque es justo, tendrá recompensa de justo. El que dé a beber, aunque no sea más que un vaso de agua fresca, a uno de estos pequeños, solo porque es mi discípulo, en verdad os digo que no perderá su recompensa».

Hoy el Señor nos habla de amores y de generosidad, de acogida y descentramiento. Hay frases del Evangelio que podemos malinterpretar y las consecuencias son nefastas. «El que quiere a su padre o a su madre más que a mí...». Escuchemos y comprendamos. El amor de Dios no es exclusivo ni excluyente. El horizonte es el ensanchar nuestros amores, el de un corazón que se compromete, un corazón centrado en Dios, que no nos pide que amemos menos a los nuestros, sino que les amemos mucho desde ese amor a un Dios Padre Madre, al Señor Jesús, a Dios Espíritu que anima, consuela y fortalece. Amarte Señor para que amemos mucho y bien. Un amor generoso, que no significa heroico, sino cotidiano, encontrándonos con Él en los «pobrecillos» y los sedientos. Esos gestos pequeños de cercanía que alivian y suavizan sufrimientos son los que dan sentido para que la vida se expanda. No somos los reyes del mambo ni nuestro ombligo el tirano centro de la realidad. Frente a otras lógicas, ese «perder» del que habla Jesús, supone ganar. Acoger y «recibir»... como hacía Jesús.

✳ 1.ª lectura: HECHOS 12, 1-11

En aquellos días, el rey Herodes decidió arrestar a algunos miembros de la Iglesia para maltratarlos. Hizo pasar a cuchillo a Santiago, hermano de Juan. Al ver que esto agradaba a los judíos, decidió detener también a Pedro. Eran los días de los Ácimos. Después de prenderlo, lo metió en la cárcel, entregándolo a la custodia de cuatro piquetes de cuatro soldados cada uno; tenía intención de presentarlo al pueblo pasadas las fiestas de Pascua. Mientras Pedro estaba en la cárcel bien custodiado, la Iglesia oraba insistentemente a Dios por él. Cuando Herodes iba a conducirlo al tribunal, aquella misma noche, estaba Pedro durmiendo entre dos soldados, atado con cadenas. Los centinelas hacían guardia a la puerta de la cárcel. De repente, se presentó el ángel del Señor, y se iluminó la celda. Tocando a Pedro en el costado, lo despertó y le dijo: «Date prisa, levántate». Las cadenas se le cayeron de las manos, y el ángel añadió: «Ponte el cinturón y las sandalias». Así lo hizo, y el ángel le dijo: «Envuélvete en el manto y sígueme». Salió y lo seguía, sin acabar de creerse que era realidad lo que hacía el ángel, pues se figuraba que estaba viendo una visión. Después de atravesar la primera y la segunda guardia, llegaron al portón de hierro que daba a la ciudad, que se abrió solo ante ellos. Salieron y anduvieron una calle y de pronto se marchó el ángel. Pedro volvió en sí y dijo: «Ahora sé realmente que el Señor ha enviado a su ángel para librarme de las manos de Herodes y de toda la expectación del pueblo de los judíos».

▶ Salmo 33 [34], 2-3|4-5|6-7|8-9: El Señor me libró de todas mis ansias.

✳ 2.ª lectura: 2 TIMOTEO 4, 6-8.17-18

Querido hermano: Yo estoy a punto de ser derramado en libación y el momento de mi partida es inminente. He combatido el noble combate, he acabado la carrera, he conservado la fe. Por lo demás, me está reservada la corona de la justicia, que el Señor, juez justo, me dará en aquel día; y no solo a mí, sino también a todos los que hayan aguardado con amor su manifestación. Mas el Señor estuvo a mi lado y me dio fuerzas para que, a través de mí, se proclamara plenamente el mensaje y lo oyeran todas las naciones. Y fui librado de la boca del león. El Señor me librará de toda obra mala y me salvará llevándome a su reino celestial. A él la gloria por los siglos de los siglos. Amén.

✠ Evangelio: SAN MATEO 16, 13-19

En aquel tiempo, al llegar a la región de Cesarea de Filipo, Jesús preguntó a sus discípulos: «¿Quién dice la gente que es el Hijo del hombre?». Ellos contestaron: «Unos que Juan el Bautista, otros que Elías, otros que Jeremías o uno de los profetas». Él les preguntó: «Y vosotros, ¿quién decís que soy yo?». Simón Pedro tomó la palabra y dijo: «Tú eres el Mesías, el Hijo del Dios vivo». Jesús le respondió: «¡Bienaventurado tú, Simón, hijo de Jonás!, porque eso no te lo ha revelado ni la carne ni la sangre, sino mi Padre que está en los cielos. Ahora yo te digo: tú eres Pedro, y sobre esta piedra edificaré mi Iglesia, y el poder del infierno no la derrotará. Te daré las llaves del reino de los cielos; lo que ates en la tierra quedará atado en los cielos, y lo que desates en la tierra quedará desatado en los cielos».

A Pedro y Pablo, les debemos tanto. Ante la pregunta de Jesús sobre su identidad: Simón Pedro se lanza en una confesión certera: «Tú eres el Mesías, el Hijo de Dios vivo». Y la respuesta de Jesús es un verdadero piropo: «¡Dichoso tú, Simón, hijo de Jonás!... Tú eres Pedro, y sobre esta piedra edificaré mi Iglesia». Este cumplido de Jesús a Pedro no es solo una alabanza, sino una afirmación sobre su misión. Un reconocimiento de la fe sincera y el amor genuino de Pedro, a pesar de su evidente fragilidad, dudó, negó, pero también es exaltado como la «roca». Porque Dios elige a quien le da la gana. Y, Pablo, perseguidor de cristianos, transformado en apóstol. Hombre de carácter fuerte, que se reconoce como poca cosa sin el Señor. Pablo y Pedro compartieron una pasión desbordante por Cristo: Pedro, sencillo y rudo; Pablo, formado y de origen fariseo. Dos apóstoles tan diferentes, lo dieron todo, su vida, mártires, persiguieron un sueño, su amor los llevó a ser funambulistas sobre el abismo de la fe. Como nuestra Iglesia, comunidad apasionada y diversa, casta meretriz, pecadora y santa, unida en su amor a Cristo y en su deseo de gritar al mundo que hay esperanza.

SAN PEDRO Y SAN PABLO UNIDOS (Bernardo Velado Graña)

San Pedro y san Pablo, unidos / por un martirio de amor, / en la fe comprometidos, / llevadnos hasta el Señor.

El Señor te dijo: «Simón, tú eres Piedra, / sobre este cimiento fundaré mi Iglesia: / la roca perenne, la nave ligera. / No podrá el infierno jamás contra ella. / Te daré las llaves para abrir la puerta». / Vicario de Cristo, timón de la Iglesia.

Pablo, tu palabra, como una saeta, / llevó el Evangelio por toda la tierra. / Doctor de las gentes, va sembrando Iglesias; / leemos tus cartas en las asambleas, / y siempre de Cristo nos hablas en ellas; / la cruz es tu gloria, tu vida y tu ciencia.

San Pedro y san Pablo: en la Roma eterna / quedasteis sembrados cual trigo en la tierra; / sobre los sepulcros, espigas, cosechas, / con riesgo de sangre plantasteis la Iglesia. / San Pedro y san Pablo, columnas señeras, / testigos de Cristo y de sus promesas.

✳ Amós 3, 1-8; 4, 11-12: El Señor Dios ha hablado, ¿quién no profetizará? ◗ Salmo 5, 5-6a|6b-7|8: Señor, guíame con tu justicia.

✝ **Evangelio: SAN MATEO 8, 23-27**

En aquel tiempo, subió Jesús a la barca, y sus discípulos lo siguieron. En esto se produjo una tempestad tan fuerte que la barca desaparecía entre las olas; él dormía. Se acercaron y lo despertaron gritándole: «¡Señor, sálvanos, que perecemos!». Él les dice: «¿Por qué tenéis miedo, hombres de poca fe?». Se puso en pie, increpó a los vientos y al mar y vino una gran calma. Los hombres se decían asombrados: «¿Quién es este, que hasta el viento y el mar lo obedecen?».

Después de la tempestad llega la calma... pero algunas tormentas parecen no desaparecer, nos provocan tal inestabilidad que seguimos perdiendo pie incluso cuando ya estamos en tierra firme.. Mientras uno duerme, los otros se angustian, pensando que no hay nada que hacer, que ya está todo el bacalao vendido y que toca bajar el telón... Vivir en estado de crisis constante, convencidos de que todo terminará mal, no es vida. El papa Francisco dice que en estos momentos de zozobra, nos distraemos tanto que solo vemos el peligro y la tempestad. Nuestra mirada y corazón se centran en lo que nos perturba, olvidando a Jesús. Si le miramos, aunque las tempestades no desaparezcan, las viviríamos de forma diferente. Es crucial decidir dónde situar nuestra mirada y nuestro corazón.

No os venza el oleaje cuando se perturbe vuestro corazón... Si el viento nos empuja, si nos mueve el afecto de nuestra alma, no perdamos la esperanza; despertemos a Cristo para navegar en la bonanza y llegar a la patria. SAN AGUSTÍN

El «contemplativo en la acción», según san Ignacio de Loyola, no solo contempla el mundo activo y ve cosas maravillosas, sino que ve también en esas cosas maravillosas signos de la presencia y la actividad de Dios.

El «contemplativo en la acción» es profundamente consciente de la presencia de Dios incluso en medio de una vida excesivamente ajetreada. Es una actitud de consciencia; consciencia de Dios.

Esto nos lleva a «encontrar a Dios en todas las cosas»... En todas las cosas. Y en todas las personas. Y hemos hablado de un modo fácil de suscitar esa consciencia para ayudarte a encontrar a Dios en todas las cosas: el *Examen* ignaciano.

El «contemplativo en la acción» busca a Dios y trata de encontrarlo en la acción. Esto significa que la persona contemplativa ve el mundo desde una perspectiva encarnatoria. Dios mora en las cosas reales, en los lugares reales y en la gente real. No solo «allí arriba», sino también «alrededor».

Para los cristianos, Jesús es la encarnación de Dios, pero no hay que ser cristiano para tener una visión encarnatoria del mundo.

Cuanto más recorres el camino de Ignacio, tanto más ves al Dios encarnado.

Y cuanto más avanzas por el camino ignaciano, tanto más quieres avanzar.

Cuanto más experimentas a Dios, tanto más deseas experimentarlo.

Cuanto más conoces a Dios, tanto más ansías conocerlo.

Intención del Papa
POR EL RESPETO DE LA VIDA HUMNA

Oremos por el respeto y la protección de la vida humana en todas sus etapas, reconociéndola como un don de Dios.

PREFERENCIAS APOSTÓLICAS UNIVERSALES

Las Preferencias Apostólicas Universales quieren desencadenar un proceso de reanimación vital y creatividad apostólica que nos haga mejores servidores de la reconciliación y la justicia. Un proceso que iremos diseñando y examinando según las personas, tiempos y lugares a la luz de las orientaciones de la Iglesia y la guía del Espíritu.

1. Mostrar el camino hacia Dios mediante los Ejercicios Espirituales y el discernimiento.

2. Caminar junto a los pobres, los descartados del mundo, los vulnerados en su dignidad en una misión de reconciliación y justicia.

3. Acompañar a los jóvenes en la creación de un futuro esperanzador.

4. Colaborar en el cuidado de la Casa Común.

Oración diaria en audio: www.rezandovoy.org
Tiempo para la reflexión y contemplación.
Y porque la oración también es cosa de niños:
www.rezandovoy.org/infantil

✳ Amós 5, 14-15.21-24: Aparta de mí el estrépito de tus canciones, y fluya la justicia como arroyo perenne.

▶ Salmo 49 [50], 7|8-9|10-11|12-13|16bc-17.

✝ **Evangelio: SAN MATEO 8, 28-34**

En aquel tiempo, llegó Jesús a la otra orilla, a la región de los gadarenos. Desde los sepulcros dos endemoniados salieron a su encuentro; eran tan furiosos que nadie se atrevía a transitar por aquel camino. Y le dijeron a gritos: «¿Qué tenemos que ver nosotros contigo, Hijo de Dios? ¿Has venido aquí a atormentarnos antes de tiempo?». A cierta distancia, una gran piara de cerdos estaba paciendo. Los demonios le rogaron: «Si nos echas, mándanos a la piara». Jesús les dijo: «Id». Salieron y se metieron en los cerdos. Y la piara entera se abalanzó acantilado abajo al mar y murieron en las aguas. Los porquerizos huyeron al pueblo y lo contaron todo, incluyendo lo de los endemoniados. Entonces el pueblo entero salió a donde estaba Jesús y, al verlo, le rogaron que se marchara de su país.

En el imaginario judío, un cementerio simboliza muerte e impureza, un lugar de aislamiento y desolación. Jesús, sin embargo, no evita estos espacios y transforma su sentido. Muchas veces habitamos nuestras propias tumbas, aislándonos y rechazando el encuentro, como endemoniados que, entre la furia y el desconsuelo, apartan a todos. Nos convertimos en parias, incapaces de recibir aprecio, comunicándonos solo con sufrimiento y desesperación. Cuando alguien se acerca, reaccionamos con rechazo: «¿Qué quieres de nosotros, atormentarnos?». Jesús, en cambio, acoge y con una simple palabra, «Id», trae alivio. Este contraste entre la paz y la tormenta, el miedo y la esperanza, nos muestra que el Señor desea que dejemos de sufrir, algo imposible si nos cerramos en la incomunicación.

✳ **Amós 7, 10-17:** Ve, profetiza a mi pueblo.

▶ **Salmo 18 [19], 8|9|10|11:** Los mandamientos del Señor son verdaderos y enteramente justos.

✠ **Evangelio: SAN MATEO 9, 1-8**

En aquel tiempo, subió Jesús a una barca, cruzó a la otra orilla y fue a su ciudad. En esto le presentaron un paralítico, acostado en una camilla. Viendo la fe que tenían dijo al paralítico: «¡Ánimo, hijo!, tus pecados te son perdonados». Algunos de los escribas se dijeron: «Este blasfema». Jesús, sabiendo lo que pensaban, les dijo: «¿Por qué pensáis mal en vuestros corazones? ¿Qué es más fácil, decir: "Tus pecados te son perdonados", o decir: "Levántate y echa a andar"? Pues, para que veáis que el Hijo del hombre tiene potestad en la tierra para perdonar pecados –entonces dice al paralítico–: "Ponte en pie, coge tu camilla y vete a tu casa"». Se puso en pie y se fue a su casa. Al ver esto, la gente quedó sobrecogida y alababa a Dios, que da a los hombres tal potestad.

De nuevo, el aislamiento, esta vez por el estigma de la enfermedad, la parálisis que nos impide avanzar y nos vuelve vulnerables. Y en medio de todo, Jesús se dirige a nosotros con ternura, utilizando un apelativo lleno de amor, como una madre que cuida de sus hijos: «¡Ánimo, hijo!». No se necesitan palabras de petición ni explicaciones. El ojo de Jesús percibe el dolor sin necesidad de diagnósticos y, desde esa comprensión, ofrece ánimo y alivia el sufrimiento. Pero los bienpensantes, apegados a la ley, se escandalizan y acusan: «Este blasfema». Aquí se presentan tres actitudes posibles en nuestras relaciones: acercarnos, acoger, o rechazar. Nos toca optar: relacionarnos desde el perdón y la compasión, o desde la dureza y la indiferencia.

3 VIERNES JULIO

(F) Santo Tomás, ap.
Beata M.ª Ana Mogás, v. y fdra.
Santos Pedro y Juan Zhao, mrs.

✳ **Efesios 2, 19-22:** Estáis edificados sobre el cimiento de los apóstoles. ▶ **Salmo 116 [117], 1|2:** Id al mundo entero y proclamad el Evangelio.

✝ **Evangelio: SAN JUAN 20, 24-29**

Tomás, uno de los Doce, llamado el Mellizo, no estaba con ellos cuando vino Jesús. Y los otros discípulos le decían: «Hemos visto al Señor». Pero él les contestó: «Si no veo en sus manos la señal de los clavos, si no meto el dedo en el agujero de los clavos y no meto la mano en su costado, no lo creo». A los ocho días, estaban otra vez dentro los discípulos y Tomás con ellos. Llegó Jesús, estando cerradas las puertas, se puso en medio y dijo: «Paz a vosotros». Luego dijo a Tomás: «Trae tu dedo, aquí tienes mis manos; trae tu mano y métela en mi costado; y no seas incrédulo, sino creyente». Contestó Tomás: «¡Señor mío y Dios mío!». Jesús le dijo: «¿Porque me has visto has creído? Bienaventurados los que crean sin haber visto».

Encuentro experimentado por otros, pero no por uno mismo. Alegrías que otros comparten, pero que no sentimos. Necesitamos tiempo para entrar en el misterio, hacer nuestros procesos y aceptar que se puede vivir la realidad de otra manera. Y Dios, bondadoso, respeta nuestros ritmos e insiste en volver a nosotros, aunque le demos la espalda... las veces que sean necesarias. Lo hace sin reproches, deseando el encuentro, deseándonos paz, a pesar de nuestras quejas y dudas. Decía Toni Catalá: «Cuando nosotros nos bloqueamos y entramos en dinámicas de desolación y de queja, cuando caemos en la trampa de quedarnos ante el mundo como espectadores cargándonos de lamentos inútiles, basta que alguien nos empuje para poner nuestra vida en las llagas de este mundo, no para hurgar sino para aliviar, y terminaremos diciendo como Tomás: ¡Señor mío, y Dios mío!».

✳ **Amós 9, 11-15:** Repatriaré a los desterrados de mi pueblo y los plantaré en su tierra.

▶ **Salmo 84 [85], 9|11-12|13-14:** Dios anuncia la paz a su pueblo.

✠ **Evangelio: SAN MATEO 9, 14-17**

En aquel tiempo, los discípulos de Juan se acercaron a Jesús, preguntándole: «¿Por qué nosotros y los fariseos ayunamos a menudo, en cambio, tus discípulos no ayunan?». Jesús les dijo: «¿Es que pueden guardar luto los amigos del esposo, mientras el esposo está con ellos? Llegarán días en que les arrebatarán al esposo, y entonces ayunarán. Nadie echa un remiendo de paño sin remojar a un manto pasado, porque la pieza tira del manto y deja un roto peor. Tampoco se echa vino nuevo en odres viejos, porque revientan los odres: se derrama el vino y los odres se estropean; el vino nuevo se echa en odres nuevos y así las dos cosas se conservan».

Dicen que Jesús había sido muy cercano al grupo del Bautista, sin embargo, su propuesta es otra. Los que antes compartían inquietudes con él, no terminan de entender lo que hace y dice; les confunden los modos y maneras de Jesús y preguntan: «¿Por qué nosotros ayunamos a menudo y tus discípulos no ayunan?». Señor, hay ocasiones en las que siento que mis opciones desentonan frente a otros y no puedo dejar de preguntarme cómo me acerco a esas realidades que me desafían, con qué sentimientos y actitudes respondo ante esas inquietudes, cuáles son mis reacciones. Quizás mirarte me ayude a vivirlo de otra manera. Mi primera reacción puede ser de curiosidad, duda, miedo... pero cómo lo transmita, expresará mi manera de estar en el mundo.

✲ 1.ª lectura: ZACARÍAS 9, 9-10

Esto dice el Señor: «¡Salta de gozo, Sion; alégrate, Jerusalén! Mira que viene tu rey, justo y triunfador, pobre y montado en un borrico, en un pollino de asna. Suprimirá los carros de Efraín y los caballos de Jerusalén; romperá el arco guerrero y proclamará la paz a los pueblos. Su dominio irá de mar a mar, desde el Río hasta los extremos del país».

▸ Salmo 144 [145], 1bc-2|8-9|10-11|13cd-14: Bendeciré tu nombre por siempre, Dios mío, mi rey. O bien: Aleluya.

✲ 2.ª lectura: ROMANOS 8, 9.11-13

Hermanos: Vosotros no estáis en la carne, sino en el Espíritu, si es que el Espíritu de Dios habita en vosotros; en cambio, si alguien no posee el Espíritu de Cristo no es de Cristo. Y si el Espíritu del que resucitó a Jesús de entre los muertos habita en vosotros, el que resucitó de entre los muertos a Cristo Jesús también dará vida a vuestros cuerpos mortales, por el mismo Espíritu que habita en vosotros. Así pues, hermanos, somos deudores, pero no de la carne para vivir según la carne. Pues si vivís según la carne, moriréis; pero si con el Espíritu dais muerte a las obras del cuerpo, viviréis.

✠ Evangelio: SAN MATEO 11, 25-30

En aquel tiempo, tomó la palabra Jesús y dijo: «Te doy gracias, Padre, Señor del cielo y de la tierra, porque has escondido estas cosas a los sabios y entendidos, y se las has revelado a los pequeños. Sí, Padre, así te ha parecido bien. Todo me ha sido entregado por mi Padre, y nadie conoce al Hijo más que el Padre, y nadie conoce al Padre sino el Hijo y aquel a quien el Hijo se lo quiera revelar.

Venid a mí todos los que estáis cansados y agobiados, y yo os aliviaré. Tomad mi yugo sobre vosotros y aprended de mí, que soy manso y humilde de corazón, y encontraréis descanso para vuestras almas. Porque mi yugo es llevadero y mi carga ligera».

A propósito de yugos, cargas, cansancios y agobios. Existen actitudes que podemos aprender y entrenar, que nos ayudan a lidiar con el perfeccionismo, esa necesidad de hacerlo todo bien y controlarlo todo, algo imposible. A menudo nos sentimos asfixiados por las obligaciones, responsabilidades y expectativas propias y ajenas. Este desgaste, junto con la angustia por el futuro, nos consume. No hace falta enumerar más, pues la vida inevitablemente nos lleva por caminos de decepción, fracaso y dolor. Sin embargo, Jesús, con gran sabiduría, nos invita a soltar lastre, a dejar de lado el mito del control total y a confiar. Nos ofrece una receta: vivir de manera más sencilla, eliminar pretensiones y encontrar a Dios. Y con Dios y sus «cosas, porque solos no podemos, podemos respirar y sentir un cierto alivio».

ACARÍCIAME (Rabindranath Tagore)

Vengo a Ti para que me acaricies / antes de comenzar el día. / Que tus ojos se posen / un momento sobre mis ojos. / Que acuda a mi trabajo sabiendo / que me acompañas, Amigo mío.

¡Pon tu música en mí / mientras atravieso el desierto del ruido! / Que el destello de tu Amor / bese las cumbres de mis pensamientos / y se detenga en el valle de la vida, / donde madura la cosecha.

6 LUNES JULIO

14.ª semana del T.O.
o Santa María de Goretti, v. y mr.
Beata Nazaria Ignazia March, v. y fdra.

✴ Oseas 2, 16.17de-18.21-22: Me desposaré contigo para siempre. ▶ Salmo 144 [145], 2-3|4-5|6-7|8-9: El Señor es clemente y misericordioso.

✚ **Evangelio: SAN MATEO 9, 18-26**

En aquel tiempo, mientras Jesús hablaba, se acercó un jefe de los judíos que se arrodilló ante él y le dijo: «Mi hija acaba de morir. Pero ven tú, impón tu mano sobre ella y vivirá». Jesús se levantó y lo siguió con sus discípulos. Entre tanto, una mujer que sufría flujos de sangre desde hacía doce años se le acercó por detrás y le tocó la orla del manto, pensando que con solo tocarle el manto se curaría. Jesús se volvió y al verla le dijo: «¡Ánimo, hija! Tu fe te ha salvado». Y en aquel momento quedó curada la mujer. Jesús llegó a casa de aquel jefe y, al ver a los flautistas y el alboroto de la gente, dijo: «¡Retiraos! La niña no está muerta, está dormida». Se reían de él. Cuando echaron a la gente, entró él, cogió a la niña de la mano y ella se levantó. La noticia se divulgó por toda aquella comarca.

Hace cuatro días Jesús nos decía: «¡Ánimo, hijo!». Hoy cambia el género pero expresa de nuevo su deseo para nuestras vidas: «¡Ánimo!». Un ánimo que necesitamos con urgencia. Bullicio, ruido y actividad en la vida de Jesús, enseñanzas y predicaciones... el día a día y la rutina de lo cotidiano, espacio donde también transitan el dolor y las tristezas, pero habitadas con la esperanza. La esperanza, a pesar de la dureza de las situaciones del padre que ha perdido a la hija y de la mujer definida por su enfermedad, les pone en marcha y les hace acercarse a Jesús. Valentía para seguir adelante un día más, para ponerse en marcha a pesar de lutos, aislamientos y llantos... y de esos previos se vale el Señor para erguirnos ponernos en pie, la postura de los hijos de Dios: de respeto, de dignidad, pero también de disponerse a entrar en la Tierra Prometida.

✸ Oseas 8, 4-7.11-13: Siembran viento, cosecharán tempestades.

▶ Salmo 113 [114], 11-12|13-14|15ab-16|17-18: Israel confía en el Señor. O bien: Aleluya.

✠ **Evangelio: SAN MATEO 9, 32-38**

En aquel tiempo, le llevaron a Jesús un endemoniado mudo. Y después de echar al demonio, el mudo habló. La gente decía admirada: «Nunca se ha visto en Israel cosa igual». En cambio, los fariseos decían: «Este echa los demonios con el poder del jefe de los demonios». Jesús recorría todas las ciudades y aldeas, enseñando en sus sinagogas, proclamando el evangelio del reino y curando toda enfermedad y toda dolencia. Al ver a las muchedumbres, se compadecía de ellas, porque estaban extenuadas y abandonadas, «como ovejas que no tienen pastor». Entonces dice a sus discípulos: «La mies es abundante, pero los trabajadores son pocos; rogad, pues, al Señor de la mies que mande trabajadores a su mies».

Jesús, al verte ante el endemoniado mudo, me surge una pregunta: ¿Cuántas veces mis palabras o mi silencio han reflejado solo la admiración superficial de la multitud o el juicio severo de los fariseos? Tú, el compasivo, me señalas un camino distinto. Como el mudo que recupera su voz, me encuentro en una encrucijada sobre qué expresar. ¡Que mi canto sea un magníficat sobre lo que verdaderamente importa! ¿Hablo para edificar y construir, para otorgar voz a quienes no la tienen, o permanezco en comentarios superficiales y juicios apresurados? Inspira mis palabras, Señor, moldeándolas para sanar, consolar y revelar tu verdad. Que mi voz no sea un mero eco de mis limitaciones, sino un reflejo auténtico de tu forma de hablar.

✳ **Oseas 10, 1-3.7-8.12:** Es tiempo de consultar al Señor.

▶ **Salmo 104 [105], 2-3|4-5|6-7:** Buscad continuamente el rostro del Señor. **O bien:** Aleluya.

✠ **Evangelio: SAN MATEO 10, 1-7**

En aquel tiempo, Jesús llamó a sus doce discípulos y les dio autoridad para expulsar espíritus inmundos y curar toda enfermedad y toda dolencia. Estos son los nombres de los doce apóstoles: el primero, Simón, llamado Pedro, y Andrés, su hermano; Santiago, el de Zebedeo, y Juan, su hermano; Felipe y Bartolomé, Tomás y Mateo el publicano; Santiago el de Alfeo, y Tadeo; Simón el de Caná, y Judas Iscariote, el que lo entregó. A estos doce los envió Jesús con estas instrucciones: «No vayáis a tierra de paganos ni entréis en las ciudades de Samaría, sino id a las ovejas descarriadas de Israel. Id y proclamad que ha llegado el reino de los cielos».

Algunas imágenes y recuerdos dejan una huella profunda: encuentros, momentos de luz y claridad, de llamada y misión. A ellos vuelvo recurrentemente. Pronuncias mi nombre, y otros nombres: Pedro, María, Andrés, Marta, Santiago, Magdalena, Juan, Susana, Felipe, Salomé, Mateo, Juana, Judas... Llamada personal y comunitaria. Rostros de hombres y mujeres que me invitan a formar parte de algo mayor: relaciones, vínculos, crecer en comunidad. Han marcado mi camino, algunos ya no están, otros continúan a mi lado. Personas que han sido significativas en mi vida, por los que te quiero agradecer. Esta memoria de nombres y rostros es un recordatorio de tu amor y llamada, una invitación a seguir adelante, acompañado, formando parte de un sueño mucho más grande que el mío.

✳ Oseas 11, 1-4.8c-9: Mi corazón está perturbado.

◗ Salmo 79 [80], 2ac.3b|15-16: Que brille tu rostro, Señor, y nos salve.

✠ **Evangelio: SAN MATEO 10, 7-15**

En aquel tiempo, dijo Jesús a sus apóstoles: «Id y proclamad que ha llegado el reino de los cielos. Curad enfermos, resucitad muertos, limpiad leprosos, arrojad demonios. Gratis habéis recibido, dad gratis. No os procuréis en la faja oro, plata ni cobre; ni tampoco alforja para el camino, ni dos túnicas, ni sandalias, ni bastón; bien merece el obrero su sustento. Cuando entréis en una ciudad o aldea, averiguad quién hay allí de confianza y quedaos en su casa hasta que os vayáis. Al entrar en una casa, saludadla con la paz; si la casa se lo merece, vuestra paz vendrá a ella. Si no se lo merece, la paz volverá a vosotros. Si alguno no os recibe o no escucha vuestras palabras, al salir de su casa o de la ciudad, sacudid el polvo de los pies. En verdad os digo que el día del juicio les será más llevadero a Sodoma y Gomorra, que a aquella ciudad».

Anunciar algo bueno, que se nos da un regalo, que se nos da Dios mismo, ese es el anuci. La tarea: sanar, liberar, curar, cuidar, aliviar, esperanzar, animar, bendecir... amar. ¿De qué manera? con poco equipaje, desde la libertad, con compasión, acogida, hospitalidad, cercanía, sencillez, desde la gratuidad, ofreciendo, no imponiendo... deseando y transmitiendo paz. Y si la respuesta es una negativa, no pasa nada, a seguir caminando, sin revanchas ni victimismos, que el rechazo no es sinónimo de fracaso. No se trata de enseñar mucho, ni decir mucho,se trata de compartir lo que se nos ha regalado. Somos afortunados. Vale la pena. Vale la vida.

14.ª semana del T.O.
Santa Verónica Giuliani, absa.*
Beato Manuel Ruiz, pb. y mr.

✳ Oseas 14, 2-10: No llamaremos ya «nuestro Dios» a la obra de nuestras manos. ❱ Salmo 50 [51], 3-4|8-9|12-13|14.17 : Mi boca proclamará tu alabanza.

✢ **Evangelio: SAN MATEO 10, 16-23**

En aquel tiempo, dijo Jesús a sus apóstoles: «Mirad que yo os envío como ovejas entre lobos; por eso, sed sagaces como serpientes y sencillos como palomas. Pero ¡cuidado con la gente!, porque os entregarán a los tribunales, os azotarán en las sinagogas y os harán comparecer ante gobernadores y reyes por mi causa, para dar testimonio ante ellos y ante los gentiles. Cuando os entreguen, no os preocupéis de lo que vais a decir o de cómo lo diréis: en aquel momento se os sugerirá lo que tenéis que decir, porque no seréis vosotros los que habléis, sino que el Espíritu de vuestro Padre hablará por vosotros. El hermano entregará al hermano a la muerte, el padre al hijo; se rebelarán los hijos contra sus padres y los matarán. Y seréis odiados por todos a causa de mi nombre; pero el que persevere hasta el final, se salvará. Cuando os persigan en una ciudad, huid a otra. En verdad os digo que no terminaréis con las ciudades de Israel antes de que vuelva el Hijo del hombre».

Debemos esforzarnos de no hacer lecturas anacrónicas de las imágenes de la Biblia. No creo que este sea el caso... pero una vez un niño me dijo disgustado que no entendía por qué Dios era representado como una paloma, dado que estas aves pueden ser sucias y transmitir enfermedades. Y si hablamos de lobos, Félix Rodríguez de la Fuente rehabilitó su imagen... Con todo, están claras las actitudes propuestas, aunque a veces sea complicado moverse entre esos polos: sagaces, astutos, sabios, sencillos, sinceros... hasta ingenuos si es por el Reino. Y muchas veces tocará hacerse el tonto para pasar por la adversidad sin perder la integridad, que no es lo mismo que ser tonto.

(F) San Benito, ab., patrono de Europa
Santas Ana An Xinzhi, M.ª An Gouzhi,
Ana An Jiaozhi y M.ª An Lihua, vs. y mrs.

✳ **Proverbios 2, 1-9:** Abre tu mente a la prudencia.

▶ **Salmo 33 [34], 2-3|4-5|6-7|8-9|10-11:** Bendigo al Señor en todo momento.
O bien: Gustad y ved qué bueno es el Señor.

✚ **Evangelio: SAN MATEO 19, 27-29**

En aquel tiempo, dijo Pedro a Jesús: «Ya ves, nosotros lo hemos dejado todo y te hemos seguido; ¿qué nos va a tocar?». Jesús les dijo: «En verdad os digo: cuando llegue la renovación y el Hijo del hombre se siente en el trono de su gloria, también vosotros, los que me habéis seguido, os sentaréis en doce tronos para juzgar a las doce tribus de Israel. Todo el que por mí deja casa, hermanos o hermanas, padre o madre, hijos o tierras, recibirá cien veces más y heredará la vida eterna».

Dicen de un santo chileno que tenía grandes éxitos con sus retiros, prédicas y ejercicios espirituales, que cuando iba poca gente a escucharle, se deprimía sobremanera y sufría mucho. Pertenece a nuestra naturaleza esperar una palmadita en la espalda, unas palabras de ánimo, y a nadie le amarga un dulce ni le molesta el reconocimiento. Otra cosa es que nos pueda la falsa modestia, pero ese es otro tema. Jesús, que nos conoce, nos advierte: «No seáis bobos y pongáis vuestra esperanza en lo que os vaya a tocar». Que será mucho, nos lo promete, pero como dice Francisco José Ruiz, «la recompensa a la gratuidad es incalculable... Sin embargo, Jesús la moduló en futuro: la vida eterna se recibirá más adelante». Así que como san Benito, «Ora et labora».

Quien ejerce la caridad en nombre de la Iglesia nunca tratará de imponer a los demás la fe de la Iglesia. Es consciente de que el amor, en su pureza y gratuidad, es el mejor testimonio del Dios en el que creemos y que nos impulsa a amar. PAPA BENEDICTO XVI

JULIO

15.ª semana del T.O. Ciclo A. LH: salterio sem. III
Santa Inés Lê, mr.
San Clemente Ignacio Delgado, ob. y mr.

✳ 1.ª lectura: ISAÍAS 55, 10-11

Esto dice el Señor: «Como bajan la lluvia y la nieve desde el cielo, y no vuelven allá, sino después de empapar la tierra, de fecundarla y hacerla germinar, para que dé semilla al sembrador y pan al que come, así será la palabra, que sale de mi boca: no volverá a mí vacía, sino que cumplirá mi deseo y llevará a cabo mi encargo».

▶ Salmo 64 [65], 10abcd|10e-11|12-13|14: La semilla cayó en tierra buena, y dio fruto.

✳ 2.ª lectura: ROMANOS 8, 18-23

Hermanos: Considero que los sufrimientos de ahora no se pueden comparar con la gloria que un día se nos manifestará. Porque la creación, expectante, está aguardando la manifestación de los hijos de Dios; en efecto, la creación fue sometida a la frustración, no por su voluntad, sino por aquel que la sometió, con la esperanza de que la creación misma sería liberada de la esclavitud de la corrupción, para entrar en la gloriosa libertad de los hijos de Dios. Porque sabemos que hasta hoy toda la creación está gimiendo y sufre dolores de parto. Y no solo eso, sino que también nosotros, que poseemos las primicias del Espíritu, gemimos en nuestro interior, aguardando la adopción filial, la redención de nuestro cuerpo.

✚ Evangelio (texto breve): SAN MATEO 13, 1-9

Aquel día salió Jesús de casa y se sentó junto al mar. Y acudió a él tanta gente que tuvo que subirse a una barca; se sentó y toda la gente se quedó de pie en la orilla. Les habló muchas cosas en parábolas: «Salió el sembrador a sembrar. Al sembrar, una parte cayó al borde del camino; vinieron los pájaros y se la comieron. Otra parte cayó en terreno pedregoso, donde apenas tenía tierra y como la tierra no era profunda brotó enseguida; pero en cuanto salió el sol, se abrasó y por falta de raíz se secó. Otra cayó entre abrojos, que crecieron y la ahogaron. Otra cayó en tierra buena y dio fruto: una, ciento; otra, sesenta; otra, treinta. El que tenga oídos, que oiga».

Jesús concluye su parábola con un desafío: «El que tenga oídos, que oiga». Una de las acepciones que el diccionario de la RAE recoge para el verbo sentir es oír... Es precioso; Jesús nos invita a sentir si tenemos oídos, porque demasiadas veces andamos medio sordos o nos volvemos insensibles, lo cual es lo mismo, a las cosas de Dios. El sembrador, que es Dios, lanza las semillas sin tino, «sin talento», como dirían en Aragón, de modo descuidado, a diestra y siniestra. ¿No podría ser más selecto? Pues parece que no. Se trata de entregarlo todo para que llegue a todos. Porque es Dios, no de uno de nosotros que puede andar con cuidado y medidas para acertar; y al tratarse de Dios, todo es exceso. Bendito exceso divino... Y luego están la acogida y las respuestas, que es otro cantar, donde entramos nosotros. Rodeados de ruido y distracción, sentir-oír se transforma en un acto contracultural, en poner de nuestra parte, en hacernos conscientes de tantos estímulos que nos hablan de Dios y de la música que nos rodea. Es un acto de resistencia, pero también un acto de amor. Ojalá nos movamos más desde el sentir ese exceso del de arriba... porque si lo sentimos, también seremos desmedidos en la respuesta.

No basta con haber sido alcanzado por el amor a Dios. Debemos, además, tomar y mantener agarrada la mano que se nos tiende. Debemos hacer nuestra morada en ese amor y estar firmemente convencidos de él; vivirlo en todas las dimensiones y en todos los momentos de nuestra vida. Tiene que convertirse en algo así como nuestra propia respiración. PIET VAN BREEMEN, SJ

13 LUNES JULIO

15.ª semana del T.O.
o San Enrique
Santa Clelia Barbieri, v. y fdra.

✳ **Isaías 1, 10-17:** Lavaos, apartad de mi vista vuestras malas acciones. ▌ **Salmo 49 [50], 8-9|16bc-17|21.23:** Al que sigue buen camino le haré ver la salvación de Dios.

✠ **Evangelio: SAN MATEO 10, 34–11, 1**

En aquel tiempo, dijo Jesús a sus apóstoles: «No penséis que he venido a la tierra a sembrar paz: no he venido a sembrar paz, sino espada. He venido a enemistar al hombre con su padre, a la hija con su madre, a la nuera con su suegra; los enemigos de cada uno serán los de su propia casa. El que quiere a su padre o a su madre más que a mí no es digno de mí; el que quiere a su hijo o a su hija más que a mí no es digno de mí; y el que no carga con su cruz y me sigue no es digno de mí. El que encuentre su vida la perderá, y el que pierda su vida por mí, la encontrará. El que os recibe a vosotros, me recibe a mí, y el que me recibe, recibe al que me ha enviado; el que recibe a un profeta porque es profeta, tendrá recompensa de profeta; y el que recibe a un justo porque es justo, tendrá recompensa de justo. El que dé a beber, aunque no sea más que un vaso de agua fresca, a uno de estos pequeños solo porque es mi discípulo, en verdad os digo que no perderá su recompensa». Cuando Jesús acabó de dar instrucciones a sus doce discípulos, partió de allí para enseñar y predicar en sus ciudades.

La vida y las relaciones traen conflictos, incluso en la familia. En ocasiones, priorizamos creencias, ideas y opiniones que pueden generar enfrentamientos. Jesús nos reta a poner a Dios en el platillo más pesado de la balanza al tomar decisiones, y eso puede ser incómodo. No es una invitación a la discordia, sino a situar a Dios en el lugar que le corresponde. Es cierto que no siempre será fácil y que el Señor propone un nuevo tipo de relaciones que trascienden los lazos de sangre y se centran en seguir la voluntad de Dios. Pero esto no resta importancia a la familia de sangre ni la devalúa. Escuché un comentario muy triste de una persona que decía que aquellos con los que compartimos sangre no son familia, sino parientes, afirmaba que confundirlo puede hacernos daño. Existen muchos vínculos más allá de la sangre, lazos afectivos que trascienden lo biológico o el ADN; pero los lazos familiares son importantes y pueden reflejar el amor y la unidad que Dios desea para toda la humanidad. Ojalá esos vínculos de familia se forjen en el amor y reflejen el amor de Dios, permitiéndonos expresar siempre un «te quiero», aunque no compartamos las mismas ideas.

PAN Y PALABRA (Benjamín González Buelta, SJ)

Hay palabras sin golpes de azada,
ni sol en la piel,
ni fermento en las entrañas,
ni triturar de piedras de molino,
ni fuego de horno,
ni aroma de ternura.
¡Hay palabras que no son pan!
Hay panes que no tienen sosiego,
ni miran a los ojos,
ni llaman por el nombre,
ni abren el rostro,
ni comparten el alma,
ni saben a infinito.
¡Hay panes que no son palabra!
Yo busco un pan
que sea palabra
en el encuentro.
Yo busco una palabra
que sea pan
en el desierto.

15.ª semana del T.O.
o San Camilo de Lelis, pb.
San Francisco Solano, pb.

✳ Isaías 7, 1-9: Si no creéis no subsistiréis.

▶ Salmo 47 [48], 2|3-4|5-6|7-8: Dios ha fundado su ciudad para siempre.

✠ **Evangelio: SAN MATEO 11, 20-24**

En aquel tiempo, se puso Jesús a recriminar a las ciudades donde había hecho la mayor parte de sus milagros, porque no se habían convertido: «¡Ay de ti, Corozaín, ay de ti, Betsaida! Si en Tiro y en Sidón se hubieran hecho los milagros que en vosotras, hace tiempo que se habrían convertido, cubiertas de sayal y ceniza. Pues os digo que el día del juicio les será más llevadero a Tiro y a Sidón que a vosotras. Y tú, Cafarnaún, ¿piensas escalar el cielo? Bajarás al abismo. Porque si en Sodoma se hubieran hecho los milagros que en ti, habría durado hasta hoy. Pues os digo que el día del juicio le será más llevadero a Sodoma que a ti».

Jesús se muestra tajante y nos recrimina por ignorar los muchos «milagros» que acontecen a nuestro alrededor. Su dureza puede extrañarnos, pero el Señor no se centra en los fallos o errores pasados, sino en nuestra insistencia en mantener actitudes que perpetúan el sufrimiento y cierran nuestro corazón a los signos de vida. ¿Por qué Jesús nos lo echa en cara? ¿No sería más fácil mirar hacia otro lado y fingir que no pasa nada? Porque le preocupamos. Determinadas actitudes nos hieren y hieren a otros: vivir centrados en nosotros e ignorar a los demás multiplica la violencia y el dolor, y termina por pasarnos factura aquí y ahora. Además, la falta de gratitud menosprecia, distancia, desmotiva, excluye y perpetúa el ciclo de ingratitud.

✳ **Isaías 10, 5-7.13-16:** ¿Se enorgullece el hacha contra quien corta con ella?

❭ **Salmo 93 [94], 5-6|7-8|9-10|14-15:** El Señor no rechaza a su pueblo.

✚ **Evangelio: SAN MATEO 11, 25-27**

En aquel tiempo, tomó la palabra Jesús y dijo: «Te doy gracias, Padre, Señor del cielo y de la tierra, porque has escondido estas cosas a los sabios y entendidos y se las has revelado a los pequeños. Sí, Padre, así te ha parecido bien. Todo me ha sido entregado por mi Padre, y nadie conoce al Hijo más que el Padre, y nadie conoce al Padre sino el Hijo y aquel a quien el Hijo se lo quiera revelar».

María exclama su canto de agradecimiento por la acción de Dios en la historia y en su vida, reconociendo cómo se siente amada, mirada con cariño y ternura desde su pequeñez. Hoy Jesús lanza su propio Magnificat, por un Dios Padre y Madre que se abre paso en el corazón de los pequeños y sencillos, aquellos que no buscan destacar, los que no brillan, los que parecen desapercibidos, los que optan por estar en segundo plano... La sencillez como actitud de honestidad, autenticidad y transparencia, nos lleva a valorar lo que realmente es importante, a poner el corazón en esas cosas pequeñas que nos hablan de Dios y de vida... No nos compliquemos tanto la vida, Jesús nos da la receta: sencillez, confianza y cercanía como ventanas que nos abren a Dios.

Solo quien da gracias por las pequeñas cosas recibe también las grandes. Impedimos a Dios concedernos los grandes dones espirituales que tiene reservados para nosotros porque no damos gracias por los dones cotidianos. DIETRICH BONHOEFFER

16 JUEVES JULIO

(MO) N.ª S.ª del Carmen
Santa M.ª Magdalena Postel, v. y fdra.
Santa Teresa Zhang, mr.

✳ Isaías 26, 7-9.12.16-19: Despertarán jubilosos los que habitan en el polvo.

▸ Salmo 101 [102], 13-15|16-18|19-21: El Señor desde el cielo se ha fijado en la tierra.

✠ **Evangelio: SAN MATEO 11, 28-30**

En aquel tiempo, Jesús tomó la palabra y dijo: «Venid a mí todos los que estáis cansados y agobiados, y yo os aliviaré. Tomad mi yugo sobre vosotros y aprended de mí, que soy manso y humilde de corazón, y encontraréis descanso para vuestras almas. Porque mi yugo es llevadero y mi carga ligera».

Imagina que el peso de la vida es demasiado grande, un lastre inmenso; que no puedes con la carga de tus hombros y que la tentación de tirar la toalla te ronda constantemente. Detente, recuerda: «Venid a mí»... No todo está perdido, como Simón de Cirene, Jesús se acerca para compartir obligaciones y pesadumbres. Él es nuestro descanso espiritual. Refugio y alivio ante los agobios. Vivir desde Dios nos puede sosegar y pacificar. Puede que la realidad no cambie, que los problemas sigan siendo los mismos... pero con el Señor se pueden afrontar de otra manera. Nos cambia la perspectiva, todo se relativiza. Cuando el mundo te agobie, recuerda: Jesús, en ti puedo descansar. Eso sí, seguramente nos pida que le ayudemos y compartamos su «carga ligera».

San Agustín afirma que «era necesario que Jesús dijera "Yo soy el camino, la verdad y la vida" para que, una vez conocido el camino, quedara por conocer la meta», y la meta es el Padre. Para los cristianos, para cada uno de nosotros, el camino al Padre entonces es dejarse guiar por Jesús, por su palabra de Verdad, y acoger el don de su Vida. PAPA BENEDICTO XVI

✳ Isaías 38, 1-6.21-22.7-8: He escuchado tu plegaria y visto tus lágrimas.

▶ Interleccional Isaías 38, 10|11|12abcd|16bcd: Tú, Señor, detuviste mi alma para que no pereciese.

✚ Evangelio: SAN MATEO 12, 1-8

En aquel tiempo, atravesó Jesús en sábado un sembrado; los discípulos, que tenían hambre, empezaron a arrancar espigas y a comérselas. Los fariseos, al verlo, le dijeron: «Mira, tus discípulos están haciendo una cosa que no está permitida en sábado». Les replicó: «¿No habéis leído lo que hizo David cuando él y sus hombres sintieron hambre? Entró en la casa de Dios y comieron de los panes de la proposición, cosa que no les estaba permitida ni a él ni a sus compañeros, sino solo a los sacerdotes. ¿Y no habéis leído en la ley que los sacerdotes pueden violar el sábado en el templo sin incurrir en culpa? Pues os digo que aquí hay uno que es más que el templo. Si comprendierais lo que significa "quiero misericordia y no sacrificio", no condenaríais a los inocentes. Porque el Hijo del hombre es señor del sábado».

«El Hijo del hombre es señor del sábado». Esta afirmación, presente en los tres evangelios sinópticos, no busca desafiar simplemente las creencias de sus contemporáneos, sino poner en el centro lo esencial: la misericordia por encima de las normas. Jesús nos invita a valorar a la persona, antes que cualquier regla. Este mensaje nos obliga a examinar nuestras relaciones y cómo, en ocasiones, transformamos los medios en fines absolutos. A veces, utilizamos las normas como pretexto para justificar actitudes que no reflejan los modos de hacer de Jesús. En el fondo, se trata de reconocer y saciar las «hambres de la humanidad», las materiales, pero también «el hambre» en términos de misericordia y justicia, que todos anhelamos profundamente.

✳ **Miqueas 2, 1-5:** Desean los campos y se apoderan de las casas.

▶ **Salmo 9, 22-23|24-25|28-29|35:** No te olvides de los humildes, Señor.

✠ **Evangelio: SAN MATEO 12, 14-21**

En aquel tiempo, al salir de la sinagoga, los fariseos planearon el modo de acabar con Jesús. Pero Jesús se enteró, se marchó de allí y muchos lo siguieron. Él los curó a todos, mandándoles que no lo descubrieran. Así se cumplió lo dicho por medio del profeta Isaías. «Mirad a mi siervo, mi elegido, mi amado, en quien me complazco. Sobre él pondré mi espíritu para que anuncie el derecho a las naciones. No porfiará, no gritará, nadie escuchará su voz por las calles. La caña cascada no la quebrará, la mecha vacilante no la apagará, hasta llevar el derecho a la victoria; en su nombre esperarán las naciones».

En muchas ocasiones, nos mostramos reactivos cuando nos sentimos juzgados, se crean tensiones a nuestro alrededor o pensamos que «van a por nosotros». Pero hay otros modos de enfrentar la realidad. Ante los conflictos, adversidades y tensiones, hoy Jesús actúa desde la serenidad y la compasión. Evita el enfrentamiento y se retira para poder seguir haciendo lo que considera importante: ocuparse de las cosas del Padre, aliviar el sufrimiento, curar cuerpos y almas. Son actitudes que construyen y acogen, respetando la debilidad, poniendo voz a los sueños de Dios para este mundo. Jesús propone otros modos de estar y relacionarse, con delicadeza y ternura, restaurando a la persona, siendo suave ante la vulnerabilidad ajena. Estas son las maneras a las que se nos invita, sin perder de vista la esperanza para todos, porque «en su nombre esperarán las naciones».

✳ 1.ª lectura: SABIDURÍA 12, 13.16-19

Fuera de ti no hay otro Dios que cuide de todo, a quien tengas que demostrar que no juzgas injustamente. Porque tu fuerza es el principio de la justicia y tu señorío sobre todo te hace ser indulgente con todos. Despliegas tu fuerza ante el que no cree en tu poder perfecto y confundes la osadía de los que lo conocen. Pero tú, dueño del poder, juzgas con moderación y nos gobiernas con mucha indulgencia, porque haces uso de tu poder cuando quieres. Actuando así, enseñaste a tu pueblo que el justo debe ser humano y diste a tus hijos una buena esperanza, pues concedes el arrepentimiento a los pecadores.

▶ Salmo 85 [86], 5-6|9-10|15-16a: Tú, Señor, eres bueno y clemente.

✳ 2.ª lectura: ROMANOS 8, 26-27

Hermanos: El Espíritu acude en ayuda de nuestra debilidad, pues nosotros no sabemos pedir como conviene; pero el Espíritu mismo intercede por nosotros con gemidos inefables. Y el que escruta los corazones sabe cuál es el deseo del Espíritu, y que su intercesión por los santos es según Dios.

✚ Evangelio (forma breve): SAN MATEO 13, 24-30

En aquel tiempo, Jesús propuso otra parábola al gentío: «El reino de los cielos se parece a un hombre que sembró buena semilla en su campo; pero, mientras los hombres dormían, un enemigo fue y sembró cizaña en medio del trigo y se marchó. Cuando empezaba a verdear y se formaba la espiga apareció también la cizaña. Entonces fueron los criados a decirle al amo: "Señor, ¿no sembraste buena semilla en tu campo? ¿De dónde sale la cizaña?". Él les dijo: "Un enemigo lo ha hecho". Los criados le preguntan: "¿Quieres que vayamos a arrancarla?". Pero él les respondió: "No, que al recoger la cizaña podéis arrancar también el trigo. Dejadlos crecer juntos hasta la siega y cuando llegue la siega diré a los segadores: arrancad primero la cizaña y atadla en gavillas para quemarla, y el trigo almacenadlo en mi granero"».

Otro domingo, Jesús nos lanza el reto de oír y sentir las cosas de Dios. Desde el principio, nos invita a alinearnos con los sueños de Dios para este mundo, asegurándonos que el Reino de su Padre y la felicidad van de la mano. Pero muchas veces se nos atrofia la esperanza ante una visión de la realidad que algunos tildarían de realista o desalentadora. Y entonces, Jesús nos mira con ternura y, a través de sus parábolas, nos muestra caminos y maneras que hablan de paciencia, esperanza y plenitud. Trigo y cizaña, mostaza y medidas de harina. Jesús nos lleva al exceso transformador de la realidad desde los sueños de Dios. Porque, ¿qué son tres medidas de harina con un poco de levadura? alrededor de 50 o 60 kilos de harina. ¡Con eso tendríamos entre 350 y 400 barras de pan! Menudo despropósito, con un poco de levadura... esto sí que es una llamada al optimismo, y es que lo necesitamos. Con buena semilla y desde lo pequeño, la realidad se transforma. Señor, que me atreva a dejar de lado la prudencia excesiva y me lance a soñar a lo grande, a pesar de las dificultades o datos de realidad que inviten a la cautela. Hoy me llamas a la esperanza.

Cuando Jesús proclamó el arrepentimiento, usó esta palabra de una manera que implica la acción... No hay arrepentimiento si este no está presente en todos los ámbitos de la vida. No hay arrepentimiento que no abarque a toda la persona, empezando desde lo más profundo del ser y presionando hacia el exterior en todas las demás esferas. EBERHARD ARNOLD

✳ Miqueas 6, 1-4.6-8: Hombre, se te ha hecho saber lo que el Señor quiere de ti. ❘ Salmo 49 [50], 5-6|8-9|16bc-17|21.23: Al que sigue buen camino le haré ver la salvación de Dios.

✚ Evangelio: SAN MATEO 12, 38-42

En aquel tiempo, algunos escribas y fariseos dijeron a Jesús: «Maestro, queremos ver un milagro tuyo». Él les contestó: «Esta generación perversa y adúltera exige una señal; pues no se le dará más signo que el del profeta Jonás. Tres días y tres noches estuvo Jonás en el vientre del cetáceo: pues tres días y tres noches estará el Hijo del hombre en el seno de la tierra. Los hombres de Nínive se alzarán en el juicio contra esta generación y harán que la condenen; porque ellos se convirtieron con la proclamación de Jonás, y aquí hay uno que es más que Jonás. Cuando juzguen a esta generación, la reina del Sur se levantará y hará que la condenen, porque ella vino desde los confines de la tierra, para escuchar la sabiduría de Salomón, y aquí hay uno que es más que Salomón».

Confianza o evidencias, arriesgarse o pruebas... A Jesús parece molestarle que los escribas y fariseos pidan certezas y signos extraordinarios; los llama «generación perversa» y les remite a Jonás. El signo, más que un signo, es un acertijo que alude a una experiencia futura: la reivindicación de Jesús por Dios a través de la resurrección. Busto afirma que «Jesús nunca dio tal signo ni podía darlo, pues el encuentro con Dios solo es posible en la fe». Nos movemos en el ámbito del misterio, el amor, la amistad, la confianza, lo relacional. San Ignacio está convencido de que Dios quiere comunicarse con nosotros; abrazándonos en su amor, todos podemos experimentar a Dios directamente. Quizás debamos poner algo de nuestra parte, al menos intentarlo, en lugar de exigir pruebas irrefutables.

✳ **Miqueas 7, 14-15.18-20:** Arrojará nuestros pecados a lo hondo del mar. ▸ **Salmo 84 [85], 2-4|5-6|7-8:** Extendiendo su mano hacia sus discípulos, dijo: «Estos son mi madre y mis hermanos».

✠ **Evangelio: MATEO 12, 46-50**

En aquel tiempo, estaba Jesús hablando a la gente, cuando su madre y sus hermanos se presentaron fuera, tratando de hablar con él. Uno se lo avisó: «Tu madre y tus hermanos están fuera y quieren hablar contigo». Pero él contestó al que le avisaba: «¿Quién es mi madre y quiénes son mis hermanos?». Y, extendiendo su mano hacia sus discípulos, dijo: «Estos son mi madre y mis hermanos. El que haga la voluntad de mi Padre que está en los cielos, ese es mi hermano y mi hermana y mi madre».

Repetidamente he comentado algo de lo que estoy realmente convencido: la importancia de la familia y el cuarto mandamiento, el primero que nos remite a las relaciones con los demás. La sociedad se ha estructurado tradicionalmente en torno a la familia, nuestro entendimiento de la misma ha cambiado mucho en las últimas décadas. Jesús amplía el concepto de familia hacia la fraternidad: «Estos son mi madre y mis hermanos». Con la Iglesia, profundizamos en la Familia Dei, una casa para todos. Recientemente, el papa Francisco nos ha invitado a considerar la sinodalidad: abrirnos más allá de lo obvio: la propia familia, la comunidad, los de dentro; para desde el escuchar vivir la relacionalidad de todos los hijos e hijas de Dios.

El que por la fe se hace hermano o hermana de Cristo, se hace madre por la predicación... si mediante su voz engendra en el alma del prójimo el amor del Señor. SAN GREGORIO MAGNO

✳ Cantar 3, 1-4b: Encontré al amor de mi alma.
O bien: 2 Corintios 5, 14-17: Ahora ya no conocemos a Cristo según la carne. ▶ Salmo 62 [63], 2|3-4|5-6|8-9: Mi alma está sedienta de ti, Dios mío.

✠ **Evangelio: SAN JUAN 20, 1-2.11-18**

El primer día de la semana, María la Magdalena fue al sepulcro al amanecer, cuando aún estaba oscuro, y vio la losa quitada del sepulcro. Echó a correr y fue donde estaban Simón Pedro y el otro discípulo, a quien Jesús amaba, y les dijo: «Se han llevado del sepulcro al Señor y no sabemos dónde lo han puesto». Estaba María fuera, junto al sepulcro, llorando. Mientras lloraba, se asomó al sepulcro y vio dos ángeles vestidos de blanco, sentados, uno a la cabecera y otro a los pies, donde había estado el cuerpo de Jesús. Ellos le preguntan: «Mujer, ¿por qué lloras?». Ella les contesta: «Porque se han llevado a mi Señor y no sé dónde lo han puesto». Dicho esto, se vuelve y ve a Jesús, de pie, pero no sabía que era Jesús. Jesús le dice: «Mujer, ¿por qué lloras?, ¿a quién buscas?». Ella, tomándolo por el hortelano, le contesta: «Señor, si tú te lo has llevado, dime dónde lo has puesto y yo lo recogeré». Jesús le dice: «¡María!». Ella se vuelve y le dice: «¡Rabbuní!», que significa: «¡Maestro!». Jesús le dice: «No me retengas, que todavía no he subido al Padre. Pero, anda, ve a mis hermanos y diles: "Subo al Padre mío y Padre vuestro, al Dios mío y Dios vuestro"». María la Magdalena fue y anunció a los discípulos: «He visto al Señor y ha dicho esto».

Hoy celebramos la fiesta de María Magdalena, a quien, desde 2016, se le festeja como al resto de los apóstoles, siendo denominada la apóstol de los apóstoles. Es la primera testigo de la resurrección, tan pronto como puede, «al amanecer, cuando aún estaba oscuro», se acerca al sepulcro, en un momento de duelo y desazón, desde las lágrimas y el sentimiento de pérdida... «La losa quitada» y la presencia de los ángeles no son signos suficientes de la Vida. María, como nosotros, necesita darse cuenta del encuentro; para ello, ha de escuchar su nombre en labios de Jesús, pronunciado por alguien que nos conoce profundamente. Entonces nos reconocemos, descubrimos quiénes somos realmente y vinculamos nuestra identidad con el Señor. Y eso nos capacita para ser apóstoles.

PRIMERA TESTIGO (Mari Sol Pérez Guevara)

Nos encuentras incesantemente en un jardín,
en ese Edén o victoria del ser sobre la nada
de donde surgen ríos de vida plena
a todos los puntos cardinales de lo humano.

No te reconocí.
Yo buscaba el dolor de lo marchito
en aquella primera mañana de la Historia.
No había entendido aún que en Ti
lo sorprendente se realiza.

Tu llamarme continuo por mi nombre
siempre, siempre es mayor que mi torpeza.
¡Concédeme estar atenta y a la escucha
de tu inesperada luz
resucitante!

Ella buscaba el cadáver del amigo, para morir de esa manera en amor acompañado; pero Jesús le ofrece su voz viva, al pronunciar su nombre (¡María!)... Este es el mayor de todos los consuelos: que alguien nos llame y por nuestro propio nombre, devolviéndonos la vida, ofreciendo su presencia y cercanía.

✳ Gálatas 2, 19-20: Vivo, pero no soy yo el que vive, es Cristo quien vive en mí. ◗ Salmo 33 [34], 2-3|4-5|6-7|8-9|10-11: Bendigo al Señor en todo momento. O bien: Gustad y ved qué bueno es el Señor.

✠ Evangelio: SAN JUAN 15, 1-8

En aquel tiempo, dijo Jesús a sus discípulos: «Yo soy la verdadera vid, y mi Padre es el labrador. A todo sarmiento que no da fruto en mí lo arranca, y a todo el que da fruto lo poda, para que dé más fruto. Vosotros ya estáis limpios por la palabra que os he hablado; permaneced en mí, y yo en vosotros. Como el sarmiento no puede dar fruto por sí si no permanece en la vid, así tampoco vosotros si no permanecéis en mí. Yo soy la vid, vosotros los sarmientos; el que permanece en mí y yo en él, ese da fruto abundante; porque sin mí no podéis hacer nada. Al que no permanece en mí lo tiran fuera, como el sarmiento, y se seca: luego los recogen y los echan al fuego, y arden. Si permanecéis en mí y mis palabras permanecen en vosotros, pedid lo que deseáis, y se realizará. Con esto recibe gloria mi Padre, con que deis fruto abundante; así seréis discípulos míos».

Hoy, Señor, nos invitas a sumergirnos en el misterio de cómo nos vinculamos contigo y con el Padre: «Yo soy la verdadera vid, y mi Padre es el labrador». Es como un bolero íntimo de amor que nos susurras al oído: «contigo, sin mí»... Podemos devolverte el susurro: «Señor, contigo, puedo y mucho... pero sin Ti, me marchito. Tú eres fuente y raíz, sentido y horizonte. Pegaditos, unidos como los sarmientos a la vid». Esa experiencia sosiega, consolida y alienta, pero es fácil acelerar el ritmo y pasar de un bolero a una cumbia. Confundir entonces el fructificar con el mero activismo y terminar frenéticos como sarmientos secos. Así que a sosegarnos en Ti, a alimentarnos de tu savia, que no se trata de una cuenta de resultados, que ese «contigo» se trata de bailar pegados.

✳ **Jeremías 3, 14-17:** Os daré pastores según mi corazón; y todas las naciones se incorporarán a Jerusalén.

▶ **Interleccional Jeremías 31, 10|11-12ab|13:** El Señor nos guardará como un pastor a su rebaño.

✚ **Evangelio: SAN MATEO 13, 18-23**

En aquel tiempo, dijo Jesús a sus discípulos: «Vosotros, pues, oíd lo que significa la parábola del sembrador: si uno escucha la palabra del reino sin entenderla, viene el Maligno y roba lo sembrado en su corazón. Esto significa lo sembrado al borde del camino. Lo sembrado en terreno pedregoso significa el que escucha la palabra y la acepta enseguida con alegría; pero no tiene raíces, es inconstante, y en cuanto viene una dificultad o persecución por la palabra, enseguida sucumbe. Lo sembrado entre abrojos significa el que escucha la palabra, pero los afanes de la vida y la seducción de las riquezas ahogan la palabra y se queda estéril. Lo sembrado en tierra buena significa el que escucha la palabra y la entiende; ese da fruto y produce ciento o sesenta o treinta por uno».

Somos de todo: veredas, pedregales, desarraigados, volubles, zarzales, apasionados, seducidos, deslumbrados... y hasta tierra buena y fértil. Cada uno de nosotros tiene la capacidad de ser esa tierra fértil, de acoger la palabra con profundidad y permitir que germinen esas semillas buenas... sembradas abundantemente. La clave está las disposiciones, desde la profundidad, y así dar frutos que alimenten las hambres del mundo. Pero esos frutos no surgen de «ciencia infusa»; sería ingenuo pensar que todo lo hace Dios y que a nosotros nos toca simplemente disfrutar. Jesús nos invita a estar atentos, a poner algo de nuestra parte y trabajar nuestra pequeña parcela, a despejar las piedras de la inconstancia y las zarzas del materialismo, para que esa «tierra buena» del Reino vaya expandiéndose.

✳ 1.ª lectura: HECHOS 4, 33; 5, 12.27-33; 12, 2

En aquellos días, los apóstoles daban testimonio de la resurrección del Señor Jesús con mucho valor. Y se los miraba a todos con mucho agrado. Por mano de los apóstoles se realizaban muchos signos y prodigios en medio del pueblo. Todos se reunían con un mismo espíritu en el pórtico de Salomón. Les hicieron comparecer ante el Sanedrín y el sumo sacerdote los interrogó, diciendo: «¿No os habíamos ordenado formalmente no enseñar en ese Nombre? En cambio, habéis llenado Jerusalén con vuestra enseñanza y queréis hacernos responsables de la sangre de ese hombre». Pedro y los apóstoles replicaron: «Hay que obedecer a Dios antes que a los hombres. El Dios de nuestros padres resucitó a Jesús, a quien vosotros matasteis colgándolo de un madero. Dios lo ha exaltado con su diestra, haciéndolo jefe y salvador, para otorgar a Israel la conversión y el perdón de los pecados. Testigos de esto somos nosotros y el Espíritu Santo, que Dios da a los que lo obedecen». Ellos, al oír esto, se consumían de rabia y trataban de matarlos. el rey Herodes hizo pasar a cuchillo a Santiago, hermano de Juan.

▶ Salmo 66 [67], 2-3|5|7-8: Oh, Dios, que te alaben los pueblos, que todos los pueblos te alaben.

✳ 2.ª lectura: 2 CORINTIOS 4, 7-15

Hermanos: Llevamos el tesoro en vasijas de barro, para que se vea que una fuerza tan extraordinaria es de Dios y no proviene de nosotros. Atribulados en todo, mas no aplastados; apurados, mas no desesperados; perseguidos, pero no abandonados; derribados, mas no aniquilados, llevando siempre y en todas partes en el cuerpo la muerte de Jesús, para que también la vida de Jesús se manifieste en nuestro cuerpo. Pues, mientras vivimos, continuamente nos están entregando a la muerte por causa de Jesús; para que también la vida de Jesús se manifieste en nuestra carne mortal. De este modo, la muerte actúa en nosotros, y la vida en vosotros. Pero teniendo el mismo espíritu de fe, según lo que está escrito: «Creí, por eso hablé», también nosotros creemos y por eso hablamos; sabiendo que quien resucitó al Señor Jesús también nos resucitará a nosotros con Jesús y nos presentará con vosotros ante él. Pues todo esto es para vuestro bien, a fin de que cuantos más reciban la gracia, mayor sea el agradecimiento, para gloria de Dios.

✚ Evangelio: SAN MATEO 20, 20-28

En aquel tiempo, se acercó a Jesús la madre de los hijos de Zebedeo con sus hijos y se postró para hacerle una petición. Él le preguntó: «¿Qué deseas?». Ella contestó: «Ordena que estos dos hijos míos se sienten en tu reino, uno a tu derecha y el otro a tu izquierda». Pero Jesús replicó: «No sabéis lo que pedís. ¿Podéis beber el cáliz que yo he de beber?». Contestaron: «Podemos». Él les dijo: «Mi cáliz lo beberéis; pero sentarse a mi derecha o a mi izquierda no me toca a mí concederlo; es para aquellos para quienes lo tiene reservado mi Padre». Los otros diez, al oír aquello, se indignaron contra los dos hermanos. Y llamándolos, Jesús les dijo: «Sabéis que los jefes de los pueblos los tiranizan y que los grandes los oprimen. No será así entre vosotros: el que quiera ser grande entre vosotros, que sea vuestro servidor, y el que quiera ser primero entre vosotros, que sea vuestro esclavo. Igual que el Hijo del hombre no ha venido a ser servido, sino a servir y a dar su vida en rescate por muchos».

Hoy celebramos la solemnidad del patrono de España, Santiago, el hermano de Juan, «Matamoros» y peregrino. Santiago fue un hombre apasionado, furibundo e impulsivo, uno de los «hijos del trueno». Patrono es defensor, pero también modelo, muestra, molde, guía, pauta... Jacobo,

Jaime, Diego, Yago o Santiago, como queramos llamarle, es un ejemplo de camino e itinerario, de aprendizaje continuo. Recorrió el camino desde la audaz petición de una madre que buscaba los mejores asientos en el Reino para sus hijos, los puestos de honor y las ambiciones, hasta llegar a ser servidor de la Noticia Buena y de sus hermanos, a hacerse pequeño y «esclavo» tras el encuentro con el Resucitado... sirviendo hasta «dar su vida» por amor, como su Señor.

ÁBRENOS, PREDICADOR DE LAS ESPAÑAS
(San Juan Pablo II)

Ábrenos, predicador de las Españas,
a la VERDAD que aprendiste de los labios del Maestro.

Danos, testigo del Evangelio,
la fuerza de amar siempre la VIDA.

Ponte tú, Patrón de los peregrinos,
al frente de nuestra peregrinación...

Y que así como los pueblos
caminaron antaño hasta ti,
peregrines tú con nosotros
al encuentro de todos los pueblos.

Contigo, Santiago Apóstol y Peregrino,
queremos enseñar
a las gentes de Europa y del mundo
que Cristo es —hoy y siempre—
el CAMINO, la VERDAD y la VIDA.

✳ 1.ª lectura: 1 REYES 3, 5.7-12

En aquellos días, el Señor se apareció allí en sueños a Salomón y le dijo: «Pídeme lo que deseas que te dé». Salomón respondió: «Señor mi Dios: Tú has hecho rey a tu siervo en lugar de David mi padre, pero yo soy un muchacho joven y no sé por dónde empezar o terminar. Tu siervo está en medio de tu pueblo, el que tú te elegiste, un pueblo tan numeroso que no se puede contar ni calcular. Concede, pues, a tu siervo, un corazón atento para juzgar a tu pueblo y discernir entre el bien y el mal. Pues, cierto, ¿quién podrá hacer justicia a este pueblo tuyo tan inmenso?». Agradó al Señor esta súplica de Salomón. Entonces le dijo Dios: «Por haberme pedido esto y no una vida larga o riquezas para ti, por no haberme pedido la vida de tus enemigos sino inteligencia para atender a la justicia, yo obraré según tu palabra: te concedo, pues, un corazón sabio e inteligente, como no ha habido antes de ti ni surgirá otro igual después de ti».

▶ Salmo 118 [119], 57.72|76-77|127-128|129-130: ¡Cuánto amo tu ley, Señor!

✳ 2.ª lectura: ROMANOS 8, 28-30

Hermanos: Sabemos que a los que aman a Dios todo les sirve para el bien; a los cuales ha llamado conforme a su designio. Porque a los que había conocido de antemano los predestinó a reproducir la imagen de su Hijo, para que él fuera el primogénito entre muchos hermanos. Y a los que predestinó, los llamó; a los que llamó, los justificó; a los que justificó, los glorificó.

✝ Evangelio: SAN MATEO 13, 44-52

En aquel tiempo, dijo Jesús al gentío: «El reino de los cielos se parece a un tesoro escondido en el campo: el que lo encuentra, lo vuelve a esconder y, lleno de alegría, va a vender todo lo que tiene y compra el campo. El reino de los cielos se parece también a un comerciante de perlas finas, que al encontrar una de gran valor se va a vender todo lo que tiene y la compra. El reino de los cielos se parece también a la red que echan en el mar y recoge toda clase de peces: cuando está llena, la arrastran a la orilla, se sientan y reúnen los buenos en cestos y los malos los tiran. Lo mismo sucederá al final de los tiempos: saldrán los ángeles separarán a los malos de los buenos y los echarán al horno de fuego. Allí será el llanto y el rechinar de dientes. ¿Habéis entendido todo esto?». Ellos le responden: «Sí». Él les dijo: «Pues bien, un escriba que se ha hecho discípulo del reino de los cielos es como un padre de familia que va sacando de su tesoro lo nuevo y lo antiguo».

Un subgénero de la ficción de aventuras es el de los buscadores de tesoros. Si tuviéramos un mapa que nos mostrase cómo llegar a esas riquezas escondidas, no dudaríamos en emprender el viaje, coger una pala y cavar para desenterrar ese tesoro tan valioso y anhelado. Lo haríamos con alegría y entusiasmo, porque parece que vale la pena venderlo todo para adquirir ese campo que no nos pertenece. Pues tenemos el mapa, conocemos la ruta y se nos promete dicha si emprendemos esa empresa, pero neciamente nos quedamos en casa leyendo esos relatos, imaginando cómo otros lo viven. Nos resistimos a hacer realidad esas palabras, y tristemente quedan dormidas como ficción cuando podrían ser vividas. ¿Qué nos pasa? No hay duda de que uno de los signos del Espíritu es la consolación y su alegría, la cual es un garante de decisiones. ¿Entonces? ¿A qué esperamos? Alguien dijo una vez: «No hay nada más triste que un cristiano triste», y cuánta razón tenía. Parece que experimentar esa alegría tiene un coste grande... venderlo todo... entonces llegan las inseguridades y dudas. ¿Pero vale la pena aferrarse a un todo con minúsculas cuando podemos alcanzar el Todo con mayúsculas?

17.ª semana del T.O.
Barcelona: San Cucufate, mr.*
Beata M.ª del Pilar Izquierdo Albero, v. y fdra.*

✳ Jeremías 13, 1-11: El pueblo será como ese cinturón que ya no sirve para nada. ▶ Interleccional Deuteronomio 32, 18-19|20-21: Despreciaste al Dios que te engendró.

✠ **Evangelio: SAN MATEO 13, 31-35**

En aquel tiempo, Jesús propuso otra parábola al gentío: «El reino de los cielos se parece a un grano de mostaza que uno toma y siembra en su campo; aunque es la más pequeña de las semillas, cuando crece es más alta que las hortalizas; se hace un árbol hasta el punto de que vienen los pájaros del cielo a anidar en sus ramas». Les dijo otra parábola: «El reino de los cielos se parece a la levadura; una mujer la amasa con tres medidas de harina, hasta que todo fermenta». Jesús dijo todo esto a la gente en parábolas y sin parábolas no les hablaba nada, para que se cumpliera lo dicho por medio del profeta: «Abriré mi boca diciendo parábolas; anunciaré lo secreto desde la fundación del mundo».

Las cosas del Reino tienen que ver con lo pequeño que crece lentamente y alberga vida abundante; con la levadura, que aunque escondida, transforma toda la masa. Durante algunos meses estuve viviendo en un Centro de Espiritualidad rodeado de naturaleza. Dediqué tiempo a germinar semillas, y al escribir estas líneas, observé fascinado unos girasoles cultivados por mí mismo. Sin embargo, mi falta de experiencia me llevó a cometer muchos errores: algunas plántulas no prosperaron por falta de agua, otras se marchitaron por exceso de la misma, y otras soportaron un trasplante prematuro. Contratiempos que me enseñaron que para que la vida florezca se necesita paciencia y cuidado. El tiempo es importante. Las prisas, como la desolación, no son buenas consejeras. Necesitamos dedicar tiempo a lo importante, a estar con Dios, para brindar a los demás y a nosotros mismos, tiempo que no es malgastado, tiempos de Dios.

✳ **Jeremías 14, 17-22:** Recuerda, Señor, y no rompas tu alianza con nosotros. ▶ Salmo 78 [79], 8|9|11|13: Por el honor de tu nombre, Señor, líbranos.

✠ **Evangelio: SAN MATEO 13, 36-43**

En aquel tiempo, Jesús dejó a la gente y se fue a casa. Los discípulos se le acercaron a decirle: «Explícanos la parábola de la cizaña en el campo». Él les contestó: «El que siembra la buena semilla es el Hijo del hombre; el campo es el mundo; la buena semilla son los ciudadanos del reino; la cizaña son los partidarios del Maligno; el enemigo que la siembra es el diablo; la cosecha es el final de los tiempos y los segadores los ángeles. Lo mismo que se arranca la cizaña y se echa al fuego, así será al final de los tiempos: el Hijo del hombre enviará a sus ángeles y arrancarán de su reino todos los escándalos y a todos los que obran iniquidad, y los arrojarán al horno de fuego; allí será el llanto y el rechinar de dientes. Entonces los justos brillarán como el sol en el reino de su Padre. El que tenga oídos, que oiga».

Jesús nos aclara la parábola que escuchamos hace dos domingos. Nos habla de lo que siembra Dios, «el mundo», «la buena semilla» y las cosas del enemigo... Una parábola que nos habla de cosecha y, en cierto modo, de juicio... de «justos» y «malvados». Pero nos enfrentamos a una realidad incómoda: los mismos «ciudadanos del Reino» a veces somos los «partidarios del Maligno». Nuestra realidad es ambigua; nos acercamos más al mestizaje que a la pureza. Nuestro ADN lleva de todo: trigo y cizaña a la vez. Sin embargo, no debemos olvidar que nuestro «telos» es «brillar como el sol» y no acabar en un «horno encendido». Julio Colomer nos recuerda que, aunque no ocurra en la agricultura, en la vida de fe, la cizaña puede mudarse en trigo. Incluso lo negativo puede ser transformado si nos abrimos a Dios.

✳ Jeremías 15, 10.16-21: ¿Por qué se ha hecho crónica mi llaga? Si vuelves, estarás a mi servicio. ❭ Salmo 58 [59], 2-3|4|10-11|17|18: Dios es mi refugio en el peligro.

✠ **Evangelio: SAN JUAN 11, 19-27**

En aquel tiempo, muchos judíos habían ido a ver a Marta y a María para darles el pésame por su hermano. Cuando Marta se enteró de que llegaba Jesús, salió a su encuentro, mientras María se quedó en casa. Y dijo Marta a Jesús: «Señor, si hubieras estado aquí no habría muerto mi hermano. Pero aún ahora sé que todo lo que pidas a Dios, Dios te lo concederá». Jesús le dijo: «Tu hermano resucitará». Marta respondió: «Sé que resucitará en la resurrección en el último día». Jesús le dijo: «Yo soy la resurrección y la vida: el que cree en mí, aunque haya muerto, vivirá; y el que está vivo y cree en mí, no morirá para siempre. ¿Crees esto?». Ella le contestó: «Sí, Señor: yo creo que tú eres el Cristo, el Hijo de Dios, el que tenía que venir al mundo».

La liturgia de la Iglesia nos invita a contemplar a tres hermanos: Marta, María y Lázaro. Hasta hace relativamente poco, solo recordábamos a Marta y lo hacíamos en contraste con María, como dos actitudes diferentes ante las cosas del Señor. Pero hoy, esta memoria nos habla de amistad, que tiene que ver con el amor. Una amistad por la que se apuesta, que enriquece y provoca alegría, que supone renunciar a un todo pequeño para quedarse con esa «perla fina» que es «tratar de amistad con Jesús». Tres hermanos que son acogida de Jesús, donde acude cuando necesita descansar, encuentro, cuidado, atención, cariño y ternura... hermanos que son escucha atenta a sus palabras, que son seguimiento. «Amigos» de Jesús, les «amaba», dice el evangelista... y desde ese amor, el corazón puede exclamar: «Tú eres la vida».

✳ **Jeremías 18, 1-6:** Lo mismo que está el barro en manos del alfarero, así estáis vosotros en mi mano.

▶ **Salmo 145 [146], 1b-2|3-4|5-6ab:** Dichoso a quien auxilia el Dios de Jacob. **O bien:** Aleluya.

✠ **Evangelio: SAN MATEO 13, 47-53**

En aquel tiempo, dijo Jesús al gentío: «El reino de los cielos se parece también a la red que echan en el mar y recoge toda clase de peces: cuando está llena, la arrastran a la orilla, se sientan y reúnen los buenos en cestos y los malos los tiran. Lo mismo sucederá al final de los tiempos: saldrán los ángeles separarán a los malos de los buenos y los echarán al horno de fuego. Allí será el llanto y el rechinar de dientes. ¿Habéis entendido todo esto?». Ellos le responden: «Sí». Él les dijo: «Pues bien, un escriba que se ha hecho discípulo del reino de los cielos es como un padre de familia que va sacando de su tesoro lo nuevo y lo antiguo». Cuando Jesús acabó estas parábolas, partió de allí.

Hace unos años, una campaña de televisión invitaba a consumir pescados grandes, no «pezqueñines»... Al recoger la red, se debía elegir los de un calibre determinado y desechar los pequeños para que pudieran crecer y reproducirse. Esa criba requiere de tiempo y atención. La parábola que Jesús nos habla de juicio y división entre buenos y malos, y nos lanza una pregunta: «¿Entendéis bien todo esto?». Puede que nos surja un sí en los labios, pero el corazón parece vacilar y no tenerlo tan claro. Podríamos empezar por mirar la red, tomarnos nuestro tiempo e intentar ponerle nombre a todos esos «peces buenos»... quizás nos sorprendamos y como «el padre de familia que saca de su arca lo nuevo y lo antiguo», reconocer mucho «pez bueno» en lo recibido de la tradición, pero también en lo regalado como novedad.

(MO) San Ignacio de Loyola, pb. y fdr.
Beato Juan Colombini, fdr.
Beato Santiago Buch, rl. y mr.

✳ Jeremías 26, 1-9: El pueblo se arremolinó en torno a Jeremías en el templo del Señor.

▌ Salmo 68 [69], 5|8-10|14: Que me escuche tu gran bondad, Señor.

✚ **Evangelio: SAN MATEO 13, 54-58**

En aquel tiempo, Jesús fue a su ciudad y se puso a enseñar en su sinagoga. La gente decía admirada: «¿De dónde saca este esa sabiduría y esos milagros? ¿No es el hijo del carpintero? ¿No es su madre María, y sus hermanos Santiago, José, Simón y Judas? ¿No viven aquí todas sus hermanas? Entonces, ¿de dónde saca todo eso?». Y se escandalizaban a causa de él. Jesús les dijo: «Solo en su tierra y en su casa desprecian a un profeta». Y no hizo allí muchos milagros, por su falta de fe.

En la memoria de san Ignacio la liturgia ilumina una de esas realidades que no nos gustan, la de nuestras propias resistencias ante el Señor. Jesús acude a la sinagoga de su ciudad, donde todos le conocían desde niño, es mucho más que el hijo del carpintero. Ante sus palabras surge el asombro, pero también el escepticismo. ¿Cuántas veces juzgamos a personas por su origen, a realidades por nuestros prejuicios? ¿Cuántas veces nuestra familiaridad con algo nos impide ver su profundidad y verdad? «Solo en su tierra y en su casa desprecian a un profeta». Tus palabras resuenan con un tono de tristeza, pero también de comprensión. Sabías que no serías aceptado en tu propio hogar, un destino que muchos profetas antes de ti habían enfrentado.

San Ignacio de Loyola fue un hombre de profunda oración, que tenía su centro y su cumbre en la celebración eucarística diaria. De este modo, legó a sus seguidores una herencia espiritual valiosa, que no debe perderse u olvidarse. PAPA BENEDICTO XVI

✳ 1.ª lectura: JEREMÍAS 20, 7-9

Me sedujiste, Señor, y me dejé seducir; has sido más fuerte que yo y me has podido. He sido a diario el hazmerreír, todo el mundo se burlaba de mí. Cuando hablo, tengo que gritar, proclamar violencia y destrucción. La palabra del Señor me ha servido de oprobio y desprecio a diario. Pensé en olvidarme del asunto y dije: «No lo recordaré; no volveré a hablar en su nombre»; pero había en mis entrañas como fuego, algo ardiente encerrado en mis huesos. Yo intentaba sofocarlo, y no podía.

▸ Salmo 33 [34], 2-3|4-5|6-7|8-9|10-11: Gustad y ved qué bueno es el Señor.

✳ 2.ª lectura: 1 CORINTIOS 10, 31–11, 1

Hermanos: Ya comáis, ya bebáis o hagáis lo que hagáis, hacedlo todo para gloria de Dios. No deis motivo de escándalo ni a judíos, ni a griegos, ni a la Iglesia de Dios; como yo, que procuro contentar en todo a todos, no buscando mi propia ventaja, sino la de la mayoría, para que se salven. Sed imitadores míos como yo lo soy de Cristo.

✚ Evangelio: SAN LUCAS 14, 25-33

En aquel tiempo, mucha gente acompañaba a Jesús; él se volvió y les dijo: «Si alguno viene a mí y no pospone a su padre y a su madre, a su mujer y a sus hijos, a sus hermanos y a sus hermanas, e incluso a sí mismo, no puede ser discípulo mío. Quien no carga con su cruz y viene en pos de mí, no puede ser discípulo mío. Así, ¿quién de vosotros, si quiere construir una torre, no se sienta primero a calcular los gastos, a ver si tiene para terminarla? No sea que, si echa los cimientos y no puede acabarla, se pongan a burlarse de él los que miran, diciendo: "Este hombre empezó a construir y no pudo acabar". ¿O qué rey, si va a dar la batalla a otro rey, no se sienta primero a deliberar si con diez mil hombres podrá salir al paso del que lo ataca con veinte mil? Y si no, cuando el otro está todavía lejos, envía legados para pedir condiciones de paz. Así pues, todo aquel de entre vosotros que no renuncia a todos sus bienes no puede ser discípulo mío».

Hoy celebramos la solemnidad de san Ignacio y, en este día especial, tus palabras, Señor, resuenan con una exigencia que impacta: posponer a la familia, llevar la cruz, renunciar a todos los bienes para ser tus discípulos... Ecos de radicalidad, una llamada a romper con aquello que obstaculiza la libertad, a soltar lastres y a reconocer tu invitación a optar. Me instigas a revisar lo esencial en mi vida: las personas, las realidades y las relaciones que son pilares. ¿Qué lugar ocupan en el orden de mis prioridades y cómo estas prioridades guían mis decisiones? ¿Cómo las vivo desde Ti? ¿Cómo te manifiestas en esos aspectos vitales? ¿Cómo deseas que los aborde? ¿Permito que tus sueños se entrelacen con esas opciones? Desde Ignacio, aprender a ponderar y sopesar la realidad. Desde Ti, reconocer que todo proyecto de vida conlleva costes y renuncias, supone riesgos. Pero si es contigo, vale la pena arriesgarse y compartir tu vida y estilo. Como decía San Ignacio, ojalá «procure tener ante los ojos mientras viva, primero a Dios, [...] y alcanzar con todas mis fuerzas este fin que Dios me propone». Ayúdame, Señor, a descubrir que tu camino y modo valen la pena, que te permita ser mi Dios.

Nuestro Padre Ignacio, siempre que hablaba de la Compañía, la llamaba mínima. Y esto por tres razones. Primero, por los débiles fundamentos de la misma. Segundo, por la virtud de la humildad; tercero, por la tardanza en el tiempo... Se llama también mínima porque entre nosotros (como dice san Pablo) «no hay muchos nobles, muchos ricos, muchos sabios, sino que Dios ha elegido a lo débil del mundo para confundir a los fuertes». Se dice también mínima por la virtud de la humildad, en la que ha de ser, la cual da luz al afecto. DIEGO LAÍNEZ, SJ

Oremos para que, en las grandes ciudades, a menudo marcadas por el anonimato y la soledad, encontremos nuevas formas de anunciar el Evangelio, descubriendo caminos creativos para construir comunidad.

PREFERENCIA: SEGUIMOS A JESÚS...

Oración diaria en audio: www.rezandovoy.org
Tiempo para la reflexión y contemplación.
Y porque la oración también es cosa de niños:
www.rezandovoy.org/infantil

AGOSTO

(MO) San Alfonso M.ª de Ligorio, ob. y dr.
Girona: San Félix, mr.
Beatos José Teófilo y Severino, rls. y mrs.

✳ **Jeremías 26, 11-16.24:** Es cierto que el Señor me ha enviado para que os comunique estas palabras.

▌ Salmo 68 [69], 15-16|30-31|33-34: En el día de la gracia, escúchame, Señor.

✝ **Evangelio: SAN MATEO 14, 1-12**

En aquel tiempo, oyó el tetrarca Herodes lo que se contaba de Jesús y dijo a sus cortesanos: «Ese es Juan el Bautista, que ha resucitado de entre muertos, y por eso las fuerzas milagrosas actúan en él». Es que Herodes había mandado prender a Juan y lo había metido en la cárcel encadenado, por motivo de Herodías, mujer de su hermano Filipo; porque Juan le decía que no le era lícito vivir con ella. Quería mandarlo matar, pero tuvo miedo de la gente, que lo tenía por profeta. El día del cumpleaños de Herodes, la hija de Herodías danzó delante de todos y le gustó tanto a Herodes que juró darle lo que pidiera. Ella, instigada por su madre, le dijo: «Dame ahora mismo en una bandeja la cabeza de Juan el Bautista». El rey lo sintió, pero, por el juramento y los invitados, ordenó que se la dieran, y mandó decapitar a Juan en la cárcel. Trajeron la cabeza en una bandeja, se la entregaron a la joven y ella se la llevó a su madre. Sus discípulos recogieron el cadáver, lo enterraron y fueron a contárselo a Jesús.

Resuenan ecos de amargura en las palabras del evangelio. Sucesos impactantes, que duelen por lo absurdo e incomprensible, muertes resultantes de la banalidad y el capricho. Las terribles consecuencias de la búsqueda de la aprobación externa. Sorprendentemente, afirmamos que en cristiano, incluso en medio de estas tragedias, brota una Buena Nueva. Y surgen las dudas, las inquietudes, los interrogantes. ¿Cómo reconocer Buena Noticia en circunstancias que desalientan y abruman? Me pregunto cómo afrontar esos momentos desde ti, ¿Cómo te haces presente en realidades que duelen tan profundamente? En esas circunstancias hay quienes se ocupan de los despojos desde el respeto, quienes transmiten lo ocurrido, no por morbo ni sensacionalismo, sino porque entienden la importancia de cuidar a quienes quedamos heridos. Esa es la Buena Noticia que surge en medio de lo traumático.

IMPLÍCAME, COMPLÍCAME (Patxi Loidi)

Implícame, Jesús, con la causa de los pobres.
Implícame con esta causa, que es la tuya.
Implícame, complícame, replícame.
Implícame a tu manera
que sorprende, inquieta e ilusiona.
Que no sepa dejar de mirar.
Que no sepa dejar de querer.
Que no sepa dejar de amar.
Complícame la vida,
que eso es lo que pasa cuando uno ama.
Complícame haciéndome apasionado.
Complícame, porque las cosas no son fáciles.
Complícame, porque las lágrimas duelen
y el hambre es mala, y los gritos no se pueden apagar.
Complícame porque un mundo roto no es un lugar cómodo.
Replícame cuando ponga argumentos para escabullirme.
No me dejes posponer mi camino,
que ya está bien de muchas palabras.
Si estoy demasiado centrado en mis problemas,
demasiado dedicado a mis actividades,
demasiado ocupado en salir yo adelante,
implícame, Señor, y complícame.

✳ 1.ª lectura: ISAÍAS 55, 1-3

Esto dice el Señor: «Oíd, sedientos todos, acudid por agua; venid, también los que no tenéis dinero: comprad trigo y comed, venid y comprad, sin dinero y de balde, vino y leche. ¿Por qué gastar dinero en lo que no alimenta y el salario en lo que no da hartura? Escuchadme atentos y comeréis bien, saborearéis platos sustanciosos. Inclinad vuestro oído, venid a mí: escuchadme y viviréis. Sellaré con vosotros una alianza perpetua, las misericordias firmes hechas a David».

▶ Salmo 144 [145], 8-9|15-16|17-18: Abres tú la mano, Señor, y nos sacias.

✳ 2.ª lectura: ROMANOS 8, 35.37-39

Hermanos: ¿Quién nos separará del amor de Cristo?, ¿la tribulación?, ¿la angustia?, ¿la persecución?, ¿el hambre?, ¿la desnudez?, ¿el peligro?, ¿la espada? Pero en todo esto vencemos de sobra gracias a aquel que nos ha amado. Pues estoy convencido de que ni muerte, ni vida, ni ángeles, ni principados, ni presente, ni futuro, ni potencias, ni altura, ni profundidad, ni ninguna otra criatura podrá separarnos del amor de Dios manifestado en Cristo Jesús, nuestro Señor.

✠ Evangelio: SAN MATEO 14, 13-21

En aquel tiempo, al enterarse Jesús de la muerte de Juan el Bautista, se marchó de allí en barca, a solas, a un lugar desierto. Cuando la gente lo supo, lo siguió por tierra desde los poblados. Al desembarcar vio Jesús una multitud, se compadeció de ella y curó a los enfermos. Como se hizo tarde, se acercaron los discípulos a decirle: «Estamos en despoblado y es muy tarde, despide a la multitud para que vayan a las aldeas y se compren comida». Jesús les replicó: «No hace falta que vayan, dadles vosotros de comer». Ellos le replicaron: «Si aquí no tenemos más que cinco panes y dos peces». Les dijo: «Traédmelos». Mandó a la gente que se recostara en la hierba y tomando los cinco panes y los dos peces, alzando la mirada al cielo, pronunció la bendición, partió los panes y se los dio a los discípulos; los discípulos se los dieron a la gente. Comieron todos y se saciaron y recogieron doce cestos llenos de sobras. Comieron unos cinco mil hombres, sin contar mujeres y niños.

La noticia de la muerte de Juan debió afectar mucho a Jesús y a los suyos, buscan un lugar donde retirarse tranquilamente, pero la realidad está preñada de necesidades, y pese a lo previsto, Jesús atiende al gentío, se cansa curando aflicciones. Le puede la compasión, y su percepción de lo que está ocurriendo. Se hace tarde, la multitud está hambrienta y hay que hacer algo. Frente a eso, limitados por lo obvio, por un cierto pragmatismo, muchas veces no vemos más allá de la escasez. Jesús, en cambio, ve una oportunidad para incidir sobre la realidad, para descubrir las fuentes de la abundancia en medio de la aparente carencia. Tan a menudo, desde el realismo, nos enfocamos en nuestras limitaciones, en lugar de en las posibilidades. Jesús nos pide lo poco que tenemos, no importan cantidades ni calidades, solo la intención. Lo bendice y lo multiplica, lo pequeño se convierte en suficiente, incluso en abundante. Al compartir lo que tenemos, por insignificante que parezca, podemos ser parte de la multiplicación de vida. Él puede hacer mucho con poco. Se trata de atreverse, superar dudas y temores, abrir el corazón y las manos, compartir y confiar. El resto ya lo hace el Señor.

¿Dadle vosotros de comer?... Alguno podría objetar que esta es una grande e irrealizable utopía. Sin embargo, la enseñanza y la acción social de la Iglesia demuestran lo contrario: allí donde los hombres se convierten al Evangelio, tal proyecto de participación y solidaridad se hace una extraordinaria realidad. SAN JUAN PABLO II

✳ **Jeremías 28, 1-17:** Jananías, el Señor no te ha enviado, y tú has inducido al pueblo a una falsa confianza.

▶ **Salmo 118 [119], 29|43|79|80|95:** Instrúyeme, Señor, en tus decretos.

✠ **Evangelio: SAN MATEO 14, 22-36**

Después de que la gente se hubo saciado, Jesús apremió a sus discípulos a que subieran a la barca y se le adelantaran a la otra orilla, mientras él despedía a la gente, y después de despedir a la gente subió al monte a solas para orar. Llegada la noche estaba allí solo. Mientras tanto la barca iba ya muy lejos de tierra, sacudida por las olas, porque el viento era contrario. A la cuarta vela de la noche se les acercó Jesús andando sobre el mar. Los discípulos, viéndole andar sobre el agua, se asustaron y gritaron de miedo, diciendo que era un fantasma. Jesús les dijo enseguida: «¡Ánimo, soy yo, no tengáis miedo!». Pedro le contestó: «Señor, si eres tú, mándame ir a ti sobre el agua». Él le dijo: «Ven». Pedro bajó de la barca y echó a andar sobre el agua acercándose a Jesús; pero, al sentir la fuerza del viento, le entró miedo, empezó a hundirse y gritó: «Señor, sálvame». Enseguida Jesús extendió la mano, lo agarró y le dijo: «¡Hombre de poca fe! ¿Por qué has dudado?». En cuanto subieron a la barca amainó el viento. Los de la barca se postraron ante él diciendo: «Realmente eres Hijo de Dios». Terminada la travesía, llegaron a tierra en Genesaret. Y los hombres de aquel lugar apenas lo reconocieron, pregonaron la noticia por toda aquella comarca y le trajeron a todos los enfermos. Le pedían tocar siquiera la orla de su manto. Y cuantos la tocaban quedaban curados.

Nos sacias y sacas tiempo para «despedir a la gente» en condiciones. Te retiras a solas, Jesús, a dialogar con tu Padre, y mientras tanto, me dejo llevar por mis propias tempestades. Te acercas, no me doy cuenta, sigo centrado en esas realidades que me dan miedo. Me diriges palabras de «ánimo» que apenas intuyo por «las sacudidas de la olas», e insistes en invitarme a confiar y lanzarme a «andar sobre el agua». Soy Pedro: sus dudas y deseos, fe y temores. A veces, me atrevo a dar el paso cuando barrunto que me llamas con un «Ven», pero el miedo me vence. Sin embargo, sigues sosteniéndome y ahí se da el reconocimiento: «Realmente...». Nos/me lanzas a tierra firme, donde aliviar sufrimientos y, como esa mujer sin nombre, acercarnos y acercar a otros a «la orla de tu manto».

ESTAR CONTIGO (Seve Lázaro, SJ)

Estar contigo, Señor,
con las cosas y los hechos del diario trajín,
con los que parten sin saber a dónde van,
con la vida de todo lo que a mi lado se mueve,
con la confianza ciega en un porvenir.

Estar contigo, Señor,
porque eres el que siempre está conmigo,
porque siento que me esperas y me buscas,
porque todo puede ser de otra manera,
porque en tu palabra se dibujan mis caminos.

Estar contigo, Señor,
aunque el entorno solo hable de tu ausencia,
aunque la calma nunca llegue tras el golpe,
aunque la fatiga se infiltre en mis músculos,
aunque viva lejos de lo que sueño y espero.

Estar contigo, Señor,
para escuchar más diáfano al corazón,
para serenarme y poder así serenar,
para aprender a hablar sin vaguedades,
para tomar el amor y llevarlo por el mundo.

4 MARTES AGOSTO

(MO) San Juan M.ª Vianney, pb.
Beato Gonzalo Gonzalo, rl. y mr.
Beatos José Batallas y cc., rls. y mrs.

✳ Jeremías 30, 1-2.12b-15.18-22: Por todos tus numerosos pecados te he tratado de ese modo. Cambiaré la suerte de las tiendas de Jacob.

▸ Salmo 101 [102], 16-18|19-21|29.22-23: El Señor reconstruyó Sion, y apareció en su gloria.

✚ **Evangelio: SAN MATEO 15, 1-2.10-14**

En aquel tiempo, se acercaron a Jesús unos fariseos y escribas de Jerusalén y le preguntaron: «¿Por qué tus discípulos quebrantan la tradición de nuestros mayores y no se lavan las manos antes de comer?». Y, llamando a la gente, les dijo: «Escuchad y entended: no mancha al hombre lo que entra por la boca, sino lo que sale de la boca, eso es lo que mancha al hombre». Se acercaron los discípulos y le dijeron: «¿Sabes que los fariseos se han escandalizado al oírte?». Respondió él: «La planta que no haya plantado mi Padre celestial, será arrancada de raíz. Dejadlos, son ciegos, guías de ciegos. Y si un ciego guía a otro ciego, los dos caerán en el hoyo».

Mi madre nos decía que la mujer del César, además de ser buena, ha de parecerlo. Nos enseñaba la importancia de la integridad y cómo lo de dentro ha de reflejarse en lo de fuera, pero también nos indicaba que escandalizar no está bien. Jesús se mueve desde los parámetros de la libertad más absoluta, no se ajusta a lo políticamente correcto. Tantas veces callamos por evitar controversias. ¡Haya paz! Pero esa paz no tiene que darse a cualquier precio si no está alineada con el espíritu de las cosas de Dios. Señor, tus palabras confrontan nuestras seguridades y comodidades. «Lo que sale de la boca es lo que mancha al hombre». Lo esencial tiene que ver con el interior, a eso hemos de atender, reconociendo nuestras sombras y buscando tu luz. De otra manera, corremos el riesgo de «caernos en un hoyo» y hacer caer a otros con nosotros. Profundidad y no ceguera.

✳ **Jeremías 31, 7-9:** Con amor eterno te amé.

◗ **Interleccional Jeremías 31, 10|11-12ab|13:** El Señor nos guardará como un pastor a su rebaño.

✚ **Evangelio: SAN MATEO 15, 21-28**

En aquel tiempo, Jesús se retiró a la región de Tiro y Sidón. Entonces una mujer cananea, saliendo de uno de aquellos lugares, se puso a gritarle: «Ten compasión de mí, Señor Hijo de David. Mi hija tiene un demonio muy malo». Él no le respondió nada. Entonces los discípulos se le acercaron a decirle: «Atiéndela, que viene detrás gritando». Él les contestó: «Solo he sido enviado a las ovejas descarriadas de Israel». Ella se acercó y se postró ante él diciendo: «Señor, ayúdame». Él le contestó: «No está bien tomar el pan de los hijos y echárselo a los perritos». Pero ella repuso: «Tienes razón, Señor; pero también los perritos se comen las migajas que caen de la mesa de los amos». Jesús le respondió: «Mujer, qué grande es tu fe: que se cumpla lo que deseas». En aquel momento quedó curada su hija.

Busco un momento de retiro, un espacio de calma. Retumba una voz angustiada: «Ten compasión de mí... mi hija». Pobre mujer, pobre niña... pero es cananea. Callo. La empatía de los míos pide que la atienda, pero tengo una misión, «las ovejas descarriadas de Israel». La mujer se postra ante mí. Le digo: «No está bien echar a los perros el pan de los hijos», pero ella, con humildad y sagacidad me da la razón... y se produce el encuentro. Confía en mi, he de reconocerlo, esta mujer es grande, como lo es su fe: «Mujer, qué grande es tu fe: que se cumpla lo que deseas». Y su hija sana. Su fe ha obrado el milagro, y mi corazón se alegra de poder desdecirme y mostrar que el amor y la compasión de Dios no conocen fronteras.

(F) Transfiguración del Señor. Ciclo A
Alcalá de Henares: Santos Justo y Pastor, mrs.
Sixto II, p.

✳ 1.ª lectura: DANIEL 7, 9-10.13-14

Miré y vi que colocaban unos tronos. Un anciano se sentó. Su vestido era blanco como nieve, su cabellera como lana limpísima; su trono, llamas de fuego; sus ruedas, llamaradas; un río impetuoso de fuego brotaba y corría ante él. Miles y miles lo servían, millones estaban a sus órdenes. Comenzó la sesión y se abrieron los libros. Seguí mirando. Y en mi visión nocturna vi venir una especie de hijo de hombre entre las nubes del cielo. Avanzó hacia el anciano y llegó hasta su presencia. A él se le dio poder, honor y reino. Y todos los pueblos, naciones y lenguas lo sirvieron. Su poder es un poder eterno, no cesará. Su reino no acabará.

O bien: 2 PEDRO 1, 16-19

Queridos hermanos: No nos fundábamos en fábulas fantasiosas cuando os dimos a conocer el poder y la venida de nuestro Señor Jesucristo, sino en que habíamos sido testigos oculares de su grandeza. Porque él recibió de Dios Padre honor y gloria cuando desde la sublime Gloria se le transmitió aquella voz: «Este es mi Hijo amado, en quien me he complacido». Y esta misma voz, transmitida desde el cielo, es la que nosotros oímos estando con él en la montaña sagrada. Así tenemos más confirmada la palabra profética y hacéis muy bien en prestarle atención como a una lámpara que brilla en un lugar oscuro hasta que despunte el día y el lucero amanezca en vuestros corazones.

▶ Salmo 96 [97], 1-2|5-6|9: El Señor reina, Altísimo sobre la tierra.

✠ Evangelio: SAN MATEO 17, 1-9

En aquel tiempo, Jesús tomó consigo a Pedro, a Santiago y a su hermano Juan, y subió con ellos aparte a un monte alto. Se transfiguró delante de ellos, y su rostro resplandecía como el sol, y sus vestidos se volvieron blancos como la luz. De repente se les aparecieron Moisés y Elías conversando con él. Pedro, entonces, tomó la palabra y dijo a Jesús: «Señor, ¡qué bueno es que estemos aquí! Si quieres, haré tres tiendas: una para ti, otra para Moisés y otra para Elías». Todavía estaba hablando cuando una nube luminosa los cubrió con su sombra y una voz desde la nube decía: «Este es mi Hijo, el amado, en quien me complazco. Escuchadlo». Al oírlo, los discípulos cayeron de bruces, llenos de espanto. Jesús se acercó y, tocándolos, les dijo: «Levantaos, no temáis». Al alzar los ojos, no vieron a nadie más que a Jesús, solo. Cuando bajaban del monte, Jesús les mandó: «No contéis a nadie la visión hasta que el Hijo del hombre resucite de entre los muertos».

«Se los llevó aparte», pero ¿esto qué significa? No es estar separados, aislados o huyendo. Se trata de distanciarse de ciertas realidades para experimentar verdaderos encuentros: con uno mismo, con lo que llevamos dentro y con Dios. En esos «aparte» podemos aprender a querer más a los que ocupan nuestro corazón, y a Dios, quien lo ensancha. Pero solo es posible un «aparte» en condiciones, si se vive bajo la luz del Señor. Eso celebramos hoy, los «aparte» de Jesús y de sus amigos, nuestros «aparte», la fiesta de la Transfiguración del Señor, en la que «resplandece» como el sol. Este deslumbramiento transforma el sentido de uno mismo y de la realidad, mostrando la cercanía de Dios Padre-Madre a Jesús y transparentando su amor. Esta experiencia transforma a los discípulos y a nosotros. Salimos animados, consolados, confirmados... Percibimos la sensación de estar en el lugar y en el momento adecuado, ese tiempo que es *kayrós*, «Señor, ¡qué bueno es que estemos aquí!». Es el momento del descubrimiento del sentido y significado, deseando que esa experiencia se prolongue en el tiempo. Abrimos los oídos y el corazón: «Este es mi Hijo, el amado, mi predilecto. Escuchadlo». Eliminando miedos y obstáculos para bajar de la montaña, a nuestros espacios y encuentros cotidianos, a lo de siempre, pero de manera diferente... y ahí también podremos descubrir cómo se manifiesta esa cercanía y amor de Dios.

7 VIERNES AGOSTO

18.ª semana del T.O.
San Sixto II, p. y cc., mrs.; o San Cayetano, pb.
Aniversario de la restauración de la Compañía

✳ Nahún 2, 1.3; 3, 1-3.6-7: Ay de la ciudad sanguinaria.

▶ Interleccional Deuteronomio 32, 35cd-36ab|39abcd|41:
Yo doy la muerte y la vida.

✠ **Evangelio: SAN MATEO 16, 24-28**

En aquel tiempo, dijo Jesús a sus discípulos: «Si alguno quiere venir en pos de mí, que se niegue a sí mismo, tome su cruz y me siga. Porque quien quiera salvar su vida, la perderá; pero el que la pierda por mí, la encontrará. ¿Pues de qué le servirá a un hombre ganar el mundo entero si pierde su alma? ¿O qué podrá dar para recobrarla? Porque el Hijo del hombre vendrá, con la gloria de su Padre, entre sus ángeles, y entonces pagará a cada uno según su conducta. En verdad os digo que algunos de los aquí presentes no gustarán la muerte hasta que vean al Hijo del hombre en su reino».

Hoy, Señor, nos ofreces una promesa de esperanza desde el contraste, los binomios perder/ganar, cargar/aligerar, negar/afirmar, abandonarme/seguirte, perder/encontrar, sentenciarme/salvarse... Son esas dinámicas que escapan a nuestras entendederas y nos vienen grandes, ahí solo queda el fiarse de ti y arriesgarse. Y mira que eres radical en lo que dices, exigente, firme, sincero... no pretendes venderme la moto. Me dices: ¡Esto es lo que hay! ¿Te atreves a arriesgarte? ¿Arriesgarme? Supone dejar el terreno de las certezas y seguridades para lanzarme desde la confianza y el reconocer que no me ha ido tan mal cuando me he fiado de ti. Porque eso es lo que he aprendido a lo largo de mi vida... contigo, me va mejor... Y de nuevo los contrastes: perder, cargar, negarme... me llevan a lo mejor, lo bueno, lo que vale la pena y la vida... a Ti.

(MO) Santo Domingo de Guzmán, pb.
Santa María de la Cruz MacKillop, v. y fdra.
Beata Margarita M.ª Caiani, v. y fdra.

✳ **Habacuc 1, 12–2, 4:** El justo por su fe vivirá.

▶ **Salmo 9, 8-9|10-11|12-13:** No abandonas, Señor, a los que te buscan.

✠ **Evangelio: SAN MATEO 17, 14-20**

En aquel tiempo, se acercó a Jesús un hombre que, de rodillas, le dijo: «Señor, ten compasión de mi hijo que es lunático y sufre mucho: muchas veces se cae en el fuego o en el agua. Se lo he traído a tus discípulos y no han sido capaces de curarlo». Jesús tomó la palabra y dijo: «¡Generación incrédula y perversa! ¿Hasta cuándo estaré con vosotros, hasta cuándo tendré que soportaros? Traédmelo». Jesús increpó al demonio y salió; en aquel momento se curó el niño. Los discípulos se acercaron a Jesús y le preguntaron aparte: «¿Y por qué no pudimos echarlo nosotros?». Les contestó: «Por vuestra poca fe. En verdad os digo que, si tuvierais fe como un grano de mostaza, le diríais a aquel monte: "Trasládate desde ahí hasta aquí", y se trasladaría. Nada os sería imposible».

Hay experiencias universales que derrotan el optimismo y nos sitúan en el ámbito de lo que podríamos llamar desolación. Cuando nos descubrimos incapaces, impotentes, cuando nuestros esfuerzos se quedan cortos y no bastan, nos sentimos limitados, pequeños... Y reconocernos así, necesitados e incapaces puede confundirnos y hacernos caer en la desdicha más profunda si lo dejamos todo en nuestras propias fuerzas y capacidades. Pero no tiene por qué ser así. El reconocimiento de ser tierra, humus, descubrirse humilde, nos reubica y nos pone en nuestro sitio... y desde ahí podemos pedir ayuda, agradecer y seguir apostando por la esperanza. Eso hace el hombre que pide «compasión» de rodillas, a pesar de la terca realidad. Y con esa imagen hiperbólica del grano de mostaza, nos invita Jesús a afrontar lo que nos toque, porque con Él, «nada nos sería imposible»...

19.ª semana del T.O. Ciclo A. LH: salterio sem. III
Santa Teresa Benedicta de la Cruz, v. y mr.
Santa Cándida M.ª de Jesús, v. y fdra.

✳ 1.ª lectura: 1 REYES 19, 9a.11-13a

En aquellos días, cuando Elías llegó hasta el Horeb, el monte de Dios, se introdujo en la cueva y pasó la noche. Le llegó la palabra del Señor, que le dijo: «Sal y permanece de pie en el monte ante el Señor». Entonces pasó el Señor y hubo un huracán tan violento que hendía las montañas y quebraba las rocas ante el Señor, aunque en el huracán no estaba el Señor. Después del huracán, un terremoto, pero en el terremoto no estaba el Señor. Después del terremoto fuego, pero en el fuego tampoco estaba el Señor. Después del fuego el susurro de una brisa suave. Al oírlo Elías, cubrió su rostro con el manto, salió y se mantuvo en pie a la entrada de la cueva.

▶ Salmo 84 [85], 9abc.10|11-12|13-14: Muéstranos, Señor, tu misericordia y danos tu salvación.

✳ 2.ª lectura: ROMANOS 9, 1-5

Hermanos: Digo la verdad en Cristo, no miento –mi conciencia me atestigua que es así, en el Espíritu Santo–: siento una gran tristeza y un dolor incesante en mi corazón; pues desearía ser yo mismo un proscrito, alejado de Cristo, por el bien de mis hermanos, los de mi raza según la carne: ellos son israelitas y a ellos pertenecen el don de la filiación adoptiva, la gloria, las alianzas, el don de la ley, el culto y las promesas; suyos son los patriarcas y de ellos procede el Cristo, según la carne; el cual está por encima de todo, Dios bendito por los siglos. Amén.

✚ Evangelio: SAN MATEO 14, 22-33

Después de que la gente se hubo saciado, Jesús apremió a sus discípulos a que subieran a la barca y se le adelantaran a la otra orilla, mientras él despedía a la gente, y después de despedir a la gente subió al monte a solas para orar. Llegada la noche estaba allí solo. Mientras tanto la barca iba ya muy lejos de tierra, sacudida por las olas, porque el viento era contrario. A la cuarta vela de la noche se les acercó Jesús andando sobre el mar. Los discípulos, viéndole andar sobre el agua, se asustaron y gritaron de miedo, diciendo que era un fantasma. Jesús les dijo enseguida: «¡Ánimo, soy yo, no tengáis miedo!». Pedro le contestó: «Señor, si eres tú, mándame ir a ti sobre el agua». Él le dijo: «Ven». Pedro bajó de la barca y echó a andar sobre el agua acercándose a Jesús; pero, al sentir la fuerza del viento, le entró miedo, empezó a hundirse y gritó: «Señor, sálvame». Enseguida Jesús extendió la mano, lo agarró y le dijo: «¡Hombre de poca fe! ¿Por qué has dudado?». En cuanto subieron a la barca amainó el viento. Los de la barca se postraron ante él diciendo: «Realmente eres Hijo de Dios».

La liturgia nos invita a contemplar de nuevo a Jesús andando sobre las aguas... quizás nos pueda iluminar la pregunta del pasaje que meditábamos ayer: «¿Y por qué no pudimos echarlo nosotros?»... Regresar sobre lo vivido nos ayuda a entender y aprender. Jesús invita a Pedro a hacer ese ejercicio con una pregunta teñida de sorpresa y una cierta pena: «¿Por qué has dudado?». Las dudas no son el enemigo de la fe, sino el miedo; de hecho, es normal la coexistencia en nuestro interior de la fe y las dudas... incluso cuestionarnos lo que vivimos es sano y nos ayuda a crecer en el seguimiento del Señor. Otra cosa bien diferente es cuando permitimos al miedo andar a sus anchas y nuestro corazón se centra en eso que nos provoca miedo y los sentimientos que genera. El miedo nos vence y olvidamos los momentos de encuentro, las certezas vividas anteriormente, la presencia que nos ha hecho sobrellevar situaciones complejas y nos ha impulsado adelante incluso en los momentos más difíciles. Entonces, nos hundimos, porque, como dice el papa Francisco: «El miedo excesivo es una actitud que nos hace daño, nos debilita, nos encoge, nos paraliza. Tanto es así que una persona esclavizada por el miedo no se mueve, no sabe qué hacer: está temerosa, centrada en sí misma, esperando que ocurra algo malo».

10 LUNES AGOSTO

(F) San Lorenzo, dc. y mr.
Beato José Toledo Pellicer, pb. y mr.
Beatos Juan Martorell y Pedro Mesonero, rls. y mrs.

✳ **2 Corintios 9, 6-10:** Dios ama al que da con alegría.

▶ **Salmo 111 [112], 1b-2|5-6|7-8|9:** Dichoso el que se apiada y presta.

✠ **Evangelio: SAN JUAN 12, 24-26**

En aquel tiempo, dijo Jesús a sus discípulos: «En verdad, en verdad os digo: si el grano de trigo no cae en tierra y muere, queda infecundo; pero si muere, da mucho fruto. El que se ama a sí mismo, se pierde, y el que se aborrece a sí mismo en este mundo, se guardará para la vida eterna. El que quiera servirme, que me siga, y donde esté yo, allí también estará mi servidor; a quien me sirva, el Padre lo honrará».

La fiesta del diácono Lorenzo nos evoca imágenes de fuego y servicio, y palabras puestas en boca de Jesús por el evangelista Juan que tienen que ver con la fecundidad: «Si el grano de trigo no cae en tierra y muere...». De nuevo el juego de las paradojas que nos propone Jesús: amarse/perderse, morir/vivir... fecundidad y vida. El martirio puede parecer una derrota o el triunfo del fracaso, pero las victorias no son siempre obvias. Si se trata del juego de ganar, ¿qué actitudes me hacen vencer realmente? ¿Qué actitudes mías «fecundan», dan vida, plenifican, hacen crecer, fortalecen, inspiran, abren nuevos horizontes, regeneran los espacios y las relaciones? A veces parece que perdemos... pero en el Reino, no todo es lo que parece a simple vista.

Os pido, requiero y suplico, por amor y reverencia de Dios Nuestro Señor, con muchas fuerzas y con mucho afecto os empleeis en mucho honrar, favorecer y servir a su Unigénito Hijo Cristo... en esta obra tan grande del Santísimo Sacramento, donde su divina Majestad, según divinidad y según humanidad, está tan grande, y tan entero, y tan poderoso, y tan infinito como está en el cielo.
SAN IGNACIO DE LOYOLA.

✳ **Ezequiel 2, 8–3, 4:** Me dio a comer el volumen, y me supo en la boca dulce como la miel.

▶ Salmo 118 [119], 14|24|72|103|111|131: ¡Qué dulce al paladar tu promesa, Señor!

✠ **Evangelio: SAN MATEO 18, 1-5.10.12-14**

En aquel momento, se acercaron los discípulos a Jesús y le preguntaron: «¿Quién es el mayor en el reino de los cielos?». Él llamó a un niño, lo puso en medio y dijo: «En verdad os digo que, si no os convertís y os hacéis como niños, no entraréis en el reino de los cielos. Por tanto, el que se haga pequeño como este niño, ese es el más grande en el reino de los cielos. El que acoge a un niño como este en mi nombre me acoge a mí. Cuidado con despreciar a uno de estos pequeños, porque os digo que sus ángeles están viendo siempre en los cielos el rostro de mi Padre celestial. ¿Qué os parece? Suponed que un hombre tiene cien ovejas: si una se le pierde, ¿no deja las noventa y nueve en los montes y va en busca de la perdida? Y si la encuentra, en verdad os digo que se alegra más por ella que por las noventa y nueve que no se habían extraviado. Igualmente, no es voluntad de vuestro Padre que está en el cielo que se pierda ni uno de estos pequeños».

Señor, llamas a un niño y lo colocas en medio. Haces sentir importante a quien más bien contaba poco, y nos invitas a acogerle, apreciarle, valorarle... Los que cuenta en tu proyecto: los pequeños, los vulnerables, son los realmente importantes para tu *Abba*, tanto que sus ángeles se deleitan contemplándole... son tan importantes que nuestro *Abba* «no quiere que se pierda ni uno de esos pequeños». ¿Quién es el más importante? Para responder tendremos que inclinar la cabeza o ponernos de cuclillas para estar a la altura de los pequeños... o mejor, «hacernos uno de ellos».

12 AGOSTO

19.ª semana del T.O.
o Santa Juana Francisca de Chantal, fdra.
Beata Victoria Díez, v. y mr.

✳ **Ezequiel 9, 1-7; 10, 18-22:** Marca en la frente a los que se lamentan por las acciones detestables de Jerusalén.

▌ **Salmo 112 [113], 1b-2|3-4|5-6:** La gloria del Señor se eleva sobre los cielos.

✠ **Evangelio: SAN MATEO 18, 15-20**

En aquel tiempo, dijo Jesús a sus discípulos: «Si tu hermano peca contra ti, repréndelo estando los dos a solas. Si te hace caso, has salvado a tu hermano. Si no te hace caso, llama a otro o a otros dos, para que todo el asunto quede confirmado por boca de dos o tres testigos. Si no les hace caso, díselo a la comunidad, y si no hace caso ni siquiera a la comunidad, considéralo como un pagano o un publicano. En verdad os digo que todo lo que atéis en la tierra quedará atado en los cielos, y todo lo que desatéis en la tierra quedará desatado en los cielos. Os digo, además, que si dos de vosotros se ponen de acuerdo en la tierra para pedir algo, se lo dará mi Padre que está en los cielos. Porque donde dos o tres están reunidos en mi nombre, allí estoy yo en medio de ellos».

Ya hemos comentado cómo el papa Francisco nos invita, desde el ámbito de la sinodalidad, a ampliar los márgenes de la comunidad y darle gran importancia a todo lo que tiene que ver con la relacionalidad, más allá del ámbito de los propios y los nuestros. El Señor nos invita a introducir en ese espacio de las relaciones con todos la corrección fraterna, ayudar al otro cuando está errado, pero sobre todo a vivir desde el perdón y el encuentro. Si las cosas no cambian, «considerarle como un gentil o un publicano», que no es el enemigo, el antagonista, ni el extraño... sino el que necesita de nosotros, de nuestra acogida para ganarle para la causa de Jesús. Y tantas veces somos nosotros los que necesitamos ser ganados.

✳ **Ezequiel 12, 1-12:** Emigra en pleno día, a la vista de todos. ❱ **Salmo 77 [78], 56-57|58-59|61-62:** ¡No olvidéis las acciones del Señor!

✠ **Evangelio: SAN MATEO 18, 21–19, 1**

En aquel tiempo, acercándose Pedro a Jesús le preguntó: «Señor, si mi hermano me ofende, ¿cuántas veces tengo que perdonarlo? ¿Hasta siete veces?». Jesús le contesta: «No te digo hasta siete veces, sino hasta setenta veces siete. Por esto, se parece el reino de los cielos a un rey que quiso ajustar las cuentas con sus criados. Al empezar a ajustarlas, le presentaron uno que debía diez mil talentos. Como no tenía con qué pagar, el señor mandó que lo vendieran a él con su mujer y sus hijos y todas sus posesiones, y que pagara así. El criado, arrojándose a sus pies, le suplicaba diciendo: "Ten paciencia conmigo y te lo pagaré todo". Se compadeció el señor de aquel criado y lo dejó marchar, perdonándole la deuda. Pero al salir, el criado aquel encontró a uno de sus compañeros que le debía cien denarios y, agarrándolo, lo estrangulaba diciendo: "Págame lo que me debes". El compañero, arrojándose a sus pies, le rogaba diciendo: "Ten paciencia conmigo y te lo pagaré". Pero él se negó y fue y lo metió en la cárcel hasta que pagara lo que debía. Sus compañeros, al ver lo ocurrido, quedaron consternados y fueron a contarle a su señor todo lo sucedido. Entonces el señor lo llamó y le dijo: "¡Siervo malvado! Toda aquella deuda te la perdoné porque me lo rogaste. ¿No debías tú también tener compasión de tu compañero, como yo tuve compasión de ti?". Y el señor, indignado, lo entregó a los verdugos hasta que pagara toda la deuda. Lo mismo hará con vosotros mi Padre celestial, si cada cual no perdona de corazón a su hermano». Cuando acabó Jesús estos discursos, partió de Galilea y vino a la región de Judea, al otro lado del Jordán.

Una de las realidades que nos quitan la paz es cuando sentimos que no estamos a la altura o que no vivimos aquello a lo que nos sentimos llamados y estamos convencidos de que deberíamos vivir. Esa sensación de no estar a la altura de nuestra vocación. En ese ámbito puede entrar el perdón cuando no nos sentimos capaces de entregarlo de corazón. El número mágico es 490, ¡490! «No te digo hasta siete veces, sino hasta setenta veces siete». ¡490! Jesús nos invita a no darle cancha al sentirnos heridos o eternamente ofendidos, porque no nos ayuda ni nos hace bien. La parábola nos mueve a dar tiempo, darnos tiempo a nosotros mismos y tiempo al deudor para sanar las heridas. Se trata de no aferrarse a la herida, liberarnos de los grilletes del resentimiento, optar por la misericordia y la reconciliación. No es siempre fácil, pero ese es el horizonte, como dice Pablo, «revestirnos de compasión, bondad, humildad, mansedumbre y paciencia» y perdonarnos unos a otros como el Señor nos perdonó.

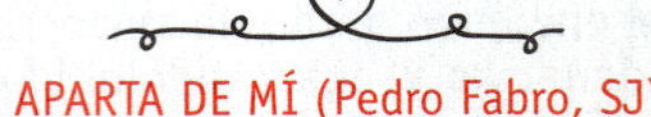

APARTA DE MÍ (Pedro Fabro, SJ)

Señor, te suplico que apartes de mí
cuanto me arranca, separa y aleja de Ti y a Ti de mí.
Aparta de mí lo que me hace mezquino,
lo que me hace seco,
lo que me hace rígido, complicado, abatido,
lo que me hace indigno de que me visites, me corrijas,
de que me ames y me quieras bien.
Compadécete de mí, Señor, compadécete siempre de mí
y aparta de mí todo aquello que me impide verte, oírte,
gustarte, sentirte, tocarte,
tenerte presente y disfrutar contigo.

✳ **Ezequiel 16, 1-15.60.63:** Eras perfecta con los atavíos que yo había puesto sobre ti; y te prostituiste.

▶ **Interleccional Isaías 12, 2-3|4bcde|5-6:** Ha cesado tu ira y me has consolado.

✠ **Evangelio: SAN MATEO 19, 3-12**

En aquel tiempo, se acercaron a Jesús unos fariseos y le preguntaron, para ponerlo a prueba: «¿Es lícito a un hombre repudiar a su mujer por cualquier motivo?». Él les respondió: «¿No habéis leído que el Creador, en el principio, los creó hombre y mujer, y dijo: "Por eso dejará el hombre a su padre y a su madre, y se unirá a su mujer, y serán los dos una sola carne"? De modo que ya no son dos, sino una sola carne. Pues lo que Dios ha unido, que no lo separe el hombre». Ellos insistieron: «¿Y por qué mandó Moisés darle acta de divorcio y repudiarla?». Él les contestó: «Por la dureza de vuestro corazón os permitió Moisés repudiar a vuestras mujeres; pero, al principio, no era así. Pero yo os digo que, si uno repudia a su mujer –no hablo de unión ilegítima– y se casa con otra, comete adulterio». Los discípulos le replicaron: «Si esa es la situación del hombre con la mujer, no trae cuenta casarse». Pero él les dijo: «No todos entienden esto, solo los que han recibido ese don. Hay eunucos que salieron así del vientre de su madre, a otros los hicieron los hombres, y hay quienes se hacen eunucos ellos mismos por el reino de los cielos. El que pueda entender, entienda».

Es muy difícil hacer un comentario a este texto en la situación actual, con tantas personas que llevan el peso del fracaso, otras que se sienten rechazadas por la Iglesia, incluso aquellas que insisten en mantener una situación de pareja que provoca dolor, heridas y abusos... No es fácil. Lo que menos ayuda es realizar una lectura literal del texto, sin matices. Jesús señala la «dureza de corazón» de algunos y el plan de Dios que tiene que ver con la plenitud y la complementariedad. Y a lo que estamos llamados es a la plenitud. Si algo movía a Jesús era la compasión y el deseo de aliviar el sufrimiento. Ante situaciones de ruptura, nuevos modelos de familia o intentar rehacer la propia vida… nunca hemos de situarnos en el lugar de un juez «duro de corazón». Lo que toca es acoger, acompañar, animar, reconocer que la realidad es compleja y apoyar. Poco más puedo decir.

¡ENAMÓRATE! (Joseph Whelan, SJ)

No hay nada más práctico que encontrar a Dios.
Es decir, enamorarse rotundamente y sin ver atrás.

Aquello de lo que te enamores,
lo que arrebate tu imaginación, afectará todo.

Determinará lo que te haga levantar por la mañana,
lo que harás con tus atardeceres,
cómo pases tus fines de semana,
lo que leas, a quién conozcas,
lo que te rompa el corazón
y lo que te llene de asombro
con alegría y agradecimiento.

Enamórate, permanece enamorado,
y esto lo decidirá todo.

Igual que Cristo lleva nuestra carga, nosotros debemos llevar las de nuestros hermanos. La ley de Cristo que debemos cumplir es llevar la cruz. El peso de mi hermano, que debo llevar, no es solamente su suerte externa, su forma de ser y sus cualidades, sino, en el más estricto sentido, su pecado. DIETRICH BONHOEFFER

† (S) ASUNCIÓN DE LA VIRGEN MARÍA
Sevilla: N.ª S.ª de los Reyes
Beato Pio Alberto del Corona, ob. y fdr.

❋ 1.ª lectura: APOCALIPSIS 11, 19a; 12, 1-6a.10ab

Se abrió en el cielo el santuario de Dios, y apareció en su santuario el arca de su alianza. Un gran signo apareció en el cielo: una mujer vestida del sol, y la luna bajo sus pies y una corona de doce estrellas sobre su cabeza; y está encinta, y grita con dolores de parto y con el tormento de dar a luz. Y apareció otro signo en el cielo: un gran dragón rojo que tiene siete cabezas y diez cuernos, y sobre sus cabezas siete diademas, y su cola arrastra la tercera parte de las estrellas del cielo y las arrojó sobre la tierra. Y el dragón se puso en pie ante la mujer que iba a dar a luz, para devorar a su hijo cuando lo diera a luz. Y dio a luz un hijo varón, el que ha de pastorear a todas las naciones con vara de hierro, y fue arrebatado su hijo junto a Dios y junto a su trono; y la mujer huyó al desierto, donde tiene un lugar preparado por Dios. Y oí una gran voz en el cielo que decía: «Ahora se ha establecido la salvación y el poder y el reinado de nuestro Dios, y la potestad de su Cristo».

▶ Salmo 44 [45], 10|11|12|16: De pie a tu derecha está la reina, enjoyada con oro de Ofir.

❋ 2.ª lectura: 1 CORINTIOS 15, 20-27a

Hermanos: Cristo ha resucitado de entre los muertos y es primicia de los que han muerto. Si por un hombre vino la muerte, por un hombre vino la resurrección. Pues, lo mismo que en Adán mueren todos, así en Cristo todos serán vivificados. Pero cada uno en su puesto: primero Cristo, como primicia; después todos los que son de Cristo, en su venida; después el final, cuando Cristo entregue el reino a Dios Padre, cuando haya aniquilado todo principado, poder y fuerza. Pues Cristo tiene que reinar hasta que ponga a todos sus enemigos bajo sus pies. El último enemigo en ser destruido será la muerte, porque lo ha sometido todo bajo sus pies.

✚ Evangelio: SAN LUCAS 1, 39-56

En aquellos días, María se levantó y se puso en camino de prisa hacia la montaña, a una ciudad de Judá; entró en casa de Zacarías y saludó a Isabel. Aconteció que, en cuanto Isabel oyó el saludo de María, saltó la criatura en su vientre. Se llenó Isabel de Espíritu Santo y, levantando la voz, exclamó: «¡Bendita tú entre las mujeres, y bendito el fruto de tu vientre! ¿Quién soy yo para que me visite la madre de mi Señor? Pues, en cuanto tu saludo llegó a mis oídos, la criatura saltó de alegría en mi vientre. Bienaventurada la que ha creído, porque lo que le ha dicho el Señor se cumplirá». María dijo: «Proclama mi alma la grandeza del Señor, "se alegra mi espíritu en Dios, mi salvador; porque ha mirado la humildad de su esclava". Desde ahora me felicitarán todas las generaciones, porque el Poderoso ha hecho obras grandes en mí: "su nombre es santo, y su misericordia llega a sus fieles de generación en generación". Él hace proezas con su brazo: dispersa a los soberbios de corazón, "derriba del trono a los poderosos y enaltece a los humildes, a los hambrientos los colma de bienes y a los ricos los despide vacíos. Auxilia a Israel, su siervo, acordándose de la misericordia" –como lo había prometido a "nuestros padres"– en favor de Abrahán y su descendencia por siempre». María se quedó con Isabel unos tres meses y volvió a su casa.

La iniciativa de levantarse y emprender un camino apresurado, dejando de lado las propias preocupaciones para centrarte plenamente en el otro, marca el comienzo de una travesía significativa. Un viaje que trasciende lo meramente físico y se adentra en el ámbito del corazón, llevándote, María, hacia la persona que necesita de tu presencia y apoyo, incluso sin haberlo manifestado explícitamente. En este recorrido, dejas a un lado tus propias necesidades para priorizar la realidad de Isabel, dando importancia a su vida y sus luchas. Esta forma de relacionarse requiere una mirada especial, impregnada de cariño, atención y ternura. Una mirada que va más allá de lo evidente, descubriendo lo no dicho, lo velado, las necesidades intuidas. Miras, María, con los ojos de Dios, transformando no solo a quien se sabe mirado, sino también a quien mira. Que yo también pueda hacerlo así, moverme de mi centro para situarme en el mundo del otro, en su encrucijada, en su realidad. Al salir de ti misma para encontrarte con Isabel, me enseñas a ser más humano, más sensible a las realidades ajenas. Que la realidad del otro me afecte. Que me impulsen las prisas, si es para mirar como tú, María.

AL CIELO VAIS, SEÑORA (Fray Luis de León, OSA)

Al cielo vais, Señora, / y allá os reciben con alegre canto.
¡Oh, quién pudiera ahora / asirse a vuestro manto
para subir con vos al monte santo!

De ángeles sois llevada,
de quien servida sois desde la cuna,
de estrellas coronada: / ¡tal Reina habrá ninguna,
pues os calza los pies la blanca luna!

Volved los blandos ojos,
ave preciosa, sola, humilde y nueva,
a este valle de abrojos, / que tales flores lleva,
do suspirando están los hijos de Eva.

Que, si con clara vista
miráis las tristes almas deste suelo,
con propiedad no vista / las subiréis de un vuelo,
como piedra de imán al cielo, al cielo.

✳ 1.ª lectura: ISAÍAS 56, 1.6-7

Esto dice el Señor: «Observad el derecho, practicad la justicia, porque mi salvación está por llegar, y mi justicia se va a manifestar. A los extranjeros que se han unido al Señor para servirlo, para amar el nombre del Señor y ser sus servidores, que observan el sábado sin profanarlo y mantienen mi alianza, los traeré a mi monte santo, los llenaré de júbilo en mi casa de oración; sus holocaustos y sacrificios serán aceptables sobre mi altar; porque mi casa es casa de oración, y así la llamarán todos los pueblos».

❱ Salmo 66 [67], 2-3|5|6.8: Oh, Dios, que te alaben los pueblos, que todos los pueblos te alaben.

✳ 2.ª lectura: ROMANOS 11, 13-15.29-32

Hermanos: A vosotros, gentiles, os digo: siendo como soy apóstol de los gentiles, haré honor a mi ministerio, por ver si doy celos a los de mi raza y salvo a algunos de ellos. Pues si su rechazo es reconciliación del mundo, ¿qué no será su reintegración sino volver desde la muerte a la vida? Pues los dones y la llamada de Dios son irrevocables. En efecto, así como vosotros, en otro tiempo, desobedecisteis a Dios, pero ahora habéis obtenido misericordia por la desobediencia de ellos, así también estos han desobedecido ahora con ocasión de la misericordia que se os ha otorgado a vosotros, para que también ellos alcancen ahora misericordia. Pues Dios nos encerró a todos en desobediencia, para tener misericordia de todos.

✠ Evangelio: SAN MATEO 15, 21-28

En aquel tiempo, Jesús se retiró a la región de Tiro y Sidón. Entonces una mujer cananea, saliendo de uno de aquellos lugares, se puso a gritarle: «Ten compasión de mí, Señor Hijo de David. Mi hija tiene un demonio muy malo». Él no le respondió nada. Entonces los discípulos se le acercaron a decirle: «Atiéndela, que viene detrás gritando». Él les contestó: «Solo he sido enviado a las ovejas descarriadas de Israel». Ella se acercó y se postró ante él diciendo: «Señor, ayúdame». Él le contestó: «No está bien tomar el pan de los hijos y echárselo a los perritos». Pero ella repuso: «Tienes razón, Señor; pero también los perritos se comen las migajas que caen de la mesa de los amos». Jesús le respondió: «Mujer, qué grande es tu fe: que se cumpla lo que deseas». En aquel momento quedó curada su hija.

Mi corazón está lleno de angustia y desesperación. Mi hija, mi pequeña, sufre terriblemente, y yo no sé qué hacer. He oído hablar de Jesús, un sanador de Dios, y aunque no es de los nuestros, algo en mi interior me empuja a buscarlo. Cuando lo veo, grito con todas mis fuerzas, rogándole, con respeto y determinación: «Ten compasión de mí, Señor, Hijo de David. Mi hija tiene un demonio muy malo». Al principio, obtengo silencio por respuesta, pero no puedo rendirme; me mueven el amor y la desesperación. Sus compañeros me miran con pena e interceden, pero él hace caso omiso. Me duele tanto el sufrimiento de mi hija, pero no puedo dejarlo estar. Tengo que insistir; el corazón de Dios también tiene espacio para mi hijita y para mí. Me postro ante él, implorando su ayuda, pero su respuesta es dura: «No está bien echar a los perros el pan de los hijos». Su rechazo duele, pero no me desanimo. En lugar de alejarme, uso sus propias palabras y reconociéndome poca cosa, respondo: «También los perros se comen las migajas que caen de la mesa de los amos». En ese momento, precibo un cambio en sus ojos; me mira con respeto, cariño y hasta admiración: «Mujer, qué grande es tu fe: que se cumpla lo que deseas». La alegría y el alivio inundan mi ser. Comprendo que el amor y la compasión de Dios no conocen fronteras.

20.ª semana del T.O.
Santa Beatriz de Silva, v. y fdra.
Santa Clara de Montefalco, absa.

✳ **Ezequiel 24, 15-24:** Ezequiel os servirá de señal: haréis lo mismo que él ha hecho.

▶ **Interleccional Deuteronomio 32, 18-19|20-21:** Despreciaste al Dios que te engendró.

✚ **Evangelio: SAN MATEO 19, 16-22**

En aquel tiempo, se acercó uno a Jesús y le preguntó: «Maestro, ¿qué tengo que hacer de bueno para obtener la vida eterna?». Jesús le contestó: «¿Por qué me preguntas qué es bueno? Uno solo es Bueno. Mira, si quieres entrar en la vida, guarda los mandamientos». Él le preguntó: «¿Cuáles?». Jesús le contestó: «No matarás, no cometerás adulterio, no robarás, no darás falso testimonio, honra a tu padre y a tu madre, y ama a tu prójimo como a ti mismo». El joven le dijo: «Todo eso lo he cumplido. ¿Qué me falta?». Jesús le contestó: «Si quieres ser perfecto, anda, vende tus bienes, da el dinero a los pobres –así tendrás un tesoro en el cielo– y luego ven y sígueme». Al oír esto, el joven se fue triste, porque era muy rico.

Se acerca con grandes y sinceros deseos, buena voluntad, motivado… pero el problema no está en lo que «le falta», sino en lo que «le sobra»… y se aleja con tristeza. El mundo de las normas, de los preceptos a seguir, lo que le dicen que está bien y está mal, le ha mostrado un camino claro. «Todo eso lo he cumplido». Vivir desde el cumplimiento está bien, no se defrauda a nadie… pero relacionarse desde el «cumplir» limita. Falta algo más ahí, y «el muchacho» lo intuye, está insatisfecho, necesita más. «¿Qué me falta?», faltan la libertad, dejar de lado seguridades, atreverse a caminar con Jesús sin lastres que aprisionen, alegría, ir más allá de los mínimos de la letra para crecer abrir horizontes.

(MOJes) San Alberto Hurtado, pb.
Beato Vicente M.ª Izquierdo, pb. y mr.
Beato Martín Martínez Pascual, pb. y mr.

✳ **Ezequiel 28, 1-10:** Eres hombre y no dios; pusiste tu corazón como el corazón de Dios.

▶ **Interleccional Deuteronomio 32, 26-27ab|27cd-28|30|35cd-36ab:** Yo doy la muerte y la vida.

✠ **Evangelio: SAN MATEO 19, 23-30**

En aquel tiempo, Jesús dijo a sus discípulos: «En verdad os digo que difícilmente entrará un rico en el reino de los cielos. Lo repito: más fácil le es a un camello pasar por el ojo de una aguja, que a un rico entrar en el reino de los cielos». Al oírlo, los discípulos dijeron espantados: «Entonces, ¿quién puede salvarse?». Jesús se les quedó mirando y les dijo: «Es imposible para los hombres, pero Dios lo puede todo». Entonces dijo Pedro a Jesús: «Ya ves, nosotros lo hemos dejado todo y te hemos seguido; ¿qué nos va a tocar?». Jesús les dijo: «En verdad os digo: cuando llegue la renovación y el Hijo del hombre se siente en el trono de su gloria, también vosotros, los que me habéis seguido, os sentaréis en doce tronos para juzgar a las doce tribus de Israel. Todo el que por mí deja casa, hermanos o hermanas, padre o madre, hijos o tierras, recibirá cien veces más y heredará la vida eterna. Pero muchos primeros serán últimos y muchos últimos primeros».

Ayer, un muchacho se marchó triste por lo que le sobraba. Jesús lanza esa famosa máxima sobre los camellos y los ricos y emerge una pregunta con múltiples intenciones: «Y nosotros... ¿Qué nos va a tocar?», algo así como un «qué hay de lo mío» o «qué gano de todo esto». No nos escandalicemos, muchas veces nos planteamos interrogantes similares, aunque no los expresemos en voz alta. Quizás solo desde la cercanía con Jesús, mucho trato y dejándole que convierta nuestra sensibilidad, sea posible poner el corazón en el amor y los otros, en ese aspecto de la relacionalidad que sitúa al otro en el lugar que le corresponde y el yo olvide un poco todo aquello a lo que considera tener derecho. El paso del «mí» al «tú». Todo un reto en el camino de la «salvación», puede parecernos imposible, pero como nos recuerda Jesús: «Dios lo puede todo».

LOS DADOS ETERNOS (César Vallejo)

Dios mío, estoy llorando el ser que vivo;
me pesa haber tomádote tu pan;
pero este pobre barro pensativo
no es costra fermentada en tu costado:
¡tú no tienes Marías que se van!

Dios mío, si tú hubieras sido hombre,
hoy supieras ser Dios;
pero tú, que estuviste siempre bien,
no sientes nada de tu creación.
¡Y el hombre sí te sufre: el Dios es él!

Hoy que en mis ojos brujos hay candelas,
como en un condenado,
Dios mío, prenderás todas tus velas,
y jugaremos con el viejo dado.
Tal vez ¡oh jugador! al dar la suerte
del universo todo,
surgirán las ojeras de la Muerte,
como dos ases fúnebres de lodo.

Dios mío, y esta noche sorda, obscura,
ya no podrás jugar, porque la Tierra
es un dado roído y ya redondo
a fuerza de rodar a la aventura,
que no puede parar sino en un hueco,
en el hueco de inmensa sepultura.

✳ **Ezequiel 34, 1-11:** Libraré mi rebaño de sus fauces, para que no les sirva de alimento.

▶ Salmo 22 [23], 1b-3a|3b-4|5|6: El Señor es mi pastor, nada me falta.

✚ **Evangelio: SAN MATEO 20, 1-14**

En aquel tiempo, dijo Jesús a sus discípulos esta parábola: «El reino de los cielos se parece a un propietario que al amanecer salió a contratar jornaleros para su viña. Después de ajustarse con ellos en un denario por jornada, los mandó a la viña. Salió otra vez a media mañana, vio a otros que estaban en la plaza sin trabajo y les dijo: "Id también vosotros a mi viña y os pagaré lo debido". Ellos fueron. Salió de nuevo hacia mediodía y a media tarde, e hizo lo mismo. Salió al caer la tarde y encontró a otros, parados, y les dijo: "¿Cómo es que estáis aquí el día entero sin trabajar?". Le respondieron: "Nadie nos ha contratado". Él les dijo: "Id también vosotros a mi viña". Cuando oscureció, el dueño dijo al capataz: "Llama a los jornaleros y págales el jornal, empezando por los últimos y acabando por los primeros". Vinieron los del atardecer y recibieron un denario cada uno. Cuando llegaron los primeros, pensaban que recibirían más, pero ellos también recibieron un denario cada uno. Al recibirlo se pusieron a protestar contra el amo. "Estos últimos han trabajado solo una hora y los has tratado igual que a nosotros, que hemos aguantado el peso del día y el bochorno". Él replicó a uno de ellos: "Amigo, no te hago ninguna injusticia. ¿No nos ajustamos en un denario? Toma lo tuyo y vete. Quiero darle a este último igual que a ti. ¿Es que no tengo libertad para hacer lo que quiera en mis asuntos? ¿O vas a tener tú envidia porque yo soy bueno?". Así, los últimos serán primeros y los primeros, últimos».

«Los últimos serán primeros y los primeros, los últimos». Esta sentencia ha tenido gran fortuna; puede sonarnos a utopía, pero pone patas arriba todas nuestras lógicas y expectativas sobre lo que es justo y la idea generalizada de a mayor trabajo, mayor salario, o qué es eso de la inclusión que está tan de moda. Otra frase que pone el dedo en la llaga: «¿Vas a tener tú envidia porque yo soy bueno?». Verdades incómodas que desvelan nuestras primeras reacciones desde las comparaciones ajenas y, por qué no decirlo, la envidia. Los agravios que sentimos frente a los otros, nuestro sentido sobre el mérito y la recompensa subsiguiente. Vamos, que podemos terminar verdes con esta parábola. Lo que toca es preguntarnos por nuestras propias actitudes, y quizás poner también alguna de ellas patas arriba.

EL CULTIVO DE DIOS (San Agustín)

¡Oh Señor y Dios mío!
¡Oh Señor y Dios nuestro!,
haznos felices de Ti.
No queremos la felicidad del oro
ni de la plata, ni de los campos,
ni de las cosas que pasan.
Haznos dichoso de Ti y nos basta.
Si te tenemos, oh Dios,
ni te perderemos ni nos perderás.
¡Cosa grande es el hombre!
Es la herencia de Dios,
y Dios la herencia del hombre,
pues Dios nos cultiva a nosotros
y nosotros lo cultivamos a Él.

✳ **Ezequiel 36, 23-28:** Os daré un corazón nuevo y os infundiré mi espíritu.

▶ Salmo 50 [51], 12-13|14-15|18-19: Derramaré sobre vosotros un agua pura, y os daré un corazón nuevo.

✠ **Evangelio: SAN MATEO 22, 1-14**

En aquel tiempo, Jesús volvió a hablar en parábolas a los sumos sacerdotes y a los ancianos del pueblo, diciendo: «El reino de los cielos se parece a un rey que celebraba la boda de su hijo: mandó a sus criados para que llamaran a los convidados, pero no quisieron ir. Volvió a mandar otros criados encargándoles que dijeran a los convidados: "Tengo preparado el banquete, he matado terneros y reses cebadas y todo está a punto. Venid a la boda". Pero ellos no hicieron caso; uno se marchó a sus tierras, otro a sus negocios, los demás agarraron a los criados y los maltrataron y los mataron. El rey montó en cólera y envió sus tropas, que acabaron con aquellos asesinos y prendieron fuego a la ciudad. Luego dijo a sus criados: "La boda está preparada, pero los convidados no se la merecían. Id ahora a los cruces de los caminos y a todos los que encontréis, llamadlos a la boda". Los criados salieron a los caminos y reunieron a todos los que encontraron, malos y buenos. La sala del banquete se llenó de comensales. Cuando el rey entró a saludar a los comensales, reparó en uno que no llevaba traje de fiesta y le dijo: "Amigo, ¿cómo has entrado aquí sin el vestido de boda?". El otro no abrió la boca. Entonces el rey dijo a los servidores: "Atadlo de pies y manos y arrojadlo fuera, a las tinieblas. Allí será el llanto y el rechinar de dientes". Porque muchos son los llamados, pero pocos los elegidos».

Dolores Aleixandre nos hace notar que la referencia al traje nupcial es un añadido posterior de la parábola que ponía el acento en aquellos que abusaban «de la generosidad divina». Centrémonos en ese banquete como sinónimo de comensalidad, fiesta, celebración y abundancia. Resulta impactante, hasta escandalosa, la reacción de los primeros invitados, los principales: rechazan el convite con excusas y matan a los criados. Pero más chocante es la reacción del rey; lo lógico sería anular el convite, pero envía a los suyos a los caminos e invita a todos. Ese es el meollo: se nos invita a todos, los que andamos perdidos por los caminos de Dios, sin importar nuestra situación. Parece que se nos olvida que la invitación es a un fiesta, a la celebración de la salvación... Y todos somos invitados a participar de esa alegría.

MISTERIO DE AMOR (Víctor García de La Hoz)

Te adoro aunque no alcanzo tu misterio de amor. Te adoro, Trinidad santísima, Padre, Hijo y Espíritu Santo. Te adoro aunque mi mente no puede alcanzar tu misterio de amor.

Te alabo y te bendigo, Dios mío, y deseo entrar en esa maravillosa intimidad de tres Personas... Toda la adoración de mi corazón se eleva a ti, Dios mío. Gloria al Padre, gloria al Hijo, gloria al Espíritu Santo, ahora y por toda la eternidad.

Ven, Espíritu Santo. Te ruego que eleves mi corazón para adorar al Padre Dios, para descubrir con gratitud que Él es el Padre de Jesús, pero que también es mi Padre.

Te pido que me sostengas, Espíritu Santo, para que me quede en sus brazos paternos y me deje amar por Él, reposando en su santa presencia. Amén.

✳ **Ezequiel 37, 1-14:** Huesos secos, escuchad la Palabra del Señor. Os sacaré de vuestros sepulcros, casa de Israel.

▶ **Salmo 106 [107], 2-3|4-5|6-7|8-9:** Dad gracias al Señor, porque es eterna su misericordia. **O bien:** Aleluya.

✠ **Evangelio: SAN MATEO 22, 34-40**

En aquel tiempo, los fariseos, al oír que Jesús había hecho callar a los saduceos, se reunieron en un lugar y uno de ellos, un doctor de la ley, le preguntó para ponerlo a prueba: «Maestro, ¿cuál es el mandamiento principal de la ley?». Él le dijo: «"Amarás al Señor tu Dios con todo tu corazón, con toda tu alma, con toda tu mente". Este mandamiento es el principal y primero. El segundo es semejante a él: "Amarás a tu prójimo como a ti mismo". En estos dos mandamientos se sostienen toda la Ley y los Profetas».

Podemos optar por vivir indiferentes a la realidad o en búsqueda de sentido, incluso plateándonos qué sueña Dios para nosotros. Así lo hace el fariseo al preguntar a Jesús «Maestro, ¿cuál es el mandamiento principal de la Ley?». Y la respuesta es el amor, a Dios y a los que están cerca. Puede asustar que el Amado nos pida un amor absoluto «con todo el corazón, con toda el alma, con todo mi ser», una entrega desmedida, total. Sin embargo, lejos de ser una renuncia a nuestra identidad, es una invitación a la coherencia, integrando nuestros deseos en un Amor más grande. Así, nos acercamos a los demás no como rivales, sino como personas dignas del mismo respeto, cuidado y consideración que deberíamos darnos.

Ser discípulos de Cristo es poner en práctica sus enseñanzas, que se resumen en el primero y mayor de los mandamientos de la Ley divina, el mandamiento del amor. PAPA BENEDICTO XVI

(MO) Santa María Virgen, reina
Beato Elías Leymarie, pb. y mr.
Beato Simeón Lukac, ob. y m

✳ Ezequiel 43, 1-7a: La Gloria del Señor entró en el templo. ❱ Salmo 84, 9abc.10|11-12|13-14: La gloria del Señor habitará en nuestra tierra.

✛ **Evangelio: SAN MATEO 23, 1-12**

En aquel tiempo, habló Jesús a la gente y a sus discípulos, diciendo: «En la cátedra de Moisés se han sentado los escribas y los fariseos: haced y cumplid todo lo que os digan; pero no hagáis lo que ellos hacen, porque ellos dicen, pero no hacen. Lían fardos pesados y se los cargan a la gente en los hombros, pero ellos no están dispuestos a mover un dedo para empujar. Todo lo que hacen es para que los vea la gente: alargan las filacterias y agrandan las orlas del manto; les gustan los primeros puestos en los banquetes y los asientos de honor en las sinagogas; que les hagan reverencias en las plazas y que la gente los llame "rabbí". Vosotros, en cambio, no os dejéis llamar "rabbí", porque uno solo es vuestro maestro y todos vosotros sois hermanos. Y no llaméis padre vuestro a nadie en la tierra, porque uno solo es vuestro Padre, el del cielo. No os dejéis llamar maestros, porque uno solo es vuestro maestro, el Mesías. El primero entre vosotros será vuestro servidor. El que se enaltece será humillado, y el que se humilla será enaltecido».

Jesús nos invita a reflexionar sobre cómo juzgamos a los demás, cuando realizamos afirmaciones tajantes. Curiosamente, acepta la autoridad de los escribas y fariseos: «haced y cumplid todo lo que os digan». El problema es cuando nos dedicamos a «poner fardos pesados» sobre los hombros ajenos y no movemos un dedo para ayudar. «No hagáis lo que ellos hacen». Frente a las vanidades propias, palabras duras, pero necesarias, sobre todo si nos creemos con derecho a sentar cátedra. «Vosotros, en cambio, no os dejéis llamar maestro, padre, consejeros...». Solo Dios es Dios, y si hay que liderar, que sea desde el servicio.

✳ 1.ª lectura: ISAÍAS 22, 19-23

Esto dice el Señor a Sobná, mayordomo de palacio: «Te echaré de tu puesto, te destituirán de tu cargo. Aquel día llamaré a mi siervo, a Eliaquín, hijo de Esquías, le vestiré tu túnica, le ceñiré tu banda, le daré tus poderes; será padre para los habitantes de Jerusalén y para el pueblo de Judá. Pongo sobre sus hombros la llave del palacio de David: abrirá y nadie cerrará; cerrará y nadie abrirá. Lo clavaré como una estaca en un lugar seguro, será un trono de gloria para la estirpe de su padre».

▶ Salmo 137 [138], 1bcd-2a|2bcd-3|6.8bc: Señor, tu misericordia es eterna, no abandones la obra de tus manos.

✳ 2.ª lectura: ROMANOS 11, 33-36

Hermanos: ¡Qué abismo de riqueza, de sabiduría y de conocimiento el de Dios! ¡Qué insondables sus decisiones y qué irrastreables sus caminos! En efecto, ¿quién conoció la mente del Señor? O ¿quién fue su consejero? O ¿quién le ha dado primero para tener derecho a la recompensa? Porque de él, por él y para él existe todo. A él la gloria por los siglos. Amén.

✠ Evangelio: SAN MATEO 16, 13-20

En aquel tiempo, al llegar a la región de Cesarea de Filipo, Jesús preguntó a sus discípulos: «¿Quién dice la gente que es el Hijo del hombre?». Ellos contestaron: «Unos que Juan el Bautista, otros que Elías, otros que Jeremías o uno de los profetas». Él les preguntó: «Y vosotros, ¿quién decís que soy yo?». Simón Pedro tomó la palabra y dijo: «Tú eres el Mesías, el Hijo del Dios vivo». Jesús le respondió: «¡Bienaventurado tú, Simón, hijo de Jonás!, porque eso no te lo ha revelado ni la carne ni la sangre, sino mi Padre que está en los cielos. Ahora yo te digo: tú eres

Pedro, y sobre esta piedra edificaré mi Iglesia, y el poder del infierno no la derrotará. Te daré las llaves del reino de los cielos; lo que ates en la tierra quedará atado en los cielos, y lo que desates en la tierra quedará desatado en los cielos». Y les mandó a los discípulos que no dijesen a nadie que él era el Mesías.

Dos preguntas: «¿Quién dice la gente que es el Hijo del hombre?», «Y vosotros, ¿quién decís que soy yo?». Una respuesta es la de los hombres y mujeres de este siglo, con la que puedo estar o no de acuerdo; otra, la de la gente de Dios; y una tercera es la que surge en mi corazón. No puedo responder a lo que dicen mis coetáneos. Sobre la gente o pueblo de Dios, este texto es piedra de tropiezo entre diferentes iglesias. Los católicos interpretamos esa «piedra» en referencia al primado de Pedro y el papado; los protestantes insisten en que ese «sobre esta roca» se refiere a la confesión de Pedro y su fe, no a su persona. Muchas veces entramos en debates estériles que provocan confusión y división en diferentes bandos, y es una pena que hagamos ideología de las cosas de Dios y acabemos enfrentados, sin capacidad de dialogar, enrocados en lo que consideramos verdades inapelables. Lo incuestionable es que Jesús nos interpela sobre nuestra relación con su persona, y Pedro responde con ese «Tú eres el Mesías, el Hijo de Dios vivo». Y parece que la respuesta satisface a Jesús. «Señor Jesús, ¿quién eres para mí?» La respuesta que dé condicionará mi forma de vivir.

Nosotros ciertamente no nos sentimos rocas, sino solo pequeñas piedras. Aún así, ninguna pequeña piedra es inútil, es más, en las manos de Jesús la piedra más pequeña se convierte en preciosa, porque Él la recoge, la mira con gran ternura, la trabaja con su Espíritu, y la coloca en el lugar justo, que Él desde siempre ha pensando y donde puede ser más útil a toda la construcción. Cada uno de nosotros es una pequeña piedra, pero en las manos de Jesús participa en la construcción de la Iglesia.
PAPA FRANCISCO

✳ **Apocalipsis 21, 9b-14:** Sobre los cimientos están los nombres de los doce apóstoles del Cordero.

◗ **Salmo 144 [145], 10-11|12-13ab|17-18:** Tus santos, Señor, proclaman la gloria de tu reinado.

✙ **Evangelio: SAN JUAN 1, 45-51**

En aquel tiempo, Felipe encuentra a Natanael y le dice: «Aquel de quien escribieron Moisés en la ley y los profetas lo hemos encontrado: Jesús, hijo de José, de Nazaret». Natanael le replicó: «¿De Nazaret puede salir algo bueno?». Felipe le contestó: «Ven y verás». Vio Jesús que se acercaba Natanael y dijo de él: «Ahí tenéis a un israelita de verdad, en quien no hay engaño». Natanael le contesta: «¿De qué me conoces?». Jesús le responde: «Antes de que Felipe te llamara, cuando estabas debajo de la higuera, te vi». Natanael respondió: «Rabí, tú eres el Hijo de Dios, tú eres el Rey de Israel». Jesús le contestó: «¿Por haberte dicho que te vi debajo de la higuera crees? Has de ver cosas mayores». Y le añadió: «En verdad, en verdad os digo: veréis el cielo abierto y a los ángeles de Dios subir y bajar sobre el Hijo del hombre».

Bartolomé aparece en la lista de los apóstoles de los evangelios sinópticos y la de los Hechos. Natanael es mencionado en el evangelio de Juan, y recibe el elogio de Jesús: «Ahí tenéis a un israelita de verdad, en quien no hay engaño». La tradición ha identificado los dos nombres como correspondientes a la misma persona, por eso hoy, en la fiesta de san Bartolomé, se proclama este evangelio. Parece que Natanael tiene sus sospechas respecto a los de Nazaret y es Felipe quien intenta acercarle a Jesús. Con todo, Jesús ignora sus prejuicios y crea un vínculo con este hombre a pesar de sus resistencias, venciendo su escepticismo. Hoy nos podemos preguntar por nuestras propias barreras y recelos; parece que Jesús nos invita a dejarlos de lado.

✳ **2 Tesalonicenses 2, 1-3a.14-17:** Conservad las tradiciones que habéis aprendido.

❘ Salmo 95 [96], 10|11-12a|12b-13: Llega el Señor a regir la tierra.

✚ **Evangelio: SAN MATEO 23, 23-26**

En aquel tiempo, Jesús dijo: «¡Ay de vosotros, escribas y fariseos hipócritas, que pagáis el diezmo de la menta, del anís y del comino, y descuidáis lo más grave de la ley: la justicia, la misericordia y la fidelidad! Esto es lo que habría que practicar, aunque sin descuidar aquello. ¡Guías ciegos, que filtráis el mosquito y os tragáis el camello! ¡Ay de vosotros, escribas y fariseos hipócritas, que limpiáis por fuera la copa y el plato, mientras por dentro estáis rebosando de robo y desenfreno! ¡Fariseo ciego!, limpia primero la copa por dentro y así quedará limpia también por fuera».

El evangelio de Mateo se redactó en un contexto donde las comunidades cristianas querían asegurar su identidad frente al judaísmo rabínico y la influencia de la facción farisea. Jesús arremete contra fariseos y escribas con críticas contundentes: «¡Guías ciegos, que filtráis el mosquito y os tragáis el camello!». Obviando el conflicto de la comunidad mateana, dos mensajes emergen con fuerza: la crítica al ritualismo, el darle importancia a lo externo, la hipocresía y las apariencias, frente a la autenticidad y lo genuino, lo interior; y el programa de la buena nueva que nos lanza a dejarnos afectar por la realidad de los otros, intentando mejorar sus vidas. Jesús nos invita a evitar estas trampas de los ritos vacíos y las apariencias y a relacionarnos desde «la compasión y la sinceridad», con coherencia y discernimiento, llamados a ser justos, compasivos y honestos.

(MO) Santa Teresa de Jesús Jornet, v. y fdra.
Santa Juana Isabel Bichier, v. y fdra.
Beata M.ª de los Ángeles Ginard, v. y mr.

✳ 2 Tesalonicenses 3, 6-10.16-18: Si alguno no quiere trabajar, que no coma. ▶ Salmo 127 [128], 1bc-2|4-5: Dichosos los que temen al Señor.

✛ **Evangelio: SAN MATEO 23, 27-32**

En aquel tiempo, Jesús dijo: «¡Ay de vosotros, escribas y fariseos hipócritas, que os parecéis a los sepulcros blanqueados! Por fuera tienen buena apariencia, pero por dentro están llenos de huesos de muertos y de podredumbre; lo mismo vosotros: por fuera parecéis justos, pero por dentro estáis repletos de hipocresía y crueldad. ¡Ay de vosotros, escribas y fariseos hipócritas, que edificáis sepulcros a los profetas y ornamentáis los mausoleos de los justos, diciendo: "Si hubiéramos vivido en tiempo de nuestros padres, no habríamos sido cómplices suyos en el asesinato de los profetas"! Con esto atestiguáis en vuestra contra que sois hijos de los que asesinaron a los profetas. ¡Colmad también vosotros la medida de vuestros padres!».

Continúa la diatriba contra los letrados y fariseos, la acusación de su incoherencia y el haber «asesinado a los profetas». El profeta señala, denuncia, da voz a los que no son oídos, pero también canta horizontes posibles y nos lanza a soñar otros futuros... los profetas acusan pero también son poetas. Hay muchas formas de matar y asesinar; son terribles todas esas actitudes que destruyen la inocencia, que rompen sueños ajenos, que resquebrajan el frágil tejido de la esperanza, que pisotean la ilusión. A veces somos profetas soñadores, otras letrados crueles. La invitación es a cambiar el tono de nuestro canto, de la «aparente justicia» a la canción compasiva, a la melodía valiente que transforma, a proyectar un futuro donde quepa y siga creciendo la esperanza.

(MO) Santa Mónica
Beata Facunda Margenat, rla. y mr.
Beato Raimundo Martí, pb. y mr.

✳ **1 Corintios 1, 1-9:** En él habéis sido enriquecidos en todo.

▶ Salmo 144 [145], 2-3|4-5|6-7: Bendeciré tu nombre por siempre, Señor.

✠ **Evangelio: SAN MATEO 24, 42-51**

En aquel tiempo, dijo Jesús a sus discípulos: «Estad en vela, porque no sabéis qué día vendrá vuestro Señor. Comprended que si supiera el dueño de casa a qué hora de la noche viene el ladrón, estaría en vela y no dejaría que abrieran un boquete en su casa. Por eso, estad también vosotros preparados, porque a la hora que menos penséis viene el Hijo del hombre. ¿Quién es el criado fiel y prudente, a quien el señor encarga de dar a la servidumbre la comida a sus horas? Bienaventurado ese criado, si el señor, al llegar, lo encuentra portándose así. En verdad os digo que le confiará la administración de todos sus bienes. Pero si dijere aquel mal siervo para sus adentros: "Mi señor tarda en llegar", y empieza a pegar a sus compañeros, y a comer y a beber con los borrachos, el día y la hora que menos se lo espera, llegará el amo y lo castigará con rigor y le hará compartir la suerte de los hipócritas. Allí será el llanto y el rechinar de dientes».

¿Que venga el ladrón es bueno o malo? Toni Catalá afirmaba con gracia que vivimos atrincherados en nuestras comunidades como si fueran búnkeres. Deberíamos abrirlas más y poner menos candados. Si roban, la comunidad tendría tema de conversación para un mes. La parábola del ladrón nos habla de vigilancia y preparación, pero no para vivir angustiados por ser sorprendidos. No se trata de evitar que nos pillen in fraganti el ladrón o el dueño de la casa. Consiste en no situarse entre los hipócritas, sino entre los fieles. Si el ladrón representa la venida del Señor, vendrá sin avisar, por sorpresa... para hacerse con el tesoro que somos nosotros, y para descubrir como abre un butrón para entrar en nuestro corazón, conviene que le echemos un ojo al mismo de vez en cuando... Hay que estar atentos, centrarse en lo valioso y reconocer su presencia en los momentos y lugares más inesperados. Sentiremos alegría por la posibilidad de encuentro y comunicación.

PARA SER TU MENSAJERO (Marcos Alemán, SJ)

Ilumina mi sombra para llevar tu luz.
 Ilumina mi sonrisa para abrazar tus resurrecciones.
 Ilumina mi impotencia para fortalecerme en tu amor.
 Ilumina mi andar para crecer en la entrega.
 Ilumina mis palabras para no tener miedo a tus silencios.
 Ilumina mis lágrimas para seguir sembrando.
 Ilumina mis errores para aprender de vos.
 Ilumina mi oración para no ser sordo a tu llamado.
 Ilumina mi latir para no perder el ritmo del Reino.
 Ilumina mis necesidades para animarme a vivir
        más allá de ellas.
 Ilumina mi amor para que sea incondicional
        y hasta el extremo como el tuyo.
 Ilumina mi soñar para despertar contigo.
 Ilumina mi música para cantar con los demás.
 Ilumina mis heridas para regarlas desde el manantial.
 Ilumina mi carisma para que sea plenitud de vida.
 Ilumina mi cercanía para construir a la vez
        distancias y puentes.
 Ilumina mi Eucaristía para hacerlo en memoria tuya.
 Ilumina mi paz para ser tu mensajero.

(MO) San Agustín de Hipona, ob. y dr.
San Junípero Serra, pb.
Beatos Juan Bautista Faubel y Arturo Ros, mrs.

✳ **1 Corintios 1, 17-25:** Predicamos a Cristo crucificado.

▶ **Salmo 32 [33], 1-2|4-5|10-11:** La misericordia del Señor llena la tierra.

✢ **Evangelio: SAN MATEO 25, 1-13**

En aquel tiempo, dijo Jesús a sus discípulos esta parábola: «El reino de los cielos se parece a diez vírgenes que tomaron sus lámparas y salieron al encuentro del esposo. Cinco de ellas eran necias y cinco eran prudentes. Las necias, al tomar las lámparas, no se proveyeron de aceite; en cambio, las prudentes se llevaron alcuzas de aceite con las lámparas. El esposo tardaba, les entró sueño a todas y se durmieron. A medianoche se oyó una voz: "¡Que llega el esposo, salid a su encuentro!". Entonces se despertaron todas aquellas vírgenes y se pusieron a preparar sus lámparas. Y las necias dijeron a las prudentes: "Dadnos de vuestro aceite, que se nos apagan las lámparas". Pero las prudentes contestaron: "Por si acaso no hay bastante para vosotras y nosotras, mejor es que vayáis a la tienda y os lo compréis". Mientras iban a comprarlo, llegó el esposo, y las que estaban preparadas entraron con él al banquete de bodas, y se cerró la puerta. Más tarde llegaron también las otras vírgenes, diciendo: "Señor, señor, ábrenos". Pero él respondió: "En verdad os digo que no os conozco". Por tanto, velad, porque no sabéis el día ni la hora».

Los sentimientos que me surgen mirando a las mujeres de esta parábola son opuestos a los esperados. No puedo dejar de sentir cierta pena por aquellas que se olvidaron del aceite; me sabe mal que se les tilde de «necias» y que se turben cuando las lámparas se les apagan, pues son víctimas de su falta de previsión. Frente a las «sensatas» mi primera reacción es de antipatía: ¿tanto les costaba compartir un poco de su aceite en vez de enviarlas de compras? ¿Dónde queda la compasión en los momentos de necesidad? Y luego está el esposo, que afirma no conocerlas. Menuda dureza, todo es un despropósito, me resulta desconcertante. Seguramente mi lectura esté desenfocada. Quizás lo de Jesús no vaya de alinearme con unas o con otras, sino de la importancia de los tiempos, reconocer que las cosas de Dios requieren de tiempo y no se improvisan, que no podemos ser cortos de miras, y prepararnos para horizontes amplios, también en el tiempo. A veces, el banquete se da en el momento menos esperado, a medianoche.

LO MÁS IMPORTANTE NO ES (Benjamín González Buelta, SJ)

Lo más importante no es:

• que yo te busque, sino que Tú me buscas en todos los caminos (Génesis 3, 9);

• que yo te llame por tu nombre, sino que Tú tienes tatuado el mío en la palma de tu mano (Isaías 49, 16);

• que yo te grite cuando no tengo ni palabra, sino que Tú gimes en mí con tu grito (Romanos 8, 26);

• que yo tenga proyectos para Ti, sino que Tú me invitas a caminar contigo hacia el futuro (Marcos 1, 17);

• que yo te comprenda, sino que Tú me comprendes en mi último secreto (1 Corintios 13, 12);

• que yo hable de Ti con sabiduría, sino que Tú vives en mí y te expresas a tu manera (2 Corintios 4, 10);

• que yo te guarde en mi caja de seguridad, sino que yo soy una esponja en el fondo de tu océano (EE 335);

• que yo te ame con todo mi corazón y todas mis fuerzas, sino que Tú me amas con todo tu corazón y todas tus fuerzas (Juan 13, 1);

porque ¿cómo podría yo buscarte, llamarte, amarte... si Tú no me buscas, me llamas y me amas primero?

El silencio agradecido es mi última palabra, mi mejor manera de encontrarte.

(MO) Martirio de San Juan Bautista
Santa Eufrasia Eluvathingal, v.
Beato Pedro de Asúa Mendía, pb. y mr.

✳ **1 Corintios 1, 26-31:** Lo débil del mundo lo ha escogido Dios. ❭ **Salmo 32 [33], 12-13|18-19|20-21:** Dichoso el pueblo que el Señor se escogió como heredad.

✠ **Evangelio: SAN MARCOS 6, 17-29**

En aquel tiempo, Herodes había mandado prender a Juan y lo había metido en la cárcel encadenado. El motivo era que Herodes se había casado con Herodías, mujer de su hermano Filipo, y Juan le decía que no le era lícito tener a la mujer de su hermano. Herodías aborrecía a Juan y quería matarlo, pero no podía, porque Herodes respetaba a Juan, sabiendo que era un hombre justo y santo, y lo defendía. Al escucharlo quedaba muy perplejo, aunque lo oía con gusto. La ocasión llegó cuando Herodes, por su cumpleaños, dio un banquete a sus magnates, a sus oficiales y a la gente principal de Galilea. La hija de Herodías entró y danzó, gustando mucho a Herodes y a los convidados. El rey le dijo a la joven: «Pídeme lo que quieras, que te lo daré». Y le juró: «Te daré lo que me pidas, aunque sea la mitad de mi reino». Ella salió a preguntarle a su madre: «¿Qué le pido?». La madre le contestó: «La cabeza de Juan el Bautista». Entró ella enseguida, a toda prisa, se acercó al rey y le pidió: «Quiero que ahora mismo me des en una bandeja la cabeza de Juan el Bautista». El rey se puso muy triste; pero por el juramento y los convidados no quiso desairarla. Enseguida le mandó a uno de su guardia que trajese la cabeza de Juan. Fue, lo decapitó en la cárcel, trajo la cabeza en una bandeja y se la entregó a la joven; la joven se la entregó a su madre. Al enterarse sus discípulos, fueron a recoger el cadáver y lo pusieron en un sepulcro.

Es cierto que algunas figuras femeninas en los relatos bíblicos quedan bastante mal paradas. La pobre Eva, que no tomó ninguna manzana, y Herodías, que aborrecía a Juan, son ejemplos claros. La hija de Herodías, aunque el evangelio nunca le pone nombre, ha quedado grabada en nuestra imaginación como Salomé, esa especie de seductora o *femme fatale* que, según la tradición, lleva a la perdición con sus movimientos de cadera. Afortunadamente, la Biblia está llena de mujeres heroicas, como María, Rut, Noemí o Rahab, cuyas vidas, al igual que tantas mujeres anónimas, han tejido un entramado de misericordia y esperanza que sostiene el mundo y evita que se hunda. Sería injusto quedarse solo con el aborrecimiento de Herodías y los contoneos de su hija, porque Herodes no se queda atrás. Va de espléndido, incapaz de retractarse, incluso cuando sabe que está cometiendo una injusticia. Le pesa más la imagen que proyecta que lo que le dicta su conciencia. La muerte de Juan no solo se debe a la inquina de Herodías, sino también a la incapacidad de Herodes de hacer lo correcto. Fue él quien «mandó a un guardia que trajese la cabeza de Juan». Malos consejeros el poder y el prestigio, igual que el aborrecimiento. Juan, el más grande de la Antigua Alianza, el valiente profeta que denuncia cuando hace falta, el que se hace respetar por su coherencia, el que bautizó a Jesús fiándose de su palabra sin entender muy bien los motivos... San Juan Bautista, ruega por nosotros.

Después de Auschwitz es imposible una teología, si no fuese porque en el mismo Auschwitz fueron rezados el Shemá (la plegaria) de Israel y el Padrenuestro. Es imposible si el mismo Dios no estuvo en Auschwitz y sufrió con todos los mártires y asesinados. Toda otra respuesta sería una blasfemia. Un Dios absoluto nos haría indiferentes. El Dios de la acción y del éxito nos haría olvidar a los muertos, que no pueden ser olvidados. Dios como «la nada» convertiría todo el mundo en un campo de concentración universal. JÜRGEN MOLTMANN

✳ 1.ª lectura: JEREMÍAS 20, 7-9

Me sedujiste, Señor, y me dejé seducir; has sido más fuerte que yo y me has podido. He sido a diario el hazmerreír, todo el mundo se burlaba de mí. Cuando hablo, tengo que gritar, proclamar violencia y destrucción. La palabra del Señor me ha servido de oprobio y desprecio a diario. Pensé en olvidarme del asunto y dije: «No lo recordaré; no volveré a hablar en su nombre»; pero había en mis entrañas como fuego, algo ardiente encerrado en mis huesos. Yo intentaba sofocarlo, y no podía.

▶ Salmo 62 [63], 2|3-4|5-6|8-9: Mi alma está sedienta de ti, Señor, Dios mío.

✳ 2.ª lectura: ROMANOS 12, 1-2

Os exhorto, hermanos, por la misericordia de Dios, a que presentéis vuestros cuerpos como sacrificio vivo, santo, agradable a Dios; este es vuestro culto espiritual. Y no os amoldéis a este mundo, sino transformaos por la renovación de la mente, para que sepáis discernir cuál es la voluntad de Dios, qué es lo bueno, lo que le agrada, lo perfecto.

✠ Evangelio: SAN MATEO 16, 21-27

En aquel tiempo, comenzó Jesús a manifestar a sus discípulos que tenía que ir a Jerusalén y padecer allí mucho por parte de los ancianos, sumos sacerdotes y escribas, y que tenía que ser ejecutado y resucitar al tercer día. Pedro se lo llevó aparte y se puso a increparlo: «¡Lejos de ti tal cosa, Señor! Eso no puede pasarte». Jesús se volvió y dijo a Pedro: «¡Ponte detrás de mí, Satanás! Eres para mí piedra de tropiezo, porque tú piensas como los hombres, no como Dios». Entonces dijo a sus discípulos: «Si alguno quiere venir en pos de mí, que se niegue a sí mismo, tome su cruz y me siga. Porque quien quiera salvar su vida, la perderá; pero el que la pierda por mí, la encontrará. ¿Pues de qué le servirá a un hombre ganar el mundo entero si pierde su alma? ¿O qué podrá dar para recobrarla? Porque el Hijo del hombre vendrá, con la gloria de su Padre, entre sus ángeles, y entonces pagará a cada uno según su conducta».

Una de las oraciones más conocidas del mártir jesuita Luis Espinal dice así: «Señor Jesucristo, nos da miedo gastar la vida. Pero la vida Tú nos la has dado para gastarla; no se la puede economizar en estéril egoísmo». Impacta saber cómo acabó por denunciar en Bolivia las injusticias que vivía el pueblo a través de los medios de comunicación social. Podemos intercambiar perfectamente el «gastar» por «perder». La respuesta de Pedro a la afirmación de Jesús sobre lo que le esperaba en Jerusalén es totalmente lógica. Nadie en sus cabales permanece impasible ante el sufrimiento de los que amamos, queremos evitarlo a toda costa. También parece que si alguien te pregunta «¿quieres perder tu vida?» la respuesta lógica es «no, no quiero perder mi vida». Hasta en el Deuteronomio Dios nos propone elegir dos caminos: «la vida y el bien o la muerte y el mal»... Pues está claro, todos optaríamos desde la sensatez por la vida, por no perderla... Entonces, ¿qué ocurre aquí? La clave está en ese «conmigo» del evangelio o el «conmigo y como yo» de la meditación del Reino. Nadie desea perderse... pero si es con el Señor Jesús no andamos solos, no podemos perdernos. Se trata, como con Jeremías, de dejarnos seducir y, por amor, vivir con amor las cruces que inevitablemente trae la vida, de modo distinto.

Nunca es el hombre tan grande como cuando está de rodillas. Es una hermosa frase, digna del gran caballero de Cristo que fue Luis Veuillot. Recordémosla bien y siempre. No es, por tanto, la ciencia la cumbre de la grandeza y de la gloria, sino el conocimiento de nosotros mismos, de nuestra nada delante de Dios; la conciencia de la necesidad de Dios, sin el cual somos siempre muy pequeños. SAN JUAN XXIII

31 LUNES AGOSTO

22.ª semana del T.O.
San Ramón Nonato, rl.
Beatos Edmigio Primo y cc., rls. y mrs.

✳ **1 Corintios 2, 1-5:** Os anuncié a Cristo crucificado.

▶ Salmo 118 [119], 97|98|99|100|101|102: ¡Cuánto amo tu ley, Señor!

✠ **Evangelio: SAN LUCAS 4, 16-30**

En aquel tiempo, Jesús fue a Nazaret, donde se había criado, entró en la sinagoga, como era su costumbre los sábados, y se puso en pie para hacer la lectura. Le entregaron el rollo del profeta Isaías y, desenrollándolo, encontró el pasaje donde estaba escrito: «El Espíritu del Señor está sobre mí, porque él me ha ungido. Me ha enviado a evangelizar a los pobres, a proclamar a los cautivos la libertad, y a los ciegos, la vista; a poner en libertad a los oprimidos; a proclamar el año de gracia del Señor». Y, enrollando el rollo y devolviéndolo al que lo ayudaba, se sentó. Toda la sinagoga tenía los ojos clavados en él. Y él comenzó a decirles: «Hoy se ha cumplido esta Escritura que acabáis de oír». Y todos le expresaban su aprobación y se admiraban de las palabras de gracia que salían de su boca. Y decían: «¿No es este el hijo de José?». Pero Jesús les dijo: «Sin duda me diréis aquel refrán: "Médico, cúrate a ti mismo", haz también aquí, en tu pueblo, lo que hemos oído que has hecho en Cafarnaún». Y añadió: «En verdad os digo que ningún profeta es aceptado en su pueblo. Puedo aseguraros que en Israel había muchas viudas en los días de Elías, cuando estuvo cerrado el cielo tres años y seis meses y hubo una gran hambre en todo el país; sin embargo, a ninguna de ellas fue enviado Elías sino a una viuda de Sarepta, en el territorio de Sidón. Y muchos leprosos había en Israel en tiempos del profeta Eliseo; sin embargo, ninguno de ellos fue curado sino Naamán, el sirio». Al oír esto, todos en la sinagoga se pusieron furiosos y, levantándose, lo echaron fuera del pueblo y lo llevaron hasta un precipicio del monte sobre el que estaba edificado su pueblo, con intención de despeñarlo. Pero Jesús se abrió paso entre ellos y seguía su camino.

No solo encontramos el proyecto de Jesús condensado en momentos como las bienaventuranzas; aquí también Jesús nos presenta qué sueña para el mundo y qué desea hacer con su vida: «dar la Buena Noticia a los pobres, anunciar a los cautivos la libertad, y a los ciegos la vista. Dar libertad a los oprimidos; anunciar el año de gracia del Señor». Lo dice ante su gente, familiares, conocidos, amigos, vecinos, los que le han visto crecer y saben quién es. En vez de alegrarse por semejante propuesta, animarle, aconsejarle... «se pusieron furiosos... con la intención de despeñarlo». «¡Ay pena, penita, pena!» escribieron Quintero, León y Quiroga y cantaba quejumbrosa la Faraona. Pena quiero sentir cuando apague ilusiones, rompa sueños, destruya futuros y corte alas.

SOLO UN SÍ (Henri Nouwen)

Señor, me doy cuenta de que todo lo que me pides es un simple sí, un simple acto de confianza para que, de ese modo, la elección que Tú haces por mí dé frutos en mi vida.

No quiero estar tan ocupado con mi forma de vivir, mis planes y proyectos, mis parientes, amigos y conocidos, que no me dé cuenta siquiera de que Tú estás conmigo, más cerca que ningún otro.

No quiero ser ciego a los gestos de amor que vienen de tus manos, ni sordo a las palabras amorosas que vienen de tu boca. Quiero verte cuando caminas conmigo y escucharte cuando me hablas.

El fin de los *Ejercicios* es muy práctico: crecer en la unión con Dios, quien nos deja libres para tomar buenas decisiones sobre nuestras vidas y para «ayudar a las almas». Ignacio nos invita a un encuentro íntimo con Dios, revelado en Jesucristo, con el fin de que aprendamos a pensar y actuar de forma más parecida a la de Cristo. Los *Ejercicios* nos ayudan a adquirir mayor libertad interior frente al pecado y los afectos desordenados, para que podamos responder con más generosidad a la llamada de Dios en nuestra vida (EE 2, 21). Los *Ejercicios* nos exigen mucho, implicando a nuestro intelecto, nuestras emociones, nuestra memoria y nuestra voluntad...

Los *Ejercicios* son una escuela de oración. Las dos formas principales de orar que enseñan los *Ejercicios* son la meditación y la contemplación. En la meditación utilizamos nuestro intelecto para lidiar con los principios básicos que guían nuestra vida. Leyendo las Escrituras, rezamos sobre palabras, imágenes e ideas. Implicamos a nuestra memoria para apreciar la actividad de Dios en nuestra vida. Tales percepciones de quién es Dios y qué somos nosotros ante Dios permiten que nuestros corazones se conmuevan.

La contemplación tiene más que ver con el sentimiento que con el pensamiento. A menudo la contemplación remueve las emociones e inspira deseos profundos, dados por Dios. En la contemplación nos valemos de nuestra imaginación para situarnos en un escenario de los evangelios o en una escena propuesta por Ignacio. La Escritura tiene un lugar central en los *Ejercicios* porque ella es la revelación de quién es Dios, particularmente en Jesucristo, y de lo que hace Dios en nuestro mundo. En los *Ejercicios*, rezamos con la Escritura; no la estudiamos. Aunque el estudio de la Escritura es fundamental en la fe de cualquier creyente, dejamos para otro rato la exégesis bíblica extensa y la investigación teológica.

Intención del Papa
POR EL CUIDADO DEL AGUA

Oremos por una gestión justa y sostenible del agua, recurso vital, para que todos tengan acceso equitativo a ella.

PREFERENCIA: SEGUIMOS A JESÚS...

Oración diaria en audio: www.rezandovoy.org
Tiempo para la reflexión y contemplación.
Y porque la oración también es cosa de niños:
www.rezandovoy.org/infantil

✳ **1 Corintios 2, 10b-16:** El hombre espiritual lo juzga todo. ▸ **Salmo 144 [145], 8-9|10-11|12-13ab|13cd-14:** El Señor es justo en todos sus caminos.

✠ **Evangelio: SAN LUCAS 4, 31-37**

En aquel tiempo, Jesús bajó a Cafarnaún, ciudad de Galilea, y los sábados les enseñaba. Se quedaban asombrados de su enseñanza, porque su palabra estaba llena de autoridad. Había en la sinagoga un hombre poseído por un espíritu de demonio inmundo y se puso a gritar con fuerte voz: «¡Basta! ¿Qué tenemos que ver nosotros contigo, Jesús Nazareno? ¿Has venido a acabar con nosotros? Sé quién eres: el Santo de Dios». Pero Jesús le increpó diciendo: «¡Cállate y sal de él!». Entonces el demonio, tirando al hombre por tierra en medio de la gente, salió sin hacerle daño. Quedaron todos asombrados y comentaban entre sí: «¿Qué clase de palabra es esta? Pues da órdenes con autoridad y poder a los espíritus inmundos, y salen». Y su fama se difundía por todos los lugares de la comarca.

Curiosamente, en el espacio de la sinagoga, que tiene que ver con lo de Dios, se encuentra un hombre con un demonio inmundo... y parece que los asistentes a la sinagoga están a su lado como si nada, saben de su presencia y fingen que es normal que esté ahí. Se trata de nuestros demonios cotidianos con los que convivimos, que aceptamos porque somos así y poco podemos hacer. Javier Bailén dice que esos demonios consisten en lo que nos hace vivir en la dirección contraria a Dios, lo que nos enfurece, amarga, deprime, aísla, llena de ira y nos aleja del amor. Cuando permitimos que Jesús se acerque a esa realidad, nos incomodamos e inquietamos, nos ponemos a dar voces. Pero Jesús nos enfrenta a nuestros demonios para invitarnos a vivir lo que realmente estamos llamados a ser.

✳ **1 Corintios 3, 1-9:** Nosotros somos colaboradores de Dios, y vosotros, campo de Dios, edificio de Dios.

▶ **Salmo 32 [33], 12-13|14-15|20-21:** Dichoso el pueblo que Dios se escogió como heredad.

✚ **Evangelio: SAN LUCAS 4, 38-44**

En aquel tiempo, al salir Jesús de la sinagoga, entró en la casa de Simón. La suegra de Simón estaba con fiebre muy alta y le rogaron por ella. Él, inclinándose sobre ella, increpó a la fiebre, y se le pasó; ella, levantándose enseguida, se puso a servirles. Al ponerse el sol, todos cuantos tenían enfermos con diversas dolencias se los llevaban, y él, imponiendo las manos sobre cada uno, los iba curando. De muchos de ellos salían también demonios, que gritaban y decían: «Tú eres el Hijo de Dios». Los increpaba y no les dejaba hablar, porque sabían que él era el Mesías. Al hacerse de día, salió y se fue a un lugar desierto. La gente lo andaba buscando y, llegando donde estaba, intentaban retenerlo para que no se separara de ellos. Pero él les dijo: «Es necesario que proclame el reino de Dios también a las otras ciudades, pues para esto he sido enviado». Y predicaba en las sinagogas de Judea.

Jesús, entras en nuestra casa después de un día de enseñanzas, de aliviar sufrimientos en la sinagoga e invitarnos a vivir lo que realmente estamos llamados a ser. Me encuentro en la cama, debilitada por una fiebre muy alta, no soy yo, me falta ánimo, me siento incapaz, aislada, vulnerable. Mi familia, preocupada, te pide que hagas algo por mí... ¿Por qué molestarte? Te acercas a mí, y vuelvo a ser yo... desaparece el malestar, la fiebre se retira. Me levanto enseguida, llena de energía, con alegría, renovada, agradecida, y ¿qué voy a hacer? Servir, cuidar y atender a todos los presentes. Mi corazón rebosa de alegría y la casa se llena de enfermos que buscan tu sanación. Hay vocaciones que no necesitan presentarse como llamadas en sí. Dios sana y salva, y la respuesta no puede ser otra que seguir los pasos del sanador y hacer lo mismo que él, vivir lo que realmente estamos llamados a ser.

SIN NADA QUE DARTE (Marie Noël)

—Estoy aquí, Dios mío.
¿Me buscabas? ¿Qué querías de mí?
No tengo nada que darte.
Desde nuestro último encuentro,
no he apartado nada para ti.
Nada... ni siquiera una obra buena.
Estaba demasiado cansada.
Nada, ni siquiera una buena palabra.
Estaba demasiado triste.
Nada, sino el disgusto de vivir,
el aburrimiento, la esterilidad
—¡Dámelos!
—La prisa de cada día, por terminar la jornada,
sin servir para nada,
el deseo de reposo lejano del deber y de las obras,
el desapego del bien por hacer,
el disgusto de Ti, ¡oh Dios mío!
—¡Dámelos!
—El sopor de mi alma, los remordimientos de mi flaqueza
y la flaqueza más fuerte que los remordimientos.
—¡Dámelos!
—Turbaciones, sustos, dudas...
—¡Dámelos!
—Señor, pero entonces Tú, como un trapero,
recoges las sobras, las basuras.
¿Qué quieres hacer con ellas, Señor?
—El Reino de los cielos.

✳ **1 Corintios 3, 18-23:** Todo es vuestro, vosotros de Cristo y Cristo de Dios. ❱ Salmo 23 [24], 1b-2|3-4ab|5-6: Del Señor es la tierra y cuanto la llena.

✠ Evangelio: SAN LUCAS 5, 1-11

En aquel tiempo, la gente se agolpaba en torno a Jesús para oír la palabra de Dios. Estando él de pie junto al lago de Genesaret, vio dos barcas que estaban en la orilla; los pescadores, que habían desembarcado, estaban lavando las redes. Subiendo a una de las barcas, que era la de Simón, le pidió que la apartara un poco de tierra. Desde la barca, sentado enseñaba a la gente. Cuando acabó de hablar, dijo a Simón: «Rema mar adentro, y echad vuestras redes para la pesca». Respondió Simón y dijo: «Maestro, hemos estado bregando toda la noche y no hemos recogido nada; pero, por tu palabra, echaré las redes». Y, puestos a la obra, hicieron una redada tan grande de peces que las redes comenzaban a reventarse. Entonces hicieron señas a los compañeros que estaban en la otra barca para que vinieran a echarles una mano. Vinieron y llenaron las dos barcas, hasta el punto de que casi se hundían. Al ver esto, Simón Pedro se echó a los pies de Jesús diciendo: «Señor, apártate de mí, que soy un hombre pecador». Y es que el estupor se había apoderado de él y de los que estaban con él, por la redada de peces que habían recogido; y lo mismo les pasaba a Santiago y Juan, hijos de Zebedeo, que eran compañeros de Simón. Y Jesús dijo a Simón: «No temas; desde ahora serás pescador de hombres». Entonces sacaron las barcas a tierra y, dejándolo todo, lo siguieron.

Como a Simón, nos pides: «Remad mar adentro». Acudes a nuestras luchas diarias, a esos espacios y situaciones comunes en los que nos vence el cansancio y nuestras cosechas no se corresponden con las expectativas que teníamos al momento de la siembra. Llegas a nuestras noches sin capturas, nuestros afanes insatisfechos, nuestras reyertas internas, para invitarnos a insistir; y nuestra primera reacción es levantar los hombros con resignación y tirar la toalla: «Maestro, hemos estado trabajando toda la noche y no hemos recogido nada...». Porque pesa mucho el desánimo, y con paciencia, nos enseñas a hacer las cosas a tu manera y a confiar. «Pero, por tu palabra, echaré las redes». Y al dejar seguridades y prejuicios, cuando confiamos, comenzamos a ser discípulos.

HÁGASE EN MÍ (Fermín Negre)

En tiempos de bonanza y alegría,
cuando estoy rebosante de vida,
yo también digo: / hágase en mí.

Cuando no veo claro el camino,
y no me encuentro a mí mismo,
oro e insisto: / hágase en mí.

Cuando me siento con ánimo y fuerzas
y vivo con gozo en tu presencia,
no olvido: / hágase en mí.

Cuando todo se vuelve cuesta arriba,
y nada en este mundo me motiva,
tres palabras repito: / hágase en mí.

Como María
en cada momento yo también,
Señor, te digo: / hágase en mí.

✳ **1 Corintios 4, 1-5:** El Señor pondrá a descubierto los designios del corazón. **Salmo 36 [37], 3-4|5-6|27-28|39-40:** El Señor es quien salva a los justos.

✚ **Evangelio: SAN LUCAS 5, 33-39**

En aquel tiempo, los fariseos y los escribas dijeron a Jesús: «Los discípulos de Juan ayunan a menudo y oran, y los de los fariseos también; en cambio, los tuyos, a comer y a beber». Jesús les dijo: «¿Acaso podéis hacer ayunar a los invitados a la boda mientras el esposo está con ellos? Llegarán días en que les arrebatarán al esposo entonces ayunarán en aquellos días». Les dijo también una parábola: «Nadie recorta una pieza de un manto nuevo para ponérsela a un manto viejo; porque, si lo hace, el nuevo se rompe y al viejo no le cuadra la pieza del nuevo. Nadie echa vino nuevo en odres viejos; porque, si lo hace, el vino nuevo reventará los odres y se derramará, y los odres se estropearán. A vino nuevo, odres nuevos. Nadie que cate vino añejo quiere del nuevo, pues dirá: "El añejo es mejor"».

Los bienpensantes, tantas veces al acecho. En ocasiones, somos nosotros mismos los que ponemos en tela de juicio y nos acercamos al otro desde la sospecha, los prejuicios, las ideologías, las expresiones negativas e incluso las medias verdades sacadas de contexto. «Los tuyos, a comer y a beber». A lanzar puñales y tirar piedras, modos de reaccionar frente a quienes pueden ser vistos como adversarios. ¿Es ese el mejor tono? Quizás se trate de acercarnos a lo que no comprendemos bajo una luz diferente, superando miedos, argumentos manidos, manipulaciones fáciles, apatías o incluso intolerancias. «Nadie que cate vino añejo quiere del nuevo, pues dirá: Está bueno el añejo». La invitación no es al inmovilismo y a rechazar lo nuevo, sino a abrirnos a lo bueno, a quizás cuestionar nuestras respuestas habituales.

SEPTIEMBRE

22.ª semana del T.O.
o Santa Teresa de Calcuta, v.
Santos Pedro Nguyen y José Hoang, mrs.

✳ **1 Corintios 4, 6b-15:** Pasamos hambre y sed y falta de ropa.

◗ **Salmo 144 [145], 17-18|19-20|21:** Cerca está el Señor de los que lo invocan.

✠ **Evangelio: SAN LUCAS 6, 1-5**

Un sábado, iba Jesús caminando por medio de un sembrado y sus discípulos arrancaban y comían espigas, frotándolas con las manos. Unos fariseos dijeron: «¿Por qué hacéis en sábado lo que no está permitido?». Respondiendo Jesús, les dijo: «¿No habéis leído lo que hizo David cuando él y sus compañeros sintieron hambre? Entró en la casa de Dios, y tomando los panes de la proposición, que solo está permitido comer a los sacerdotes, comió él y dio a los que estaban con él». Y les decía: «El Hijo del hombre es señor del sábado».

Aunque falte poco para el comienzo del otoño en el hemisferio norte y el verano esté dando sus últimos coletazos, aún nos queda la sensación del verano e incluso algunos puede que no hayan terminado sus vacaciones. El «sábado» es el día de «vacación», de «descanso», la memoria del amor puesto en las criaturas por Dios en su creación y de la liberación de Israel. El descanso es agradecimiento y bienestar, no son ataduras; y «arrancar espigas» para alimentarse antepone la persona al rigorismo de la norma. A muchos nos han educado para que intentemos hacer las cosas bien, y de ahí saltamos a los perfeccionismos (nefastos) y al rigorismo del deber... Señor, que viva desde el amor, y si hace falta, que sea más laxo... por amor. Que aprenda a vivir el sábado, de vacaciones con Dios.

✳ 1.ª lectura: EZEQUIEL 33, 7-9

Esto dice el Señor: «A ti, hijo de hombre, te he puesto de centinela en la casa de Israel; cuando escuches una palabra de mi boca, les advertirás de mi parte. Si yo digo al malvado: "Malvado, eres reo de muerte", pero tú no hablas para advertir al malvado que cambie de conducta, él es un malvado y morirá por su culpa, pero a ti te pediré cuenta de su sangre. Pero si tú adviertes al malvado que cambie de conducta, y no lo hace, él morirá por su culpa, pero tú habrás salvado la vida».

▶ Salmo 94 [95], 1-2|6-7c|7d-9: Ojalá escuchéis la voz del Señor: «No endurezcáis vuestro corazón».

✳ 2.ª lectura: ROMANOS 13, 8-10

Hermanos: A nadie le debáis nada, más que el amor mutuo; porque el que ama ha cumplido el resto de la ley. De hecho, el no cometerás adulterio, no matarás, no robarás, no codiciarás, y cualquiera de los otros mandamientos, se resume en esto: «Amarás a tu prójimo como a ti mismo». El amor no hace mal a su prójimo; por eso la plenitud de la ley es el amor.

✠ Evangelio: SAN MATEO 18, 15-20

En aquel tiempo, dijo Jesús a sus discípulos: «Si tu hermano peca contra ti, repréndelo estando los dos a solas. Si te hace caso, has salvado a tu hermano. Si no te hace caso, llama a otro o a otros dos, para que todo el asunto quede confirmado por boca de dos o tres testigos. Si no les hace caso, díselo a la comunidad, y si no hace caso ni siquiera a la comunidad, considéralo como un pagano o un publicano. En verdad os digo que todo lo que atéis en la tierra quedará atado en los cielos, y todo lo que desatéis en la tierra quedará desatado en los cielos. Os digo, además, que si dos de vosotros se ponen de acuerdo en la tierra para pedir algo, se lo dará mi Padre que está en los cielos. Porque donde dos o tres están reunidos en mi nombre, allí estoy yo en medio de ellos».

Las lecturas de este domingo nos sirven como claves para interpretar el texto de Mateo. El profeta, y por extensión todos nosotros, somos llamados a interpelar al «malvado». Corregirle, no desde una cima moral, sino por su bien y salvación, de la cual somos también responsables. Construir el Reino supone comprometernos con el otro, incluso si yerra. Somos «centinelas» del bienestar de los nuestros. Dos criterios para acercarnos a alguien que se daña a sí mismo o a otros: con un corazón que no sea duro (ante el otro, ante nosotros mismos, ante Dios) y «desde el amor que es la plenitud de la fe». El modo de actuar del Señor Jesús es suave, respetuoso, cordial... se mueve desde el deseo de mejorar la vida de la otra persona, y nos invita a caminar hacia la reconciliación desde el amor, dialogando en la intimidad, sin juzgar, animando, buscando la restauración.

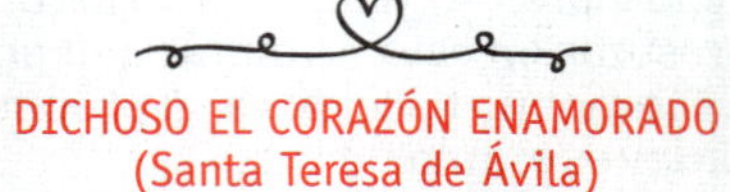

DICHOSO EL CORAZÓN ENAMORADO
(Santa Teresa de Ávila)

Dichoso el corazón enamorado
que en solo Dios ha puesto el pensamiento;
por él renuncia todo lo criado,
y en él halla su gloria y su contento.
Aun de sí mismo vive descuidado,
porque en su Dios está todo su intento,
y así alegre pasa y muy gozoso
las ondas de este mar tempestuoso.

✳ **1 Corintios 5, 1-8:** Barred la levadura vieja; porque ha sido inmolada nuestra víctima pascual: Cristo.

▶ **Salmo 5, 5-6a|6b-7|12:** Señor, guíame con tu justicia.

✚ **Evangelio: SAN LUCAS 6, 6-11**

Un sábado, entró Jesús en la sinagoga y se puso a enseñar. Había allí un hombre que tenía la mano derecha paralizada. Los escribas y los fariseos estaban al acecho para ver si curaba en sábado, y encontrar de qué acusarlo. Pero él conocía sus pensamientos y dijo al hombre de la mano atrofiada: «Levántate y ponte en medio». Y, levantándose, se quedó en pie. Jesús les dijo: «Os voy a hacer una pregunta: ¿Qué está permitido en sábado?, ¿hacer el bien o el mal, salvar una vida o destruirla?». Y, echando en torno una mirada a todos, le dijo: «Extiende tu mano». Él lo hizo y su mano quedó restablecida. Pero ellos, ciegos por la cólera, discutían qué había que hacer con Jesús.

En ocasiones, al contemplar a Jesús en el evangelio, descubrimos enfrentamientos y tensiones. Tensiones que tienen que ver con la vida concreta, con lo que se espera de nosotros. Tensiones provocadas por diversas posturas ante la realidad. Tensiones relacionadas con intereses propios o con ideas sobre qué hacer y cómo actuar. Obligación, legalismo, norma, libertad, compasión, necesidad... Jesús nos interroga sobre la responsabilidad... cómo respondemos a la realidad en lo cotidiano. «¿Qué está permitido en sábado: hacer el bien o el mal, salvar a uno o dejarlo morir?». Señor, que nos impacte la realidad, que reconozcamos las parálisis propias y ajenas que entumecen y producen dolor, las necesidades en los otros y en mí mismo... Señor, que no aparte la mirada ante situaciones de pesar y desconsuelo, y que haga el bien.

SEPTIEMBRE

(F) Natividad de la Virgen María

N.ª S.ª de los Llanos, de Meritxell, del Pino, de la Peña, de la Cinta, de la Victoria, de Monserrate, de Covadonga, de la Vega, de San Lorenzo, de Núria, del Coro, de Soterraña, de Arrate, de la Victoria, de Filermo.

✳ **Miqueas 5, 1-4a:** Dé a luz la que debe dar a luz.
O bien: **Romanos 8, 28-30:** Dios predestinó a los que había conocido de antemano.

▶ **Salmo 12[13], 6ab|6c:** Desbordo de gozo con el Señor.

✚ **Evangelio: SAN MATEO 1, 1-16.18-23**

Libro del origen de Jesucristo, hijo de David, hijo de Abrahán. Abrahán engendró a Isaac, Isaac engendró a Jacob, Jacob engendró a Judá y a sus hermanos. Judá engendró, de Tamar, a Fares y a Zará, Fares engendró a Esrón, Esrón engendró a Arán, Arán engendró a Aminadab, Aminadab engendró a Naasón, Naasón engendró a Salmón, Salmón engendró, de Rajab, a Booz; Booz engendró, de Rut, a Obed; Obed engendró a Jesé, Jesé engendró a David, el rey. David, de la mujer de Urías, engendró a Salomón, Salomón engendró a Roboán, Roboán engendró a Abías, Abías engendró a Asaf, Asaf engendró a Josafat, Josafat engendró a Jorán, Jorán engendró a Ozías, Ozías engendró a Joatán, Joatán engendró a Acaz, Acaz engendró a Ezequías, Ezequías engendró a Manasés, Manasés engendró a Amos, Amos engendró a Josías; Josías engendró a Jeconías y a sus hermanos, cuando el destierro de Babilonia. Después del destierro de Babilonia, Jeconías engendró a Salatiel, Salatiel engendró a Zorobabel, Zorobabel engendró a Abiud, Abiud engendró a Eliaquín, Eliaquín engendró a Azor, Azor engendró a Sadoc, Sadoc engendró a Aquín, Aquín engendró a Eliud, Eliud engendró a Eleazar, Eleazar engendró a Matan, Matán engendró a Jacob; y Jacob engendró a José, el esposo de María, de la cual nació Jesús, llamado Cristo. La generación de Jesucristo fue de esta manera: María, su madre, estaba desposada con José y, antes de vivir juntos, resultó que ella esperaba un hijo por obra del Espíritu Santo. José, su esposo, como era justo y no quería difamarla, decidió repudiarla en privado. Pero, apenas había tomado esta resolución, se le apareció en sueños un ángel del Señor que le dijo: «José, hijo de David, no temas acoger a María, tu mujer, porque la criatura que hay en ella viene del Espíritu Santo. Dará a luz un hijo y tú le pondrás por nombre Jesús, porque él salvará a su pueblo de sus pecados». Todo esto sucedió para que se cumpliese lo que había dicho el Señor por medio del profeta: «Mirad: la virgen concebirá y dará a luz un hijo y le pondrán por nombre Enmanuel, que significa "Dios-con-nosotros"».

Tres natividades celebra la liturgia: la de Jesús, la del Bautista y la de María. La fiesta que celebramos hoy, algo así como el «cumpleaños» de María, aunque sin raíces bíblicas, es muy antigua. Los primeros cristianos querían saber más sobre la madre de Jesús y el protoevangelio apócrifo de Santiago les ayudó a llenar esas lagunas. De ahí vienen los nombres de Joaquín y Ana como padres de María y los relatos de su nacimiento. La liturgia de la Iglesia, usando el evangelio de Mateo, nos presenta la vocación de María y los orígenes de Jesús, de la tribu de Judá, partiendo de Abrahán y pasando por David hasta José: «Jacob engendró a José, el esposo de María, de la cual nació Jesús, llamado Cristo». En Jesús se cumplen todas las promesas esperadas, y María juega con su «sí» un papel fundamental. En la genealogía también aparecen otras cuatro mujeres: Tamar, Rahab, Rut y Betsabé, extranjeras, algunas de dudosa reputación, otras violentadas, motivo de escándalo, como lo fue la concepción de Jesús y la reacción inicial de José. En la trama humana, con luces y sombras, aparece la joven María como el lugar de encuentro de la humanidad con Dios. Con su «fiat», cambia la historia y nos abre una nueva puerta a Dios. Es María quien nos regala a Jesús y nos invita a confiar como ella y participar en el proyecto de vida que Dios tiene para toda la humanidad.

(MOJes) San Pedro Claver, pb.
San Sebastián: N.ª S.ª de Aránzazu
Beato Pedro Bonhomme, pb. y fdr.

✳ 1 Corintios 7, 25-31: ¿Estás unido a una mujer? No busques la separación. ¿Estás libre de mujer? No busques mujer. ◗ Salmo 44 [45], 11-12|14-15|16-17: Escucha, hija, mira: inclina el oído.

✚ **Evangelio: SAN LUCAS 6, 20-26**

En aquel tiempo, Jesús, levantando los ojos hacia sus discípulos, les decía: «Bienaventurados los pobres, porque vuestro es el reino de Dios. Bienaventurados los que ahora tenéis hambre, porque quedaréis saciados. Bienaventurados los que ahora lloráis, porque reiréis. Bienaventurados vosotros cuando os odien los hombres, y os excluyan, y os insulten y proscriban vuestro nombre como infame, por causa del Hijo del hombre. Alegraos ese día y saltad de gozo, porque vuestra recompensa será grande en el cielo. Eso es lo que hacían vuestros padres con los profetas. Pero ¡ay de vosotros, los ricos, porque ya habéis recibido vuestro consuelo! ¡Ay de vosotros, los que estáis saciados, porque tendréis hambre! ¡Ay de los que ahora reís, porque haréis duelo y lloraréis! ¡Ay si todo el mundo habla bien de vosotros! Eso es lo que vuestros padres hacían con los falsos profetas».

Repetidas veces, Señor, nos dices que «el Reino de Dios es de los pobres» y les llamas «dichosos». Cuesta lidiar con tus palabras, las matizamos para quedarnos tranquilos: pobreza espiritual, humildad, dependencia de Dios... Formas de evadirnos. Si algo de Dios «nos pica», tenemos que hacérnoslo ver. Noy nos dices cómo es Dios. Dios opta por los que peor lo pasan, los que no llegan a fin de mes, los que no pueden pagar la hipoteca y comen mortadela porque no pueden alimentarse con jamón. No se trata de mí, sino de cómo ama tu *Abba*. Y si he de «reflectir», me invitas a que mi corazón también sea imparcial y se ponga del lado de tus preferidos.

✳ **1 Corintios 8, 1b-7.11-13:** Turbando la conciencia insegura de los hermanos, pecáis contra Cristo.

▶ **Salmo 138, 1b-3|13-14ab|23-24:** Guíame, Señor, por el camino eterno.

✠ **Evangelio: SAN LUCAS 6, 27-38**

En aquel tiempo, dijo Jesús a sus discípulos: «A vosotros los que me escucháis os digo: amad a vuestros enemigos, haced el bien a los que os odian, bendecid a los que os maldicen, orad por los que os calumnian. Al que te pegue en una mejilla, preséntale la otra; al que te quite la capa, no le impidas que tome también la túnica. A quien te pide, dale; al que se lleve lo tuyo, no se lo reclames. Tratad a los demás como queréis que ellos os traten. Pues, si amáis a los que os aman, ¿qué mérito tenéis? También los pecadores aman a los que los aman. Y si hacéis bien solo a los que os hacen bien, ¿qué mérito tenéis? También los pecadores hacen lo mismo. Y si prestáis a aquellos de los que esperáis cobrar, ¿qué mérito tenéis? También los pecadores prestan a otros pecadores con intención de cobrárselo. Por el contrario, amad a vuestros enemigos, haced el bien y prestad sin esperar nada; será grande vuestra recompensa y seréis hijos del Altísimo, porque él es bueno con los malvados y desagradecidos. Sed misericordiosos como vuestro Padre es misericordioso; no juzguéis, y no seréis juzgados; no condenéis, y no seréis condenados; perdonad, y seréis perdonados; dad, y se os dará: os verterán una medida generosa, colmada, remecida, rebosante, pues con la medida con que midiereis se os medirá a vosotros».

Sigues, Señor, mordiéndome la conciencia. Aquí no solo me hablas de Dios compasivo, bondadoso, dadivoso, perdonador, paciente... sino que me estás diciendo cómo relacionarme con mis «enemigos», y se me hace un bolo. Intento no desearles mal, pero de ahí a bendecirles hay un trecho. Trecho que me invitas a acortar. «De tal palo, tal astilla», «imagen de Dios», «su hijo»… y eso tiene la familia, que hay rasgos que se heredan y fenotipos que se reproducen. Parecernos a Dios Padre-Madre, y también al Hijo, «tened los mismos sentimientos que Cristo Jesús». Reproducir actitudes que rompen con la espiral de la violencia y responder con amor donde hay desamor. Solo no puedo, desborda mi compasión, Señor, que haga el bien, como tú, a tu manera.

TE ADORO (José María Rodríguez Olaizola, SJ)

Porque nos amas, Tú el pobre.
Porque nos sanas, Tú herido de amor.
Porque nos iluminas, aun oculto,
cuando la misericordia enciende el mundo.
Porque nos guías, siempre delante,
siempre esperando, te adoro.

Porque nos miras desde la congoja
y nos sonríes desde la inocencia.
Porque nos ruegas
desde la angustia de tus hijos golpeados,
nos abrazas en el abrazo que damos
y en la vida que compartimos, te adoro.

Porque me perdonas más que yo mismo,
porque me llamas con grito y susurro
y me envías, nunca solo. Porque confías en mí,
Tú que conoces mi debilidad, te adoro.

Porque me colmas y me inquietas.
Porque me abres los ojos
y en mi horizonte pones tu evangelio.
Porque cuando entras en ella,
mi vida es plena, te adoro.

✳ **1 Corintios 9, 16-19.22b-27:** Me he hecho todo para todos, para ganar a algunos.

▶ **Salmo 83 [84], 3|4|5-6|12:** ¡Qué deseables son tus moradas, Señor del universo!

✚ **Evangelio: SAN LUCAS 6, 39-42**

En aquel tiempo, dijo Jesús a los discípulos una parábola: «¿Acaso puede un ciego guiar a otro ciego? ¿No caerán los dos en el hoyo? No está el discípulo sobre su maestro, si bien, cuando termine su aprendizaje, será como su maestro. ¿Por qué te fijas en la mota que tiene tu hermano en el ojo y no reparas en la viga que llevas en el tuyo? ¿Cómo puedes decirle a tu hermano: "Hermano, déjame que te saque la mota del ojo" sin fijarte en la viga que llevas en el tuyo? ¡Hipócrita! Sácate primero la viga de tu ojo, y entonces verás claro para sacar la mota del ojo de tu hermano».

«Consejos vendo que para mí no tengo», o peor, «el cura predica, pero no practica»... algo de eso se nos cuela en el día a día, y Jesús nos lo hace ver con humor. El papa Francisco insiste en el problema de la autoreferencialidad, pero curiosamente cuando se trata de «la propia viga», parece que se esfuma ese constante ser la medida de todas las cosas, y ahí no nos acompaña Narciso. Jesús nos invita a cambiar la óptica de esa autoreferencialidad, que se centre no en los propios intereses, preocupaciones y perspectivas, sino que lleve a un mayor conocimiento de uno mismo. Esto supone reconocer luces y sombras, conocer las piedras con las que tropezamos constantemente, nuestros límites y taras. No para ser «duros» con nosotros, sino para ser «blandos» con los otros.

✳ **Colosenses 3, 12-17:** Revestíos del amor, que es el vínculo de la unidad perfecta.

▶ Salmo 150, 1bc-2|3-4|5-6a: Todo ser que alienta alabe al Señor. O bien: Aleluya.

✠ **Evangelio: SAN LUCAS 6, 43-49**

En aquel tiempo, decía Jesús a sus discípulos: «No hay árbol bueno que dé fruto malo, ni árbol malo que dé fruto bueno; por ello, cada árbol se conoce por su fruto; porque no se recogen higos de las zarzas, ni se vendimian racimos de los espinos. El hombre bueno, de la bondad que atesora en su corazón saca el bien, y el que es malo, de la maldad saca el mal; porque de lo que rebosa el corazón habla la boca. ¿Por qué me llamáis "Señor, Señor", y no hacéis lo que digo? Todo el que viene a mí, escucha mis palabras y las pone en práctica, os voy a decir a quién se parece: se parece a uno que edificó una casa: cavó, ahondó y puso los cimientos sobre roca; vino una crecida, arremetió el río contra aquella casa, y no pudo derribarla, porque estaba sólidamente construida. El que escucha y no pone en práctica se parece a uno que edificó una casa sobre tierra, sin cimiento; arremetió contra ella el río, y enseguida se derrumbó desplomándose, y fue grande la ruina de aquella casa».

Este año la conclusión del Sermón del Llano coincide con la memoria del Dulce Nombre de María, feliz coincidencia. Jesús nos interroga por cómo nos comunicamos, por aquello que sacamos de nuestro corazón, por nuestros frutos y por la roca que nos sustenta... y podemos hacerlo con el trasfondo de un nombre «Dulce». Del corazón de María surge un «me fío, me lanzo a la aventura, hágase». Su fruto es Jesús. Saca bien de bondad. Y la roca sobre la que se cimienta es un Dios Padre/Madre que hace maravillas.

Bondad como fecundidad, vida desde la pequeñez y la dulzura; de su boca, ese «hágase», «me alegro en Dios», «te hemos buscado con angustia», «haced lo que él os diga»... Su roca es la fortaleza que le viene de Dios y le permite permanecer a los pies de la cruz y la esperanza/confianza, siempre como cimiento.

CONSÉRVAME UN CORAZÓN DE NIÑO
(Léonce de Grandmaison, SJ)

Santa María, Madre de Dios,
consérvame un corazón de niño,
puro y cristalino como una fuente.
Dame un corazón sencillo,
que no saboree las tristezas,
un corazón grande para entregarse,
tierno en la compasión,
un corazón fiel y generoso,
que no olvide ningún bien
ni guarde rencor por ningún mal.
Dame un corazón manso y humilde
que ame sin exigir correspondencia,
gozoso de desaparecer
en el corazón de tu divino Hijo,
un corazón grande e indomable
que con ninguna ingratitud se cierre,
que con ninguna indiferencia se canse,
un corazón apasionado por la gloria de Jesucristo,
herido de su amor,
con una llaga que solo se cure en el cielo.

SEPTIEMBRE

24.ª semana del T.O. Ciclo A. LH: salterio sem. IV
San Juan Crisóstomo, ob. y dr.
Beata M.ª de Jesús López, v.

✳ 1.ª lectura: ECLESIÁSTICO 27, 30–28, 7

Rencor e ira también son detestables, el pecador los posee. El vengativo sufrirá la venganza del Señor, que llevará cuenta exacta de sus pecados. Perdona la ofensa a tu prójimo y, cuando reces, tus pecados te serán perdonados. Si un ser humano alimenta la ira contra otro, ¿cómo puede esperar la curación del Señor? Si no se compadece de su semejante, ¿cómo pide perdón por sus propios pecados? Si él, simple mortal, guarda rencor, ¿quién perdonará sus pecados? Piensa en tu final y deja de odiar, acuérdate de la corrupción y de la muerte y sé fiel a los mandamientos. Acuérdate de los mandamientos y no guardes rencor a tu prójimo; acuérdate de la alianza del Altísimo y pasa por alto la ofensa.

▶ Salmo 102 [103], 1bc-2|3-4|9-10|11-12: El Señor es compasivo y misericordioso, lento a la ira y rico en clemencia.

✳ 2.ª lectura: ROMANOS 14, 7-9

Hermanos: Ninguno de nosotros vive para sí mismo y ninguno muere para sí mismo. Si vivimos, vivimos para el Señor; si morimos, morimos para el Señor; así que ya vivamos ya muramos, somos del Señor. Pues para esto murió y resucitó Cristo: para ser Señor de muertos y vivos.

✚ Evangelio: SAN MATEO 18, 21-35

En aquel tiempo, acercándose Pedro a Jesús le preguntó: «Señor, si mi hermano me ofende, ¿cuántas veces tengo que perdonarlo? ¿Hasta siete veces?». Jesús le contesta: «No te digo hasta siete veces, sino hasta setenta veces siete. Por esto, se parece el reino de los cielos a un rey que quiso ajustar las cuentas con sus criados. Al empezar a ajustarlas, le presentaron uno que debía diez mil talentos. Como no tenía con qué pagar, el señor mandó que lo vendieran a él con su mujer y sus hijos y todas sus posesiones, y que pagara así. El criado, arrojándose a sus pies, le suplicaba diciendo: "Ten paciencia conmigo y te lo pagaré todo". Se compadeció el señor de aquel criado y lo dejó marchar, perdonándole la deuda. Pero al salir, el criado aquel encontró a uno de sus compañeros que le debía cien denarios y, agarrándolo, lo estrangulaba diciendo: "Págame lo que me debes". El compañero, arrojándose a sus pies, le rogaba diciendo: "Ten paciencia conmigo y te lo pagaré". Pero él se negó y fue y lo metió en la cárcel hasta que pagara lo que debía. Sus compañeros, al ver lo ocurrido, quedaron consternados y fueron a contarle a su señor todo lo sucedido. Entonces el señor lo llamó y le dijo: "¡Siervo malvado! Toda aquella deuda te la perdoné porque me lo rogaste. ¿No debías tú también tener compasión de tu compañero, como yo tuve compasión de ti?". Y el señor, indignado, lo entregó a los verdugos hasta que pagara toda la deuda. Lo mismo hará con vosotros mi Padre celestial, si cada cual no perdona de corazón a su hermano».

De nuevo, ese perdonar hasta 490 veces. Puedo hacer un ejercicio de introspección y recordar, sin acritud, con quienes me siento distanciado, agraviado, vulnerado, traicionado, ninguneado, desatendido, juzgado, incomprendido o herido... ¿a qué hermano o hermana tendría que «perdonar de corazón»? La lista es más larga de lo que me gustaría. Algún nombre está enquistado, aún supura... ¿Cómo respondo ante esos sentimientos? Me enfado, tanto con el otro como conmigo mismo por estar enfadado. Finjo que no ha pasado nada, pero «me la guardo». Me lamento y me recreo en esos sentimientos que me erosionan. Me parapeto frente a esa persona, me aíslo de ella, la hago desaparecer del mapa (metafóricamente). Busco memorias que me reafirmen en mis sentimientos negativos: «no me extraña, si esto ya se veía venir». O me enroco en una cierta violencia: ignorar sus palabras, no responderle o hacerlo con ironía, «ponerle a caldo», «tratarle como se merece»... Menuda reta- híla de buenas actitudes. Desde luego, no me hacen bien. Per- donar no es fácil, pero el rencor nos daña y nos pasa factura. Desde ahí, el Señor me insta a preguntarme si no estaría más tranquilo y sería más feliz relacionándome desde el perdón. Necesita su ritmo y tiempo... Y también está el otro lado de la moneda: quizás se me invite a acercarme y pedir perdón, porque también hay alguna víctima por ahí de mi mal hacer.

BENDICIÓN IRLANDESA

Que los caminos se abran a tu encuentro,
que el sol brille sobre tu rostro,
que la lluvia caiga suave sobre tus campos,
que el viento sople siempre a tu espalda.
Que guardes en tu corazón con gratitud
el recuerdo precioso de las cosas buenas de la vida.
Que todo don de Dios crezca en ti
y te ayude a llevar la alegría
a los corazones de cuantos amas.
Que tus ojos reflejen un brillo de amistad,
gracioso y generoso como el sol,
que sale entre las nubes
y calienta el mar tranquilo.
Que la fuerza de Dios te mantenga firme,
que los ojos de Dios te miren,
que los oídos de Dios te oigan,
que la Palabra de Dios te hable,
que la mano de Dios te proteja
y que, hasta que volvamos a encontrarnos,
otro te tenga, y nos tenga a todos,
en la palma de su mano.

✳ 1.ª lectura: NÚMEROS 21, 4b-9

En aquellos días, el pueblo se cansó de caminar y habló contra Dios y contra Moisés: «¿Por qué nos has sacado de Egipto para morir en el desierto? No tenemos ni pan ni agua, y nos da náuseas ese pan sin sustancia». El Señor envió contra el pueblo serpientes abrasadoras, que los mordían, y murieron muchos de Israel. Entonces el pueblo acudió a Moisés, diciendo: «Hemos pecado hablando contra el Señor y contra ti; reza al Señor para que aparte de nosotros las serpientes». Moisés rezó al Señor por el pueblo y el Señor le respondió: «Haz una serpiente abrasadora y colócala en un estandarte: los mordidos de serpientes quedarán sanos al mirarla». Moisés hizo una serpiente de bronce y la colocó en un estandarte. Cuando una serpiente mordía a alguien, este miraba a la serpiente de bronce y salvaba la vida.

O Bien: FILIPENSES 2, 6-11

Cristo Jesús, siendo de condición divina, no retuvo ávidamente el ser igual a Dios; al contrario, se despojó de sí mismo tomando la condición de esclavo, hecho semejante a los hombres. Y así, reconocido como hombre por su presencia, se humilló a sí mismo, hecho obediente hasta la muerte, y una muerte de cruz. Por eso Dios lo exaltó sobre todo y le concedió el Nombre-sobre-todo-nombre; de modo que al nombre de Jesús toda rodilla se doble en el cielo, en la tierra, en el abismo, y toda lengua proclame: Jesucristo es Señor, para gloria de Dios Padre.

▶ Salmo 77 [78], 1b-2|34-35|36-37|38: No olvidéis las acciones del Señor.

✚ Evangelio: SAN JUAN 3, 13-17

En aquel tiempo, dijo Jesús a Nicodemo: «Nadie ha subido al cielo sino el que bajó del cielo, el Hijo del hombre. Lo mismo que Moisés elevó la serpiente en el desierto, así tiene que ser elevado el Hijo del hombre, para que todo el que cree en él tenga vida eterna. Porque tanto amó Dios al mundo que entregó a su Unigénito, para que todo el que cree en él no perezca, sino que tenga vida eterna. Porque Dios no envió a su Hijo al mundo para juzgar al mundo, sino para que el mundo se salve por él. El que cree en él no será juzgado; el que no cree ya está juzgado, porque no ha creído en el nombre del Unigénito de Dios.

Exaltar significa elevar algo a una gran dignidad, realzar el mérito, avivar un sentimiento de pasión... Y eso con un patíbulo para arrebatar la vida. ¿Nos apasiona un instrumento ideado para quitar la vida? En la capilla del Encuentro del CES de Salamanca hay un crucificado sin cruz. Lo que se exalta en esta fiesta, nunca podrían ser dos maderos que se atraviesan perpendicularmente, sin más; quien apasiona es Aquel que murió en la cruz por amor. La cruz alude al Crucificado que es el Resucitado, y el Resucitado sana, anima, salva, libera, da vida. «Porque Dios no mandó su Hijo al mundo para condenar al mundo, sino para que el mundo se salve por él». La serpiente de bronce colocada en un asta a la que se alzaba la mirada de los israelitas heridos por las mordeduras se transformó en símbolo de ser sanado y salvado para el imaginario judío, no porque la serpiente tuviera ningún poder, sino porque hacer lo que decía Dios (alzar la vista a la serpiente), sanaba. Como esa serpiente de bronce, prefiguración de la suerte de Jesús, también la cruz remite a otras realidades: al Crucificado, a su Padre que nos ama, a un Hijo solidario con nosotros. En un mundo con tantas cruces, mirar a la cruz (que es mirar al Crucificado), puede aliviarnos y sanar nuestras heridas. Es en el amor de Jesús por nosotros, donde encontramos esperanza y consuelo, recordándonos que, aunque enfrentemos sufrimientos, no estamos solos.

✱ **1 Corintios 12, 12-14.27-31a:** Vosotros sois el cuerpo de Cristo, y cada uno es un miembro.

▶ **Salmo 99 [100], 1b-2|3|4|5:** Nosotros somos su pueblo y ovejas de su rebaño.

✠ **Evangelio: SAN JUAN 19, 25-27**

En aquel tiempo, junto a la cruz de Jesús estaban su madre, la hermana de su madre, María, la de Cleofás, y María, la Magdalena. Jesús, al ver a su madre y junto a ella al discípulo al que amaba, dijo a su madre: «Mujer, ahí tienes a tu hijo». Luego, dijo al discípulo: «Ahí tienes a tu madre». Y desde aquella hora, el discípulo la recibió como algo propio.

Hoy recordamos a Nuestra Señora de los Dolores, María al pie de la Cruz. Un momento límite, donde enfrentarse al silencio que aterra: el sinsentido, el dolor del Hijo que sufre injustamente, que muere porque las personas morimos y los que amamos se mueren. Silencio sin reproches ni lamentos, solo estar, acompañar, sostener la mirada ante lo que parece el final de todo. Ese silencio lo rompe el Hijo, porque en el amor extremo también le angustia la suerte de su madre: «Mujer, ahí tienes a tu hijo»… «Ahí tienes a tu madre». Toni Catalá decía: «María es la madre de un mártir de Israel. Y también aquí podemos recordar a tantas mujeres fuertes que, con dolor pero con fortaleza, con coraje, sostienen la vida en este mundo roto. Esas mujeres que, en medio del sufrimiento, siguen generando redes de compasión para evitar que el mundo se hunda».

Las lágrimas de quienes sufren no son estériles. Son una oración silenciosa que se eleva hasta el Cielo y que encuentra siempre sitio bajo el manto de María. Con ella, Dios se hace compañero de camino, lleva con nosotros las cruces para que nuestros dolores no nos aplasten. PAPA FRANCISCO

(MO) Santos Cornelio (p.) y Cipriano (ob.), mrs.
San Juan Macías, rl.
Beato Ignacio Casanovas, pb. y mr.

✳ **1 Corintios 12, 31–13, 13:** Quedan la fe, la esperanza y el amor. La más grande es el amor.

▶ **Salmo 32 [33], 2-3|4-5|12.22:** Dichoso el pueblo que el Señor se escogió como heredad.

✚ **Evangelio: SAN LUCAS 7, 31-35**

En aquel tiempo, dijo el Señor: «¿A quién, pues, compararé los hombres de esta generación? ¿A quién son semejantes? Se asemejan a unos niños, sentados en la plaza, que gritan a otros aquello de: "Hemos tocado la flauta y no habéis bailado, hemos entonado lamentaciones, y no habéis llorado". Porque vino Juan el Bautista, que ni come pan ni bebe vino, y decís: "Tiene un demonio"; vino el Hijo del hombre, que come y bebe, y decís: "Mirad qué hombre más comilón y borracho, amigo de publicanos y pecadores". Sin embargo, todos los hijos de la sabiduría le han dado la razón».

Dime con quién andas y te diré quién eres. Aquellos que nos rodean son importantes para nosotros o reflejan aquello a lo que damos importancia. En el caso de Jesús, esto conlleva mala reputación. Pero parece que a Jesús no le preocupa la imagen pública, aunque sí quiénes nos rodean: «publicanos y pecadores» con quienes celebrar la misericordia de Dios con comidas y bebidas. Si andamos insatisfechos ante las propuestas de Dios, sin importarnos de dónde procedan, de modo caprichoso, voluble y, en el fondo, poco receptivos, para acabar siempre poniendo excusas... entonces, el Señor nos invita a dar un giro, a abrirnos a las sorpresas que nos depara la vida, a celabrarla y a vivir de acuerdo con un criterio: el de la Buena Noticia.

(MOJes) San Roberto Belarmino, ob. y dr.
San Alberto de Jerusalén, ob. y mr.*
Beato Timoteo Valero, pb. y mr.

✳ **1 Corintios 15, 1-11:** Predicamos así, y así lo creísteis vosotros.

▶ **Salmo 117 [118], 1-2|16-17|28:** Dad gracias al Señor porque es bueno. **O bien:** Aleluya.

✠ **Evangelio: SAN LUCAS 7, 36-50**

En aquel tiempo, un fariseo rogaba a Jesús que fuera a comer con él y, entrando en casa del fariseo, se recostó a la mesa. En esto, una mujer que había en la ciudad, una pecadora, al enterarse de que estaba comiendo en casa del fariseo, vino trayendo un frasco de alabastro lleno de perfume y, colocándose detrás junto a sus pies, llorando, se puso a regarle los pies con las lágrimas, se los enjugaba con los cabellos de su cabeza, los cubría de besos y se los ungía con el perfume. Al ver esto, el fariseo que lo había invitado se dijo: «Si este fuera profeta, sabría quién y qué clase de mujer es la que lo está tocando, pues es una pecadora». Jesús respondió y le dijo: «Simón, tengo algo que decirte». Él contestó: «Dímelo, Maestro». Jesús le dijo: «Un prestamista tenía dos deudores: uno le debía quinientos denarios y el otro cincuenta. Como no tenían con qué pagar, los perdonó a los dos. ¿Cuál de ellos le mostrará más amor?». Respondió Simón y dijo: «Supongo que aquel a quien le perdonó más». Le dijo Jesús: «Has juzgado rectamente». Y, volviéndose a la mujer, dijo a Simón: «¿Ves a esta mujer? He entrado en tu casa y no me has dado agua para los pies; ella, en cambio, me ha regado los pies con sus lágrimas y me los ha enjugado con sus cabellos. Tú no me diste el beso de paz; ella, en cambio, desde que entré, no ha dejado de besarme los pies. Tú no me ungiste la cabeza con ungüento; ella, en cambio, me ha ungido los pies con perfume. Por eso te digo: sus muchos pecados han quedado perdonados, porque ha amado mucho, pero, al que poco se le perdona, ama poco». Y a ella le dijo: «Han quedado perdonados tus pecados». Los demás convidados empezaron a decir entre ellos: «¿Quién es este, que hasta perdona pecados?». Pero él dijo a la mujer: «Tu fe te ha salvado, vete en paz».

Jesús se deja tocar por una mujer pecadora y Simón duda de su veracidad. No puede ser un profeta si entra en contacto con los impuros. Jesús, que no es tonto, defiende a la mujer: «Sus muchos pecados están perdonados porque tiene mucho amor». Es un camino de doble dirección: «Al que se le perdona mucho, ama mucho». El perdón como camino hacia el amor y el amor como condición para sentirse perdonado. Amor y perdón están intrínsecamente unidos. Nos acercamos al perdón porque amamos, y el amor abre nuestro corazón para recibir el perdón y la gracia. El amor nos lleva a desear cambiar las cosas, y la respuesta es el perdón. Ese amor es también el de Dios: «Porque tiene mucho amor, Dios perdona mucho». El amor nos sana, es un medio de encuentro con uno mismo, con los demás y con Dios.

NADA TE TURBE (Santa Teresa de Ávila)

Nada te turbe,
nada te espante
todo se pasa,
Dios no se muda,
la paciencia
todo lo alcanza,
quien a Dios tiene
nada le falta
solo Dios basta.

✳ **1 Corintios 15, 12-20:** Si Cristo no ha resucitado, vuestra fe no tiene sentido.

◗ **Salmo 16 [17], 1bcde|6-7|8.15:** Al despertar me saciaré de tu semblante, Señor.

✚ **Evangelio: SAN LUCAS 8, 1-3**

En aquel tiempo, Jesús iba caminando de ciudad en ciudad y de pueblo en pueblo, proclamando y anunciando la Buena Noticia del reino de Dios, acompañado por los Doce, y por algunas mujeres, que habían sido curadas de espíritus malos y de enfermedades: María la Magdalena, de la que habían salido siete demonios; Juana, mujer de Cusa, un administrador de Herodes; Susana, y otras muchas que les servían con sus bienes.

Ayer hablábamos del perdón y el amor —se podría hacer un paralelo entre la sanación y el amor—. María, Juana, Susana y otras muchas se han sentido amadas y sanadas, pero han sido sanadas porque amaban mucho, como la «pecadora pública». Mujeres que aman y, como el sanador, se dedican a amar —sirviendo y ayudando— entre otras cosas con sus bienes. Son seguidoras, discípulas, estarán al pie de la cruz... y acompañan. Acompañar es una de las actitudes que más bien pueden hacer en este mundo. Y Jesús, no lo desdeña, se deja acompañar. Actitudes para este mundo desquiciado: acompañar y ayudar, pero también permitir que te ayuden y acompañen.

Vosotras, mujeres cristianas, debéis anunciar, como María Magdalena y las otras mujeres del Evangelio; debéis testimoniar que Cristo ha resucitado verdaderamente, que Él es nuestro verdadero y único consuelo. SAN JUAN PABLO II

✳ **1 Corintios 15, 35-37.42-49:** Se siembra un cuerpo corruptible, resucita incorruptible.

▶ **Salmo 55 [56], 10|11-12|13-14:** Caminaré en presencia de Dios a la luz de la vida.

✠ **Evangelio: SAN LUCAS 8, 4-15**

En aquel tiempo, habiéndose reunido una gran muchedumbre y gente que salía de toda la ciudad, dijo Jesús en parábola: «Salió el sembrador a sembrar su semilla. Al sembrarla, algo cayó al borde del camino, lo pisaron, y los pájaros del cielo se lo comieron. Otra parte cayó en terreno pedregoso, y, después de brotar, se secó por falta de humedad. Otra parte cayó entre abrojos, y los abrojos, creciendo al mismo tiempo, la ahogaron. Y otra parte cayó en tierra buena, y, después de brotar, dio fruto al ciento por uno». Dicho esto, exclamó: «El que tenga oídos para oír, que oiga». Entonces le preguntaron los discípulos qué significaba esa parábola. Él dijo: «A vosotros se os ha otorgado conocer los misterios del reino de Dios; pero a los demás, en parábolas, "para que viendo no vean y oyendo no entiendan". El sentido de la parábola es este: la semilla es la palabra de Dios. Los del borde del camino son los que escuchan, pero luego viene el diablo y se lleva la palabra de sus corazones, para que no crean y se salven. Los del terreno pedregoso son los que, al oír, reciben la palabra con alegría, pero no tienen raíz; son los que por algún tiempo creen, pero en el momento de la prueba fallan. Lo que cayó entre abrojos son los que han oído, pero, dejándose llevar por los afanes, riquezas y placeres de la vida, se quedan sofocados y no llegan a dar fruto maduro. Lo de la tierra buena son los que escuchan la palabra con un corazón noble y generoso, la guardan y dan fruto con perseverancia».

Cuando Jesús habla del Reino y de su Abba, está hablando también de sí mismo. Se nos presenta una disyuntiva con esta parábola: ¿nos centramos en lo que dice, en el mensaje, o en cómo lo acogemos, en la escucha del mismo? Quizás la clave esté en la escucha, pero nunca separada de lo que es el Reino, Jesús mismo. Saber escuchar nos sirve para todas las circunstancias de la vida... y hacer vida lo que le oímos decirnos. «El borde del camino, el terreno pedregoso, entre zarzas», tierras del «desoír», nuestras resistencias... y finalmente «la tierra buena», actitud de escucha, receptividad, los «corazones nobles y generosos»... y, como consecuencia, la cosecha desbordante y desmedida, «el ciento por uno». Pero solo es posible si partimos de un escuchar genuino.

EN LOS CAMINOS DE LA VIDA (Florentino Ulibarri)

Señor, los caminos de la vida / están llenos de sorpresas,
y más si vamos por la periferia / siguiendo tus huellas;
pues aunque tratemos de ocultarlos,
antes o después, se hacen presentes
quienes están condenados,
por nuestras leyes y costumbres, / a ser invisibles.
Danos tus ojos, tu corazón,
tus entrañas, tu empatía / y compasión más viva...
Y líbranos de pedirles y exigirles / lo que no les dignifica:
que cumplan nuestras leyes estrictamente.
Ayúdanos, Señor, a seguir tus pasos,
a dejarnos sanar para sanar a los hermanos...
Y si brota el agradecimiento,
que sea desde lo más hondo:
libre, sincero, espontáneo...
como el del leproso samaritano.

✳ 1.ª lectura: ISAÍAS 55, 6-9

Buscad al Señor mientras se deja encontrar, invocadlo mientras está cerca. Que el malvado abandone su camino, y el malhechor sus planes; que se convierta al Señor, y él tendrá piedad, a nuestro Dios, que es rico en perdón. Porque mis planes no son vuestros planes, vuestros caminos no son mis caminos –oráculo del Señor–. Cuanto dista el cielo de la tierra, así distan mis caminos de los vuestros, y mis planes de vuestros planes.

▶ Salmo 144 [145], 2-3|8-9|17-18: Cerca está el Señor de los que lo invocan.

✳ 2.ª lectura: FILIPENSES 1, 20c-24.27a

Hermanos: Cristo será glorificado en mi cuerpo, por mi vida o por mi muerte. Para mí la vida es Cristo y el morir una ganancia. Pero, si el vivir esta vida mortal me supone trabajo fructífero, no sé qué escoger. Me encuentro en esta alternativa: por un lado, deseo partir para estar con Cristo, que es con mucho lo mejor; pero, por otro, quedarme en esta vida veo que es más necesario para vosotros. Lo importante es que vosotros llevéis una vida digna del Evangelio de Cristo.

✠ Evangelio: SAN MATEO 20, 1-16

En aquel tiempo, dijo Jesús a sus discípulos esta parábola: «El reino de los cielos se parece a un propietario que al amanecer salió a contratar jornaleros para su viña. Después de ajustarse con ellos en un denario por jornada, los mandó a la viña. Salió otra vez a media mañana, vio a otros que estaban en la plaza sin trabajo y les dijo: "Id también vosotros a mi viña y os pagaré lo debido". Ellos fueron. Salió de nuevo hacia mediodía y a media tarde, e hizo lo mismo. Salió al caer la tarde y encontró a otros, parados, y les dijo: "¿Cómo es que estáis aquí el día entero sin trabajar?". Le respondieron: "Nadie nos ha contratado". Él les dijo: "Id también vosotros a mi viña". Cuando oscureció, el dueño dijo al capataz: "Llama a los jornaleros y págales el jornal, empezando por los últimos y acabando por los primeros". Vinieron los del atardecer y recibieron un denario cada uno. Cuando llegaron los primeros, pensaban que recibirían más, pero ellos también recibieron un denario cada uno. Al recibirlo se pusieron a protestar contra el amo. "Estos últimos han trabajado solo una hora y los has tratado igual que a nosotros, que hemos aguantado el peso del día y el bochorno". Él replicó a uno de ellos: "Amigo, no te hago ninguna injusticia. ¿No nos ajustamos en un denario? Toma lo tuyo y vete. Quiero darle a este ultimo igual que a ti. ¿Es que no tengo libertad para hacer lo que quiera en mis asuntos? ¿O vas a tener tú envidia porque yo soy bueno?". Así, los últimos serán primeros y los primeros, últimos».

A veces parece que creemos más en las cosas del hombre que en las cosas de Dios. Construimos nuestras vidas en torno al trabajo: lo laboral organiza nuestras rutinas, determina nuestros horarios y descansos, construye parte de nuestras relaciones y condiciona las otras... Hay quien detesta trabajar y desea que lleguen las vacaciones y los fines de semana, pero paradójicamente, carecer de empleo es una especie de maldición. Desde ese trabajo omnipresente, construimos parte de nuestra identidad; puede ser fuente de autoestima, incluso de autorrealización. Damos por sentado que existen unos parámetros incuestionables y nos movemos en las coordenadas de la meritocracia y la convicción de una justicia que retribuye en función del esfuerzo, la intensidad del trabajo, las horas trabajadas, el resultado obtenido, la productividad, la antigüedad, la experiencia, la responsabilidad, la formación, etc. Y llega Jesús y lo pone todo patas arriba. No nos habla del trabajo y de cómo lo vivimos, no habla de vocación, tarea y misión –que lo podría hacer– sino que nos habla de cómo es Dios, y cómo es: desafiante, sorprendente, toma la iniciativa, llama a todos, incluye a los que excluimos, no discrimina, es generoso y abundante, desafía nuestras ideas de justicia y retribución: «¿Vas a tener tú envidia porque yo soy bueno?». Una pena que, en vez de dejarnos sorprender, lo que surja de nuestro corazón desde la comparación, sea la envidia.

ACTO DE AMOR (atribuido a San Francisco Javier, SJ)

¡Oh Dios mío! Yo os amo;
y no os amo porque me salvéis,
o porque castiguéis con fuego eterno
a los que no os aman.

Vos, vos, Jesús mío,
habéis abrazado todo mi ser en la cruz;
sufristeis los clavos, la lanza,
las ignominias, innumerables dolores,
sudores, angustias y la muerte;
y esto, por mí y por mí, pecador.

¿Por qué, pues, no os he de amar,
oh Jesús amantísimo?
No porque me llevéis al cielo
o porque me condenéis al infierno,
ni por esperanza de algún premio;
sino así como vos me amasteis,
así os amo y os amaré:
solo porque sois mi Rey
y solo porque sois mi Dios. Amén.

✳ **Efesios 4, 1-7.11-13:** Él ha constituido a unos, apóstoles, a otros, evangelistas.

▶ **Salmo 18 [19], 2-3|4-5ab:** A toda la tierra alcanza su pregón.

✚ **Evangelio: SAN MATEO 9, 9-13**

En aquel tiempo, al pasar vio Jesús a un hombre llamado Mateo sentado al mostrador de los impuestos, y le dijo: «Sígueme». Él se levantó y lo siguió. Y estando en la casa, sentado a la mesa, muchos publicanos y pecadores que habían acudido se sentaban con Jesús y sus discípulos. Los fariseos, al verlo, preguntaron a los discípulos: «¿Cómo es que vuestro maestro come con publicanos y pecadores?». Jesús lo oyó y dijo: «No tienen necesidad de médico los sanos, sino los enfermos. Andad, aprended lo que significa "Misericordia quiero y no sacrificio": que no he venido a llamar a justos sino a pecadores».

En la fiesta de san Mateo recordamos su vocación. Los «sígueme» de Jesús no «siguen» nuestras lógicas. Hagamos un paralelo, es como si buscáramos, como parte de nuestro equipo para hacer vida el Evangelio, a un político corrupto, un traficante de drogas o alguien imputado por cometer delitos graves; una persona de poca confianza, con quien no se pudiera trabajar en equipo, de quien sospechamos, alguien a quien miramos con desprecio, juzgamos y rechazamos porque nos ha dado motivo para ello. Jesús se salta a la torera todos nuestros prejuicios y etiquetas, eligiendo a quien consideraríamos la peor opción, y con ese tenemos que trabajar y construir algo bueno. ¿Por qué? Quizás tenga que ver con la misericordia y con una mirada que rescata al que ha caído en desgracia. Porque, como dice Juan Antonio Guerrero con mucha sorna: muchas veces, «Dios no es como Dios manda».

22 MARTES SEPTIEMBRE

25.ª semana del T.O.
Beato Carlos Navarro, pb. y mr.
Beato Germán Gozalvo, pb. y mr.

✳ Proverbios 21, 1-6.10-13: Sentencias diversas.

▶ Salmo 118 [119], 1|27|30|34|35|44: Guíame, Señor, por la senda de tus mandatos.

✠ **Evangelio: SAN LUCAS 8, 19-21**

En aquel tiempo, vinieron a Jesús su madre y sus hermanos, pero con el gentío no lograban llegar hasta él. Entonces le avisaron: «Tu madre y tus hermanos están fuera y quieren verte». Él respondió diciéndoles: «Mi madre y mis hermanos son estos: los que escuchan la palabra de Dios y la cumplen».

Con estas palabras, el Señor nos desafía: «Mi madre y mis hermanos son estos». Jesús no está devaluando lo que se puede entender por familia tradicional ni nos dice quién y cómo es nuestra familia. Lo que hace es hablarnos de «su familia», de quiénes son «su madre y sus hermanos». Subraya dos actitudes fundamentales en nuestra vinculación a su persona y a su Padre: la escucha, como primera condición para esa adscripción, y la segunda: no quedarnos en meros deseos o palabras bonitas, sino encarnar esas palabras en la realidad que nos toca a cada uno de nosotros, el compromiso activo con los sueños de Dios para el mundo. Nos llama a un amor inclusivo y a reconocer la prioridad del Reino y las cosas de Dios.

Dios es un Dios que «lleva». El Hijo de Dios llevó nuestra carne, llevó la cruz, llevó todos nuestros pecados y, con esto, nos trajo la reconciliación. El que sigue es llamado igualmente a llevar. Ser cristiano consiste en llevar. Lo mismo que Cristo, al llevar la cruz, conservó su comunión con el Padre, para el que le sigue, cargar la cruz significa la comunión con Cristo. DIETRICH BONHOEFFER

✳ **Proverbios 30, 5-9:** No me des riqueza ni pobreza, concédeme mi ración de pan.

▶ **Salmo 118 [119], 29|72|89|101|104|163:** Lámpara es tu palabra para mis pasos.

✚ **Evangelio: SAN LUCAS 9, 1-6**

En aquel tiempo, habiendo convocado Jesús a los Doce, les dio poder y autoridad sobre toda clase de demonios y para curar enfermedades. Luego los envió a proclamar el reino de Dios y a curar a los enfermos, diciéndoles: «No llevéis nada para el camino: ni bastón ni alforja, ni pan ni dinero; tampoco tengáis dos túnicas cada uno. Quedaos en la casa donde entréis, hasta que os vayáis de aquel sitio. Y si algunos no os reciben, al salir de aquel pueblo sacudíos el polvo de vuestros pies, como testimonio contra ellos». Se pusieron en camino y fueron de aldea en aldea, anunciando la Buena Noticia y curando en todas partes.

El domingo pasado meditábamos sobre nuestro concepto de trabajo y cómo es Dios: generoso y bueno. Por si se nos pasa por alto, hoy Jesús nos remite a la misión y la vocación, que también podemos vivir en el trabajo, poniendo en marcha una serie de actitudes que son claramente contraculturales si las desarrollamos en nuestros puestos laborales. Vivir el trabajo como lugar donde «proclamar el Reino de Dios», sin apelar a lo impositivo, desde la gratuidad y el agradecimiento, acogiendo, siendo colaboradores, sin poner nuestra fuerza en los medios, en ocasiones desde la intemperie, proponiendo, esperanzando, sanando heridas y reconciliando, poniendo amor en lo que hacemos y en el trato con los demás.

✳ **Eclesiastés 1, 2-11:** Nada hay nuevo bajo el sol.

▶ **Salmo 89 [90], SALMO 89, 3-4|5-6|12-13|14.17:** Señor, tú has sido nuestro refugio de generación en generación.

✠ **Evangelio: SAN LUCAS 9, 7-9**

En aquel tiempo, el tetrarca Herodes se enteró de lo que pasaba sobre Jesús y no sabía a qué atenerse, porque unos decían que Juan había resucitado de entre los muertos; otros, en cambio, que había aparecido Elías, y otros que había vuelto a la vida uno de los antiguos profetas. Herodes se decía: «A Juan lo mandé decapitar yo. ¿Quién es este de quien oigo semejantes cosas?». Y tenía ganas de verlo.

La primera lectura, con el texto de Qohélet, nos recuerda que «todo es vanidad», y el evangelio nos presenta a un hombre preso de su propia imagen, movido por una curiosidad morbosa y superficial. «¿Qué saca el hombre de todos los afanes con que se afana bajo el sol?» Tantas veces nos desfondamos en luchas que no valen la pena y perdemos la paz en batallas que no son tan importantes, buscando quien confirme nuestras opciones, con miedos y obsesiones. Así como Herodes, angustiado por los fantasmas que le desafían. Los deseos de Herodes, ese «tener ganas de ver a Jesús», poco tienen que ver con conocer y dejarse impregnar por los sueños del Reino. Más bien parece que están relacionados con parapetarse en las propias seguridades y protegerse de lo que a uno le desagrada o inquieta.

El reconocimiento del Dios viviente es una vía hacia el amor, y el sí de nuestra voluntad a la suya abarca entendimiento, voluntad y sentimiento en el acto único del amor. No obstante, este es un proceso que siempre está en camino. PAPA BENEDICTO XVI

✳ **Eclesiastés 3, 1-11:** Cada cosa tiene su momento bajo el cielo.

▶ **Salmo 143 [144], 1b.2abc|3-4:** ¡Bendito el Señor, mi alcázar!

✠ **Evangelio: SAN LUCAS 9, 18-22**

Una vez que Jesús estaba orando solo, lo acompañaban sus discípulos y les preguntó: «¿Quién dice la gente que soy yo?». Ellos contestaron: «Unos, que Juan el Bautista; otros, que Elías; otros dicen que ha resucitado uno de los antiguos profetas». Él les preguntó: «Y vosotros, ¿quién decís que soy yo?». Pedro respondió: «El Mesías de Dios». Él les prohibió terminantemente decírselo a nadie, porque decía: «El Hijo del hombre tiene que padecer mucho, ser desechado por los ancianos, sumos sacerdotes y escribas, ser ejecutado y resucitar al tercer día».

Ayer, Herodes se preguntaba «¿Quién es este de quien oigo semejantes cosas?». Hoy, Jesús nos lanza la pregunta: «¿Quién dice la gente que soy yo?», mientras que el autor de Qohélet se interroga sobre cómo saber cuándo es el tiempo oportuno. ¿Cuándo es el tiempo oportuno de responder a esa pregunta? «Y tú, ¿quién dices que soy yo?». No se trata de confirmar a Jesús en lo que intuye o de ayudarle a descubrir su identidad, que conoce de sobra y siempre se vive en referencia al Padre. Tampoco la pregunta tiene que ver con descubrir qué piensan otros de él, que le importa más bien poco. El verdadero propósito de esta pregunta es el «conocimiento interno, para más amar y seguir». Lo que Jesús desea es que le conozcamos bien. Por eso, nos explica qué tipo de mesías es y cómo se nos salva, poco tiene que ver con el poder: padeciendo, siendo desechado, muriendo. Lo que nos salva es el amor y la entrega.

✳ **Eclesiastés 11, 9–12, 8:** Acuérdate del Creador en los años mozos, antes de que el polvo vuelva a la tierra y el espíritu a Dios.

▌ **Salmo 89 [90], 3-4|12-13|14.17:** Señor, tú has sido nuestro refugio de generación en generación.

✚ **Evangelio: SAN LUCAS 9, 43b-45**

En aquel tiempo, entre la admiración general por lo que hacía, Jesús dijo a sus discípulos: «Meteos bien en los oídos estas palabras: el Hijo del hombre va a ser entregado en manos de los hombres». Pero ellos no entendían este lenguaje; les resultaba tan oscuro que no captaban el sentido. Y les daba miedo preguntarle sobre el asunto.

«Meteos bien en los oídos estas palabras: el Hijo del hombre va a ser entregado en manos de los hombres». Señor Jesús, cuánto me cuesta entenderte, soy duro de mollera. Nos dices cosas que preferimos no escuchar, palabras que inquietan y asustan por lo que implican y suponen. Nuestros miedos nos paralizan y preferimos ignorar ciertas realidades, fingir que lo tuyo no va por ahí. Te pido que cambies nuestra dureza de corazón. Que se nos meta en la cabeza que tus modos y maneras son diferentes. Acompañarte muchas veces nos situará en manos de quienes no queremos estar, pero contigo podremos pasar por ese trance. Ayúdanos a abrirnos a tu modo, confiando en que, aunque el miedo nos ronde, tú siempre estarás a nuestro lado. Amen.

No teman la empresa grande, mirando sus fuerzas pequeñas, pues toda nuestra suficiencia ha de venir del que para esta obra nos llama y nos ha de dar lo que para su servicio nos es necesario. SAN IGNACIO DE LOYOLA

✳ 1.ª lectura: EZEQUIEL 18, 25-28

Esto dice el Señor Dios: «Insistís: "No es justo el proceder del Señor". Escuchad, casa de Israel: ¿Es injusto mi proceder? ¿No es más bien vuestro proceder el que es injusto? Cuando el inocente se aparta de su inocencia, comete la maldad y muere, muere por la maldad que cometió. Y cuando el malvado se convierte de la maldad que hizo y practica el derecho y la justicia, él salva su propia vida. Si recapacita y se convierte de los delitos cometidos, ciertamente vivirá y no morirá».

▶ Salmo 24 [25], 4-5|6-7|8-9: Recuerda, Señor, tu ternura.

✳ 2.ª lectura (texto breve): FILIPENSES 2, 1-5

Hermanos: Si queréis darme el consuelo de Cristo y aliviarme con vuestro amor, si nos une el mismo Espíritu y tenéis entrañas compasivas, dadme esta gran alegría: manteneos unánimes y concordes con un mismo amor y un mismo sentir. No obréis por rivalidad ni por ostentación, considerando por la humildad a los demás superiores a vosotros. No os encerréis en vuestros intereses, sino buscad todos el interés de los demás. Tened entre vosotros los sentimientos propios de Cristo Jesús.

✠ Evangelio: SAN MATEO 21, 28-32

En aquel tiempo, dijo Jesús a los sumos sacerdotes y a los ancianos del pueblo: «¿Qué os parece? Un hombre tenía dos hijos. Se acercó al primero y le dijo: "Hijo, ve hoy a trabajar en la viña". Él le contestó: "No quiero". Pero después se arrepintió y fue. Se acercó al segundo y le dijo lo mismo. Él le contestó: "Voy, señor". Pero no fue. ¿Quién de los dos cumplió la voluntad de su padre?». Contestaron: «El primero». Jesús les dijo: «En verdad os digo que los publicanos y las prostitutas van por delante de vosotros en el reino de Dios. Porque vino Juan a vosotros enseñándoos el camino de la justicia y no le creísteis; en cambio, los publicanos y prostitutas le creyeron. Y, aun después de ver esto, vosotros no os arrepentisteis ni le creísteis».

Señor Jesús, hoy me interpelas directamente, preguntándome: «¿Qué te parece?». Tu cuestión me sorprende, me hace sentir valorado, pero también revela cómo a menudo juzgo apresuradamente. Te pido paz para ponerme en la piel del otro antes de emitir juicios, sosiego para escuchar a los demás, y el deseo de hacer que se sientan apreciados. «Él le contestó: No quiero. Pero después recapacitó y fue». Me alegra la capacidad del hijo primero de desdecirse y transformar su primera reacción en algo bueno. Me enseñas que, aunque la fidelidad a la palabra es importante, más lo es rectificar hacia lo mejor. Reconozco mis buenas intenciones no realizadas, palabras que acabaron en papel mojado. Perdón. Me lanzas a reparar en lo posible el bien dejado de hacer, y descubro que me deseas animoso, dando el paso del decir al hacer. Desdecirme y cambiar miradas, apreciaciones y gestos. «Os aseguro que los publicanos y las prostitutas os llevan la delantera en el camino del reino de Dios». Me impulsas a descubrir en tantos despreciados actitudes impresionantes de transformación y seguimiento. Me llevan la delantera, no por lo que son, sino por su capacidad de elegir y andar tras de ti.

El seguimiento de Jesús el Cristo significa hacerse conforme a Él, dejarse moldear por Él mediante la obra del Espíritu. En palabras paulinas, es dejar que «Cristo habite por la fe en vuestros corazones» (Efesios 3, 17), para tener «los mismos sentimientos que tuvo Cristo» (Filipenses 2, 5). La experiencia (espiritualidad) se hace compromiso (ética) y el compromiso (ético) es fruto de la experiencia (espiritualidad). TONY MIFSUD, SJ

✳ **Job 1, 6-22:** El Señor me lo dio, el Señor me lo quitó; bendito sea el nombre del Señor.

▶ **Salmo 16 [17], 1bcde|2-3|6-7:** Inclina el oído y escucha mis palabras.

✠ **Evangelio: SAN LUCAS 9, 46-50**

En aquel tiempo, se suscitó entre los discípulos una discusión sobre quién sería el más importante. Entonces Jesús, conociendo los pensamientos de sus corazones, tomó de la mano a un niño, lo puso a su lado y les dijo: «El que acoge a este niño en mi nombre, me acoge a mí; y el que me acoge a mí, acoge al que me ha enviado. Pues el más pequeño de vosotros es el más importante». Entonces Juan tomó la palabra y dijo: «Maestro, hemos visto a uno que expulsaba demonios en tu nombre y se lo hemos prohibido, porque no anda con nosotros». Jesús le respondió: «No se lo impidáis: el que no está contra vosotros, está a favor vuestro».

Dios me ha dado muchos regalos, pero ni soy el más alto, el más guapo, el que mejor habla, el más inteligente... aunque en muchas ocasiones me ronda el prurito y por ahí se me escapa un «más» que poco tiene que ver con los «mases» de Jesús. También se me cuelan los protagonismos cuando, por la misión que se me ha otorgado, me encuentro ante un grupo de gente que me escucha. Cuando se me cuelan las vanidades y el ego, intento recordarme que lo de Jesús tiene que ver con la naturalidad y con el lavatorio. Así que, Vicente, cuando te asalte el «ombliguismo», descéntrate... y cuando no vivas bien los eclipses, recuerda que no es una competición entre nosotros y ellos, que no se trata de «los nuestros», sino de abrirnos a «todos».

29 MARTES SEPTIEMBRE

(F) Santos Arcángeles Miguel, Gabriel y Rafael
Beato Jaime Mestre, pb. y mr.
Beato Luis Monza, pb. y fdr.

✳ **Daniel 7, 9-10.13-14:** Miles y miles le servían.
O bien: **Apocalipsis 12, 7-12a:** Miguel y sus ángeles combatieron contra el dragón. ▶ **Salmo 137 [138], 1-2a|2b-3|4-5:** Delante de los ángeles tañeré para ti, Señor.

✚ **Evangelio: SAN JUAN 1, 47-51**

En aquel tiempo, vio Jesús que se acercaba Natanael y dijo de él: «Ahí tenéis a un israelita de verdad, en quien no hay engaño». Natanael le contesta: «¿De qué me conoces?». Jesús le responde: «Antes de que Felipe te llamara, cuando estabas debajo de la higuera, te vi». Natanael respondió: «Rabí, tú eres el Hijo de Dios, tú eres el Rey de Israel». Jesús le contestó: «¿Por haberte dicho que te vi debajo de la higuera, crees. Has de ver cosas mayores». Y le añadió: «En verdad, en verdad os digo: veréis el cielo abierto y a los ángeles de Dios subir y bajar sobre el Hijo del hombre».

El tema de los ángeles me sobrepasa. Pedro Fabro les tenía gran devoción, Ignacio los incluye en importantes contemplaciones y composiciones de lugar, y aparecen en múltiples relatos bíblicos, testigos privilegiados de la resurrección. Además, la imagen de san Miguel de mi pueblo fue encargada por mis ancestros, así que no seré yo quien rechace la fe de la Iglesia. En nuestra tradición, los ángeles cumplen un oficio reflejado en sus nombres: Miguel (¡Quién como Dios!), Gabriel (Dios es fuerte) y Rafael (Dios cura). Hay cosas que solo puede hacer Dios, Dios es fuerte y también sana nuestras heridas. El caso es que Dios se comunica cuando quiere y como quiere. Ese «Veréis el cielo abierto y a los ángeles de Dios subir y bajar sobre el Hijo del hombre» alude a la escalera de Jacob, presentando a Jesús como mediador entre Dios y nosotros. En esta fiesta, el evangelio nos recuerda eso: Dios se comunica a través de Jesús, así que pongamos de nuestra parte para percibir esa comunicación.

✳ Job 9, 1-12.14-16: El mortal no es justo ante Dios.

▶ Salmo 87 [88], 10bc-11|12-13|14-15: Llegue hasta ti mi súplica, Señor.

✠ Evangelio: SAN LUCAS 9, 57-62

En aquel tiempo, mientras Jesús y sus discípulos iban de camino, le dijo uno: «Te seguiré adondequiera que vayas». Jesús le respondió: «Las zorras tienen madrigueras, y los pájaros del cielo nidos, pero el Hijo del hombre no tiene donde reclinar la cabeza». A otro le dijo: «Sígueme». Él respondió: «Señor, déjame primero ir a enterrar a mi padre». Le contestó: «Deja que los muertos entierren a sus muertos; tú vete a anunciar el reino de Dios». Otro le dijo: «Te seguiré, Señor. Pero déjame primero despedirme de los de mi casa». Jesús le contestó: «Nadie que pone la mano en el arado y mira hacia atrás vale para el reino de Dios».

Jesús se hace presente en medio de su pueblo, caldea los corazones, es instrumento de misericordia, le siguen multitudes enardecidas, el entusiasmo lo puede todo, la compasión enciende los corazones... pero las cosas cambian, diatribas, conflictos, acusaciones, abandonos y miedos en ese camino hacia Jerusalén. Sin embargo, Jesús no se desdice, se mantiene firme en su camino, pese a que «no tenga donde reclinar la cabeza», y continúa sin titubeos, aunque nosotros titubeemos. El horizonte no es diferente al del principio: Dios Padre-Madre y su Reino, los signos de esa presencia de Dios: sanación, aliviar sufrimiento, multiplicar y expandir la misericordia, llevar esperanza al mundo. ¿Por qué, cuando cambian las tornas, olvidamos que el horizonte sigue siendo el mismo y que continúa valiendo la pena y la vida?

AVE MARÍA (San Juan Pablo II)

¡Ave María, mujer humilde, bendecida por el Altísimo! Virgen de la esperanza, profecía de tiempos nuevos, nosotros nos unimos a tu cántico de alabanza para celebrar las misericordias del Señor, para anunciar la venida del reino y la plena liberación del hombre.

¡Ave María, humilde sierva del Señor, gloriosa madre de Cristo! Virgen fiel, morada santa del Verbo, enséñanos a perseverar en la escucha de la Palabra, a ser dóciles a la voz del Espíritu Santo, atentos a sus llamadas en la intimidad de la conciencia y a sus manifestaciones en los acontecimientos de la historia.

¡Ave María, mujer de dolor, madre de los vivientes! Virgen esposa ante la cruz, Eva nueva, sé nuestra guía por los caminos del mundo, enséñanos a vivir y a difundir el amor de Cristo, a detenernos contigo ante las innumerables cruces en las que tu Hijo aún está crucificado.

¡Ave María, mujer de fe, primera entre los discípulos! Virgen madre de la Iglesia, ayúdanos a dar siempre razón de la esperanza que habita en nosotros, confiando en la bondad del hombre y en el amor del Padre. Enséñanos a construir el mundo desde dentro: en la profundidad del silencio y de la oración, en la alegría del amor fraterno, en la fecundidad insustituible de la Cruz.

Intención del Papa
POR LA PASTORAL DE LA SALUD MENTAL

Oremos para que la pastoral de la salud mental se integre en toda la Iglesia, ayudando a superar el estigma y la discriminación hacia las personas con enfermedades mentales.

PREFERENCIA: SEGUIMOS A JESÚS...

Oración diaria en audio: www.rezandovoy.org
Tiempo para la reflexión y contemplación.
Y porque la oración también es cosa de niños:
www.rezandovoy.org/infantil

Santa Teresa del Niño Jesús, v. y dra.
Beato Juan de Palafox Mendoza, ob.
Beato Luis M.ª Monti, fdr.

✳ **Job 19, 21-27:** Yo sé que mi redentor vive.

▶ **Salmo 26 [27], 7-8ab|8c-9abcd|13-14:** Espero gozar de la dicha del Señor en el país de la vida. **O bien:** Aleluya.

✠ **Evangelio: SAN LUCAS 10, 1-12**

En aquel tiempo, designó el Señor otros setenta y dos y los mandó delante de él, de dos en dos, a todos los pueblos y lugares adonde pensaba ir él. Y les decía: «La mies es abundante y los obreros pocos; rogad, pues, al dueño de la mies que envíe obreros a su mies. ¡Poneos en camino! Mirad que os envío como corderos en medio de lobos. No llevéis bolsa, ni alforja, ni sandalias; y no saludéis a nadie por el camino. Cuando entréis en una casa, decid primero: "Paz a esta casa". Y si allí hay gente de paz, descansará sobre ellos vuestra paz; si no, volverá a vosotros. Quedaos en la misma casa, comiendo y bebiendo de lo que tengan: porque el obrero merece su salario. No andéis cambiando de casa en casa. Si entráis en una ciudad y os reciben, comed lo que os pongan, curad a los enfermos que haya en ella, y decidles: "El reino de Dios ha llegado a vosotros". Pero si entráis en una ciudad y no os reciben, saliendo a sus plazas, decid: "Hasta el polvo de vuestra ciudad que se nos ha pegado a los pies nos lo sacudimos sobre vosotros. De todos modos, sabed que el reino de Dios ha llegado". Os digo que aquel día será más llevadero para Sodoma que para esa ciudad».

Por lo general, la vida de seguimiento tiene que ver con ir «detrás de», sin embargo, Jesús envía a «setenta y dos por delante» de él. Y el contexto que presenta no es el más halagüeño de todos. Nos manda «como corderos en medio de lobos», y la misión que propone: tocar corazones para que los lobos se transformen en corderos. Aunque biológicamente imposible, las cosas de Dios tienen la capacidad de cambiar nuestra vivencia de la realidad. ¿Cómo es posible? Con el mensaje: Dios y su reino están cerca. La cercanía de Dios transforma los corazones endurecidos en corazones de carne. Con esa actitud de ser portadores de paz, avanzamos con la certeza de que el horizonte de esperanza, sanación y misericordia sigue intacto, porque Dios obra milagros en lo cotidiano.

Y LA VIDA ERA ESTO (Seve Lázaro, SJ)

No acumular años
ni tener buena salud,
sino llegar desprendido.
Meter la mano en el bolsillo
y dar de lo que encuentre,
de lo recibido, de lo necesario.
Sin reservarme nada, sin andar contando.
Y con la mitad de los años gastados,
ahí sigo,
avanzando sin descanso
por la vertiente opuesta,
la del cuidado de mí mismo:
mi tiempo, mis logros, mis caprichos.
La de intentar llegar más lejos
sin reposar nunca en un sitio.
Dios de lo diáfano,
de lo pequeño,
de lo gratuito.
Frena,
¡si es necesario, de golpe!
este vivir mío irredento.
Hasta que el corazón
se me ponga en claro.

(MO) Santos Ángeles Custodios
Osma: San Saturio, penitente
Lérida: N.ª S.ª de la Academia

✳ Job 38, 1.12-21; 40, 3-5: ¿Has mandado a la mañana y entrado por las fuentes del mar?

◗ Salmo 138 [139], 1b-3|7-8|9-10|13-14ab: Guíame, Señor, por el camino eterno.

✠ **Evangelio: SAN MATEO 18, 1-5.10**

En aquel momento, se acercaron los discípulos a Jesús y le preguntaron: «¿Quién es el mayor en el reino de los cielos?». Él llamó a un niño, lo puso en medio y dijo: «En verdad os digo que, si no os convertís y os hacéis como niños, no entraréis en el reino de los cielos. Por tanto, el que se haga pequeño como este niño, ese es el más grande en el reino de los cielos. El que acoge a un niño como este en mi nombre me acoge a mí. Cuidado con despreciar a uno de estos pequeños, porque os digo que sus ángeles están viendo siempre en los cielos el rostro de mi Padre celestial».

Los santos ángeles custodios tienen la misión de cuidar, proteger y ayudar a salir adelante. Jesús nos lanza a un baño de humildad, desafiando nuestra tendencia a ser siempre el «más algo» en algo: el más guapo, el más listo o incluso el más torpe. Nos gusta destacar, pero Jesús toma a un niño, un ser insignificante en su cultura, no tenía derechos, no contaba para nada y lo pone en medio. En medio es en el centro, el foco, al colocar al niño en medio, Jesús nos pregunta por nuestra manera de mirar a los demás, de descubrir a los que pasan inadvertidos, de cuidar a los invisibles. Y lo de ser pequeño no tiene nada que ver con la edad. Custodiar a las criaturas de Dios en lugar de destacar a toda costa.

¿Cómo es la relación con mi ángel custodio? ¿Lo escucho?... ¿Le digo que me proteja durante el sueño? ¿Hablo con él? ¿Le pido consejo? ¿Está a mi lado? PAPA FRANCISCO

✳ **Job 42, 1-3.5-6.12-17:** Ahora te han visto mis ojos; por eso, me retracto.

▶ **Salmo 118 [119], 66|71|75|91|125|130:** Haz brillar, Señor, tu rostro sobre tu siervo.

✚ **Evangelio: SAN LUCAS 10, 17-24**

En aquel tiempo, los setenta y dos volvieron con alegría diciendo: «Señor, hasta los demonios se nos someten en tu nombre». Jesús les dijo: «Estaba viendo a Satanás caer del cielo como un rayo. Mirad: os he dado el poder de pisotear serpientes y escorpiones y todo poder del enemigo, y nada os hará daño alguno. Sin embargo, no estéis alegres porque se os someten los espíritus; estad alegres porque vuestros nombres están inscritos en el cielo». En aquella hora, se llenó de alegría en el Espíritu Santo y dijo: «Te doy gracias, Padre, Señor del cielo y de la tierra, porque has escondido estas cosas a los sabios y entendidos, y las has revelado a los pequeños. Sí, Padre, porque así te ha parecido bien. Todo me ha sido entregado por mi Padre, y nadie conoce quién es el Hijo sino el Padre; ni quién es el Padre sino el Hijo y aquel a quien el Hijo se lo quiera revelar». Y, volviéndose a sus discípulos, les dijo aparte: «¡Bienaventurados los ojos que ven lo que vosotros veis! Porque os digo que muchos profetas y reyes quisieron ver lo que vosotros veis, y no lo vieron; y oír lo que vosotros oís, y no lo oyeron».

En la memoria del santo Duque, no solo se nos invita al agradecimiento, el propio Jesús se muestra exultante cuando la emoción le hace mirar a los setenta y dos, y a su Padre para agradecer. La alegría desborda a los que han vuelto, y Jesús confirma ese contento porque «sus nombres están inscritos en el cielo». Agradecimiento no por el triunfo o la sumisión del mal, sino por la promesa de una vida de verdad, por la preferencia de Dios Padre-Madre por los más pequeños y sencillos, el gozo de ver reivindicados a los despreciados. Agradecimiento por la acogida a Dios, desde la apertura, sin hacer grandes problemas, con la sorpresa, la candidez y la ingenuidad de un niño que se atreve a soñar otras posibilidades. Agradecimiento porque Dios se comunica y podemos ver y oír cómo las promesas de Dios se cumplen.

A ESO (José María Rodríguez Olaizola, SJ)

A eso de caer / y volver a levantarte,
de fracasar y volver a comenzar,
de seguir un camino / y tener que torcerlo,
de encontrar el dolor / y tener que afrontarlo...:
a eso no lo llames adversidad;
llámalo sabiduría.
A eso de saberte impotente,
de fijarte una meta
y tener que seguir otra,
de huir de una prueba
y tener que encararla,
de planear un vuelo
y tener que recortarlo,
de aspirar y no poder,
de querer y no saber,
de avanzar y no llegar...:
a eso no lo llames castigo;
llámalo enseñanza.
A eso de pasar días juntos radiantes,
días felices y días tristes,
días de soledad y días de compañía...:
a eso no lo llames rutina;
llámalo experiencia.

✳ 1.ª lectura: ISAÍAS 5, 1-7

Voy a cantar a mi amigo el canto de mi amado por su viña. Mi amigo tenía una viña en un fértil collado. La entrecavó, quitó las piedras y plantó buenas cepas; construyó en medio una torre y cavó un lagar. Esperaba que diese uvas, pero dio agrazones. Ahora, habitantes de Jerusalén, hombres de Judá, por favor, sed jueces entre mí y mi viña. ¿Qué más podía hacer yo por mi viña que no hubiera hecho? ¿Por qué, cuando yo esperaba que diera uvas, dio agrazones? Pues os hago saber lo que haré con mi viña: quitar su valla y que sirva de leña, derruir su tapia y que sea pisoteada. La convertiré en un erial: no la podarán ni la escardarán, allí crecerán zarzas y cardos, prohibiré a las nubes que lluevan sobre ella. La viña del Señor del universo es la casa de Israel y los hombres de Judá su plantel preferido. Esperaba de ellos derecho, y ahí tenéis: sangre derramada; esperaba justicia, y ahí tenéis: lamentos.

▶ Salmo 79 [80], 9.12|13-14|15-16|19-20: La viña del Señor es la casa de Israel.

✳ 2.ª lectura: FILIPENSES 4, 6-9

Hermanos: Nada os preocupe; sino que, en toda ocasión, en la oración y en la súplica, con acción de gracias, vuestras peticiones sean presentadas a Dios. Y la paz de Dios, que supera todo juicio, custodiará vuestros corazones y vuestros pensamientos en Cristo Jesús. Finalmente, hermanos, todo lo que es verdadero, noble, justo, puro, amable, laudable, todo lo que es virtud o mérito, tenedlo en cuenta. Lo que aprendisteis, recibisteis, oísteis, visteis en mí, ponedlo por obra. Y el Dios de la paz estará con vosotros.

✝ Evangelio: SAN MATEO 21, 33-43

En aquel tiempo, dijo Jesús a los sumos sacerdotes y a los ancianos del pueblo: «Escuchad otra parábola: "Había un propietario que plantó una viña, la rodeó con una cerca, cavó en ella un lagar, construyó una torre, la arrendó a unos labradores y se marchó lejos. Llegado el tiempo de los frutos, envió sus criados a los labradores para percibir los frutos que le correspondían. Pero los labradores, agarrando a los criados, apalearon a uno, mataron a otro y a otro lo apedrearon. Envió de nuevo otros criados, más que la primera vez, e hicieron con ellos lo mismo. Por último, les mandó a su hijo diciéndose: 'Tendrán respeto a mi hijo'. Pero los labradores, al ver al hijo se dijeron: 'Este es el heredero: venid, lo matamos y nos quedamos con su herencia'. Y agarrándolo, lo sacaron fuera de la viña y lo mataron. Cuando vuelva el dueño de la viña, ¿qué hará con aquellos labradores?"». Le contestan: «Hará morir de mala muerte a esos malvados y arrendará la viña a otros labradores que le entreguen los frutos a su tiempo». Y Jesús les dice: «¿No habéis leído nunca en la Escritura: "La piedra que desecharon los arquitectos es ahora la piedra angular. Es el Señor quien lo ha hecho, ha sido un milagro patente"? Por eso os digo que se os quitará a vosotros el reino de Dios y se dará a un pueblo que produzca sus frutos».

Aunque el evangelio dominical sigue la narración de Mateo y las lecturas de feria son de Lucas, un tema común recorre estos días: qué actitudes fundamentales enraízan nuestro estar en la vida, el agradecimiento o la arrogancia de creernos «los dueños de la viña», olvidando que somos creaturas referidas a Dios. Jesús interpela a los importantes, a los sumos sacerdotes y a los senadores del pueblo... cuando me vivo desde el creerme merecedor de aquello que creo haber conquistado, me crezco y me sitúo en el lugar de los primeros... primeros que son capaces de ejercer violencias para conseguir sus fines, «venid, lo matamos y nos quedamos con su herencia». Mateo difiere en su conclusión de las de Lucas y Marcos. Estos últimos presentan una crítica a los líderes religiosos que pretenden arrestar a Jesús; Mateo es más duro y declara explícitamente que el «Reino de Dios se dará a un pueblo que produzca frutos». Esas actitudes de ingratitud, violencia, rechazo y falta de fecundidad provocan la pérdida del Reino. Nosotros, iglesia de Dios... ¿somos conscientes de que nos arriesgamos a perder las cosas de Dios cuando no producimos los frutos esperados, cuando nos creemos dueños de lo conquistado, cuando nuestros fundamentalismos provocan violencias y muertes? ¿En qué «piedra angular rechazada» tenemos que sostenernos para ser fecundos?

AMARTE ES MI VERDAD (Cristina White, RSCJ)

Te amé cuando era niña
y jugábamos juntos en el parque...

Fuiste, ya adolescente,
mi romántico amor.

Mi opción de juventud,
irreversible.

Mi centro, el Absoluto
que ha llenado mi vida de sentido.

Fallarte es mi tristeza...
Gozar de tu presencia lo que me hace feliz.

Y ahora...
en mi mediocridad desangelada
te has vuelto mi nostalgia... mi deseo...

Al fondo de mí misma, que te quiero
es mi única verdad.

5 LUNES OCTUBRE

Témporas de Acción de Gracias y de Petición
León y Lugo: San Froilán, ob.
Tarazona: San Atilano, ob.

✳ **1.ª lectura: Deuteronomio 8, 7-18:** Dios te da la fuerza para adquirir esa riqueza. ❱ **Interleccional 1 Crónicas 29, 10bc|11abc|11d-12a|12bcd:** Tú eres Señor del universo. ✳ **2.ª lectura: 2 Corintios 5, 17-21:** Os pedimos que os reconciliéis con Dios.

✠ **Evangelio: SAN MATEO 7, 7-11**

En aquel tiempo, dijo Jesús a sus discípulos: «Pedid y se os dará, buscad y encontraréis, llamad y se os abrirá; porque todo el que pide recibe, quien busca encuentra y al que llama se le abre. Si a alguno de vosotros le pide su hijo pan, ¿le dará una piedra?; y si le pide pescado, ¿le dará una serpiente? Pues si vosotros, aun siendo malos, sabéis dar cosas buenas a vuestros hijos, ¡cuánto más vuestro Padre que está en los cielos dará cosas buenas a los que le piden!».

Los padres dan cosas buenas a sus hijos: sustento, seguridad, cariño, educación y oportunidades. La imagen nos ayuda a entender cómo Dios se relaciona con nosotros, y la respuesta natural sería la del agradecimiento. Sin embargo, a veces reaccionamos como niños, viendo límites, restricciones de la autonomía y responsabilidades como imposiciones que nos trae la vida, los padres o Dios, en lugar de muestras de amor. Las témporas celebraban las estaciones, uniendo liturgia y agricultura, reflejando la gratitud por las cosechas y presentando las necesidades del mundo. Con el inicio del otoño, la Iglesia agradece los dones recibidos y nos recuerda la invitación de Mateo a «pedir, acoger, buscar, encontrar, llamar» y atravesar la puerta que se nos abre. A ser agradecidos y a actuar, como Dios, «dando cosas buenas», al mundo, no desde la condescendencia de quien se cree poseedor de la verdad o de quien mira al otro como un menor que no sabe lo que necesita, sino buscando siempre el bien de los demás.

✳ **Gálatas 1, 13-24:** Reveló a su Hijo en mí para que lo anunciara entre los gentiles.

▶ **Salmo 138 [139], 1b-3|13-14ab|14c-15:** Guíame, Señor, por el camino eterno.

✠ **Evangelio: SAN LUCAS 10, 38-42**

En aquel tiempo, entró Jesús en una aldea, y una mujer llamada Marta lo recibió en su casa. Esta tenía una hermana llamada María, que, sentada junto a los pies del Señor, escuchaba su palabra. Marta, en cambio, andaba muy afanada con los muchos servicios; hasta que, acercándose, dijo: «Señor, ¿no te importa que mi hermana me haya dejado sola para servir? Dile que me eche una mano». Respondiendo, le dijo el Señor: «Marta, Marta, andas inquieta y preocupada con muchas cosas; solo una es necesaria. María, pues, ha escogido la parte mejor, y no le será quitada».

Marta, María y Lázaro, los de Betania, los que acogen y ofrecen al Señor un refugio donde descansar el alma. Ojalá nosotros también seamos espacio de amparo y sosiego, incluso de ocio y recreación... pero para ello no podemos estar compitiendo ni comparándonos. Andar agitados e inquietos no es la mejor manera de crear un entorno sereno. La intención de Marta es la mejor: cuidar y atender; pero desde el agotamiento y el cansancio terminan por surgir los reproches. Jesús nos llama por nuestro nombre, hasta dos veces, para hacernos ver qué es realmente lo importante, lo que necesitamos, y eso es estar con Él. Ojalá nuestra hospitalidad se enraíce en Aquel que siempre nos acoge, eso es lo importante.

(MO) N.ª S.ª del Rosario
Beato José Llosá, rl. y mr.
Beato José Teniolo

✳ Gálatas 2, 1-2.7-14: Reconocieron la gracia que me ha sido otorgada.

▶ Salmo 116 [117], 1|2: Id al mundo entero y proclamad el Evangelio. O bien: Aleluya.

✛ **Evangelio: SAN LUCAS 11, 1-4**

Una vez que estaba Jesús orando en cierto lugar, cuando terminó, uno de sus discípulos le dijo: «Señor, enséñanos a orar, como Juan enseñó a sus discípulos». Él les dijo: «Cuando oréis, decid: "Padre, santificado sea tu nombre, venga tu reino, danos cada día nuestro pan cotidiano, perdónanos nuestros pecados, porque también nosotros perdonamos a todo el que nos debe, y no nos dejes caer en tentación"».

Ayer, Jesús nos invitaba a «quedarnos con la mejor parte», con «lo esencial»... Hoy, las palabras de Jesús apuntan a eso esencial, «la más perfecta de las oraciones» decía santo Tomás de Aquino... «Enséñame a orar», a acoger tus palabras con cuidado y deleite, agradecido. Dios Padre Madre, acoge nuestros deseos de vivir tu Reino, sostennos, aliméntanos, haznos misericordia como Tú lo eres, somos frágiles, libéranos de las propias trampas... Te pedimos: «Señor, enséñanos a orar», porque siempre estamos aprendiendo, y tú nos entregas tu oración. No puedo decir mucho más, quizás mi mejor comentario sea el silencio.

¡Oh, Señor! Alumbrad ya mi ceguedad, para que conociéndome os conozca, confundiéndome os alabe, humillándome os ensalce, y muriendo todo en mí, viva yo todo a Vos. Hacedme merecedor de lo que prometéis a los pobres. SAN FRANCISCO DE BORJA

✳ **Gálatas 3, 1-5:** ¿Recibisteis el Espíritu por las obras de la ley o por haber escuchado con fe?

▶ **Interleccional Lucas 1, 69-70|71-72|73-75:** Bendito sea el Señor, Dios de Israel, porque ha visitado a su pueblo.

✠ **Evangelio: SAN LUCAS 11, 5-13**

En aquel tiempo, dijo Jesús a sus discípulos: «Suponed que alguno de vosotros tiene un amigo y viene durante la medianoche y le dice: "Amigo, préstame tres panes, pues uno de mis amigos ha venido de viaje y no tengo nada que ofrecerle"; y, desde dentro, aquel le responde: "No me molestes; la puerta ya está cerrada; mis niños y yo estamos acostados; no puedo levantarme para dártelos"; os digo que, si no se levanta y se los da por ser amigo suyo, al menos por su importunidad se levantará y le dará cuanto necesite. Pues yo os digo a vosotros: pedid y se os dará, buscad y hallaréis, llamad y se os abrirá; porque todo el que pide recibe, y el que busca halla, y al que llama se le abre. ¿Qué padre entre vosotros, si su hijo le pide un pez, le dará una serpiente en lugar del pez? ¿O, si le pide un huevo, le dará un escorpión? Si vosotros, pues, que sois malos, sabéis dar cosas buenas a vuestros hijos, ¿cuánto más el Padre del cielo dará el Espíritu Santo a los que le piden?».

Siempre me ha sorprendido la gente que se presenta ante ti, sin conocerte de nada, y da por sentado que, por ser cura, tienes que atenderle inmediatamente, asumiendo que la vocación nos obliga a atender cada solicitud sin demora. Supongo que en algunas ocasiones debería ser así. Pero en la parábola del «amigo inoportuno», el que se acerca demandando un préstamo es eso: «amigo». La amistad es algo que se cultiva y va creciendo poco a poco. Algo que se construye lentamente y que da peso y valor a la insistencia.

Amistad con Dios, trato con Dios, encuentro con Dios... Esa insistencia también refleja una esperanza profunda, ese tener «más moral que el Alcoyano», que persiste a pesar de dificultades y derrotas. Tres pensamientos me rondan: cuidar el amor, crecer en esperanza, insistir como virtud... Y un interrogante sobre cómo atiendo a quienes acuden a mí pidiéndome «tres panes».

ENVEJECER BIEN (Teilhard de Chardin, SJ)

Cuando los signos de la edad marquen mi cuerpo,
y más aún cuando afecten a mi mente,
cuando la enfermedad que vaya a disminuirme
o a causarme la muerte me golpee desde fuera
o nazca en mi interior;
cuando llegue el doloroso momento
de tomar conciencia de pronto
de que estoy enfermo o envejeciendo;
y sobre todo en ese último momento
en que sienta que pierdo el control de mí mismo
y que estoy absolutamente inerte
en manos de las grandes fuerzas desconocidas
que me han formado,
en todos esos oscuros momentos, oh Dios,
concédeme comprender que eres Tú
—supuesto que mi fe sea lo bastante fuerte—
quien está separando dolorosamente
todas y cada una de las fibras de mi ser
para penetrar hasta la médula misma de mi esencia
y llevarme contigo.

✳ Gálatas 3, 7-14: Los que viven de la fe son bendecidos con Abrahán el fiel. ▶ Salmo 110 [111], 1b-2|3-4|5-6: El Señor recuerda siempre su alianza. O bien: Aleluya.

✝ Evangelio: SAN LUCAS 11, 15-26

En aquel tiempo, habiendo expulsado Jesús a un demonio, algunos de entre la multitud dijeron: «Por arte de Belzebú, el príncipe de los demonios, echa los demonios». Otros, para ponerlo a prueba, le pedían un signo del cielo. Él, conociendo sus pensamientos, les dijo: «Todo reino dividido contra sí mismo va a la ruina y cae casa sobre casa. Si, pues, también Satanás se ha dividido contra sí mismo, ¿cómo se mantendrá su reino? Pues vosotros decís que yo echo los demonios con el poder de Belzebú. Pero, si yo echo los demonios con el poder de Belzebú, vuestros hijos ¿por arte de quién los echan? Por eso, ellos mismos serán vuestros jueces. Pero, si yo echo los demonios con el dedo de Dios, entonces es que el reino de Dios ha llegado a vosotros. Cuando un hombre fuerte y bien armado guarda su palacio, sus bienes están seguros, pero, cuando otro más fuerte lo asalta y lo vence, le quita las armas de que se fiaba y reparte su botín. El que no está conmigo está contra mí; el que no recoge conmigo, desparrama. Cuando el espíritu inmundo sale de un hombre, da vueltas por lugares áridos, buscando un sitio para descansar, y, al no encontrarlo, dice: "Volveré a mi casa de donde salí". Al volver se la encuentra barrida y arreglada. Entonces va y toma otros siete espíritus peores que él, y se mete a vivir allí. Y el final de aquel hombre resulta peor que el principio».

Jesús, al expulsar un demonio, nos muestras el rostro de Dios: consuelo, sanación, alivio del sufrimiento. Me pregunto cómo te sentiste frente a las acusaciones de sembrar el mal, sabiendo que solo hacías el bien. A menudo, imitamos a la multitud, criticando sin celebrar lo bueno, desconfiados y juzgando a los demás. Y tú pones las cosas en su sitio, para redescubrirnos y hacernos ver que el Reino de Dios ya ha llegado a nosotros. Señor, ayúdame a evitar esa dinámica de ver al otro como adversario y no como colaborador en tu Reino. Enséñame a reconocer y agradecer las acciones de quienes trabajan por el bien, a relacionarme desde la gratitud, no desde el juicio implacable. Que mi actitud refleje tu amor y tu misericordia.

PERMÍTEME, SEÑOR (José Ramón de Pablo)

Permíteme, Señor, que aquí postrado,
consciente de mi nada en tu presencia,
y aún temiendo pecar de irreverencia
me atreva al alto honor de acompañaros.

Yo sé que no soy digno de miraros,
mas, fiado en tu amor y en tu clemencia,
se apacigua el clamor de mi conciencia
y me inunda la calma al contemplaros.

En el mundo, Señor por olvidaros,
es todo confusión y algarabía
que me inquietan de modo extraordinario.

Por eso, mi Señor, vengo a rogaros,
que le dejes gozar al alma mía,
del remanso de paz de tu Sagrario

Hoy el Señor, fijando su mirada sobre cada uno de nosotros, nos interpela personalmente: «Yo ¿quién soy de verdad para ti?». Es una pregunta que no pide solo una respuesta correcta, de catecismo, sino una respuesta personal, de vida. PAPA FRANCISCO

✳ **Gálatas 3, 22-29:** Todos sois hijos de Dios por la fe.

▶ **Salmo 104 [105], 2-3|4-5|6-7:** Alegraos, justos, con el Señor.

✚ **Evangelio: SAN LUCAS 11, 27-28**

En aquel tiempo, mientras Jesús hablaba a la gente, una mujer de entre el gentío, levantando la voz, le dijo: «Bienaventurado el vientre que te llevó y los pechos que te criaron». Pero él dijo: «Mejor, bienaventurados los que escuchan la palabra de Dios y la cumplen».

«¡Viva la madre que te parió!», piropo castizo que transmite admiración, elogia a la persona y, al mismo tiempo, honra la buena crianza dada por sus mayores. Reconoce que somos lo que somos, en parte, gracias a nuestras madres, a quienes se les tributa mérito con esta expresión. Jesús matiza estas palabras: no se trata solo de agradecer y reconocer a dos personas, la madre y el hijo; las cosas de Dios son muy grandes y son para todos. La alegría se comparte y se expande, porque todos podemos concebir y dar a luz, acoger y escuchar, hacer crecer esas palabras que nos vienen de Dios, «cumplir» lo escuchado y así darles vida. La invitación es a gestar y parir el Reino. ¡Alegría!

Ora sin descanso quien une la oración a los compromisos necesarios, y los compromisos a la oración. Solamente podemos poner en práctica el precepto «Orad siempre» si consideramos toda la existencia cristiana como una única y gran oración, de la que eso que solemos llamar «oración» es tan solo una parte.
ORÍGENES

OCTUBRE

28.ª semana del T.O. Ciclo A. LH: salterio sem. IV
San Juan XXIII, p.; Santa M.ª Soledad Torres, v.
Bilbao: N.ª S.ª de Begoña

✳ 1.ª lectura: ISAÍAS 25, 6-10a

En aquel día, preparará el Señor del universo para todos los pueblos, en este monte, un festín de manjares suculentos, un festín de vinos de solera; manjares exquisitos, vinos refinados. Y arrancará en este monte el velo que cubre a todos los pueblos, el lienzo extendido sobre todas las naciones. Aniquilará la muerte para siempre. Dios, el Señor, enjugará las lágrimas de todos los rostros, y alejará del país el oprobio de su pueblo –lo ha dicho el Señor–. Aquel día se dirá: «Aquí está nuestro Dios. Esperábamos en él y nos ha salvado. Este es el Señor en quien esperamos. Celebremos y gocemos con su salvación, porque reposará sobre este monte la mano del Señor».

▶ Salmo 22 [23], 1b-3a|3b-4|5|6: Habitaré en la casa del Señor por años sin término.

✳ 2.ª lectura: FILIPENSES 4, 12-14.19-20

Hermanos: Sé vivir en pobreza y abundancia. Estoy avezado en todo y para todo: a la hartura y al hambre, a la abundancia y a la privación. Todo lo puedo en aquel que me conforta. En todo caso, hicisteis bien en compartir mis tribulaciones. En pago, mi Dios proveerá a todas vuestras necesidades con magnificencia, conforme a su riqueza en Cristo Jesús. A Dios, nuestro Padre, la gloria por los siglos de los siglos. Amén.

✠ Evangelio (texto breve): SAN MATEO 22, 1-10

En aquel tiempo, Jesús volvió a hablar en parábolas a los sumos sacerdotes y a los ancianos del pueblo, diciendo: «El reino de los cielos se parece a un rey que celebraba la boda de su hijo; mandó a sus criados para que llamaran a los convidados, pero no quisieron ir. Volvió a mandar otros criados encargándoles que dijeran a los convidados: "Tengo preparado el banquete, he matado terneros y reses cebadas y todo está a punto. Venid a la boda". Pero ellos no hicieron caso; uno se marchó a sus tierras, otro a sus negocios, los demás agarraron a los criados y los maltrataron y los mataron. El rey montó en cólera, envió sus tropas, que acabaron con aquellos asesinos y prendieron fuego a la ciudad. Luego dijo a sus criados: "La boda está preparada, pero los convidados no se la merecían. Id ahora a los cruces de los caminos y a todos los que encontréis, llamadlos a la boda". Los criados salieron a los caminos y reunieron a todos los que encontraron, malos y buenos. La sala del banquete se llenó de comensales.

Hoy en día, muchas personas han perdido el sentido de los espacios... la iglesia, una entrevista de trabajo, la playa o la ópera, todos los lugares son iguales y carecen de significado. Con una actitud de «yo soy importante», deciden vestirse como les apetece y su comportamiento va a la par. Proclaman: «¡Basta ya de la esclavitud de las etiquetas!». Personalmente, me da pena observar cómo la urbanidad se ha perdido, como si se tratara de algo obsoleto. Jesús presenta a un invitado a la boda que no se vistió adecuadamente. ¿Qué ropajes son inapropiados para el banquete del Reino? Aquellos que se presentan con atuendos de disfrute, derechos, de consumir experiencias, pero sin compromiso con la misión del Reino. El rey le ofrece al invitado una oportunidad de explicarse: «Amigo, ¿cómo has entrado aquí sin vestirte de fiesta?» La única respuesta es el silencio: «El otro no abrió la boca». Porque cuando nos interpelan y tienen razón, es mejor callar que poner falsos pretextos. El traje no se reduce a una simple lectura de «estar de colores, en estado de gracia»; es mucho más profundo: implica involucrarse en las tareas del Reino, adoptar las actitudes de Jesús y comprometerse a hacer realidad los sueños de Dios. La falta de sentido de los espacios, a veces, implica también una falta de sentido de aquello a lo que somos llamados.

(F) N.ª S.ª del Pilar

Beato José González, pb. y mr.
Beato Pacífico Salcedo, rl. y mr.

✳ **1 Crónicas 15, 3-4.15-16; 16, 1-2:** Llevaron el Arca de Dios y la colocaron en el centro de la tienda que David le había preparado. **O bien: Hechos 1, 12-14:** Perseveraban en la oración, junto con María, la madre de Jesús.

▶ Salmo 26 [27], 1bcde|3|4|5: El Señor me ha coronado, sobre la columna me ha exaltado.

✠ **Evangelio: SAN LUCAS 11, 27-28**

En aquel tiempo, mientras Jesús hablaba a la gente, una mujer de entre el gentío, levantando la voz, le dijo: «Bienaventurado el vientre que te llevó y los pechos que te criaron». Pero él dijo: «Mejor, bienaventurados los que escuchan la palabra de Dios y la cumplen».

El mismo evangelio, dos veces en tres días, hoy en el contexto de una fiesta a la que le tengo especial devoción: la patrona de muchos gremios y ciudades, de Zaragoza, de la Hispanidad y de la Guardia Civil. Hice el noviciado en Zaragoza y mi primer destino como cura fue en esas tierras aragonesas. Y, como las primeras papillas, no se digieren, no puedo más que mirar con cariño a la Pilarica. Sus ecos nos invitan a no desalentar, a animar a quien lo pasa mal, a ser columna y sostén del cansado... pobre Santiago, que le tocó lidiar con los de la Península. La liturgia nos invita a persistir en la oración, a escuchar al Hijo y a hacer propios sus sueños y horizontes. También a vivir desde el elogio y el agradecimiento, piropeando a quienes le hacen un huequito a Dios para que haga maravillas en sus vidas.

Hoy he cumplido mi deseo de arrodillarme, como hijo devoto de María, ante su santa columna. Los cristianos de España han visto en esta columna una clara analogía con la columna que guía el camino del pueblo de Israel hacia la Tierra prometida, que acompaña al nuevo Israel, la Iglesia, en su peregrinación hacia la Tierra prometida, Cristo el Señor. SAN JUAN PABLO II

✳ **Gálatas 5, 1-6:** Nada vale la circuncisión, sino la fe que actúa por el amor.

▸ **Salmo 118 [119], 41|43|44|45|47|48:** Señor, que me alcance tu favor.

✠ **Evangelio: SAN LUCAS 11, 37-41**

En aquel tiempo, cuando Jesús terminó de hablar, un fariseo le rogó que fuese a comer con él. Él entró y se puso a la mesa. Como el fariseo se sorprendió al ver que no se lavaba las manos antes de comer, el Señor le dijo: «Vosotros, los fariseos, limpiáis por fuera la copa y el plato, pero por dentro rebosáis de rapiña y maldad. ¡Necios! El que hizo lo de fuera, ¿no hizo también lo de dentro? Con todo, dad limosna de lo que hay dentro, y lo tendréis limpio todo».

Seguramente ese fariseo ha sentido algo más que curiosidad al escuchar a Jesús, necesita oírle más y generosamente le invita a comer. Los tiempos del COVID nos recordaron la importancia de la limpieza de las manos, y las leyes judías eran bastante escrupulosas sobre el tema... Jesús, sorprendentemente, se sienta a la mesa sin lavarse, y eso provoca desconcierto en el anfitrión. Jesús no le quita importancia al tema de la higiene, desde luego no sería un negacionista ni un «antivacunas», pero sí pone el acento en las actitudes esenciales. Se vale de la oportunidad para hacernos caer en las incoherencias que nos acechan constantemente, en poner el acento en lo externo, olvidando motivaciones, e invitándonos a reflexionar sobre nuestras prioridades. «Dad limosna de lo de dentro, y lo tendréis limpio todo». La palabra «limosna» viene del griego *eleēmosýnē*, es decir, compasión y misericordia. Frente a incoherencias y ritualismos, compasión.

✳ **Gálatas 5, 18-25:** Los que son de Cristo Jesús han crucificado la carne con las pasiones. ❯ **Salmo 1, 1-2|3|4.6:** El que te sigue, Señor, tendrá la luz de la vida.

✚ **Evangelio: SAN LUCAS 11, 42-46**

En aquel tiempo, dijo el Señor: «¡Ay de vosotros, fariseos, que pagáis el diezmo de la hierbabuena, de la ruda y de toda clase de hortalizas, mientras pasáis por alto el derecho y el amor de Dios! Esto es lo que había que practicar, sin descuidar aquello. ¡Ay de vosotros, fariseos, que os encantan los asientos de honor en las sinagogas y los saludos en las plazas! ¡Ay de vosotros, que sois como tumbas no señaladas, que la gente pisa sin saberlo!». Le replicó un maestro de la ley: «Maestro, diciendo eso nos ofendes también a nosotros». Y él dijo: «¡Ay de vosotros también, maestros de la ley, que cargáis a los hombres cargas insoportables, mientras vosotros no tocáis las cargas ni con uno de vuestros dedos!».

Nacho Boné tenía una expresión que nos ponía a todos en alerta, y sabíamos que de ahí íbamos a sacar tajada para el corazón. Desde la ternura y el cariño, nos epataba con un «¡Qué triste lo tuyo!». Era su forma de corregirnos fraternalmente y hacernos caer en la cuenta de actitudes, complejos, autoreferencias, patrones de comportamiento y lamentaciones propias que convenía revisar. ¿Para qué? Para ser más felices y para acercarnos a ese sueño de Dios para nosotros. En cierto modo, se trataba de una actualización del «¡Ay de vosotros!» de Jesús. La intención era la misma; no se trataba de ninguna reprimenda ni de un comentario peyorativo. Detrás estaba la profunda preocupación por el otro y el deseo de hacernos despertar para que viviesemos una «Vida» con mayúsculas porque, como afirma Benjamín González Buelta, «Solo de un corazón que ama sale vida para los demás».

✳ **Eclesiástico 15, 1-6:** Lo llenará del Espíritu de sabiduría y de inteligencia. ▶ **Salmo 88 [89], 2-3|6-7|8-9|16-17|18-19:** Cantaré eternamente las misericordias del Señor.

✚ **Evangelio: SAN MATEO 11, 25-30**

En aquel tiempo, tomó la palabra Jesús y dijo: «Te doy gracias, Padre, Señor del cielo y de la tierra, porque has escondido estas cosas a los sabios y entendidos, y se las has revelado a los pequeños. Sí, Padre, así te ha parecido bien. Todo me ha sido entregado por mi Padre, y nadie conoce al Hijo más que el Padre, y nadie conoce al Padre sino el Hijo y aquel a quien el Hijo se lo quiera revelar. Venid a mí todos los que estáis cansados y agobiados, y yo os aliviaré. Tomad mi yugo sobre vosotros y aprended de mí, que soy manso y humilde de corazón, y encontraréis descanso para vuestras almas. Porque mi yugo es llevadero y mi carga ligera».

Jesús da gracias a Dios Padre/Madre... por cómo es Dios, aunque también podríamos decir ¡Cómo es Dios! Un Dios que se abre a los sencillos, porque los sencillos se lo ponen más fácil. Porque conocer es amar, y el propio Jesús se hace el encontradizo para que amándonos, le podamos amar y conocer. Y desde ahí, una llamada: ven a mí, acércate, estate conmigo... y una promesa: que aliviaré tu pesar. En la fiesta de santa Teresa, que no tenía un pelo de tonta, ese alivio y ese consuelo del que nos habla Mateo me hacen recordar la frase de esta santa de Ávila: «un santo triste es un triste santo». Con un gran conocimiento de nuestra realidad y debilidades formulaba una petición: «de los santos amargados, líbranos, Señor». Desde luego, tenía sentido del humor e intuyo que capacidad de autocrítica y para reírse de ella misma. Pues, ¡cómo es Dios!, tremendo y libre, alivia sufrimientos y nos invita a reírnos... ayúdame a no ser un triste, ni un amargado, que me sueñas de otra manera.

✳ **Efesios 1, 11-14:** Antes esperábamos en el Mesías. Vosotros habéis sido marcados con el sello del Espíritu Santo. ▶ **Salmo 32 [33], 1-2|4-5|12-13:** Dichoso el pueblo que el Señor se escogió como heredad.

✚ **Evangelio: SAN LUCAS 12, 1-7**

En aquel tiempo, miles y miles de personas se agolpaban. Jesús empezó a hablar, dirigiéndose primero a sus discípulos: «Cuidado con la levadura de los fariseos, que es la hipocresía, pues nada hay cubierto que no llegue a descubrirse, ni nada escondido que no llegue a saberse. Por eso, lo que digáis en la oscuridad será oído a plena luz, y lo que digáis al oído en las recámaras se pregonará desde la azotea. A vosotros os digo, amigos míos: no tengáis miedo a los que matan el cuerpo, y después de esto no pueden hacer más. Os voy a enseñar a quién tenéis que temer: temed al que, después de la muerte, tiene poder para arrojar a la "gehenna". A ese tenéis que temer, os lo digo yo. ¿No se venden cinco pájaros por dos céntimos? Pues ni de uno solo de ellos se olvida Dios. Más aún, hasta los cabellos de vuestra cabeza están contados. No tengáis miedo: valéis más que muchos pájaros».

El Señor me invita a ser valiente y a «no tener miedo» porque «no hay comparación entre nosotros y los gorriones». El miedo no es un buen consejero en lo espiritual, lo podemos asociar con la desolación y con las tretas del enemigo para alejarnos de Dios. «No tengáis miedo», repetidamente nos lo dice el Señor, es un saludo pascual y tiene que ver con la misión de consolar que trae el Resucitado. Hoy lo lleva al extremo, no tener miedo, ni siquiera «a los que matan el cuerpo», porque «no pueden hacer más». Ya lo dice Darío Mollá, quitémosle la fuerza al miedo, atrevámonos a vivir desde el Resucitado, desde la confianza: «la fuerza del miedo no es otra que la fuerza de la falta de confianza».

✳ **Efesios 1, 15-23:** El Padre dio a Cristo como Cabeza, sobre todo, a la Iglesia, que es su cuerpo.

▶ **Salmo 8, 2-3ab|4-5|6-7:** Diste a tu Hijo el mando sobre las obras de tus manos.

✠ **Evangelio: SAN LUCAS LUCAS 12, 8-12**

En aquel tiempo, dijo Jesús a sus discípulos: «Todo aquel que se declare por mí ante los hombres, también el Hijo del hombre se declarará por él ante los ángeles de Dios, pero si uno me niega ante los hombres, será negado ante los ángeles de Dios. Todo el que diga una palabra contra el Hijo del hombre podrá ser perdonado, pero al que blasfeme contra el Espíritu Santo no se le perdonará. Cuando os conduzcan a las sinagogas, ante los magistrados y las autoridades, no os preocupéis de cómo o con qué razones os defenderéis o de lo que vais a decir, porque el Espíritu Santo os enseñará en aquel momento lo que tenéis que decir».

Siempre me ha cuestionado el comentario de Jesús sobre «la blasfemia contra el Espíritu Santo»... Los teólogos han intentado explicarlo como un rechazo consciente y obstinado a Dios, su gracia y su misericordia; sería algo así como persistir en la desconfianza en Dios, empecinarse en darle la espalda. Luis Alonso Schökel decía que «parece significar el rechazo obstinado de su testimonio (el del Espíritu) a favor de Jesús, por el cual se cierra al perdón que ofrece Jesús. Como si dijéramos, se corta la rama sobre la cual está sentado». En otras palabras, se trata de una auto-sentencia, uno mismo se cuelga la soga al cuello. Dios respeta nuestra libertad, pero solos no podemos. Son palabras mayores, no quiero poner todo el peso en esa afirmación que me inquieta, también Jesús nos anima, afirma que el Espíritu, su fortaleza, nos va a defender... porque desde la confianza, lo que estamos destinados a vivir, es otra cosa.

✱ 1.ª lectura: ISAÍAS 45, 1.4-6

Esto dice el Señor a su Ungido, a Ciro: «Yo lo he tomado de la mano, para doblegar ante él las naciones y desarmar a los reyes, para abrir ante él las puertas, para que los portales no se cierren. Por mi siervo Jacob, por mi escogido Israel, te llamé por tu nombre, te di un título de honor, aunque no me conocías. Yo soy el Señor y no hay otro; fuera de mí no hay dios. Te pongo el cinturón, aunque no me conoces, para que sepan de Oriente a Occidente que no hay otro fuera de mí. Yo soy el Señor y no hay otro».

▌Salmo 95 [96], 1.3|4-5|7-8|9: Aclamad la gloria y el poder del Señor.

✱ 2.ª lectura: 1 TESALONICENSES 1, 1-5a

Pablo, Silvano y Timoteo a la Iglesia de los Tesalonicenses, en Dios Padre y en el Señor Jesucristo. A vosotros, gracia y paz. En todo momento damos gracias a Dios por todos vosotros y os tenemos presentes en nuestras oraciones, pues sin cesar recordamos ante Dios, nuestro Padre, la actividad de vuestra fe, el esfuerzo de vuestro amor y la firmeza de vuestra esperanza en Jesucristo nuestro Señor. Bien sabemos, hermanos amados de Dios, que él os ha elegido, pues cuando os anuncié nuestro evangelio, no fue solo de palabra, sino también con la fuerza del Espíritu Santo y con plena convicción.

✚ Evangelio: SAN MATEO 22, 15-21

En aquel tiempo, se retiraron los fariseos y llegaron a un acuerdo para comprometer a Jesús con una pregunta. Le enviaron algunos discípulos suyos, con unos herodianos, y le dijeron: «Maestro, sabemos que eres sincero y que enseñas el camino de Dios conforme a la verdad, sin que te importe nadie, porque no te fijas en apariencias.

Dinos, pues, qué opinas: ¿es lícito pagar impuesto al César o no?». Comprendiendo su mala voluntad, les dijo Jesús: «Hipócritas, ¿por qué me tentáis? Enseñadme la moneda del impuesto». Le presentaron un denario. Él les preguntó: «¿De quién son esta imagen y esta inscripción?». Le respondieron: «Del César». Entonces les replicó: «Pues dad al César lo que es del César y a Dios lo que es de Dios».

Los fariseos capciosos preguntan por la «licitud de los impuestos», con la misma «mala voluntad» se disecciona la vida en los ámbitos privados y público... y se relega lo religioso a algo devocional que está muy bien para la intimidad, pera que no haga ruido ni moleste. Con ese «al César lo del César y a Dios lo que es de Dios», Jesús no establece dos realidades confinadas entre sí, porque todo, absolutamente todo, está en el ámbito de Dios. En El enemigo de sí mismo, Publio Terencio escribe; «Hombre soy, y nada de lo humano me es ajeno». Podríamos, sin miedo, parafrasearlo y decir «Dios soy, y nada de lo humano me es ajeno», porque no hay realidad humana ajena a Dios. Benedicto XVI afirmaba que «pertenece a la estructura fundamental del cristianismo la distinción entre lo que es del César y lo que es de Dios, es decir, la distinción entre Estado e Iglesia». Jamás me atrevería a llevarle la contraria, la autonomía y la «no ingerencia» están bien, pero el ser cristianos no nos exime de las obligaciones ciudadanas, políticas y sociales, tenemos un compromiso con nuestro mundo. Y en las ocasiones en que se produzca un enfrentamiento entre las cosas del César y los sueños de Dios para este mundo, ahí siempre será necesario tomar partido, porque si de Dios es su pueblo y sus vidas, tendremos que defenderlas valientemente, si se ponen en peligro.

Orar no es pedir. Orar es ponerse en manos de Dios, a su disposición, y escuchar su voz en lo profundo de nuestros corazones.
SANTA TERESA DE CALCUTA

19 LUNES OCTUBRE

(MOJes) Santos Juan de Brébeuf, Isaac Jogues (pbs.) y cc., mrs.
San Pedro de Alcántara, pb.

✳ **Efesios 2, 1-10:** Nos ha hecho revivir con Cristo y nos ha sentado en el cielo. ❱ **Salmo 99 [100], 1b-2|3|4|5:** El Señor nos hizo y somos suyos.

✚ **Evangelio: SAN LUCAS 12, 13-21**

En aquel tiempo, dijo uno de entre la gente a Jesús: «Maestro, dile a mi hermano que reparta conmigo la herencia». Él le dijo: «Hombre, ¿quién me ha constituido juez o árbitro entre vosotros?». Y les dijo: «Mirad: guardaos de toda clase de codicia. Pues, aunque uno ande sobrado, su vida no depende de sus bienes». Y les propuso una parábola: «Las tierras de un hombre rico produjeron una gran cosecha. Y empezó a echar cálculos, diciéndose: "¿Qué haré? No tengo donde almacenar la cosecha". Y se dijo: "Haré lo siguiente: derribaré los graneros y construiré otros más grandes, y almacenaré allí todo el trigo y mis bienes, y entonces me diré a mí mismo: alma mía, tienes bienes almacenados para muchos años; descansa, come, bebe, banquetea alegremente". Pero Dios le dijo: "Necio, esta noche te van a reclamar el alma, y ¿de quién será lo que has preparado?". Así es el que atesora para sí y no es rico ante Dios».

Lamentablemente, el reparto de herencias puede generar conflictos familiares... no hablemos del impuesto sobre ellas. En este contexto, se busca un mediador. La respuesta de Jesús: «Necio», «no soy el árbitro», «la vida no depende de los bienes». Detrás están los engaños del mal caudillo y sus trampas: codicia de riquezas, y los pasos posteriores del vano honor y la soberbia. Los bienes, materiales o no, no son malos en sí, pero nuestra relación con ellos sí nos puede perder. Dos dinámicas diferentes: las redes y cadenas del ganar, acumular, ambicionar... o el optar por perderse, desprenderse, darse y dignificar al otro... La alternativa de Jesús tiene que ver con ese «ser rico ante Dios», camino que se anda desde la confianza y la apertura a los otros.

✳ **Efesios 2, 12-22:** Él es nuestra paz: él que de los dos pueblos ha hecho uno. ❱ **Salmo 84 [85], 9abc.10|11-12|13-14:** El señor anuncia la paz a su pueblo.

✠ **Evangelio: SAN LUCAS 12, 35-38**

En aquel tiempo, dijo Jesús a sus discípulos: «Tened ceñida vuestra cintura y encendidas las lámparas. Vosotros estad como los hombres que aguardan a que su señor vuelva de la boda, para abrirle apenas venga y llame. Bienaventurados aquellos criados a quienes el señor, al llegar, los encuentre en vela; en verdad os digo que se ceñirá, los hará sentar a la mesa y, acercándose, les irá sirviendo, y, si llega a la segunda vigilia o a la tercera y los encuentra así, bienaventurados ellos».

Señor, nos invitas a la alegría, y nos llamas «dichosos» no una, sino dos veces. Nos hablas de ese contento que nace del estar en vela, no desde la ansiedad de quien teme un ataque, sino desde el deseo ardiente de la esperanza. Dichosos, porque no vivir desde la incertidumbre del cuándo, sino porque nos sostiene la certeza de tu venida. Y lo más asombroso es que, cuando llegue ese momento, serás Tú quien nos «sentará a la mesa», pondrá el mundo al revés y serás quien nos sirva, quien nos alimente y cuide. Esta es la dicha que nos prometes, la alegría de un encuentro donde Tú, el Señor, te vuelves mesonero de quienes te esperan. Esta es la dicha que nos aguarda, lo que estamos llamados a experimentar en nuestros encuentros contigo. Que así sea.

Dejémonos curar por Jesús, que puede y quiere darnos la luz de Dios. Confesemos nuestra ceguera, nuestra miopía y, sobre todo, lo que la Biblia llama el «gran pecado»: el orgullo. Que nos ayude en esto María santísima, la cual, al engendrar a Cristo en la carne, dio al mundo la verdadera luz. PAPA BENEDICTO XVI

✳ **Efesios 3, 2-12:** El misterio de Cristo ha sido revelado ahora: también los gentiles son coherederos de la misma promesa.

▶ Interleccional Isaías 12, 2-3|4bcde|5-6: Sacaréis aguas con gozo de las fuentes del Salvador.

✠ **Evangelio: SAN LUCAS 12, 39-48**

En aquel tiempo, dijo Jesús a sus discípulos: «Comprended que si supiera el dueño de casa a qué hora viene el ladrón, velaría y no le dejaría abrir un boquete en casa. Lo mismo vosotros, estad preparados, porque a la hora que menos penséis viene el Hijo del hombre». Pedro le dijo: «Señor, ¿dices esta parábola por nosotros o por todos?». Y el Señor dijo: «¿Quién es el administrador fiel y prudente a quien el señor pondrá al frente de su servidumbre para que reparta la ración de alimento a sus horas? Bienaventurado aquel criado a quien su señor, al llegar, lo encuentre portándose así. En verdad os digo que lo pondrá al frente de todos sus bienes. Pero si aquel criado dijere para sus adentros: "Mi señor tarda en llegar", y empieza a pegarles a los criados y criadas, a comer y beber y emborracharse, vendrá el señor de ese criado el día que no espera y a la hora que no sabe y lo castigará con rigor, y le hará compartir la suerte de los que no son fieles. El criado que, conociendo la voluntad de su señor, no se prepara ni obra de acuerdo con su voluntad recibirá muchos azotes; pero el que, sin conocerla, ha hecho algo digno de azotes, recibirá menos. Al que mucho se le dio, mucho se le reclamara; al que mucho se le confió, más aún se le pedirá».

«Estad preparados» insistes. Ayer era como el Señor que regresa de una boda, trayendo alegría; hoy, como un ladrón que sorprende. Me gusta imaginarte como el que vendrá a robarme el corazón. Como Pedro, intento buscar atajos… «¿Lo dices por mí o por todos?» pregunto. Respondes desde el don y la tarea, la misión que siempre es en relación a ti y a otros: «Dichoso el criado a quien su amo encuentra fiel y solícito». Me invitas a ser responsable; «hacerme cargo, cargar y encargarme» como decía Ellacuría. Y me recuerdas que la paciencia, tanto conmigo mismo como con los demás, es fundamental, que «pegar a mozos y muchachas» no es tu estilo. Ayúdame a vivir la dicha de encontrarte en el cuidar a otros, a la dicha de permitir que me robes el corazón.

SI ESTA SANGRE (Pedro Calderón de la Barca)

Si esta sangre, por Dios, hacer pudiera
que la herida a los ojos la pasara,
antes que la vertiera la llorara,
fuera elección y no violencia fuera.

Ni el interés del Cielo me moviera,
ni del Infierno el daño me obligara;
solo por ser quien es la derramara
cuando ni premio ni castigo hubiera.

Y si aquí Infierno y Cielo mi agonía
abiertos viera, cuya pena o cuya
gloria estuviera en mí, si prevenía

ser voluntad de Dios que me destruya,
el infierno me fuera por la mía
y no entrara en el Cielo sin la suya.

Tendremos cuidado de guardar el corazón con mucha limpieza en el amor de Dios, de suerte que ninguna cosa amemos, sino a Él, y con solo Dios deseemos conversar, y con el prójimo por amor de Él. SAN IGNACIO DE LOYOLA

✳ **Efesios 3, 14-21:** Que el amor sea vuestra raíz y vuestro cimiento; así llegaréis a vuestra plenitud, según la Plenitud total de Dios.

▶ Salmo 32 [33], 1-2|4-5|11-12|18-19: La misericordia del Señor llena la tierra.

✠ **Evangelio: SAN LUCAS 12, 49-53**

En aquel tiempo, dijo Jesús a sus discípulos: «He venido a prender fuego a la tierra, ¡y cuánto deseo que ya esté ardiendo! Con un bautismo tengo que ser bautizado, ¡y qué angustia sufro hasta que se cumpla! ¿Pensáis que he venido a traer paz a la tierra? No, sino división. Desde ahora estarán divididos cinco en una casa: tres contra dos y dos contra tres; estarán divididos el padre contra el hijo y el hijo contra el padre, la madre contra la hija y la hija contra la madre, la suegra contra su nuera y la nuera contra la suegra».

¡Fuegos y divisiones! Menudo contraste con la imagen de Jesús dulcificado que tantas veces transmitimos... El fuego del que habla Jesús es ese que hace arder el corazón, que motiva, lanza, impulsa, y lleva a arriesgarse por creer en alguien, por el compromiso de una causa —vinculada a una persona— que nos vale la pena y la vida. Un ardor contagioso, cálido, que ilumina... quizás eso de «prender fuego en el mundo» no sea algo tan negativo; es la invitación de «ser un fuego que enciende otros fuegos», como decía san Alberto Hurtado, ese «Id, inflamad todas las cosas» que la tradición pone en la boca de Ignacio cuando envía a Javier a Oriente... Misión apasionante, que tiene consecuencias... y nos complica la vida, también forma parte de esa misión ser cauces de misericordia y la reconciliación.

✳ **Efesios 4, 1-6:** Un solo cuerpo, un Señor, una fe, un bautismo.

▶ **Salmo 23 [24], 1b-2|3-4ab|5-6:** Esta es la generación que busca tu rostro, Señor.

✠ **Evangelio: SAN LUCAS 12, 54-59**

En aquel tiempo, decía Jesús a la gente: «Cuando veis subir una nube por el poniente, decís enseguida: "Va a caer un aguacero", y así sucede. Cuando sopla el sur decís: "Va a hacer bochorno", y sucede. Hipócritas: sabéis interpretar el aspecto de la tierra y del cielo, pues ¿cómo no sabéis interpretar el tiempo presente? ¿Cómo no sabéis juzgar vosotros mismos lo que es justo? Por ello, mientras vas con tu adversario al magistrado, haz lo posible en el camino por llegar a un acuerdo con él, no sea que te lleve a la fuerza ante el juez y el juez te entregue al guardia y el guardia te meta en la cárcel. Te digo que no saldrás de allí hasta que no pagues la última monedilla».

Conforme cumplimos años, el conservadurismo se arrima silencioso, casi sin darnos cuenta. Nos aferramos a la interpretación de la vida que siempre hemos tenido, y las nuevas maneras de los más jóvenes nos resultan, a veces, incomprensibles. Si abrimos bien los ojos y el corazón, el mundo se nos vuelve extraño, hostil incluso, y nos refugiamos en los modos de hace décadas. Entonces, Jesús nos lanza un «hipócritas» que nos tambalea. «¿Hipócrita yo, que busco ser coherente? ¿Yo, que a veces me equivoco, pero siempre con buena intención?». Hipócrita por no escuchar voces que, desde la realidad, expresan necesidades. Hipócrita por ignorar que esas voces ajenas, aunque distintas, también pueden ser eco de Dios. La invitación, como siempre, es al discernimiento.

24 SÁBADO OCTUBRE

29.ª semana del T.O.
o San Antonio M.ª Claret, ob.
San Luis Guanella, pb. y fdr.

✳ **Efesios 4, 7-16:** Cristo es la cabeza, del cual todo el cuerpo se procura el crecimiento. ◗ **Salmo 121 [122], 1bc-2|3-4ab|4cd-5:** Vamos alegres a la casa del Señor.

✠ **Evangelio: SAN LUCAS 13, 1-9**

En aquel momento se presentaron algunos a contar a Jesús lo de los galileos cuya sangre había mezclado Pilato con la de los sacrificios que ofrecían. Jesús respondió: «¿Pensáis que esos galileos eran más pecadores que los demás galileos porque han padecido todo esto? Os digo que no; y, si no os convertís, todos pereceréis lo mismo. O aquellos dieciocho sobre los que cayó la torre en Siloé y los mató, ¿pensáis que eran más culpables que los demás habitantes de Jerusalén? Os digo que no; y, si no os convertís, todos pereceréis de la misma manera». Y les dijo esta parábola: «Uno tenía una higuera plantada en su viña, y fue a buscar fruto en ella, y no lo encontró. Dijo entonces al viñador: "Ya ves, tres años llevo viniendo a buscar fruto en esta higuera, y no lo encuentro. Córtala. ¿Para qué va a perjudicar el terreno?". Pero el viñador respondió: "Señor, déjala todavía este año y mientras tanto yo cavaré alrededor y le echaré estiércol, a ver si da fruto en adelante. Si no, la puedes cortar"».

El señor de la finca volvió a quejarse de la esterilidad de la higuera al ojearla de arriba abajo. Su jornalero le pidió por enésima vez que le dejara otro año de prórroga antes de cortarla. Había pensado una manera nueva de dar vigor al árbol; parecía que había funcionado en otros sitios. Entonces el señor repitió su refunfuño, pero cedió a la propuesta. En realidad, señor y jornalero, sabían que se produciría el mismo desenlace. En cierto modo, estaban actuando. La razón era sencilla: nadie tenía que convencerlos de las dimensiones infinitas de la paciencia del Creador para con sus creaturas, incluso con su pobre higuera estéril.

✳ 1.ª lectura: ÉXODO 22, 20-26

Esto dice el Señor: «No maltratarás ni oprimirás al emigrante, pues emigrantes fuisteis vosotros en la tierra de Egipto. No explotarás a viudas ni a huérfanos. Si los explotas y gritan a mí, yo escucharé su clamor, se encenderá mi ira y os mataré a espada; vuestras mujeres quedarán viudas y vuestros hijos huérfanos. Si prestas dinero a alguien de mi pueblo, a un pobre que habita contigo, no serás con él un usurero cargándole intereses. Si tomas en prenda el manto de tu prójimo, se lo devolverás antes de ponerse el sol, porque no tiene otro vestido para cubrir su cuerpo, ¿y dónde, si no, se va a acostar? Si grita a mí, yo lo escucharé, porque yo soy compasivo».

▶ Salmo 17 [18], 2-3a|3bc-4|47.51ab: Yo te amo, Señor; tú eres mi fortaleza.

✳ 2.ª lectura: 1 TESALONICENSES 1, 5c-10

Hermanos: Sabéis cómo nos comportamos entre vosotros para vuestro bien. Vuestra fe en Dios se ha difundido por doquier, de modo que nosotros no teníamos necesidad de explicar nada, ya que ellos mismos cuentan los detalles de la visita que os hicimos: cómo os convertisteis a Dios, abandonando los ídolos, para servir al Dios vivo y verdadero, y vivir aguardando la vuelta de su Hijo Jesús desde el cielo, a quien ha resucitado de entre los muertos y que nos libra del castigo futuro.

✠ Evangelio: SAN MATEO 22, 34-40

En aquel tiempo, los fariseos, al oír que Jesús había hecho callar a los saduceos, se reunieron en un lugar y uno de ellos, un doctor de la ley, le preguntó para ponerlo a prueba: «Maestro, ¿cuál es el mandamiento principal de la ley?». Él le dijo: «"Amarás al Señor tu Dios con todo tu corazón, con toda tu alma, con toda tu mente". Este mandamiento es el principal y primero. El segundo es semejante a él: "Amarás a tu prójimo como a ti mismo". En estos dos mandamientos se sostienen toda la Ley y los Profetas».

«¿Qué es lo principal? Amar a Dios y al prójimo como a ti mismo». A veces complicamos las cosas, pero Jesús aquí es muy claro. Luego llegamos nosotros con nuestras dudas y escrúpulos: «¡Yo no puedo amar a todo el mundo!». No se trata de eso. Y no voy a entrar en cómo amo a los demás si me amo mal a mí mismo, ni en que el amor a Dios no es excluyente. Como ha intuido el Sínodo sobre la sinodalidad, las cosas de Dios tienen mucho que ver con nuestra «red de relaciones»; nos jugamos mucho en lo que es «lo relacional» o «la relacionalidad». El Sínodo, sin excluir un ámbito mayor, mira a la Iglesia. Podemos comenzar por lo más cercano: la propia casa y aquellos con quienes convivimos, compartimos tarea y misión, para luego ampliar horizontes. «Amar a Dios y al prójimo», con la escucha como condición de posibilidad, desde la «conversión relacional», desde la confianza, el cuidado mutuo, la escucha activa —insisto— y la inclusión. Superando individualismos, el amor no es un juego en el que me aíslo con Dios; los otros forman parte de esa ecuación. Son importantes la reciprocidad y la corresponsabilidad: escuchar —de nuevo insisto—, valorar, acompañar. El ámbito de actuación y conversión es inmenso para ese amar a «Dios y al prójimo».

¡Solo quien ama entiende que, cuanto más grandes somos en la humildad, más cercanos nos hallamos de la verdadera grandeza!.. ¡Solo quien ama sabe dejar paso al sol, y se oculta como la luna!.. ¡Solo quien ama besa con cariño, como Dios, las cosas pequeñas, para que la persona amada pueda encumbrarse a la altura! RABINDRANATH TAGORE

✳ Efesios 4, 32–5, 8: Vivid en el amor como Cristo.

▶ Salmo 1, 1-2|3|4.6: Seamos imitadores de Dios, como hijos queridos.

✚ **Evangelio: SAN LUCAS 13, 10-17**

Un sábado, enseñaba Jesús en una sinagoga. Había una mujer que desde hacía dieciocho años estaba enferma por causa de un espíritu, y estaba encorvada, sin poderse enderezar de ningún modo. Al verla, Jesús la llamó y le dijo: «Mujer, quedas libre de tu enfermedad». Le impuso las manos, y enseguida se puso derecha. Y glorificaba a Dios. Pero el jefe de la sinagoga, indignado porque Jesús había curado en sábado, se puso a decir a la gente: «Hay seis días para trabajar; venid, pues, a que os curen en esos días y no en sábado». Pero el Señor le respondió y dijo: «Hipócritas: cualquiera de vosotros, ¿no desata en sábado su buey o su burro del pesebre, y los lleva a abrevar? Y a esta, que es hija de Abrahán, y que Satanás ha tenido atada dieciocho años, ¿no era necesario soltarla de tal ligadura en día de sábado?». Al decir estas palabras, sus enemigos quedaron abochornados, y toda la gente se alegraba por todas las maravillas que hacía.

Este episodio solo lo narra Lucas. Jesús pone en evidencia a sus «enemigos», que quedan «abochornados» por su falta de humanidad. El sueño de Dios para todos: humanizar nuestra vida, nuestras relaciones, incluso nuestra religión, erguir a los encorvados por la vida. Me impacta ver cómo Jesús es el que da el primer paso, sus ojos descubren el dolor en la mujer encorvada, la ve y la llama. Ella no pide nada, simplemente lo que hace es acercarse a quien le busca, se deja tocar por el Señor —«le impuso las manos»— y se produce la sanación. Su respuesta: «ponerse derecha y glorificar a Dios». Humanizar... también es educar nuestra sensibilidad, dejarnos afectar por la otra y el otro.

27 MARTES OCTUBRE

30.ª semana del T.O.
Ávila: *Santos Vicente, Sabina y Cristeta, mrs.*
Beato Salvador Mollar, rl. y mr.

✳ **Efesios 5, 21-33:** Es este un gran misterio: y yo lo refiero a Cristo y a la Iglesia.

▶ **Salmo 127 [128], 1bc-2|3|4-5:** Dichosos los que temen al Señor.

✠ **Evangelio: SAN LUCAS 13, 18-21**

En aquel tiempo, decía Jesús: «¿A qué es semejante el reino de Dios o a qué lo compararé? Es semejante a un grano de mostaza que un hombre toma y siembra en su huerto; creció, se hizo un árbol y los pájaros del cielo anidaron en sus ramas». Y dijo de nuevo: «¿A qué compararé el reino de Dios? Es semejante a la levadura que una mujer tomó y metió en tres medidas de harina, hasta que todo fermentó».

El «grano de mostaza y la levadura», «crecer y fermentar»... De lo minúsculo, lo casi invisible, lo insignificante, el polvo de la levadura que se mezcla con la harina... de eso se vale Dios. Mirar lo diminuto y lo pequeño... ¿desde lo obvio o con ojos de poeta? Las posibilidades, el futuro, el potencial, la promesa latente, lo que podría ser... Los sueños, los deseos y las esperanzas. Crecer y fermentar, la transformación que provoca vida, la expansión de lo bueno, el desarrollo y la multiplicación fecunda. Así es el Reino... para acoger y alimentar, para incluir y dar vida. Y así son sus tiempos: proceso lento, tranquilo, sosegado, gradual, paciente... Como dice el Padre Maestro Ignacio: «reflectir para sacar provecho».

El Espíritu es también la fuerza que transforma el corazón de la Comunidad eclesial para que sea en el mundo testigo del amor del Padre, que quiere hacer de la humanidad, en su Hijo, una sola familia. PAPA BENEDICTO XVI

✳ **Efesios 2, 19-22:** Estáis edificados sobre el cimiento de los apóstoles. ❱ Salmo 18 [19], 2-3|4-5ab: A toda la tierra alcanza su pregón.

✝ **Evangelio: SAN LUCAS 6, 12-19**

En aquellos días, Jesús salió al monte a orar y pasó la noche orando a Dios. Cuando se hizo de día, llamó a sus discípulos y escogió de entre ellos a doce, a los que también nombró apóstoles: Simón, al que puso de nombre Pedro, y Andrés, su hermano; Santiago, Juan, Felipe, Bartolomé, Mateo, Tomás, Santiago el de Alfeo, Simón, llamado el Zelote; Judas el de Santiago y Judas Iscariote, que fue el traidor. Después de bajar con ellos, se paró en una llanura con un grupo grande de discípulos y una gran muchedumbre del pueblo, procedente de toda Judea, de Jerusalén y de la costa de Tiro y de Sidón. Venían a oírlo y a que los curara de sus enfermedades; los atormentados por espíritus inmundos quedaban curados, y toda la gente trataba de tocarlo, porque salía de él una fuerza que los curaba a todos.

Hoy celebramos la fiesta de los santos Simón y Judas Tadeo. Poco sabemos de ellos, salvo que fueron llamados por su nombre, que a Judas se le atribuye una carta del Nuevo Testamento y que ambos aparecen siempre juntos en las listas de los apóstoles. Jesús llama a una relación más estrecha con Él, a pasar de discípulos a apóstoles, a ser parte del grupo de elegidos para acompañarle y convivir con Él, a compartir mesa, suerte, alegrías, desvelos y, sobre todo, Buena Noticia. Con los otros diez comparten el haber sido llamados por Jesús, y justo después «bajar al llano», ponerse al alcance de todos los que buscan, hacerse accesibles y cercanos para sanar, curar, llevar consuelo y aliviar sufrimiento... ¿Quizás también se me esté llamando por mi nombre y se me invite a dar un paso más allá de ser discípulo?

✳ **Efesios 6, 10-20:** Tomad las armas de Dios para poder manteneros firmes después de haber superado todas las pruebas. ▶ **Salmo 143 [144], 1bcd|2|9-10:** ¡Bendito el Señor, mi alcázar!

✠ **Evangelio: SAN LUCAS 13, 31-35**

En aquel día, se acercaron unos fariseos a decir a Jesús: «Sal y marcha de aquí, porque Herodes quiere matarte». Jesús les dijo: «Id y decid a ese zorro: "Mira, yo arrojo demonios y realizo curaciones hoy y mañana, y al tercer día mi obra quedará consumada. Pero es necesario que camine hoy y mañana y pasado, porque no cabe que un profeta muera fuera de Jerusalén". ¡Jerusalén, Jerusalén, que matas a los profetas y apedreas a los que se te envían! Cuántas veces he querido reunir a tus hijos, como la gallina reúne a sus polluelos bajo las alas, y no habéis querido. Mirad, vuestra casa va a ser abandonada. Os digo que no me veréis hasta el día en que digáis: "¡Bendito el que viene en nombre del Señor!"».

Me consuela que Lucas no esté en diatriba constante con los fariseos, y que sean estos quienes se acercan a Jesús para advertirle del peligro: «Márchate de aquí, porque Herodes quiere matarte». La respuesta de Jesús: «hoy y mañana», siempre, a «caminar» ampliando horizontes, ofreciendo sentido, consolando a los desesperanzados, aliviando sufrimientos... «caminar» por esta vida haciendo el bien, a pesar de las frustraciones, los desplantes y las malas caras. Actitudes de búsqueda, cuidado y ternura «como la clueca reúne a sus pollitos bajo las alas». Siendo refugio cálido, protegiendo, ofreciendo seguridad, acogiendo la vulnerabilidad desde el afecto, con devoción. Que las amenazas no me obliguen a dejar de bendecir y «reunir a los pollitos». Gloria Fuertes tiene un poema precioso: «Hazme payaso». Hoy te pido: «hazme clueca, Señor».

✳ **Filipenses 1, 1-11:** El que ha inaugurado entre vosotros esta buena obra la llevará adelante hasta el Día de Cristo. ◗ **Salmo 110 [111], 1b-2|3-4|5-6:** Grandes son las obras del Señor. **O bien:** Aleluya.

✚ **Evangelio: SAN LUCAS 14, 1-6**

Un sábado, entró Jesús en casa de uno de los principales fariseos para comer y ellos lo estaban espiando. Había allí, delante de él, un hombre enfermo de hidropesía, y tomando la palabra, dijo a los maestros de la ley y a los fariseos: «¿Es lícito curar los sábados, o no?». Ellos se quedaron callados. Jesús, tocando al enfermo, lo curó y lo despidió. Y a ellos les dijo: «¿A quién de vosotros se le cae al pozo el asno o el buey y no lo saca enseguida en día de sábado?». Y no pudieron replicar a esto.

Un fariseo te acoge, Señor, y tú te dejas acoger y compartes su mesa... pero nuestras mezquindades están ahí: a espiar, acechando, escuchando detrás de las paredes, midiendo tus gestos y palabras, esperando descubrir la errata, el fallo... el disimulo, la intromisión, un interés malsano para hacerte caer en la trampa, los fraudes, las artimañas, las dobleces, la condena... hacia ti y hacia los otros. Y tú te dejas acoger, y acoges a aquellos con los que te encuentras sin importar las circunstancias ni el día de la semana. De nuevo, ese proyecto tuyo para nuestras vidas: humanizar. Obviando el qué dirán, porque ante el dolor solo cabe una respuesta: el amor que humaniza. El amor a Dios jamás será incompatible con el amor al hombre, me dices. Que así sea.

La confianza en Dios puede llegar a ser inamovible solo si se está dispuesto a aceptar todo lo que venga de la mano del Padre. Solo Él sabe lo que nos conviene... Solo así se puede vivir tranquilo en el presente y en el futuro. SANTA TERESA BENEDICTA DE LA CRUZ

✳ **Filipenses 1, 18b-26:** Para mí la vida es Cristo y el morir una ganancia.

▶ **Salmo 41 [42], 2|3|5cdef:** Mi alma tiene sed del Dios vivo.

✚ **Evangelio: SAN LUCAS 14, 1.7-11**

Un sábado, entró Jesús en casa de uno de los principales fariseos para comer y ellos lo estaban espiando. Notando que los convidados escogían los primeros puestos, les decía una parábola: «Cuando te conviden a una boda, no te sientes en el puesto principal, no sea que hayan convidado a otro de más categoría que tú; y venga el que os convidó a ti y al otro, y te diga: "Cédele el puesto a este". Entonces, avergonzado, irás a ocupar el último puesto. Al revés, cuando te conviden, vete a sentarte en el último puesto, para que, cuando venga el que te convidó, te diga: "Amigo, sube más arriba". Entonces quedarás muy bien ante todos los comensales. Porque todo el que se enaltece será humillado; y el que se humilla será enaltecido».

La primera fila: nos pueden las ansias por estar ahí (salvo en misa, que curiosamente casi todo el mundo le tiene alergia y huye a los bancos más cercanos de la puerta... ¿será para salvar sus vidas si hay un incendio?). Desde donde ver y oír mejor, pero también desde donde ser observado y admirado, buscando ese selfie con el que validar la propia imagen, el postureo, la apariencia, la vanidad de la imagen proyectada, el aplauso y la aprobación... en definitiva, el triunfo de la superficialidad. Lo denunciabas hace dos mil años y seguimos igual. Tu propuesta: ponerlo todo patas arriba, buscar el lugar vacío al final de la mesa, «bailar con la más fea» nos decía Pere Borràs en el noviciado, discreción e incluso anonimato. Y lo más sorprendente, es buena noticia y camino de felicidad. Sí que andamos confundidos. ¿Me sumo a tu proyecto?

Intención del Papa
POR EL BUEN USO DE LA RIQUEZA

Oremos por un buen uso de la riqueza para que, no cediendo a la tentación del egoísmo, esté siempre al servicio del bien común y la solidaridad con los que tienen menos.

PREFERENCIA: SEGUIMOS A JESÚS...

Oración diaria en audio: www.rezandovoy.org
Tiempo para la reflexión y contemplación.
Y porque la oración también es cosa de niños:
www.rezandovoy.org/infantil

NOVIEMBRE
† (S) TODOS LOS SANTOS
Beato Eudaldo de Igualada, rl. y mr.
Beato Teodoro Jorge Romzsa, ob. y mr.

✳ 1.ª lectura: APOCALIPSIS 7, 2-4.9-14

Yo, Juan, vi a otro ángel que subía del oriente llevando el sello del Dios vivo. Gritó con voz potente a los cuatro ángeles encargados de dañar a la tierra y al mar, diciéndoles: «No dañéis a la tierra ni al mar ni a los árboles hasta que sellemos en la frente a los siervos de nuestro Dios». Oí también el número de los sellados, ciento cuarenta y cuatro mil, de todas las tribus de Israel. Después de esto vi una muchedumbre inmensa, que nadie podría contar, de todas las naciones, razas, pueblos y lenguas, de pie delante del trono y delante del Cordero, vestidos con vestiduras blancas y con palmas en sus manos. Y gritan con voz potente: «¡La victoria es de nuestro Dios, que está sentado en el trono, y del Cordero!». Y todos los ángeles que estaban de pie alrededor del trono y de los ancianos y de los cuatro vivientes cayeron rostro a tierra ante el trono, y adoraron a Dios, diciendo: «Amén. La alabanza y la gloria y la sabiduría y la acción de gracias y el honor y el poder y la fuerza son de nuestro Dios, por los siglos de los siglos. Amén».

▶ Salmo 23 [24], 1b-2|3-4ab|5-6: **Esta es la generación que busca tu rostro, Señor.**

✳ 2.ª lectura: 1 JUAN 3, 1-3

Queridos hermanos: Mirad qué amor nos ha tenido el Padre para llamarnos hijos de Dios, pues ¡lo somos! El mundo no nos conoce porque no lo conoció a él. Queridos, ahora somos hijos de Dios y aún no se ha manifestado lo que seremos. Sabemos que, cuando él se manifieste, seremos semejantes a él, porque lo veremos tal cual es. Todo el que tiene esta esperanza en él se purifica a sí mismo, como él es puro.

✠ Evangelio: SAN MATEO 5, 1-12a

En aquel tiempo, al ver Jesús el gentío, subió al monte, se sentó y se acercaron sus discípulos; y, abriendo su boca, les enseñaba diciendo: «Bienaventurados los pobres en el espíritu, porque de ellos es el reino de los cielos. Bienaventurados los mansos, porque ellos heredarán la tierra. Bienaventurados los que lloran, porque ellos serán consolados. Bienaventurados los que tienen hambre y sed de la justicia, porque ellos quedarán saciados. Bienaventurados los misericordiosos, porque ellos alcanzarán misericordia. Bienaventurados los limpios de corazón, porque ellos verán a Dios. Bienaventurados los que trabajan por la paz, porque ellos serán llamados hijos de Dios. Bienaventurados los perseguidos por causa de la justicia, porque de ellos es el reino de los cielos. Bienaventurados vosotros cuando os insulten y os persigan y os calumnien de cualquier modo por mi causa. Alegraos y regocijaos, porque vuestra recompensa será grande en el cielo».

En la solemnidad de Todos los Santos, Jesús nos llama felices. Los que estaban a su lado se sintieron profundamente conmovidos y, a pesar de la dureza de sus vidas, intuyeron la posibilidad de experimentar esa dicha que va en contra de lo convencional y desafía nuestras expectativas. Un camino subversivo hacia la santidad. Los «pobres en espíritu», que reconocen su necesidad de Dios, los «que lloran», los que empatizan con el dolor del mundo, y los «misericordiosos», que extienden la compasión, entre otros, son llamados dichosos. Los justos, los pacificadores, los sufridos... los que han vivido «por mi causa». Agradecemos las vidas de todos aquellos, conocidos y desconocidos, que han vivido estas enseñanzas, transformando sus vidas y el mundo a su alrededor.

NOVIEMBRE
Conmemoración de Todos los Fieles Difuntos
Santa Winefrida, v.
Beata Margarita de Lorena, rl.

La liturgia ofrece tres series opcionales para esta conmemoración. Por motivos pastorales leeremos la opción 1 para el ciclo A; la 2 para el B; y la 3 para el C. A continuación, las lecturas de la opción 1.

✳ **Lamentaciones 3, 17-26:** Es bueno esperar en silencio la salvación del Señor.

▶ Salmo 129 [130], 1b-2|3-4|5-6|7|8: Desde lo hondo a ti grito, Señor. O bien: Espero en el Señor, espero en su palabra.

✠ **Evangelio: SAN JUAN 14, 1-6**

En aquel tiempo, dijo Jesús a sus discípulos: «No se turbe vuestro corazón, creed en Dios y creed también en mí. En la casa de mi Padre hay muchas moradas; si no, os lo habría dicho, porque me voy a prepararos un lugar. Cuando vaya y os prepare un lugar, volveré y os llevaré conmigo, para que donde estoy yo estéis también vosotros. Y adonde yo voy, ya sabéis el camino». Tomás le dice: «Señor, no sabemos adonde vas, ¿cómo podemos saber el camino?». Jesús le responde: «Yo soy el camino y la verdad y la vida. Nadie va al Padre sino por mí».

La conmemoración de los fieles difuntos es una invitación a recordar y orar por los nuestros que no están, a agradecer sus vidas, pero también a reconocer que tenemos poderosos intercesores y que algún día nos reencontraremos con ellos en la casa del Padre. El Evangelio de Marcos pone en boca de Jesús un clamor muy humano: «Eloí, Eloí, lamá sabaktaní». Los estudiosos de la Biblia afirman que se trata de un grito que no acaba en desesperanza. Hay angustia, sensación de abandono... pero culmina con la afirmación de confianza en Dios. Un paso del dolor a la fe. El relato continúa: la piedra corrida del sepulcro y el testimonio de un joven: «No os asustéis. Ha resucitado». Más allá de la añoranza, hay una promesa de eternidad.

✳ **Filipenses 2, 5-11:** Se humilló a sí mismo; por eso Dios lo exaltó sobre todo. ❯ Salmo 21 [22], 26b-27|28-30a|31-32: El Señor es mi alabanza en la gran asamblea.

➕ **Evangelio: SAN LUCAS 14, 15-24**

En aquel tiempo, uno de los comensales dijo a Jesús: «¡Bienaventurado el que coma en el reino de Dios!». Jesús le contestó: «Un hombre daba un gran banquete y convidó a mucha gente; a la hora del banquete mandó a su criado a avisar a los convidados: "Venid, que ya está preparado". Pero todos a una empezaron a excusarse. El primero le dijo: "He comprado un campo y necesito ir a verlo. Dispénsame, por favor". Otro dijo: "He comprado cinco yuntas de bueyes y voy a probarlas. Dispénsame, por favor". Otro dijo: "Me acabo de casar y, por ello, no puedo ir". El criado volvió a contárselo a su señor. Entonces el dueño de casa, indignado, dijo a su criado: "Sal aprisa a las plazas y calles de la ciudad y tráete aquí a los pobres, a los lisiados, a los ciegos y a los cojos". El criado dijo: "Señor, se ha hecho lo que mandaste, y todavía queda sitio". Entonces el señor dijo al criado: "Sal por los caminos y senderos, e insísteles hasta que entren y se llene mi casa. Y os digo que ninguno de aquellos convidados probará mi banquete"».

Jesús confronta nuestras excusas. Me veo reflejado debatiendo si asistir o no a una boda, civil para más inri, aunque el compromiso pese. También a mí me atrapa lo cotidiano: negocios, trabajos, relaciones... siempre hay algo para postergar el encuentro. Aquí no me nace el procrastinar. El anfitrión, indignado, abre sus puertas a los que nunca imaginaron ser dignos de tal honor. La sala debe llenarse, no se admiten sillas vacías. Incluso los caminos menos transitados llevan a la mesa del Señor. No se trata de quién debiera estar, sino de quién está dispuesto a arriesgarse con la invitación. ¿Seremos de los que acuden o de los que se excusan?

✳ **Filipenses 2, 12-18:** Trabajad por vuestra salvación, porque es Dios quien activa en vosotros el querer y el obrar. ❱ **Salmo 26 [27], 1bcde|4|13-14:** El Señor es mi luz y mi salvación.

✚ **Evangelio: SAN LUCAS 14, 25-33**

En aquel tiempo, mucha gente acompañaba a Jesús; él se volvió y les dijo: «Si alguno viene a mí y no pospone a su padre y a su madre, a su mujer y a sus hijos, a sus hermanos y a sus hermanas, e incluso a sí mismo, no puede ser discípulo mío. Quien no carga con su cruz y viene en pos de mí no puede ser discípulo mío. Así, ¿quién de vosotros, si quiere construir una torre, no se sienta primero a calcular los gastos, a ver si tiene para terminarla? No sea que, si echa los cimientos y no puede acabarla, se pongan a burlarse de él los que miran, diciendo: "Este hombre empezó a construir y no pudo acabar". ¿O qué rey, si va a dar la batalla a otro rey, no se sienta primero a deliberar si con diez mil hombres podrá salir al paso del que lo ataca con veinte mil? Y si no, cuando el otro está todavía lejos, envía legados para pedir condiciones de paz. Así pues, todo aquel de entre vosotros que no renuncia a todos sus bienes no puede ser discípulo mío».

Me vienen a la memoria las palabras de Timo Guillén: «Es menester relativizar todas las cosas que no son Dios para poder apasionarse por solo Dios». El concepto ignaciano de la indiferencia se traduce perfectamente en un «¿y qué, si me falta?», cuando ha de renunciarse a algo que no es lo principal. Por encima de estos alicientes en la vida está la sabiduría de haber encontrado el sentido por el que uno vive, la satisfacción de saberse valioso para Aquel que nos dio el ser y nos espera para completarlo aún más, la grandeza de la propia libertad que se descubre potenciadora fecunda de otras libertades y existencias, el descubrimiento profundo de un Tú vivo y mayor que uno mismo».

✳ **Filipenses 3, 3-8a:** Todo eso que para mí era ganancia lo consideré pérdida a causa de Cristo.

▶ **Salmo 104 [105], 2-3|4-5|6-7:** Que se alegren los que buscan al Señor. O bien: Aleluya.

✚ **Evangelio: SAN LUCAS 15, 1-10**

En aquel tiempo, solían acercarse a Jesús todos los publicanos y los pecadores a escucharlo. Y los fariseos y los escribas murmuraban diciendo: «Ese acoge a los pecadores y come con ellos». Jesús les dijo esta parábola: «¿Quién de vosotros que tiene cien ovejas y pierde una de ellas no deja las noventa y nueve en el desierto y va tras la descarriada, hasta que la encuentra? Y, cuando la encuentra, se la carga sobre los hombros, muy contento; y, al llegar a casa, reúne a los amigos y a los vecinos, y les dice: "¡Alegraos conmigo!, he encontrado la oveja que se me había perdido". Os digo que así también habrá más alegría en el cielo por un solo pecador que se convierta que por noventa y nueve justos que no necesitan convertirse. O ¿qué mujer que tiene diez monedas, si se le pierde una, no enciende una lámpara y barre la casa y busca con cuidado, hasta que la encuentra? Y, cuando la encuentra, reúne a las amigas y a las vecinas y les dice: "¡Alegraos conmigo!, he encontrado la moneda que se me había perdido". Os digo que la misma alegría tendrán los ángeles de Dios por un solo pecador que se convierta».

Jesús, maestro empático, conoces profundamente nuestra naturaleza y acomodas tu enseñanza a nuestra limitada comprensión. Publicanos y pecadores, rechazados y aislados, son precisamente quienes escuchan... y tú, Señor, los alzas del fango con tu atención, invitados a la mesa de la inclusión, donde todos son bienvenidos, sintiéndose valorados y aceptados, los que te pertenecen. Fariseos y escribas, críticos y suspicaces, sintiéndose superiores, malpensantes de las murmuraciones y la sospecha: «Ese acoge a los pecadores y come con ellos», aferrándose a sus prejuicios, temerosos ante lo que desafía sus creencias. El pastor y la mujer, los de la persistencia y la dedicación, los de los detalles y el cuidado, los que celebran y expresan alegría. Yo soy los seis... hazme tuyo.

QUIERO APRENDER DE TI (Almudena Egea)

Quiero aprender tu capacidad
de posar sin prisa la mirada
en aquellos que te necesitan.
De hacer únicos los encuentros cotidianos.
Quiero aprender de Ti la generosidad sin límites.
Esa que desborda todo lo esperado,
que te colma de bienes y de bendiciones.
Quiero aprender de Ti a pedir sin exigir,
porque comprendes
que cada uno da lo que tiene y puede en cada momento.
A Ti eso te basta, Jesús: por muy poco que sea,
por muy roto que esté,
lo bendices y lo multiplicas.
Y quiero buscar como Tú
los momentos en los que en soledad
me encuentre con el Padre.
Esos momentos que me equilibran y me sostienen.
Que me ayudan a reconocer que todo viene de Él.
Que me hacen vivir dando gracias.

✳ **Deuteronomio 30, 10-14:** El mandamiento está muy cerca de ti; cúmplelo.

▶ **Salmo 15 [16], 1b-2a.5|7-8|11:** Yo digo al Señor: «Tú eres, Señor, mi refugio».

✚ **Evangelio: SAN JUAN 12, 23-26**

En aquel tiempo, dijo Jesús a sus discípulos: «Ha llegado la hora de que sea glorificado el Hijo del hombre. Os aseguro que si el grano de trigo no cae en tierra y muere, queda infecundo; pero si muere, da mucho fruto. El que se ama a sí mismo se pierde, y el que se aborrece a sí mismo en este mundo se guardará para la vida eterna. El que quiera servirme, que me siga, y donde esté yo, allí también estará mi servidor; a quien me sirva, el Padre lo premiará».

En la fiesta de Todos los Santos de la Compañía de Jesús, la liturgia nos invita a contemplar las palabras de Jesús sobre el grano de trigo que muere para dar fruto, metáfora sobre el darse y la transformación. Recordamos a tantos que se dieron en lo cotidiano. Agradecidos, por los que están en los altares y por los que no. Por los que viven a nuestro lado, jesuitas y no jesuitas, esos santos de la puerta de al lado de los que habla el papa Francisco. Santidad como entrega diaria, en lo pequeño, en el servicio. Los santos jesuitas nos animan a reconocer que estamos llamados a vivir así en lo cotidiano, transformando nuestro entorno con esperanza y alegría, poniendo cariño en lo que hacemos.

Para mí Dios es todo. Es lo que llena completamente mi vida y que me aparece en la fisonomía de Jesucristo, en el Jesucristo oculto en la Eucaristía, y después en mis hermanos los hombres, que son imagen de Dios. PEDRO ARRUPE, SJ

NOVIEMBRE

**(MO) Santos Pedro Poveda
e Inocencio de la Inmaculada (pbs.) y cc., mrs.**
Conmemoración de Todos los Difuntos SJ

✳ **Filipenses 3, 17–4, 1:** Aguardamos un Salvador.

▸ **Salmo 121 [122], 1bc-2|3-4ab|4cd-5:** Vamos alegres a la casa del Señor.

✚ **Evangelio: SAN LUCAS 16, 1-8**

En aquel tiempo, decía Jesús a sus discípulos: «Un hombre rico tenía un administrador, a quien acusaron ante él de derrochar sus bienes. Entonces lo llamó y le dijo: "¿Qué es eso que estoy oyendo de ti? Dame cuenta de tu administración, porque en adelante no podrás seguir administrando". El administrador se puso a decir para sí: "¿Qué voy a hacer, pues mi señor me quita la administración? Para cavar no tengo fuerzas; mendigar me da vergüenza. Ya sé lo que voy a hacer para que, cuando me echen de la administración, encuentre quien me reciba en su casa". Fue llamando uno a uno a los deudores de su amo y dijo al primero: "¿Cuánto debes a mi amo?". Este respondió: "Cien barriles de aceite". Él le dijo: "Toma tu recibo; aprisa, siéntate y escribe cincuenta". Luego dijo a otro: "Y tú, ¿cuánto debes?". Él dijo: "Cien fanegas de trigo". Le dice: "Toma tu recibo y escribe ochenta". Y el amo alabó al administrador injusto, porque había actuado con astucia. Ciertamente, los hijos de este mundo son más astutos con su propia gente que los hijos de la luz».

A menudo me recuerdo que no es lo mismo ser tonto que hacerse el tonto. A veces, dejarse tomar el pelo es una buena receta para evitar conflictos. Pero hoy Jesús nos sorprende con la parábola del administrador astuto. Un personaje repudiable, malversador, aprovechado... pillado en falta. Hace malabares con los números en beneficio propio, y sus argucias financieras son elogiadas. Parece que no tiene ningún sentido, ¿está Jesús alabando la corrupción? En absoluto, sino que nos incita a despertar, a no ser incautos ni conformistas, a no dejarnos tomar el pelo en toda ocasión. Nos insta a emplear la astucia, no para el engaño, sino para que transformemos las realidades injustas en caudales de ternura... y esto no siempre es posible desde el buenismo.

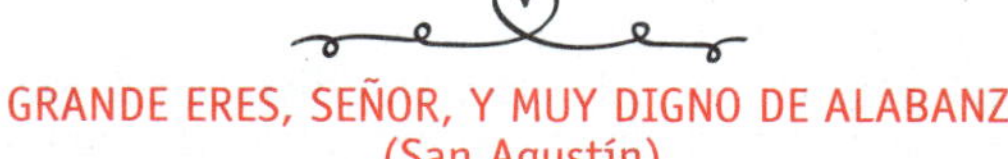

GRANDE ERES, SEÑOR, Y MUY DIGNO DE ALABANZA
(San Agustín)

Grande eres, Señor, y muy digno de alabanza; grande tu poder, y tu sabiduría no tiene medida. ¿Y pretende alabarte el hombre, pequeña parte de tu creación, y precisamente el hombre, que, revestido de su mortalidad, lleva consigo el testimonio de su pecado y el testimonio de que resistes a los soberbios?

Con todo, quiere alabarte el hombre, pequeña parte de tu creación. Tú mismo le excitas a ello, haciendo que se deleite en alabarte, porque nos has hecho para ti y nuestro corazón está inquieto hasta que descanse en ti.

Dame, Señor, a conocer y entender qué es primero, si invocarte o alabarte, o si es antes conocerte que invocarte. Mas ¿quién habrá que te invoque si antes no te conoce? Porque, no conociéndote, fácilmente podrá invocar una cosa por otra. ¿Acaso, más bien, no habrás de ser invocado para ser conocido? Pero ¿y cómo invocarán a aquel en quien no han creído? ¿Y cómo creerán si no se les predica?

Ciertamente, alabarán al Señor los que le buscan, porque los que le buscan le hallan y los que le hallan le alabarán.

Que yo, Señor, te busque invocándote y te invoque creyendo en ti, pues me has sido predicado.

Te invoca, Señor, mi fe, la fe que tú me diste e inspiraste por la humanidad de tu Hijo y el ministerio de tu mensajero.

✳ **Filipenses 4, 10-19:** Todo lo puedo en aquel que me conforta. ▶ **Salmo 111 [112], 1b-2|5-6|8a.9:** Dichoso quien teme al Señor. **O bien:** Aleluya.

✠ **Evangelio: SAN LUCAS 16, 9-15**

En aquel tiempo, decía Jesús a sus discípulos: «Ganaos amigos con el dinero de iniquidad, para que, cuando os falte, os reciban en las moradas eternas. El que es fiel en lo poco, también en lo mucho es fiel; el que es injusto en lo poco, también en lo mucho es injusto. Pues, si no fuisteis fieles en la riqueza injusta, ¿quién os confiará la verdadera? Si no fuisteis fieles en lo ajeno, ¿lo vuestro, quién os lo dará? Ningún siervo puede servir a dos señores, porque, o bien aborrecerá a uno y amará al otro, o bien se dedicará al primero y no hará caso del segundo. No podéis servir a Dios y al dinero». Los fariseos, que eran amigos del dinero, estaban escuchando todo esto y se burlaban de él. Y les dijo: «Vosotros os las dais de justos delante de los hombres, pero Dios conoce vuestros corazones, pues lo que es sublime entre los hombres es abominable ante Dios».

Seguimos de vuelta con los dineros. «No podéis servir a Dios y al dinero». Julio Colomer, en su reflexión de hace seis años, iluminaba el matiz de estas palabras: no se trata de «servirse del dinero» con honestidad, sino de «servir al dinero», de someternos a él, de caer en servidumbre. Jesús cuestiona nuestras lealtades y cómo manejamos los medios que tenemos a nuestro alcance, resonando el «tanto cuanto» ignaciano. Mientras los fariseos se mofan de Jesús, él nos alerta del peligro de idolatrar al dinero, convirtiéndolo en nuestra prisión. La observancia a la que se nos invita tiene que ver con lo de dentro. En la economía del Reino, se trastocan los valores: lo que cuenta es otra cosa.

✳ 1.ª lectura: SABIDURÍA 6, 12-16

Radiante e inmarcesible es la sabiduría, la ven con facilidad los que la aman y quienes la buscan la encuentran. Se adelanta en manifestarse a los que la desean. Quien madruga por ella no se cansa, pues la encuentra sentada a su puerta. Meditar sobre ella es prudencia consumada y el que vela por ella pronto se ve libre de preocupaciones. Pues ella misma va de un lado a otro buscando a los que son dignos de ella; los aborda benigna por los caminos y les sale al encuentro en cada pensamiento.

▌ Salmo 62 [63], 2|3-4|5-6|7-8: Mi alma está sedienta de ti, Señor, Dios mío.

✳ 2.ª lectura (texto breve): 1 TESALONICENSES 4, 13-14

No queremos que ignoréis, hermanos, la suerte de los difuntos para que no os aflijáis como los que no tienen esperanza. Pues si creemos que Jesús murió y resucitó, de igual modo Dios llevará con él, por medio de Jesús, a los que han muerto.

✠ Evangelio: SAN MATEO 25, 1-13

En aquel tiempo, dijo Jesús a sus discípulos esta parábola: «El reino de los cielos se parece a diez vírgenes que tomaron sus lámparas y salieron al encuentro del esposo. Cinco de ellas eran necias y cinco eran prudentes. Las necias, al tomar las lámparas, no se proveyeron de aceite; en cambio, las prudentes se llevaron alcuzas de aceite con las lámparas. El esposo tardaba, les entró sueño a todas y se durmieron. A medianoche se oyó una voz: "¡Que llega el esposo, salid a su encuentro!". Entonces se despertaron todas aquellas vírgenes y se pusieron a preparar sus lámparas. Y las necias dijeron a las prudentes: "Dadnos de vuestro aceite, que se nos apagan las lámparas". Pero las prudentes contestaron: "Por si acaso no hay bastante para vosotras y nosotras, mejor es que vayáis a la tienda y os lo compréis". Mientras iban a comprarlo, llegó el esposo, y las que estaban preparadas entraron con él al banquete de bodas, y se cerró la puerta. Más tarde llegaron también las otras vírgenes, diciendo: "Señor, señor, ábrenos". Pero él respondió: "En verdad os digo que no os conozco". Por tanto, velad, porque no sabéis el día ni la hora».

Diez doncellas son el retrato de la espera, del deseo, de las expectativas y la ilusión. ¿Cuáles son mis anhelos? Ellas saben de la fiesta, de la promesa de algo que vale la pena, hasta puede que hayan anticipado en su imaginación o al quedar dormidas lo que encontrarán al cruzar la puerta: alegría, baile, banquete y amor. Cinco un poco negligentes, y cinco poco dispuestas a la generosidad, incluso antipáticas, respondiendo con un práctico pero frío: «Mejor es que vayáis a la tienda y os lo compréis». ¿Pero no me decían de pequeño que hay que compartir? Tus palabras, Jesús, profundizan más allá de las lecciones infantiles, van de otra cosa: de cuidar el aceite, de mantener la mirada fija en lo realmente importante, de atender los detalles, de no quedarme en las buenas intenciones o con los brazos cruzados esperando soluciones ajenas, de no dejarme arrastrar por la comodidad o la pasividad... Me dices sin rodeos: no caigas en la autocomplacencia, sé diligente, no responsabilices a los demás de tus propios actos, no tires balones fuera, apuesta por aquello a lo que te has comprometido, vive con intención y cuida esa parcela de realidad que te he confiado.

Dichoso el paladar que saborea, oh Dios-Amor, tus palabras ricas en consuelo, más dulces que la miel y el panal. ¡Oh, cuándo, cuándo se llenará mi alma de la enjundia nutriente de tu divinidad y se embriagará con la abundancia de tu placer! GERTRUDIS DE HELFTA

(F) Dedicación de la Basílica de Letrán
Madrid: N.ª S.ª de la Almudena
Micaela Baldoví, absa. y mr.

✳ **Ezequiel 47, 1-2.8-9.12:** Vi agua que manaba agua del templo, y habrá vida allí donde llegue el torrente.
O bien: **1 Corintios 3, 9c-11.16-17:** Sois templo de Dios.

▶ **Salmo 45 [46], 2-3|5-6|8-9:** Un río y sus canales alegran la ciudad de Dios, el Altísimo consagra su morada.

✠ **Evangelio: SAN JUAN 2, 13-22**

Se acercaba la Pascua de los judíos y Jesús subió a Jerusalén. Y encontró en el templo a los vendedores de bueyes, ovejas y palomas, y a los cambistas sentados; y, haciendo un azote de cordeles, los echó a todos del templo, ovejas y bueyes; y a los cambistas les esparció las monedas y les volcó las mesas; y a los que vendían palomas les dijo: «Quitad esto de aquí: no convirtáis en un mercado la casa de mi Padre». Sus discípulos se acordaron de lo que está escrito: «El celo de tu casa me devora». Entonces intervinieron los judíos y le preguntaron: «¿Qué signos nos muestras para obrar así?». Jesús contestó: «Destruid este templo, y en tres días lo levantaré». Los judíos replicaron: «Cuarenta y seis años ha costado construir este templo, ¿y tú lo vas a levantar en tres días?». Pero él hablaba del templo de su cuerpo. Y cuando resucitó de entre los muertos, los discípulos se acordaron de que lo había dicho, y creyeron a la Escritura y a la palabra que había dicho Jesús.

La liturgia hoy nos invita a recordar la consagración de la basílica madre de todas las iglesias del mundo entero, la primera iglesia en Roma en tiempos de Constantino, tras la concesión de la libertad plena a los cristianos. Y esa misma liturgia nos presenta a Jesús irrumpiendo en el templo de Jerusalén, látigo en mano; no se trata de una purificación, sino de un desafío a lo establecido: denuncia de escándalos y anuncio de su pasión. Con la resurrección cambiará nuestra comprensión de lo sagrado. Un templo no de piedras, sino de carne, reconocimiento de lo divino habitando la fragilidad humana. Cada creatura como morada digna del Creador. La vulnerabilidad como lugar de encuentro con el propio Dios.

LLAMADA (Ignacio Iglesias, SJ)

¡No me mandes callar! / No puedo obedecerte.
Tu perdón me ha quemado como un fuego
y lo tengo que hablar / siempre y a todos,
aunque me lo prohíbas, / o aunque no me lo crean.
Si, por eso, me echan de esta tierra,
saldré hablando de Ti.

Diré que eres de todos, / siempre el mismo,
que tu amor no depende de nosotros,
que nos amas igual, aunque no amemos;
nuestro título ante Ti es la pobreza / de no amar.

Que eres voz que llama siempre / a cada puerta,
con nombre exacto, inconfundible;
que no pides nada, / das y esperas
el tiempo que haga falta;
que no fuerzas los ritmos de los hombres,
que no cansas, / no te cansas,
y que tu amor es nuevo cada día;
que te dolemos todos, / cuando no te buscamos.

Diré muchas más cosas:
que basta con mirarte en cualquier sitio,
porque todos son tuyos, / para ser otra cosa;
simplemente / para ser persona.
¡Señor, que, chispa a chispa,
no me canse / de prender este fuego!

✳ Tito 2, 1-8.11-14: Llevemos una vida piadosa, aguardando la dicha que esperamos y la manifestación de Dios y Salvador nuestro, Jesucristo.

▶ Salmo 36 [37], 3-4|18.23|27.29: El Señor es quien salva a los justos.

✚ **Evangelio: SAN LUCAS 17, 7-10**

En aquel tiempo, dijo el Señor: «¿Quién de vosotros, si tiene un criado labrando o pastoreando, le dice cuando vuelve del campo: "Enseguida, ven y ponte a la mesa"? ¿No le diréis más bien: "Prepárame de cenar, cíñete y sírveme mientras como y bebo, y después comerás y beberás tú"? ¿Acaso tenéis que estar agradecidos al criado porque ha hecho lo mandado? Lo mismo vosotros: cuando hayáis hecho todo lo que se os ha mandado, decid: "Somos siervos inútiles, hemos hecho lo que teníamos que hacer"»

Tus seguidores, Jesús, conocían bien el arte de servir antes que el de mandar. Les invitas a hacer un ejercicio de imaginación... Suponed que tenéis criados... y claro, se les trata como es de esperar en el siglo I. Tras un largo día, llegan de trabajar y se les dice que sigan sirviendo, sin esperar una señal de agradecimiento. Se trata de ser bien mandados y hacer lo que toca. ¿Pero qué pasa cuando el que te manda es alguien que te quiere? Y mucho. Alguien que se te regala, que te ha criado en su regazo... Pues que no importan las recompensas, que al amor se responde con amor y la satisfacción de hacer «lo que teníamos que hacer».

La práctica de la pobreza material es la libertad de distribuir y compartir. No tenemos que aferrarnos a las cosas por nuestra seguridad, pero podemos hacernos puentes por donde ellas pasen en beneficio de los demás. JAMES HANVEY, SJ

(MO) San Martín de Tours, ob.
Santa Marina de Omura, v. y mr.
Beata Vicenta M.ª Poloni, v. y fdra.

✳ **Tito 3, 1-7:** Andábamos por el camino equivocado, pero según su propia misericordia nos salvó.

▶ **Salmo 22 [23], 1b-3a|3b-4|5|6:** El Señor es mi pastor, nada me falta.

✚ **Evangelio: SAN LUCAS 17, 11-19**

Una vez, yendo Jesús camino de Jerusalén, pasaba entre Samaría y Galilea. Cuando iba a entrar en una ciudad, vinieron a su encuentro diez hombres leprosos, que se pararon a lo lejos y a gritos le decían: «Jesús, maestro, ten compasión de nosotros». Al verlos, les dijo: «Id a presentaros a los sacerdotes». Y sucedió que, mientras iban de camino, quedaron limpios. Uno de ellos, viendo que estaba curado, se volvió alabando a Dios a grandes gritos y se postró a los pies de Jesús, rostro en tierra, dándole gracias. Este era un samaritano. Jesús, tomó la palabra y dijo: «¿No han quedado limpios los diez?; los otros nueve, ¿dónde están? ¿No ha habido quien volviera a dar gloria a Dios más que este extranjero?». Y le dijo: «Levántate, vete; tu fe te ha salvado».

Me interpelas con tus preguntas, Señor: ¿ando por la vida como los nueve leprosos, indiferente a tu gracia, o como el samaritano, consciente de cada don recibido? ¿Vivo la gratitud simplemente como un acto de cortesía o una respuesta mecánica? ¿Es mi gratitud un mero formalismo, o brota del reconocimiento de tu amor en lo cotidiano? ¿Veo reflejado tu amor en cada rostro, gesto y palabra sincera? ¿Cómo respondo a los momentos de generosidad inesperada, esos pequeños milagros que interrumpen la monotonía de mis días? ¿Soy capaz de encontrar en los desafíos, no solo pruebas, sino también regalos que me ayudan a crecer y acercarme más a ti? ¿Y en la adversidad, logro aún alzar mi voz en agradecimiento, confiando en que cada experiencia lleva consigo algo mucho más grande?

(MO) San Josafat, ob. y mr.
San Margarito Flores, pb. y mr.
Beato José Medes, mr.

✳ **Filemón 1, 7-20:** Recóbralo no como esclavo, sino como un hermano querido.

▶ **Salmo 145 [146], 6c-7|8-9a|9bc-10:** Dichoso a quien auxilia el Dios de Jacob. O bien: Aleluya.

✠ **Evangelio: SAN LUCAS 17, 20-25**

En aquel tiempo, los fariseos preguntaron a Jesús: «¿Cuándo va a llegar el reino de Dios?». Él les contestó: «El reino de Dios no viene aparatosamente, ni dirán: "Esta aquí" o "Está allí", porque, mirad, el reino de Dios esta en medio de vosotros». Dijo a sus discípulos: «Vendrán días en que desearéis ver un solo día del Hijo del hombre, y no lo veréis. Entonces se os dirá: "Está aquí" o "Está allí"; no vayáis ni corráis detrás, pues como el fulgor del relámpago brilla de un extremo al otro del cielo, así será el Hijo del hombre en su día. Pero primero es necesario que padezca mucho y sea reprobado por esta generación».

En nuestra infancia, en los viajes en coche, solíamos preguntar insistentemente con impaciencia: ¿Falta mucho? Similar a esto, los fariseos inquieren a Jesús sobre cuándo llegará el reino de Dios. Jesús, con su respuesta, nos invita a cambiar la perspectiva: no se trata de un «cuándo», sino de un «desde dónde» o «desde el qué». En nuestros viajes, las señales externas nos indicaban la proximidad del destino, aunque nunca nos hablaban del tiempo o del cuánto. Mirábamos hacia fuera, pero no nos deteníamos a mirar hacia dentro, donde puede que ya estuviera presente. Abre el corazón para ver y vivir este reino al que ya has llegado. Seguramente, Jesús también nos habría sorprendido, dejándonos en una perplejidad llena de incomprensión.

NOVIEMBRE

(MOJes) San Estanislao Kotska, rl.
Sevilla: San Leandro, ob.
Alcalá: San Diego de Alcalá, rl.*

❋ **2 Juan 1, 4-9:** Quien permanece en la doctrina, este posee al Padre y al Hijo. ▶ Salmo 118 [119], 1|2|10|11|17|18: Dichoso el que camina en la ley del Señor.

✚ **Evangelio: SAN LUCAS 17, 26-37**

En aquel tiempo, dijo Jesús a sus discípulos: «Como sucedió en los días de Noé, así será también en los días del Hijo del hombre: comían, bebían, se casaban los hombres y las mujeres tomaban esposo, hasta el día en que Noé entró en el arca; entonces llegó el diluvio y acabó con todos. Asimismo, como sucedió en los días de Lot: comían, bebían, compraban, vendían, sembraban, construían; pero el día que Lot salió de Sodoma, llovió fuego y azufre del cielo y acabó con todos. Así sucederá el día que se revele el Hijo del hombre. Aquel día, el que esté en la azotea y tenga sus cosas en casa no baje a recogerlas; igualmente, el que esté en el campo no vuelva atrás. Acordaos de la mujer de Lot. El que pretenda guardar su vida, la perderá; y el que la pierda, la recobrará. Os digo que aquella noche estarán dos juntos: a uno se lo llevarán y al otro lo dejarán; estarán dos moliendo juntas: a una se la llevarán y a la otra la dejarán». Ellos le preguntaron: «¿Dónde, Señor?». Él les dijo: «Donde está el cadáver, allí se reunirán los buitres».

Los buitres acuden al hedor de la muerte, pero las referencias a Lot y Noé matizan el sentido del texto. Más que una advertencia, se trata de una invitación a vivir con sentido, alerta, a ganar la vida verdadera. Martin Buber dice que en su juventud creía que las cosas de Dios tenían que ver con lo excepcional, pero su percepción de lo divino evolucionó de buscar lo excepcional a encontrar lo sagrado en lo cotidiano. «El misterio —dice— no se pronuncia, mora aquí donde todo sucede». La religión, para él, se convierte en la totalidad de la vida vivida como diálogo constante, respuesta responsable a cada momento.

✳ **3 Juan 1, 5-8:** Debemos sostener a los hermanos, para hacernos colaboradores de la verdad.

▶ **Salmo 111 [112], 1b-2|3-4|5-6:** Dichoso quien teme al Señor. **O bien:** Aleluya.

✝ **Evangelio: SAN LUCAS 18, 1-8**

En aquel tiempo, Jesús dijo a sus discípulos una parábola para enseñarles que es necesario orar siempre, sin desfallecer. «Había un juez en una ciudad que ni temía a Dios ni le importaban los hombres. En aquella ciudad había una viuda que solía ir a decirle: "Hazme justicia frente a mi adversario". Por algún tiempo se estuvo negando, pero después se dijo a sí mismo: "Aunque ni temo a Dios ni me importan los hombres, como esta viuda me está molestando, le voy a hacer justicia, no sea que siga viniendo a cada momento a importunarme"». Y el Señor añadió: «Fijaos en lo que dice el juez injusto; pues Dios ¿no hará justicia a sus elegidos que claman ante él día y noche?; ¿o les dará largas? Os digo que les hará justicia sin tardar. Pero, cuando venga el Hijo del hombre, ¿encontrará esta fe en la tierra?».

La paradoja es inherente a nuestra existencia. A menudo, olvidamos orar, consumidos por el ajetreo cotidiano, y la gratitud a veces se ausenta de nuestra intimidad con Dios. En ocasiones, nuestras oraciones ante las cosas que no van bien desean de Dios soluciones inmediatas a realidades complejas y dolorosas. Y Jesús sabe que incluso en esos momentos, al final, la realidad nos vence; nos desanima el silencio aparente o la falta de respuestas... Jesús juega con la ironía para animarnos a ser persistentes ante el desánimo: el juez injusto se mueve por la molestia y el fastidio, eso le hace atender a la petición de la viuda ... Y luego está la indiferencia, enséñame, Señor, a ser libre, a resistir, que la adversidad no me aleje de ti.

NOVIEMBRE

33.ª semana del T.O. Ciclo A. LH: salterio sem. I
San Alberto Magno, ob. y dr. Toledo: San Eugenio, ob.*
JORNADA DE LOS POBRES

✳ 1.ª lectura: PROVERBIOS 31, 10-13.19-20.30-31

Una mujer fuerte, ¿quién la hallará? Supera en valor a las perlas. Su marido se fía de ella, pues no le faltan riquezas. Le trae ganancias, no pérdidas, todos los días de su vida. Busca la lana y el lino y los trabaja con la destreza de sus manos. Aplica sus manos al huso, con sus dedos sostiene la rueca. Abre sus manos al necesitado y tiende sus brazos al pobre. Engañosa es la gracia, fugaz la hermosura; la que teme al Señor merece alabanza. Cantadle por el éxito de su trabajo, que sus obras la alaben en público.

▶ **Salmo 127 [128], 1bc-2|3|4-5:** Dichosos los que temen al Señor.

✳ 2.ª lectura: 1 TESALONICENSES 5, 1-6

Hermanos: En lo referente al tiempo y a las circunstancias no necesitáis que os escriba, pues vosotros sabéis perfectamente que el Día del Señor llegará como un ladrón en la noche. Cuando estén diciendo: «paz y seguridad», entonces, de improviso, les sobrevendrá la ruina, como los dolores de parto a la que está encinta, y no podrán escapar. Pero vosotros, hermanos, no vivís en tinieblas, de forma que ese día os sorprenda como un ladrón; porque todos sois hijos de la luz e hijos del día; no somos de la noche ni de las tinieblas. Así, pues, no nos entreguemos al sueño como los demás, sino estemos en vela y vivamos sobriamente.

✚ Evangelio (texto breve):
SAN MATEO 25, 14-15.19-21

En aquel tiempo, dijo Jesús a sus discípulos esta parábola: «Un hombre, al irse de viaje, llamó a sus siervos y los dejó al cargo de sus bienes: a uno le dejó cinco talentos, a otro dos, a otro uno, a cada cual según su capacidad; luego se marchó. El que recibió cinco talentos fue enseguida a negociar con ellos y ganó otros cinco. El que recibió dos hizo lo mismo y ganó otros dos. Al cabo de mucho tiempo viene el señor de aquellos siervos y se pone a ajustar las cuentas con ellos. Se acercó el que había recibido cinco talentos y le presentó otros cinco, diciendo: "Señor, cinco talentos me dejaste; mira, he ganado otros cinco". Su señor le dijo: "Bien, siervo bueno y fiel; como has sido fiel en lo poco, te daré un cargo importante; entra en el gozo de tu señor"».

Con ciertos textos que hemos meditado muchas veces, corremos el riesgo de creer que ya nos los sabemos, y los dejamos correr. Pero, ¿qué pasaría si los contempláramos y oyésemos a Jesús diciéndonos: «Eres negligente y holgazán, inútil... fuera, a las tinieblas, allí será el llanto y el rechinar de dientes»? Surgirían muchas excusas y justificaciones en mí; me sentiría francamente mal, ansioso, angustiado, quizás hasta maltratado... aunque en el fondo estuviera cosechando lo sembrado (llanto y rechinar), porque la gestión de tus talentos, no míos, refleja mi actitud ante la vida, mi relación contigo y con los demás. Señor, anhelo escuchar de ti: «Muy bien. Eres fiel y cumplidor, has sido fiel en lo poco; pasa al banquete»... aunque para eso debo poner de mi parte. Me instas a afrontar los desafíos de una manera determinada; no se trata de lograr algo en particular, sino de arriesgarme y apasionarme por ti y por tu Reino, de dejar de lado los miedos, de atreverme a hacer las cosas a tu manera a pesar de la incertidumbre, de contribuir activamente a algo mayor. En definitiva, consiste en remar en la misma dirección que Tú, también hoy en la Jornada de los Pobres.

Si queréis orar mejor, tenéis que orar más... La oración nos ayuda a conocer y cumplir la voluntad de Dios... Dios es amigo del silencio. Tenemos que encontrar a Dios, pero a Dios no podemos encontrarlo ni en el ruido ni en la agitación... Si de verdad queremos orar, por encima de todo tenemos que disponernos a escuchar, porque el Señor habla en el silencio del corazón.
SANTA TERESA DE CALCUTA

✳ **Apocalipsis 1, 1-4; 2, 1-5a:** Acuérdate de dónde has caído, y conviértete. ❙ **Salmo 1, 1-2|3|4.6:** Al vencedor le daré a comer del árbol de la vida.

✚ **Evangelio: SAN LUCAS 18, 35-43**

Cuando se acercaba Jesús a Jericó, había un ciego sentado al borde del camino pidiendo limosna. Al oír que pasaba gente, preguntaba qué era aquello; y le informaron: «Pasa Jesús el Nazareno». Entonces empezó a gritar: «¡Jesús, hijo de David, ten compasión de mí!». Los que iban delante lo regañaban para que se callara, pero él gritaba más fuerte: «¡Hijo de David, ten compasión de mí!». Jesús se paró y mandó que se lo trajeran. Cuando estuvo cerca, le preguntó: «¿Qué quieres que haga por ti?». Él dijo: «Señor, que recobre la vista». Jesús le dijo: «Recobra la vista, tu fe te ha salvado». Y enseguida recobró la vista y lo seguía, glorificando a Dios. Y todo el pueblo, al ver esto, alabó a Dios.

San Ignacio nos anima a ver a las personas, escuchar lo que dicen y mirar lo que hacen en las contemplaciones de los misterios de Cristo como si estuviéramos presentes: Jesús, el ciego, la multitud, la gente... Los transeúntes explican: «Pasa Jesús Nazareno», reprenden al ciego pidiéndole silencio y, finalmente, terminan alabando a Dios. A menudo, nos vemos influidos por la multitud, reprimiendo súplicas de ayuda, desde una conformidad anónima, cediendo a la presión social con un «¡No molestes!». Nos convertimos en meros espectadores, esperando que otros actúen, desligándonos de la responsabilidad. Pero, impactados por la curación, nos dejamos llevar por la euforia colectiva como borregos. Ojalá, Señor, pase de ser espectador y me convierta en actor comprometido.

✳ **Apocalipsis 3, 1-6.14-22:** Si alguien escucha la puerta, entraré a su casa y cenaré con él.

▶ **Salmo 14 [15], 2-3a|3bc-4ab|5:** Al vencedor le concederé sentarse conmigo en mi trono.

✠ **Evangelio: SAN LUCAS 19, 1-10**

En aquel tiempo, Jesús entró en Jericó e iba atravesando la ciudad. En esto, un hombre llamado Zaqueo, jefe de publicanos y rico, trataba de ver quién era Jesús, pero no lo lograba a causa del gentío, porque era pequeño de estatura. Corriendo más adelante, se subió a un sicomoro para verlo, porque tenía que pasar por allí. Jesús, al llegar a aquel sitio, levantó los ojos y le dijo: «Zaqueo, date prisa y baja, porque es necesario que hoy me quede en tu casa». Él se dio prisa en bajar y lo recibió muy contento. Al ver esto, todos murmuraban diciendo: «Ha entrado a hospedarse en casa de un pecador». Pero Zaqueo, de pie, dijo al Señor: «Mira, Señor, la mitad de mis bienes se la doy a los pobres; y si he defraudado a alguno, le restituyo cuatro veces más». Jesús le dijo: «Hoy ha sido la salvación de esta casa, pues también este es hijo de Abrahán. Porque el Hijo del hombre ha venido a buscar y a salvar lo que estaba perdido».

La conducta de Zaqueo parece reprobable. Se encarama a una higuera, porque, a pesar de lo que piensen sobre él, está en búsqueda. Desea ver quién es ese Jesús del que tanto ha escuchado… Ciertos encuentros nos transforman, fruto del reconocimiento, de una mirada acogedora y de la aceptación. Jesús intuye el corazón anhelante de Zaqueo y le mira. Y ocurre el milagro. Al igual que Zaqueo, necesitamos esas miradas que ven más allá de nuestros errores y fallos, ofreciendo oportunidades para reconstruir lo roto. Ojalá, como Zaqueo, podamos también abrir nuestras casas y corazones, acogiendo el cambio y compartiendo con otros la vida.

✳ **Apocalipsis 4, 1-11:** Santo es el Señor Dios, el todopoderoso; el que era y es y ha de venir.

▌ **Salmo 150, 1bc-2|3-4|5-6a:** Santo, Santo, Santo es el Señor Dios, el todopoderoso.

✠ **Evangelio: SAN LUCAS 19, 11-28**

En aquel tiempo, Jesús dijo una parábola, porque estaba él cerca de Jerusalén y pensaban que el reino de Dios iba a manifestarse enseguida. Dijo, pues: «Un hombre noble se marchó a un país lejano para conseguirse el título de rey y volver después. Llamó a diez siervos suyos y les repartió diez minas de oro, diciéndoles: "Negociad mientras vuelvo". Pero sus conciudadanos lo aborrecían y enviaron tras de él una embajada diciendo: "No queremos que este llegue a reinar sobre nosotros". Cuando regresó de conseguir el título real, mandó llamar a su presencia a los siervos a quienes había dado el dinero, para enterarse de lo que había ganado cada uno. El primero se presentó y dijo: "Señor, tu mina ha producido diez". Él le dijo: "Muy bien, siervo bueno; ya que has sido fiel en lo pequeño, recibe el gobierno de diez ciudades". El segundo llegó y dijo: "Tu mina, señor, ha rendido cinco". A ese le dijo también: "Pues toma tú el mando de cinco ciudades". El otro llegó y dijo: "Señor, aquí está tu mina; la he tenido guardada en un pañuelo, porque tenía miedo, pues eres un hombre exigente que retiras lo que no has depositado y siegas lo que no has sembrado". Él le dijo: "Por tu boca te juzgo, siervo malo. ¿Conque sabías que soy exigente, que retiro lo que no he depositado y siego lo que no he sembrado? Pues ¿por qué no pusiste mi dinero en el banco? Al volver yo, lo habría cobrado con los intereses". Entonces dijo a los presentes: "Quitadle a este la mina y dádsela al que tiene diez minas". Le dijeron:

"Señor, ya tiene diez minas". "Os digo: al que tiene se le dará, pero al que no tiene se le quitará hasta lo que tiene. Y en cuanto a esos enemigos míos, que no querían que llegase a reinar sobre ellos, traedlos acá y degolladlos en mi presencia"». Dicho esto, caminaba delante de ellos, subiendo hacia Jerusalén.

Podemos caer en la trampa de pensar que ya meditamos este evangelio el domingo pasado, pero no es así. Mateo se dirigía a cristianos de origen judío: Jesús es el Mesías que cumple las profecías. Lucas, a gentiles, resaltando la inclusión y la universalidad del mensaje cristiano, responde a una inquietud de su comunidad: va a ocurrir algo importante en Jerusalén. Nos plantea la cuestión de cómo actuamos en tiempos de incertidumbre. La parábola del hombre noble, que a pesar de la oposición sigue adelante con sus planes, nos desafía a ser valientes y proactivos. Hoy, Lucas nos invita a tomar la iniciativa y asumir riesgos, a ser agentes activos en la construcción del Reino de Dios y en la transformación de nuestra realidad.

Nuestro mundo actual es un mundo de miedos: miedo a la miseria y a la pobreza, miedo a las enfermedades y a los sufrimientos, miedo a la soledad y a la muerte. En nuestro mundo tenemos un sistema de seguros muy desarrollado: está bien que existan. Pero sabemos que en el momento del sufrimiento profundo, en el momento de la última soledad, de la muerte, ningún seguro podrá protegernos. El único seguro válido en esos momentos es el que nos viene del Señor, que nos dice también a nosotros: «No temas, yo estoy siempre contigo». Podemos caer, pero al final caemos en las manos de Dios, y las manos de Dios son buenas manos. PAPA BENEDICTO XVI

✳ **Apocalipsis 5, 1-10:** El Cordero fue degollado, y con su sangre nos adquirió de toda nación.

▌ Salmo 149, 1bc-2|3-4|5-6a.9b: Has hecho de nosotros para nuestro Dios un reino de sacerdotes. O bien: Aleluya.

✠ **Evangelio: SAN LUCAS 19, 41-44**

En aquel tiempo, al acercarse Jesús a Jerusalén y ver la ciudad, lloró sobre ella, mientras decía: «¡Si reconocieras tú también en este día lo que conduce a la paz! Pero ahora está escondido a tus ojos. Pues vendrán días sobre ti en que tus enemigos te rodearán de trincheras, te sitiarán, apretarán el cerco de todos lados, te arrasarán con tus hijos dentro, y no dejarán piedra sobre piedra. Porque no reconociste el tiempo de tu visita».

Al acercarnos al final del año litúrgico, con el Adviento a la vista, la liturgia de hoy nos presenta una imagen conmovedora: Jesús llorando ante Jerusalén. Sus lágrimas transmiten un hondo dolor, la tristeza ante «Yerushaláyim», posiblemente de «Yireh» (visión) y «Shalem» (paz). Paradójicamente, la ciudad que significa «fundación de la paz» o «visión de paz» es ciega al mensajero de esa paz. «¡Si al menos tú comprendieras en este día lo que conduce a la paz! No reconociste el momento de mi venida». Su dolor radica en ver el potencial de paz y reconciliación desaprovechado por la dureza de corazón. No solo llora por Jerusalén, sino por todas las ocasiones en que no le reconocemos y dejamos pasar las posibilidades de reconciliación.

Yo creo que la divisa del jesuita hoy día es «Amén» y Aleluya». Amén, porque su vida es hacer la voluntad de Dios y Aleluya, porque eso le hace feliz. PEDRO ARRUPE, SJ

✴ **Apocalipsis 10, 8-11:** Tomé el librito y lo devoré.

❘ **Salmo 118 [119], 14|24|72|103|111|131:** ¡Qué dulce al paladar tu promesa, Señor!

✝ **Evangelio: SAN LUCAS 19, 45-48**

En aquel tiempo, Jesús entró en el templo y se puso a echar a los vendedores, diciéndoles: «Escrito está: "Mi casa será casa de oración"; pero vosotros la habéis hecho una "cueva de bandidos"». Todos los días enseñaba en el templo. Por su parte, los sumos sacerdotes, los escribas y los principales del pueblo buscaban acabar con él, pero no sabían qué hacer, porque todo el pueblo estaba pendiente de él, escuchándolo.

Mi casa convertida en «cueva de bandidos». Los espacios no son inocuos; llevan una carga de memoria y significado, algunos por lo vivido en ellos y otros simplemente por lo que son. A menudo, parece haber una desconexión entre las personas y el espacio en el que están, no por mala fe, sino por desconocimiento, inconsciencia o falta de comprensión. Jesús, tu reacción ante el atropello que se da en el Templo no es un arrebato frente a prácticas incorrectas, sino un recordatorio de la importancia de descubrir y respetar el sentido sagrado de nuestros espacios, tanto físicos, mentales como espirituales. Se trata de saber diferenciar tiempos, espacios, situaciones y personas. Nos desafías a examinar cómo cuidamos nuestras propias «casas» y lo que ellas representan.

Si nos preguntamos: ¿dónde podemos encontrar a Dios? ¿Dónde podemos entrar en comunión con Él a través de Cristo? ¿Dónde podemos encontrar la luz del Espíritu Santo que ilumine nuestra vida? La respuesta es: en el pueblo de Dios, entre nosotros, que somos Iglesia. PAPA FRANCISCO

NOVIEMBRE

(MO) Presentación de la Virgen María
San Mauro de Cesana, ob.
Beata M.ª de Jesús de Siedliska, v. y fdra.

✳ **Apocalipsis 11, 4-12:** Los dos profetas fueron un tormento para los habitantes de la tierra.

▶ **Salmo 143 [144], 1bcd|2|9-10:** ¡Bendito el Señor, mi alcázar!

✚ **Evangelio: SAN LUCAS 20, 27-40**

En aquel tiempo, se acercaron algunos saduceos, los que dicen que no hay resurrección, y preguntaron a Jesús: «Maestro, Moisés nos dejó escrito: "Si a uno se le muere su hermano, dejando mujer pero sin hijos, que tome la mujer como esposa y dé descendencia a su hermano". Pues bien, había siete hermanos; el primero se casó y murió sin hijos. El segundo y el tercero se casaron con ella, y así los siete, y murieron todos sin dejar hijos. Por último, también murió la mujer. Cuando llegue la resurrección, ¿de cuál de ellos será la mujer? Porque los siete la tuvieron como mujer». Jesús les dijo: «En este mundo los hombres se casan y las mujeres toman esposo, pero los que sean juzgados dignos de tomar parte en el mundo futuro y en la resurrección de entre los muertos no se casarán ni ellas serán dadas en matrimonio. Pues ya no pueden morir, ya que son como ángeles; y son hijos de Dios, porque son hijos de la resurrección. Y que los muertos resucitan, lo indicó el mismo Moisés en el episodio de la zarza, cuando llama al Señor: "Dios de Abrahán, Dios de Isaac, Dios de Jacob". No es Dios de muertos, sino de vivos, porque para él todos están vivos». Intervinieron unos escribas: «Bien dicho, Maestro». Y ya no se atrevían a hacerle más preguntas.

Jesús, respondes a los saduceos, y descubro cómo a menudo nos perdemos en trivialidades, olvidando lo esencial. Tú, frente a una pregunta capciosa sobre el matrimonio y la resurrección, elevas la conversación. «Bien dicho,

Maestro», los escribas toman partido... porque a veces es necesario posicionarse. Nos invitas a contemplar no solo la realidad que conocemos, sino también la esperanza de una vida transformada: «No es Dios de muertos, sino de vivos; porque para él todos están vivos», y entonces intuyo toda vida como preciosa. Nos muestras modos de hablar y relacionarnos, de afrontar desafíos y vivir el conflicto. Un salesiano me dijo una vez que «relación es conflicto, con los otros, con uno mismo y con Dios». Y eso muchas veces es difícil de gestionar.

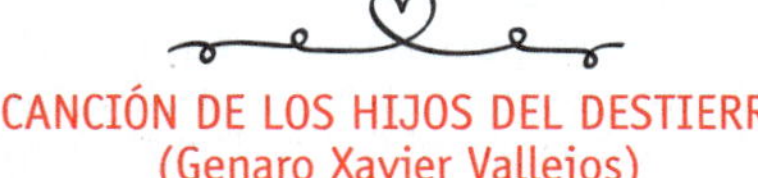

CANCIÓN DE LOS HIJOS DEL DESTIERRO
(Genaro Xavier Vallejos)

A ti, sagrada Virgen sin mancilla,
a ti, Niña Doncella inmaculada,
a ti, Virgen y Madre, doble Espada
de Dios en una sola maravilla,
a ti, Flor, a ti, Espiga, a ti, Gavilla
de oro, entre cielo y tierra derramada,
a ti, Estrella y Aurora anticipada...
los náufragos del mar, los que en la orilla
logrando el pie, de nuestra noche a solas,
golpe tras golpe, a golpe de las olas,
de un naufragio venimos y a otro vamos,
a ti, alegría y esperanza nueva,
a ti, los desterrados hijos de Eva,
¡a ti, a ti, a ti, Madre, clamamos!

La fe cristiana enseña que la muerte corporal... será vencida cuando el omnipotente y misericordioso Salvador restituya al hombre en la salvación perdida por el pecado. GAUDIUM ET SPES, 18

✳ 1.ª lectura: EZEQUIEL 34, 11-12.15-17

Esto dice el Señor Dios: «Yo mismo buscaré mi rebaño y lo cuidaré. Como cuida un pastor de su grey dispersa, así cuidaré yo de mi rebaño y lo libraré, sacándolo de los lugares por donde se había dispersado un día de oscuros nubarrones. Yo mismo apacentaré mis ovejas y las haré reposar –oráculo del Señor Dios–. Buscaré la oveja perdida, recogeré a la descarriada; vendaré a las heridas; fortaleceré a la enferma; pero a la que está fuerte y robusta la guardaré: la apacentaré con justicia». En cuanto a vosotros, mi rebaño, esto dice el Señor Dios: «Yo voy a juzgar entre oveja y oveja, entre carnero y macho cabrío».

▶ Salmo 22 [23], 1b-2a|2b-3|5|6: El Señor es mi pastor, nada me falta.

✳ 2.ª lectura: 1 CORINTIOS 15, 20-26.28

Hermanos: Cristo ha resucitado de entre los muertos y es primicia de los que han muerto. Si por un hombre vino la muerte, por un hombre vino la resurrección. Pues lo mismo que en Adán mueren todos, así en Cristo todos serán vivificados. Pero cada uno en su puesto: primero Cristo, como primicia; después todos los que son de Cristo, en su venida; después el final, cuando Cristo entregue el reino a Dios Padre, cuando haya aniquilado todo principado, poder y fuerza. Pues Cristo tiene que reinar hasta que ponga a todos sus enemigos bajo sus pies. El último enemigo en ser destruido será la muerte. Y, cuando le haya sometido todo, entonces también el mismo Hijo se someterá al que se lo había sometido todo. Así Dios será todo en todos.

✠ Evangelio: SAN MATEO 25, 31-46

En aquel tiempo, dijo Jesús a sus discípulos: «Cuando venga en su gloria el Hijo del hombre, y todos los ángeles con él, se sentará en el trono de su gloria y serán reunidas ante él todas las naciones. Él separará a unos de otros, como un pastor separa las ovejas de las cabras. Y pondrá las ovejas a su derecha y las cabras a su izquierda. Entonces dirá el rey a los de su derecha: "Venid vosotros, benditos de mi Padre; heredad el reino preparado para vosotros desde la creación del mundo. Porque tuve hambre y me disteis de comer, tuve sed y me disteis de beber, fui forastero y me hospedasteis, estuve desnudo y me vestisteis, enfermo y me visitasteis, en la cárcel y vinisteis a verme". Entonces los justos le contestarán: "Señor, ¿cuándo te vimos con hambre y te alimentamos, o con sed y te dimos de beber?; ¿cuándo te vimos forastero y te hospedamos, o desnudo y te vestimos?; ¿cuándo te vimos enfermo o en la cárcel y fuimos a verte?". Y el rey les dirá: "En verdad os digo que cada vez que lo hicisteis con uno de estos, mis hermanos más pequeños, conmigo lo hicisteis". Entonces dirá a los de su izquierda: "Apartaos de mí, malditos, id al fuego eterno preparado para el diablo y sus ángeles. Porque tuve hambre y no me disteis de comer, tuve sed y no me disteis de beber, fui forastero y no me hospedasteis, estuve desnudo y no me vestisteis, enfermo y en la cárcel y no me visitasteis". Entonces también estos contestarán: "Señor, ¿cuándo te vimos con hambre o con sed, o forastero o desnudo, o enfermo o en la cárcel, y no te asistimos?". Él les replicará: "En verdad os digo: lo que no hicisteis con uno de estos, los más pequeños, tampoco lo hicisteis conmigo". Y estos irán al castigo eterno y los justos a la vida eterna».

Llegamos al último domingo del Tiempo Ordinario con la solemnidad de Jesucristo, Rey del Universo. «De cabras y ovejas» podría ser el título, desde el humor, del evangelio de hoy. La escena final es impactante, una metáfora de nuestra vida y acciones. ¿Seré contado entre las ovejas, los que cuidan, o entre las cabras, centradas en sí mismas? Sorprendentemente, ni ovejas ni cabras parecen conscientes de sus actos hacia Jesús. La bondad muchas veces se manifiesta en acciones pequeñas y desinteresadas. Señor, nos llamas a integrar empatía y compasión en la vida diaria. Con frecuencia parecemos olvidar que te amamos amando a los demás, que nos jugamos nuestra relación contigo en la relación con los otros. Quizás esto puede ser motivo de angustia e inquietud. Cristóbal Jiménez, en ocasiones, compartía la conversación sobre el pecado que tuvo con un magistrado. El magistrado, experto en leyes, explicaba: «Lo que yo no entiendo es que este es el único sitio en el que el acusado sabe que es culpable, el tribunal sabe que es culpable, el juez sabe que es culpable y, aun sabiéndolo y reconociéndolo todo el mundo, el juez te absuelve y te da la libertad para empezar de cero». Eso tranquiliza. Tábula rasa y a empezar de nuevo, que con el Rey Eterno, podemos.

A CRISTO CRUCIFICADO II (José Bergamín)

Tú me ofreces la vida con tu muerte,
y esa vida sin Ti yo no la quiero;
porque lo que yo espero, y desespero,
es otra vida en la que pueda verte.

Tú crees en mí. Yo a Ti, para creerte,
tendría que morirme lo primero;
morir en Ti, porque si en Ti no muero
no podría encontrarte sin perderte.

Que de tanto temer que te he perdido,
al cabo, ya no sé qué estoy temiendo:
porque de Ti y de mí me siento huido.

Mas con tanto dolor, que estoy sintiendo
por ese amor con el que me has herido,
que vivo en Ti, cuando me estoy muriendo.

✳ **Apocalipsis 14, 1-3.4b-5:** Llevaban grabados en la frente el nombre de Cristo y el de su Padre.

▶ **Salmo 23 [24], 1b-2|3-4ab|5-6:** Esta es la generación que busca tu rostro, Señor.

✠ **Evangelio: SAN LUCAS 21, 1-4**

En aquel tiempo, Jesús, alzando los ojos, vio a unos ricos que echaban donativos en el tesoro del templo; vio también una viuda pobre que echaba dos monedillas, y dijo: «En verdad os digo que esa viuda pobre ha echado más que todos, porque todos esos han contribuido a los donativos con lo que les sobra, pero ella, que pasa necesidad, ha echado todo lo que tenía para vivir».

Jesús inspira, provoca y, en ocasiones, incomoda. Nos enfrenta a aspectos que preferimos ignorar, y fingir que no están ahí. Eso puede pasarnos con este texto de Lucas. ¿Dar de lo que sobra o entregar vida? No solo trata sobre el tema de la generosidad y de nuestros fondos reservados, sino de las intenciones. El padre maestro Ignacio, que sabía de sospecha, nos anima a pedir diariamente la gracia de estar centrados en Dios y ser verdaderamente libres: «Que todas mis intenciones, acciones y operaciones sean puramente ordenadas en servicio y alabanza de vuestra divina majestad». Y no solo eso, Señor, que aprendamos a mirar como tú miras, con los mismos ojos con los que contemplas a la viuda, somorgujándonos en la profundidad de los corazones.

Dios viene constantemente a nuestro encuentro como un camino, como un libro, como un amigo. El camino que lleva a Él es la naturaleza. El libro que habla de Él es la Biblia. El amigo que nos hace una confidencia en la intimidad de los corazones es Dios mismo.
JACQUES LOEW

✳ **Apocalipsis 14, 14-19:** Ha llegado la hora de la siega, pues ya está seca la mies de la tierra. ❯ **Salmo 95 [96], 10|11-12|13:** Llega el Señor a regir la tierra.

✠ **Evangelio: SAN LUCAS 21, 5-11**

En aquel tiempo, como algunos hablaban del templo, de lo bellamente adornado que estaba con piedra de calidad y exvotos, Jesús les dijo: «Esto que contempláis, llegarán días en que no quedará piedra sobre piedra que no sea destruida». Ellos le preguntaron: «Maestro, ¿cuándo va a ser eso?, ¿y cuál será la señal de que todo eso está para suceder?». Él dijo: «Mirad que nadie os engañe. Porque muchos vendrán en mi nombre diciendo: "Yo soy", o bien: "Está llegando el tiempo"; no vayáis tras ellos. Cuando oigáis noticias de guerras y de revoluciones, no tengáis pánico. Porque es necesario que eso ocurra primero, pero el fin no será enseguida». Entonces les decía: «Se alzará pueblo contra pueblo y reino contra reino, habrá grandes terremotos, y en diversos países, hambres y pestes. Habrá también fenómenos espantosos y grandes signos en el cielo».

La belleza puede ser motivo de encuentro con Dios o causa de embelesamientos y superficialidades. Jesús anuncia la destrucción del Templo, y se angustian los que ponderaban su belleza. Muchas realidades que creemos permanentes, en realidad, no lo son. Pero, más allá de esas consideraciones, Jesús nos hace caer en la cuenta de nuestra propia vulnerabilidad y de cómo podemos vernos inmersos en situaciones de crisis, conflictos y desastres. Su mensaje es claro: mantened la calma, el final no es inminente, no os dejéis llevar por el miedo, el pánico no debe gobernaros. Se pueden vivir las incertidumbres desde Dios. No os dejéis engañar por embusteros ni por amenazas. En tiempos de tribulación, incertidumbres y desolación, no hacer mudanza; ahí Dios también está presente y activo.

❋ **Apocalipsis 15, 1-4:** Cantaban el cántico de Moisés y el cántico del Cordero.

▶ **Salmo 97 [98], 1bcde|2-3ab|7-8|9:** Grandes y admirables son tus obras, Señor, Dios omnipotente.

✚ **Evangelio: SAN LUCAS 21, 12-19**

En aquel tiempo, dijo Jesús a sus discípulos: «Os echarán mano, os perseguirán, entregándoos a las sinagogas y a las cárceles, y haciéndoos comparecer ante reyes y gobernadores, por causa de mi nombre. Esto os servirá de ocasión para dar testimonio. Por ello, meteos bien en la cabeza que no tenéis que preparar vuestra defensa, porque yo os daré palabras y sabiduría a las que no podrá hacer frente ni contradecir ningún adversario vuestro. Y hasta vuestros padres, y parientes, y hermanos, y amigos os entregarán, y matarán a algunos de vosotros, y todos os odiarán a causa de mi nombre. Pero ni un cabello de vuestra cabeza perecerá; con vuestra perseverancia salvaréis vuestras almas».

Señor, tus palabras nos confronta con la cruda realidad, pero también con una promesa de fortaleza. Nos adviertes: «Os echarán mano, os perseguirán», pero también aseguras que nos darás palabras y sabiduría. Lo recordaba hace unos días, hay un eco de esa verdad que hemos recorrido juntos: «relación es conflicto». Enfrentamos conflictos en la vida, pero tú nos recuerdas que no estamos solos en ellos, especialmente si es «por causa mía». Porque las dificultades son parte del caminar a tu lado. En estos momentos, Señor, me aferro a la confianza de saber de quién me he fiado. Y así emerge un cierto coraje por amor. En medio de la persecución, nos sostienes, recordándonos que incluso en la adversidad más profunda, estamos en tus manos.

26 JUEVES NOVIEMBRE

(MOJes) San Juan Berchmans, rl.
Beata Cayetana Sterni, fdra.
Beato Santiago Alberione, pb. y fd

✴ **Apocalipsis 18, 1-2.21-23; 19, 1-3.9a:** Cayó la gran Babilonia. ◗ **Salmo 99 [100], 1b-2|3|4|5:** Bienaventurados los invitados al banquete de bodas del Cordero.

✚ **Evangelio: SAN LUCAS 21, 20-28**

En aquel tiempo, dijo Jesús a sus discípulos: «Cuando veáis a Jerusalén sitiada por ejércitos, sabed que entonces está cerca su destrucción. Entonces los que estén en Judea, que huyan a los montes; los que estén en medio de Jerusalén, que se alejen; los que estén en los campos, que no entren en ella; porque estos son "días de venganza" para que se cumpla todo lo que está escrito. ¡Ay de las que estén encintas o criando en aquellos días! Porque habrá una gran calamidad en esta tierra y un castigo para este pueblo. "Caerán a filo de espada", los llevarán cautivos "a todas las naciones", y "Jerusalén será pisoteada por gentiles", hasta que alcancen su plenitud los tiempos de los gentiles. Habrá signos en el sol y la luna y las estrellas, y en la tierra angustia de las gentes, perplejas por el estruendo del mar y el oleaje, desfalleciendo los hombres por el miedo y la ansiedad ante lo que se le viene encima al mundo, pues las potencias del cielo serán sacudidas. Entonces verán al Hijo del hombre venir en una nube, con gran poder y gloria. Cuando empiece a suceder esto, levantaos, alzad la cabeza; se acerca vuestra liberación».

Hoy, Jesús, pones ante nosotros la imagen de una Jerusalén sitiada, periodos de crisis, cambio, destrucción y transformación. Nos adviertes de tiempos difíciles, de desastres y angustias, pero también nos llamas a la esperanza, a eso que ahora llaman resiliencia: la capacidad que tenemos, tantas veces inexplorada, para adaptarnos y recuperarnos frente a las adversidades, desafíos y traumas. Nos animas, pero también crees en nosotros más que nosotros mismos; nos sabes fuertes para afrontar y superar situaciones difíciles. «Levantaos, alzad la cabeza», la postura de los hijos de Israel, permaneciendo de pie frente a adversidades y persecuciones, símbolo de resistencia, dignidad y autoafirmación, de respeto, solemnidad y memoria... nos invitas a alzar la cabeza porque «se acerca vuestra (nuestra) liberación».

CONDÚCEME A LO SECRETO (Matías Hardoy, SJ)

Condúceme a lo secreto, Señor,
allí donde habitaremos juntos.
Al lugar de la desnudez y el despojo,
a la intemperie de mis miedos y ansiedades,
a la tristeza de mis noches frías,
a la soledad del corazón herido,
a la incertidumbre de mis frustraciones,
al silencio de mis palabras censuradas.

Condúceme a lo secreto,
allí donde habitaremos juntos.
Al desierto de mil manantiales escondidos,
al cobijo del sol que me alienta,
a la raíz de la vida escondida,
al fuego de los hondos deseos,
a la ternura del afecto que cura
al silencio de la oración confiada.

Condúceme a lo secreto,
allí desde donde resucitaremos juntos.

La comunidad de Jesucristo es para el mundo, y precisamente por ello es para Dios, porque Dios, ante todo, es para el mundo. Y la comunidad de Jesucristo, a su vez, al ser primero para Dios, no tiene más remedio que ser a su manera para el mundo. Salva y conserva su propia vida arriesgándola y entregándola por las demás criaturas humanas. KARL BARTH

✳ **Apocalipsis 20, 1-4.11–21, 2:** Todos fueron juzgados según sus obras. Vi la nueva Jerusalén que descendía del cielo. ▶ **Salmo 83 [84]:** He aquí la morada de Dios entre los hombres.

✠ **Evangelio: SAN LUCAS 21, 29-33**

En aquel tiempo, dijo Jesús a sus discípulos una parábola: «Fijaos en la higuera y en todos los demás árboles: cuando veis que ya echan brotes, conocéis por vosotros mismos que ya está llegando el verano. Igualmente vosotros, cuando veáis que suceden estas cosas, sabed que está cerca el reino de Dios. En verdad os digo que no pasará esta generación sin que todo suceda. El cielo y la tierra pasarán, pero mis palabras no pasarán».

Jesús, nos señalas una higuera y preguntas por lo que observamos: si brota, llega el verano. Se trata de aprender a leer la realidad. «Fijaos en la higuera o en cualquier árbol: cuando echan brotes, sabéis que el verano está cerca». Nos invitas a examinar atentamente, no solo la naturaleza, sino también lo que nos pasa por dentro, las personas que nos rodean, las mociones que vamos sintiendo, los deseos que despiertas en nosotros. ¿Cómo reconocemos los brotes en nuestra propia existencia, esos indicios de crecimiento y transformación que anuncian la cercanía de tu Reino? Tus palabras son lo que dicen, no se desvanecen; llevan en sí la verdad y la fuerza de lo que significan. ¿Cómo son mis palabras?

Ante las necesidades del prójimo, estamos llamados a privarnos... de algo indispensable, no solo de lo superfluo; estamos llamados a dar el tiempo necesario, no solo el que nos sobra; estamos llamados a dar enseguida sin reservas algún talento nuestro, no después de haberlo utilizado para nuestros objetivos personales o de grupo. PAPA FRANCISCO

✳ **Apocalipsis 22, 1-7:** Ya no habrá más noche, porque el Señor los iluminará.

▶ **Salmo 94, 1-2|3-5|6-7c:** Maranatá. ¡Ven, Señor Jesús!

✚ **Evangelio: SAN LUCAS 21, 34-36**

En aquel tiempo, dijo Jesús a sus discípulos: «Tened cuidado de vosotros, no sea que se emboten vuestros corazones con juergas, borracheras y las inquietudes de la vida, y se os eche encima de repente aquel día; porque caerá como un lazo sobre todos los habitantes de la tierra. Estad, pues, despiertos en todo tiempo, pidiendo que podáis escapar de todo lo que está por suceder y manteneros en pie ante el Hijo del hombre».

Mañana comienza el Adviento, un tiempo de espera y esperanza, y tus palabras, Jesús, resuenan como un aviso. Nos alertas sobre los peligros del vicio, la bebida y los agobios de la vida; podríamos ampliar la lista de las cosas que fácilmente pueden robarnos la paz y embotar nuestra mente y corazón. «Tened cuidado», nos dices, invitándonos a no distraernos de lo realmente importante. En la vorágine de la vida diaria, es fácil caer en la ansiedad y el estrés, distorsionando prioridades y desenfocando el corazón. Pero tú nos animas a «mantenernos en pie». Que este tiempo de Adviento sea un período para reenfocar nuestra atención en lo que da paz y esperanza, preparándonos para mantenerte en el centro de nuestras vidas.

Velar es, pues, vivir desapegado de lo presente, vivir en lo invisible, vivir con el pensamiento en Cristo tal como vino la primera vez y tal como vendrá en su segunda venida, desear esta segunda venida recordando con amor y gratitud la primera. SAN JUAN E. NEWMAN

NOVIEMBRE

1.ª semana de Adviento. Ciclo B. LH: salterio sem. I
Beato Bernardo F. Hoyos, pb.
Comienza un nuevo año litúrgico

✳ 1.ª lectura: ISAÍAS 63, 16c-17.19c; 64, 2b-7

Tú, Señor, eres nuestro padre, tu nombre desde siempre es «nuestro Libertador». ¿Por qué nos extravías, Señor, de tus caminos, y endureces nuestro corazón para que no te tema? Vuélvete, por amor a tus siervos y a las tribus de tu heredad. ¡Ojalá rasgases el cielo y descendieses! En tu presencia se estremecerían las montañas. «Descendiste, y las montañas se estremecieron». Jamás se oyó ni se escuchó, ni ojo vio un Dios, fuera de ti, que hiciera tanto por quien espera en él. Sales al encuentro de quien practica con alegría la justicia y, andando en tus caminos, se acuerda de ti. He aquí que tú estabas airado y nosotros hemos pecado. Pero en los caminos de antiguo seremos salvados. Todos éramos impuros, nuestra justicia era un vestido manchado; todos nos marchitábamos como hojas, nuestras culpas nos arrebatan como el viento. Nadie invocaba tu nombre, nadie salía del letargo para adherirse a ti; pues nos ocultabas tu rostro y nos entregabas al poder de nuestra culpa. Y, sin embargo, Señor, tú eres nuestro padre, nosotros la arcilla y tú nuestro alfarero: todos somos obra de tu mano.

▶ Salmo 79 [80], 2ac.3b|15-16|18-19: Oh, Dios, restáuranos, que brille tu rostro y nos salve.

✳ 2.ª lectura: 1 CORINTIOS 1, 3-9

Hermanos: A vosotros, gracia y paz de parte de Dios, nuestro Padre y del Señor Jesucristo. Doy gracias a mi Dios continuamente por vosotros, por la gracia de Dios que se os ha dado en Cristo Jesús; pues en él habéis sido enriquecidos en todo: en toda palabra y en toda ciencia; porque en vosotros se ha probado el testimonio de Cristo, de modo que no carecéis de ningún don gratuito, mientras aguardáis la manifestación de nuestro Señor

Jesucristo. Él os mantendrá firmes hasta el final, para que seáis irreprensibles el día de nuestro Señor Jesucristo. Fiel es Dios, el cual os llamó a la comunión con su Hijo, Jesucristo nuestro Señor.

✛ Evangelio: SAN MARCOS 13, 33-37

En aquel tiempo, dijo Jesús a sus discípulos: «Estad atentos, vigilad: pues no sabéis cuándo es el momento. Es igual que un hombre que se fue de viaje, y dejó su casa y dio a cada uno de sus criados su tarea, encargando al portero que velara. Velad entonces, pues no sabéis cuándo vendrá el señor de la casa, si al atardecer, o a medianoche, o al canto del gallo, o al amanecer: no sea que venga inesperadamente y os encuentre dormidos. Lo que os digo a vosotros, lo digo a todos: ¡Velad!».

Con el primer domingo de Adviento, entramos en el año nuevo cristiano, y hoy el Señor nos invita a una vigilancia llena de esperanza: «Mirad, vigilad, pues no sabéis cuándo es el momento». Como en la parábola del hombre que se fue de viaje, cada uno tenemos nuestra tarea; ahora nos toca ser porteros: vigilar, pero también acoger, encendiendo luces para que no se tropiecen los habitantes del edificio, estar alerta para recibir al que llega. Nos invitas a todos a una espera que no es carga, que alegra, anticipación gozosa por un encuentro. Un apremio que no constriñe ni amarga, sino que anima y estimula. Nos preparamos para vivir algo grande, algo que vale la pena. Que Dios nos sale al encuentro. En la espiritualidad ignaciana, hay una premisa fundamental: Dios se comunica al hombre, y el hombre es capaz de recibir esa comunicación; es propio del Creador comunicarse con la criatura, buscando abrazarla y llenarla de amor. Pero para sentir esta cercanía divina, necesitamos estar atentos, despejarnos de somnolencias para sintonizar con las pistas que nos hablan de cómo se acortan las distancias. La llegada del Señor puede ser en cualquier momento; conviene estar preparados para acogerlo con los brazos abiertos.

30 LUNES NOVIEMBRE

(F) San Andrés, ap.
Beatos Miguel Ruedas y cc., rls. y mrs.
Beato José Otín, pb. y mr.

✳ **Romanos 10, 9-18:** La fe nace del mensaje que se escucha, y la escucha viene a través de la palabra de Cristo.

▶ **Salmo 18 [19], 2-3|4-5ab:** A toda la tierra alcanza su pregón.

✝ **Evangelio: SAN MATEO 4, 18-22**

En aquel tiempo, paseando Jesús junto al mar de Galilea vio a dos hermanos, a Simón, llamado Pedro, y a Andrés, que estaban echando la red en el mar, pues eran pescadores. Les dijo: «Venid en pos de mí y os haré pescadores de hombres». Inmediatamente dejaron las redes y lo siguieron. Y pasando adelante vio a otros dos hermanos, a Santiago, hijo de Zebedeo, y a Juan, su hermano, que estaban en la barca repasando las redes con Zebedeo, su padre, y los llamó. Inmediatamente dejaron la barca y a su padre y lo siguieron.

Hoy, en la fiesta de san Andrés, la liturgia nos invita a contemplar la vocación de Simón y Andrés, pescadores, arduos en responder a la invitación: «Venid y seguidme, y os haré pescadores de hombres». El pobre Andrés siempre aparece en segundo plano, a la sombra de su hermano. La tradición lo presenta como misionero en Grecia, incluso puede que en Rusia y Ucrania, convencido de la causa de Jesús, predicando a quienes quisieran escucharlo, incluso en la cruz. Lo que intuyo es un hombre recio, valiente, bien dispuesto, que se mueve por la confianza, comprometido. Otros evangelios lo identifican como el primero en reconocer a Jesús como el que esperaban; debía de tener una mirada atenta y penetrante. Intercede por nosotros, san Andrés, que seamos también apóstoles como tú.

Intención del Papa
POR LAS FAMILIA MONOPARENTALES

Oremos por las familias que experimentan la ausencia de una madre o de un padre, para que encuentren en la Iglesia apoyo y acompañamiento, y en la fe ayuda y fuerza en los momentos difíciles.

PREFERENCIA: SEGUIMOS A JESÚS...

Oración diaria en audio: www.rezandovoy.org
Tiempo para la reflexión y contemplación.
Y porque la oración también es cosa de niños:
www.rezandovoy.org/infantil

DICIEMBRE

(MOJes) Santos Edmundo Campion, Roberto Southwell (pbs.) y cc., mrs.
San Carlos de Foucauld, pb. y fdr.

✳ **Isaías 11, 1-10:** Sobre él se posará el Espíritu del Señor.

▶ **Salmo 71 [72], 1bc-2|7-8|12-13|17:** En sus días florezca la justicia y la paz abunde eternamente.

✠ **Evangelio: SAN LUCAS 10, 21-24**

En aquella hora Jesús se llenó de alegría en el Espíritu Santo y dijo: «Te doy gracias, Padre, Señor del cielo y de la tierra, porque has escondido estas cosas a los sabios y entendidos, y las has revelado a los pequeños. Sí, Padre, porque así te ha parecido bien. Todo me ha sido entregado por mi Padre, y nadie conoce quién es el Hijo sino el Padre; ni quién es el Padre sino el Hijo y aquel a quien el Hijo se lo quiera revelar». Y, volviéndose a sus discípulos, les dijo aparte: «¡Bienaventurados los ojos que ven lo que vosotros veis! Porque os digo que muchos profetas y reyes quisieron ver lo que vosotros veis, y no lo vieron; y oír lo que vosotros oís, y no lo oyeron».

Lleno de Espíritu Santo, Jesús se desborda en gratitud, podríamos parafrasearle: «Te doy gracias, Padre... por la gente sencilla». Palabras de contento que festejan que las cosas de Dios no son para los eruditos. Entonces, ¿para quién?, ¿para los teólogos? Actitudes que nos acercan a Dios: la sencillez, la capacidad de sorpresa, el quitar barreras para que nos salpique lo inesperado, dejar de lado complejidades, liberarse de pretensiones y abrir el corazón... porque podemos encontrar a Dios a menudo en los lugares y personas menos pensados. Dios se encuentra en la sencillez, en la simplicidad de la vida cotidiana. En tiempos de titulitis, postureo, maquillajes, selfies y filtros de Instagram, una llamada a la autenticidad y la sencillez.

✳ **Isaías 25, 6-10a:** El Señor invita a su festín y enjuga las lágrimas de todos los rostros. ▶ **Salmo 22 [23], 1b-3a|3b-4|5|6:** Habitaré en la casa del Señor por años sin término.

✠ **Evangelio: SAN MATEO 15, 29-37**

En aquel tiempo, Jesús se dirigió al mar de Galilea, subió al monte y se sentó en él. Acudió a él mucha gente llevando tullidos, ciegos, lisiados, sordomudos y muchos otros; los ponían a sus pies y él los curaba. La gente se admiraba al ver hablar a los mudos, sanos a los lisiados, andar a los tullidos y con vista a los ciegos, y daban gloria al Dios de Israel. Jesús llamó a sus discípulos y les dijo: «Siento compasión de la gente, porque llevan ya tres días conmigo y no tienen qué comer. Y no quiero despedirlos en ayunas, no sea que desfallezcan en el camino». Los discípulos le dijeron: «¿De dónde vamos a sacar en un despoblado panes suficientes para saciar a tanta gente?». Jesús les dijo: «¿Cuántos panes tenéis?». Ellos contestaron: «Siete y algunos peces». Él mandó a la gente que se sentara en el suelo. Tomó los siete panes y los peces, pronunció la acción de gracias, los partió y los fue dando a los discípulos, y los discípulos a la gente. Comieron todos hasta saciarse y recogieron las sobras: siete canastos llenos.

A orillas del lago de Galilea, Jesús se encuentra con una multitud vulnerable y necesitada que le conmueve. «Dios proveerá» no significa cruzarse de brazos; Dios desea seguir involucrándose en nuestras vidas, en la creación y el cuidado de sus criaturas... unas veces con la colaboración de otros, otras veces nos pregunta: «¿Cuántos panes tenéis?». Sí debemos confiar en la providencia, pero también debemos participar en su misión e implicarnos poniendo a su disposición nuestros «siete panes y algunos peces»... No nos pide más, ni menos.

DICIEMBRE

(MO) San Francisco Javier, pb.
Beatos Pío Heredia y cc., mjs. y mrs.
Beato Vladislav Bukovinskij, pb.

✳ Isaías 26, 1-6: Que entre un pueblo justo, que observa la lealtad. ❯ Salmo 117 [118], 1.8-9|19-21|25-27a: Bendito el que viene en nombre del Señor. O bien: Aleluya.

✚ **Evangelio: SAN MATEO 7, 21.24-27**

En aquel tiempo, dijo Jesús a sus discípulos: «No todo el que me dice "Señor, Señor" entrará en el reino de los cielos, sino el que hace la voluntad de mi Padre que está en los cielos. El que escucha estas palabras mías y las pone en práctica se parece a aquel hombre prudente que edificó su casa sobre roca. Cayó la lluvia, se desbordaron los ríos, soplaron los vientos y descargaron contra la casa; pero no se hundió, porque estaba cimentada sobre roca. El que escucha estas palabras mías y no las pone en práctica se parece a aquel hombre necio que edificó su casa sobre arena. Cayó la lluvia, se desbordaron los ríos, soplaron los vientos y rompieron contra la casa, y se derrumbó. Y su ruina fue grande».

En los últimos años, los programas de cocina nos han enseñado la importancia de seguir una receta al pie de la letra si queremos conseguir el plato deseado, especialmente si se trata de repostería, donde parece que se hace alquimia con elaboraciones, pesos y medidas exactas. El evangelio de hoy nos presenta una verdad contundente: no basta con reconocer de palabra «Señor, Señor»; sino que se trata de vivir al estilo de Jesús. Si tenemos dudas, es muy sencillo: sigamos la receta que es roca sólida y resistente. Cuando lleguen las tormentas y desafíos, puede ayudarnos contestar a una pregunta: «¿Qué habría hecho Jesús en mi lugar?» Esa es la receta... para la vida eterna y para un mundo mucho mejor.

✳ **1 Corintios 9, 16-19.22-23:** ¡Ay de mí si no anuncio el Evangelio!

▶ **Salmo 116, [117] 1|2:** Id al mundo entero y proclamad el Evangelio.

✠ **Evangelio: SAN MARCOS 16, 15-20**

En aquel tiempo, se apareció Jesús a los Once y les dijo: «Id al mundo entero y proclamad el Evangelio a toda la creación. El que crea y sea bautizado se salvará; el que no crea será condenado. A los que crean, les acompañarán estos signos: echarán demonios en mi nombre, hablarán lenguas nuevas, cogerán serpientes en sus manos y, si beben un veneno mortal, no les hará daño. Impondrán las manos a los enfermos, y quedarán sanos». Después de hablarles, el Señor Jesús fue llevado al cielo y se sentó a la derecha de Dios. Ellos se fueron a predicar por todas partes, y el Señor cooperaba confirmando la palabra con las señales que los acompañaban.

Para celebrar la fiesta de san Francisco Javier, Jesús nos envía en misión: «Id al mundo entero y proclamad el Evangelio a toda la creación». Esta llamada llevó a Francisco a tierras lejanas, y ahora nos plantea una pregunta: ¿Es España a día de hoy, 3 de diciembre de 2026, tierra de misión? ¿O tenemos que irnos muy lejos? Vivimos en un mundo necesitado de esperanza, reconciliación y sanación. Si el desafío es llevar una Buena Noticia a todos los rincones, nuestra propia casa es uno de esos rincones. Hoy, echar demonios y hablar lenguas nuevas puede significar vencer los retos, barreras, prejuicios y vergüenzas, promoviendo la acogida y el diálogo. Como en tiempos de Francisco Javier, el mundo necesita desesperadamente a Dios.

DICIEMBRE

**1.ª semana de Adviento
o San Juan Damasceno, pb. y dr.**
Santa Bárbara, v. y mr.

✳ **Isaías 29, 17-24:** Aquel día verán los ojos de los ciegos.

❚ **Salmo 26 [27], 1bcde|4|13-14:** El Señor es mi luz y mi salvación.

✠ **Evangelio: SAN MATEO 9, 27-31**

En aquel tiempo, dos ciegos seguían a Jesús gritando: «Ten compasión de nosotros, hijo de David». Al llegar a la casa se le acercaron los ciegos y Jesús les dijo: «¿Creéis que puedo hacerlo?». Contestaron: «Sí, Señor». Entonces les tocó los ojos, diciendo: «Que os suceda conforme a vuestra fe». Y se les abrieron los ojos. Jesús les ordenó severamente: «¡Cuidado con que lo sepa alguien!». Pero ellos, al salir, hablaron de él por toda la comarca.

Se escucha el clamor: «Ten compasión de nosotros, hijo de David», reflejo de una profunda vulnerabilidad y un anhelo de ser vistos y entendidos. «La fe mueve montañas», pero en ocasiones pensamos que pedir determinadas cosas es tentar a Dios, y nos conformamos con un «ayúdanos a vivir de la mejor manera esta situación». Los ciegos no se conforman con las rebajas, su simple «Sí, Señor» es un eco de esperanza y confianza. Jesús toca sus ojos: «Que os suceda conforme a vuestra fe». El encuentro provoca una alegría incontenible y brota una nueva voz que narra la propia experiencia. Quizás se trate de compartir nuestras historias de transformación, reconociendo que a veces, lo vivido es demasiado poderoso para mantenerlo en silencio.

Acojamos la invitación a la vigilancia, a la que tantas veces nos llaman las Escrituras. Es la actitud de quien sabe que el Señor volverá y querrá ver en nosotros los frutos de su amor. La caridad es el bien fundamental que nadie puede dejar de hacer fructificar y sin el cual todo otro don es vano. PAPA BENEDICTO XVI

✳ Isaías 30, 18-21.23-26: Cuando te quejes, el Señor se inclinará hacia ti. ◗ Salmo 146, 1bc-2|3-4|5-6: Dichosos los que esperan en el Señor.

✚ Evangelio: SAN MATEO 9, 35–10, 1.6-8

En aquel tiempo, Jesús recorría todas las ciudades y aldeas, enseñando en sus sinagogas, proclamando el evangelio del reino y curando toda enfermedad y toda dolencia. Al ver a las muchedumbres, se compadecía de ellas, porque estaban extenuadas y abandonadas, «como ovejas que no tienen pastor». Entonces dice a sus discípulos: «La mies es abundante, pero los trabajadores son pocos; rogad, pues, al Señor de la mies que mande trabajadores a su mies». Llamó a sus doce discípulos y les dio autoridad para expulsar espíritus inmundos y curar toda enfermedad y toda dolencia. A estos doce los envió Jesús con estas instrucciones: «Id a las ovejas descarriadas de Israel. Id y proclamad que ha llegado el reino de los cielos. Curad enfermos, resucitad muertos, limpiad leprosos, arrojad demonios. Gratis habéis recibido, dad gratis».

Jesús recorre ciudades y aldeas; hoy serían las grandes capitales y la España vaciada, con palabras de ánimo y acciones concretas ante el sufrimiento y la desorientación. Igual que entonces, somos gentes «extenuadas y abandonadas, como ovejas que no tienen pastor», y también ahora hay necesidad de brazos que alivien desazones. «La mies es abundante, pero los trabajadores son pocos». ¿Sacerdocio, vida religiosa, laicos...? Es lo de menos; son muchas las vocaciones, y múltiples las opciones para participar activamente en una misión divina, aliviar el sufrimiento humano. Con un estilo determinado: con esperanza, «Id y proclamad que el reino de los cielos está cerca», y por amor al arte, a los otros o a Dios: «Lo que habéis recibido gratis, dadlo gratis».

✳ 1.ª lectura: ISAÍAS 40, 1-5.9-11

«Consolad, consolad a mi pueblo –dice vuestro Dios–; hablad al corazón de Jerusalén, gritadle, que se ha cumplido su servicio y está pagado su crimen, pues de la mano del Señor ha recibido doble paga por sus pecados». Una voz grita: «En el desierto preparadle un camino al Señor; allanad en la estepa una calzada para nuestro Dios; que los valles se levanten, que montes y colinas se abajen, que lo torcido se enderece y lo escabroso se iguale. Se revelará la gloria del Señor, y la verán todos juntos –ha hablado la boca del Señor–». Súbete a un monte elevado, heraldo de Sion; alza fuerte la voz, heraldo de Jerusalén; álzala, no temas, di a las ciudades de Judá: «Aquí está vuestro Dios. Mirad, el Señor Dios llega con poder y con su brazo manda. Mirad, viene con él su salario y su recompensa lo precede. Como un pastor que apacienta el rebaño, reúne con su brazo los corderos y los lleva sobre el pecho; cuida él mismo a las ovejas que crían».

▶ Salmo 84 [85], 9abc.10|11-12|13-14: Muéstranos, Señor, tu misericordia y danos tu salvación.

✳ 2.ª lectura: 2 PEDRO 3, 8-14

No olvidéis una cosa, queridos míos, que para el Señor un día es como mil años y mil años como un día. El Señor no retrasa su promesa, como piensan algunos, sino que tiene paciencia con vosotros, porque no quiere que nadie se pierda sino que todos accedan a la conversión. Pero el Día del Señor llegará como un ladrón. Entonces los cielos desaparecerán estrepitosamente, los elementos se disolverán abrasados y la tierra con cuantas obras hay en ella quedará al descubierto. Puesto que todas estas cosas van a disolverse de este modo, ¡qué santa y piadosa debe ser vuestra conducta, mientras esperáis y apresuráis la llegada del Día de Dios! Ese día los cielos se disolverán incendiados y los elementos se derretirán abrasados. Pero nosotros, según su promesa, esperamos unos cielos nuevos y una tierra nueva en los que habite la justicia. Por eso, queridos míos, mientras esperáis estos acontecimientos, procurad que Dios os encuentre en paz con él, intachables e irreprochables.

✠ Evangelio: SAN MARCOS 1, 1-8

Comienza el Evangelio de Jesucristo, Hijo de Dios. Como está escrito en el profeta Isaías: «Yo envío a mi mensajero delante de ti, el cual preparará tu camino; voz del que grita en el desierto: "Preparad el camino del Señor, enderezad sus senderos"»; se presentó Juan en el desierto bautizando y predicando un bautismo de conversión para el perdón de los pecados. Acudía a él toda la región de Judea y toda la gente de Jerusalén. Él los bautizaba en el río Jordán y confesaban sus pecados. Juan iba vestido de piel de camello, con una correa de cuero a la cintura y se alimentaba de saltamontes y miel silvestre. Y proclamaba: «Detrás de mí viene el que es más fuerte que yo y no merezco agacharme para desatarle la correa de sus sandalias. Yo os he bautizado con agua, pero él os bautizará con Espíritu Santo».

Los preludios en la vida son importantes. Juan Bautista se presenta como una especie de telonero en este relato divino. No solo prepara el escenario, sino también los corazones. «Yo envío mi mensajero delante de ti para que te prepare el camino», nos dice Isaías. En el silencio del desierto, resuena una voz potente que caldea el ambiente, anima al público, estimula y fomenta una expectativa y un deseo. Son actitudes que nosotros también podemos cultivar. Ante escenarios de desolación y desesperanza, podríamos ser los precursores, los que van por delante no para describir penurias, sino para alentar al personal y soñar con futuros posibles. En ocasiones, lo que toca es disponernos desde lo que significa el desierto. En la vida, necesitamos momentos de preparación, de calma antes de la tormenta, por así decirlo. Son instantes para reflexionar, para mirar hacia dentro, para hacer espacio a lo nuevo que está por llegar... ¿Te animas a realizar ejercicios espirituales o a participar en un retiro prolongado este Adviento? Juan bautiza y proclama un mensaje de conversión, allanando el camino para Algo – o Alguien – superior. Y eso de allanar tiene un significado que todos entendemos: facilitar las cosas, a los demás y a Dios.

ENCARNACIÓN
(Mari Sol Pérez Guevara)

Imagina
el tiempo de Dios y toda su promesa
irrumpiendo en un segundo preciso
en el lugar más tranquilo de tu casa,
en una aldea borrada de la cartografía y casi de los textos.
Imagina
qué desconcierto, qué temor,
qué inesperada luz.
A la vez,
con insondable paz,
escuchas y preguntas.
Y al segundo siguiente,
tu vida, tu libertad se ofrecen en un Sí:
Aquí está mi cuerpo. Haz de mí
tu nueva
casa.

✳ Isaías 35, 1-10: Dios viene en persona y os salvará.

▶ Salmo 84 [85], 9abc.10|11-12|13-14: He aquí nuestro Dios; viene en persona y nos salvará.

✠ **Evangelio: SAN LUCAS 5, 17-26**

Un día, estaba Jesús enseñando, y estaban sentados unos fariseos y maestros de la ley, venidos de todas las aldeas de Galilea, Judea y Jerusalén. Y el poder del Señor estaba con él para realizar curaciones. En esto, llegaron unos hombres que traían en una camilla a un hombre paralítico y trataban de introducirlo y colocarlo delante de él. No encontrando por donde introducirlo a causa del gentío, subieron a la azotea, lo descolgaron con la camilla a través de las tejas y lo pusieron en medio, delante de Jesús. Él, viendo la fe de ellos, dijo: «Hombre, tus pecados están perdonados». Entonces se pusieron a pensar los escribas y los fariseos: «¿Quién es este que dice blasfemias? ¿Quién puede perdonar pecados sino solo Dios?». Pero Jesús, conociendo sus pensamientos, respondió y les dijo: «¿Qué estáis pensando en vuestros corazones? ¿Qué es más fácil, decir: "Tus pecados te son perdonados", o decir: "Levántate y echa a andar"? Pues, para que veáis que el Hijo del hombre tiene poder en la tierra para perdonar pecados –dijo al paralítico–: "A ti te lo digo, ponte en pie, toma tu camilla y vete a tu casa"». Y, al punto, levantándose a la vista de ellos, tomó la camilla donde había estado tendido y se marchó a su casa dando gloria a Dios. El asombro se apoderó de todos y daban gloria a Dios. Y, llenos de temor, decían: «Hoy hemos visto maravillas».

Señor, hoy nos retas a crecernos ante las dificultades, a seguir creyendo y esperando, pero no con los brazos cruzados, sino poniendo en funcionamiento todas las herramientas que nos das, agigantándonos ante la adversidad con determinación y, sobre todo, con entusiasmo (es decir, llenos de Dios). Si tenemos ingenio, con ingenio; si tenemos fuerzas, subiendo camillas y el peso de los enfermos; si sabemos algo de ingeniería, a hacer de albañiles y separar losetas; empleando poleas y cuerdas para descolgar la camilla... sin amilanarnos ante los obstáculos. La lucidez para poner de nuestra parte, eso es la fe en acción, que ya te encargarás tú de quitarnos nuestras parálisis cuando nos amenacen, porque tu perdón va de la mano de la sanación.

GLORIOSA MADRE DE DIOS (Thomas Merton)

Gloriosa Madre de Dios, ¿volveré alguna vez a desconfiar de ti o de tu Dios, ante cuyo trono eres irresistible intercesora?

¿Apartaré alguna vez mis ojos de tus manos, de tu rostro o de tus ojos?

¿Miraré alguna vez a otra parte que no sea el rostro de tu amor para hallar consejo auténtico y veraz y conocer mi camino todos los días y en todos los momentos de mi vida?

Trata como me has tratado a mí, Señora, a todos los millones de hermanas y hermanos míos que viven en la misma miseria que yo he conocido.

Guíalos aunque no quieran y ejerce sobre ellos tu enorme influencia, oh Santa Reina de las Almas y Refugio de los Pecadores.

Llévalos a tu Cristo del mismo modo que me llevaste a mí.

Illos tuos misericordes oculos ad nos converte, et Jesum, benedictum fructum ventris tui, nobis ostende:

«Vuelve a nosotros esos tus ojos misericordiosos y muéstranos a Jesús, fruto bendito de tu vientre».

Muéstranos a tu Cristo, Señora, después de nuestro destierro, sí; pero muéstranoslo también aquí y ahora, mientras aún somos peregrinos.

✳ 1.ª lectura: GÉNESIS 3, 9-15.20

El Señor Dios llamó a Adán y le dijo: «¿Dónde estás?». Él contestó: «Oí tu ruido en el jardín, me dio miedo, porque estaba desnudo, y me escondí». El Señor Dios le replicó: «¿Quién te informó de que estabas desnudo?, ¿es que has comido del árbol del que te prohibí comer?». Adán respondió: «La mujer que me diste como compañera me ofreció del fruto y comí». El Señor Dios dijo a la mujer: «¿Qué has hecho?». La mujer respondió: «La serpiente me sedujo y comí». El Señor Dios dijo a la serpiente: «Por haber hecho eso, maldita tú entre todo el ganado y todas las fieras del campo; te arrastrarás sobre el vientre y comerás polvo toda tu vida; pongo hostilidad entre ti y la mujer, entre tu descendencia y su descendencia; esta te aplastará la cabeza cuando tú la hieras en el talón». Adán llamó a su mujer Eva, por ser la madre de todos los que viven.

▶ Salmo 97 [98], 1bcde|2-3ab|3cd-4: Cantad al Señor un cántico nuevo, porque ha hecho maravillas.

✳ 2.ª lectura: EFESIOS 1, 3-6.11-12

Bendito sea Dios, Padre de Nuestro Señor Jesucristo, que nos ha bendecido en Cristo con toda clase de bendiciones espirituales en los cielos. Él nos eligió en Cristo antes de la fundación del mundo para que fuésemos santos e intachables ante él por el amor. Él nos ha destinado por medio de Jesucristo, según el beneplácito de su voluntad, a ser sus hijos, para alabanza de la gloria de su gracia, que tan generosamente nos ha concedido en el Amado. En él hemos heredado también, los que ya estábamos destinados por decisión del que lo hace todo según su voluntad, para que seamos alabanza de su gloria quienes antes esperábamos en el Mesías.

✚ Evangelio: SAN LUCAS 1, 26-38

En aquel tiempo, el ángel Gabriel fue enviado por Dios a una ciudad de Galilea llamada Nazaret, a una virgen desposada con un hombre llamado José, de la casa de David; el nombre de la virgen era María. El ángel, entrando en su presencia, dijo: «Alégrate, llena de gracia, el Señor está contigo». Ella se turbó grandemente ante estas palabras y se preguntaba qué saludo era aquel. El ángel le dijo: «No temas, María, porque has encontrado gracia ante Dios. Concebirás en tu vientre y darás a luz un hijo, y le pondrás por nombre Jesús. Será grande, se llamará Hijo del Altísimo, el Señor Dios le dará el trono de David, su padre; reinará sobre la casa de Jacob para siempre, y su reino no tendrá fin». y María dijo al ángel: «¿Cómo será eso, pues no conozco varón?». El ángel le contestó: «El Espíritu Santo vendrá sobre ti, y la fuerza del Altísimo te cubrirá con su sombra; por eso el Santo que va a nacer será llamado Hijo de Dios. También tu pariente Isabel ha concebido un hijo en su vejez, y ya está de seis meses la que llamaban estéril, "porque para Dios nada hay imposible"». María contestó: «He aquí la esclava del Señor; hágase en mí según tu palabra». Y el ángel se retiró.

Hoy, en la solemnidad de la Patrona de España, esta pequeña reflexión se torna oración. Que sea legado de Buenas Noticias, como las que trajo Gabriel, incitador a la alegría, provocador de contento, generador de sueños y ampliador de horizontes. Que abra los ojos, propios y ajenos, para descubrir a ese Dios que está con nosotros, ese Dios que se nos promete hoy. Que quite miedos, despierte deseos, derrumbe muros, disipe desconfianzas, abra corazones, amplíe horizontes, acabe con prejuicios que ciegan… Inspirados por ti, María, que aprendamos a decir como tú, con fe y valentía: «Adelante con los faroles, me lanzo, me fío y me arriesgo, hágase en mí según tu palabra». Que nuestras palabras y acciones, deseos y motivaciones, sueños y actitudes… reflejen tu confianza y generosidad, que nos atrevamos a ser portadores de esperanza y alegría para un mundo tan necesitado de Dios, que confiemos y respondamos como tú, con un corazón dispuesto a engendrar esas posibilidades de vida que Dios pone ante nosotros. Amén.

A MARÍA, MADRE DE LA VIDA (Papa Francisco)

Madre de la vida, en tu seno materno se fue formando Jesús, que es el Señor de todo lo que existe.

Resucitado, Él te transformó con su luz y te hizo reina de toda la creación. Por eso te pedimos que reines, María, en el corazón palpitante de la Amazonia...

Pide a Jesús que derrame todo su amor en los hombres y en las mujeres que allí habitan, para que sepan admirarla y cuidarla.

Haz nacer a tu hijo en sus corazones para que Él brille en la Amazonia, en sus pueblos y en sus culturas, con la luz de su Palabra, con el consuelo de su amor, con su mensaje de fraternidad y de justicia...

Madre del corazón traspasado que sufres en tus hijos ultrajados y en la naturaleza herida, reina tú en la Amazonia junto con tu hijo.

Reina para que nadie más se sienta dueño de la obra de Dios. En ti confiamos, Madre de la vida, no nos abandones en esta hora oscura. Amén.

La perfección cristiana es la invitación a un amor que nunca deja de interesarse por los demás, hagan lo que hagan; es la invitación para aprender a perdonar como Dios perdona y a amar como Dios ama. TONY MIFSUD, SJ

9 MIÉRCOLES DICIEMBRE

2.ª semana de Adviento
o San Juan Diego Cuauhtlatoatzin
Toledo: Santa Leocadia, v. y mr.

✳ **Isaías 40, 25-31:** El Señor todopoderoso fortalece a quien está cansado.

▶ **Salmo 102 [103], 1bc-2|3-4|8.10:** Bendice, alma mía, al Señor.

✚ **Evangelio: SAN MATEO 11, 28-30**

En aquel tiempo, Jesús tomó la palabra y dijo: «Venid a mí todos los que estáis cansados y agobiados, y yo os aliviaré. Tomad mi yugo sobre vosotros y aprended de mí, que soy manso y humilde de corazón, y encontraréis descanso para vuestras almas. Porque mi yugo es llevadero y mi carga ligera».

Gracias, Señor Jesús, por ser nuestro refugio, alivio y consuelo en momentos de cansancio y agobio, por movernos a respirar y hallar paz en medio de las fatigas, inquietudes y agitaciones de la vida. Con tu invitación, los pulmones colapsados se expanden y llenan de aire, desaparece la opresión y recobramos de nuevo el aliento. Nos salvas del ahogamiento con tu invitación: «Venid a mí todos los que estáis cansados y agobiados», y nos haces una promesa: «yo os aliviaré». Necesitamos estilos y actitudes como los tuyos, benditas mansedumbres y humildades que nos muestran el camino para estar serenamente junto a ti, como Tú.

Hay entre los cristianos demasiadas caras avinagradas y llenas de amargura. No tienes motivo alguno, ni te hace ningún bien, poner esa cara. Eres obra de Dios. Él te creó y te colmó de bienes. Tu tarea, ahora, consiste sencillamente en ser tal como fuiste creado y agraciado por Él. Sé desde ahora el agraciado por Él y, al serlo, no dejes de cantar la alabanza a Dios, aun cuando no tengas una voz imponente, ni de vivir en la alegría que te han regalado, aun cuando solo puedas hacerla visible de manera muy imperfecta. KARL BARTH

✳ **Isaías 41, 13-20:** Yo soy tu libertador, el Santo de Israel.

◗ **Salmo 144 [145], 1bc.9|10-11|12-13ab:** El Señor es clemente y misericordioso, lento a la cólera y rico en piedad.

✠ **Evangelio: SAN MATEO 11, 11-15**

En aquel tiempo, dijo Jesús al gentío: «En verdad os digo que no ha nacido de mujer uno más grande que Juan el Bautista; aunque el más pequeño en el reino de los cielos es más grande que él. Desde los días de Juan el Bautista hasta ahora el reino de los cielos sufre violencia y los violentos lo arrebatan. Los Profetas y la Ley han profetizado hasta que vino Juan; él es Elías, el que tenía que venir, con tal que queráis admitirlo. El que tenga oídos, que oiga».

Siempre me han fascinado los piropos en la Biblia: José, Zacarías e Isabel, «justos»... Luego vienen los elogios del propio Jesús: «bienaventurado» a Pedro, «grande es tu fe» a la cananea, algo muy parecido al centurión... Y hoy, sus palabras al Bautista, amables pero paradójicas: el «más grande nacido de mujer... aunque el más pequeño en el reino de los cielos es más grande que él», contrastes. Si cambiamos de perspectiva, lo que es sublime, qué lo es, se relativiza ante un orden invertido capaz de descubrir la gigantez en lo que pasa desapercibido. Se unen la esperanza con lo que está por venir; el telonero de Jesús nos invita a recibir la novedad, nos abre al futuro... y lo más pequeño de ese futuro prometido es sublime. La vida frente a los ascetismos.

Para mí, la oración es un impulso del corazón, una simple mirada dirigida al cielo, un grito de agradecimiento y de amor, tanto en medio del sufrimiento como en medio de la alegría. En una palabra, es algo grande, algo sobrenatural que me dilata el alma y me une a Jesús. SANTA TERESA DE LISIEUX

✳ **Isaías 48, 17-19:** Si hubieras atendido a mis mandatos.

❱ **Salmo 1, 1-2|3|4.6:** El que te sigue, Señor, tendrá la luz de la vida.

✠ **Evangelio: SAN MATEO 11, 16-19**

En aquel tiempo, dijo Jesús al gentío: «¿A quién compararé esta generación? Se asemeja a unos niños sentados en la plaza, que gritan diciendo: "Hemos tocado la flauta, y no habéis bailado; hemos entonado lamentaciones, y no habéis llorado". Porque vino Juan, que ni comía ni bebía, y dicen: "Tiene un demonio". Vino el Hijo del hombre, que come y bebe, y dicen: "Ahí tenéis a un comilón y borracho, amigo de publicanos y pecadores". Pero la sabiduría se ha acreditado por sus obras».

La historia de los eternos insatisfechos, independientemente de lo que se les ofrezca, vivan o experimenten, siempre van a responder con un «pero» o enumerarán los fallos y motivos para el descontento. Se nos puede colar este ser anhelante. También se puede colar el que rechaza: a los Juanes por austeros y ascéticos, a los Jesuses por participativos, poco formales y excesivamente inclusivos. Jesús nos invita a aceptar la vida en todas sus facetas. Desde luego, hemos de intentar mejorar; nuestra condición es anhelante, en búsqueda... Pero el sentido ya está aquí; se llama «Dios con nosotros», y desde Él, la insatisfacción crónica se mitiga. Jesús nos invita a encontrar, junto a Él, momentos para celebrar y agradecer... a pesar del colesterol. Ya nos cuidaremos después.

Nuestra alegría es el mejor modo de predicar el cristianismo. Al ver la felicidad en nuestros ojos, tomarán conciencia de su condición de hijos de Dios. SANTA TERESA DE CALCUTA

✳ **Eclesiástico 48, 1-4.9-11b:** Elías volverá de nuevo.

▶ **Salmo 79 [80], 2ac.3b|15-16|18-19:** Oh, Dios, restáuranos, que brille tu rostro y nos salve.

✚ **Evangelio: SAN MATEO 17, 10-13**

Cuando bajaban del monte, los discípulos preguntaron a Jesús: «¿Por qué dicen los escribas que primero tiene que venir Elías?». Él les contestó: «Elías vendrá y lo renovará todo. Pero os digo que Elías ya ha venido y no lo reconocieron, sino que han hecho con él lo que han querido. Así también el Hijo del hombre va a padecer a manos de ellos». Entonces entendieron los discípulos que se refería a Juan el Bautista.

Quizás necesitemos subir para luego bajar de la montaña, y tras un tiempo de encuentro, silencio y oración, podamos afrontar temas desafiantes y complejos. Jesús reconoce en Juan al que tenía que venir; ha cumplido con su misión, ha preparado el camino y ha sido maltratado. También Jesús tendrá que vérselas con el sufrimiento y la oposición. Las cosas de Jesús nos tambalean e incomodan; Jesús nos complica la vida, no nos ahorra el conflicto, nos lanza al desafío. Nos invita a leer la realidad con ojos críticos (pero esperanzados), a señalar lo que no va bien y a trabajar por mejorarlo. Las cosas de Jesús nos hacen madurar; toca aprender a permanecer incluso en las malas, no evitarlo. También forma parte del camino.

Y porque realmente Él (Cristo) vive su vida en nosotros, nosotros también podemos andar como Él anduvo... somos capaces de seguir el ejemplo que nos ha dejado, entregar nuestras vidas por los hermanos como Él hizo. Es solamente porque Él se volvió como nosotros, que nosotros podemos volvernos como Él. DIETRICH BONHOEFFER

✳ 1.ª lectura: ISAÍAS 61, 1-2a.10-11

El Espíritu del Señor, Dios, está sobre mí, porque el Señor me ha ungido. Me ha enviado para dar la buena noticia a los pobres, para curar los corazones desgarrados, proclamar la amnistía a los cautivos, y a los prisioneros la libertad; para proclamar un año de gracia del Señor. Desbordo de gozo en el Señor, y me alegro con mi Dios: porque me ha puesto un traje de salvación, y me ha envuelto con un manto de justicia, como novio que se pone la corona, o novia que se adorna con sus joyas. Como el suelo echa sus brotes, como un jardín hace brotar sus semillas, así el Señor hará brotar la justicia y los himnos ante todos los pueblos.

▶ Interleccional Lucas 1, 46b-48|49-50|53-54: Me alegro con mi Dios.

✳ 2.ª lectura: 1 TESALONICENSES 5, 16-24

Hermanos: Estad siempre alegres. Sed constantes en orar. Dad gracias en toda ocasión: esta es la voluntad de Dios en Cristo Jesús respecto de vosotros. No apaguéis el espíritu, no despreciéis las profecías. Examinadlo todo; quedaos con lo bueno. Guardaos de toda clase de mal. Que el mismo Dios de la paz os santifique totalmente, y que todo vuestro espíritu, alma y cuerpo, se mantenga sin reproche hasta la venida de nuestro Señor Jesucristo. El que os llama es fiel, y él lo realizará.

✚ Evangelio: SAN JUAN 1, 6-8.19-28

Surgió un hombre enviado por Dios, que se llamaba Juan: este venía como testigo, para dar testimonio de la luz, para que todos creyeran por medio de él. No era él la luz, sino el que daba testimonio de la luz. Y este es el testimonio de Juan, cuando los judíos enviaron desde

Jerusalén sacerdotes y levitas a que le preguntaran: «¿Tú quién eres?». Él confesó y no negó; confesó: «Yo no soy el Mesías». Le preguntaron: «¿Entonces, qué? ¿Eres tú Elías?». Él dijo: «No lo soy». «¿Eres tú el Profeta?». Respondió: «No». Y le dijeron: «¿Quién eres, para que podamos dar una respuesta a los que nos han enviado? ¿Qué dices de ti mismo?». Él contestó: «Yo soy la voz que grita en el desierto: "Allanad el camino del Señor", como dijo el profeta Isaías». Entre los enviados había fariseos y le preguntaron: «Entonces, ¿porqué bautizas si tú no eres el Mesías, ni Elías, ni el Profeta?». Juan les respondió: «Yo bautizo con agua; en medio de vosotros hay uno que no conocéis, el que viene detrás de mí, y al que no soy digno de desatar la correa de la sandalia». Esto pasaba en Betania, en la otra orilla del Jordán, donde Juan estaba bautizando.

Juan, el telonero, hoy se nos presenta como el farolero de antaño. No importa si era con aceite, velas o gas... Su labor era asegurar que las calles estuvieran iluminadas, y suponía ir prendiendo las farolas una a una. Nos puede parecer algo rutinario, repetitivo, aburrido... pero encierra en sí gran belleza: permitir el acceso a otros a la luz. Ese es Juan, aunque no sean capaces de intuirlo los enviados de Jerusalén que le instigan con sus pesquisas. Juan se conoce bien, por eso sus negativas se repiten una tras otra: no es el Mesías, no es Elías, no es el profeta... Su autopercepción no se corresponde con las expectativas y percepciones ajenas. Es un hombre libre, capaz de no vivir atrapado por las definiciones que otros le imponen; es la búsqueda de la propia identidad que parte de la comprensión profunda de lo que no se es, para llegar a lo que verdaderamente se es. Juan, en su sencillez y claridad, se define como una «voz que grita en el desierto», un mensajero que prepara el camino, no es el destino final. Él es la voz que inquieta, que despierta conciencias, que llama a allanar los caminos para facilitar la llegada de Alguien mayor. Vive su propia identidad en referencia a Jesús.

(MO) San Juan de la Cruz, pb. y dr.
Beata Francisca Schervier, v. y fdra.
Beato Protasio Cubells, rl. y mr.

✳ Números 24, 2-7.15-17a: Avanza una estrella de Jacob.

◗ Salmo 24, 4-5a|6.7cd|8-9: Señor, instrúyeme en tus sendas.

✠ **Evangelio: SAN MATEO 21, 23-27**

En aquel tiempo, Jesús llegó al templo y, mientras enseñaba, se le acercaron los sumos sacerdotes y los ancianos del pueblo para preguntarle: «¿Con qué autoridad haces esto? ¿Quién te ha dado semejante autoridad?». Jesús les replicó: «Os voy a hacer yo también una pregunta; si me la contestáis, os diré yo también con qué autoridad hago esto. El bautismo de Juan ¿de dónde venía, del cielo o de los hombres?». Ellos se pusieron a deliberar: «Si decimos "del cielo", nos dirá: "¿Por qué no le habéis creído?". Si le decimos "de los hombres", tememos a la gente; porque todos tienen a Juan por profeta». Y respondieron a Jesús: «No sabemos». Él, por su parte, les dijo: «Pues tampoco yo os digo con qué autoridad hago esto».

De nuevo enfrentamientos y tensiones, ¿acercamientos? desde prejuicios e ideas preconcebidas, disputas disfrazadas de erudición. En el fondo, lo que pretende la pregunta por la autoridad es poner límites a las cosas de Dios, reducir lo que nos viene grande a una ideología determinada, empequeñecer lo que se nos da para encerrarlo en categorías que sean fáciles de dominar. Manipular al otro y llevarlo a nuestro terreno... En ocasiones, actuamos así, enarbolando la bandera de la tradición o al defender nuestras cuotas de poder. Es lo más fácil, atacar a priori. Pero Jesús no entra en esos juegos, no se deja encasillar; su respuesta nos deja boquiabiertos: «Pues tampoco yo os digo con qué autoridad hago esto». Para chulos, Jesús; la arrogancia le saca de sus casillas.

✳ **Sofonías 3, 1-2.9-13:** La salvación mesiánica será enviada a todos los pobres.

❱ Salmo 33 [34], 2-3|6-7|17-18|19.23: El afligido invocó al Señor, y él lo escuchó.

✠ **Evangelio: SAN MATEO 21, 28-32**

En aquel tiempo, dijo Jesús a los sumos sacerdotes y a los ancianos del pueblo: «¿Qué os parece? Un hombre tenía dos hijos. Se acercó al primero y le dijo: "Hijo, ve hoy a trabajar en la viña". Él le contestó: "No quiero". Pero después se arrepintió y fue. Se acercó al segundo y le dijo lo mismo. Él le contestó: "Voy, señor". Pero no fue. ¿Quién de los dos cumplió la voluntad de su padre?». Contestaron: «El primero». Jesús les dijo: «En verdad os digo que los publicanos y las prostitutas van por delante de vosotros en el reino de Dios. Porque vino Juan a vosotros enseñándoos el camino de la justicia y no le creísteis; en cambio, los publicanos y prostitutas le creyeron. Y, aun después de ver esto, vosotros no os arrepentisteis ni le creísteis».

Ha venido Juan, ha venido Jesús... y seguimos igual. Dicho en crudo: los chulos y las putas nos llevan la delantera. Ante la invitación a sudar en la viña se plantean cuatro escenarios: Acepto y voy. Acepto y no voy. No acepto y no voy. No acepto, pero al final voy... Dos cumplen las expectativas del padre de los dos hijos. Dos, defraudan. No se trata de lo que hagan o dejen de hacer los demás, se trata de cómo yo mismo recorro esos cuatro escenarios dependiendo del día que tenga... Y Él insiste en invitarme a pesar de las veces que digo que sí y es no, o digo que no y es no. Porque desde la misericordia podemos optar por el camino de la justicia, creer y donde dije digo, decir Diego.

✳ Isaías 45, 6c-8.18.21b-25: Cielos, destilad desde lo alto.

◗ Salmo 84 [85], 9abc.10|11-12|13-14: Cielos, destilad desde lo alto al Justo, las nubes lo derramen.

✚ **Evangelio: SAN LUCAS 7, 19-23**

En aquel tiempo, Juan, llamando a dos de sus discípulos, los envió al Señor diciendo: «¿Eres tú el que ha de venir, o tenemos que esperar a otro?». Los hombres se presentaron ante él y le dijeron: «Juan el Bautista nos ha mandado a ti para decirte: "¿Eres tú el que ha de venir, o tenemos que esperar a otro?"». En aquella hora Jesús curó a muchos de enfermedades, achaques y malos espíritus, y a muchos ciegos les otorgó la vista. Y respondiendo, les dijo: «Id y anunciad a Juan lo que habéis visto y oído: los ciegos ven, los cojos andan, los leprosos quedan limpios y los sordos oyen, los muertos resucitan, los pobres son evangelizados. Y ¡bienaventurado el que no se escandalice de mí!».

Los de Juan, como nosotros, esperaban y preguntan: «¿Eres tú el que ha de venir, o tenemos que esperar a otro?» Y Jesús no responde, Jesús cura, expulsa los espíritus que nos invaden y nos alejan del amor, restaura dignidades y ánimos, devuelve a la comunidad, ayuda a ver la realidad de otra manera… Y después de todo eso invita a caer en la cuenta de lo experimentado y ser testigos, ponerle voz y formular todo eso, hacernos conscientes, reconocer los vestigios de la presencia de Dios, anunciar lo bueno y no darle cabida a las dudas e inquietudes. La vida en ocasiones presenta dificultades, el Señor no las obvia ni las niega, claro que están ahí… pero junto a otras muchas realidades que nos hablan de su presencia.

✻ **Génesis 49, 1-2.8-10:** No se apartará de Judá el cetro.

❱ **Salmo 71 [72], 1bc-2|3-4ab|7-8|17:** En sus días florezca la justicia y la paz abunde eternamente.

✠ **Evangelio: SAN MATEO 1, 1-17**

Libro del origen de Jesucristo, hijo de David, hijo de Abrahán. Abrahán engendró a Isaac, Isaac engendró a Jacob, Jacob engendró a Judá y a sus hermanos. Judá engendró, de Tamar, a Fares y a Zará, Fares engendró a Esrón, Esrón engendró a Arán, Arán engendró a Aminadab, Aminadab engendró a Naasón, Naasón engendró a Salmón, Salmón engendró, de Rajab, a Booz; Booz engendró, de Rut, a Obed; Obed engendró a Jesé, Jesé engendró a David, el rey. David, de la mujer de Urías, engendró a Salomón, Salomón engendró a Roboán, Roboán engendró a Abías, Abías engendró a Asaf, Asaf engendró a Josafat, Josafat engendró a Jorán, Jorán engendró a Ozías, Ozías engendró a Joatán, Joatán engendró a Acaz, Acaz engendró a Ezequías, Ezequías engendró a Manasés, Manasés engendró a Amós, Amós engendró a Josías; Josías engendró a Jeconías y a sus hermanos, cuando el destierro de Babilonia. Después del destierro de Babilonia, Jeconías engendró a Salatiel, Salatiel engendró a Zorobabel, Zorobabel engendró a Abiud, Abiud engendró a Eliaquín, Eliaquín engendró a Azor, Azor engendró a Sadoc, Sadoc engendró a Aquín, Aquín engendró a Eliud, Eliud engendró a Eleazar, Eleazar engendró a Matán, Matán engendró a Jacob; y Jacob engendró a José, el esposo de María, de la cual nació Jesús, llamado Cristo. Así, las generaciones desde Abrahán a David fueron en total catorce; desde David hasta la deportación a Babilonia, catorce; y desde la deportación a Babilonia hasta el Cristo, catorce.

Este texto de la genealogía nos puede despistar, con referencias a personajes que posiblemente ni nos suenen. Lo que hace Mateo es legitimar a Jesús ante los cristianos de origen judío: es del linaje de David, las promesas de la Alianza se cumplen en él. Y la sangre de Jesús está mezclada con la de mujeres y extranjeros que no contaban para nada, personas que se valen de tretas y engaños para sobrevivir, pero también para recibir la bendición de Dios, moralmente cuestionables, mentirosos, adúlteros y asesinos... Ese es el linaje de Jesús, es como nuestra realidad, a veces turbia y con claroscuros... pero de eso también se vale Dios porque la encarnación es para todos y no excluye a nadie.

MARANATHA (Ricardo Cantalapiedra)

¿Adónde irán nuestras vidas?
¿Adónde irán nuestras penas?
¿En dónde está la alegría?
¿En dónde la primavera?
¿Adónde irán nuestras vidas?
Si un salvador no nos llega...
¿Para qué tantas palabras?
¿Para qué tantas promesas?
¿Quién cambiará nuestra suerte?
¿Quién pondrá luz en las sendas?
¿Para qué tantas palabras?
Si un salvador no nos llega...
Está acabando la noche
y un nuevo día se acerca,
vuelve a nacer la esperanza,
y se apaga la tristeza
y las estrellas nos dicen,
que el salvador ya está cerca...

✳ **Jeremías 23, 5-8:** Daré a David un vástago legítimo.

◗ **Salmo 71 [72], 1bc-2|12-13|18-19:** En sus días florezca la justicia y la paz abunde eternamente.

✠ **Evangelio: SAN MATEO 1, 18-24**

La generación de Jesucristo fue de esta manera: María, su madre, estaba desposada con José y, antes de vivir juntos, resultó que ella esperaba un hijo por obra del Espíritu Santo. José, su esposo, como era justo y no quería difamarla, decidió repudiarla en privado. Pero, apenas había tomado esta resolución, se le apareció en sueños un ángel del Señor que le dijo: «José, hijo de David, no temas acoger a María, tu mujer, porque la criatura que hay en ella viene del Espíritu Santo. Dará a luz un hijo y tú le pondrás por nombre Jesús, porque él salvará a su pueblo de sus pecados». Todo esto sucedió para que se cumpliese lo que había dicho el Señor por medio del profeta: «Mirad: la virgen concebirá y dará a luz un hijo y le pondrán por nombre Enmanuel, que significa "Dios-con-nosotros"». Cuando José se despertó, hizo lo que le había mandado el ángel del señor y acogió a su mujer.

No sé cómo sería esa conversación en la que José descubre que María está en cinta, seguramente tendría momentos de tensión, incredulidad, con un montón de fantasmas pasando por su mente, y la petición de tiempo para tomar una decisión. Pocas palabras diría, quizás un silencio tenso y decepcionado. El divorcio es inevitable... pues todos los indicios apuntan al adulterio, con la ley en la mano María puede acabar muriendo por lapidación. José no desea venganza, ni justicia, opta por lo que nadie opta, hacerse el tonto, «repudiarla en secreto», sin escándalo ni publicidad, evitándole a María la humillación pública... José ya ha optado... es un hombre justo, la narración tomará otro giro diferente con la revelación del ángel, pero esa es otra historia.

✳ **Jueces 13, 2-7.24-25a:** El nacimiento de Sansón fue anunciado por el ángel.

▶ Salmo 70 [71], 3-4a|5-6ab|16-17: Que se llene mi boca de tu alabanza, y así cantaré tu gloria.

✚ **Evangelio: SAN LUCAS 1, 5-25**

En los días de Herodes, rey de Judea, había un sacerdote de nombre Zacarías, del turno de Abías, casado con una descendiente de Aarón, cuyo nombre era Isabel. Los dos eran justos ante Dios, y caminaban sin falla según los mandamientos y leyes del Señor. No tenían hijos, porque Isabel era estéril, y los dos eran de edad avanzada. Una vez que Zacarías oficiaba delante de Dios con el grupo de su turno, según la costumbre de los sacerdotes, le tocó en suerte a él entrar en el santuario del Señor a ofrecer el incienso; la muchedumbre del pueblo estaba fuera rezando durante la ofrenda del incienso. Y se le apareció el ángel del Señor, de pie a la derecha del altar del incienso. Al verlo, Zacarías se sobresaltó y quedó sobrecogido de temor. Pero el ángel le dijo: «No temas, Zacarías, porque tu ruego ha sido escuchado: tu mujer Isabel te dará un hijo, y le pondrás por nombre Juan. Te llenarás de alegría y gozo, y muchos se alegrarán de su nacimiento. Pues será grande a los ojos del Señor, no beberá vino ni licor; estará lleno del Espíritu Santo ya en el vientre materno, y convertirá muchos hijos de Israel al Señor, su Dios. Irá delante del Señor, con el espíritu y poder de Elías, "para convertir los corazones de los padres hacia los hijos", y a los desobedientes, a la sensatez de los justos, para preparar al Señor un pueblo bien dispuesto». Zacarías replicó al ángel: «¿Cómo estaré seguro de eso? Porque yo soy viejo, y mi mujer es de edad avanzada». Respondiendo el ángel, le dijo:«Yo soy Gabriel, que sirvo en presencia de Dios; he sido enviado para hablarte y comunicarte esta buena noticia. Pero te quedarás mudo, sin poder hablar, hasta el día en que esto suceda, porque no has dado fe a mis palabras, que se cumplirán en su momento oportuno». El pueblo, que estaba aguardando a Zacarías, se sorprendía de que tardase tanto en el santuario. Al salir no podía hablarles, y ellos comprendieron que había tenido una visión en el santuario. Él les hablaba por señas, porque seguía mudo. Al cumplirse los días de su servicio en el templo, volvió a casa. Días después concibió Isabel, su mujer, y estuvo sin salir de casa cinco meses, diciendo: «Esto es lo que ha hecho por mí el Señor, cuando se ha fijado en mí para quitar mi oprobio ante la gente».

El nombre de Isabel significa «Dios ha prometido». Y ahí estamos, en la hora en que Dios recuerda la promesa... y la cumple. Zacarías vuelve del templo, y tiene que aprender a comunicarse con gestos y ademanes nuevos; esa comunicación se va haciendo cada vez más profunda y tierna... A pesar de la edad, dejan de sentirse viejos y se comunican más intensamente, como en los tiempos de su juventud e Isabel descubre algo grande. Se queda en casa cinco meses; al principio no se lo cree, pero poco a poco los signos se van haciendo visibles... «Así me ha tratado el Señor cuando se ha dignado quitar mi afrenta ante los hombres». El embarazo levanta el oprobio de la esterilidad. Se pasa de la vergüenza a la alegría, Dios nos quita las vergüenzas.

Cabría decir que el cristiano del futuro o será un «místico», es decir, una persona que ha «experimentado» algo, o no será cristiano. Porque la espiritualidad del futuro no se apoyará ya en una convicción unánime, evidente y pública, ni en un ambiente religioso generalizado, previos a la experiencia y a la decisión personales. KARL RAHNER

DICIEMBRE

4.ª semana de Adviento. Ciclo B. LH: salterio sem. IV
San Ceferino, p.
Santo Domingo de Silos, ab.

✳ 1.ª lectura: 2 SAMUEL 7, 1-5.8b-12.14a.16

Cuando el rey David se asentó en su casa y el Señor le hubo dado reposo de todos sus enemigos de alrededor, dijo al profeta Natán: «Mira, yo habito en una casa de cedro, mientras el Arca de Dios habita en una tienda». Natán dijo al rey: «Ve y haz lo que desea tu corazón, pues el Señor está contigo». Aquella noche vino esta palabra del Señor a Natán: «Ve y habla a mi siervo David: "Así dice el Señor. ¿Tú me vas a construir una casa para morada mía? Yo te tomé del pastizal, de andar tras el rebaño, para que fueras jefe de mi pueblo Israel. He estado a tu lado por donde quiera que has ido, he suprimido a todos tus enemigos ante ti y te he hecho tan famoso como los grandes de la tierra. Dispondré un lugar para mi pueblo Israel y lo plantaré para que resida en él sin que lo inquieten, ni le hagan más daño los malvados, como antaño, cuando nombraba jueces sobre mi pueblo Israel. A ti te he dado reposo de todos tus enemigos. Pues bien, el Señor te anuncia que te va a edificar una casa. En efecto, cuando se cumplan tus días y reposes con tus padres, yo suscitaré descendencia tuya después de ti. Al que salga de tus entrañas le afirmaré su reino. Yo seré para él un padre y él será para mí un hijo. Tu casa y tu reino se mantendrán siempre firmes ante mí, tu trono durará para siempre"».

▶ Salmo 88 [89], 2-3|4-5|27.29: Cantaré eternamente tus misericordias, Señor.

✳ 2.ª lectura: ROMANOS 16, 25-27

Hermanos: Al que puede consolidaros según mi Evangelio y el mensaje de Jesucristo que proclamo, conforme a la revelación del misterio mantenido en secreto durante siglos eternos y manifestado ahora mediante las Escrituras proféticas, dado a conocer según disposición del

Dios eterno para que todas las gentes llegaran a la obediencia de la fe; a Dios, único Sabio, por Jesucristo, la gloria por los siglos de los siglos. Amén.

✠ Evangelio: SAN LUCAS 1, 26-38

En aquel tiempo, el ángel Gabriel fue enviado por Dios a una ciudad de Galilea llamada Nazaret, a una virgen desposada con un hombre llamado José, de la casa de David; el nombre de la virgen era María. El ángel, entrando en su presencia, dijo: «Alégrate, llena de gracia, el Señor está contigo». Ella se turbó grandemente ante estas palabras y se preguntaba qué saludo era aquel. El ángel le dijo: «No temas, María, porque has encontrado gracia ante Dios. Concebirás en tu vientre y darás a luz un hijo, y le pondrás por nombre Jesús. Será grande, se llamará Hijo del Altísimo, el Señor Dios le dará el trono de David, su padre; reinará sobre la casa de Jacob para siempre, y su reino no tendrá fin». Y María dijo al ángel: «¿Cómo será eso, pues no conozco varón?». El ángel le contestó: «El Espíritu Santo vendrá sobre ti, y la fuerza del Altísimo te cubrirá con su sombra; por eso el Santo que va a nacer será llamado Hijo de Dios. También tu pariente Isabel ha concebido un hijo en su vejez, y ya está de seis meses la que llamaban estéril, "porque para Dios nada hay imposible"». María contestó: «He aquí la esclava del Señor; hágase en mí según tu palabra». Y el ángel se retiró.

Hemos contemplado este pasaje tantas veces que corremos el riesgo de pasar por él corriendo, sin dejarnos atrapar por lo que tiene de inesperado. Ya es casi Navidad y sabemos lo que viene... pero podemos saborearlo y detenernos allá donde encontremos un sabor que gustar. Martín Descalzo asociaba la Navidad con dos actitudes que podemos vivir continuamente: alegría y asombro. Actitudes que requieren de una cierta ingenuidad y que identificamos con la infancia, pero que acercan más a Dios también a los adultos. Resulta asombroso que Dios elija entrar en el mundo de esta manera. Sorprende que el «Altísimo» tenga que agacharse, bajarse de las alturas, hacerse «bajito», acercarse y pedir permiso a una adolescente para poner en marcha un proyecto como es la encarnación. Resulta asombroso que necesite de un legado para transmitir el mensaje, como asombro es lo que siente la joven María cuando es abordada por un mensajero de un Dios al que referimos el calificativo de omnipotente. Resulta asombroso que aquella a la que se le pide colaboración sea casi una niña, vulnerable, inexperta, seguramente inocente... alguien que desde la libertad puede negarse, pero que se lanza a por todas a pesar de inconvenientes y posibles complicaciones, que se fía porque siempre ha escuchado que Dios cumple sus promesas y que cuida de nosotros. Resulta asombroso que Dios necesite de María como necesita de mí. Sí, porque también necesita de mí.

REPOSA EN UN PESEBRE (San Agustín)

Reposa en un pesebre, / pero contiene el mundo.
Se nutre de pechos humanos,
pero es el alimento de los ángeles.
Está envuelto en pañales,
pero viste a los hombres de inmortalidad.
No encuentra posada en el mesón,
pero hace su morada en el corazón de los creyentes.
Para que la debilidad se hiciera fuerte,
la misma fuerza se hizo debilidad.

Los Ejercicios Espirituales son todo lo mejor que yo en esta vida puedo pensar, sentir y entender, así para el hombre poderse aprovechar a sí mismo como para poder fructificar, ayudar y aprovechar a otros muchos. SAN IGNACIO DE LOYOLA

✳ **Cantar 2, 8-14:** He aquí mi amado, llega saltando por los montes. **O bien: Sofonías 3, 14-18a:** El rey de Israel, el Señor, está en medio de ti.

▶ **Salmo 32 [33], 2-3|11-12|20-21:** Aclamad, justos, al Señor, cantadle un cántico nuevo.

✚ **Evangelio: SAN LUCAS 1, 39-45**

En aquellos días, María se levantó y se puso en camino de prisa hacia la montaña, a una ciudad de Judá; entró en casa de Zacarías y saludó a Isabel. Aconteció que, en cuanto Isabel oyó el saludo de María, saltó la criatura en su vientre. Se llenó Isabel de Espíritu Santo y, levantando la voz, exclamó: «¡Bendita tú entre las mujeres, y bendito el fruto de tu vientre! ¿Quién soy yo para que me visite la madre de mi Señor? Pues, en cuanto tu saludo llegó a mis oídos, la criatura saltó de alegría en mi vientre. Bienaventurada la que ha creído, porque lo que le ha dicho el Señor se cumplirá».

En el abrazo de dos mujeres se entretejen la alegría, la bienvenida, la escucha y el entendimiento sincero. Es una comunicación genuina, sin falsedades ni disimulos. Las palabras surgen espontáneas, llenas de reconocimiento, consuelo y sinceridad, celebrando el intercambio de experiencias y emociones. Isabel, llena del Espíritu Santo, se convierte en un eco de vida y esperanza. «Se llenó Isabel del Espíritu Santo y dijo a voz en grito...». He encontrado en mi camino muchas Isabeles, portadoras de noticias alentadoras y palabras que iluminan el futuro, despertando anhelos y sueños. Gracias, Señor, por esas voces que abren horizontes. María, que también mi voz afirme lo positivo, reconozca lo bueno, bendiga a los demás y comparta alegrías y esperanzas.

Feria privilegiada de Adviento
Santa Francisca Javiera Cabrini, v. y fdra.
Beato Tomás Holland, pb. y mr.

✳ 1 Samuel 1, 24-28: Ana da gracias por el nacimiento de Samuel. ▶ Interleccional 1 Samuel 2, 1|4-5|6-7|8abcd: Mi corazón se regocija en el Señor, mi Salvador.

✛ **Evangelio: SAN LUCAS 1, 46-56**

En aquel tiempo, María dijo: «Proclama mi alma la grandeza del Señor, "se alegra mi espíritu en Dios, mi salvador; porque ha mirado la humildad de su esclava". Desde ahora me felicitarán todas las generaciones, porque el Poderoso ha hecho obras grandes en mí: "su nombre es santo, y su misericordia llega a sus fieles de generación en generación". Él hace proezas con su brazo: dispersa a los soberbios de corazón, "derriba del trono a los poderosos y enaltece a los humildes, a los hambrientos los colma de bienes y a los ricos los despide vacíos. Auxilia a Israel, su siervo, acordándose de la misericordia" – como lo había prometido a "nuestros padres"– en favor de Abrahán y su descendencia por siempre». María se quedó con Isabel unos tres meses y volvió a su casa.

Esta feria privilegiada de Adviento pone música a la palabra «gracias» y nos trae dos cantos de gratitud: el Canto de Ana y el Magnificat de María. A punto de celebrar el nacimiento de Dios, dos mujeres echan la mirada atrás para reconocer cómo Dios se «mancha las manos» con nosotros, se embarra implicándose en nuestras cotidianidades, quehaceres, desasosiegos, desvelos y alegrías. Son capaces de descubrir los vestigios de los pasos de Dios por sus vidas, un Dios que hace «cosas grandes», que opta por lo que parece pequeño, que pone vida donde aparentemente no la hay, que provoca alegría, hace justicia, invierte el orden de las personas para que se haga justicia, que es compasión y misericordia, que nos muestra cómo acoger los regalos que Dios nos da.

✳ **Malaquías 3, 1-4.23-24:** Os envío al profeta Elías, antes de que venga el día del Señor. ▶ Salmo 24 [25], 4-5a|8-9|10.14: Levantaos, alzad la cabeza; se acerca vuestra salvación.

✠ **Evangelio: SAN LUCAS 1, 57-66**

A Isabel se le cumplió el tiempo del parto y dio a luz un hijo. Se enteraron sus vecinos y parientes de que el Señor le había hecho una gran misericordia, y se alegraban con ella. A los ocho días vinieron a circuncidar al niño, y querían llamarlo Zacarías, como su padre; pero la madre intervino diciendo: «¡No! Se va a llamar Juan». Y le dijeron: «Ninguno de tus parientes se llama así». Entonces preguntaban por señas al padre cómo quería que se llamase. Él pidió una tablilla y escribió: «Juan es su nombre». Y todos se quedaron maravillados. Inmediatamente se le soltó la boca y la lengua, y empezó a hablar bendiciendo a Dios. Los vecinos quedaron sobrecogidos, y se comentaban todos estos hechos por toda la montaña de Judea. Y todos los que los oían reflexionaban diciendo: «Pues ¿qué será este niño?». Porque la mano del Señor estaba con él.

Hoy es mi cumpleaños. Cumplo 55 años. Nací antes de tiempo y parecía que el desenlace iba a ser nefasto, pero mi tío Adolfo, médico, consiguió hacerme respirar... y aquí estoy tantos años después. Dar a luz suele ser motivo de contento, aunque a veces los padres se sientan intranquilos ante la nueva realidad y tengan que reaprender qué significa lo ordinario. Muchos esperan determinadas actitudes y conductas de los progenitores. Yo llevo el nombre de mi padre y mi abuelo; eso suponían que iba a ocurrir con la criatura de Zacarías... pero Isabel se mantiene firme y afirma: «Se va a llamar Juan». «Dios es misericordioso», «Dios ha favorecido», porque esa será la misión de esa criatura, revelada por el ángel detrás de ese nombre: prepararnos para la misericordia de Dios.

✳ **2 Samuel 7, 1-5.8b-12.14a.16:** El reino de David se mantendrá siempre firme ante el Señor. ❱ **Salmo 88 [89], 2-3|4-5|27.29:** Cantaré eternamente tus misericordias, Señor.

✠ **Evangelio: SAN LUCAS 1, 67-79**

En aquel tiempo, Zacarías, padre de Juan, se llenó de Espíritu Santo y profetizó diciendo: «"Bendito sea el Señor, Dios de Israel", porque ha visitado y "redimido a su pueblo", suscitándonos una fuerza de salvación en la casa de David, su siervo, según lo había predicho desde antiguo por boca de sus santos profetas. Es la salvación que nos libra de nuestros enemigos y de la mano de todos los que nos odian; realizando la "misericordia que tuvo con nuestros padres, recordando su santa alianza" y "el juramento que juró a nuestro padre Abrahán" para concedernos que, libres de temor, arrancados de la mano de los enemigos, le sirvamos con santidad y justicia, en su presencia, todos nuestros días. Y a ti, niño, te llamarán profeta del Altísimo, porque irás delante "del Señor a preparar sus caminos", anunciando a su pueblo la salvación por el perdón de sus pecados. Por la entrañable misericordia de nuestro Dios, nos visitará el sol que nace de lo alto, para iluminar a los que viven en tinieblas y en sombra de muerte, para guiar nuestros pasos por el camino de la paz».

Y no solo las mujeres cantan las maravillas de Dios, porque no se trata de nosotros ni de nuestros méritos, sino de Dios salvándonos. Y también los varones podemos atrevernos a cantar esas alabanzas, aunque como Zacarías hayan pasado más de nueve meses de silencio. Este anciano ha visto su mundo puesto patas arriba, se ha quedado sin voz, ha tenido que pasar de la suspicacia a la aceptación, aprender a comunicarse con gestos y ademanes, atreverse a soñar una vida diferente mientras la vida crecía en el seno de Isabel. Ha revisado su vida y la de su pueblo, ha aprendido a mirar a esa mujer con ojos nuevos y, después de tanto tiempo, recupera la voz. Y tras sus primeras palabras: «Juan es su nombre», se convierte en profeta de la misericordia, profeta de esperanzas, profeta de la fidelidad.

SALTEN DE JÚBILO (San Agustín)

Salten de júbilo los hombres,
salten de júbilo las mujeres;
Cristo nació varón y nació de mujer,
y ambos son honrados en Él.
Retozad de placer, niños santos,
que elegisteis principalmente a Cristo
para imitarle en el camino de la pureza;
brincad de alegría, vírgenes santas;
la Virgen ha dado a luz para vosotras
para desposaros con Él sin corrupción.
Dad muestras de júbilo, justos,
porque es el natalicio del Justificador.
Haced fiestas vosotros, los débiles y enfermos,
porque es el nacimiento del Salvador.
Alegraos, cautivos: ha nacido vuestro Redentor.
Alborozaos, siervos, porque ha nacido el Señor.
Alegraos, libres, porque es el nacimiento del Libertador.
Alégrense los cristianos, porque ha nacido Cristo.

Nada nos mueve tanto al amor de una cosa como la experiencia de su recíproco amor. Mas el amor de Dios a los hombres de ningún modo pudo demostrarse más eficazmente que por el hecho de haber querido Él unirse al hombre en persona, pues propio del amor es unir al amante con el amado en cuanto es posible. Luego fue necesario para el hombre que tiende a la bienaventuranza perfecta que Dios se hiciera hombre. SANTO TOMÁS DE AQUINO

DICIEMBRE
† (S) NATIVIDAD DEL SEÑOR
Santa Anastasia, mr.
Santos Jovino y Basileo, mrs.

MISA DE MEDIANOCHE

✻ 1.ª lectura: ISAÍAS 9, 1-6

El pueblo que caminaba en tinieblas vio una luz grande; habitaba en tierra y sombras de muerte, y una luz les brilló. Acreciste la alegría, aumentaste el gozo; se gozan en tu presencia, como gozan al segar, como se alegran al repartirse el botín. Porque la vara del opresor, el yugo de su carga, el bastón de su hombro, los quebrantaste como el día de Madián. Porque la bota que pisa con estrépito y la túnica empapada de sangre serán combustible, pasto del fuego. Porque un niño nos ha nacido, un hijo se nos ha dado: lleva a hombros el principado, y es su nombre: «Maravilla de Consejero, Dios fuerte, Padre de eternidad, Príncipe de la paz». Para dilatar el principado, con una paz sin límites, sobre el trono de David y sobre su reino. Para sostenerlo y consolidarlo con la justicia y el derecho, desde ahora y por siempre. El celo del Señor del universo lo realizará.

▶ Salmo 95 [96], 1-2a|2b-3|11-12|13: **Hoy nos ha nacido un Salvador: el Mesías, el Señor.**

✻ 2.ª lectura: TITO 2, 11-14

Querido hermano: Se ha manifestado la gracia de Dios, que trae la salvación para todos los hombres, enseñándonos a que, renunciando a la impiedad y a los deseos mundanos, llevemos ya desde ahora una vida sobria, justa y piadosa, aguardando la dicha que esperamos y la manifestación de la gloria del gran Dios y Salvador nuestro, Jesucristo, el cual se entregó por nosotros para rescatarnos de toda iniquidad y purificar para sí un pueblo de su propiedad, dedicado enteramente a las buenas obras.

✠ Evangelio: SAN LUCAS 2, 1-14

Sucedió en aquellos días que salió un decreto del emperador Augusto, ordenando que se empadronase todo el Imperio. Este primer empadronamiento se hizo siendo Cirino gobernador de Siria. Y todos iban a empadronarse, cada cual a su ciudad. También José, por ser de la casa y familia de David, subió desde la ciudad de Nazaret, en Galilea, a la ciudad de David, que se llama Belén, en Judea, para empadronarse con su esposa María, que estaba encinta. Y sucedió que, mientras estaban allí, le llegó a ella el tiempo del parto y dio a luz a su hijo primogénito, lo envolvió en pañales y lo recostó en un pesebre, porque no había sitio para ellos en la posada. En aquella misma región había unos pastores que pasaban la noche al aire libre, velando por turno su rebaño. De repente un ángel del Señor se les presentó; la gloria del Señor los envolvió de claridad, y se llenaron de gran temor. El ángel les dijo: «No temáis, os anuncio una buena noticia que será de gran alegría para todo el pueblo: hoy, en la ciudad de David, os ha nacido un Salvador, el Mesías, el Señor. Y aquí tenéis la señal: encontraréis un niño envuelto en pañales y acostado en un pesebre». De pronto, en torno al ángel, apareció una legión del ejército celestial, que alababa a Dios diciendo: «Gloria a Dios en el cielo, y en la tierra paz a los hombres de buena voluntad».

Las cosas de Dios no ocurren en lo etéreo, sino en lo concreto: pagar facturas, poner lavadoras, recoger a los niños, comprar aceite cuando está de oferta... y hasta en las decisiones del político de turno, aunque sea empadronarse. Es ahí donde brota la Vida con mayúsculas. José y María (grávida, dirá san Ignacio) suben a Belén, la casa del pan. Y, cosas del camino, las contracciones se aceleran. Lucas lo despacha en dos líneas: «le llegó a ella el tiempo del parto y dio a luz a su hijo primogénito, lo envolvió en pañales y lo recostó en un pesebre, porque no había sitio para ellos en la posada». Dos líneas que encierran rechazo, indigencia, inquietud, prisas... y a la vez, la Vida, la alegría, la promesa cumplida. La Vida nace entre el estiércol y las bestias, con el llanto de un Dios que aprenderá a ser hombre. Se dormirá al arrullo del corazón de María, protegido y amado. Y José, al mirarlo, olvida temores: la vida es un milagro. Dios se hace presente sin espectáculos, envuelto en pañales. Alegría y fuera miedos. Gloria a Dios. Y los destinatarios son los pastores: los indignos, los impuros, los que no cumplen... A ellos se les anuncia la alegría. Feliz Navidad.

MISA DEL DÍA

✳ 1.ª lectura: ISAÍAS 52, 7-10

¡Qué hermosos son sobre los montes los pies del mensajero que proclama la paz, que anuncia la buena noticia, que pregona la justicia, que dice a Sion: «¡Tu Dios reina!». Escucha: tus vigías gritan, cantan a coro, porque ven cara a cara al Señor, que vuelve a Sion. Romped a cantar a coro, ruinas de Jerusalén, porque el Señor ha consolado a su pueblo, ha rescatado a Jerusalén. Ha descubierto el Señor su santo brazo a los ojos de todas las naciones, y verán los confines de la tierra la salvación de nuestro Dios.

▶ Salmo 97 [98], 1bcde|2-3ab|3cd-4|5-6: Los confines de la tierra han contemplado la salvación de nuestro Dios.

✳ 2.ª lectura: HEBREOS 1, 1-6

En muchas ocasiones y de muchas maneras habló Dios antiguamente a los padres por los profetas. En esta etapa final, nos ha hablado por el Hijo, al que ha nombrado heredero de todo, y por medio del cual ha realizado los siglos. Él es reflejo de su gloria, impronta de su ser. Él sostiene el universo con su palabra poderosa. Y, habiendo realizado la purificación de los pecados, está sentado a la derecha de la Majestad en las alturas; tanto más encumbrado sobre los ángeles cuanto más sublime es el nombre que ha heredado. Pues ¿a qué ángel dijo jamás: «Hijo mío eres tú, yo te he engendrado hoy»; y en otro lugar: «Yo seré para él un padre, y él será para mí un hijo»? Asimismo, cuando introduce en el mundo al primogénito, dice: «Adórenlo todos los ángeles de Dios».

✠ Evangelio: SAN JUAN 1, 1-18

En el principio existía el Verbo, y el Verbo estaba junto a Dios, y el Verbo era Dios. Él estaba en el principio junto a Dios. Por medio de él se hizo todo, y sin él no se hizo nada de cuanto se ha hecho. En él estaba la vida, y la vida era la luz de los hombres. Y la luz brilla en la tiniebla, y la tiniebla no lo recibió. Surgió un hombre enviado por Dios, que se llamaba Juan: este venía como testigo, para dar testimonio de la luz, para que todos creyeran por medio de él. No era él la luz, sino el que daba testimonio de la luz. El Verbo era la luz verdadera, que alumbra a todo hombre, viniendo al mundo. En el mundo estaba; el mundo se hizo por medio de él, y el mundo no lo conoció. Vino a su casa, y los suyos no lo recibieron. Pero a cuantos lo recibieron les dio poder de ser hijos de Dios, a los que creen en su nombre. Estos no han nacido de sangre, ni de deseo de carne, ni de deseo de varón, sino que han nacido de Dios. Y el Verbo se hizo carne y habitó entre nosotros, y hemos contemplado su gloria: gloria como del Unigénito del Padre, lleno de gracia y de verdad. Juan da testimonio de él y grita diciendo: «Este es de quien dije: el que viene detrás de mí se ha puesto delante de mí, porque existía antes que yo». Pues de su plenitud todos hemos recibido, gracia tras gracia. Porque la ley se dio por medio de

Moisés, la gracia y la verdad nos han llegado por medio de Jesucristo. A Dios nadie lo ha visto jamás: Dios unigénito, que está en el seno del Padre, es quien lo ha dado a conocer.

Felicidades, hoy es Navidad. Celebramos la solemnidad de la Natividad de Jesús y la liturgia nos sumerge en la promesa de paz que trae Dios, quien reina victorioso, como dice el salmo, y pronuncia una «Palabra definitiva en el Hijo», porque «la Palabra se ha hecho carne y ha acampado entre nosotros». La Palabra y el Verbo, la comunicación, la capacidad de expresarse y decirse, de hablar, hacerse oír, darse a conocer... Dios se hace Palabra y expresa su ser, se revela y comunica. El Verbo se hace audible con los sonidos de una criatura recién nacida. Nos habla desde el llanto, los gorgoteos, susurros y gruñiditos, murmullos y la prefiguración de una risa que nos revela cómo es Dios. Dios no dice «Yo soy», Dios llora por la violenta irrupción en el mundo, llanto que es signo de vida, que está con nosotros... y después, sus sonidos son otros al sentir la calidez de María y de José. Sonidos que evocan alegría, ternura, deseos de cuidado, que nos maravillan y emocionan, que sosiegan nuestra alma y nos traen esperanza. Porque somos casa de Dios, tienda donde Él acampa, y su luz nos ilumina. Cuando nos separamos de alguien rompemos la comunicación y la palabra, cuando rompemos la comunión negamos la palabra al otro, cuando nos enfadamos dejamos de hablarnos con la otra persona. Dios restablece los puentes del encuentro con la palabra que es su Hijo, porque Dios no está enfadado, Dios está contento y quiere hablarnos... escuchémosle y comencemos ese diálogo.

Pongamos nuestras manos en las manos del Hijo de Dios, pronunciemos nuestro «Sí» en respuesta a su «Sígueme» y entonces seremos cosa suya y su vida divina podrá rebosar libremente en nosotros. SANTA BENEDICTA DE LA CRUZ

✳ Hechos 6, 8-10; 7, 54-59: Veo los cielos abiertos.

◗ Salmo 30 [31], 3cd-4|6.8ab|16b.17: A tus manos, Señor, encomiendo mi espíritu.

✚ **Evangelio: SAN MATEO 10, 17-22**

En aquel tiempo, dijo Jesús a sus apóstoles: «¡Cuidado con la gente!, porque os entregarán a los tribunales, os azotarán en las sinagogas y os harán comparecer ante gobernadores y reyes por mi causa, para dar testimonio ante ellos y ante los gentiles. Cuando os entreguen, no os preocupéis de lo que vais a decir o de cómo lo diréis: en aquel momento se os sugerirá lo que tenéis que decir, porque no seréis vosotros los que habléis, sino que el Espíritu de vuestro Padre hablará por vosotros. El hermano entregará al hermano a la muerte, el padre al hijo; se rebelarán los hijos contra sus padres y los matarán. Y seréis odiados por todos a causa de mi nombre; pero el que persevere hasta el final, se salvará».

Ayer contemplábamos la esperanza y la vida, un Dios que se nos comunica con gorgoteos, risas y murmullos; y hoy recordamos a Esteban, mártir, y escuchamos unas palabras de Jesús que hablan de un contexto de violencia y tensión, de persecución, traición y odio. El contraste es inmenso: preferimos escuchar villancicos, nanas al Niño y disfrutar de los restos de la comida de Navidad, a dejar que la Palabra nos hable... pero ya nos lo decía ayer Juan: «algunos no le recibieron». Ayer la esperanza y la vida, hoy el recuerdo de Esteban, que vivió como el Maestro y dio su vida como Él para defender que era el profeta. Dos opciones: acoger o rechazar, aceptar o no a ese Niño que es luz... y, si acogemos, nuestra palabra será como la suya, nos la susurrará el Espíritu al ser testigos del Amor.

DICIEMBRE

(F) Sagrada Familia. Ciclo B
San Juan, ap. y ev. Santa Fabiola
JORNADA POR LA FAMILIA Y LA VIDA

✳ 1.ª lectura: ECLESIÁSTICO 3, 2-6.12-14

El Señor honra más al padre que a los hijos y afirma el derecho de la madre sobre ellos. Quien honra a su padre expía sus pecados, y quien respeta a su madre es como quien acumula tesoros. Quien honra a su padre se alegrará de sus hijos y cuando rece, será escuchado. Quien respeta a su padre tendrá larga vida, y quien honra a su madre obedece al Señor. Hijo, cuida de tu padre en su vejez y durante su vida no le causes tristeza. Aunque pierda el juicio, sé indulgente con él y no lo desprecies aun estando tú en pleno vigor. Porque la compasión hacia el padre no será olvidada y te servirá para reparar tus pecados.

▸ Salmo 127 [128], 1bc-2|3|4-5: Dichosos los que temen al Señor y siguen sus caminos.

✳ 2.ª lectura: COLOSENSES 3, 12-21

Hermanos: Como elegidos de Dios, santos y amados, revestíos de compasión entrañable, bondad, humildad, mansedumbre, paciencia. Sobrellevaos mutuamente y perdonaos cuando alguno tenga quejas contra otro. El Señor os ha perdonado: haced vosotros lo mismo. Y por encima de todo esto, el amor, que es el vínculo de la unidad perfecta. Que la paz de Cristo reine en vuestro corazón: a ella habéis sido convocados en un solo cuerpo. Sed también agradecidos. La Palabra de Cristo habite entre vosotros en toda su riqueza; enseñaos unos a otros con toda sabiduría; exhortaos mutuamente. Cantad a Dios, dando gracias de corazón, con salmos, himnos y cánticos inspirados. Y todo lo que de palabra o de obra realicéis, sea todo en nombre de Jesús, dando gracias a Dios Padre por medio de él. Mujeres, sed sumisas a vuestros maridos, como conviene en el Señor. Maridos, amad a vuestras mujeres, y no seáis ásperos con ellas. Hijos, obedeced a vuestros padres en todo, que eso agrada al Señor. Padres, no exasperéis a vuestros hijos, no sea que pierdan el ánimo.

✚ **Evangelio (texto breve): SAN LUCAS 2, 22.39-40**

Cuando se cumplieron los días de la purificación, según la ley de Moisés, los padres de Jesús lo llevaron a Jerusalén para presentarlo al Señor, de acuerdo con lo escrito en la ley del Señor. Y, cuando cumplieron todo lo que prescribía la ley del Señor, Jesús y sus padres volvieron a Galilea, a su ciudad de Nazaret. El niño, por su parte, iba creciendo y robusteciéndose, lleno de sabiduría; y la gracia de Dios estaba con él.

Hoy celebramos a la Sagrada Familia de Nazaret, y contemplamos a María y José cumpliendo con la ley judía. Han pasado cuarenta días desde que María dio a luz; no sabemos si volverían a Nazaret o si solo recorrieron los diez kilómetros que distan de Belén a Jerusalén... Lo cierto es que van al Templo, los padres nóveles se presentan con su criatura, unos más entre la multitud; pasarían desapercibidos para la mayoría. Quizás alguien se acercó para felicitarles, para hacerle carantoñas al bebé o para venderles tórtolas o pichones... pero unos ojos que desean se posan sobre ellos y se llenan de alegría, como los de la anciana viuda que no pudo más que agradecer al ver a la criatura. Ya tendremos tiempo de contemplar a Simeón y Ana muy pronto... hoy miremos a esa familia. No se trata de confrontarnos con un mundo donde cambia todo, incluso lo que significa familia... fijémonos en esa Familia, la de Jesús, María y José. La llamamos «sagrada» porque nos remite a Dios, porque está «consagrada» a Dios; también me atrevería a insinuar que donde hay amor de verdad se manifiesta lo «sacro». Han pasado por momentos realmente duros, por dudas y miedos, han tenido que aprender a restablecer la confianza y a dejarse llevar; tendrán que proteger al niño, descubrir que son sus custodios, no sus propietarios, ayudarle a conocer a Dios, que es Padre y Madre... Es ardua la tarea que les espera. Construir familia parece que lo es. Pidamos hoy por todas las familias, por todas... y por el vínculo del amor que nos sana y salva.

(F) Santos Inocentes
Santa Catalina Volpicelli, v. y fdra.
Beato Gregorio Khomysyn, ob. y mr.

✳ **1 Juan 1, 5–2, 2:** La sangre de Jesús nos limpia de todo pecado. ▶ **Salmo 123 [124], 2-3|4-5|7c-8:** Hemos salvado la vida, como un pájaro de la trampa del cazador.

✚ **Evangelio: SAN MATEO 2, 13-18**

Cuando se retiraron los magos, el ángel del Señor se apareció en sueños a José y le dijo: «Levántate, toma al niño y a su madre y huye a Egipto: quédate allí hasta que yo te avise, porque Herodes va a buscar al niño para matarlo». José se levantó, tomó al niño y a su madre de noche, se fue a Egipto y se quedó hasta la muerte de Herodes para que se cumpliese lo que dijo el Señor por medio del profeta: «De Egipto llamé a mi hijo». Al verse burlado por los magos, Herodes montó en cólera y mandó matar a todos los niños de dos años para abajo, en Belén y sus alrededores, calculando el tiempo por lo que había averiguado de los magos. Entonces se cumplió lo dicho por medio del profeta Jeremías: «Un grito se oye en Ramá, llanto y lamentos grandes; es Raquel, que llora por sus hijos y rehúsa el consuelo, porque ya no viven».

La Navidad se compone de múltiples pinceladas. Algunas las trazamos al enjalbegar sus paredes con cal: la familia, las reuniones, los villancicos, los regalos... Pero otras trazos, más profundas, las ofrece la liturgia. Intentamos evitar mirar aquellos espacios del lienzo teñidos de sangre, disfrazándolos de bromas y juegos, pero la Navidad es tal como lo decía el Prólogo de Juan: luz y tinieblas. Persecución, huidas, violencia, muerte... ¡Qué suerte tuvieron los que pudieron escapar! Pero, ¿qué decir de los que no lo lograron? Los Herodes de hoy siguen creyendo que tienen derecho a sesgar vidas, justificándose con discursos fríos o abandonándose a la cólera. Tantas madres, como Raquel, solo pueden llorar... Frente a las tinieblas, estamos llamados a ser luz, a acoger y permitir que la vida crezca, a ser como Egipto.

✳ **1 Juan 2, 3-11:** Quien ama a su hermano permanece en la luz.

▶ **Salmo 95 [96]:** Alégrese el cielo, goce la tierra.

✚ **Evangelio: SAN LUCAS 2, 22-35**

Cuando se cumplieron los días de la purificación, según la ley de Moisés, los padres de Jesús lo llevaron a Jerusalén para presentarlo al Señor, de acuerdo con lo escrito en la ley del Señor: «Todo varón primogénito será consagrado al Señor», y para entregar la oblación, como dice la ley del Señor: «un par de tórtolas o dos pichones». Había entonces en Jerusalén un hombre llamado Simeón, hombre justo y piadoso, que aguardaba el consuelo de Israel; y el Espíritu Santo estaba con él. Le había sido revelado por el Espíritu Santo que no vería la muerte antes de ver al Mesías del Señor. Impulsado por el Espíritu, fue al templo. Y cuando entraban con el niño Jesús sus padres para cumplir con él lo acostumbrado según la ley, Simeón lo tomó en brazos y bendijo a Dios diciendo: «Ahora, Señor, según tu promesa, puedes dejar a tu siervo irse en paz. Porque mis ojos "han visto a tu Salvador", a quien has presentado ante todos los pueblos: "luz para alumbrar a las naciones" y gloria de tu pueblo Israel». Su padre y su madre estaban admirados por lo que se decía del niño. Simeón los bendijo y dijo a María, su madre: «Este ha sido puesto para que muchos en Israel caigan y se levanten; y será como un signo de contradicción –y a ti misma una espada te traspasará el alma–, para que se pongan de manifiesto los pensamientos de muchos corazones».

Parece que los textos de la liturgia insisten en «aguarnos la fiesta», pero no es necesariamente así. Para realizar un mortero resistente hemos de mezclar cal y arena;

con solo uno de los dos materiales no podríamos construir nada. Lo mismo en la vida, esa «espada que te traspasará el alma» no es solo arena, como tampoco es solo cal el «Nunc Dimitis». Necesitamos de ambos para construirnos y crecer. La esperanza de Simeón, su piedad y rectitud, soñar y creer en las promesas, su paciencia y fe, su entusiasmo, dejarse susurrar palabras de futuro por el Espíritu Santo para reconocer en lo pequeño el consuelo al que estamos llamados y ser testigos de la vida... pero sin caer en el buenismo ni en una benevolencia incapaz de llamar a las cosas por su nombre o que nos lleve al escapismo. Es necesario tener la capacidad de reconocer también las situaciones de conflicto y división, el dolor propio y ajeno, las intenciones de los corazones... Dios no se vale solo de la cal... también se hace presente en la arena.

A LA SAGRADA FAMILIA (Papa Francisco)

Jesús, María y José, en vosotros contemplamos el esplendor del verdadero amor, a vosotros, confiados, nos dirigimos.

Santa Familia de Nazaret, haz también de nuestras familias lugar de comunión y cenáculo de oración, auténticas escuelas del Evangelio y pequeñas Iglesias domésticas.

Santa Familia de Nazaret, que nunca más haya en las familias episodios de violencia, de cerrazón y división; que quien haya sido herido o escandalizado sea pronto consolado y curado.

Santa Familia de Nazaret, haz tomar conciencia a todos del carácter sagrado e inviolable de la familia, de su belleza en el proyecto de Dios.

Jesús, María y José, escuchad, acoged nuestra súplica. Amén.

✳ **1 Juan 2, 12-17:** El que hace la voluntad de Dios permanece para siempre. ◗ Salmo 95 [96], 7-8a|8b-9|10: Alégrese el cielo y goce la tierra.

✚ Evangelio: SAN LUCAS 2, 36-40

En aquel tiempo, había una profetisa, Ana, hija de Fanuel, de la tribu de Aser, ya muy avanzada en años. De joven había vivido siete años casada, y luego viuda hasta los ochenta y cuatro; no se apartaba del templo, sirviendo a Dios con ayunos y oraciones noche y día. Presentándose en aquel momento, alababa también a Dios y hablaba del niño a todos los que aguardaban la liberación de Jerusalén. Y, cuando cumplieron todo lo que prescribía la ley del Señor, Jesús y sus padres volvieron a Galilea, a su ciudad de Nazaret. El niño, por su parte, iba creciendo y robusteciéndose, lleno de sabiduría; y la gracia de Dios estaba con él.

Hay circunstancias en la vida en las que necesitamos fijarnos más en la cal y menos en la arena. Así lo hace Ana, con su mirada tierna de mujer y la sabiduría de los años, que opta por reconocer lo bueno y sabe que, puestos a elegir, la mejor opción es vivir desde el agradecimiento y la gratitud. Nacho Boné decía que los jesuitas teníamos uno o dos temas, como mucho tres, y hacíamos repeticiones sobre los mismos. Su tema era el agradecimiento. La espiritualidad de los dos Ignacios —Boné y el de Loyola— se enraiza en el vivir con gratitud, no solo en las circunstancias fáciles o en la consolación, sino también siendo capaces de reconocer los regalos de Dios en las situaciones más penosas. Como decía Nacho Boné y nos enseña Ana: frente a nostalgias insanas del pasado personal o institucional... gratitud. Frente a angustias innecesarias por el futuro... gratitud. En la consolación... insistir en el agradecimiento. En la desolación... buscar fuentes de confianza y agradecimiento.

31 JUEVES DICIEMBRE

Día 7.º dentro de la Octava de Navidad
o (Cn) San Silvestre, p.
Beato Luis Vidaurrázaga, pb. y mr.

✳ **1 Juan 2, 18-21:** Estáis ungidos por el Santo, y todos vosotros lo conocéis.

▶ Salmo 95 [96], 1-2|11-12|13: Alégrese el cielo, goce la tierra.

✠ **Evangelio: SAN JUAN 1, 1-18**

En el principio existía el Verbo, y el Verbo estaba junto a Dios, y el Verbo era Dios. Él estaba en el principio junto a Dios. Por medio de él se hizo todo, y sin él no se hizo nada de cuanto se ha hecho. En él estaba la vida, y la vida era la luz de los hombres. Y la luz brilla en la tiniebla, y la tiniebla no lo recibió. Surgió un hombre enviado por Dios, que se llamaba Juan: este venía como testigo, para dar testimonio de la luz, para que todos creyeran por medio de él. No era él la luz, sino el que daba testimonio de la luz. El Verbo era la luz verdadera, que alumbra a todo hombre, viniendo al mundo. En el mundo estaba; el mundo se hizo por medio de él, y el mundo no lo conoció. Vino a su casa, y los suyos no lo recibieron. Pero a cuantos lo recibieron, les dio poder de ser hijos de Dios, a los que creen en su nombre. Estos no han nacido de sangre, ni de deseo de carne, ni de deseo de varón, sino que han nacido de Dios. Y el Verbo se hizo carne y habitó entre nosotros, y hemos contemplado su gloria: gloria como del Unigénito del Padre, lleno de gracia y de verdad. Juan da testimonio de él y grita diciendo: «Este es de quien dije: el que viene detrás de mí se ha puesto delante de mí, porque existía antes que yo». Pues de su plenitud todos hemos recibido, gracia tras gracia. Porque la ley se dio por medio de Moisés, la gracia y la verdad nos han llegado por medio de Jesucristo. A Dios nadie lo ha visto jamás: Dios unigénito, que está en el seno del Padre, es quien lo ha dado a conocer.

Es la tercera vez que proclamamos este evangelio o parte de él este año. Lo contemplábamos el 4 de enero, domingo 2.º después de Navidad y en la Natividad de Jesús. Terminamos el año saboreando este mismo prólogo de Juan. Parece que hoy toca —no tanto expresar deseos para lo que esté por venir y enumerar propósitos— sino hacer balance del año, y como ayer nos invitaban Ana y Nacho, una buena perspectiva es hacerlo desde el agradecimiento. Gracias porque somos comunicación y Dios se comunica. Dios habla a través de la creación, en los acontecimientos, a través de las personas con las que nos encontramos, en los profetas de este mundo que denuncian dolores y señalan futuros posibles, en los poetas y poetisas que nos ayudan a descubrir un Dios que se vale de la belleza y en su Palabra definitiva, en el Señor Jesús, el niño, el hombre en búsqueda, el que alivia sufrimientos, el que celebra y disfruta con los suyos, el que nos asombra e interpela, el que pasó por la cruz y nos prometió el Espíritu Consolador, nos salva y sana dirigiéndonos palabras de consuelo y esperanza. Agradezcamos el año vivido, por su presencia y la de sus criaturas. «Alégrese el cielo, goce la tierra».

SI PUEDO (Grevnille Kleiser)

Si puedo hacer, hoy, alguna cosa,
si puedo realizar algún servicio,
si puedo decir algo bien dicho,
dime cómo hacerlo, Señor.

Si puedo arreglar un fallo humano,
si puedo dar fuerzas a mi prójimo,
si puedo alegrarlo con mi canto,
dime cómo hacerlo, Señor.

Si puedo ayudar a un desgraciado,
si puedo aliviar alguna carga,
si puedo irradiar más alegría,
dime cómo hacerlo, Señor.

PERDÓN SIN CONDICIONES (Benjamín González Buelta, SJ)

Tú nos regalas el perdón. / No nos pides negociarlo contigo / a base de castigos y contratos. / «Tu pecado está perdonado. / No peques más. / Vete y vive sin temor. / Y no cargues el cadáver de ayer / sobre tu espalda libre».

No nos pides sanear la deuda impagable / de habernos vuelto contra ti. / Nos ofreces una vida nueva / sin tener que trabajar / abrumados por la angustia, / pagando intereses / de una cuenta infinita.

Nos perdonas con todo el corazón. / No eres un Dios de tantos por ciento en el amor. / «A este setenta y cinco, / y al otro sólo veintitrés». / Hagamos lo que hagamos, / somos hijos cien por cien.

Tu perdón es para todos. / No solo cargas sobre el hombro / a la oveja perdida, / sino también al lobo / manchado con la sangre del cordero. / Perdonas siempre.

Setenta veces siete saltas al camino / para acoger nuestro regreso, / sin cerrarnos tu rostro / ni racionarnos la palabra, / por nuestras fugas repetidas. Con el perdón nos das el gozo.

No quieres que rumiemos / en un rincón de la casa / nuestro pasado roto, / como un animal herido, / sino que celebremos la fiesta / de todos los hermanos, / vestidos de gala y de perfume, / entrando en tu alegría.

Te pedimos en el Padre Nuestro: / «Perdónanos como perdonamos». / Hoy te pedimos más todavía: / Enséñanos a perdonar a los demás / y a nosotros mismos / como tú nos perdonas a nosotros.

A DIARIO

LA SEÑAL DE LA CRUZ

† Por la señal de la santa Cruz, de nuestros enemigos líbranos, Señor, Dios nuestro. En el nombre del Padre, y del Hijo, y del Espíritu Santo. Amén.

PADRENUESTRO

Padre nuestro, que estás en el cielo,
santificado sea tu Nombre;
venga a nosotros tu reino;
hágase tu voluntad
en la tierra como en el cielo.
Danos hoy nuestro pan de cada día,
perdona nuestras ofensas,
como también nosotros perdonamos
a los que nos ofenden;
no nos dejes caer en la tentación
y líbranos del mal. Amén.

AVEMARÍA

Dios te salve, María, / llena eres de gracia,
el Señor es contigo; / bendita tú eres
entre todas las mujeres,
y bendito es el fruto de tu vientre, Jesús.
Santa María, Madre de Dios,
ruega por nosotros, pecadores,
ahora y en la hora de nuestra muerte. Amén.

GLORIA

—Gloria al Padre, y al Hijo, y al Espíritu Santo.
—Como era en el principio, ahora y siempre,
por los siglos de los siglos. Amén.

ÁNGELUS (por la mañana, al mediodía y a la tarde)

—El ángel del Señor anunció a María.
—Y concibió por obra del Espíritu Santo.
Dios te salve, María...
—He aquí la esclava del Señor.
—Hágase en mí según tu palabra.
Dios te salve, María...
—Y el Hijo de Dios se hizo hombre.
—Y habitó entre nosotros.
Dios te salve, María...
—Ruega por nosotros, Santa Madre de Dios.
—Para que seamos dignos de alcanzar
las promesas de Nuestro Señor Jesucristo.

Oremos. Derrama, Señor, tu gracia sobre nosotros, que, por el anuncio del ángel, hemos conocido la Encarnación de tu Hijo, para que lleguemos, por su pasión y su cruz, y con la intercesión de la Virgen María, a la gloria de su resurrección. Por Jesucristo, nuestro Señor. Amén.

REINA DEL CIELO (durante el Tiempo Pascual)

—Reina del Cielo, alégrate, aleluya.
—Porque el Señor, a quien mereciste llevar, aleluya.
—Ha resucitado según su palabra, aleluya.
—Ruega al Señor por nosotros, aleluya.
—Alégrate y goza, Virgen María, aleluya.
—Porque ha resucitado el Señor, aleluya.

Oremos. Oh Dios, que con la resurrección de tu Hijo, nuestro Señor Jesucristo, has llenado el mundo de alegría, concédenos, por intercesión de su Madre, la Virgen María, llegar a alcanzar los gozos eternos. Por Jesucristo Nuestro Señor. Amén.

AL COMENZAR LA JORNADA

GRACIAS POR LA AURORA (de laudes)

Gracias, Señor, por la aurora; / gracias por el nuevo día;
gracias por la Eucaristía; / gracias por nuestra Señora.
Y gracias por cada hora / de nuestro andar peregrino.
Gracias por el don divino / de tu paz y de tu amor,
la alegría y el dolor, / al compartir tu camino.

OFRECIMIENTO DEL DÍA (del Apostolado de la Oración)

Dios, Padre nuestro, / yo te ofrezco toda mi jornada,
mis oraciones, pensamientos, / afectos y deseos,
palabras, obras, / alegrías y sufrimientos,
en unión con tu Hijo, Jesucristo,
que sigue ofreciéndose a Ti en la Eucaristía
por la salvación del mundo.
Que el Espíritu Santo, / que guió a Jesús,
sea mi guía y mi fuerza en este día
para que pueda ser testigo de tu amor.
Con María, la Madre del Señor y de la Iglesia,
te pido especialmente por las intenciones del Papa
y de nuestros obispos para este mes.

EN MEDIO DEL TRABAJO

EL TRABAJO DE CADA DÍA (Hora intermedia)

El trabajo, Señor, de cada día / nos sea por tu amor santificado; / convierte su dolor en alegría de amor, / que para dar
Tú nos has dado.
Paciente y larga es nuestra tarea / en la noche oscura del
amor que espera; / dulce huésped del alma, al que flaquea /
dale tu luz, tu fuerza que aligera.

En el alto gozoso del camino / demos gracias a Dios, que nos concede / la esperanza sin fin del don divino; / todo lo puede en Él quien nada puede. Amén.

BENDICIÓN DE LA MESA

ANTES DE COMER

† Bendícenos, Señor, y bendice estos alimentos que vamos a tomar, y que Tú nos das por tu bondad. Por Jesucristo nuestro Señor. Amén.

DESPUÉS DE COMER

† Te damos gracias, Señor, por todos los beneficios recibidos de tu mano. Tú que vives y reinas por los siglos de los siglos. Amén.

AL TERMINAR EL DÍA

GRACIAS AL FIN DEL DÍA (de completas)

Gracias, porque al fin del día / podemos agradecerte / los méritos de tu muerte / y el pan de la Eucaristía, / la plenitud de alegría / de haber vivido tu alianza, / la fe, el amor, la esperanza / y esta bondad de tu empeño / de convertir nuestro sueño / en una humilde alabanza.

ANTES DE CERRAR LOS OJOS (de completas)

Antes de cerrar los ojos, / los labios y el corazón / al final de la jornada, / ¡buenas noches, Padre Dios! / Gracias por todas las gracias / que nos ha dado tu amor; / si muchas son nuestras deudas, / infinito es tu perdón. / Mañana te serviremos / en tu presencia mejor. / A la sombra de tus alas, / Padre nuestro, abríganos. / Quédate junto a nosotros / y danos tu bendición. / Antes de cerrar los ojos, / los labios y el corazón / al final de la jornada, / ¡buenas noches, Padre Dios!

AL ESPÍRITU SANTO

VEN, ESPÍRITU SANTO (invocación)

—Ven, Espíritu Santo, llena los corazones de tus fieles.

—Y enciende en ellos el fuego de tu amor.

—Envía, Señor, tu Espíritu.

—Y renovarás la faz de la tierra.

Oremos. Oh Dios, que has iluminado los corazones de tus fieles con la luz del Espíritu Santo, haznos dóciles a sus inspiraciones para gustar siempre el bien y gozar de su consuelo. Por Jesucristo nuestro Señor. Amén.

VEN, ESPÍRITU DIVINO (secuencia de Pentecostés)

Ven, Espíritu divino, / manda tu luz desde el cielo.
Padre amoroso del pobre, / don, en tus dones espléndido,
luz que penetra las almas, / fuente del mayor consuelo.

Ven, dulce huésped del alma, / descanso de nuestro esfuerzo, / tregua en el duro trabajo, / brisa en las horas de fuego, / gozo que enjuga las lágrimas / y reconforta en los duelos.

Entra hasta el fondo del alma, / divina luz, y enriquécenos. / Mira el vacío del hombre / si Tú le faltas por dentro; / mira el poder del pecado / cuando no envías tu aliento.

Riega la tierra en sequía, / sana el corazón enfermo, / lava las manchas, infunde / calor de vida en el hielo, / doma el espíritu indómito, / guía al que tuerce el sendero.

Reparte tus siete dones / según la fe de tus siervos. / Por tu bondad y tu gracia / dale al esfuerzo su mérito; / salva al que busca salvarse / y danos tu gozo eterno. Amén.

EUCARISTÍA

BENDITO SEA DIOS (en la adoración eucarística)
Bendito sea Dios.
Bendito sea su santo Nombre.
Bendito sea Jesucristo, verdadero Dios y verdadero hombre.
Bendito sea el Nombre de Jesús.
Bendito sea su sacratísimo Corazón.
Bendita sea su preciosísima Sangre.
Bendito sea Jesús en el santísimo sacramento del altar.
Bendito sea el Espíritu Santo consolador.
Bendita sea la Madre de Dios, María santísima.
Bendita sea su santa e inmaculada concepción.
Bendita sea su gloriosa asunción.
Bendito sea el nombre de María, virgen y madre.
Bendito sea san José, su castísimo esposo.
Bendito sea Dios en sus ángeles y santos.

Oremos. Oh Dios, que en este sacramento admirable nos has dejado el memorial de tu pasión, te pedimos nos concedas venerar de tal modo los sagrados misterios de tu cuerpo y de tu sangre que experimentemos constantemente en nosotros el fruto de tu redención. Tú que vives y reinas por los siglos de los siglos. Amén.

COMUNIÓN ESPIRITUAL

Creo, Jesús, que estás presente en el santísimo sacramento del altar. Te amo sobre todas las cosas y deseo recibirte dentro de mí. Pero, no pudiendo ahora hacerlo, ven espiritualmente a mi corazón. No permitas, Jesús mío, que jamás me separe de Ti.

VIACRUCIS

S. —Te adoramos, Cristo, y te bendecimos...

T. —Porque con tu santa cruz redimiste al mundo.

S. —Oremos: Señor Jesucristo, Tú que nos invitas a tomar la Cruz y vas delante para darnos ejemplo, concédenos tu luz y tu gracia, para que, al meditar en este viacrucis tus pasos, sepamos y queramos seguirte.

María de Nazaret, tú que fuiste Madre de Dolores, inspíranos los sentimientos de amor con que acompañaste en este camino de amargura a tu divino Hijo.

T. —Amén.

ESTACIONES

Primera estación: Jesús condenado a muerte
(Tras la presentación de cada estación se repite:)
S. —Te adoramos, Cristo, y te bendecimos...
T. —*...porque con tu santa cruz redimiste al mundo.*
Segunda estación: Jesús con la cruz a cuestas
Tercera estación: Jesús cae por primera vez
Cuarta estación: Jesús se encuentra con su Madre
Quinta estación: El Cirineo ayuda a Jesús
Sexta estación: La Verónica enjuga el rostro de Jesús
Séptima estación: Jesús cae por segunda vez
Octava estación: Jesús y las mujeres de Jerusalén
Novena estación: Jesús cae por tercera vez
Décima estación: Jesús, despojado de sus vestiduras
Undécima estación: Jesús, clavado en la cruz
Duodécima estación: Jesús muere en la cruz
Decimotercera estación: El descendimiento de Jesús
Decimocuarta estación: Jesús es sepultado
Decimoquinta estación: La resurrección de Jesús

Oración final

S. —Mira con bondad, Padre, a estos hijos tuyos por los que nuestro Señor Jesucristo no dudó en entregarse a la muerte y concédenos que, después de contemplar su pasión y cruz, compartamos también con Él la gloria de su resurrección. Te lo pedimos por nuestro Señor Jesucristo, que vive y reina contigo por los siglos de los siglos.
T. —*Amén.*

A LA VIRGEN MARÍA

SALVE

Dios te salve, Reina y Madre de misericordia,
vida, dulzura y esperanza nuestra, Dios te salve.
A ti clamamos los desterrados hijos de Eva,
a ti suspiramos gimiendo y llorando
en este valle de lágrimas.
Ea, pues, Señora, abogada nuestra,
vuelve a nosotros esos tus ojos misericordiosos,
y después de este destierro
muéstranos a Jesús, fruto bendito de tu vientre.
Oh clemente, oh piadosa, oh dulce Virgen María.
—Ruega por nosotros, santa Madre de Dios.
—Para que seamos dignos de alcanzar
las promesas de nuestro Señor Jesucristo.

BAJO TU AMPARO

Bajo tu amparo nos acogemos, santa Madre de Dios;
no deseches las súplicas
que te dirigimos en nuestras necesidades;
antes bien líbranos de todo peligro,
¡oh siempre Virgen gloriosa y bendita!

SANTO ROSARIO

MISTERIOS GOZOSOS (lunes y sábado)
1. La encarnación del Hijo de Dios.
2. La visitación de Nuestra Señora a su prima santa Isabel.
3. El nacimiento del Hijo de Dios.
4. La presentación del Niño Jesús en el templo.
5. El Niño Jesús perdido y hallado en el templo.

MISTERIOS DOLOROSOS (martes y viernes)
1. La oración de Jesús en el huerto.
2. La flagelación del Señor.
3. La coronación de espinas.
4. Jesús carga con la cruz.
5. La crucifixión y muerte del Señor.

MISTERIOS GLORIOSOS (miércoles y domingo)
1. La resurrección del Señor.
2. La ascensión del Señor.
3. La venida del Espíritu Santo.
4. La asunción de Nuestra Señora a los cielos.
5. La coronación de la Santísima Virgen.

MISTERIOS LUMINOSOS (jueves)
1. El bautismo de Jesús en el Jordán. 2. La revelación de Jesús en las bodas de Caná. 3. El anuncio del reino invitando a la conversión. 4. La transfiguración de nuestro Señor. 5. La institución de la Eucaristía.

Oración después de cada misterio
María, Madre de gracia, Madre de piedad y de misericordia, defiéndenos de nuestros enemigos y ampáranos ahora y en la hora de nuestra muerte. Amén.

LETANÍAS DE LA VIRGEN

Señor, ten piedad. *Señor, ten piedad.*
Cristo, ten piedad. *Cristo, ten piedad.*
Señor, ten piedad. *Señor, ten piedad.*
Cristo, óyenos. *Cristo, óyenos.*
Cristo, escúchanos. *Cristo, escúchanos.*

Dios, Padre celestial. *Ten piedad de nosotros.*
Dios, Hijo redentor del mundo. *Ten piedad de nosotros.*
Dios, Espíritu Santo. *Ten piedad de nosotros.*
Santísima Trinidad, un solo Dios. *Ten piedad de nosotros.*

Santa María. *Ruega por nosotros.*
Santa Madre de Dios. *Ruega por nosotros.*
Santa Virgen de las Vírgenes. *Ruega por nosotros.*

Madre de Cristo. *Ruega por nosotros.*
Madre de la Iglesia. *Ruega por nosotros.*
Madre de la misericordia. *Ruega por nosotros.*
Madre de la divina gracia. *Ruega por nosotros.*
Madre de la esperanza. *Ruega por nosotros.*
Madre purísima. *Ruega por nosotros.*
Madre castísima. *Ruega por nosotros.*
Madre siempre virgen. *Ruega por nosotros.*
Madre inmaculada. *Ruega por nosotros.*
Madre amable. *Ruega por nosotros.*
Madre admirable. *Ruega por nosotros.*
Madre del buen consejo. *Ruega por nosotros.*
Madre del Creador. *Ruega por nosotros.*
Madre del Salvador. *Ruega por nosotros.*

Virgen prudentísima. *Ruega por nosotros.*
Virgen digna de veneración. *Ruega por nosotros.*

Virgen digna de alabanza. *Ruega por nosotros.*
Virgen poderosa. *Ruega por nosotros.*
Virgen clemente. *Ruega por nosotros.*
Virgen fiel. *Ruega por nosotros.*

Espejo de justicia. *Ruega por nosotros.*
Trono de la sabiduría. *Ruega por nosotros.*
Causa de nuestra alegría. *Ruega por nosotros.*
Vaso espiritual. *Ruega por nosotros.*
Vaso digno de honor. *Ruega por nosotros.*
Vaso de insigne devoción. *Ruega por nosotros.*
Rosa mística. *Ruega por nosotros.*
Torre de David. *Ruega por nosotros.*
Torre de marfil. *Ruega por nosotros.*
Casa de oro. *Ruega por nosotros.*
Arca de la Alianza. *Ruega por nosotros.*
Puerta del cielo. *Ruega por nosotros.*
Estrella de la mañana. *Ruega por nosotros.*
Salud de los enfermos. *Ruega por nosotros.*
Refugio de los pecadores. *Ruega por nosotros.*
Consuelo de los migrantes. *Ruega por nosotros.*
Consoladora de los afligidos. *Ruega por nosotros.*
Auxilio de los cristianos. *Ruega por nosotros.*

Reina de los ángeles. *Ruega por nosotros.*
Reina de los patriarcas. *Ruega por nosotros.*
Reina de los profetas. *Ruega por nosotros.*
Reina de los apóstoles. *Ruega por nosotros.*
Reina de los mártires. *Ruega por nosotros.*
Reina de los confesores. *Ruega por nosotros.*
Reina de las vírgenes. *Ruega por nosotros.*
Reina de todos los santos. *Ruega por nosotros.*
Reina concebida sin pecado original. *Ruega por nosotros.*

Reina asunta al cielo. *Ruega por nosotros.*
Reina del santo rosario. *Ruega por nosotros.*
Reina de la familia. *Ruega por nosotros.*
Reina de la paz. *Ruega por nosotros.*
Reina de la Compañía de Jesús. *Ruega por nosotros.*

—Cordero de Dios, que quitas los pecados del mundo.
—*Perdónanos, Señor.*
—Cordero de Dios, que quitas los pecados del mundo.
—*Escúchanos, Señor.*
—Cordero de Dios, que quitas los pecados del mundo.
—*Ten misericordia de nosotros.*
—Ruega por nosotros, Santa Madre de Dios.
—*Para que seamos dignos de las promesas de Cristo.*

Oremos. Te rogamos nos concedas, Señor Dios nuestro, gozar de continua salud de alma y cuerpo, y por la gloriosa intercesión de la bienaventurada siempre Virgen María, vernos libres de las tristezas de la vida presente y disfrutar de las alegrías eternas. Por Cristo nuestro Señor. Amén.

ORACIÓN DEL PAPA FRANCISCO A MARÍA

Oh María, nosotros te amamos y confiamos en ti. Y a ti, ahora, nos encomendamos nuevamente. Con corazón de hijos te consagramos nuestras vidas, para siempre. Te consagramos la Iglesia y el mundo, especialmente los países en guerra. Obtén para nosotros la paz.

Tú, Virgen del camino, abre senderos donde parece que no existen. Tú, que desatas los nudos, deshace los enredos del egoísmo y los lazos del poder. Tú, que nunca te dejas ganar en generosidad, llénanos de ternura, cólmanos de esperanza y haznos gustar la alegría que no pasa, la alegría del Evangelio. Amén.

ESPIRITUALIDAD IGNACIANA

Los textos de los *Ejercicios Espirituales* (EE) han sido retocados para facilitar su recta comprensión.

ALMA DE CRISTO (anónimo, s. XIV)

Alma de Cristo, santifícame.
Cuerpo de Cristo, sálvame.
Sangre de Cristo, embriágame.
Agua del costado de Cristo, lávame.
Pasión de Cristo, confórtame.
Oh buen Jesús, óyeme.
Dentro de tus llagas escóndeme.
No permitas que me separe de Ti.
Del maligno enemigo defiéndeme.
En la hora de mi muerte, llámame
y mándame ir a Ti,
para que con tus santos te alabe
por los siglos de los siglos. Amén.

PRINCIPIO Y FUNDAMENTO (EE 23)

El hombre es creado para alabar, hacer reverencia y servir a Dios, nuestro Señor; en esto consiste su realización (salvar su ánima). Y las otras cosas que están sobre la tierra han sido creadas para que le ayuden a conseguir este fin. De donde se sigue que ha de usar de ellas en cuanto le ayuden a su realización, y abandonarlas en cuanto le impidan. Es, pues, necesario ser libres, de tal manera que no queramos, de nuestra parte, más salud que enfermedad, riqueza que pobreza, honor que deshonor, vida larga que corta. Y así de todo lo demás. Solamente deseando y eligiendo lo que más nos conduce para el fin que somos creados.

ORACIÓN PREPARATORIA (EE 46)

Pedir gracia a Dios nuestro Señor para que todas mis intenciones, acciones y operaciones sean puramente ordenadas al servicio y alabanza de su divina majestad.

Concédeme, Señor, la verdadera libertad, que nada ni nadie me aparte de Ti y que en todo y en todos pueda yo amarte y servirte.

QUÉ HE HECHO POR CRISTO (EE 53)

Imaginando a Cristo, nuestro Señor, delante y puesto en cruz, hacer un coloquio: cómo de Creador vino a hacerse hombre, y de vida eterna a muerte terrena y así morir por mis pecados.

Otro tanto, mirando a mí mismo, *lo que he hecho por Cristo, lo que hago por Cristo, lo que voy a hacer por Cristo*. Y, viéndole así colgado en la cruz, considerar lo que se ofreciere.

PETICIÓN AL REY ETERNAL (EE 91)

Señor Jesús, que no sea sordo a tu llamada sino presto y diligente en cumplir tu voluntad.

ETERNO SEÑOR DE TODAS LAS COSAS (EE 98)

Eterno Señor de todas las cosas, yo hago mi oblación, con vuestro favor y ayuda, delante vuestra infinita bondad y delante vuestra Madre gloriosa y de todos los santos y santas de la corte celestial, que yo quiero y deseo y es mi determinación deliberada —solo que sea vuestro mayor servicio y alabanza— de imitaros en pasar toda injuria y todo ultraje y toda pobreza así real como espiritual. Quiera vuestra santísima Majestad elegirme y aceptarme en tal vida y condición.

PETICIÓN DE LA SEGUNDA SEMANA (EE 104)

Pedir conocimiento interno del Señor, que por mí se ha hecho hombre, para que más le ame y le siga.

COLOQUIO DE DOS BANDERAS (EE 147)

Pedir a nuestra Señora que me alcance gracia de su Hijo y Señor para que yo sea recibido debajo de su bandera y, primero, en suma pobreza espiritual y, si su divina Majestad fuere servido y me quisiere elegir y aceptar, no menos en pobreza real; segundo, en pasar oprobios e injurias, por más imitarle en ellas, solo que los pueda pasar sin pecado de nadie ni desagradar a su divina Majestad; y con esto una avemaría.

Pedir otro tanto al Hijo, para que me lo alcance del Padre; y con esto decir el «Alma de Cristo».

Pedir otro tanto al Padre, para que Él me lo conceda; y rezar un padrenuestro.

PETICIÓN DE LA TERCERA SEMANA (EE 203)

Demandar lo que quiero, lo propio en la pasión: dolor con Cristo doloroso, quebranto con Cristo quebrantado, lágrimas, pena interna de tanta pena que Cristo pasó por mí.

CONTEMPLACIÓN PARA ALCANZAR AMOR (EE 233)

Pedir conocimiento interno de tanto bien recibido para que yo, reconociéndolo íntegramente, pueda en todo amar y servir a su divina Majestad.

TOMAD, SEÑOR, Y RECIBID (EE 234)

Tomad, Señor, y recibid
toda mi libertad, mi memoria, mi entendimiento
y toda mi voluntad.
Todo mi haber y poseer.
Vos me lo disteis, a Vos, Señor, lo torno.
Todo es vuestro.
Disponed a toda vuestra voluntad.
Dadme vuestro amor y gracia,
que esta me basta.

EL EXAMEN IGNACIANO

San Ignacio de Loyola creó el *Examen* en forma de oración muy corta («un cuarto de hora») que se reza dos veces al día, a la hora que más cómoda resulte. A mucha gente le gusta rezar el *Examen* a la hora de comer y a la noche. A la hora de comer para repasar cómo le ha ido la mañana y cómo le puede ir la tarde y la noche. Por la noche, repasa la tarde (desde el *Examen* del mediodía) y mira hacia la mañana siguiente.

En el *Examen* repasamos nuestro pasado reciente para encontrar a Dios y sus bendiciones en la vida cotidiana. También repasamos para encontrar los momentos del día en los que las cosas no han ido tan bien: momentos en los que nos ha dolido algo que nos ha pasado o en los que hemos pecado o hemos cometido un error. Alabamos a Dios y le damos gracias por los momentos de bendición. Pedimos perdón y sanación por los momentos difíciles y dolorosos.

Habiendo reflexionado sobre lo ya pasado, después nos volvemos hacia el día que viene y pedimos a Dios que nos muestre sus potenciales desafíos y oportunidades. Intentamos anticipar qué momentos pueden ir por un camino o por el otro: hacia el plan de Dios o alejándose de él. Pedimos luz para distinguir las gracias que nos pueden hacer falta para vivir bien el mañana: paciencia, sabiduría, fortaleza, autoconocimiento, paz, optimismo. Pedimos a Dios esa gracia y tenemos la confianza de que él quiere, incluso más que nosotros mismos, que el día nos salga bien.

¿CÓMO HACER EL EXAMEN?

1. **Dar gracias.** Comienzo por agradecer a Dios todas las cosas por las que hoy siento gratitud. Dejo mi mente en libertad y reflexiono sobre las maneras en las que Dios me ha bendecido. Permito que afloren cosas grandes y pequeñas: todas...

2. **Pedir el Espíritu.** A continuación, me fijo en los momentos en los que no he actuado tan bien. Antes de hacerlo, sin embargo, pido a Dios que me llene de su Espíritu para que él me guíe en este difícil repaso del alma. De lo contrario, corro el riesgo de esconderme en la negación, regodearme en la autocompasión o arder en autodesprecio.

3. **Repasar y reconocer los fallos.** Echo una mirada retrospectiva a mi jornada y pido al Señor que me indique los momentos en los que he cometido algún fallo, fuera grande o pequeño. Miro con seriedad los errores que he cometido hoy.

4. **Pedir perdón y sanación.** Pido a Dios que me perdone y que me ponga otra vez en el buen camino. Si no he pecado, sino que solamente me he equivocado, pido la sanación de cualquier daño que pueda haber ocasionado. Pido ayuda para superarlo y seguir adelante. También pido sabiduría para discernir cómo gestionar mejor tales momentos espinosos en el futuro.

5. **Rezar por el día siguiente.** Pido a Dios que me muestre cómo pueden ir las cosas mañana. Imagino lo que haré, la gente a la que veré y las decisiones que estudiaré. Pido ayuda para los momentos que preveo difíciles. En especial, pido ayuda en los momentos en los que pueda estar tentado de fallar como lo he hecho hoy.

Como ayuda para recordar estos cinco pasos, memorice la palabra GIRAR:

- **G**ratitud por los momentos que han ido bien y por todos los dones que tengo hoy.
- **I**nvocar al Espíritu para que me guíe en el repaso del día.
- **R**epasar el día.
- **A**rrepentirme de todo error o falta.
- **R**esolver, de modo concreto, vivir bien el día de mañana.

PAUTAS DE REALIZACIÓN
Comienzo

- Enciendo una vela.
- Hago la señal de la cruz.
- Rezo el padrenuestro.
- Entono o tarareo el estribillo de mi canto favorito.
- Hago una reverencia a Dios.
- Me siento. Respiro despacio y procuro bajar el volumen de mis pensamientos y preocupaciones.
- Pido a Dios que me dé a conocer su presencia. Intento sentirla incluso dentro de mí. Si me resulta natural hacerlo, me permito demorarme en esta sensación de presencia de Dios. Me sumo en esta experiencia, empapándome de ella, durante un momento, como si fuera un baño caliente. Si no siento la presencia de Dios, espero callada y pacientemente durante otro momento. Si aun así no siento su presencia, no dejo que ello me moleste. Me apoyo, sin más, en la fe de que Él está aquí. Dejo que mi corazón, mi mente y mi alma recuerden la sensación que tengo cuando sí percibo su presencia, y dejo que por ahora me baste con eso.
- A continuación, paso al *Examen* del día.

Conclusión

Cuando siento que es hora de concluir el *Examen*, me pregunto si hay alguna última palabra que desee decir al Señor. Si todavía no he dicho, pedido o prometido nada respecto al futuro (el día siguiente, la semana que viene, etc.), lo hago ahora. A continuación, concluyo con uno o dos gestos físicos.

- Junto las manos en señal de clausura.
- Apago mi vela.
- Entono o tarareo un verso final de mi canto favorito.
- Concluyo con el padrenuestro.
- Hago la señal de la cruz.
- Hago una reverencia a Dios antes de partir.

ORACIONES, REFLEXIONES Y POEMAS

Rellene este cupón y envíelo a

GRUPO DE COMUNICACIÓN LOYOLA - Aptdo. 73 - 48080 BILBAO

Nombre y apellidos ....

Domicilio ....

Población .... Código postal...................

Provincia ....Teléfono ....

Correo electrónico ....

Sí, deseo recibir contra reembolso de .... **euros** .... **ejemplares del EVAN-GELIO DIARIO EN LA COMPAÑÍA DE JESÚS 2027** (libre de gastos de envío para destinos nacionales).

Si el pedido es superior a 100 ejemplares, puede personalizar GRATIS la contraportada (solo modelo clásico). Póngase en contacto con nosotros antes del 1 de junio de 2026.

EVANGELIO DIARIO 2027

Pídalo ya

Con comentarios de ANA MARTÍN ECHAGÜE, misionera de la joven comunidad «Servidores del Evangelio de la Misericordia». Licenciada en Teología Espiritual por la Universidad Pontificia Comillas de Madrid. Formadora y acompañante espiritual de consagrados y laicos.

Reproduce el evangelio de la eucaristía diaria conforme al calendario litúrgico de la Compañía de Jesús. Los domingos y festividades se incluyen también las dos primeras lecturas. Ofrece el Ordinario de la Misa, un extenso devocionario, himnos, salmos, cánticos de uso común o de las Horas.

*Puede personalizar la contraportada gratis (solo modelo clásico) si el pedido es superior a 100 ejemplares. Para ello, póngase en contacto con nosotros antes del 1 de junio de 2026.

MENSAJERO, DEL GRUPO DE COMUNICACIÓN LOYOLA
Tfno.: 944 470 358
info@gcloyola.com
www.gcloyola.com